御定六壬直指

（上册）

李峰　整理

海南出版社

·海口·

图书在版编目（CIP）数据

御定六壬直指 / 李峰整理 . —海口：海南出版社，
2001. 9 (2025. 4 重印).
(《故宫珍本丛刊》精选整理本丛书 . 术数)
ISBN 978-7-5443-0231-9

Ⅰ . ①御… Ⅱ . 李… Ⅲ . 占卜 Ⅳ . B992.2
中国版本图书馆 CIP 数据核字 （2001）第 061987 号

御定六壬直指（上册）
YUDING LIUREN ZHIZHI（SHANGCE）

海南出版社出版发行
总社地址：海口市金盘开发区建设三横路 2 号
北京地址：北京市朝阳区黄厂路 3 号院 7 号楼 101 室
邮　　编：570216
网　　址：http://www.hncbs.cn
电　　话：0898-66812392　010-87336670
读者服务：张西贝佳
责任编辑：张　雪
经　　销：全国新华书店经销
印刷装订：河北盛世彩捷印刷有限公司
出版日期：2002 年 2 月第 1 版第 1 次印刷　　2025 年 4 月第 9 次印刷
开　　本：880 mm×1 230 mm　1/32
印　　张：43
字　　数：1100 千字
书　　号：ISBN 978-7-5443-0231-9
定　　价：138.00 元（全两册）

目　　录

《故宫珍本丛刊》
术数类精选整理本丛书序

《书经》尝有国之大事，必谋及卿士，谋及庶人，断之龟筮之说，是龟筮亦古之一大决策之学，今殷墟发掘大量甲骨文卜辞足以为证。《周礼》有大卜之职官，掌卜筮以稽疑，虽三王不同龟，四夷各异卜，然各以决吉凶。道家之学本出于史官，据《礼记·月令》，天子于立冬之月，"命太史衅龟策，占兆，审卦吉凶"。古时太史有如后世之辅相，有燮理阴阳、交通天人之职责，故必精通卜筮之学。而后龟筮决策之术，由象卜而数卜，由龟而筮，由《连山》《归藏》《周易》而八卦象数，而梦占，而太乙九宫，而六壬遁甲，而看相推命，遂成一博大精深之中国术数学。要之，术数学亦史官之学，为中华道学文化的一大支柱。

老子《道德经》云："前识者，道之华而愚之始。"老子所云"愚"，为"纯朴"之意，故谓"俗人察察，我独闷闷"，"我愚人之心也哉！""其政闷闷，其民淳淳"，"古之善为道者，非以明民，将以愚之"。"华"通"花"。这句话的意思是说，前识是道学智慧的花朵，是返璞归真的开端。实际上，道学本质上乃是一种前识的学说，它在任何时代都是一种超前意识。道学的智慧不仅能反观人类乃至宇宙创生之初的过去，而且能预见和创造整个宇宙的未来。《道德经》35章云："执大象，天下往。往而不害，安平泰。"何谓大象？《易·系辞》云："是故易者，象也"，"象也者，像此者也"。"圣人有以见天下之赜，而拟诸其形容，象其物宜，是故谓之象。""圣人设卦观象，系辞焉而明吉凶，刚柔相推而生变化。是故吉凶者，得失之象也。悔吝者，忧虞之象也。变化者，进退之象也。刚柔者，昼夜之象也。六爻之动，三极之道也。""圣人立象以尽意，设卦以尽情伪，系辞焉以尽其言，变而通之以尽利，鼓之舞之以尽神。""知变化之道者，其知神之所为乎！""《易》有圣人之道四焉：以言者尚其辞，以动者尚其变．以制器者尚其象，以卜筮者尚其占。"《左传》载"韩宣子适鲁，见《易象》与《春秋》"，足见所谓"象"，乃八卦之象，"八卦以象告"。实际上，以道家看来，天地山川之形势，国家政治之局面，地球生态之环境，列国军备之争斗，无不是一大的卦象，无不各现其吉凶之征兆。《道德经》云："大象无形"，"其安易持，其未兆易谋"，"为之于未有，治之于未乱"。有道者善观天地、国事、人事之大象，不待卜筮而见其吉凶之兆，不待其祸发乱始而预谋之，故能往来于天下而趋吉避凶，而得以"安平泰"。又《道德经》50章云："出生入死。生之徒，十有三；死之徒，十有三；人之生，动之死地，亦十有三。""盖闻善摄生者，陆行不遇兕虎，入军不被甲兵；兕无所投其角，虎无所用其爪，兵无所容其刃。夫何故？以其无死地。"这段经文和上段经文一样，古今注家多百思而不得其解，故强为之错解。其实文中提到三次"十有三"，恰合九宫之数，分生门、死户，可以伏藏，乃古代趋吉避凶的术数，即周代之"阴符"，后世谓之"奇门遁甲"。依此术推算，大至整个地球、国家，小至一城一室，皆有生地、死地，有道者急难之时而入生地，故可不遇兕虎不被刀兵而无死地。老子的道家之学，亦是一种地理生态之学，史称诸葛亮依此"推演兵法，作八阵图，咸得其要"。据传诸葛亮入川时在鱼腹浦以巨石排成"八阵图"于江滩之上，其威力可比十万精兵，后东吴大都督陆逊入此石阵而受困。道学之术，玄妙莫测，如依我国山川形势调整城市布局战守要塞，自可以处处有生地，有如美国国家导弹防御系统（NMD）。因此，我将新道学文化依八卦分属八大支柱，即"人行道哲学"（乾卦）、"政治管理学"（兑卦）、"文艺审美学"、（离卦）、"医药养生学"（震卦）、"宗教伦理学"（巽卦）、"自然生态学"（坎卦）、"丹道性命学"（艮卦）、"方技术数学"（坤卦）。其中，在道学的八大支柱中，我将道家哲学和术数学放在乾卦和坤卦的位置，而乾、坤二卦是父母卦，由此衍生出长男、长女、中男、中女、少男、少女六卦。这就是说，哲学和术数学分别是道学的两条腿，由它们分布开道学文化的八大支柱，二者在道学中有如哲学和数学在西方文化中的位置一样。在中国历史上，术数学是历朝历代政治家、军事家、谋略家的必修课，为帝王师的姜子牙、张良、诸葛亮、李靖、李淳风、李泌、刘伯温等都是精通术数学的。古代术数家运筹帷幄，辅助明主争霸天下，在中国的历次政治斗争中起过举足轻重的作用。

　　中国术数学源于原始社会先民的巫史文化，是由周易象数学发展起来的学科。它最初奠基于战国时期以驺衍为首的阴阳家学派，汉代兴盛一时，汉末流入道教，为道教占验派所宗。占验派道士精研易理，推崇象数易学，并用之于社会、人事中未知事物的预测，创造出许多丰富多彩的占验术数。在一定意义上说，术数学乃是一种杂有迷信成分的社会、人生预测学。无论是生产力低下的古代社会，还是科学昌明的现代社会，都没有消除人们对个人命运的困惑和对所受伤害的恐惧。人们对于复杂纷纭的社会前景和变幻不定的人生命运，在自力难以掌握的时候，便本能地依靠他力趋吉避凶，寻求预测未来的方法。这种渴望预知的心理，无论是文明未开的古代初民还是受过高等教育的现代人，实际上没有什么不同。我们知道，整个宇宙、整个地球、人类社会的群体乃至个体的人生命运，皆是一种开放的超巨系统，其进化的动力学机制受多种要素的制约，其瞬息万变的具体情节引发人们的困惑，其发展前进的大趋势又启发人们预测的智慧。自然生态、社会政治、人生命运的大系统虽受多种要素制约，但都可分解出一些基本的动力学要素。当大系统中的这些基本的动力学要素被系统中其他因素变化的积累效应达到其难以承受的程度时，整个大系统就会进入一种无序的混沌状态，例如一个国家的社会政治系统如果贫富差距过分拉开、贪官污吏横行、豪强盗贼得势，这些因素积累到整个社会难以承受的程度，就会出现天下大乱的混沌状态。一个人在社会活动中如果八方树敌积怨过多，违法乱纪横行无忌，最终也必将进入穷于应付、惶惶不可终日的混沌状态。人的身体系统也是一样，如违背生活规律穷奢极欲丧失精气，必然也会导致百病丛生医家束手的混沌状态。根据系统论的非线性混沌动力学理论，这种混沌状态是不稳定的。当系统中出现"灾难性的分歧点"（catastrophic bifurcation）时，系统变得异常敏感，一次偶然事件就会诱发整个系统的巨变（Macroshift）。在刚刚跨入 21 世纪之门时，美国发生了震惊世界的"9·11"事件，美国系统科学家欧文·拉兹洛在 2001 年出版了他的新作《巨变》（中译本于 2002 年 2 月由中信出版社出版）。拉兹洛是罗马俱乐部成员、布达佩斯俱乐部主席，他在书中说地球已成为一个整体化的具有网络结构的复杂巨系统。全世界的全球化趋势，实际上是全球美国化，是以欧美为中心的西方文化统治全球、征服世界的大趋势。这种全球化是以工业化、城市化、信息化为标志的所谓现代化浪潮，西方的主流文化以其唯物主义机械论的世界观，以其聚敛钱财、贪得无厌的物质主义价值

观，以其相互竞争、弱肉强食的个人利己主义人生观，导致了
环境污染、人口爆炸、资源匮乏等地球生态危机。拉兹洛在书
中大胆预测，现代西方以工具理性为主导的文明所造成的恶果，
十年间如果不能发动一场彻底改变这种旧价值观的意识革命，
世界的政治、经济结构便会彻底瓦解。拉兹洛预言这一巨变过
程共分为四个阶段，即启动阶段、转型阶段、混沌阶段、瓦解
阶段或突破阶段。自 1860 年至 1960 年，科技发明极大地提高
了人类的社会生产力，人类靠掠夺自然界创造了大量财富，人
类以自我为中心的生产方式和生活方式构成对自然界的威胁，
启动了这次巨变。自 1960 年至 2001 年，人类靠高科技极大地
提高了生产效率和消耗自然资源的速度，人口急剧增加，以工
业化、城市化、信息化为标志的现代化浪潮遍及全球，这就是
巨变的转型阶段。在这一全球化的转型阶段，美国人穷奢极欲
的高消费生活成为全世界向往的样板，贫穷国家的一些人也不
择手段地捞取"票子、房子、车子"，争取"先富起来"。人类
掠夺大自然的活动造成空前的生态危机，地球的面貌被人类的
力量所改变。自 2001 年至 2010 年，随着人口猛增及现代化
的加速使人类对地球各类资源的需求日益膨胀，而地球的自然
资源在人类多年持续掠夺下临近枯竭，生态环境急剧恶化。在
这十年间，人类需求上升的曲线和地球资源、自然生态下降的
曲线终于会相交，全球社会进入不安定的混沌阶段。拉兹洛写
道："到了 21 世纪第一个十年时，由政治范畴的冲突、经济范
畴的脆弱性和金融范畴的不稳定，以及气候和环境恶化的种种
问题所引发的高度紧张，会使得社会进入巨变的'混沌跃进'
期。""21 世纪初期的混沌，不是趋向于可维持的全球平衡，就
是导致地方与全球性的危机和随之而来的瓦解。"(《巨变》)地
球上人类的命运受自然环境、社会历史和文化传统的制约，同

时又需要人类自己创造。2010年以后，人类社会真正的巨变就会到来，人类要是一直沿着西方文化的主流价值观走下去，就会进入瓦解阶段；如果在西方价值观上发生一场新的意识革命，就会进入突破阶段。目前全球人口已达到60亿，而且还在增长。水、空气、土壤等资源被污染、破坏并不断减少，城市的各种废弃物在不断增加，每年失去500万到700万公顷的农业用地，预计到2025年全球三分之二的人口将处在无法生活的状态。这种趋势不但会助长各国社会的无政府状态，出现凶杀、传染病、饥荒等惨绝人寰的悲剧，还会加剧国家、民族之间的重大冲突，甚至发生核大战，或者兴起移民风潮，打破国界，造成全球的无序状态。拉兹洛认为挽救这场劫难的唯一途径，就是对西方文化的主流价值观进行意识革命，提倡全球伦理以完成文化转型。拉兹洛所倡导的新型文化，实际上就是我近几年努力开创的新道学文化。魏源早就论定老子的《道德经》是"救世书"，它不但能救中国，而且能救世界。新道学文化是人类21世纪唯一可行的文化战略。

年前海南出版社已将北京故宫博物院珍藏的数千种图书资料影印出版了《故宫珍本丛刊》；为了方便阅读，又将其中不少道家珍籍和术数类秘本藏书整理成简体横排本出版。由于考虑到故宫珍藏的这些术数秘本多为初次面世及其可能产生的社会影响，该丛刊及该整理本丛书的责任编辑李升召先生来京邀我作序予以介绍。我本是研究自然科学的学者，由于对内丹学的兴趣遂接受钱学森教授的建议改行到中国社会科学院来研究道家和道教，至今不觉过去二十余年。方技术数学和丹道性命学都是新道学文化的重要支柱，对它们的研究是我学术专业范围之内的本职工作。二十多年来，我不仅在全国调查和求得南北各派秘传的丹道法诀，并且对道教占验派流行的各类方技术数都进行过演算和验证。鲁迅先生曾断言"中国根底全在道教"（《鲁迅全集》第九卷），李约瑟博士也说过："中国如果没有道家思想，就会像是一棵某些深根已经烂掉了的大树。"（《中国科学技术史》第2卷）道学文化是中国诸子百家之学的总汇和源头。内丹学和术数学是中国传统文化中交通天人的巫史之学，它是中国哲学和科学得以产生的文化背景。在学术研究上，不研究内丹学和术数学，就没法真正理解和体验道教；而不懂道教，就无法真正了解道家；不懂道家，更无法达到中国传统文化的高境界。据我所知，道教文化的研究大致可以划分为三个层面。其一是将道教资料从史学和文献学的角度通过考据、训诂等方法厘清史实。其二是从哲学、宗教学、文化人类学、医学、化学、民俗学、文学艺术诸学科对道教资料进行既分析又综合的研究。除此之外，道教文化还有比一般学术研究难度更大的第三个层面，也是道教核心部位的硬壳，其中包括斋醮、法术；奇门遁甲等占验术数；外丹黄白术与内丹学。占验术数的研究需付出超常精力并具备天文律历知识，还要激发出交通天人的灵性，非等闲之辈所能胜任。前辈学者赵元任教授深知术数学研究的维度，他称占验术数"说有易，说无难"，是一种可研而不可究的学问。我国自"文革"以来崇尚西方18世纪启蒙思想家早已落伍的"科学主义"，将道教文化斥为"封建迷信"，将术数学斥为"伪科学"，术数学的研究一变而为"说无易，说有难"！美国精神病学家斯坦尼斯拉夫·格罗夫教授痛斥这种"科学主义"思潮说："唯物主义科学家们认为，任何灵性概念的产生都是由于知识的缺乏、迷信、痴心妄想、原始的奇怪思维、幼稚的想象以及彻头彻尾的精神病。""如果我们观察一下西方文明的世界观，并把它与古代和土著文化的世界观加以比较，我们就会发现有一种深刻的差异。""经过40年对意识的研究，我有一种强烈的感觉。即这种差异的真正原因是西方工业文明对意识的非正常状态的幼稚和无知。""科学有崇高的威望，人们所说的科学指的是唯物主义一元论主导的牛顿——笛卡儿范式的科学。这种思维方式不论从个人的角度还是集体的角度都会导致可怕的后果。这就是为什么我们必须把深刻的内心转变和对过时的科学世界观的彻底修正结合起来的原因。"(《意识革命》，中译本由社会科学文献出版社2001年出版）西方自然科学只研究物质运动，忽视人的心灵、意识等精神的层面，缺少直觉、灵感、超感官知觉等非正常状态心理学的研究，而这恰是布达佩斯俱乐部成员"意识革命"的主要内容。拉兹洛等学者认为，通过人类心灵的修炼和生命体验，将促使人类发生"意识革命"，使人类变得更宽容，更有爱心，"以让其他众生也能生活的方式来生活"，从而早日实现新的"文化转型"，避免地球生态的大劫难。由此看来，中国的道学文化，特别是其中富有天人交通灵性的丹道和术数，恰是中华文明的智慧之花，是中华民族免除生态劫难的福音。海南出版社为保存这些故宫珍藏秘本尽力，应是功德无量。

在中国社会科学出版社1995年出版的《中华道教大辞典》中，我已将"内丹学"和"符箓、法术及占验术数"列入其中。在萧克将军主编的《中华文化通志》中，我亦将内丹学和占验术数收入《道教志》，此书经过中央有关部门多次审查及国家认定（上海人民出版社1998年出版）。在社会科学文献出版社1999年1月出版的《道学通论》中，我特别撰有"中国术数学"一章，作为对术数学进行专门学术研究的著作在全国尚属首次，对术数学的评价及其学术价值在书中全部讲明，读者可以参看。《四库全书总目提要》云："术数之兴，多在秦汉以后，要其旨，不出乎阴阳五行、生克制化，实皆易之支派，傅以杂说耳。物生有象，象生有数，乘除推阐，务穷造化之源者，是为数学。星云土物，见于经典，流传妖妄，寝失其真，然不可谓古无其说，是为占候。自是以外，末流猥杂，不可殚名，《史》《志》总概以'五行'。""中唯数学一家为易外别传，不切事而犹近理，其余则百伪一真，递相煽动。必谓古无是说，亦无是理，固儒者之迂谈；必谓今之术士能得其传，亦世俗之惑志。徒以冀福畏祸，今古同情；趋避之念一萌，方技者流各乘其隙以中之，故悠谬之谈，弥变弥夥耳。然众志所趋，虽圣人有所弗能禁。其可通者存其理，其不可通者姑存其说可也。"盖丹道与术数，呼应人类求长生和趋吉避凶的心理，在社会民众中有广泛的市场。江湖术士递相煽惑、敛财骗人，既无法禁断，不如将其提升到学术的殿堂加以研究。读者须明白，治术数学亦非容易，江湖术士百伪一真，少有能激发出灵性者，其志在敛财辈更等而下之，不可轻信。然术数学既为中华民族之传统文化，亦需珍惜。保护了中国的古代文化，也就保护了中华民族的未来。故余反复斟酌而强为之序。

中国社会科学院研究员博士生导师
胡孚琛
2002 年 9 月 11 日于中国社会科学院哲学研究所

序：术数及其与八卦和《易经》的关系

"术数"一词有两个既有联系而又略有区别的意思。

第一，"术数"指一类活动，1979年版《辞海》释作："'术'指方术，'数'是气数。即以种种方术观察自然界可注意的现象，来推测人和国家的气数和命运。……后世称术数者，一般专指各种迷信，如星占、卜筮、六壬、奇门遁甲、命相、拆字、起课、堪舆、占候等。"应当指出，1999年版《辞海》的释文在文字上稍有变动，特别是在列举各种迷信时删去了"占候"。

第二，"术数"是我国一类古籍书的"类"名。按照《四库全书》分类法，我国古籍可分为"经、史、子、集"四"部"，每部之下分若干"类"，每类之下再分若干"属"；"术数"是"子部"之下一类书的"类"名。"术数类"之下包括七"属"，其属名与其所收书的范围如下：

一、数学之属。此处的"数学"不是现在"数学物理"中的"数学"的意思，《左传·僖公十五年》："龟，象也；筮，数也。物生而后有象，象而后有滋，滋而后有数。"古代把研究"筮"时数的变化，务究造化之源的学问，叫"数学"（参见后面对"卜筮"的介绍）。讲述这种数学的书，归入本属。

二、占候之属。凡观察研究天象（泛指日月星辰土地云气）和动植物的异常变化，并以此推知国事人事等吉凶的书，均归入本属。

三、相宅相墓之属。凡研究建房（阳宅）和造墓（阴宅）的朝向地势等的选择与吉凶之间关系的书，均归入本属。

四、占卜之属。凡用龟、蓍、牌等按某种规则确定一组数，再根据这一组数确定一个卦，即所谓"随物取数，随数取卦"，然后依托《易经》判断吉凶的书，均归入本属。

五、命书相书之属。根据一个人出生的年月日时来推知其命运吉凶的书叫命书；根据一个人的形状气色来推知其命运吉凶的书叫相书。这两种书均归入本属。

六、阴阳五行之属。凡根据阴阳衰旺五行休咎的易理来预测吉凶，以使人们能早为趋避的书，如遁甲、六壬、择日、占星等，均归入本属。

七、杂技术之属。凡不便归入以上诸属，而又是讲述如何分辨贵贱吉凶之术的书，如占梦、拆字、太素脉法等，均归入本属。

由以上可看出，术数的支派旁门十分庞杂，但翻开这些书，无一不直接地说明或在叙述中体现出自己的理论基础是八卦和《易经》。这倒确实不是拉大旗作虎皮，《四库全书总目提要》曾指出："术数之兴，多在秦汉以后，要其旨，不出乎阴阳五行、生克制化。实皆易之支派，傅以杂说耳。"而本文想提出的命题正是：术数就是八卦和《易经》在预测未来方面的一种应用。因此，为了说明此命题，必须首先大略地介绍一下八卦和易经的基本内容。

《易传·系辞下》："古者包牺氏（即伏羲氏）之王天下也，仰则观象于天，俯则观法于地，观鸟兽之文与地之宜，近取诸身，远取诸物，于是始作八卦，以通神明之德，以类万物之情。"这里记载的就是相传伏羲氏始作八卦的事。

八卦的形式只有两个基本符号，即"阳爻—，'和"阴爻 --"；将阳爻和阴爻组成三层结构，共能得到也只能得到八种形式（卦体）：☰、☷、☳、☴、☵、☲、☶、☱。八卦的内容也只有两点：卦名，按以上顺序分别为"乾、坤、震、巽、坎、离、艮、兑"；意义，它们分别象征"天、地、雷、风、水、火、山、泽"等自然事物和"父、母、长男、长女、中男、中女、少男、少女"等人类家庭。以上就是八卦本身的全部形式和内容。

《汉书·艺文志》:"至于殷周之际,纣在上位,逆天暴物,文王以诸侯顺命而行道,天人之占可得而效,于是重易六爻,作上下篇。"这里记载的就是相传周文王创造周易六十四卦的事。所谓"重易六爻",就是说伏羲氏创造的八卦每卦(卦体)只有三爻,重叠即为六爻;将八卦两两重叠变化,共能得到也只能得到六十四卦;前三十卦为上篇,后三十四卦为下篇。

相传,周文王不仅将八卦演变成了有先后固定顺序的六十四卦,还给每个卦命了名,并且分别为每个卦及每个卦中的每一爻都附上了一句简短的说明,即"卦辞"和"爻辞"。

例如第十五卦的卦体是"䷎"。卦名为:"谦"。卦辞为:"亨,君子有终。"从下至上共六爻,每一爻的爻辞分别为:"初六,谦谦君子,用涉大川,吉。六二,鸣谦,贞,吉。九三,劳谦,君子有终,吉。六四,无不利,㧑谦六五,不富以其邻,利用侵伐,无不利。上六,鸣谦,利用行师征邑国。"

严格意义上的《周易》或《易经》的全部形式和内容就是如上例介绍的每个卦的卦体图形、卦名、卦辞和爻辞,共六十四段,约五千字。相传后来孔子又作了十篇解释性的文章:《彖》上下、《象》上下、《文言》、《系辞》上下、《说卦》、《序卦》、《杂卦》。古代把对"经"的解释文章称作"传(读去声)",因此这十篇文章就统称作《易传》,也叫《十翼》。按照广义的或不严格的说法,《易经》也可以包括《易传》。

在古代,《易经》被认为是群经之首,儒家经典之一,连秦始皇焚书也不焚易书,可见《易经》在我国历史上享有多么崇高的地位。

现当代对《易经》则评价不一,多把它主要当作一部讲算卦的书看待,如《辞源》"周易"条:"也叫易经,我国古代有哲学思想的占卜书，是儒家的重要经典。"1979年版《辞海》的解释也与此相似，甚至在进行肯定性评价时也只是说："在宗教迷信的外衣下，保存了古代人的某些朴素辩证法的观点。"幸喜1999年版《辞海》删去了这一句话，而代之以一段较为公允客观的叙述。

那么，《易经》究竟是一部什么书呢？或者说，古人创造八卦和《易经》究竟是出于什么动机，为了什么目的呢？前面引文中说："……于是始作八卦，以通神明之德，以类万物之情。"这句话译成现代汉语，我以为大意应当是：于是最先创造了八卦，为的是用来表明自然界的根本规律（神明之德），并根据万事万物的特征（万物之情）对其进行分类。如果这样理解没有错的话，这实际上就明明白白地说出了古人创造八卦，当然也包括创造《易经》六十四卦的动机和目的。这个动机和目的用现代术语说，就是为了建立一个能解释宇宙世界的统一理论和模型。

产生这种动机和目的是人的本性。人与动物的区别就是人有思维，会思考问题。人类思考的问题，除了那些为了生存发展要解决的各种具体问题（首要的当然是求温饱的问题）外，还包括一些抽象的问题，如这纷繁复杂的世界到底是由什么组成的，是怎么组成的？它们过去是什么样子，未来又会是什么样子？这些问题哲学上当属宇宙观或世界观的问题。这些问题的解决就要求建立一个能解释现存世界的统一理论，然后还能用它来进一步解释这个现存世界的过去并预测其未来。如果这个理论能用图形表示，这个图形就叫作"宇宙模型"。

我认为，八卦和易经就是古人所建立的这种宇宙模型和统一理论，二者的区别仅仅在于，前者较为简略，后者较为细致。它们的要点概括起来就是：宇宙中万事万物都是由两种最基本的东西组成的；这两种东西性质相反，叫作"阴"和"阳"，可以分别用符号"--"和"—"表示；这两种东西不同的结构比例或不同的结构位置就形成了宇宙中性质各异的万事万物；把这些万事万物粗一点分类，可分成八类，其模型就是三层结构的八卦形式，细一点分类，可分成六十四类，其模型就是《易经》中六层结构的六十四卦的形式。

很明显，古人的上述认识，除了最后一点三层结构和六层结构我们至今还难于理解其中的奥妙外（当然也可以附会一些含义：地球有地壳、生物圈、大气圈——天、地、人——三层结构；较稳定的原子最多只有六层电子，等等），其余的认识与现代科学对物质世界的分析是毫无矛盾的。

不仅如此，《易经》的内容至今又已得到现代自然科学越来越多的说明或证明。《中国大百科全书·哲学》"象数学"（易学的一个分支）条写道："二十世纪七八十年代以来，许多中国学者运用数理科学方法对象数学重新进行研究，例如：以等差级数（算术级数）解释阳奇阴偶和天地之数；以等比级数（几何级数）解释'一分为二'的宇宙生成论；以数学排列组合解释八卦成列；以二项式系数解释太极—两仪—四象—八卦—六十四卦的'周易三角'，并发现比法国数学家 B. 巴斯加尔早 500 年的'贾宪—杨辉三角'来源于'周易三角'；以方圆九宫算术解释河图洛书；以函数关系解释太极曲线与阴阳消长变化；以二进位制数学说明邵雍的先天卦位卦序图，认为此图经得起电子计算机的测试和检验；以同余式定理解释揲蓍的方法；以概率论统计解释断占中的吉凶休咎。所有这些研究，都力图揭破笼罩在《周易》上面的神秘外衣。"

更令人称奇的是《易经》关于宇宙起源的独特的叙述，《易传·系辞上》："是故易有太极，是生两仪，两仪生四象，四象生八卦，八卦定吉凶，吉凶生大业。"这句话中的术语各家解释不同，但对这句话的总体意思的理解却是一致的：现在宇宙中的万事万物产生于一个本源——太极。三国时徐整著《三五历纪》（收入《太平御览》）的叙述更生动具体："天地浑沌如鸡子，盘古生其中。万八千岁，天地开辟，阳清为天，阴浊为地，盘古在其中。一日九变，神于天，圣于地。天日高一丈，地日厚一丈，盘古日长一丈。"至清代《幼学琼林》则更剔除了其中的神话部分，叙述也更简明："混沌初开，乾坤始奠。气之轻清上浮者为天，气之重浊下凝者为地。"

上述以易经理论为基础的我国古人对宇宙起源的描写与现代自然科学最新的研究成果是完全一致的。《中国大百科全书·天文学》"大爆炸宇宙学"条写道：大爆炸宇宙学是"现代宇宙学中最有影响的一种学说。……大爆炸的整个过程是：早期的宇宙，温度极高，在100亿度以上，物质密度也相当大，整个宇宙体系达到平衡（"混沌"阶段——引者注）。……但是因为整个体系在不断膨胀，结果温度很快下降……当温度降到几千度时，辐射减退，宇宙间主要是气态物质，气体逐渐凝聚成气云，再进一步形成各种各样的恒星体系，成为我们今天看到的宇宙。"同一书"地球"条中关于地球的起源和演化也有类似的叙述："现在流行的看法是：地球作为一个行星，远在46亿年以前起源于原始太阳星云。……并无分层结构（"混沌"阶段——引者注）……在重力作用下物质分异开始，地球外部较重的物质逐渐下沉，地球内部较轻的物质逐渐上升，一些重的元素（如液态铁）沉到地球中心，形成一个密度较大的地核（地震波的观测表明，地球外核是液态的）。"

从以上两段引文中可清楚看出，不管宇宙和地球从起源到形成目前这个状态各个阶段的演化细节如何，都经历了两个大阶段，开始是内部平衡的不分层的原始"混沌"阶段，然后是

"气之轻清上浮"和"气之重浊下凝"的分化定型阶段。

　　前面引用了不少古今文献，目的就是要说明，古人为了"通神明之德""类万物之情"而创作的八卦和《易经》，确实可以作为一个统一理论来解释和说明已知现存世界的现在和过去；可是古人的期望远不止此，他们甚至更希望有一个统一理论能预测未来。这就应当讨论术数了；笔者以为，术数就是八卦和《易经》在预测未来方面的一种应用。

　　术数预测未来，主要是预测人类活动的未来，而前面谈到的《易经》作为一个统一理论，所解释的都是自然世界，而没有涉及人类社会；因此，在讨论术数预测未来之前，还应当介绍一下《易经》在社会科学方面的应用。

　　应当指出，现在人们一般都把人类的知识分成自然科学和社会科学两大类，并且二者是截然分开的，之间至今没有多少实质性的联系；但在八卦和《易经》那里，我们却看不到这种区别。本文说八卦和《易经》是一个能解释世界的统一理论，"统一理论"这个词是从爱因斯坦那里借来的。爱因斯坦毕生追求的就是不断提高他的理论的"统一"程度，因为他相信世界应当是统一的，"上帝讨厌麻烦"。不过，他理想中的"统一理论"也仅仅是针对物质世界的，并不涉及人类社会。然而，八卦和易经作为一个统一理论，却不但企图解释自然世界（如前所述），同时还企图解释人类社会，指导人们为人处世，修身齐家治国平天下。

　　例如，前面所引《易经》第十五卦谦卦，从卦体和卦象上看，艮卦在下，坤卦在上；艮对应山，坤对应地，因此，此卦象征山处在地之下，是一个屈己自谦的形象，所以卦名为"谦"。卦辞是："亨，君子有终。"其大意当是：谦虚就能亨通，只有君子才能始终彻底做到，最终成功。其最下爻（初六）的爻辞是："初六，谦谦君子，用涉大川，吉。"此爻辞大意当是：第一爻是阴爻（初表示最下爻，即第一爻；六表示阴，九表示阳），君子谦而又谦，用这种态度来过大河，克服困难，总是吉利的，能成功。中间四爻的爻辞也很有意思，限于篇幅，恕不释。其最上爻（上六）的爻辞是："上六，鸣谦，利用行师征邑国。"此爻辞大意当是：第六爻是阴爻（上表示最上爻，即第六爻），谦虚到了顶，名声在外，利于用兵征伐邻国。可以说，易经每一卦中都包含这些修齐治平的道理，此文不多说了。

　　术数依托易经、易理、易义预测未来，应用范围十分广泛，大到一个国家的兴衰，一场战争的胜负，小到一个人的命运好坏，甚至某人某天出门办事是否适宜等，术数均予考虑。正因为如此，就形成了如前所述的众多的术数支派旁门。为了对术数是怎样预测未来的有一个总的粗略的了解，以下介绍其中一种最古老、最基本的方法——占卜。

　　古时占卜有两种方式，用龟甲或兽骨叫"卜"，用蓍草叫"筮"，合称"卜筮"。"卜"的具体操作程序已不大清楚了，大概是先在龟甲（多用腹甲）或兽骨（多用牛羊肩胛骨）上钻、凿，再用火灼，然后根据爆裂纹理来确定吉凶。《说文解字》认为"卜"字"象灸龟之形"，其实更进一步，"卜"字的读音恐怕也"象灸龟"爆裂之声。

　　"筮"的具体操作程序现在还比较清楚：备50根蓍草；先取出一根不用，象征太极；将剩下的49根任意分成两束，一束置于上，一束置于下，象征天地两分；任意从上束或下束中取一根置于中间，象征人立于天地之间。以下的操作程序说起来较烦琐，此文不必详述，其大致过程是，将上中下三束蓍草按固定的四个步骤取分置放，称为一变；三变之后上下两束蓍草之和将为某一个数字，根据这个数字即可确定一爻的阴阳；如此共经过十八变，即可从下至上确定六爻的阴阳；于是也就得到了一个完整的卦体。最后再根据《易经》上的卦名、卦辞、爻辞来判断欲预测的人或事的吉凶。"术数"中所说的"数学"主要就是研究以上过程中数字的变化及其意义。

先人之所以用龟和蓍来占卜，是因为他们相信龟和蓍是神物，能通神，有灵气；因此在先人看来，卜筮所取得的卦，并不是随机的，而是神的指点。当然，后人改用铜钱、牙牌、棋子等物来占卜，即所谓随物取数，随数取卦，那层通神的含义恐怕就没剩下多少了。

以现代科学的眼光来看，占卜的整个过程实质上可看作两个连续分类的过程：首先将欲预测的具有千差万别的人或事根据某种规则归入六十四类中的某一类，即取得某一卦的卦体；然后再进一步根据易理分成两类，"吉"或"凶"。从思辨逻辑上看，这倒是无可挑剔的。不过必须强调，不管取得卦体的程序多么神秘复杂，其实无非就是从《易经》六十四个卦中任取一个；这个过程本质上就像抽签一样，应当完全是一个随机的过程。这种随机过程的结果，我们今天恐怕只能承认它仅有统计学方面的意义，而很难说它具有别的什么决定论方面的因果关系。对于用其他术数方式来预测未来，大致也可取这种基本态度。

十分有趣的是，占卜等各种术数活动从古到今绵延不断，而对其反对之声也一直绵延不断。韩非子写过一篇文章《饰邪》，其中举了不少史实证明占卜占星等皆不可信，然后他总结写道："龟策（策指蓍草——引者注）鬼神不足举胜，左右背乡（指星辰在天空的位置，乡同向——引者注）不足以专战。然而恃之，愚莫大焉。"王充在《论衡·卜筮》中更写道："周武王伐纣，卜筮之逆，占曰大凶，太公推蓍蹈龟而曰：枯骨死草，何知而凶？"

应当特别指出一点，我国古籍中类似上述反对或非难占卜等各种术数活动的记载很多，但似乎全都是批判"枯骨死草"

的，至少我至今没发现一处是批判《易经》本身的。确实，用今天的话说，我国历来都是把《易经》和《易经》的应用分别看待的。如《四库全书》的处理：凡解说《易经》本身的书入经部易类，居经部之首，亦全书之首；凡用易理教人修齐治平的书入子部儒家类，为子部之首；凡用易理推知吉凶的书入子部术数类。荀子在《大略篇》中更说"善为易者不占"，意思当是精通《易经》的人是不用来占卜算卦的。

既然数千年来我国一直有这么多大学者都态度坚决地反对占卜等各种术数活动，那么，为什么它们数千年来又能一直绵延不断呢？我想，至少有三个基本原因。

第一，术数并非全都是迷信的，反科学的，其中肯定有不少科学性的精华还等待我们去发掘。例如，相宅相墓看风水的堪舆家，他们的经验在保证人们居住的健康安全方面就是有很多科学道理的；至于在利用墓穴保存人的尸体方面取得的成就甚至我们今天也无法解释，难于做到，如长沙马王堆出土的基本保存完好的两千年前的女尸就是最有力的物证。

第二，有些批判文章，用今天的眼光来看，其论述未必是无懈可击的。例如，宋代费衮在其《梁溪漫志》中有一篇证明算八字不可信的文章。他首先按算八字的方法计算，一天只有12个时辰，一年只有4320种命运，再分男女，一个甲子60年也不过51.84万种命运，然后他驳斥道："今一郡户口不下数百万，则同年同月同日同时多矣，又何贵贱贫富之不同哉？"从证伪的角度来看，上述驳斥理由并不很严格、充分，因为要用统计学原理证明算八字不可信，应当统计符合算八字结果的人所占的百分比，若接近50％，那么统计结果就不支持算八字的方法。其道理很简单，根据统计学概率论的基本原理，要判断一个人命运的好坏，多次掷硬币的正确率也必然是50％左右。

第三，大概也是最重要的原因，就是科学的未来学（也叫预测学）太不发达。人们希望能预知未来，这个愿望和要求是绝对合理的，也是很有必要的。令人十分遗憾甚至难堪的是，现在已发展到了信息时代、知识时代，但人类在预测未来方面的能力却非常有限。例如，现在人们对日食、月食的发生，彗星的出没等天体的运行规律能很精确地计算预测；对风雨冷热等天气变化也能基本准确预知；可是对地震、洪水等自然灾害的发生就没有多大把握进行预报了。至于对人类社会未来的预测（长期的或短期的，群体的或个体的），则基本上是空白。当然人们也一直在努力，半个世纪前更创立了未来学从事这个领域的研究，但是真正可供实用的可靠的研究成果还不多。

这里我们想特别强调马克思主义的一个观点：唯心主义是利用人类知识的空白点而存在的。确实，如果科学真能满足人们某一领域的需要，那么骗人的迷信在这一领域也就难于立足了。如现在人们想知道未来的天气怎样，肯定会去问气象台，而不会去找占家了；因为现在气象台的天气预报基本上是准确可靠的。

虽然各种术数活动数千年来绵延不断，但历史地看，其影响力与活动范围都在逐渐缩小。我国发现的最古老的成系统的文字甲骨文，几乎全部都是占卜的记载，因此，甲骨文也叫"卜辞"。春秋战国时期，每个国家都有专门掌管占卜的官员，他们的政治地位和学术地位都是很高的；这种官制后来逐渐消亡，未考是何时完全废止的。历史上很多大术数家，如先秦鬼谷子、邹衍，三国诸葛武侯，晋郭璞、葛洪，宋陈抟、邵雍（康节）、司马光，明刘基（伯温）、黄道周等，他们同时也是大学问家，都是治中国思想文化史时不能不提到的人物。民间的各种术数活动至少在半个多世纪前都还是正当合法的职业；当然今天从事这种职业的人也仍然还有，但都不是合法的职业了。

　　关于术数与八卦的关系，最后还有一点应稍加说明，即它们的产生时间孰先孰后的问题。这个问题无非有三个答案：八卦在先；术数（占卜）在先；二者难分先后，是互相促进共同发展的。根据古代文献，"人更三圣（分别指伏羲氏、周文王和孔子），世历三古（分别指上古、中古、下古）"（《汉书·艺文志》），没有比伏羲氏始作八卦更古老的传说了。然而，出土的甲骨文却不能支持这一传说，当然也不足以否定这一传说；相反，甲骨文似乎更有利于证明"占卜在先"。看来，究竟何者在先，只能靠今后进一步的考古发掘和科学研究了。不过，不管何者在先，都与本文"术数是八卦和《易经》在预测未来方面的一种应用"的说法不矛盾。

　　本文是一篇命题作文，题目是李升召先生提出的，他是故宫术数整理本丛书的责任编辑，希望我能为该丛书写一篇总序，谈谈"八卦和《易经》与术数之间的关系以及它们在我国传统文化中的地位"。我不知天高地厚，欣然领命。于是闭门半月，搜索枯肠，总算勉强为它们之间的"关系"提出了一个看法，并做了一些解释和说明；但一看字数，已近一万，远不是一篇序的通常篇幅了，即请示李先生，获得同意，这篇序就不评价它们在我国传统文化中的地位了。

　　其实，这篇序在"关系"处打住而不评价它们的"地位"，就笔者而言，篇幅大了只是次要原因，更主要的原因是八卦和《易经》对我国传统文化的影响实在太广泛深远了，就像人体的血液，渗透了每一个细胞，就像人体的基因，代代相传。平常聊聊天，似乎还觉得能应付自如，真要提笔立论为文，就深感学力处处不支了。仅仅是那么博大精深的思想认识，竟会产生于三四千年前的殷商时代，就简直令人不敢相信，难于理解；然而，经受了几千年实践检验的经络学说的实例又使我们绝对不敢低估古人具有超乎我们想象的高超智慧；我们至今仍没找到令人信服的解剖学证据，二三千年前的古人怎么能那么清楚地知道人体经络的分布呢？每当想到类似的事实，再看到记载古人微言大义深邃思想的古文献，就不禁油然而生出一种对古人的莫名的敬畏心情，使人不敢轻言为八卦和《易经》以及术数在我国传统文化中的地位立论。非不为也，是不能也。这个题目只能留待笔者今后努力了，当然更希望能早日看到大家的高论。

易潇

2001 年 11 月 28 日于长沙

2003 年 5 月修订

2006 年 12 月订正

　　附注：海南出版社即将出版《日讲易经解义》，亦委托笔者写了一篇序——《〈周易〉是什么书》，其中谈到了《周易》在我国传统文化中的地位问题，有兴趣的读者可参阅。

易潇

2010 年 10 月

第一章　起例

起天盘法

【原文】以太阳为主，如正月中气雨水。日躔娵訾之次入亥宫，即用亥为月将。二月用戌，三月用酉，四月用申，五月用未，六月用午，七月用巳，八月用辰，九月用卯，十月用寅，十一月用丑，十二月用子。总以中气过宫，一月换一将，故称月将。以一将为首，而其余次第布之，有统率之义，故称将。以日所至之宫为主，流动不拘，故称天盘。

【注解】太阳就是月将，管辖这一个月中所有事情的神将叫月将。太阳在何宫，就用何神做月将。正月建寅，太阳居亥位，亥就是寅月的月将。依此类推：

正月建寅，太阳居亥位，月将就是亥。

二月建卯，太阳居戌位，月将就是戌。

三月建辰，太阳居酉位，月将就是酉。

四月建巳，太阳居申位，月将就是申。

五月建午，太阳居未位，月将就是未。

六月建未，太阳居午位，月将就是午。

七月建申，太阳居巳位，月将就是巳。

八月建酉，太阳居辰位，月将就是辰。

九月建戌，太阳居卯位，月将就是卯。

十月建亥，太阳居寅位，月将就是寅。

十一月建子，太阳居丑位，月将就是丑。

十二月建丑，太阳居子位，月将就是子。

每个月中含有两个节气，人们习惯把节气连接起来说，实际上节气却各有含义。古时把一年分为四时八节，四时即春夏秋冬，八节即立春、立秋、立夏、立冬、春分、秋分、夏至、冬至。后术数家把每个月的第一个节气称为节。

气是指中气，每个月的第二个节气正好是太阳过宫，交换中气的时候，所以叫气，这样每个月中就有一个节和一个气。即：

正月立春节，雨水气；二月惊蛰节，春分气；

三月清明节，谷雨气；四月立夏节，小满气；

五月芒种节，夏至气；六月小暑节，大暑气；

七月立秋气，处暑气；八月白露节，秋分气；

九月寒露节，霜降气；十月立冬节，小雪气；

十一月大雪节，冬至气；十二月小寒节，大寒气。

需要注意的是，每个月的月将并非是从第一个节开始，而是从中气过宫开始。即从每个月的气开始使用本月的月将，这是至精至确之法。以合神为月将及生成数取月将之法都是不正确的，断不可盲从。以下是节气使用月将之法：

雨水、惊蛰月将为亥；春分、清明月将为戌；

谷雨、立夏月将为酉；小满、芒种月将为申；

夏至、小暑月将为未；大暑、立秋月将为午；

处暑、白露月将为巳；秋分、寒露月将为辰；

霜降、立冬月将为卯；小雪、大雪月将为寅；

冬至、小寒月将为丑；大寒、立春月将为子。

月将一月一换，轮流主事，所以天盘主动。天盘的组合也是子、丑、寅、卯、辰、巳、午、未、申、酉、戌、亥十二个字。不同的是，他是随着月将（太阳）的变化而不停地变动，而太阳又根据占时在不停移动。所以天盘的取法就是把太阳（月将）加在占时上。

如正月雨水后亥将寅时占，就把亥加在地盘寅上，其式如第 3 页右上图。

日躔：太阳在天体中的运行，有躔次、躔度之分。躔次是指太阳所践历之度次。《晋书·天文志》有"五纬躔次，用告祸福"，是言天象可告吉凶。躔度是太阳在天球上所经行的度数，用以正阴阳，分四季。

天盘亥加寅上→	寅	卯	辰	巳
	丑			午
	子			未
	亥	戌	酉	申

娵（jū）訾（zī）：星次名，和黄道十二宫的双鱼座相当。《晋书·天文志》记："自危十六度至奎四度为娵訾，于辰在亥，卫之分野，属并州。"这就是说，娵訾即太阳中气入亥宫，月将即亥。

定地盘法

【原文】地盘本是一定而不移者，以正时为主。如自己占，则以发念之时为正时；他人来占，则以相遇之时为正时；或随拈一时，即以月将加之，顺布十二宫。如正月丑时，则以亥将加丑、子加寅、丑加卯是也。

地　盘　式　　　　　天盘加地盘式

巳	午	未	申
辰			酉
卯			戌
寅	丑	子	亥

卯	辰	巳	午
寅			未
丑			申
子	亥	戌	酉

正月亥将丑时，以亥加地盘丑上，顺布之，成十二宫。

【注解】子丑寅卯辰巳午未申酉戌亥十二占时为地盘。地主静，所以地盘永远不动。根据其所居方位，就排出以上图中的地盘式。

有句古话叫作"掐指一算"，是言在手掌中根据部位用各种方法就可以推算一事结果。所以，《奇门》术《烟波钓叟歌》中有"天地都在一掌中"之说。大六壬也是一样，亦可以掐指计算。

地盘在手掌上体现的方法是：

　　无名指的第一节为子位，中指的第一节为丑位，食指的第一节为寅位，食指的第二节为卯位，食指的第三节为辰位，食指的第四节为巳位，中指的第四节为午位，无名指的第四节为未位，小指的第四节为申位，小指的第三节为酉位，小指的第二节为戌位，小指的第一节为亥位。图如下：

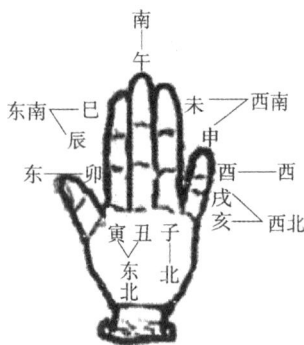

　　凡占壬课，先定地盘，后取天盘。要取天盘，首先要定占时，即本文中的正时。因为占时即所动之时，动则隐藏天机，所以取占时非常讲究，大致有以下几种：

　　一、如果自己占事，心念一动，天机即在其中，就以发念之时为占时。

　　二、他人占事，或以所遇之时为占时；或由当事人口报一个时辰为占时。根据古人观念，六壬最重占时，所以要求报时辰之人不假思索，脱口而出，此时天机活泼，灵应准确。如果报时之人稍一迟疑，则天机为其思虑物欲遮蔽，灵验度就打了折扣。查六壬占验之课，古时大部分都以相遇时辰为占时，即正时法；而后人多用报时法。

三、以十二根竹签（木材或象牙均可）或纸作成十二签，每个签上写一个时辰，由占事人来抽，抽出签上写着何字，即以何字为占时。

四、古时取占时更为讲究，做一个圆形木盒，雕刻十二个孔，把"子丑寅卯辰巳午未申酉戌亥"十二个字分别写在每个孔上。然后把一珠放在盒内开始摇动，珠停落在哪个字上，就以那个字的时辰为占时。

只要定好占时，把本月月将加在占时上，依次排出，就是六壬课中的天盘加地盘式。如第3页"天盘加地盘式"就是正月亥将丑时的课式。

取四课法

【原文】甲寄于寅，乙寄于辰，丙戊寄于巳，丁己寄于未，庚寄于申，辛寄于戌，壬寄于亥，癸寄于丑。如甲申日占，亥将加丑时，则日干甲课在寅。寅上是子，则子甲为第一课。子上是戌，则戌子为第二课，是为干之两课。又看日支申上是午，则午申为第三课。午上是辰，则辰午为第四课，是为支之两课。第一课为干之阳神，第二课为干之阴神，第三课为支之阳神，第四课为支之阴神。又：干上神为日，支上神为辰。

四　课　式

子	戌	午	辰
甲	子	申	午

卯	辰	巳	午
寅			未
丑			申
子	亥	戌	酉

【注解】四课是发用的根源，是每个占事彼此的最初体现，所以在六壬课中也是很重要的一环。其取法是以占事本日的天干、地支与天地盘相会而成，其演法共有五步。

一、十干寄宫

四课中除日干外，其余七字均用地支。而日干本身也都寄于地支之中，用这个地支来代表天干。十干寄宫歌诀是：

甲课寅兮乙课辰，丙戊课巳不须论，

丁己课未庚申上，辛戌壬亥是其真，

癸课原来丑宫坐，分明不用四正神。

这就是本文甲寄寅宫，乙寄于辰，丙戊寄于巳，丁己寄于未等论的来源。

四正神，即子午卯酉，因为它们居于正东、正西、正南、正北之位，所以叫四正神。

二、取第一课

天盘即定，十干寄宫已明确，然后根据天盘图式取第一课。即先把日干写上，然后依十干寄宫的方法，找出这个天干在地盘上的寄宫，看其寄宫的天盘上是何字，便将天盘上这个字写在天干之上，就是第一课。如甲子日戌时午将占：

天 盘 式			
丑	寅	卯	辰
子			巳
亥			午
戌	酉	申	未

天干甲寄寅宫→

根据这个天盘式，甲寄寅宫，寅宫的天盘上写着戌字，那么第一课的写法就是先写上甲字，再将戌写于甲上，即是戌甲。

三、取第二课

把天干寄宫天盘上的字，写在日干的右边。再从这个字的地盘上找出天盘是何字，便把这个字写在日干天盘上所得的这个字的上边，就成为第二课。接上课，天干寄宫寅的天盘是戌字，便将戌字写在甲字的右边。然后看地盘戌上是午字，便将这个午字写在戌字的上面，即午戌，这就是第二课。

第一课和第二课为干之两课。第一课是干之阳神，第二课是干之阴神。（阴神注解用法见后）

四、取第三课

把日支写在第二课的右边，与第一、二课的下方一字并列。然后从地盘上找出日支所在官的天盘上是什么字，便把这个字写在日支的上面，就是第三课。接上例，日支是子，先把子写在第二课右边，与下边一字平行，从天盘上得知，地盘子字上是申字，便把申字写在子字的上面，即申子，这就是第三课。

五、取第四课

把支上所得天盘之字，写在日支的右边。再从这个字的地盘上找出天盘是什么字，便把这个字写在日支天盘上所得字的上方，第四课即成。接第三课，日支子的天盘上是申字，先将申字写在子字的右边，再从申字的地盘上看到天盘是辰字，便将辰字写于申上，即辰申，就成为第四课。

第三课和第四课为支之两课。第三课是支之阳神，第四课是支之阴神。

然后把这五步联在一起，就取出四课。如甲子日戌时申将占事，它的课式就是：

月将申加占时地盘戌上所得为天盘。

先把月将申金加在地盘戌土上，成为上面的天盘式。然后将甲木写上，甲寄寅宫，地盘寅上是子字，把子写于甲上，成为第一课。次将子字并排写在甲字的右边，地盘子上是戌字，把戌字写在子字的上方，就是第二课。

```
甲卯    辰  巳  午
寄寅
宫丑            未
→子    亥  戌  申  酉

              四  课

        1   2   3   4
        子  戌  戌  申
        甲  子  子  戌
```

又把日支子水，并排写在子字右边，地盘子上是戌字，把戌字写于子上，就是第三课。最后把地盘子的"戌"字，并排写在地支子水的右边，地盘戌是上申字，把申字写在戌字上，就是第四课。从这个课式中可以很清楚地看出第一、二课是来自日干，所以叫日上两课。而第三、四两课则来自日支，所以叫辰上两课。因此，六壬亦简称日干为日，简称日支为辰。

取三传法

克贼第一

【原文】起课先从下克呼（四课中以下克上者为初传），如无下克上为初（如无下克上即用上克下者为初传）。初传本位为中次（初传本位之上神为中传）。中传上神是末居（中传本位之上神为末传）。

己丑日亥将加酉时（元首课）。

克贼第一式。

课中止有一上卯木，克下丑土。

	卯		
	巳		
	未		
酉	亥	卯	巳
己	酉	丑	卯
未	申	酉	戌
午			亥
巳			子
辰	卯	寅	丑

【注解】三传即课式中的初传（又名发用）、中传和末传，这是占断事情吉凶成败的主要依据。三传的选取是根据四课中的上下克贼和地支的刑冲克害而成。四课中的五行上克下叫克，下克上叫贼。

要知道三传发用，首先要知道五行的生冲克害等基本知识，才能详叙三传的取法。

五行相克：

金克木，木克土，土克水，水克火，火克金。

五行相生：

金生水，水生木，木生火，火生土，土生金。

天干五合：

甲与己合，乙与庚合，丙与辛合，丁与壬合，戊与癸合。

地支六合：

子丑合，寅亥合，卯戌合，辰酉合，巳申合，午未合。

地支六冲：

子午冲，丑未冲，寅申冲，卯酉中，辰戌冲，巳亥冲。

地支三合局：

亥卯未合为木局，巳酉丑合金局，申子辰合水局，寅午戌合火局。

地支三刑：

子刑卯，卯刑子。丑刑戌，戌刑未，未刑丑。寅刑巳，巳刑申，申刑寅。辰午酉亥为自刑。

地支六害：

子未害，丑午害，寅巳害，卯辰害，申亥害，酉戌害。

知道了五行生克冲合等关系，就容易理解三传的取法。首先谈贼克法。

这首歌诀与《六壬大全》《大六壬探源》等书中所载略有不同，特将其他书歌诀摘录如下：

取课先从下贼呼，如无下贼上克初，

初传之上中传取，中传上神末传居。

两相比较，此首歌诀远比原歌诀清晰得多，也容易理解。前边已有解释，六壬课中的地盘之神克天盘之神叫贼。天盘之神克地盘之神曰克，称呼非常明确。原歌把"下贼上"改为"下克上"，使称呼混乱，此第一、二两句中缺陷。取出初传后，以初传的上神为中传，原歌之意艰涩难懂，不如后歌通俗易懂，这是第三句中的不足。

这首歌诀共含三层意思。

一、如果四课中有一课下贼上，就先以受克之神为初传。再取地盘初传之位上所居之神为中传，取地盘中传之位上神为末传，这种课名叫"始入"。

二、如果四课中有下贼上者，还有上克下者，则不管其上克下，仍以下贼上者为初传，中末传的取法与"始入"同，这种课名叫"重审"。

三、如果四课中没有一课下贼上，只有一课上克下者，则取上克下者为初传，中末传的取法与"始入"同，这种课名叫"元首"。

例1 四月丙戌日巳时申将。始入课。

四课中第一课申丙，申为阳金，丙为阳火，火克金是下贼上。第二课亥申，金水相生，无克。第三课丑戌，第四课辰丑，皆土，也无克。所以取下贼上的申金为初传发用。地盘申金的位置上神是亥，便取亥为中传。地盘亥的位置上神是寅，寅就是末传了。此课名曰"始入"。

例2 卯月癸亥日午时亥将。重审课。

四课中第一课午癸，癸水克午火，为下贼上；第二课亥午，亥水克午火，为上克下；第三课辰亥，辰土克亥水，也是上克下；第四课酉辰，土金相生无

申	亥	寅

申	亥	丑	辰
丙	申	戌	丑

申	酉	戌	亥
未			子
午			丑
巳	辰	卯	寅

午	亥	辰

午	亥	辰	酉
癸	午	亥	辰

戌	亥	子	丑
酉			寅
申			卯
未	午	巳	辰

克。弃去第二课、第三课上克下，取第
一课下贼上为初传，故以午火发用为初
传；地盘午上居亥水，取为中传；地盘
亥上居辰土，便取为末传。这就是"重
审课"。

　　须要注意的是，课中只要有一课下贼
上，其余三课不论是一克下，甚至三课
皆克下，皆取一下贼上为初传，一律不
取上克下。

　　例3　四月丁丑日子时申将。元首课。
第一课卯丁，木火相生。第二课亥卯，
水木相生。第三课酉丑，土金相生。唯
第四课巳酉，是巳火克酉金，名上克下，
所以取所克之神巳火发用初传。地盘中
巳火的位置上神是丑，就取丑为中传。
地盘丑土的上神是酉金，酉金就是末传
了，这就是"元首课"。

　　这里还要注意一个问题，不论是下贼
上，还是上克下，都是取课中的上一字
为初传，千万莫取课下一字。

比用第二

　　【原文】下克或二三四侵（下克上或有
二三四克者），不然上克一同行（上克下，亦
有二三四克者）。须将比日天神用，阳日用
阳阴用阴。（以日干比和者为初传。如甲日是
阳，则取子阳神为初传；乙日是阴，则取丑阴神

	巳		
	丑		
	酉		
卯	亥	酉	巳
丁	卯	丑	酉
丑	寅	卯	辰
子			巳
亥			午
戌	酉	申	未

	辰		
	巳		
	午		
卯	辰	亥	子
甲	卯	戌	亥
午	未	申	酉
巳			戌
辰			亥
卯	寅	丑	子

为初传是也。）

甲戌日亥将加戌时（连茹课）。

比用第二式。（图见第 11 页右下）

二下克上，亥不比而辰比，故取辰为初传。

【注解】此类歌诀还有两种，与此歌虽大同小异，仍有区别：

1. 下贼或三二四侵，若逢上克亦同云，
　常将天日比神用，阳日用阳阴用阴。
2. 克贼或不止一课，知一之法先须明，
　择与日干比者用，阳日用阳阴用阴。

四课中有两课、三课，甚至四课下贼上；或有两课、三课甚至四课上克下者，则取与日干相比者发为初传。要注意的是：这里的相比并非推八字中的比肩，即金与金相比，木与木相比。而是阴阳相比，即子寅辰午申戌为阳，甲丙戊庚壬为阳。丑亥未巳酉卯为阴，乙丁己辛癸也是阴。如日干甲为阳干，则取子寅等阳支为比。若日干是乙则为阴，则取亥卯等阴支为相比。中传和末传的取法不变。

虽下贼上、上克下均取相比，其课名称却有分别。取下贼上相比者为"比用"课，取上克下相比者则名"知一"课。《观月经》云："二下贼上为比用，二上克下为知一。"

例 1 十月甲寅日酉时寅将。比用课。

第一、三课为未土，都是甲木克未土。第二、四课为子未，都是未土克子水。四课都是下贼上。但日干甲木为阳木，二、四课子水为阳水，与日干相比。

	子		
	巳		
	戌		
未	子	未	子
甲	未	寅	未
戌	亥	子	丑
酉			寅
申			卯
未	午	巳	辰

而第一、三两课未土为阴土，与日干不比。所以发用初传为子水而不用未土。

例2　八月乙丑日酉时辰将。比用课。

第一课亥乙，水木相生无克。第二课午亥，亥水克午火，下贼上。第三课申丑，土金相生，无克。第四课卯申，申金克卯木，下贼上。第二、四两课都是下贼上。但日干乙木为阴木，第二课午火为阳火、与日干不比，弃之不论。而第四课卯木是阴木，与日干相比，所以取为初传。这就是"比用课"。

例3　八月壬辰日巳时辰将。知一课。

四课中第一课戌壬，戌土克壬水，为上克下。第二课酉戌，土金相生。第三课卯辰，卯木克辰土，也是上克下。第四课寅卯为比和。其中第一、三两课都是上克下，但因壬水为阳干，第一课戌土为阳土，与日干相比；第三课卯木为阴木，与日干不比，所以取戌土而弃卯木。这就是"知一课"。

例4　四月辛卯日子时申将。知一课。

四课中第一课午辛，午火克辛金，是上克下。第二课寅午，木火相生。第三课亥卯，水木相生。第四课未亥，未土克亥水，也是上克下。其中第一、四两课都是上克下。但辛金属阴干，第一课午火为阳火，与日干不比，弃之不论。

```
         卯
         戌
         巳

亥    午    申    卯
乙    亥    丑    申

子    丑    寅    卯
亥              辰
戌              巳
酉    申    未    午
```

```
         戌
         酉
         申

戌    酉    卯    寅
壬    戌    辰    卯

辰    巳    午    未
卯              申
寅              酉
丑    子    亥    戌
```

第四课未土为阴土，与日干相比，所以取为初传。这也是"知一课"。

比用的取法也要注意两个问题：

一、四课中有二课下贼上者叫"比用"，有二课上克下者叫"知一"，课格不同，定要分清。

二、四课中有二上克下，又有二下贼上，取下贼上相比者为初传名"知一"。如果四课中有二上克下，又有一下贼上，取下贼上发用者，却叫"重审"（见前贼克法），要仔细分辨，千万不要混淆。

涉害第三

【原文】有时俱比俱不比（有上下克俱与日干比和俱不比和者），涉害最深为用神（取克之最多者为初传，假如天盘子字在辰，即从辰数到地盘子位上，看有几克。如子加辰，则辰为一克；巳中有戊为二克，未为三克；未中有己，为四克；戌为五克，数至本位共五克）。孟深仲浅重回复（孟仲季四课下神是也。寅申巳亥为四孟，子午卯酉为四仲，辰戌丑未为四季。如有孟上神，则竟用孟上神。而仲上神季上神，俱可勿论。若仲与季则当论其克之多寡，然仲之克数常少，季之克数常多），复等刚干柔取辰（如克俱在孟，俱在仲季，而数相同者，阳日取干上神，阴日取支上神）。

辛卯日亥将加未时（曲直课）。

	未卯亥		
午辛	寅午	亥卯	未亥
丑子亥戌	寅酉	卯申	辰巳午未

	亥卯未		
寅辛	午寅	未卯	亥未
酉申未午	戌巳	亥辰	子丑寅卯

涉害第三式。(图见第14页右下)

三下克上,寅不比而未亥俱比。但从天盘之未到地盘未宫,止有卯乙两克。从天盘之亥,到地盘亥宫,则有己未戌三克,故应取亥为初传。

【注解】什么是涉害?课经云:涉,渡也;害,克也。如果四课中有两课、三课甚至四课都是下贼上,或者四课中有两课、三课甚至四课都是上克下,而且这两课、三课甚至四课都和日干相比或都和日干不比时(日干为阳,上神都是阳;或日干是阴,上神都是阴者为俱比。日干是阳,上神都是阴;或日干是阴,上神都是阳为俱不比),则以比较涉害轻重的方法取初传。即从这个字所在的天盘开始,一直数到这个字在地盘上的位置,这个度数的过程就是涉。而在这个度数过程中,逢到克处即是害。整个过程又叫涉归本家。然后看其经过之处共有几重克,把所有上神受克之处比较后,以受克多的地支发用为初传。如四课中第一课是申乙,第二课是子申,第三课是未卯,第四课是亥未。第三、四两课都是下贼上,且与日俱比,那么只好以涉害深浅取用。第三课未卯,未居卯木上为一重克,辰中寄着乙木,为二重克,巳中丙戊无克,午火无克,本家未上均无克,这样涉归本家得二重克。再看亥未,亥居未上,未中有己未二土克水,连得两重克,申中庚金无克,酉金无克,戌土克亥,又一重克,至亥本家无克,这样,涉归本家是得三重克。两相比较,亥水比未土多受一重克,故取亥水发用为初传。

例1 正月丁卯日丑时亥将。涉害课。

第一课巳丁无克,第二课卯巳也无克。第三课丑卯,是木克土;第四课亥丑,是土克水。三四两课不仅皆下贼上,且丑土亥水均属阴,与日干丁火均相比,以致无法取用,只好用历归本家的涉害法。先看丑土，加临地盘卯上为一重克，辰土是乙木寄宫又一重克，再经巳午未申酉戌亥子，直至本家丑位再无克，共受两重克。再看亥水，加临地盘丑上为一重克，寅卯位水木相生无克，辰位又一重克。巳中是戊土寄宫，又一重克。午位无克。未土是己土寄宫，再加本身之土，一支得两重克。申酉二位无克，至戌土又一重克，历归本家亥位，共受六重克，比丑土涉害深重得多，所以亥水发用为初传。

　　例2 四月庚子日戌时申将。涉害课。

　　第一课午庚，火克金。第二课辰午无克。第三课戌子，土克水。第四课申戌无克。一、三两课都是上克下，庚金属阳干，午戌也是阳神与日干俱比，致使无法取用，只好用历归本家的涉害法。先看午火，加临地盘申上，火克金是一重克。申是庚金寄宫，又一重克。至酉位，火克金，又一重克。至戌位，戌是辛金寄宫，再一重克。而后历经亥子丑寅卯辰巳，直至午火本宫再无克，共得四重克。再看戌上，加临地盘子上，土克水为一重克。至丑位，丑中是癸水寄宫，又一重克。而后历寅卯辰巳午未申酉，直至戌位本家，再无一克，共得两重克。两相比较，午火涉害较深，所以

			亥 酉 未		
巳 丁	卯 巳	丑 卯	亥 丑		
卯 寅 丑 子	辰 亥	巳 戌	午 未 申 酉		

			午 辰 寅		
午 庚	辰 午	戌 子	申 戌		
卯 寅 丑 子	辰 亥	巳 戌	午 未 申 酉		

取午火发用为初传。

歌诀又云：

涉害行来本家止，路逢多克发用奇。

孟为见机仲察微，复等柔辰刚日宜。

这里又涉及"涉害"课中"见机、察微、复等"（一名缀瑕）三种课格，详述如下。

如果四课中有两课以上的下贼上或两课以上的上克下，不仅都与日干俱比或俱不比，且涉害深浅相当，则要看其神是居在地盘的孟上、仲上，还是季上（寅申巳亥为四孟，子午卯酉为四仲，辰戌丑未为四季）。涉害相当，首先看何神居地盘的四孟之上，便取这个神发用为初传，这个课格名叫"见机"。如果四孟之上没有克神，再看何神居地盘的四仲之上，便取这个神发用为初传，这种课格名叫"察微"。如果四孟、四仲上神均无克无取，则不取四季上神，而是阳日取干上神发用为初传，阴日取支上神发用为初传，这种课名叫"缀瑕"或"复等"。

例3　正月丙子日辰时亥将。见机课。

第一课子丙，水克火。第二、三两课皆为未子，土克水。第四课寅未，木克土。四课均上克下，但二、三两课上神未土为阴土，与日干丙火阳火不相比，弃之不用。而子水寅木俱属阳，均与日干丙火相比，无法取用，只好用历归本家的涉害之法。先看子水，加临地盘巳上，巳是丙火寄宫，一重克。子水克巳火，又一重克，至午火再一重克。至未土，未是丁火寄宫，又得一重克。而后

	子		
	未		
	寅		
子	未	未	寅
丙	子	子	未
子	丑	寅	卯
亥			辰
戌			巳
酉	申	未	午

历经申酉戌亥，直至本宫子水再无克，是得四重克。再看寅木，寅加未上是一重克。未是己土寄宫，又得一重克。申酉无克，至戌位又一重克。亥子无克，至丑土又一重克，寅木本家无克，也是得四重克。两相比较，涉害深浅相同，还是无法取用，只好看加临何宫。寅木加临于地盘未上，子水加临地盘巳上，巳火为孟神，便弃去寅木，取孟上子水发用为初传。这就是"见机"格。

　　例 4　五月庚午日卯时未将。察微课。

　　第一课子庚，金水相生。第二课辰子，土克水。第三课戌午，火土相生。第四课寅戌，木克土。第一、三两课弃之不论。第二、四两课均上克下，且辰土寅木都属阳，与日干庚金阳金俱相比，以致无法取用，只好用历归本家的涉害法。先看辰土，加地盘子上为一克。至丑，丑土是癸水寄宫，又得一重克。再至寅，卯辰本家，均无克，共得两重。再看寅木，加临戌土为一克，子亥位无克，至丑土位又一克，寅木本家无克，也是得两重克。二者涉害相当，也无法取用。同时，寅辰加临地盘均非孟上。

		辰	
		申	
		子	
子	辰	戌	寅
庚	子	午	戌
酉	戌	亥	子
申			丑
未			寅
午	巳	辰	卯

但辰土加临子水为仲上，寅木加临戌土为季上，故弃去寅木不论，取辰土发用为初传，这就是"察微"课。

　　例 5　十一月戊辰日午时丑将。复等课。

　　第一课子戊，第三课亥辰，第四课午亥都是下贼上。第二课未子为上克下，弃之不论。戊土日干为阳干，第三课亥水为阴水，与日干不比，也弃之不论。而子水与午火都属阳，

与日俱比，所以须用涉害法取用。先看
子水加临巳宫，至本位子宫共有戌未己
戌四重克。再看午火加临亥位，至本位
午宫，共有壬亥子癸四重克。二者涉害
相当，也是无法取用。再看地盘，子
水临巳位，午火临亥位，都是四孟，还
是无法取用。戌土为阳干，以课上先见
之神为发用。子水为第一课，且居干上
为先见，所以子水发用为初传。这就是
"复等"格。

	子		
	未		
	寅		
子	未	亥	午
戌	子	辰	亥
子	丑	寅	卯
亥			辰
戌			巳
酉	申	未	午

　　用涉害法取初传时，须注意两个问
题：

　　一、凡查涉害深浅，若是上克下者，
以上神查其地盘所克之神；若为下贼上者，则以上神受地盘之
神所克来计。如例1第三、四两课皆为下贼上，便用丑土查受
克之木，亥水查受克之土。而例2中的一、三两课则是用午火
查其所克之金，戌土查其所克之水，万勿混淆。

　　二、区别名称。例1、例2皆以涉害深者发用，叫涉害。例3
以孟上之神发用，名见机。例4以仲上之神发用，名察微。而阳
日用干上神，阴日用支上神发用者名复等。各有其名，并非相同。

　　涉害课的取法，其他书也有异议。对此，袁树珊在《大六
壬探源》一书中论述极精，特摘于下：

　　"查《经纬》《指南》《寻源》《粹言》等书，皆不论涉害浅
深，但云四课中有二三四下克上，或二三四上克下，将与干阴
阳俱比，俱不比（《经纬》所云，将字作神字解，非天将也，下
仿此），则要寅申巳亥位上为初传。（见机）如无寅申巳亥所乘
则取子午卯酉位上为初传。（察微）或俱是寅申巳亥所乘（涉害

相等唯巳亥上有之，并无寅申上者），或俱是子午卯酉所乘（四仲上无涉害相等者），阳日干则取干两课先见之将为初传（阳干只戊日有之，并无甲庚丙壬者。取干上神为初传可矣，何必曰取干两课先见者），阴日干则取支两课先见之将为初传（缀瑕、乙丁巳辛癸五阴干无此例）。其次序较课经实少一层，而所少者乃是涉害本体。首论下克（贼）、上克、历归本家浅深取用之法，即歌诀云：'涉害行来本家止，路逢多克发用奇'是也。今《经纬》等书弃此不论，但论孟上、仲上及干支先见者发用，是只有'见机''察微''缀瑕'而无涉害也。殊不知前贤定名，以'涉害'为纲，'见机''察微''缀瑕'为目，今反舍纲言目，虽曰简易，失古远矣。"

"《六壬说约》虽论涉害深浅，而不知历数归家之法，专视地盘十二宫中所藏人元。如寅藏甲丙戊，未藏乙己丁之类，愈加支离，至缀瑕课则置而不论，尤属疏漏。"

以上论述已清，其他书则多自相矛盾。

为什么见机、察微，取孟上神、仲上神发用，而不取季上神发用？因为四季"辰戌丑未"属墓库，诸神坐此，失去活力，远无坐孟仲之上活泼，故弃之不论。

遥克第四

【原文】四课无克寻遥克（四课中无上下正克者则取斜克者为遥克），先神克日后遥神（先取上神克日干者为初传。如无上神克日，则取日干克上神者为初传）。日克两神神贼日（亦有两三克者），取其比者做初论。

戊辰日亥将加未时（弹射课）。

遥克第四式。（图见第21页右上）

取日干所克之神为初传。

【注解】原诀四句，艰涩难解，《大六壬大全》歌云：

四课无克用寻遥，日与神兮递互招，
先取神遥克其日，如无方取日来遥。
或有日去克两神，复有两神来克日，
择与日干比者用，阳日用阳阴用阴。

四课中没有下贼上，也没有上克下者，取四课上神遥克日干者发用初传，这种课格名叫"蒿矢"。

如果课中没有遥克日干者，则取日干遥克课上神发用为初传。这种课格名叫"弹射"。

须要注意的是：如果四课中有两神以上遥克日干，或日干可以克两神以上者，则取与日干相比之神发用初传。中、末传的取法与前诸法同。

例1　七月壬辰日巳将寅时。蒿矢课。

四课中既无下贼上，也没有上克下。日干遥克二课上神巳火，三、四课上未土、戌土皆遥克日干。依顺序先取遥克干者，干克上神者首先弃之不论。壬水日干为阳水，未土为阴土，与日干不比，再弃之不用。戌土为阳土，与日干相比，所以取戌土发用为初传。

例2　正月壬申日申时亥将。弹射课。

四课中既无上克下，亦无下贼上，也没有课上神遥克日干者，只有日干壬水遥

		子		
		辰		
		申		

| 酉 | 丑 | 申 | 子 |
| 戌 | 酉 | 辰 | 申 |

酉	戌	亥	子
申			丑
未			寅
午	巳	辰	卯

		戌		
		丑		
		辰		

| 寅 | 巳 | 未 | 戌 |
| 壬 | 寅 | 辰 | 未 |

申	酉	戌	亥
未			子
午			丑
巳	辰	卯	寅

克二课上神巳火，所以巳火发用为初传。

遥克法取用时须注意三点：

一、四课中均无上下克，但有课上神遥克日干，又有日干遥克课上神者，取课上神遥克日干者发用初传，日干遥克课上神者弃之。

二、四课中有两个上神遥克日干，或日干遥克两个上神者，取与日干相比者发用初传，不比者弃之。

三、课上神遥克日干者，名蒿矢格，如例一。日干遥克上神者，名弹射格，如例二。名称万勿弄错。

		巳	
		申	
		亥	
寅	巳	亥	寅
壬	寅	申	亥
申	酉	戌	亥
未			子
午			丑
巳	辰	卯	寅

昴星第五

【原文】无遥当与昴星穷，阳仰阴俯酉位中（如四课本无遥克者，阳日取地盘酉上所居之神为初传，阴日取天盘酉下所居之神为初传）。阳日先辰而后日（阳日中传取日支上神，末传取日干上神），阴中干上末传支（阴日日干上神为中传，日支上神为末传也）。

乙未日亥将加子时（虎视课）。

昴星第五式。

阴日俯取酉下戌字为初传，中日上卯，末辰上午。

【注解】四课中既无上克下贼，又没有遥克，叫作昴星。其初传的取法，也有阳日干和阴日干之别。日干为阳，取地盘

		戌	
		卯	
		午	
卯	寅	午	巳
乙	卯	未	午
辰	巳	午	未
卯			申
寅			酉
丑	子	亥	戌

西宫上神发用为初传，即歌诀中的"阳仰"之意。中传取日支上神，末传取日干上神，这种课格名叫"虎视"。因为酉金居西方白虎之位，其上神居虎目之中，故名。

如果日干为阴，则取天盘酉金的下神发用初传，即诀中的"阴俯"之意。中传取干上神，末传取支上神，这种课格名叫"冬蛇掩目"。取阴性从地，女子气沉，俯视下神，如"冬蛇掩目"之意。

昴星，即二十八宿中的昴日鸡星宿，居正西方酉位，此课取酉上下神发用，故以该星名之。

例1　八月戊寅日辰将子时。虎视格。

一课酉戊，土金相生。二课丑酉，也是土金相生。三课午寅，木火相生。四课戊午，火土相生。四课皆无上克和遥克，所以是昴星课。戊土为阳干，便取地盘酉金的上神丑土发用为初传，日支寅上神午火为中传，日干戊上神酉金为末传。

例2　七月丁亥日寅时巳将。冬蛇掩目。

一课戊丁，火土相生。二课丑戊相比。三课寅亥，水木相生。四课巳寅，木火相生。四课中既无上下克，也无遥克，所以是昴星。丁火属阴干，故取天盘酉金下神午发用为初传，日干丁火上神戊土为中传，日支亥水上神寅木为末传。

	丑	
	午	
	酉	

| 酉 | 丑 | 午 | 戊 |
| 戊 | 酉 | 寅 | 午 |

酉	戊	亥	子
申			丑
未			寅
午	巳	辰	卯

	午	
	戊	
	寅	

| 戊 | 丑 | 寅 | 巳 |
| 丁 | 戊 | 亥 | 寅 |

申	酉	戊	亥
未			子
午			丑
巳	辰	卯	寅

伏吟第六

【原文】伏吟有克克初生（伏吟，如子加子、丑加丑之类是也。有克者唯六乙上神是辰，六癸上神是丑。有克则取克者为初传，中、末传俱取相刑者），无克刚干柔取辰（除六乙、六癸之外，俱是无克者。阳日则取干上神，阴日则取支上神）。初刑即中中刑末（初之所刑者为中传，中之所刑者为末传。），自刑辰日及冲行（辰午酉亥不刑他神而自刑，则取相冲者为次传）。

丙子日亥将加亥时（自任课）。

伏吟第六式。

刚日取干上神为初传，初刑为中，中刑为末。

【注解】此段歌诀含两层意思。前四句是伏吟课三传的取法。细究起来，虽简易却很是艰涩难懂，远不如他书易解，特将其他书所载歌诀摘录于下：

伏吟有克还为用，无克刚干柔取辰。

初传所刑为中传，中传所刑末传存。

若是自刑为发用，中传颠倒日辰并。

中传更复自刑者，末取中冲不论刑。

占事时，如果出现月将和占时相同的情况，则天地盘处在同一位置，这种局式叫伏吟。伏吟局中如果有上下克者（十干中唯乙寄辰宫，乙木贼上神辰土；癸水寄丑宫，上神丑土克癸水。其余八干既无下贼上，亦无上克下），照常取克神为初传。中传取初传所刑之神，末传取中传所刑之神。如果初传是自刑，

		巳 申 寅	
巳丙	巳巳	子子	子子
巳辰卯寅	午丑	未子	申酉戌亥

则取支上神为中传，中传所刑之神为末传。如果中传也是自刑之神，那么，末传就取中传所冲之神。此即"末取中冲不论刑"之意。这种取用之法，叫"不虞"格。

如果四课中没有上下克，则不取遥克。阳日干取干上神发用初传，初传所刑之神为中传，中传所刑之神为末传。如果初传为自刑，则取支上神为中传，中传所刑之神为末传。如果中传也是自刑，便取中传所冲之神为末传。这种取干上神发用为初传之格，叫"自任"。

如果日干为阴，则取支上神发用初传。初传所刑之神为中传，中传所刑之神为末传。如果初传系自刑，则取干上神为中传，中传所刑之神为末传。如果中传又系自刑，便取中传所冲之神为末传。这种取支上神发用为初传之格，名叫"自信"。

不论是阳日干，还是阴日干，如果初传为自刑，中传又系自刑，末传取中传相冲之神者，这种格名叫"杜传"。

例1　六月癸丑日午时午将。不虞格。

第一课丑癸，丑土克癸水。二、三、四课皆丑无克。四课中有克，便取丑土发用为初传。丑刑戌，所以取戌土为中传。戌刑未，故取未土为末传。此课符伏吟课中的"不虞"格。

例2　四月丙辰日申时申将。自任格。

丑				巳			
戌				申			
未				寅			

丑	丑	丑	丑	巳	巳	辰	辰
癸	丑	丑	丑	丙	巳	辰	辰

巳	午	未	申	巳	午	未	申
辰			酉	辰			酉
卯			戌	卯			戌
寅	丑	子	亥	寅	丑	子	亥

　　第一课巳丙，第二课巳巳，上下相比，三四课皆土亦比，课中不见上下克。丙火是阳干，取丙火之上神巳火发用为初传。巳刑申，所以申为中传。申刑寅，寅就是末传。此课符伏吟课中的"自任"格。

　　例3　五月丁丑日未时未将。自信格。

　　第一课未丁，火土相生，其余三课皆土，四课无克。丁火是阴干，所以取支上神丑土发用为初传。丑刑戌，所以戌为中传。戌刑未，未土就为末传。此课符伏吟课中的"自信格"。

　　例4　三月壬辰日酉时酉将。杜传格。

　　第一二课皆水，第三四课皆土，课中无克。壬水是阳日

```
        丑                      亥
        戌                      辰
        未                      戌

  未  未  丑  丑        亥  亥  辰  辰
  丁  未  丑  丑        壬  亥  辰  辰

  巳  午  未  申        巳  午  未  申
  辰          酉        辰          酉
  卯          戌        卯          戌
  寅  丑  子  亥        寅  丑  子  亥
```

干，便取壬上之神亥水发用为初传。亥是自刑之神，所以取支上神辰土为中传。辰土也是自刑之神，依理取所冲之神为末传。辰戌相冲，戌土就是末传了。

　　取用时须注意，虽均是伏吟课，名称和取用之法却不相同。第一例照常取用名"不虞"，第二例阳日取干上神发用叫"自任"，第三例阴日取支上神发用名"自信"。第四例虽阳日干上神发用，但发用为自刑，此类名叫"杜传"，千万不要混淆。

【原文】六甲伏吟寅巳申，六丙六戊巳申寅。六庚三传申寅巳，六壬干支末取刑（六壬初用干上神，中用支上神，末有刑取刑，无刑取冲）。六乙还从辰戌未（乙木克辰土，则以辰为初传，戌未为中末传，又有中传取支，末传取刑者），六癸丑戌未相寻（六癸土克水，故丑为初传）。唯己辛丁临亥酉（谓己亥、己酉、辛亥、辛酉、丁亥、丁酉是也。此六日伏吟则另一取法），辰先日次末取刑（以支上神为初传，干上神为中传，末传取刑，如丁未日中传用未，未刑戌，即取戌为末传）。

【注解】这八句是写十干中伏吟课的三传。六甲伏吟，甲木寄寅官，干上神是寅，甲木是阳日干，取干上神寅木为初传。寅刑巳，故巳为中传。巳刑申，所以申为末传。

六丙，六戊日伏吟，丙戊寄巳官，干上神是巳火，丙戊都是阳日干，所以取干上神巳火发用为初传。巳刑申，故申为中传。申刑寅，所以寅为末传。

六壬日伏吟，壬寄亥官，干上神是亥，壬水为阳日干，便取干上神亥水发用为初传。然亥系自刑，中传要取支上神。如果支为子、寅、申、戌，不是自刑，末传则取中传所刑之神。如果支是辰、午，也是自刑，那么末传就要取中传所冲之神。

六乙日伏吟，乙寄辰官，干上神是辰土，为下贼上，依常例取辰土发用为初传。但辰土为自刑，中传则要依日支上神相取。如此乙丑日三传为辰丑戌，乙亥日三传为辰亥巳（亥水也是自刑，故末传取其冲神），乙酉日三传为辰酉卯（酉金也是自刑，故末传取其冲神），乙未日三传辰未丑，乙巳日三传辰巳申，乙卯日三传辰卯子。因此，原歌"六乙还从辰戌未"无一对处，不知何故。

六癸日伏吟，癸寄丑官，干上神克干，依常例取丑土发用为初传。丑刑戌，所以戌土为中传。戌刑未，未土就为末传。

六己、六丁日伏吟，丁己寄未官，丁己是阴干，初传则要视支上神而论。丁丑、己丑、丁卯、己卯、丁巳、己巳、丁未、己未八日支上神有刑，中传则取支上神所刑之神。末传取中传所刑之神。而丁酉、己酉、丁亥、己亥四日支上神为自刑，中传则取干上神未土，未刑丑土就是末传了。

　　六辛日伏吟，辛寄戌宫，辛是阴干，初传也是以支上神而论。辛丑、辛卯、辛巳、辛未四日支上神有刑，中传则取初刑，末传则取中刑。辛酉、辛亥二日支上神为自刑，中传则取干上神戌土，戌刑未，未土就是末传了。

反吟第七

　　【原文】反吟有克克初生（反吟，谓子加午、丑加未之类），比与涉害为用神（照比和涉害法取之）。先冲后刑中共末（与初传相冲者为中传，中传所刑者末传），中若自刑复冲行（遇辰午酉亥则取相冲）。六个阴柔无克神，丑未配与丁己辛（谓丁丑、丁未、己丑、己未、辛丑、辛未，此六日反吟，并无上下克者也）。丑冲太乙亥为用，未射登明巳作初（冲巳取亥，冲亥取巳）。如此名为井栏射，辰中日末莫差讹（井栏射即从反吟中抽出言之，是无克者）。

　　丁丑日亥将加巳时（井栏射课）。

　　反吟第七式。

　　丑日，取地盘巳上亥为初传。

　　【注解】占事时如果遇到月将与占时相冲，就会使天地盘均居冲位，这种局式名叫反吟。

　　课逢反吟，因为天地盘之神对冲，四课中大部分都有下贼

	亥		
	未		
	丑		
丑	未	未	丑
丁	丑	丑	未
亥	子	丑	寅
戌			卯
酉			辰
申	未	午	巳

或上克，所以仍以有克之课取初传，初传之上神为中传，中传
之上神为末传。因反吟课上下均居冲位，中传必是初传冲神，
末传又是中传冲神，所以反吟课的初传大多与末传相同。本书
歌诀云"先冲后刑中共末，中若自刑复冲行"，其意是末传取与
中传相刑者，如果中传是自刑者，方取冲神。此法是从伏吟课
中化解而来，与反吟之意不符，所以是错误的，万不可取。大
凡反吟有克，仍以克贼取三传，名叫"无依"格。

反吟课中没有下贼上克者，共有六日，即丁丑、己丑、辛丑、
丁未、己未、辛未。此即原歌中"六个阴柔无克神，丑未配于
丁己辛"之意。课中逢到这样的局式，就以日支的驿马为初传，
日支上神为中传，日干上神为末传。

驿马的取法：

　　　巳酉丑三支驿马在亥，亥卯未三支驿马在巳，
　　　寅午戌三支驿马在申，申子辰三支驿马在寅。

为什么要取日支驿马为初传？因为
驿马是三合局首字所冲之神，主动，与
反吟之意相符故。

从驿马上可以看到，未土的驿马在
巳，丑土的驿马在亥。所以日支未以巳火
发用为初传，日支丑以亥水发用为初传。

凡反吟课以驿马发用为初传者，名
"无亲格"。

例1　四月庚戌日寅时申将。无依格。

第一课寅庚，金克木，下贼上。第
二课申寅，金克木，上克下。三、四课
皆土无克，弃申克寅不用，取庚贼寅为
用，所以以寅木发用为初传。寅上神申

	寅		
	申		
	寅		
寅	申	辰	戌
庚	寅	戌	辰
亥	子	丑	寅
戌			卯
酉			辰
申	未	午	巳

金为中传，申上神寅木为末传。

例2　正月辛丑日巳时亥将。无亲格。

课的局式虽为反吟，但四课中无克，只好取日支的驿马发用。日支为丑，驿马在亥，所以用亥水发为初传。日支丑上神未，便以未为中传。日干辛寄戌宫，上神为辰，辰土就为末传。

	亥		
	未		
	辰		
辰	戌	未	丑
辛	辰	丑	未
亥	子	丑	寅
戌			卯
酉			辰
申	未	午	巳

别责第八

【原文】四课不全三课备（四课中重一课者为不全），无克无遥别责是（无上下克并无遥克者，当寻别法为初传，故曰别责）。阳日干合上头神（如戊阳日，戊与癸合，则取地盘丑上所见之字为初传，余仿此），阴日支前三合是（以支连身顺数，至第五位取为初传，如亥取卯，卯取未，未取亥，为三合）。须寻天上作初传（亦取天盘所临之神），中末却来干上置（中末传俱取干上神）。

戊辰日亥将加戌时（芜淫课）

别责第八式。

刚日取干合上神，戊与癸合，癸课在丑，故取丑上寅为初传。

【注解】四课中既无上下克，又无遥克，四课中又有两课相同，这种局式叫"别责"。日干为阳，取天干所合之神的上神发用为初传，中末传皆用干上神，即歌诀中"中末却来干上置"之意。如果日干为阴，则取日支三合局的前一位神为初

	寅		
	午		
	午		
午	未	巳	午
戊	午	辰	巳
午	未	申	酉
巳			戌
辰			亥
卯	寅	丑	子

传，中末传仍取干上神。歌诀"须寻天上作初传"句原注为"亦取天盘所临之神"有误，应是干合之神的上神，即天盘，并非"天盘所临之神"，故予订正。

例1　八月丙辰日卯时辰将。别责课。

课中既无上下克，又无遥克，同时，第一课午丙与第四课午巳相同，实际上只有三课，这样的局式就是四课不全，符别责课的要求。丙火日干是阳日，应取天干所合之神的上神发用。天干丙与辛合，辛寄戌宫，戌的上神是亥，所以亥水发用为初传。丙火干上神为午火，中末传便皆用干上神午火。

例2　十二月辛酉日丑时子将。别责课。

课中既无上下克，又无遥克，同时，第二课和第三课都是申酉，实际只有三课，叫作四课不全。辛金日干属阴，应取支前三合位为初传。酉金的三合是巳酉丑，丑在酉前，所以取丑土发用为初传。辛金寄戌宫，上神为酉，故中末传均用酉金。

需要注意的是：别责课和昴星课都是局式中既无上下克，又无遥克，却有分别。昴星四课全备，别责则有两课相同，实际只有三课，千万不要混淆。

别责课不论阳日还是阴日，都叫作"芜淫"。

		亥午午	
午丙	未午	巳辰	午巳
午巳辰卯	未寅	申丑	酉戌亥子

		丑酉酉	
酉辛	申酉	申酉	未申
辰卯寅丑	巳午子	午未亥	未申酉戌

八专第九

【原文】两课无克号八专（四课中有重
二课者），有克仍归比涉门。无克须当顺逆
数，数时仍复看阴阳。阳日须当阳顺数，
阴日还当阴逆寻。皆数三辰为发用，中末
日上合天心。有时数到日辰上，莫教别取
要重论（阳日则看日干上所得何神，连身顺数
至第三位为初传。阴日则看日支第二课上所得何
神，连身逆数至第三位为初传，中末传俱取日干
上神）。正月己未酉加未，独脚课兮止一
名（正月己未日占，正时是酉，则月将亥加酉上，
酉在未，以支上第二课亥，逆数三位得酉，则酉
酉酉为三传，名为独脚课者，如一足之不能行也。
八专课中此为最不利者。八专不看遥克）。

丁未日亥将加申时（帷薄不修课）。

八专第九式。

阴日取干上第二课是丑，从丑连身逆数至第三位是亥，故
即以亥为初传。

【注解】四课中干支同位，如甲寅、己未、庚申等课中实际
只有两课，且无上下克，并不取遥克，这种局式叫八专。

八专其意来自"子平推命法"，即天干和地支的五行相同。
共有八日：甲寅、乙卯、丙午、丁巳、庚申、辛酉、壬子、癸亥。
六壬术中的乙木寄辰宫，丁火寄未宫，丙火寄巳宫，辛金寄戌宫，
壬水寄亥宫，癸水寄丑宫，干支并非同宫。干支同宫者只有甲寅、
庚申、己未、丁未四日，故八专之名与实不符。

八专课初传的取法是阳日干从干上神开始，在天盘上顺数

亥
戌
戌

| 戌 | 丑 | 戌 | 丑 |
| 丁 | 戌 | 未 | 戌 |

申	酉	戌	亥
未			子
午			丑
巳	辰	卯	寅

三位发为初传。阴日干则从第四课的上神开始,在天盘上逆数三位发为初传。中末传不论阴日、阳日,都用干上神。

　　例1 十一月甲寅日辰时丑将。八专课。

　　日辰甲寅,干支同位,虽四课实际只有两课,且上下无克,局式成八专。甲

```
        丑              亥
        亥              戌
        亥              戌

亥  申  亥  申      戌  丑  戌  丑
甲  亥  寅  亥      丁  戌  未  戌

寅  卯  辰  巳      申  酉  戌  亥
丑          午      未          子
子          未      午          丑
亥  戌  酉  申      巳  辰  卯  寅
```

日为阳日,寄于寅宫,地盘寅上之神是亥,便从亥水始在天盘上顺数三位至丑。所以丑发为初传,中末传皆用干上神亥水。

　　例2 八月丁未日丑时辰将。八专课。

　　日辰丁未,干支同位,虽四课实际只有两课,且无上下克,局式成八专。丁日为阴日,所以从第四课的上神丑土开始,在天盘上逆数三位至亥。所以取亥水发用为初传,中末传皆用干上神戌土。

　　例3 三月己未日未时酉将。独足格。

　　此课日辰己未,亦干支同位,虽四课亦只有两课,且无上下克,式成八专。己土为阴日,所以从第四课的上神亥水开始,在天盘上逆数三位至酉,

```
        酉
        酉
        酉

酉  亥  酉  亥
己  酉  未  酉

未  申  酉  戌
午          亥
巳          子
辰  卯  寅  丑
```

取之发为初传。中末传皆取干上神酉金。有趣的是此课三传皆酉，而六壬七百二十课中，三传相同者也仅此一课，所以名叫独足。

八专课不论阴日还是阳日，只要天后、六合、玄武等阴私之神入传，又叫"帷薄不修"，取淫乱之意。（详见后六十四课解）

起贵人定十二天将法

【原文】甲戊庚牛羊，乙己鼠猴乡，

丙丁猪鸡位，壬癸蛇兔藏，

六辛逢马虎，天乙贵人方。

阳贵

【原文】庚戊见牛甲在羊，乙猴己鼠丙鸡方，

丁猪癸蛇壬是兔，六辛逢虎贵为阳。

阴贵

【原文】甲贵阴牛庚戊羊，乙贵在鼠己猴乡，

丙猪丁鸡辛遇马，壬蛇癸兔属阴方。

占时自卯至申用昼贵（阳贵），自酉至寅用夜贵（即阴贵），贵人加于亥子丑寅卯辰六位则顺行，加于巳午未申酉戌则逆行。

| 一贵人 | 二螣蛇 | 三朱雀 | 四六合 |

一贵人　　二螣蛇　　三朱雀　　四六合

五勾陈　　六青龙　　七天空　　八白虎

九太常　　十元武　　十一太阴　十二天后

以上皆因贵人之顺逆而次第布之。（元武即玄武，后不再注。）

【注解】贵人即天乙贵人，曹振圭说，天乙贵人星就是紫微垣左枢旁的一星，是万神的主宰。而天干有两位贵人，是阴阳分治，内外有别之故。丑未是紫微垣前后门的位置，所以阳贵是以甲加未顺推，如此则甲在未，乙在申，丙在酉，丁在亥（戌为河魁，贵人不临），己在子，庚在丑，辛在寅，壬在卯，癸在巳。

以上为阳贵，即白天贵人。

阴贵则是甲加丑逆推，即甲在丑，乙在子，丙在亥，丁在酉，己在申，庚在未，辛在午，壬在巳，癸在卯（辰为天罡，贵人不临）。以上是阴贵，即夜晚贵人。

戊为阳土，助甲成功，所以随甲而论。

贵人取法，其他书也有异议，如"甲戊兼牛羊……庚辛逢马虎"是把庚金贵人取错。有"甲戊庚日丑夜未，乙己日子夜申，六辛日午夜寅，丙丁日亥夜酉，壬癸日巳夜卯"是把甲、乙、丙、辛、壬五个日干的阳贵、阴贵颠倒等。本书所引他书课例，其贵人取法有异之处不再加注。

还有一种解释是，因为先天坤位是子，后天坤位是申，所以贵神先天始于子而顺行，后天始于申而逆行。贵神的取法从日干的干合开始，甲木是十干之首，子水是地支之首，所以取贵神先从二者开始。据此顺数干合，则是以下情况：

1. 甲木为首，己与甲合，所以己的阳贵是子。

2. 甲后是乙，乙与庚合，所以庚的阳贵是子后的丑。

3. 乙后是丙，丙与辛合，所以辛的阳贵是丑后的寅。

4. 丙后是丁，丁与壬合，所以壬的阳贵是寅后的卯。

5. 戊与癸合，癸的阳贵本应是辰，但辰天罡，戊河魁，贵人不临，故弃之不用，癸的阳贵推后一位，就成了巳。

6. 己与甲合，甲的阳贵本应是午，但阳贵始于子，己乃合甲之神，临午就会相冲。贵神是最尊贵之神，不会对冲，所以越过午而用未。

7. 庚与乙合，乙的阳贵依次为申。

8. 辛与丙合，丙的阳贵依次是酉。

9. 壬与丁合，丁的阳贵神越过戌而取亥。

10. 癸与戊合，戊的阳贵本应是子，但子是首宫，所以越过子而取丑。

　　阴贵神是从后天申位开始，由甲起逆行地支的合者。

　　1. 甲与己合，己的阴贵神起申。

　　2. 乙与庚合，庚的阴贵神逆行为未。

　　3. 丙与辛合，辛的阴贵神逆行为午。

　　4. 丁与壬合，壬的阴贵神逆行为巳。

　　5. 戊与癸合，癸的阴贵神逆行越辰取卯。

　　6. 己与甲合，甲木的阴贵本应取寅，因寅对冲首宫申金，故弃之，而取丑土为阴贵。

　　7. 庚与乙合，乙的阴贵逆行为子。

　　8. 辛与丙合，丙的阴贵逆行为亥。

　　9. 壬与丁合，丁的阴贵逆行越戌取酉。

　　10. 癸与戊合，本应取申，但申为起例本宫，故越申而取未。

　　两种取贵神法相较，各有其理。因天乙贵人为天神，所以曹振圭之法更加贴近其意。

　　贵神既有阴阳，就会有顺逆。我们知道天地的方位，北方和东方为阳位，所以贵神临亥子丑寅卯辰六位时，十二天将就顺布，这时天乙贵人就是顺治。南方和西方为阴位，所以贵神临巳午未申酉戌六位时，十二天将则逆布，这时的天乙贵人则逆治。从顺逆之位上可以看出，亥为阳位之首，所以又叫天门。巳则是阴位之首，所以叫地户。

　　知道了贵神的阴阳和顺逆，还要知道何时用阳贵，何时用阴贵。因为一天有昼夜之分，占时也有昼夜之别。一年四季大部分时间是卯时太阳从地平线上升起，酉时太阳没入地平线（以东八区为准）。所以卯酉为太阳出入门户。这样，从卯始，辰巳午未申六个时辰太阳在地平线上为昼，贵人用阳贵。从酉始，戌亥子丑寅六个时辰太阳在地平线之下为夜，贵人则用阴贵。

根据阴阳贵人歌，为了方便查找，特列图如下：

日干	甲	乙	丙	丁	戊	己	庚	辛	壬	癸
阳贵	未	申	酉	亥	丑	子	丑	寅	卯	巳
阴贵	丑	子	亥	酉	未	申	未	午	巳	卯

如甲子日卯时占事，卯为昼时，甲日贵在未，未即贵人。如果天盘未临于地盘亥子丑寅卯辰六位中的一位上，十二天将就顺布。如此则螣蛇在申，朱雀在酉，六合在戌，勾陈在亥，青龙在子，天空在未，白虎在寅，太常在卯，玄武在辰，太阴在巳，天后在午。

若甲子日酉时占事，酉为夜时，甲贵在丑，丑即贵人。如果天盘丑临地盘巳午未申酉戌中的一位，十二天将则逆布。依此螣蛇在子，朱雀在亥，六合在戌，勾陈在酉，青龙在申，天空在未，白虎在午，太常在巳，玄武在辰，太阴在卯，天后在寅。

布十二天将时，首先要看日干，其次以占时之昼夜定出阴阳贵人，最后以地盘定顺逆后再分布。具体写法是：天盘上的十二天将，分别写在每个字的旁边或上下方。四课中的十二天将，每课的下神不布，写在每课上神的上方。三传中的十二天将，则写在遁干（地支的天干）的左边。（遁干的取法详见后章，下例暂不取。）

例1 亥月乙巳日未时寅将占事。

```
        太阴  午
        青龙  丑
        贵人  申


  六合  太阴  勾陈  天后
   亥    午    子    未
   乙    亥    巳    子
  勾陈  青龙  天空  白虎
   子    丑    寅    卯
 六合亥              辰太常
 朱雀戌              巳玄武
   西    申    未    午
  螣蛇  贵人  天后  太阴
```

未为昼时，乙日昼贵在申，所以贵人乘于申上，开始分布。天盘申临地盘丑，丑为阳方，所以天将顺布。

注意两事：

1. 天将在天盘上叫乘，居地盘上叫临。一定要区别清楚。

2. 天将共有两个字，在课式中可以减缩为一个来代替。一般方法除贵人用第一字"贵"代替外，余皆用后一字。（因第一字有"天空、天后、太阴、太常"等相同字故。）

例2 戌月戊寅日丑时卯将占事。

占时丑为夜时，戊日夜贵在未，所以贵人乘天盘未土。未土临地盘巳上，巳为阴方，故天将逆布。

```
          合　辰
          蛇　午
          后　申

  贵　　阴　　合　　蛇
  未　　酉　　辰　　午
  戌　　未　　寅　　辰

  贵　　后　　阴　　玄
  未　　申　　酉　　戌
蛇午　　　　　　　　亥常
雀巳　　　　　　　　子虎
  辰　　卯　　寅　　丑
  合　　陈　　龙　　空
```

十二月将名号

【原文】亥为登明　戌为河魁　酉为从魁　申为传送

　　　　　未为小吉　午为胜光　巳为太乙　辰为天罡

　　　　　卯为太冲　寅为功曹　丑为大吉　子为神后

【注解】登明：月将神名，正月日月会于亥，神名登明。依此类推，河魁、从魁、传送等均为神名，并非星名，是指日月同会之时的神名。

下文中所见此十二神，皆指所代之辰。如胜光即午，神后即子，功曹即寅等。

十二月将躔次之宫

【原文】亥为娵訾雨水气后　戌为降娄春分气后
　　　　　酉为大梁谷雨气后　申为实沉小满气后
　　　　　未为鹑首夏至气后　午为鹑火大暑气后
　　　　　巳为鹑尾处暑气后　辰为寿星秋分气后
　　　　　卯为大火霜降气后　寅为析木小雪气后
　　　　　丑为星纪冬至气后　子为元枵大寒气后

【注解】躔次：太阳所践历的度次。

娵訾：星次名，和黄道十二宫的双鱼宫相当。自危十六度至奎四度为娵訾，于辰在亥，卫之分野，属并州。正月节，雨水气后之月将。

降娄：星次名，与黄道十二宫的白羊宫相当。自奎五度至胃六度为降娄，于辰在戌，鲁之分野，属徐州。二月节，春分气后之月将。

大梁：星次名，与黄道十二宫的金牛宫相当。自胃七度至毕十一度为大梁，于辰在酉，赵之分野，属冀州。三月节，谷雨气后之月将。

实沉：星次名，与黄道十二宫的双子宫相当。自毕十二度至东井十五度为实沉，于辰在申，魏之分野，属益州。四月节，小满气后之月将。（实沉即实沈。）

鹑（chún）首：星次名，与黄道十二宫的巨蟹宫相当，指朱雀七宿中的井鬼二宿。自东井十六度至柳八度为鹑首，于辰在未，秦之分野，属雍州。五月节，夏至气后之月将。

鹑火：星次名，与黄道十二宫的狮子宫相当。自柳九度至张十六度为鹑火，于辰在午，周之分野，属三河。六月节，小暑气后之月将。

鹑尾：星次名，与黄道十二宫的室女宫相当。自张十七度至轸十一度为鹑尾。于辰在巳，楚之分野，属荆州。七月节，处暑气后之月将。

寿星：星次名，与黄道十二宫的天秤宫相当。自轸十二度至氐四度为寿星。于辰在辰，郑之分野，属兖州。八月节，秋分气后之月将。

大火：星次名，与黄道十二宫的天蝎宫相当。自氐五度至尾九度为大火。于辰在卯，宋之分野，属豫州。九月节，霜降气后之月将。

析木：星次名，与黄道十二宫的人马宫相当。自尾十度至南斗十一度为析木。于辰在寅，燕之分野，属幽州。十月节，小雪气后之月将。

星纪：星次名，与黄道十二宫的摩羯宫相当。自南斗十二度至女七度为星纪。于辰在丑，吴越之分野，属扬州。十一月节，冬至气后之月将。

元枵（xiāo）：星次名，与黄道十二宫的宝瓶宫相当。自女八度至危十五度为元枵。于辰在子，齐之分野，属青州。十二月节，大寒气后之月将。（元枵即玄枵。）

天干所属

【原文】甲乙木，丙丁火，庚辛金，壬癸水，戊己土。

地支所属

【原文】寅卯木，巳午火，申酉金，亥子水，辰戌丑未土。

【注解】为什么东方为甲乙寅卯木？《白虎通》：少阳显于寅，盛大于卯，这个时候甲乙属木。《礼记》：春就是蠢，指万物产生时的蠢动，它的位置在东方。许慎更认为木就是冒，指从地里冒出来，其时春。

为什么南方为丙丁巳午火？《白虎通》：太阳显于巳，强盛于午，这个时候丙丁属火。《尚书大传》：为什么叫夏，夏就是假，假就是呼万物而养之，它的方位在南方。许慎：火者，炎也，其字炎而上，其形者也，其时夏。

为什么西方为庚辛申酉金？《白虎通》：少阴显于申，壮盛于酉，衰落于戌，这个时候庚辛属金。许慎：金者，禁也。阴气始起，万物禁止也。土生于金，字从土。《礼记》：秋言愁也，秋之以时察守义也。

为什么北方为壬癸亥子水？《白虎通》：太阴显于亥，强盛于子，这个时候壬癸属水。《春秋元命苞》：水是五行的开头，是元气在液体时的体现，中间有微弱的阳气，这个时候属冬天。《礼记》：冬就是中，中就是藏，它的位置在北方。

为什么中央为戊己土，辰戌丑未却居四维？《春秋元命苞》：土就是吐，含土气精，来利于万物生长。而万物在最后一个月中是最旺盛的，所以称作老。这个时候，正是皇极之正气，拿黄中之德，能苞万物。它的位置属内，内就是通于四方。《白虎通》：土属于中官，其曰戊己。辰戌丑未则散于四维，为每季最后一个月。

五行相克

【原文】金克木，木克土，土克水，水克火，火克金。

五行相生

【原文】水生木，木生火，火生土，土生金，金生水。

【注解】《白虎通》：五行之所以相害（克），是因为天地之本性，众多胜寡少，所以水胜火。精锐胜坚固，所以火胜金。刚强胜柔弱，所以金胜木。专一胜松散，所以木胜土。实胜虚，所以土胜水。

至于因何相生，《白虎通》：木生火是因为木性温暖，火隐伏其中，钻木就可以生火，所以木生火。火生土是因为火灼热，能够焚木，木被焚烧后变为灰烬，灰烬亦土，所以火生土。土生金是因为金需隐在石头里，石为山，聚土而成山，有山必有石，所以土生金。金生水是因为金气湿润流泽，销毁金就变成水，所以金生水。水生木则因为水温润而使树木生长起来，所以水生木。

六亲

【原文】生我者为父母，我生者为子孙。

克我者为官鬼，我克者为妻财。比和者为兄弟。

用父母，则喜官鬼之生父母，忌妻财之克父母。用官鬼，则喜妻财之生官鬼，忌子孙之克官鬼。用子孙，则喜兄弟之生子孙，忌父母之克子孙。用妻财，则喜子孙之生妻财，忌兄弟之克妻财。用兄弟，则喜父母之生兄弟，忌官鬼之克兄弟。喜者宜见，忌者不宜见。然有时用神太多，则又喜忌神以剥削之。总之不可太过，不可不及之意也。

【注解】不论是在周易八卦中，还是在八字命理中，五行生克都是用特定的名词来代替的。《大六壬》也属术数类的范畴，所以五行生克也是用代名词。即：

生我者叫父母，我生者叫子孙；克我者叫官鬼，我克者叫妻财；与我同类者叫兄弟。

这段话中，首先要知道什么是我？日干就是我，生克关系都是和日干较量而论。如日干是甲，甲属木，见子亥之水，水生木，子亥就是甲木父母。见巳午之火，木生火，巳午就是甲木子孙。见辰戌丑未土，甲木克土，辰戌丑未就是甲木的妻财。见寅卯之木，与甲木是同类，寅卯就是甲木的兄弟。见申酉之金，金克木，申酉就是克甲木的官鬼。天干乙丙丁戊己庚辛壬癸的六亲取法与甲木同。

六亲代名词的写法是写在三传的右边。

例1　申月丙辰日寅时巳将占。

日干丙火为我，初传申金是我克之神，所以在申金右边写上妻财。中传亥水是克我之神，所以在亥水右边写上官鬼。三传寅木是生我之神，所以在寅木右边写上父母。

注意：该例中的括号及"我克""克我"等字样是为方便初学辨认的，真正课传可以去掉。

六亲的吉凶判断大致如下：

一、父母。父母是生我之神，所以三传如生日干；或三传合局生日干；或三传与干支合局生日干；或日干上神生日干；或支合生日干等，都主万事得助而有力，事须得父母或尊长之力。但父母是我生之神"子孙"的克星，占事恐子孙有灾难或惊骇，占子孙之事尤忌。

例2　九月癸酉日未时卯将占事。

此课日干我属癸水，三传巳丑酉逆生合金局生我，是父母合局而生我。故解曰：三传会成金局而生日癸，课传不离巳丑酉，回还曲折，无往不遇生我之人，可谓多助之至矣。占功名，得人扶持，安享不劳。占行人立至。占婚姻，主至戚缔姻。唯占胎产须防难产，不利子息。

二、子孙。子孙是我生之神，可

| 申（妻财）——我克 |
| 亥（官鬼）——克我 |
| 寅（父母）——生我 |

| 申 | 亥 | 未 | 戌 |
| 丙 | 申 | 辰 | 未 |

申	酉	戌	亥
未			子
午			丑
巳	辰	卯	寅

贵	巳	妻财
陈	丑	官鬼
后	酉	父母

常	贵	贵	陈
酉	巳	巳	丑
癸	酉	酉	巳
陈	合	雀	蛇
丑	寅	卯	辰
龙子			巳贵
空亥			午后
戌	酉	申	未
虎	常	玄	阴

以泄我之元气。所以如果日干生初传、日干生三传的合局，日干生三传与干支的合局，日干生日干上神、日干生日支，日干生日支合局等，都叫子孙，也叫泄气或脱气。主有消耗、失财等灾咎，或因子女而丧财失职等事。因子孙是克我之神官鬼的克星，所以占士途或有官职之人占事逢之最忌。若占子女之事，课传中再逢兄弟相生，却吉。

例3　正月甲戌日卯时亥将占。

解曰：三传戌午寅三合火局脱干，自支阴而及于干阳，内外勾连之象。戌为日财，下被寅克，亡财之象。此课占疾病乃虚脱之症。占行人，不能即归。占仕宦，功名难成。唯占子孙课传皆阳，孕必生男。

合	戌	妻财		虎	戌	官鬼	
后	午	子孙		阴	未	官鬼	
虎	寅	兄弟		蛇	辰	官鬼	

合	后	后	虎	虎	阴	蛇	陈
戌	午	午	寅	戌	未	辰	丑
甲	戌	戌	午	癸	戌	未	辰

空	虎	常	玄	合	雀	蛇	贵
丑	寅	卯	辰	寅	卯	辰	巳
龙子			巳阴	陈丑			午后
陈亥			午后	龙子			未阴
戌	酉	申	未	亥	戌	酉	申
合	雀	蛇	贵	空	虎	常	玄

三、官鬼。官鬼是克我之神。所以如果初传克日干，三传合局克日干，三传与干支合局克日干，遁干（三传的天干）克日干，干上神克日干，日支克日干，日支上神克日干，支合克日干等，都叫官鬼得权，主有官职或兄弟有灾。女人占事，又

以官鬼作为丈夫的类神，占婚主吉。

例4　九月癸未日午时卯将占。

解曰：课传一水十土，尽是官鬼克我之物。毕法云：干乘墓虎毋占病，鬼临三四讼灾随。此课占家宅，昏晦不宁。占婚姻，终难得就。女占虽官鬼为夫星类神，但课传皆冲，亦主不成。占病、占讼大凶。唯占盗可获，占功名，速得。

四、妻财。妻财是我克之神。所以如果日干克初传，日干克三传的合局，日干克三传与干支合局，日干克日干上神，日干克日支，日干克日支上神等，都是妻财。主百事辛勤劳力后得财或妻利。但因妻财是生我之神父母的克神，如占父母、尊长事会有惊灾。

例5　巳月丙戌日辰时申将占。

解曰：三传酉丑巳合全金局，作日之财神。占家宅，三传逆生，主有人帮扶。占功名，官星不显财旺，主纳粟凑名。占求财，必得。占婚，必成。占出行，一路平安。占行人，家况甚佳。唯占父母尊长，

贵	酉	妻财
常	丑	子孙
陈	巳	兄弟

贵	陈	虎	合
酉	巳	寅	午
丙	酉	戌	寅

| 贵 | 后 | 阴 | 雀 |
| 酉 | 戌 | 亥 | 子 |

| 蛇申 | | | 丑常 |
| 雀未 | | | 寅虎 |

| 午 | 巳 | 辰 | 卯 |
| 合 | 陈 | 龙 | 空 |

后	未	妻财
合	亥	父母
虎	卯	兄弟

贵	陈	虎	后
申	子	卯	未
乙	申	亥	卯

| 蛇 | 雀 | 合 | 陈 |
| 酉 | 戌 | 亥 | 子 |

| 贵申 | | | 丑龙 |
| 后未 | | | 寅空 |

| 午 | 巳 | 辰 | 卯 |
| 阴 | 玄 | 常 | 虎 |

灾忧难免。

五、兄弟。兄弟是与我比和之神。所以初传与日干相同，三传合局与日干相同，日干与干上神相同，支合、干合均与日干相同者是。主有兄弟，朋友争财等事，或妻妾有灾。

例6　五月乙亥日卯时未将占。

解曰：三传未亥卯合全木局，为我之兄弟，争夺甚烈。占家宅，不得安宁。占胎产，难以成胎。占婚姻，不论男女皆不成。占出行忧惊。占仕宦无望。唯占财因未财发用，急取可得，迟缓则无。

起本命法

【原文】子年生人，以地盘子为本命。丑年生人，以地盘丑为本命。余仿此。

【注解】命即人受生之年所值的干支。如壬子年生人，子即本命，简称命。命是固定不变的，人一生下来就具有的。地盘主静，所以本命是何神，地盘何神就是本命。

起行年法

【原文】行年者，占人之流年也。男一岁从寅顺行，女一岁从申逆行，周而复始，数至见今岁数而止。大约年命上神，宜与日干相合相生，不宜相冲相克。（亦从地盘定位。）

【注解】行年就是占事人的流年，每年都不断变化，且有男女顺逆之分。

男命行年，不论本命是何神，皆以一岁从丙寅开始，一直顺行。即：

1岁丙寅，2岁丁卯，3岁戊辰，4岁己巳，5岁庚午，
6岁辛未，7岁壬申，8岁癸酉，9岁甲戌，10岁乙亥，

11岁丙子，12岁丁丑，13岁戊寅，14岁己卯，15岁庚辰，

16岁辛巳，17岁壬午，18岁癸未，19岁甲申，20岁乙酉，

21岁丙戌，22岁丁亥，23岁戊子，24岁己丑，25岁庚寅，

26岁辛卯，27岁壬辰，28岁癸巳，29岁甲午，30岁乙未，

31岁丙申，32岁丁酉，33岁戊戌，34岁己亥，35岁庚子，

36岁辛丑，37岁壬寅，38岁癸卯，39岁甲辰，40岁乙巳，

41岁丙午，42岁丁未，43岁戊申，44岁己酉，45岁庚戌，

46岁辛亥，47岁壬子，48岁癸丑，49岁甲寅，50岁乙卯，

51岁丙辰，52岁丁巳，53岁戊午，54岁己未，55岁庚申，

56岁辛酉，57岁壬戌，58岁癸亥，59岁甲子，60岁乙丑，

61岁周而复始。

女命行年，不论本命是何神，皆以一岁从壬申开始，--路逆行。即：

1岁壬申，2岁辛未，3岁庚午，4岁己巳，5岁戊辰，

6岁丁卯，7岁丙寅，8岁乙丑，9岁甲子，10岁癸亥，

11岁壬戌，12岁辛酉，13岁庚申，14岁己未，15岁戊午，

16岁丁巳，17岁丙辰，18岁乙卯，19岁甲寅，20岁癸丑，

21岁壬子，22岁辛亥，23岁庚戌，24岁己酉，25岁戊申，

26岁丁未，27岁丙午，28岁乙巳，29岁甲辰，30岁癸卯，

31岁壬寅，32岁辛丑，33岁庚子，34岁己亥，35岁戊戌，

36岁丁酉，37岁丙申，38岁乙未，39岁甲午，40岁癸巳，

41岁壬辰，42岁辛卯，43岁庚寅，44岁己丑，45岁戊子，

46岁丁亥，47岁丙戌，48岁乙酉，49岁甲申，50岁癸未，

51岁壬午，52岁辛巳，53岁庚辰，54岁己卯，55岁戊寅，

56岁丁丑，57岁丙子，58岁乙亥，59岁甲戌，60岁癸酉。

61岁满一花甲，周而复始。

本命和行年都是六壬正断中一项重要依据，所以必须先找出

来。最好写在天盘的下面或侧面，有的则写在占事之后，以免遗忘。

为什么男命行年要先从寅上开始？因天开于子，地辟于丑，人生于寅。从天干排来，第三位正好是丙，所以男从一岁丙寅顺行。女命行年为何取申？盖寅为阳男，对待之方就是阴女，申为第九位天干，从甲数至九为壬，所以女命从一岁起壬申逆行。

起长生法

【原文】木长生在亥，水长生在申，金长生在巳，火土长生在寅。长生、沐浴、冠带、临官、帝旺、衰、病、死、墓、绝、胎、养。皆因长生而顺布之。

假如木长生在亥，则子为沐浴，丑为冠带是也。

长 生 式			
金			水
巳	午	未	申
辰			酉
卯			戌
寅	丑	子	亥
土火			木

【注解】长生十二位中的第三位应是"冠带"，原文作"官贵"，与长生十二位之意不符，当是笔误，故予订正。

长生：十干逢长生，如人之生而渐之长成。

沐浴：如人之既长，知清洁而以洗去垢。因沐浴时必须脱衣，故亦为桃花。

冠带：如人之长大，必加冠带，穿衣戴帽。

临官：形容如人成年而壮，可自食其力。所以临官处多为干禄。

帝旺：如人之巅峰期，最强旺，壮盛之时。

衰：如人巅峰期已过，开始走下坡路，形容物之初变。

病：如人至老年，百病皆出。

死：如人之死亡，死则气尽。

墓：墓乃造化收藏之意，就像人死后埋葬于土中一样，故四墓皆土。

　　绝：虽前气已绝，但后气将续，两气接续之间。

　　胎：如人后气接续，聚结成胎。

　　养：如人受孕成胎后，养于母腹之中。

　　从上述长生至养的十二个过程中，我们不仅可以看到每种五行循环无穷的道理，还可以看到金木水火土天道循环，生生不息的道理。如木刚旺于寅而火土生，火刚旺于巳而金生，金刚旺于申而水生，水刚旺于亥而木生。反之，金虽绝于木而土生，土有生金之意。木虽绝于金而水生，水有生木之情。水虽绝于巳而金生，金有生水之举。火虽绝于亥而木生，木有生火之德。所绝之处，又恰是生己之神长生之处，紧接胎养循环，使五行之气周而复始，循环不尽，这岂不正是天道之理吗！

　　为方便记忆，特将五行十二宫列表格如下：

五行 名称 地支	金	木	水	火	土
子	死	沐浴	帝旺	胎	胎
丑	墓	冠带	衰	养	养
寅	绝	临官	病	长生	长生
卯	胎	帝旺	死	沐浴	沐浴
辰	养	衰	墓	冠带	冠带
巳	长生	病	绝	临官	临官
午	沐浴	死	胎	帝旺	帝旺
未	冠带	墓	养	衰	衰
申	临官	绝	长生	病	病
酉	帝旺	胎	沐浴	死	死
戌	衰	养	冠带	墓	墓
亥	病	长生	临官	绝	绝

　　以上是五行起长生法。还有诸多六壬书中，是采用"十干起长生法"，他们的理由是：壬课重日，当从十干之墓，不应从五行墓。

　　十干长生与五行长生既有相同之处，也有分歧之处。相同之处是十干长生中的甲、丙、戊、庚、壬五阳干与五行长生中的"金、木、水、火、土"完全相同。不同的是五阴干恰恰相反，阳干生处，正是阴干死处。反之，阴干死处，正是阳干生处。其理由是"阳生阴死，阴生阳死"。由此，五阳干十二位是从长生位起，依支顺布，与五行长生法同。五阴干十二位则是从长生位起依支逆布，又与五行长生相反。根据其法，列表于下：

十干＼十二名词	甲	乙	丙	丁	戊	己	庚	辛	壬	癸
长生	亥	午	寅	酉	寅	酉	巳	子	申	卯
沐浴	子	巳	卯	申	卯	申	午	亥	酉	寅
冠带	丑	辰	辰	未	辰	未	未	戌	戌	丑
临官	寅	卯	巳	午	巳	午	申	酉	亥	子
帝旺	卯	寅	午	巳	午	巳	酉	申	子	亥
衰	辰	丑	未	辰	未	辰	戌	未	丑	戌
病	巳	子	申	卯	申	卯	亥	午	寅	酉
死	午	亥	酉	寅	酉	寅	子	巳	卯	申
墓	未	戌	戌	丑	戌	丑	丑	辰	辰	未
绝	申	酉	亥	子	亥	子	寅	卯	巳	午
胎	酉	申	子	亥	子	亥	卯	寅	午	巳
养	戌	未	丑	戌	丑	戌	辰	丑	未	辰

　　看过两图，仔细分析，就会发现这样几个问题：

　　一、甲乙同属木，丙丁同属火，壬癸同属水，庚辛同属金，只不过因强弱而分阴阳，它们都是生则同生，死则同死，为什么同一五行却生死各异？如木长生于亥，甲木见之为生，乙木为何见之为死？火生于寅，丙火见之为生，为什么丁火见之为死？水生于申，为何壬水见之为生，癸水见之反为死呢？其理不通者一。又如，火旺木焚，这是自然之正理，然甲木见午，火旺木死，为何乙木见午火反生呢？水盛金沉，庚金见子水，精气尽泄而死，为何辛金见水精气却能保全，不死反生呢？壬水见卯木，气泄而死，癸水见卯木为何不死反生？其理不通者二。所以阴阳生死之论有误，应阴阳生死同途才对。即甲乙均生于亥，死于申，墓于未，其他类推。即使是持十干阴阳生死之论者，在具体推断中也是根据五行生死来判断的。

例1 丁丑年癸卯月癸卯日酉时亥将占官（辰巳空亡）。

断曰：李君为官多年，忽被参劾去职，心中不服，想东山再起，占得此课。就其课象而言，日干上神卯木为夜贵，正值夜占，夜贵临干。日支上神巳火为帘幙贵人。今求官而官鬼发用，中传丁神生干，昂藏千里，前程必远。可惜三传自上生下，四课皆自下生上，名水涧本源，木断其根。再加巳火空亡，恐君命不久。果此君虽重握政权于西省，未满三月却卒于任上。（帘幙贵人即帘幕贵人，后不再注。）

此清末民初六壬名家韦千里占例，属赞成十干生死者。然此课癸水日元，以十干生死论，应是卯木长生临干生干，何以又言"下生上"呢？中传酉金，本是病处，又何以言生、言吉呢？这说明了十干生死不可取之处。

陈	未	官鬼
常	酉	父母
贵	亥	兄弟

贵	雀	雀	陈
卯	巳	巳	未
癸	卯	卯	巳

陈	龙	空	虎
未	申	酉	戌
合午			亥常
雀巳			子玄
辰	卯	寅	丑
蛇	贵	后	阴

例2 戊子正月乙未日未时亥将占功名（辰巳空亡）。

课得曲直，此君当是林木舟车之官。申金帘幕贵人坐辰空亡，并非由科甲入仕。全课亥水长生发用，末传青龙，定是恩荫之官。春占木局，枝叶正见茂盛，况岁贵生日，蛇化为龙，将来必前程远大。后直升至镇江太守。

蛇	亥	父母			
玄	卯	兄弟			
龙	未	妻财			

陈	贵	蛇	玄
申	子	亥	卯
乙	申	未	亥

合	雀	蛇	贵
酉	戌	亥	子

陈申　　　　　　丑后
龙未　　　　　　寅阴

午	巳	辰	卯
空	虎	常	玄

蛇	寅	官鬼
龙	午	父母
龙	午	父母

龙	空	陈	龙
午	未	巳	午
戊	午	辰	巳

龙	空	虎	常
午	未	申	酉

陈巳　　　　　　戌玄
合辰　　　　　　亥阴

卯	寅	丑	子
雀	蛇	贵	后

以十干生死论，乙木生于午，病于子，死于亥。解此课应是死于初传，太岁逢病为凶，岂不自相矛盾吗？陈君将其解为初传长生，太岁生干，说明应以五行生死而论，不用"十干阴阳生死"。

二、金长生于巳，巳又是丙火寄宫；土长生于寅，寅木又是甲木寄宫。火克金，木克土，两者长生之处都是克我之神。如果课传逢之，是以克论，还是以生论？所见实例中，凡土遇寅木者，一律论克，并无一论生。金见巳火者，如果金气旺相，则以长生论，金气败绝，则以克金论。

例3　丁丑七月戊辰日巳时午将占官运（戌亥空亡）。

驿马官鬼发用，中末传月将青龙乘午火生日辰年命，且蛇化为龙，太岁作贵居年命，出将入相之兆。同时课传中驿马、天马全逢，干支上乘羊刃、勾陈，出将入相无宜。后果戊寅年六月入相，己卯年奉命督师剿贼。

天马：神名，正月在午，二月在申，三月在戌，四月在子，五月在寅，六月在辰，七月周而复始。

此课初传寅木，若以长生论，则非官鬼。因官鬼是克我之物，克生难以同宫。此课取克我者为官鬼类神，故论升迁。

三、庚辛二金，见丑土是论墓，还是论生？论生者吉，论墓却凶，吉凶相反，何以判断？依金见巳之例，金气旺相有力者论生，金气绝因者，土能埋金，则论墓。

例4 戊辰年庚申月辛亥日卯时巳将卜最近股市大势（寅卯空亡）。

日墓发用，财星空亡，中末传俱空陷，干上神子水又泄气，股市必呈下跌之势。幸末传巳火为日德，上乘六合吉将，生初传父母，丑土旺变为墓，故至巳日可停止下跌。

后	丑	父母		阴	卯	妻财	
蛇	卯	妻财		贵	丑	父母	
合	巳	官鬼		贵	丑	父母	

阴	贵	后	蛇	贵	虎	贵	虎
子	寅	丑	卯	丑	午	丑	午
辛	子	亥	丑	庚	丑	申	丑

龙	空	虎	常		合	雀	蛇	贵
未	申	酉	戌		戌	亥	子	丑

（左盘）陈午 亥玄／合巳 子阴
辰 卯 寅 丑
雀 蛇 贵 后

（右盘）陈酉 寅后／龙申 卯阴
未 午 巳 辰
空 虎 常 玄

后果从辛亥日至丙辰日大幅度下跌，丁巳日方稳住盘势。

此课辛金，申月占事为旺，所以初传丑土论库生而不论墓，末传巳火论长生而不论克。

例5 甲申四月庚申日辰时酉将占城安否（子丑空亡）。

卯木妻财发用，克中末传干支贵人，丑贵临申，申为西南，贼必先攻西南。未土天空临寅，此地疏于防守，贼兵必从此乘虚而入。且干支乘墓而阴神午火又乘白虎克干支及太岁，左右献城之象。后果贼兵明攻他方，暗逾东城，城中鼎沸而开门出降，城失。

此课日干庚金，于四月火旺之时占为衰。中末二传，丑土虽为贵人且生干，但被初传克制，亦衰，所以二丑论墓不论生。

五鼠遁法

【原文】甲己还加甲，乙庚丙作初，丙辛从戊起，
丁壬庚子居，戊癸何干起，壬子是真途。

【注解】五鼠遁法是以日干推算当天每个时辰天干的方法。因为每天的第一个时辰为子，子水的生肖为鼠，十天干与子水相配的只有"甲丙戊庚壬"五个，所以叫五鼠遁法。《考原》云：甲子日起甲子时，一直顺数到第二日子时，得干支为丙子，所以第二日起丙子。从甲日到己日共经过五天六十个时辰，合一花甲之数，周而复始，日干天干是己，所以己日子时的天干也是甲，故甲己同类。依此类推，其表如下：

时辰＼日干	甲己	乙庚	丙辛	丁壬	戊癸
子	甲子	丙子	戊子	庚子	壬子
丑	乙丑	丁丑	己丑	辛丑	癸丑
寅	丙寅	戊寅	庚寅	壬寅	甲寅
卯	丁卯	己卯	辛卯	癸卯	乙卯
辰	戊辰	庚辰	壬辰	甲辰	丙辰
巳	己巳	辛巳	癸巳	乙巳	丁巳
午	庚午	壬午	甲午	丙午	戊午

时辰＼日干	甲己	乙庚	丙辛	丁壬	戊癸
未	辛未	癸未	乙未	丁未	己未
申	壬申	甲申	丙申	戊申	庚申
酉	癸酉	乙酉	丁酉	己酉	辛酉
戌	甲戌	丙戌	戊戌	庚戌	壬戌
亥	乙亥	丁亥	己亥	辛亥	癸亥

五虎遁法

【原文】甲己之年丙作首，乙庚之岁戊为头，

丙辛之岁从庚上，丁壬壬字顺行流，

更有戊癸何方发，甲寅之上好追求。

【注解】五虎遁法是以年干推算当年十二个月令的天干的方法。因每年第一个月令是寅，寅木的生肖是虎，十天干与寅木上配只有"甲丙戊庚壬"五阳干，所以叫作"五虎遁法"。

《考原》云：古历法年月日时均开始于甲子，所以甲子年一定起甲子月。上古均以十一月为岁月首，所以十一月就是甲子。而夏历正月建寅，从甲子数至正月为丙寅，经过五年共六十个月，正好是一花甲之数，其年天干为己，正好正月也是丙寅，如此周而复始，每年的正月就和上歌同。特列表如下：

月＼年	甲己	乙庚	丙辛	丁壬	戊癸
正月	丙寅	戊寅	庚寅	壬寅	甲寅
二月	丁卯	己卯	辛卯	癸卯	乙卯
三月	戊辰	庚辰	壬辰	甲辰	丙辰
四月	己巳	辛巳	癸巳	乙巳	丁巳
五月	庚午	壬午	甲午	丙午	戊午

（续表）

年 月	甲己	乙庚	丙辛	丁壬	戊癸
六月	辛未	癸未	乙未	丁未	己未
七月	壬申	甲申	丙申	戊申	庚申
八月	癸酉	乙酉	丁酉	己酉	辛酉
九月	甲戌	丙戌	戊戌	庚戌	壬戌
十月	乙亥	丁亥	己亥	辛亥	癸亥
十一月	丙子	戊子	庚子	壬子	甲子
十二月	丁丑	己丑	辛丑	癸丑	乙丑

十干化气

【原文】甲己化土，乙庚化金，

　　　　丙辛化水，丁壬化木，戊癸化火。

【注解】十干合取"一六共宗，二七同道，三八为友，四九为朋，五十同途"之意。甲为天干的第一个，己为天干的第六个，所以甲与己合。乙为天干的第二位，庚为天干的第七位，所以乙与庚合。丙居天干的第三位，辛是天干的第八位，所以丙与辛合。丁是天干的第四位，壬是天干的第九位，所以丁与壬合。戊是天干的第五位，癸是天干的第十位，因而戊与癸合。

十干化气，则以每年的第一个月的天干为准，即该月天干生何种五行，所合就化为何五行。即甲己之年第一个月的天干是丙火，火生土，所以甲己相合化土。乙庚之年的第一个月的天干是戊土，土生金，所以乙庚相合化金。丙辛之年的第一个月的天干是庚金，金生水，所以丙辛相合化水。丁壬之年的第一个月的天干是壬水，水生木，所以丁壬合而化木。戊癸之年的第一个月的天干是甲木，木生火，所以戊癸相合化火。

十干化气还有化与不化之论，即化气旺相可化，休衰不化。如丁壬化木，亥卯未寅四个月中，木旺可化。其他月中均不能化。

其他五行同论。

　　因为壬课中只有一个天干，其余皆用地支。三传中虽有遁干，也只论合而不论化气，所以壬课中并不需要化气，只要记住十干合就可以了。

　　到这里，原书"起例"各节均完，可是六壬课尚未布全，还少一个遁干，只好予以补全。

　　什么是遁干？遁干就是三传的天干。因为六壬课中除日干是天干外，其余均用地支。三传的天干也隐藏而不显露，所以叫遁干。但是三传的天干对吉凶判断起着很重要的作用，所以必须找出来。其方法是看日干在何旬内，然后根据日干推出三传的天干。如丙子日占事，丙子日在甲戌旬内，戌则为甲戌，亥则为乙亥，子为丙子，丑为丁丑，寅为戊寅，卯为己卯，依此类推。如果三传为申酉，不在本旬之中，就是空亡。古时占例都不写天干，后人占例都把遁干写在三传的左边，若逢空亡，则写一空字表示。

　　六十花甲共分六旬，为查找方便，特列于下：

　　甲子旬：甲子、乙丑、丙寅、丁卯、戊辰、己巳、庚午、辛未、壬申、癸酉。（戌亥空亡）

　　甲戌旬：甲戌、乙亥、丙子、丁丑、戊寅、己卯、庚辰、辛巳、壬午、癸未。（申酉空亡）

　　甲申旬：甲申、乙酉、丙戌、丁亥、戊子、己丑、庚寅、辛卯、壬辰、癸巳。（午未空亡）

　　甲午旬：甲午、乙未、丙申、丁酉、戊戌、己亥、庚子、辛丑、壬寅、癸卯。（辰巳空亡）。

　　甲辰旬：甲辰、乙巳、丙午、丁未、戊申、己酉、庚戌、辛亥、壬子、癸丑。（寅卯空亡）

　　甲寅旬：甲寅、乙卯、丙辰、丁巳、戊午、己未、庚申、辛酉、壬戌、癸亥。（子丑空亡）

例1　亥月戊辰日卯时寅将。

戊辰日在甲子旬内，三传卯寅丑，从甲子数至丑为乙丑，寅为丙寅，卯为丁卯。所以三传卯遁丁，寅遁丙，丑遁乙。

例2　甲戌月甲辰日丑时辰将占。

甲辰日即旬首，三传申亥寅，从甲辰顺数，至申为戊申，至亥为辛亥，至寅为旬空。所以三传申遁戊，亥遁辛，寅无干可遁，就在左边写个空字。

至此六壬课的基本组织全部完成，特将整个程序做一总的说明。

1.查明太岁、月将和占事的日干和日支。

2.确定占时。

3.根据占时月将立天盘。

4.根据天盘演四课。

5.根据四课取三传。

丁卯
丙寅
乙丑

```
辰  卯  卯  寅
戊  辰  辰  卯

辰  巳  午  未
卯          申
寅          酉
丑  子  亥  戌
```

戊申
辛亥
空寅

```
巳  申  未  戌
甲  巳  亥  午

申  酉  戌  亥
未          子
午          丑
巳  辰  卯  寅
```

```
雀  癸未  官鬼
空  乙亥  兄弟
阴  巳卯  子孙

 阴   雀   龙   玄
 卯   未   戌   寅
 壬   卯   午   戌

 陈   龙   空   虎
 酉   戌   亥   子
合申          丑常
雀未          寅玄
 午   巳   辰   卯
 蛇   贵   后   阴
```

6. 根据日干找遁干。

7. 根据日干布天将。

8. 根据日干填三传生克代名词。

9. 把本命和行年写在天盘下方或旁边，或占事之后。

例 3　丙子年七月壬午日丑时巳将占，庚子命，行年寅。重审课。

上例就是大六壬课式全部完成的局式。

由此，我们看到，大六壬的推演方法是以太阳所行位置的月将加以占时为基础的，这样就使无极生出太极。月将与干支配合，又使太极生出两仪。以其干支配合而定四课，即使两仪生出四象。四课各具上下二神，四象又分出八卦，八卦又分成六十四课体。四课定后，又发出三传，天地人三才又成矣。我们知道壬字三横一竖，其上一画象天，下画象地，中画象人，一竖而贯穿天地人三才，也是此意。而后又依阴阳定出神将，神将定而其枢可推。吉凶祸福，成败休咎，则自在其中。

天体旋转不息，每个时辰走三十度而过一宫，吉凶也随之而动。天居上而复地，地于下而承天。天既有吉凶，地也就有祸福，天地一相交，玄机就在其中。根据天地相交来判断吉凶，正是六壬学问的根本依据。

第二章　吉凶神煞

天　德

【原文】正丁二坤宫，三壬四辛同，五乾六甲上，

　　　　七癸八寅逢，九丙十居乙，子巽丑庚中。

【注解】天德是以月令为准来取的，即正月在丁（未），二月在坤（申），三月在壬（亥），四月在辛（戌），五月在亥，六月在甲（寅），七月在癸（丑），八月在寅，九月在丙（巳），十月在乙（辰），十一月在巳，十二月在申。

　　壬课除日干外，其余均用地支，所以天干的寄宫就是天德所在之处。如正月天德在丁，丁寄未宫，未就是正月天德。四月天德在辛，辛寄戌宫，就以戌为四月天德。余同理。

　　《考原》曰：天德乃三合之气。如正五九月建寅午戌合火局，故以火为德。正月丁，九月丙，五月乾戌，火墓乾宫也。亥卯未合为木局，所以以木为天德。卯为二月，遇坤未为木库；未为六月，遇甲木；亥为十月，遇乙木，皆为天德。申子辰三合水局，所以以水为天德。辰为三月遇壬水，申为七月遇癸水，子是十一月遇辰为水库，就是天德。巳酉丑三合金局，所以以金为天德。巳为四月见辛金，酉为八月遇艮丑为金库，丑为十二月遇庚亦为金，都为天德。寅申巳亥是五行长生正位，所以配以阴天干。辰戌丑未是五行库墓之位，所以配以阳天干。而子午卯酉乃五行当旺正位，故以墓库相配。天德代表天，所以不用地支，辰戌丑未用四卦代替，也是天德不用地支的原因。

　　《渊海子平》等书认为"坤为申，乾为亥，巽为巳，艮为寅"，《考原》则认为"乾是戌，艮是丑，巽是辰，坤是未"。二者虽

不相同，但天德此四方是以卦名代替的，辰巳同为巽宫，丑寅同为艮宫，亥戌同为乾宫，未申同居坤宫，若以此而论，却又相同。清康熙年间大学士郭尔泰奏书中云："天德乃月建五行中合之气。孟月用阴干，季月用阳干，仲月用库。"义同《考原》，并在《协纪辨方书》中予以更正，依此，子平之书有误。

月　　德

【原文】寅午戌月丙，申子辰月壬，
　　　　亥卯未月甲，巳酉丑月庚。

【注解】月德的取法也是以月令为准，即一、五、九月（寅、午、戌）见丙火就为月德，三、七、十一月（申、子、辰）见壬水就为月德等。

《协纪辨方书》云：月属于阴，阴没有德，以阳之德为德，属于阳天干的都是德。所以寅午戌月属火，就以天干丙火阳火为月德。申子辰属水，就以天干壬水阳水为月德。亥卯未月属木，甲木为阳木，就以甲木为月德。巳酉丑月属金，庚为阳金，就以庚为月德。因为从德来讲，当然是当旺的五行为德。

日　　德

【原文】甲己在寅，乙庚在申，丙辛戊癸在巳，丁壬在亥。

【注解】以日干为主，阳干取干禄之位，阴干取与相合阳干之禄位。

六壬课中除此三德外，还有一种"支德"，合称四德。

支德的取法以日支为准。

子在巳　丑在午　寅在未　卯在申
辰在酉　巳在戌　午在亥　未在子
申在丑　酉在寅　戌在卯　亥在辰

以上四种称为四德，因为日干为我，壬课最重日干，所以四德中日德最为重要，临日入传能转祸为福。宜旺相，不宜休囚，忌逢空落空及神将外战。

德者，恩惠也，保佑也，所以是福佑吉神。

六　　合

【原文】子与丑合，寅与亥合，卯与戌合，
　　　　辰与酉合，巳与申合，午与未合。

【注解】六合也是阴阳之合，而阴阳之合则是以阳气为尊。子为一阳，丑为二阴，合成三数。寅为三阳，亥为六阴，合成九数。卯为四阴，戌为五阳，合成九数。辰为五阳，酉为四阴，合成九数。巳为六阳，申为三阴，亦合为九数。午为一阳，未为二阴，合得三数。得三者，三生万物。得九者，阳数之极也。

实际上，六合来自太阳在天球上的位置与北斗的杓所指的方向。正月太阳在亥位，斗杓指寅位；二月太阳在戌位，斗杓指卯位；三月太阳在酉位，斗杓指辰位；四月太阳在申位，斗杓指巳位；五月太阳在未位，斗杓指午位；六月太阳在午位，斗杓指未位；七月太阳在巳位，斗杓指申位；余类推。如此则子丑对应，寅亥对应，戌卯对应，辰酉对应，午未对应，申巳对应，这就是合气。

干　　合

【原文】甲与己合，乙与庚合，丙与辛合，丁与壬合，戊与癸合。

【注解】天干相合是从"一六共宗，二七同道，三八为朋，四九为友，五十同途"之意化来的。如甲为第一个天干，己为第六个天干，一六相合是。乙为第二个天干，庚为第七个天干，

二七相合是。余类推。

　　另一说：甲木克戊土，己为戊之妹，与甲相配而不克戊之类，不合义理。

　　干合既有相合之情，夫妻同心，诸事和合，所以为吉神。

三　　合

　　【原文】寅午戌合成火局，巳酉丑合成金局，申子辰合成水局，亥卯未合成木局，土局与火同。

　　【注解】地支三合是取长生、帝旺、墓库三者来合局的。水生于申，旺于子，墓于辰，所以申子辰三合水局。木生于亥，旺于卯，墓于未，所以亥卯未三合木局。火生于寅，旺于午，墓于戌，所以寅午戌三合火局。金生于巳，旺于酉，墓于丑，所以巳酉丑三合金局。生即产，旺即成，墓即收。有生、有成、有收，万物有始有终，故三合乃自然之理。

禄　　神

　　【原文】甲禄在寅，乙禄在卯，丙戊禄在巳，丁己禄居午，庚禄居申，辛禄到酉，壬禄居亥，癸禄在子。

　　【注解】禄即天干所临地支临官之处。辰戌丑未四土乃墓库收藏之处，所以干禄不临。因禄是日干旺处，故也是吉神之一，在壬课中占有重要的位置。尤其占病，更为重要。其判断之法如下：

　　1.日禄临日入传皆吉，宜旺相，不宜休囚。

　　2.禄即食禄，禄神所临之方，即为食禄之方。

　　3.凡日禄作日上神，若不逢空，即以旺禄断之，主君子进禄，常人得喜，不必照管课传，勿使混乱。日禄逢空，三传中有冲克日禄之神者，却宜别审。

例1 如乙卯日未时午将占。

干上卯木为禄，就以旺禄断。即使初传丑财，中末传亥子父母，也不及临身禄旺吉祥。

4. 禄临支、马临干（这里的马非指驿马、丁马、天马，而是财的别称），或禄临干、马临支，

```
虎  空丑  妻财          蛇  壬申  妻财
常  空子  父母          阴  空亥  官鬼
玄  癸亥  父母          虎  丙寅  父母


龙   空   空   虎      蛇   阴   陈   蛇
卯   寅   寅   丑      申   亥   巳   申
乙   卯   卯   寅      丙   申   寅   巳


陈   合   雀   蛇      蛇   贵   后   阴
辰   巳   午   未      申   酉   戌   亥
龙卯            申贵   雀未            子玄
空寅            酉后   合午            丑常
丑   子   亥   戌      巳   辰   卯   寅
虎   常   玄   阴      陈   龙   空   虎
```

为真富贵格。仕宦占得加官添俸，若平民占得反凶，主身移宅动，占病讼亦凶。

例2 如丙寅日卯时午将占。

申金妻财临日，巳火日禄临支，且巳申相合，符此论。阿部泰山在《鉴定秘键》中说：日干上神财为驿马，日支上神乘旺禄，能很快进升致富。占家庭，和平安泰，全家平安。占婚姻，费力而成。占求财，可以得到。占求职，得人帮助。占疾病，由色欲而生。

5.禄若逢空或落空，不论入传或不入传，占病必死。因禄为人食禄，食禄既空，人何能存。

6.辰上见禄主受屈于别人，在仕途中主权摄不正，或迁授职衔，自食其禄。

7.禄神投墓，占病占官皆凶。如辛丑日子时申将占，第一课午辛，第三课酉丑。酉为日禄，临支丑土为投墓者是。

8.有禄但逢脱气，是干禄被辱，主求谋多费力气。

例3　辛巳年，庚寅月，丙辰日，午时子将占升迁。

此君为两湖总督，武职当视太常。今太岁乘太常发用，遁干丁神，天诏（正月在亥）又加临日干入传。二丁主速，目下即有征召之应。丙日禄德在巳，乘太常

常	丁巳	兄弟
雀	癸亥	官鬼
常	丁巳	兄弟

虎	庚申	兄弟
蛇	空寅	妻财
陈	乙巳	官鬼

雀	常	蛇	虎
亥	巳	戌	辰
丙	亥	辰	戌

虎	虎	玄	玄
申	申	戌	戌
庚	申	戌	戌

雀	合	陈	龙
亥	子	丑	寅
蛇戌			卯空
贵酉			辰虎
申	未	午	巳
后	阴	玄	常

陈	龙	空	虎
巳	午	未	申
合辰			酉常
雀卯			戌玄
寅	丑	子	亥
蛇	贵	后	阴

临天门发用，行年上神辰土乘白虎，主有威权生杀之柄，必是刑部之职。后果奉诏入京，随授刑部侍郎。次年转仓场，因课逢反吟故。

例4　己丑六月庚戌日午时午将占病（寅卯空亡）。

此课不利占病，丁巳日必死。因日禄作驿马发用，入中传空绝之乡，病人见驿马，为神气出游之象。日禄入空绝，是无

食之象，且课为玄胎，是别处投胎之象，虎鬼临处即是畏期。今课传中不见天医，而末传巳火克日，故以是日决之。

例5　己丑二月辛丑日亥时戌将占产（辰巳空亡）。

占产难生，母子皆亡。因干上酉金白虎遁丁神作暗鬼，支上子水作游魂。戌土临亥为魁度天门，斗系日本，其子如何能生。况天后象母，临寅劫杀被克制，是以母子不保。未几，子未生母已死矣。

此课虽酉金日禄临干，但三传子亥盗泄禄元之气，且太岁日辰又为日墓、禄墓，酉禄虽有似无，故凶。

阴	庚子	子孙
玄	己亥	子孙
常	戊戌	父母

虎	空	阴	玄
酉	申	子	亥
辛	酉	丑	子

雀	合	陈	龙
辰	巳	午	未

蛇卯			申空
贵寅			酉虎

丑	子	亥	戌
后	阴	玄	常

驿　马

【原文】寅午戌马在申，巳酉丑马在亥，
　　　　　申子辰马在寅，亥卯未马在巳。

【注解】《协纪辨方书》云：寅为功曹，申为传送，亥为天门，巳为地户，这些都是指道路的。三合为寅午戌，那么对应于寅的申就是驿马。三合为巳酉丑，那么对应于巳的亥就是驿马。三合为申子辰，那么对应于申的寅就是驿马。三合为亥卯未，那么对应于亥的巳就是驿马。

驿马为所冲之神，冲主动，所以大凡驿马入课传，都有动的迹象。驿马有年、月、日、时四种。壬课中所讲的驿马是指

日支的驿马。驿马有吉有凶，和吉神、吉将相并，主吉动迅速；和凶神、凶将一起，则凶亦迅快。具体断法如下：

1. 马带病在路上有灾。马带病有两种，一是病符杀，取法是太岁后一辰。如太岁是子，后一辰是亥，亥就是病符杀。太岁是丑，后一辰是子，子则是病符杀。但驿马属四孟之神，居仲神后一辰，所以只有太岁在四仲方有此煞与驿马并。二是长生十二宫中的病位，即甲在巳，乙在子，丙戊在申，丁己在卯，庚在亥，辛在午，壬在寅，癸在酉。一般均以五行病位论，即木在巳，火在申，金在亥，水在寅。

2. 财马合身命，会招来他乡之财。财马是指驿马为日干之财。如庚子日，子水驿马在寅，寅又是日干之财是。

3. 驿马带丧吊二杀，在外会碰到死丧之忧。丧即丧门煞，岁前二辰是。如太岁在子，前二辰为寅，寅木就是丧门。太岁在丑，前二辰为卯，卯就是丧门。但驿马均在寅申巳亥四位，居子午卯酉四仲前二位，所以只有四仲岁驿马与丧门煞并。吊即吊客煞，岁后二辰是，如太岁在子，岁后二辰是戌，戌就是子日的吊客。太岁在丑，岁后二辰为亥，亥就是丑日的吊客。只辰戌丑未四季岁，太岁吊客与驿马并。

4. 马带吉神，身边有喜悦之事，官员有升官之喜。喜即天喜，春季在戌，夏季在丑，秋季在辰，冬季在未。

5. 驿马发用为初传，在外会迅速遇到吉利或凶祸之事。

6. 绊马受克，会碰到潜在的凶灾，宜注意避免。绊马，即驿马被合。如辛卯日，驿马在巳，三传中又见申金，巳被申合是驿马被绊。

7. 马带贼克宅，有外来之贼入窃。贼有两种。一是十二将中的玄武。一是天贼煞。即甲在辰，乙在午，丙在申，丁在亥，戊在寅，己在辰，庚在午，辛在申，壬在亥，癸在寅。

8. 马和鬼在一起，非有诉讼之事，即家有鬼邪之事。若有功名之人占仕途，却主升迁吉速。

9. 马带三刑，有官讼之惊灾。

10. 木马冲中逢合，多会罹病。

11. 土马受克，因修补之事而得灾。

12. 丧马（丧门与驿马并）乘三四课，且乘凶将，主家有丧事。

13. 喜马和信神一起，会收到远方来信。信神，子在申，丑在戌，寅在寅，卯在丑，辰在亥，巳在辰，午在巳，未在未，申在巳，酉在未，戌在申，亥在戌。信杀，子从酉开始，丑在戌，寅在亥，顺行十二支。

14. 马带刑害，有坠落跌仆之灾。

15. 马克日干，如占财，生意买卖会有挫折之忧。

16. 马带淫神，外出会有色情之事。

17. 驿马带财官休囚无力，为九流艺术之人。

18. 马带贵合等吉神，在他乡会遇到朋友。

19. 马带败气，或带子孙脱气之神，职位移动不安。

20. 二马交冲，百事迟滞，会有惊骇之事。如庚寅日申金驿马入传，寅申冲为二马交冲者是。

21. 马临长生，或落空亡，占行人必不至。

22. 马与日禄相会大吉，却忌落空亡。此格只五阳日有。

例1 乙酉年七月庚子日申时午将占行人（辰巳空亡）。

午火天马发用，寅木驿马居末传，来意必是问行人。过月望赤龙，眷属到门庭。因为末传虽为寅木驿马，但中传空亡，寅马落空，是以月内不来。出月辰寅填实，且寅木临辰土克辰，故甲寅旬，丙辰日人到。果应。

例2 戊辰年丙辰月甲午日申时戌将，戊子命苏君卜今年财运

（辰巳空亡）。

辰土财星为太岁月建发用，本命上神寅木乘青龙为日德、日禄、财之类神。辰财上乘六合，是合伙求财之象，本美。可惜辰土妻财空亡，三月有危机，夏季火旺生财，可如意。秋季末传申鬼并驿马克

```
龙  甲午  官鬼          合  空辰  妻财
合  空辰  父母          蛇  甲午  子孙
蛇  壬寅  妻财          后  丙申  官鬼


龙  合  玄  虎          合  蛇  后  常
午  辰  戌  申          辰  午  申  亥
庚  午  子  戌          甲  辰  午  申


雀  合  陈  龙          贵  后  阴  玄
卯  辰  巳  午          未  申  酉  戌
蛇寅        未空        蛇午        亥常
贵丑        申虎        雀巳        子虎
子  亥  戌  酉          辰  卯  寅  丑
后  阴  玄  常          合  陈  龙  空
```

干，会因妄动而受损。果三月资金调度发生困难。夏季未财乘贵，财源滚滚。秋季得意忘形，扩大投资，以致周转不良，发生危机，此申金驿马带鬼故。

例3　辛未四月己未日辰时酉将占功名（子丑空亡）。

月内定有升迁之喜，但恐难以满任。因为月建并驿马遁丁神发用生干，丁神驿马均主速，是以月内定主升迁。嫌干之贵人子水空亡，且与太岁相害，未土龙神不安。占时又与中传相冲，即逢冲破，必有隐患，是以知其难以久任。果随转长垣，后又因事降职。

例4　癸酉二月甲子日巳时亥将占功名（戌亥空亡）。

此造本命己丑，斗鬼相加（丑宫为斗宿分野，未宫有鬼星，

未加丑，故曰斗鬼相加）而为魁，且为两贵，必会状之命。惜寅木日德、日禄、驿马入传，加于绝处，必主退职。朱雀月将加巳生日，四月尚有温旨相留。但课传二马逢冲，交秋入申，必驰驿而去，果验。后知为宜兴周

右课

三传：

后	丙寅	兄弟
龙	壬申	官鬼
后	丙寅	兄弟

四课：

龙	后	虎	蛇
申	寅	午	子
甲	申	子	午

天地盘：

雀	蛇	贵	后
亥	子	丑	寅
合戌			卯阴
陈酉			辰玄
申	未	午	巳
龙	空	虎	常

左课

三传：

虎	丁巳	父母
雀	壬戌	兄弟
玄	乙卯	官鬼

四课：

贵	虎	贵	虎
子	巳	子	巳
己	子	未	子

天地盘：

雀	蛇	贵	后
戌	亥	子	丑
合酉			寅阴
陈申			卯玄
未	午	巳	辰
龙	空	虎	常

延儒首揆占。（周延儒，宜兴人，万历四十一年（1613）会试、殿试皆第一，官至吏部尚书兼太子太师。后坐事削官，赐自尽。）

月　　合

【原文】寅午戌月辛，申子辰月丁，

　　　　　亥卯未月己，巳酉丑月乙。

【注解】月合即月德合，说法有两种。一是如寅月占事，传中无丙而有辛，或日干为辛，辛与丙合（丙为正月月德），自可合来月德，仍以有月德论。另一种是寅月占事，日干是丙或辛，三传中有辛和丙，丙辛合为月德合。第一种虚合之法于理不通，第二种说法也觉不妥。因为壬课以支为主，天干次之，日干与

三传遁干相合，要看其是合吉还是合凶。如辛合丙为官鬼，若占病为凶。占前程，女占婚为吉。若丙合辛，占父母则为父母之暗鬼为凶。占求财，男占婚为吉，绝无一概而论者。其实，月德在占事例中，并无见用，月德合则更为无用了。

天　印

【原文】正未二申，顺行十二月，即地解神。

【注解】又一说：正月在巳，二月在午，三月在未，四月在申，五月在酉，六月在戌，七月在亥，八月在子，九月在丑，十月在寅，十一月在卯，十二月在辰。

天印又名地解，解者，化其势也。原论春用金，夏用水，秋用木，冬用火，取其相冲化解之意；而下论春用火，夏用金，秋用水，冬用木，除夏金为克外，余皆用脱泄之气。若以解论，下论略胜。

另，《大六壬神煞指南》中载地解是：正月、二月在申，三月、四月在戌，五月、六月在子，七月、八月在寅，九月、十月在辰，十一月、十二月在午，取与阳支相冲之意。

成　神

【原文】成神正月起巳，顺行四孟。

【注解】又一说：正月在亥，二月在寅，三月在巳，四月在申，五月在亥，六月在寅，七月在巳，八月在申，九月在亥，十月在寅，十一月在巳，十二月在申。

课传中见成神，诸事主成，和合吉庆。唯占官讼等凶事亦主成，却凶。成神为和合之神，上论从巳起，三月亥入月墓，九月巳亦入月墓，一年之中不见丝毫和成之意，与名不符。下论寅申巳亥均有与月令相合之时，和成之情，远比上论为佳。

皇　　书

【原文】春寅，夏巳，秋申，冬亥。

【注解】《神煞辨讹》中另有他说：春寅，夏巳，秋亥，冬申。

统而观之，春季木旺，寅为木禄。夏季火旺，巳为火禄。秋季金旺，申为金禄。冬季水旺，亥为水禄。皇书乃朝庭之事，与俸禄有关，故取四禄为正。下例秋冬取错，或书载有误。

皇　　恩

【原文】正月起未，顺行六阴位。

【注解】《大六壬神煞指南》歌云：皇恩大赦戌丑罡，未酉卯兮子午当，寅申巳亥是其方。即正月在戌，二月在丑，三月在辰（天罡），四月在未，五月在酉，六月在卯，七月在子，八月在午，九月在寅，十月在申，十一月在巳，十二月在亥。

同一书中又云："午未天马受皇恩"后注"皇恩正七起未"，主诏命迁转之喜。此意与六壬《神煞辨讹》同。

天　　诏

【原文】正戌二丑三辰良，四未五酉六卯强，
　　　　七子八午九寅位，十月巳上大吉昌，
　　　　十一申上十二亥，天诏星临永不伤。

【注解】天诏诸书不同。一是正月在酉，二月在戌，三月在亥，四月在子，五月在丑，六月在寅，七月在卯，八月在辰，九月在巳，十月在午，十一月在未，十二月在申。

《神煞辨讹》中载：正月在亥，二月在子，三月在丑，四月在寅，五月在卯，六月在辰，七月在巳，八月在午，九月在未，十月在申，十一月在酉，十二月在戌。

天诏为皇帝之诏书，占官最喜。据此理论，原书与上论所取均与此意不符。

《神煞辨讹》是取生月之神为天诏。如正月在亥，亥水生合寅木，二月在子，子水生卯木。四五月寅卯之木可生巳午之火等，与其理义相贴，应是后者正确，原文与第一说误。

福　　星

【原文】福星甲丙丁居子，乙庚辛丑不须疑，

　　　　戊己未分壬癸巳，见之求望事皆宜。

【注解】以天干取：甲丙丁见子，乙庚辛见丑，戊己见未，壬癸见巳是。

福星主求望吉，刑主人情不美，冲主反复不宁，举主兼务，官职双行。

天　　喜

【原文】天喜春戌夏骑牛，秋在辰兮冬未求。

【注解】另有他说：正月起戌，二月在亥，三月在子，依此顺行十二支。

天喜主有喜事来临。木养于丑，金养于辰，水养于未，其势待蓄。所以《神煞辨讹》云：天喜为四季养神，春戌顺四季者是，顺十二者非。

天　　赦

【原文】春戊寅日，夏甲午日，秋戊申日，冬甲子日。

【注解】《天宝历》曰："天赦者，赦过宥罪之辰也。天之生育，甲与戊。地之成立，子午寅申，故以甲戊配成天赦。"《历神原始》曰："天有五纬，岁星（木星）为仁而甲应子，镇星（土

星）为德而戊应子。仁德之神，莫甲戊若也。"《神煞探源》云：
"道家以甲戊日为祈禳所宜。"《考原》云："甲为诸神之首，戊
以助甲成功也，故以配其日，皆取干不克支，有上能生下之意。
如戊寅，木非土不生也。甲午，木生火也。戊申，土生金也。
甲子虽非相生，若戊子则以土克水，故甲配之。且甲木生于亥，
水亦生木故。"因此天赦是逢凶化吉之星，有赦罪之意，所以罪
囚占事遇之最吉。

生　　气

【原文】正月子上起生气，一月一位顺流行。

【注解】曹振圭曰："生气者，万物所生之辰也；生育万物者，
土也；土之所居者，四季也；四季者，乃四时五行所衰之辰也；
自衰然后可生彼，故以四时前季辰为生物之位。假令冬水生春木，
水衰于丑，生木于前，木之长生在亥也；木衰于辰，生火于前，
火之长生在寅也；火衰于未，生金于前，金生于巳也；金衰于戌，
生水于前，水生于申也。皆各居其后二辰，此其义也。"

《阴符经》曰：建为月中天子，其后二辰为极富之神，阴阳
以渐浸而胜也。必以二位者，从生气至建而成三。盖一生二，二
生三，而天地之道备也。岁后二辰为太阴，建后二辰为生气。
太阴为后妃之象，天下之母也。生气之义亦母道也。于建除为
开日，无一不吉也。曹振圭强以衰论者，岂疑其与太阴同位欤？
不知太阴固吉神也，特不宜侵犯也。

天　　马

【原文】正月起午，顺行六阳位。

【注解】《神枢经》曰："天马者，天之驿骑也，其日宜……远
行出征。"李鼎祚曰："天马者，正月起午，顺行六阳辰。"《易》曰

"乾为马。"按，乾卦纳子寅辰午申戌，天马四、十月在子。因四月乾卦，十月建亥，又乾宫也。午为马……为马祖之神，寅申为道路，故午起于寅。顺历六阳辰，则申又得午，取象于马之用也。

《大六壬神煞指南》曰："午未天马受皇恩。"注云：天马正七起午，主朝廷印信之喜，加大煞（见后）尤速。宜占迁动更故事，见传送，白虎必动。若克日主失脱。

三　刑

【原文】寅刑巳上巳刑申，申寅丑戌未丑侵，

子刑卯上卯刑子，辰午酉亥自相刑。

【注解】《阴符经》云："恩生于害，害生于恩，三刑生于三合。"如申子辰相合为水，遇上寅卯辰三位，那么申就刑寅，子刑卯，辰遇辰自刑。寅午戌三合为火，遇上巳午未三位，那么寅就刑巳，午遇午是自刑，戌刑未。巳酉丑三合为金，遇上申酉戌，那就巳刑申，酉遇酉是自刑，丑刑戌。亥卯未三合为木，遇上亥子丑，亥遇亥是自刑，卯刑子，未刑丑。这就像人伦夫妇既相合相得，也会造成相刑相伤一样。人事与造化，其道理是一致的。

《三车一览》云：子属水，卯属木，水能生母，那么子水为母，卯木为子，子母相刑，所以是无礼之刑。五行在寅巳申三位中，各有长生，临官的兴旺状态恃强而相刑，所以是恃势之刑。丑戌未都属土，相亲相爱的兄弟，现在却同室操戈，所以是无恩之刑。而寅申巳亥中，寅申巳互刑，唯独亥没有与谁相刑；辰戌丑未中丑戌未互刑，唯辰无刑；子午卯酉中，子卯互刑，午酉无刑，所以这四位为自刑。

六　冲

【原文】子午相冲，丑未相冲，寅申相冲，

卯酉相冲，辰戌相冲，巳亥相冲，

【注解】相冲之论有三。一是从易经八卦中的爻数来。其爻只有六而无七，因为七是天的尽数，阴阳的极气。所以天干中每隔七位就相克、相杀，所以叫七杀。而地支则每隔七位就相冲。如子午相冲，从子数至午正好是七位。这样相冲的共有六对，所以叫六冲。

二是方向相对为冲。如子属正北，午主正南，方向相对，有冲射对方之意。寅属东北，申主西南，方向相对为相冲。这样相对冲射共有六组，故曰六冲。

三是支中暗克为冲。如辰中癸水，戌中丁火，水能克火故冲。丑中辛金，未中乙木，金能克木为冲。此种解释实为牵强，若以相克为冲论，那么寅中甲木既克辰戌中戊土，又克丑未中己土，何以不论冲？所以远不如前两种贴切。

六　　害

【原文】子害未，丑害午，寅害巳，卯害辰，申害亥，酉害戌。

【注解】六害亦名六穿。《考原》云：六害不知从何而起。大概凡事都喜欢相合而忌讳相冲。因子与丑合，未来冲散，所以子未相害。丑与子合，午来冲散，所以丑午相害。寅与亥合，巳来冲散，所以寅巳相害。卯与戌合，辰来冲散，所以卯辰相害。申与巳合，亥来冲散，所以申亥相害。酉辰相合，戌来相冲，故酉戌相害。反之，也可以说午与未合，子来冲散，所以子未相害等，余类推。

有人根据六害之义，为婚配专门编了一首歌，说什么，"子鼠怕羊头（子未相害），午马忌青牛（午丑相害），蛇虎如刀刺（寅巳相害），龙兔泪交流（卯辰相害），鸡狗相见愁（戌酉相害），猪猴不到头（申亥相害）。流传甚广，误人极深。试想，申金见亥水，酉金见戌土，午火见丑土，寅木见巳火，均为相生，害从何来？卯木见辰土，未土见子水，自是相克为鬼，害又实属多余之论。

三丘五墓

【原文】春丑夏辰秋即未，三冬逢戌是三丘，

　　　　　五墓即在对宫取，病人作福也难留。

【注解】《大六壬神煞指南》说："寡宿三丘关管家。"注云："三丘坟崩病凶。"又云："哭神五墓狱为嗟。"《神煞赋》云："欲问灾危病体深，死符死气死神侵，三丘五墓兼亡哭，吊客丧门及墓门。"由此可见，三丘五墓占病最忌。因为辰戌丑未为五行之墓，占病逢之为入墓。如果墓神见冲为墓门开，其凶更甚。如甲日占病，未墓临干或发用，课传中再见丑土冲未是墓门开之义。

死　气

【原文】正月起午，顺行十二位。

【注解】《神枢经》曰："死气者，无气之辰也。其日忌战斗征伐，疗病求医。"李鼎祚曰："死气者，常居月建前四辰。"曹振圭说："以月建为临官，前临四位也。假令二月建卯为临官，当旺在辰，衰在巳，病在午，死在未也。或云生气之冲辰也，谓此爱其生，彼爱其死。我旺而彼死也，故常与生气相对。"死气为凶神，占病，占孕产最忌。

孤辰寡宿

【原文】亥子丑兮忌寅戌，寅卯辰兮巳丑寻，

　　　　　巳午未兮在申辰，申酉戌兮亥未明。

【注解】孤辰寡宿是两个神煞，并非一个。本书所云亥子丑在寅，是孤辰煞。细究之下，亥子丑为水，见寅木为脱气。寅卯辰属木，见巳火为泄气。巳午未为火，火旺生土，金泄土气故取申。申酉戌为金，见亥水为脱泄。脱泄者，消耗我气之煞，

故凶。所以《大六壬神煞指南》云：喝散孤辰梁钥查。主信虚，忧喜无成，失物亡，婚娶忌。

寡宿也为季煞，春季（寅卯辰月）在丑，夏季在辰，秋季在未，冬季在戌。《大六壬神煞指南》云："寡宿三丘关管家。"也为凶煞，主与孤辰煞同。《神煞赋》云："孤辰寡宿忌联姻，春夏秋冬仔细寻。寡宿丑辰兼未戌，孤辰巳顺孟神行。"均为凶煞。

四　废

【原文】春酉，夏子，秋卯，冬午。

【注解】此论另有他说。一是正月起申，二月酉，三月在戌，四月在亥，五月在子，六月在丑，七月在寅，八月在卯，九月在辰，十月在巳，十一月在午，十二月在未，此即月破。

别一论：春庚申，辛酉（金休死），夏壬子，癸亥（水囚死），秋甲寅，乙卯（木囚死），冬丙午，丁巳（火休死）。

《历例》曰：春庚申、辛酉，夏壬子、癸亥，秋甲寅、乙卯，冬丙午、丁巳。曹振圭曰：四废者，干支俱绝也。假令庚申、辛酉，绝于寅卯辰也。他仿此。《蓬瀛经》曰：四废者，是五行无气，福德不临之辰，百事忌用。"

《神煞辨讹》中说：四废云者，言囚死而无用也，春酉顺行四仲者是，（取酉金绝于春，子水绝于夏，卯木绝于秋，午火绝于冬之意。）正申顺十二者非。

尽管取法有异，但取五行绝处之论是相同的。课传逢此，主百事无成。

天　医

【原文】正月起子，顺行四仲。

【注解】《大六壬神煞指南》《神煞辨讹》等书取法不同。

即正月起辰，二月在巳，三月在午，四月在未，五月在申，六月在　酉，七月在戌，八月在亥，九月在子，十月在丑，十一月在寅，十二月在卯。

《历例》曰：天医者，正月起戌，顺行十二辰。曹振圭曰：天医者，三合后辰，能使万物死而复生，损而复益。如正月建寅，三合为寅午戌，而戌为寅之后辰是也。余仿此。

《总要历》曰：天莁者，天之巫医。六壬课中为占病特用之神。课传逢之，生干乘吉将，有起死回生之用。若以此理，原书所论，午月天医在子，天医自身逢月破，似与义理不符。后二说一为择日之说，一为六壬神煞。而择日之说中的天医正好是六壬神煞中的地医煞，二者正好对冲。且择日中无"地医"之神，想是取误。

地　　医

【原文】正月起卯，顺行十二位。

【注解】另一说：正月起子，二月在丑，三月在寅，四月在卯，依此顺行十二支。

《神煞辨讹》及诸书中云：正月起戌，二月在亥，三月在子，四月在丑，五月在寅，六月在卯，七月在辰，八月在巳，九月在午，十月在未，十一月在申，十二月在酉。《神煞赋》云：天医寅月辰宫顺，正戌前行属地医，亦此义。

《六壬神煞指南》云：戌顺天书愿地医。注云：地医病用。考前三种，后一种乃三合之意，远较前两种贴切。

金神煞

【原文】子午卯酉在蛇头，辰戌丑未属于牛，
　　　　寅申巳亥鸡头碎，破耗之财宁可忧。

【注解】子午卯酉月金神在巳，辰戌丑未月金神在丑，寅申

巳亥月金神在酉。《六壬神煞指南》云：金神破碎鸡蛇牛。注云：金神破碎即红沙。《神煞赋》云：四仲金鸡四孟蛇，四季丑日是红沙。俱此论，金神与破碎同，即子午卯酉在酉，寅申巳亥月在巳，辰戌丑未月在丑。巳酉丑三合为金局，下论仲神取仲，孟神取孟，季神取季，更贴切一些。

又一说。《堪舆经》说：甲己之年在午未申酉，乙庚之年在辰巳，丙辛之年在子丑寅卯午未，丁壬之年在寅卯戌亥，戊癸之年在申酉子丑也。这种来源，曹振圭解释是以年干五虎遁，天干逢庚辛及纳音逢金者即金神为据的。如甲己之年，逢午未月是庚午、辛未，天干是金。壬申、癸酉二月纳音是剑锋金，故云金神。丙辛之年，寅卯子丑月的天干是庚辛，即庚寅、辛卯、庚子、辛丑。午未的天干是甲午、乙未，纳音是砂中金，故子丑寅卯午未是金神，余类推。

壬课是以日干为主，第一说符壬课之意，且巳酉丑三神为正金神。后说则以年纳音与天干取，皆与壬课之意不切。

大凡占事，金神入课传克身，求财损，病不利，凶速。占阴宅并天空，主子孙败绝。如仕宦中人占升迁与金神为官鬼，反吉。

破　　碎

【原文】孟月巳，仲月酉，季月丑。

【注解】寅申巳亥四孟月在巳，子午卯酉四仲月在酉，辰戌丑未四季月在丑。吉凶与金神同论。

月　　厌

【原文】正月起戌，逆行十二位。

【注解】《春秋繁露》曰：春出阳而入阴，秋出阴而入阳。夏右阳而左阴，冬右阴而左阳。阴出则阳入，阴入则阳出；阳右则阴左，阳左则阴右。是故春俱南，秋俱北而不同道。夏交于前，冬交于后而不同理。并行而不相乱，绕滑而各持分，此之谓天之意。而何以从事天之道？初薄大冬，阴阳各从一方来而移于后。阴由东方来西，阳由西方来东，至于中冬之月，相遇北方，合而为一，谓之曰至。别而相去，阴适右，阳适左。适左者其道顺，适右者其道逆。逆气左上，顺气右下。故下暖而上寒，以此见天之冬右阴而左阳也，上所右而下所左也。冬月尽而阴阳俱南还，阳南还出于寅，阴南还入于戌，此阴阳所始出地入地之见处也。

曹振圭曰：月厌者，厌魅之神也。其性暗昧，私邪不正，故各忌之。盖十一月建子，阴阳气争。冬至前阴气极，冬至后阳气生，故自建子之月阳建顺历丑寅卯一十二辰，阴建逆历亥戌酉一十二辰。

由此可见，月厌乃阴阳之气所行之道，因冬至前阴气，冬至后阳气，不与天时相合，故为月厌。课传见之，多妨嫁娶。若发用为初传，主百事不成。加玄武主盗贼，加螣蛇主怪梦，加白虎克日主病死，加朱雀，勾陈主忧禁，若逃亡者忌向此方。可见，月厌亦为凶煞。

劫　　煞

【原文】申子辰兮蛇开口，亥卯未兮猴速走，
　　　　寅午戌嫌猪面黑，巳酉丑兮虎哮吼。

【注解】申子辰劫煞在巳，亥卯未劫煞在申，寅午戌劫煞在亥，巳酉丑劫煞在寅。

《洞玄经》云：劫煞起于绝，灾煞起于克。假令申子辰年合水局，水绝于巳，故劫杀在巳。巳酉丑年合金局，金绝于寅，故劫杀在寅。寅午戌三合火局，火绝于亥，故劫杀在亥；亥卯未三合木局，木绝于申，故劫杀在申。《神枢经》曰：劫煞者，岁之阴气也，主有杀害。

劫煞因是三合局之绝处，所以为凶神，课传逢之，主凶速。

详查此论，亦有不妥。寅卯见申，子见巳，午见亥，酉见寅，入课传为绝为凶，此论无异。如果寅木见亥水，巳火见寅木，亥水见申金，申金见巳火都是长生之处，再以凶煞论，显然于课理不符，故宜分别对待。

大　　耗

【原文】即岁破，小耗在大耗后一位，如大耗午，小耗巳。

【注解】子年大耗在午，丑年在未，寅年在申，卯年在酉，辰年在戌，巳年在亥，午年在子，未年在丑，申年在寅，酉年在卯，戌年在辰，亥年在巳。

子年小耗在巳，丑年在午，寅年在未，卯年在申，辰年在酉，巳年在戌，午年在亥，未年在子，申年在丑，酉年在寅，戌年在卯，亥年在辰。

《神煞辨讹》及其他书另有一说：大耗为月破，正月在申，二月在酉，三月在戌，四月在亥，五月在子，六月在丑，七月在寅，八月在卯，九月在辰，十月在巳，十一月在午，十二月在未。小耗仍为大耗后一辰，即正月小耗在未，二月在申，三月在酉，四月在戌，依次顺推。

曹振圭曰：大耗者，太岁击冲破散之神也。物击则破，冲即散，破散则耗也。《协纪辨方书》释云：大耗即岁破，复以大耗名者，为建禾仓，纳财帛等事重著其义。又以见太岁至尊无对，如十二神贵人前为天空，虽名天空，而空者空空如也，非实有是天空之神。若夫岁破之义，亦言其方为岁所破，而非有岁破之神能破太岁也。

曹振圭曰：小耗者，小损也，乃太岁气绝之辰，故曰小耗。假令寅年、寅旺、卯衰、辰病、巳死、午墓、未绝也。

曹振圭义曰：大耗者，月建击冲破散之辰也，与月破同位。《历例》曰：大耗者，正月起申，顺行十二辰。

《历例》曰：小耗者，常居月建前五辰。曹振圭又曰：小耗者，小损也。乃月建气绝之辰，大耗之从神也。

两论虽有分歧，但以破为义却是相同的。壬课中月令比太岁重要，故依《神煞辨讹》取月破为准。《神煞赋》云："大耗小耗钱财损，五鬼之星忌出行。大耗正申顺十二，小耗正未顺前轮。"大耗即为月破之神，在本月为至凶之处，故大耗临干或发用，不仅破财，且有失盗，惊怖等事。大耗克干尤重。

病　　符

【原文】即旧年太岁。

【注解】旧年太岁即去年太岁。如今年在子，去年在亥，亥就是旧年太岁，即子年的病符煞。

曹振圭曰：（病符）居岁后一辰，是言旧岁也。新岁将旺，旧岁必衰，衰则病也。

《大六壬神煞指南》注云：病符主疾病，又主去年旧事。故病符临干或发用，非去年旧事复发即有疾病、灾害等事。

血支血忌

【原文】血支起丑顺行寅，血忌阴阳冲对寻，

　　　　正月起丑二月未，三寅四申顺序行。

【注解】血支正月起丑，二月在寅，三月在卯，四月在辰，五月在巳，依此顺推。

血忌正月起丑，二月在未，三月在寅，四月在申，五月在卯，六月在酉，七月在辰，八月在戌，九月在巳，十月在亥，十一月在午，十二月在子。

《神煞赋》云：血支血忌血光见，女灾羊刃产胎危。大凡壬课占断，逢血支血忌入课传，多主产难或有血光之灾。

大煞小煞

【原文】大煞正起戌，小煞正起丑，逆行四季。

【注解】本文云大煞正月起戌，后再无下文，未交代具体如何行法。《协纪辨方书》中载李鼎祚所论取法即正月从戌起，特摘于后。"大煞者，正月在戌，二月在巳，三月在午，四月在未，五月在寅，六月在卯，七月在辰，八月在亥，九月在子，十月在丑，十一月在申，十二月在酉。"曹振圭曰：东方之位生育万物，南方之位成熟万物，西方之位杀伐万物，北方之位收藏万物。大煞者，月中廉使也。子丑寅月历西方申酉戌者，盖谓阳气将出，万物将生，故巡察西方，无以妄杀也。卯辰巳月历南方巳午未者，谓万物生长之时，故巡察南方，使有成熟也。午未申月历东方寅卯辰者，谓万物成熟，宜在养育也。酉戌亥月历北方亥子丑者，谓万物收成，使有敛藏也。

小煞正月起丑，二月在戌，三月在未，四月在辰，五月在丑，依此循环。《神煞辨讹》《大六壬神煞指南》另有他说，正月起午，二月在卯，三月在子，四月在酉，五月在午，依此类推。

《考原》曰：大煞子年在子，丑年在酉，寅年在午，卯年在卯，辰年在子，如此逆行四正。盖申子辰三合为水，水旺于子也。巳酉丑三合为金，金旺于酉也。寅午戌三合为火，火旺于午也。亥卯未三合为木，木旺于卯也。曹振圭曰：大煞者，是岁三合五行建旺之辰，将星之位名曰刺史。较此两论，下者以三合旺处为煞，旺为满，故曰刃，多凶。所以后意较近其意。课传中逢之，主灾速，家长凶。君子主加官，小人则事凶。

丧车煞

【原文】春酉，顺行四仲。

【注解】丧车与四废日同，取丑行绝处。金绝于寅，故酉临春为丧车。水绝于巳，故子临夏为丧车。木绝于申，故卯临秋为丧车。火绝于亥，故午临冬为丧车。丧车为凶煞，课传中逢丧车克干，或克年命上神，占病必死。注意，此句重在一个"克"字，克我则为鬼，方有上论。若不克干或年命，不依上论。

游都煞

【原文】游都甲己日在丑，乙庚在子丙辛寅，
　　　　丁壬在巳戊癸申，旺相克日主盗临。

【注解】《神杀赋》云：游都冲处鲁都见，更主兵家探贼情。《大六壬神煞指南》云：游都主逢盗贼，加大煞来速。占贼来路，出行忌。

奸　神

【原文】正月起寅，顺行四孟。

【注解】本书奸神与诸书奸私同，但《大六壬大全》等书则异："春季在寅，夏季在亥，秋季在申，冬季在巳。"如夏在亥，水绝于巳；冬在巳，火绝于亥，是从绝处取，似有理。壬课中若逢奸神临干或发用，主有阴私色情之事。

奸　私

【原文】正月起亥，逆行四孟。

【注解】正月起亥，二月在申，三月在巳，四月在寅，五月仍在亥，周而复始。

《大六壬神煞指南》《鉴定秘键》则异：正月起寅，二月在巳，三月在申，四月在亥，五月仍在寅，依此类推，与本书奸神起例同。壬课中逢奸私临干发用，主有隐匿，色情等事。

信　　神

【原文】正月起西，顺行十二位。

【注解】《大六壬神煞指南》云："信神并朱雀，主有信临门，并贵人主有来音。"占音信之事多用此神。

天　　鸡

【原文】正月起西，逆行十二位。

【注解】《大六壬神煞指南》注："天鸡主信息，行人至，折伤。若占六畜走失，忌见。"

神煞总论

吉者为神，凶者为煞。本书中所列天德、月德、日德、月合、天印、禄神、成神、皇书、皇恩、天诏、福星、天喜、天医、天赦、生气、天马、地医等吉星为神。而金神煞、破碎、月厌、劫煞、大耗、病符、血支血忌、大煞、小煞、游都煞、丧车煞、奸神、奸私、四废、死气、孤辰、寡宿等凶神则为凶煞。六合、干合、三合、驿马、三刑、六冲、六害等属于干支的生克合冲变化，不属于神煞的范畴。本书将其归于"吉凶神煞"章，实是不妥，故特予说明。

神煞之说，从西汉至今，已沿用两千余年，不仅六壬课中有，其他如"子平命理""堪舆风水""奇门遁甲"等术中亦常用。尤其择日，一大堆神煞，令人无所适从。先贤对神煞之论，深恶痛绝。张楠、陈素庵等均直言针砭，指为妄造，齐东野人之语，即使在六壬神课中，近贤袁树珊、韦千里、张定州等在书中均不提及。也未列成章，究其原因，有以下三点。

一、神煞名目繁多，竟达三百余种，令人无所适从。如判断阴私色情神煞就有"阴奸""桃花""奸盗""浴盆""日淫""咸池""奸私""奸神""奸门"等十数种。若以上论，世上无正派男人，更无贞节之妇了，所以《神煞赋》说"神煞只有百余名，其它无验皆检出"，一下就删除了二百余种名称。

二、各执一说，令人难辨真伪。如上述"大耗"，有云取岁破者，有云取月破者。更让人难解的是曹振圭两说均论其是，他自己也不知该取哪一个，该去哪一个。再如天医，取法竟有三种之多，各执其说，不知如何区别。

三、一支多神，吉凶皆有，不知让人以吉断，还是以凶论。如浴盆、天目、龙神三者都是春在辰，夏在未，秋在戌，冬在丑。龙神为吉神，诸事皆吉，浴盆则为凶煞，天目为捕盗寻人之神，合而为一。又如月德、亡神、游祸，三者都是申子辰在亥，巳酉丑在申，寅午戌在巳，亥卯未在寅，月德主诸事吉，亡神、游祸主动灾。三者合一。再如飞魂、天诏、哭忌三者都是正月起亥，顺行十二支。然天诏为吉神，飞魂、哭忌为凶神，三者亦合一。

诸如上述，实在令人无法判断，故而其神煞理论就难自圆其说了。但壬课占断中，也常见神煞运用得巧妙的实例。正如《神煞赋》开卷之语"三传吉凶有狐疑，全凭神煞解心迷"之论。神煞确实能起到画龙点睛之用，所以也不能完全废弃，应拣其有用者用之，拣其无用者去之，万勿一概而论。

究其神煞之用，亦有如下几法：

一、以神将为主，神煞为次。若课传年命上神，神将皆吉，见吉神更增吉庆，见凶煞不能为祸，不以凶论。

二、以神将为主，神煞次之。若课传年命上神，神将皆凶，见凶神更增其祸。见吉神亦难解救，不以吉断。

三、课传中吉凶混杂，实难判断吉凶，则以神煞辅助，神吉则论吉，煞凶则断凶。

四、特定占事以特定神煞与日干的生克关系断。如占信息逢天鸡，信神等，占出行逢游都，鲁都等。生干则以吉断，克干则以凶论。

例1　丙子二月乙酉日巳时戌将，因获重罪占能免否（午未空亡）。

此课必遇恩赦，六月便有出狱之兆。盖因皇恩临干，天赦加支，又解神发用。中传太岁贵人生日，罪虽至重，亦能转凶为吉。但嫌戌为本命，受上神卯木乘玄武恶将克制，谪戌之罪难免。后曹大司礼奉命执审，豁罪改戌。何言六月出狱？因未土乘青龙吉神发用，上乘子水太岁并贵人故。

皇恩：二月在酉。天赦：春在戊寅。

天解：二月在未。主忧喜无成，诸恶逢之皆灭。

此课吉在中传子水父母乘贵为太岁生身。再加三传神将均吉，又有皇恩、天赦、天解等吉神相助，故能逢凶化吉。

例2　己丑六月乙未日亥时未将，天宁市中夜内郊鸟喧，占问主何应候（辰巳空亡）。（图见第90页左图）

主有贼从东来，无攻城之虞。因子水游都、勾陈临干，白虎带风伯雨师作支鬼发用。又合中犯杀，故主东有贼船至。幸初传休囚，末传见旺，又系月将，且游都煞坐空亡，是以城邑无虞。己亥日报贼从东方来，水陆并进，官兵出城，贼遂自散。

攻城以支为城，支上卯木虽克支，但支临月建为旺，卯木入月墓为衰。

龙	空未	妻财	
贵	戌子	父母	
虎	癸巳	子孙	
合	阴	阴	龙
酉	寅	寅	未
乙	酉	酉	寅
雀	蛇	贵	后
戌	亥	子	丑
合酉			寅阴
陈申			卯玄
未	午	巳	辰
龙	空	虎	常

游都凶煞虽临干，一则自坐辰土空亡无力，二则附子水为生我之神，所以虽为凶神，亦不为祸。

例3　辛巳年庚子月辛未日酉时寅将，本命在午，吴某之妻坠胎数日，仍觉腹中震动，特占（戌亥空亡）。

虎	癸卯	兄弟
合	己亥	父母
后	乙未	妻财

玄	己巳	官鬼
陈	空戌	父母
后	丁卯	妻财

陈	贵	虎	合
子	申	卯	亥
乙	子	未	卯

后	空	雀	玄
卯	申	子	巳
辛	卯	未	子

龙	空	虎	常
丑	寅	卯	辰
陈子			巳玄
合亥			午阴
戌	酉	申	未
雀	蛇	贵	后

陈	合	雀	蛇
戌	亥	子	丑
龙酉			寅贵
空申			卯后
未	午	巳	辰
虎	常	玄	阴

并非腹有一胎，乃积血所致。因胎神卯木临干受克，本命上神亥水乘六合又逢空，所以非胎。但太岁作日鬼发用，本命上神亥水又为血支，所以知其有崩漏之症。喜贵人天医临行年，命上神又冲克日鬼，可以治愈。后不数日即愈。

血支：十一月在亥。天医：十一月在寅。

命上神亥水血支与初传相冲，故有崩漏之症。天医寅木，即乘贵人吉将，又为干之妻财，与本命上神生合，子月又为旺相，神吉，将吉，所以神杀亦以吉论。

例4　癸未年己未月戊辰日丑时午将，戚君因半年未接家信，占何日可得信（戌亥空亡）。

己卯日定有信到，且不止一函。因驿马乘白虎作信神发用克日，朱雀酉金加支作六合，故知必有信到。太岁未土加于行年寅上，月建重叠作贵人，命上乘青龙，入中末二传，故不止一函。应卯日者，因驿马，信神寅木和天鸡辰土拱夹卯木故。后果己卯日到三函。

虎	丙寅	官鬼		虎	壬寅	官鬼
贵	辛未	兄弟		合	戊戌	兄弟
龙	甲子	妻财		后	甲午	父母

合	常	雀	虎		空	雀	后	虎
戌	卯	酉	寅		丑	酉	午	寅
戌	戌	辰	酉		戌	丑	戌	午

合	陈	龙	空		空	虎	常	玄
戌	亥	子	丑		丑	寅	卯	辰
雀酉			寅虎		龙子			巳阴
蛇申			卯常		陈亥			午后
未	午	巳	辰		戌	酉	申	未
贵	后	阴	玄		合	雀	蛇	贵

信神：六月在寅。天鸡：六月在辰。

例5　癸未年庚申月戊戌日酉时巳将，占赴省可安否（辰巳空亡）。

三传合成父母局，生干又生支，且干神上下比和，支神上下相生，一路平安。所嫌者，寅木乘白虎发用克日，为合中犯煞，支上午火自刑，且病符午火加行年戌上，恐中途不免患病。果主仆皆有疾而归。仆者因戌为奴仆类神。

未年病符在午，虽生身，但身入戌墓，且带凶煞，故论凶。

例6　庚辰年丁亥月辛亥日巳时寅将，一知府占弟院试（寅卯空亡）。

日德、驿马、官星、并长生发用，天喜临干，太岁辰土乘朱雀生干，主文章高下咸宜。命上神寅木，行年上神戌土，又和日贵午火作三合为火局，必中无宜。干上神未土为八数，发用巳火为四数，巳有双意，亦为八数。后果其弟以第八名高中。

天喜：冬季在未。天喜

蛇　乙巳　官鬼
陈　空寅　妻财
虎　辛亥　子孙

```
后　雀　阴　蛇
未　辰　申　巳
辛　未　亥　申
```

```
陈　合　雀　蛇
寅　卯　辰　巳
龙丑　　　　午贵
空子　　　　未后
亥　戌　酉　申
虎　常　玄　阴
```

后　丙寅　妻财
龙　壬申　兄弟
后　丙寅　妻财

```
后　龙　蛇　虎
寅　申　子　午
庚　寅　午　子
```

```
雀　蛇　贵　后
亥　子　丑　寅
合戌　　　　卯阴
陈酉　　　　辰玄
申　未　午　巳
龙　空　虎　常
```

附未为父母生干为吉，再加课传皆吉，故以吉论。

例7　戊辰年乙卯月庚午日巳时亥将，某君卜近况如何（戌亥空亡）。

夫妻不和，前二日当有丧偶之痛，且破大财。因寅木日财发用，自临绝地，遁干为丙鬼。寅财又附血支、吊客等恶煞，其妻恐已去世。寅在支前二位，故知已发生二日。支为宅，上乘子水腾蛇，阴神午火上乘白虎，亦主家有丧事。课逢六冲，寅财乘后，与申官乘龙相冲，故主夫妇不和，果一一如所断。

血支：二月在寅。吊客：岁后三辰，故辰年在寅。

注意：寅木妻财临绝为重，血支、吊客为辅助。若寅木妻财临亥逢长生，虽附血支、吊客恶煞也不为凶。

第三章　课体

六壬课体配六十四卦

【原文】

元首乾	重审坤	知一比	涉害坎
遥克睽	昴星履	别责涣	八专同人
伏吟艮	反吟震	三光贲	三阳晋
三奇豫	六仪兑	时泰泰	官爵益
富贵大有	龙德萃	轩盖升	铸印鼎
斫轮颐	引从临	亨通谦	繁昌咸
荣华渐	德庆需	合欢恒	和美丰
斩关井	闭口遁	游子观	三交姤
乱首师	赘婿旅	冲破夬	淫泆既济
芜淫小畜	孤寡革	度厄剥	无禄绝嗣否
迍福屯	侵害损	刑伤讼	二烦明夷
天祸大过	天狱噬嗑	天寇蹇	天网蒙
魄化蛊	三阴中孚	龙战离	死奇未济
灾厄归妹	殃咎解	九丑小过	鬼墓困
励德随	盘珠大壮	全局大畜	元胎家人
连珠复	间传巽	六纯无妄	杂状节

【注解】 大六壬占事所成的课式叫课体。经云："欲究吉凶，须详课体。课体不明，吉凶难测。"所以课体在占事中也占着非常重要的位置

《大六壬立成大全钤》《六壬一览》及诸书中共载六壬七百二十局。实际上，六壬共能推演八千六百四十局。因为六十花甲是日期循环的基数，每日有十二个时辰，二者相乘等于七百二十，这就是七百二十局的来历。然每个时辰还可同十二个月将相配，这样相乘，等于八千六百四十，这就是六壬课的全部课式。

一年三百六十天，共有四千三百二十个时辰，《奇门遁甲》共四千三百二十局式就是根据这样而来。何以六壬课还多出一倍？因为每日每个时辰，六十天只能循环一次，一年只能循环六次，只能同六个月将见面，两年才能和十二个月将相互配完，所以才会有八千六百四十个局式。

八千六百四十局数字何其复杂。为了让它简单易记，先贤便把这诸多的课式，归类总结成六十四种，这就是六十四课体的来源，它和易学中的六十四卦遥相呼应。同时六十四课中含有诸多格式，名目烦琐，语多重复，有些课体也不尽然，以下便一一予以解释说明，仅供壬课研究者与爱好者参考。

另《六壬经纬》共列九十一格（实际书中仅列八十九格），日本人阿部泰山在《六壬神课实践鉴定法》一书中共列一百五十六格。试想，六十四课亦属牵强，其余更属添足，实不可取。

元首课

【原文】凡课有一上克下，余课无克曰元首课，有天象焉。如君驭臣，名正言顺，为九宗之元，六十四课之首，故名元首。君占之，则得伊吕之臣；臣占之，必遇尧舜之君；常人占之，万事亨通。大哉元首，元亨利贞，首出庶物，万国咸宁。统乾之体，乃元吉第一课也。

【注解】伊吕之臣：伊是伊尹，名阿衡，成汤举事时任以国政，佐汤平定海内，治理天下有大功。吕即吕尚，又称太公望，姜姓名牙。以渔钓交结周西伯，被立为师。为西伯侯阴谋策划，以倾商政。周武王即位后，被尊为"师尚父"，助武王灭纣治国。此二人皆为古之贤臣，这里喻君王得元首课，主得像伊尹、吕尚这样的贤臣。

尧舜之君：尧名放勋，代兄为帝，为人仁德聪明，和合万国，制历法，治洪水，任贤举能。及卒，天下为之三年不举乐。舜名重华，品行高洁，继尧为帝。任贤举能，蛮夷率服。此二人为古之明君。这里喻大臣占得元首课，主会遇到像尧舜一样贤能的明君。

元首课因为上克下为正，天地得位，以尊制卑，为诸课之首，故名。大凡得之，主君臣和合，父慈子亲，婚姻和谐，谋为顺利，孕育生男，兵讼客胜，官职首擢，经商获利。如果日辰用神，年命值旺相气乘吉将，更逢龙德、三光、时泰等吉课，主大吉大利，大富大贵。所以占得此课者，均应积极进取，不可消极等待。

例　甲子日卯时子将占，寅命，行年未（戌亥空亡）。

此贵神另一取法，甲戊庚阳贵皆丑，阴贵皆未。

第一课亥甲相生无克，第二课申亥相生无克，第三课酉子亦相生无克，第四课午酉上克下。四课中仅第四课上克下发用，符元首课。

《大六壬大全》中课例。原解：此课子孙乘青龙发用，主文职占子孙及本身前程、家宅事。他日父子均登高品官爵，儿子于午年发科，未年及第。屡于寅、午火旺年月转官。本身见任。寅年应诏，官由词馆，屡于巳，丑年转迁。家宅吉利，招女聪俊，获配武弁崇勋，多益母家。唯朔望弦晦日忌此课，为天烦也。

龙	庚午	子孙
雀	丁卯	兄弟
后	甲子	父母

阴	虎	常	龙
亥	申	酉	午
甲	亥	子	酉

	蛇	雀	合	陈
	寅	卯	辰	巳
贵丑				午龙
后子				未空
	亥	戌	酉	申
	阴	玄	常	虎

盖课得午加酉为元首，主首擢，利见大人。三传午为天马，

卯为天车，子为华盖，为高盖乘轩，主公卿之贵。日辰用神旺相，吉将在中，为三光，主加官晋爵，庆贺之荣。又看青龙，主文书。甲木以午火为子，值旺木气，上乘青龙，午上遁得庚金为官星，行年未上辰乘六合，亦主为儿子求官。午岁火旺，上见卯木相生，乘朱雀，主文字发科。未岁上见辰为亚魁，乘吉将，主及第佳兆。火为威仪，主礼部。午数九，龙数七，庚数八，主二十四年。火数二，主极高贵，尚书之位也。一阴二阳，以卯属阴为主，乘朱雀为文明，甲日为本身，值旺相气，主求官职。甲上亥为长生学堂，为天诏，主应诏，官由词馆。卯数六，朱雀数九，主十五年，象首擢。旺气数倍，主师傅极品之贵。卯为羊刃，属肝木，主风疾。末传为归结，子数一，月将天后为恩泽，主乞休时有加一品之恩。子与天后九数，相乘主寿得八十一。支为家宅，子上见酉，主招婿，乘太常吉将，主聪俊配武弁。相生，主益母家也。

　　此课是否如此吉利，本书七百二十局解又云：干上亥乃空生，支上酉乃实鬼也。酉为旬尾，居于宅上，闭口可免难。酉破子水，子又败于酉，故主门户破败。两贵入狱，自己尚不能安，何有恩惠之施于人哉。《大六壬立成大全钤》《六壬总览》诸书皆持此议。《指南》则云：十一月占，龙神发用无气，又上克下，当暂归林下。明春禄马生起龙神，又当应诏出山，位列公卿。德蛇相加，有邪正同处之象。说明前论不足凭。

　　实际上此课子水为将，应是十二月占，如此则午火青龙发用无气，且克破支上神酉金。干上神亥水空亡，且临本命之上。再加二贵入狱，酉子相破，吉气大减。目下不唯无吉，且有灾咎。课成闭口，唯宜闭口，方可免祸。开春龙神旺相，亥水填实，方可论吉，故云"先难后利"。

　　由此可见，占事课逢元首，并非皆吉。如果三传、干支、年命上神乘凶神、恶将、三传不顺，天乙逆行。反主臣下虽服从君上，但君上反有疑心异谋。反之，如果上神休囚死气，下神旺相德合，却主君上虽制臣下，然臣下却不受制，尊卑不顺，是非颠倒。如甲寅日辰时亥将占，日上神酉克下发用。但正月酉金为绝囚之气，克不动旺木者是。此课损宅伤人，病讼俱凶，占功名迟得，在位者宜勇退。婚姻损妻伤子，求财得而复失，无一吉处。所以得元首课亦要通变。

重审课

【原文】凡课有一下贼上，余课无克，曰重审课，有地象焉。如臣诤君，不敢直谏，必再三踌躇。详审而后进，故名重审。或从王事，无成有终，统坤之体也。

【注解】此课因与易卦中的"坤"卦相应，故象地，象臣，象子。因其课由下贼上发用，犹如臣向君，子向父，下级向上级提意见，必须再三详审，方敢为之，所以叫重审课。

占事得重审课，虽地有承天载厚，柔顺利贞之象，但以下逆上，定有忧惊。贵人顺行福生，贵人逆行乱生。诸占吉凶如下：

1. 占事宜后起。

2. 祸由内生。

3. 用兵主胜。

4. 占孕产为女。

5. 诸般谋望，主先难后成。

6. 初传为墓绝，末传为生旺，灾祸会逐渐消解，事终有成。

7. 初传为生旺，末传为墓绝，主事先易后难，先得后失。

8. 初传克末传有凶兆。

9. 末传克初传为吉兆。

10. 末传天将为龙、常、阴、后、合等吉将，或为德、喜等吉神，可逢凶化吉。

11. 诉讼主后者胜，对被告有利。

12. 此课利下不利上。如果上神旺相，下神休衰，虽有忤逆亦不成害。如夏占巳午火加亥子发用，囚水不能克旺火之类是。

13. 初传为子孙乘勾陈、白虎、螣蛇等凶将，又见刑害，主子害父。如初传为妻财乘凶将且刑害者，主妻害夫。即父子相离，夫妻失和之课。

14. 末传为初传之墓时，恐起灾害。如初传亥，末传辰。如果初传乘雀、蛇、虎等凶将，末传见墓反变祸为福。

15. 末传为初传长生时，如初传寅，末传亥之类，可避诸灾。如果初传为凶神凶将，却能变福为祸。

例 1　四月丙戌日巳时申将占，本命子，行年酉（午未空亡）。

一课申加丙，下神火克上神金。二课亥申，上下相生。三课丑戌、四课辰丑，皆土为比合。四课中仅第一课下贼上且发用，故为重审课。

《大六壬大全》中例，原解云：此课申为相气加巳，妻财乘六合为用，主谋为利禄事。中传官鬼乘贵入亥为天门，主以财纳官的京职。末传父母乘玄武，主发财亦能发贵。三传逆生日干，大吉，决主上人举荐，终有成就，高贵。为子求官，亦不免用财取贵。用起孟神，传入四孟，为玄胎。戌支为妻，上见丑，为丙日火之子。申财亦为妻，乘六合亦为子，丑为天喜，主妻怀孕，课象弄瓦。中传属阴为主，阳包阴，生女也。称生女为弄瓦。

合	甲申	妻财
贵	丁亥	官鬼
玄	庚寅	父母

合	贵	阴	龙
申	亥	丑	辰
丙	申	戌	丑

合	雀	蛇	贵
申	酉	戌	亥
陈未			子后
龙午			丑阴
巳	辰	卯	寅
空	虎	常	玄

细审此课，虽财星发用乘吉将，但丑土破碎临支。更甚者，干上申泄支戌土之气，支上丑泄干丙之气，各交车脱泄，且初传申克末传寅，岂能安逸。妙在初传金生中传水，中传水生末传木，末传木又生干，名三传逆生，且均乘吉将。初传申为驿马，中传亥上遁丁为丁马，均临长生。驿马、丁马交驰，虽先迍邅，终为吉利。主上人举荐，一岁数迁，占功名最佳。

例2　辛卯日辰时卯将夜占（午未空亡）。

虽酉禄临干，但昼乘白虎，夜乘玄武，忧煎之极，不可守矣。弃而投初传，又系日墓。中末传子亥，皆为脱气，且末传亥遁丁鬼，被其扰乱，愈不可当。三传退茹，一无托足，难以安然。且贵人逆行，以下犯上，事多不顺，暗昧不明，不可妄行。唯昼占寅木帘幙贵人临支，酉金从魁临干，大有利于科考。

以上两例，虽课体相同，吉凶却异，说明神将是决定吉凶之主，课体只是类别名称，只有其义，万勿为名称吉凶所误。

龙	己丑	父母
空	戊子	子孙
虎	丁亥	子孙

玄	阴	陈	龙
酉	申	寅	丑
辛	酉	卯	寅

雀	蛇	贵	后
辰	巳	午	未
合卯			申阴
陈寅			酉玄
丑	子	亥	戌
龙	空	虎	常

知一课

【原文】凡课有二上克下，或二下克上，择课之阴阳，与今日比者而为用神，曰知一课。盖比者，和也，阳日阳比，阴日阴比。二爻皆动，事有两歧。善恶混处，必知比于一善者而用之，故名知一。统比之体，乃原筮元永贞之义。

【注解】阳日阳比，如日干甲为阳，丙戊庚壬四干亦为阳，与日阴阳相同名比。阴日阴比，如日干乙为阴，丁己辛癸四干亦为阴，与日阴阳相同为比。

知一课最少有两课受克而动，所以事分两端，善恶混杂，故要择其比和者为用。因为比即有善恶之意，有亲切辅助之情，乃去谗任贤之课。占得此课者主：

1. 比为喜事，不比为忧事，事起同类，祸从外起。

2. 占寻人、失物，在近邻之处。

3. 日辰乘天后、贵人，有迟疑之事。

4. 上克下发用，有嫌疑；下克上发用，有妒嫉。

5. 占兵事、诉讼等事宜和解。

6. 吉神成比时，主事物在近处；不成比时，事物在远处。凶神成比时，有喜事；不成比时，有忧事。

7. 知一课用神与日干成比，占婚姻主不和谐。

8. 有二上克下，同类相加，恐招朋友中伤，祸由外来，对客有利，不利主人。二下克上者，恐有妻财、诅咒不安等事。总之大致为舍近就远，舍疏就亲，恩中有害之象。

例：八月壬辰日巳时辰将占失盗（午未空亡）。

第一课戌壬，上克下。第二课酉戌，上下相生。第三课卯辰，上克下，第四课寅卯，上下比和。虽第一、二课均上克下，但壬为阳干，与第一课戌土相比。第三课卯木为阴，与

虎	甲戌	官鬼
空	乙酉	父母
龙	甲申	父母

虎	空	贵	后
戌	酉	卯	寅
壬	戌	辰	卯

蛇	雀	合	陈
辰	巳	午	未
贵卯			申龙
后寅			酉空
丑	子	亥	戌
阴	玄	常	虎

日不比，弃之不用，取戌土为初传，成知一课。

《大六壬大全》一书中例，原断曰：此课天鬼、官鬼乘白虎发用，主事由家奴起祸（按：戌是家奴类神），中致妇女衣服、食物失盗。终可捕获，在西邻也。盖三传戌为奴，酉为妇女，太常为衣服、食物，玄武为失盗。比用为近，秋占旺气，失物可寻。（按：申酉戌会西方一气，故云在西邻。）

统而论之，此课干支俱被上神所克，且日鬼临干发用，上乘白虎凶将，初传干上神极凶极危。幸中末传俱生日干，是初凶末吉，苦去甘来之象。若仕宦人占之，则官印两全，白虎临干发用为催官使，反主赴任必速。

涉害课

【原文】（课中俱比俱不比，以寅申巳亥孟神用为见机格。无孟取仲季用，为察微格。孟仲季复相等，用四课先见者，为缀瑕格。）

凡课有二上克下，或二下克上，与今日俱比俱不比，则以涉地盘归本家，受克深处为用，曰涉害课。占者凡事艰难，稽迟时日，必历尽风霜而后得。统坎之体，有苦尽甘来之象。

【注解】坎者，险也。然物极必反，否极泰生。涉害课亦历经艰险，方涉返本宫，与坎卦象同，故云统坎之体。

凡占事得涉害课者主：

1. 风波险恶，渡涉艰难，谋事先难而后名成利遂。诸事多费苦心而后成。灾难消散较迟。

2. 占婚姻事受阻，占病不安，占逃亡隐匿于朋友之家。

3. 占孕伤胎，占生产迟滞。

4. 占行人，待人不来。占失物在家内。

5. 神将为凶，又有三四克，主灾深难解。如果日辰旺相，神将为吉，虽受克其灾亦轻，容易化解。

例 1　乙亥年戊寅月丁卯日丑时亥将占（戌亥空亡）。

第一课巳丁比和，第二课卯巳相生，第三课丑卯下贼上，第四课亥丑亦下贼上。三四两课都是下贼上，且与日比，便以涉害深浅比较发用。丑土临卯上一克，至辰中寄宫乙木又一克，共两克。亥水则历丑、辰、戌、未、己、戌六重克方归本家，涉害较深，取之为用，成涉害课。

《大六壬大全》中例，断曰：此课得涉害，亥岁占，朱雀发用，事干奏章，论讼犹豫，时宜见机而作，可行则行，可止则止。失计妄动，决入重险。

细究此课，亥水为官鬼发用，但旬空。朱雀既为文书之事，亦为官讼之神，不论奏章、争讼，因亥水旬空，三传退间传，且干上神脱支，支上神脱干，交车脱泄，诸事终无结果。

见机格：课中受害的深浅相当，与干俱比或俱不比，以致无法取用。先以寅申巳亥四孟上神取者，是此格。因为孟上神既为四长生之处，又为四季之首，事初起而祸福俱随，宜见机而行，故名。

得此课者，主利涉大川，有孚贞洁，动作见机，不俟终日，名利难遂，胎孕不实，疑事急改，犹豫有失。神将吉则断为吉，神将凶则断为凶。当以神将为主论断。若魁罡加日辰，则须防起官司。

例 2　六月丙子日亥时午将占（申酉空亡）。

雀	空亥	官鬼
贵	癸酉	妻财
阴	辛未	子孙

常	空	陈	雀
巳	卯	丑	亥
丁	巳	卯	丑

空	虎	常	玄
卯	辰	巳	午
龙寅			未阴
陈丑			申后
子	亥	戌	酉
合	雀	蛇	贵

第一课子丙，第二、三课未子，第四课寅未，均为上克下。

二、三课相重，谓之不备，且未为阴支，与干不比，弃之不论。取子寅二神与日比者论。子由巳上历归本家，经丙巳午丁四重克；寅由未上历归本家，亦经未巳戌丑四重克，是涉害深浅相当。寅加未季上，弃之。取子加巳孟上神发用，成见机格。

蛇	丙子	官鬼
常	癸未	子孙
合	戊寅	父母

蛇	常	常	合
子	未	未	寅
丙	子	子	未

四课上克下，三传下克上，且日支子水加干克干，名上门乱首，尊不凌卑反犯上。究其原因，酉财加于寅克寅，寅加未克未，未加子克子，子又加丙来克丙，源在酉财，其咎始于妻财。夜占上乘太阴，作慝之过也。若昼占酉为贵人，三传天将合龙阴吉将，减其凶。然末传寅木生干，虽先不利，终会有成。

蛇	雀	合	陈
子	丑	寅	卯
贵亥			辰龙
后戌			巳空
酉	申	未	午
阴	玄	常	虎

按《大六壬大全》原例：四月庚子日戌时申将占，三传为午辰寅，第一课午庚，上克下。第二课辰午，上下相生。第三课戌子，亦上克下。第四课申戌，上下相生。午戌虽均于日比，但午火临申，经申庚酉辛四重克而归本家。戌土临子，仅经子癸两重克即归本家，午火比戌土涉害较重而发用，是涉害课。该书将其归为见机格，误认为是取午临申孟上发用，将格取错，特予订正。

察微格：课中受害深浅相等，而无一在孟上，取仲上发用者，名察微格。

占课得此，为不仁不德之象，笑中藏刀，人情险恶。主：

1. 人恐不仁，以少算计他人为妙。此格为思虑预防之兆，日辰上有辰戌时，恐有妇人难产。

2. 与他人相交，须防不仁，有小人谋害之意，谨慎防之，方能避祸。

3. 为笑里藏刀，蜜中藏砒之象。人情浅薄，欲求事须做充分准备。神将吉主先难后成。神将凶则千万小心，不可轻举妄动。

例 3　四月庚午日辰时申将占（戌庚空亡）。

第一课子庚，金水相生。二课辰子，上克下。三课戌午，火土相生。四课寅戌，上克下。辰寅皆上克下，俱与日干相比。辰由子上涉归本家，经子癸二重克。寅从戌上涉归本家，经戌丑也是二重克，涉害又复相等。辰寅二神均未临孟，只好取辰加子仲上神为初传，入察微格。

此课不仅申子辰三合水局脱庚金日干，且去克支辰火局。所以占人多病，占宅崩颓。更主遗失财物，事事虚诈，令人不可思议。

缀瑕格：课中涉害深浅相等，且都同在孟上或仲上，则刚日取干上神发用，柔日取支上神发用者，是此格。因高中取捷，如冠上之缀瑕玉，故名缀瑕。

玄	戊辰	父母
龙	壬申	兄弟
蛇	甲子	子孙

蛇	玄	合	后
子	辰	戌	寅
庚	子	午	戌

陈	合	雀	蛇
酉	戌	亥	子
龙申			丑贵
空未			寅后
午	巳	辰	卯
虎	常	玄	阴

占事逢之，主两雄交争，经延岁月。大众牵连，灾耗不绝。君子宜亲，小人当黜，胎孕逾期，行人无息。若月建吉神入传，日辰有气，事虽延迟，可望有成。

例4 十二月戊辰日巳时子将占（戌亥空亡）。

第一课子戊，下贼上。二课未子，上克下。三课亥辰，四课午亥，亦下贼上。四课中有三课下贼上，去掉亥水与日不比者，取子午之神与日干戊相比者。历归本家，又俱经四重克，子加巳，午加亥，又俱为孟上，是涉害，孟神皆相等。戊系阳日，则取干上神子水发用，成缀瑕格。

此课子水财星临干发用，遁出甲木暗鬼，财生鬼，鬼克身，且乘腾蛇凶将，必有病讼临身。初传被下贼，归地盘又被上克，前后逼迫，是进退两难之象。诸占皆凶，唯子财临干发用，求财可得。

蛇	甲子	妻财
空	辛未	兄弟
后	丙寅	官鬼

蛇	空	雀	虎
子	未	亥	午
戊	子	辰	亥

	蛇	贵	后	阴	
	子	丑	寅	卯	
雀	亥			辰	玄
合	戌			巳	常
	酉	申	未	午	
	陈	龙	空	虎	

遥克课

【原文】（神克日干为用，曰蒿矢格。日干克神为用，曰弹射格。）

凡课无克，取日干与四课上神相克者为用，曰遥克课。遇有两克以相比者用。如蒿矢无镞，弹射无丸，射物难中，不足为畏。凡事祸福不测，忧在西南，喜在西北。始虽惊恐，后无妨害。统睽之体，乃狐假虎威之课也。又睽，乖异也，小事吉。

【注解】镞即箭头，蒿矢课非金遥克者，名蒿矢无镞。丸以土成，弹射课非土遥克者，是弹射无丸。蒿矢格，课上神遥克日干者是。

占事得此格者，主：

1. 开始雷吼声大，有惊恐之状，而后逐渐消失。

2. 忧喜未实，文书虚谋。

3. 占事得此格，不宜有客，有客多会反目成仇。

4. 利主不利客，利小不利大。

5. 三传神将凶，日辰无气，主有盗贼及其他阴谋灾害。

6. 三传神将吉，日辰有气势者，谒贵有喜，待人亦来。

7. 诸事先难后利。先动手无利，后动手有利。

例 1　丙戌日未时辰将占。

第一、二课上下相生，第三、四课上下比合，四课皆无克。四课中的一、三、四课上神皆与日干相互相生，只有第二课上神亥水遥克日干，便取之为用。远神克日，缓而且轻，犹如折蒿为矢，力弱难伤，故名。

此例虽蒿矢发用力弱，但亥水帘幌贵人与干上神寅木相合，寅木乘青龙吉将生干。若占功名，亦为有力，前程远大。夜占亥水官鬼乘贵人吉将更妙。可惜支上神戌未相刑，虽人丁兴旺，却宅居破损。

弹射格：课中无上下克，取日克上神者是。

占事遇弹射格，主：

1. 利客不利主，先动者有利。

2. 待人不来，访人不见。若克两神，心多两意，诉讼不利。

3. 三传逢吉将有喜气，或可得财。如果三传为凶将，带六害，为恩将仇报之事。害为日上神，恐遭他人仇杀。害为支上神，

雀	丁亥	官鬼
后	甲申	妻财
常	癸巳	兄弟

龙	雀	阴	虎
寅	亥	未	辰
丙	寅	戌	未

龙	空	虎	常
寅	卯	辰	巳
陈丑			午玄
合子			未阴
亥	戌	酉	申
雀	蛇	贵	后

家中生仇。

4. 一、二课发用为近射，主有外事、凶事略大，不可出外。三、四课发用为远射。第三课是支上神，发用凶稍重。第四课尤远，凶无力。

5. 空亡发用事情尤虚。

6. 三传神将皆凶，再带刑害，贵人逆治、主有冤仇盗贼凶象，部属不忠。

7. 三传神将皆吉，再遇德合贵人顺治，主朋友相亲和气。

注意：神将吉则论吉，神将凶则论凶。

例2 丁酉日申时未将占（辰巳空亡）。

四课中既无下贼上，亦无上克下，四课上神也无克日，只有日干能克第三课申金，故取为初传。因我去克它，相隔甚远，如打弹丸，不易射中，故名。

占得此课虽三传退茹，但末传生中传，中传生初传，名三传逆生。占求财，婚姻皆主大吉，可谓人宅皆旺。然三传天将初乘玄武，末乘白虎且临干，若求功名，凶祸难免。若夜占午禄乘六合吉将，反主有功名。

总论两格，俱主远事，多虚而不实。即使有成就，亦是虚名虚利。如果蒿矢三传见金主有镞，弹射三传见土主有丸，镞丸可以伤人，主有蓦然之灾福。若三传见空亡，却名遗矢、失丸，祸福皆轻。

玄	丙申	妻财
常	乙未	子孙
虎	甲午	兄弟

虎	空	玄	常
午	巳	申	未
丁	午	酉	申

龙	空	虎	常
辰	巳	午	未
陈卯			申玄
合寅			酉阴
丑	子	亥	戌
雀	蛇	贵	后

昴星课

【原文】（刚日取酉上神为用，曰虎视转蓬。柔日取酉下神为用，曰冬蛇掩目。）

凡四课上下无克，又无遥克，取从魁上下神为用，曰昴星课。昴星者，酉中有昴宿也。从魁者，酉之神也。酉位于西方，乃白虎之金位，性主刑杀义，司决断死生出入之门户，此从西立传，故名昴星。虽有惊恐，唯宜守静则吉。统履之体，有蛇虎当道之象。

【注解】昴星为二十八宿星宿名，全名昴日鸡，分野在正西方。因此课以天盘酉下神和地盘酉上神为发用，酉中有昴星，故名之。

日有阴阳，昴星课也分刚（阳）日和柔（阴）日两格。

虎视格：刚日昴星取地盘酉金上神为初传，酉为西方白虎之神，仰而上视，故曰虎视。中传取辰上神，末传取干上神。

占事得虎视格，主：

1. 关梁闭塞，津渡稽留。外出，轻者有灾，重者有死亡、囚禁之祸。

2. 主有惊恐之事，祸从外来，静守为宜。凡事过分者，必有灾害。等人不来。妊娠得子，生产无忧。

3. 蛇虎入传，日辰用神囚死大凶，病者死，官讼入狱。如果日辰旺相，则减其凶。

4. 日辰，用神旺相，三传神将皆吉，亦以吉论。考试中榜。（按：地盘酉为从魁，大利科考。）

5. 昴星为淫乱之神，阳日主男子轻浮，多生奸邪之事。

例1　戊寅日午时戌将占（申酉空亡）。

四课中无克贼亦无遥克。戊日为刚日，便取地盘酉上神丑土为用。中传取支上神午，干上神酉为末传，成虎视格。

此课虽丑土贵人发用，但自坐空亡。戌将为二月天将，戌在卯月为囚死，亦无气。三传阴甚，暗昧昏沉，幸初末俱空，主占事必无始终，吉凶皆归无实。

```
贵　丁丑　兄弟          合　丙子　官鬼
虎　壬午　父母          虎　庚辰　子孙
陈　空酉　子孙          蛇　甲戌　子孙

陈　贵　虎　合          虎　陈　蛇　阴
酉　丑　午　戌          辰　丑　戌　未
戌　酉　寅　午          丁　辰　丑　戌

陈　合　雀　蛇          龙　空　虎　常
酉　戌　亥　子          寅　卯　辰　巳
龙申　　　　丑贵        陈丑　　　　午玄
空未　　　　寅后        合子　　　　未阴
午　巳　辰　卯          亥　戌　酉　申
虎　常　玄　阴          雀　蛇　贵　后
```

冬蛇掩目格：柔日昴星取天盘酉下之神为初传。因柔性属阴，阴性从地。女子气沉，俯视下神，如冬蛇之掩目，故名。以日上神为中传，以支上神为末传。

占事得冬蛇掩目格，主：

1. 暧昧不明，人情失意，进退不定。女人淫乱，主内忧。

2. 访人不见，做事难成，出行多淹滞。

3. 逃亡者可隐形，因其目掩也。

4. 螣蛇入传多怪梦。

5. 传见申、卯，多有车祸，上神乘玄武、白虎灾重。

6. 午加卯称为明堂，诸事昌隆，纵遇衰败凶神，亦能逢凶化吉。

例 2 丁丑日亥时申将占（申酉空亡）。

四课无克，也无遥克。丁日为柔日，故取天盘酉金下神子水发用为初传。中传取干上神辰土，末传取支上神戌土，成冬蛇掩目格。

此课日墓覆支，支墓覆干，课传一片脱气，天将虎蛇，乘辰戌魁罡。子水上神酉金虽为财贵，却逢空亡，无一吉象，极凶之课，须谨慎提防，方可免咎。

别责课

【原文】（亦名芜淫。）

凡三课无克，别取一神为用，曰别责课。此三课不备，别从其类，责取一合神为用，故名别责。占者凡事不备，必须借径而行。统涣之体，主有流连之象。

【注解】 别责课发用虽取合神，但阴阳所合有别。阳为天，所以阳日初传，取与日干相合的上神为用。如戊与癸合，癸寄丑宫，即取丑上神发用。中末传皆取干上神。

例 1 丙辰日卯时辰将占（子丑空亡）。

课式中一、四课相同，既无克贼，又无遥克，四课不备。丙日属阳，与辛相合，辛寄戌宫，上神亥水，取为发用，中末传俱干上神午火，成别责课。

阴	癸亥	官鬼
合	戊午	兄弟
合	戊午	兄弟

合	雀	陈	合
午	未	巳	午
丙	午	辰	巳

合	雀	蛇	贵
午	未	申	酉
陈巳			戌后
龙辰			亥阴
卯	寅	丑	子
空	虎	常	玄

此课亥水官鬼乘太阴发用，又为帘幕贵人，占科考功名均利。

中末传为日之旺神，且日禄临宅生宅，占宅亦吉。若占婚干上乘旺，日上得支禄相生，亦主得佳偶。唯占彼我之事，干禄寄宫临支生支，为我上门生他，愿与其效力尽心，利他人而不利自己。

柔日为阴，象地。其初传则取地支三合的前一位神发用，中末传亦归干上神。

例2 辛丑日酉时子将占（辰巳空亡）。

四课中二、三课同，实际只有三课，既无克贼又无遥克。辛日属阴，寄戌宫，支上神丑土，与巳酉丑三合局，丑土的前一位是巳，故取为用，中末传皆用干上神丑土，成别责课。

此课日德空亡发用，中末传皆日墓，且干上神墓干，支上神墓支，虽乘六合、天后吉将亦为凶。占宅主昏晦破败，占官求财，无一吉庆，凶课。

大凡求事，占得此课，主：

1. 此课一名芜淫。三课中二阳一阴，为二男争一女之象。若二阴一阳，则为二女争一男之象，故名之。

2. 诸事皆不完备，有涩滞牵连之意，不利索。

3. 谋为欠正，财物不全。

4. 临兵选将，欲渡等船。

5. 占婚别娶，胎产多延误。

6. 欲进不能，必生变化，先招损后方得利。

7. 凡事依赖他人，吉凶之事，均与他人有关，不能自主。

8. 占断家庭，主闺房淫乱，或夫妇互有外情。

合	空巳	官鬼
后	辛丑	父母
后	辛丑	父母

后	雀	雀	龙
丑	辰	辰	未
辛	丑	丑	辰

空	虎	常	玄
申	酉	戌	亥
龙未			子阴
陈午			丑后
巳	辰	卯	寅
合	雀	蛇	贵

9.神将凶，日辰和用神休囚，主凶（如例2）。若神将吉，日辰和用神均旺相，则以吉论（如例1）。

此课三传取法，《订讹》有异议："刚日，人皆知取天盘矣。柔日，人皆取支前三合，独不用三合上之神，何也？……存疑。"其理，地支也应取支前三合的上神。如例2应取巳上神申，非取巳。录此供参考。

八专课

【原文】（遇天后、六合、元武一将入传，为帷薄不修。）

凡课干支同位，无上下克，取阳顺阴逆，三神为用，曰八专课。盖干与支神共在一位，如八家同井，专心合力，故名八专。若占家务，则重轻易举，唯不利奔波于外。统同人之体，乃诸侯会盟之课也。

【注解】八专课阴阳取法有别。刚日八专从干上神开始，在天盘上顺数三位为初传，中末传皆用干上。

例1　甲寅日辰时丑将占（子丑空亡）。

甲寄寅宫，干支同位，四课并为二课，八字并为四字，主客不分，如八家同井，专一而无辨别，故名。甲为阳，寄寅宫，上神亥，顺数三位至丑，故取丑为初传，中末传皆用干上神亥。

此课虽初传空亡，妻财不足，但

空	空丑	妻财
常	癸亥	父母
常	癸亥	父母

常	后	常	后
亥	申	亥	申
甲	亥	寅	亥

龙	陈	合	雀
寅	卯	辰	巳

空丑			午蛇
虎子			未贵
亥	戌	酉	申
常	玄	阴	后

中末传与干上神皆为亥水长生。《毕法赋》云：互生俱生凡事益，先难后易，先空后实之课。

　　阴日八专则从第四课的上神在天盘位置逆数（取阳顺阴逆之意）三位，取为发用，中末传还是用干上神。

　　例2　己未日戌时酉将占（子丑空亡）。

　　己日属阴，故从第四课上神巳火起逆数三位至卯，取为初传。中末传皆用干上神午火，成八专课。

　　此课卯木官鬼乘青龙发用，旺禄居中末传临干生身，科考求官最吉，诸事顺利，吉祥之课。

　　大凡占事课得八专，主：

　　1. 为二人同心协力，专一之象。神将吉，方以此论。

　　2. 刚日八专为尊长欺卑幼，男人有喜，凡事速成。

　　3. 阴日八专为妻背夫，女人犯淫，诸事退缩迟缓。

　　4. 将兵多胜，失物多在家中。

　　5. 占婚主有口舌分离。如果六合、太阴临日辰则吉。

龙	乙卯	官鬼
雀	戊午	父母
雀	戊午	父母

雀	合	雀	合
午	巳	午	巳
己	午	未	午

| 陈 | 合 | 雀 | 蛇 |
| 辰 | 巳 | 午 | 未 |

龙卯			申贵
空寅			酉后
丑	子	亥	戌
虎	常	玄	阴

　　6. 三传见吉神，又乘吉将为众人协力之象，主吉（如上二例）。三传见凶神，又乘凶将，逢凶煞则以凶论。

　　八专课遇天后、玄武、六合中一将入传，名帷薄不修格。因古时家修重门，以限内外。讲堂设帐，以别男女之礼。而八传课阴阳共处，男女混杂，又遇合、后、玄等阴私之神，淫乱更甚，就如家无重门，堂不设帐一样，故名。

大凡占事遇此格，主：

1. 嫂通其叔，妹私其兄，父子同妻，姑嫂同夫。家庭丑行，防范无从。

2. 此课发用有克者，淫泆不断。见凶将时，其人不知自省自悟。

3. 占断夫妻逢此格，男不知耻，女不守贞。

例3　己未日丑时亥将占（子丑空亡）。

四课不备，六合居中末传且临干，成帷薄不修格。

此课丑土劫财发用，当有耗费，但逢空亡，不会过大。青龙官鬼临干支，中末传巳火旺神化卯官生干支，天干遁丁，又为驿马，虽有飘篷之苦，却能徐徐发福。宅上神乘青龙，必有喜庆事。占官得速，出行顺利，诸事皆吉，先破后成之课。此例说明课体名称仅可供参考，不能为据。

八专课四课虽缺二课，如果有上下克，则以常法取用。

虎	空丑		兄弟
合	丁巳		父母
合	丁巳		父母
合	龙	合	龙
巳	卯	巳	卯
己	巳	未	巳
龙	陈	合	雀
卯	辰	巳	午
空寅			未蛇
虎丑			申贵
子	亥	戌	酉
常	玄	阴	后

伏吟课

【原文】（刚日以日神为用，曰自任格。柔日以支神为用，曰自信格。）

凡课月将加时，十二神各居本宫，取神克日为用，曰伏吟课。天地之神自居本家，日辰阴阳伏而不动，自相克贼，独隐呻吟，故名伏吟。占事静中有动，统艮之体，守旧待新之课。

【注解】伏吟课有克，仍按克贼之法发用。中传取初传所刑之神，末传取中传所刑之神。占事课得伏吟，主：

1. 选举必成，考试必中，求名荣归。

2. 疾病有忧，或起怪异之事。

3. 占断诉讼，春冬二季灾浅，夏秋二季灾重。

4. 谨慎律身，动作无虞。

5. 凡事主屈而不伸，静中思动。

6. 鬼旺更乘凶将，其势危凶。如果三传见吉神，又乘天马、德神、天喜，日辰又临旺相，当以吉论。

例 1　癸未日午时午将占（申酉空亡）。

天地盘完全相同，第一课上神丑土克癸，故取丑土发用。丑刑戌，取戌为中传。戌刑未，故取为末传，成伏吟课。

此课课传皆鬼，虽初传丑土遁丁财，亦不敢取，因财生鬼故。占求官，官鬼太多，难得。占家宅，干支相冲，人宅不宁。占求财，主得官贵之财，不宜贪取。占婚、占病无一吉利，是谓神将皆凶之课。

课逢伏吟，没有贼克。刚日取日上神为用，中末传取法与前相同，名自任格。因天地神均同位不动，无所取用，只好取日上神为用，故名。占事逢此格，主：

1. 刚愎自用，崭露头角后即有闭塞之兆，凡事过分，易招过失。

2. 等人立至，离家逃亡者可在附

陈	丁丑	官鬼
虎	甲戌	官鬼
阴	癸未	官鬼

陈	陈	阴	阴
丑	丑	未	未
癸	丑	未	未

贵	后	阴	玄
巳	午	未	申
蛇辰			酉常
雀卯			戌虎
寅	丑	子	亥
合	陈	龙	空

近寻获。

3. 孕产废婴。

4. 若占事，祸患会连续发生。

5. 三传中见驿马主待时而动，或被迫而动时，亦主动中有成。

6. 访人不遇，家中不安，恐有哭泣和离别事。

7. 日辰和发用旺相，再乘吉将，仍以吉论。

例 2　庚辰日午时午将占（申酉空亡）。

课传伏吟无克，庚日为刚日，取日上神申金为用，中末传仍取递刑之神，成自任格。

此课虽申金日禄、日德发用临干，可惜空亡，虚多实少。中传驿马，故宜改动。末传巳火长生，后终有成。占诸事皆凶，唯占争讼惊忧事易解，灾难易消。

自信格：伏吟课中无克贼，日干为阴者，取辰上神为用，中末传亦取递刑，是此格。因天地神不克不动，无法取用，以己之柔，进用于人，故名。占事逢之，主：

1. 诸事动则不成，家庭不安。主潜藏隐匿，身不由己。逃亡离家者可在附近寻觅。

2. 盗贼为内贼，失物也在附近。

3. 占病者不能言语。

4. 占行人停止不前。

虎	空申	兄弟
蛇	戊寅	妻财
陈	癸巳	官鬼

虎	虎	合	合
申	申	辰	辰
庚	申	辰	辰

陈	龙	空	虎
巳	午	未	申
合辰			酉常
雀卯			戌玄
寅	丑	子	亥
蛇	贵	后	阴

5. 神将凶，日干休囚为凶。神将吉，日干用神旺相则吉。

6. 三传见兄弟，逢恶将有别离之兆。

例 3　辛巳日子时子将占（申酉空亡）。

课逢伏吟无克，辛为柔日，故取辰上巳火为用神，中末传仍取逆刑。

初传虽为日德，究为日鬼，幸有干上神戌土化解，尚无大碍。惜中传空亡，名折腰。末传虽见财，但财有助官鬼克身之虞，亦不为吉，守成为上。如果年命上带吉神、吉将，待申金填实之期，却宜求官，因末传财生初传巳火官鬼日德故。

杜传格：伏吟课无克贼，发用为自刑者是。如此则阳日中传取支上神，末传取中刑。中传又是自刑，末传则取中传冲神。阴日中传取干上神，中末传与阳日取法同。这样的格式，因为初传自行杜塞，故名杜传格。占事得之，主：

蛇	辛巳	官鬼
阴	空申	兄弟
陈	戌寅	妻财

常	常	蛇	蛇
戌	戌	巳	巳
辛	戌	巳	巳

	蛇	贵	后	阴
	巳	午	未	申
雀辰				酉玄
合卯				戌常
	寅	丑	子	亥
	陈	龙	空	虎

1. 居者将移，合者将离，中道而废。

2. 三传为纯阳，等人必来。三传为纯阴，等人不来。

3. 三传见驿马、天马，主静中有动，待人、通讯来速。

4. 三传见勾陈，主有屈难伸，动静不宜。

5. 三传子午俱全，恐有文章或车祸事发。卯酉俱全者，家生变故。

6. 日辰和用神旺相，神将皆吉，亦以吉论。

例4　己亥日巳时巳将夜占（辰巳空亡）。

伏吟无克贼。己为柔日，取支上亥水为用。亥系自刑，取干上神未土为中传。未刑丑，丑就是末传，成杜传格。

此课虽亥水妻财发用，一则乘玄武凶将，二则中末传兄弟亦乘蛇虎凶将来分夺亥财。家中四亥，上乘玄武皆贼，诸事不吉，守分方安。

大凡课逢伏吟，天地神不动，乃天地不备之体。得之宜静，动多阻碍，为藏匿不动之象。凡事有屈难伸，是不得已呻吟之象。但凶中有吉，祸中隐福。若神将吉，或年命有助，须详审消息，方可断定，不可一见伏吟，便以凶论。

玄	己亥	妻财
蛇	乙未	兄弟
虎	辛丑	兄弟

蛇	蛇	玄	玄
未	未	亥	亥
己	未	亥	亥

合	雀	蛇	贵
巳	午	未	申
陈辰			酉后
龙卯			戌阴
寅	丑	子	亥
空	虎	常	玄

反吟课

【原文】（亦名无依。以支辰斜射为用，曰井栏射格，亦名无亲。）

凡课十二神各居冲位，取相克为用，曰反吟课。盖诸神反其位，坎离交易，震兑互换，日辰阴阳，往来克贼，反复呻吟，故名反吟。凡占来者思去，离者思归，得失未定，唯利复旧。统震之体，重重震惊之课也。

【注解】无依格：反吟课中有克贼，依法发用是此格。因十二神均居冲位，无所凭依而名。占事逢此格主：

1.高峰为谷，深谷为陵，变化不定。

2.得物必失，失败反成，成败难凭。

3.决定之事，必遭离散。出阵受虚惊，害人者反遭其害。

4.有重重烦恼，旧事复发之象。

5.三传为巳亥巳者，多有变动，欲求财物或文章。三传为卯酉卯者，多为家庭或途中争端。三传为寅申寅者主有远行、移动、争讼之事。

6.神将凶，主多损失，动亦无益。神吉将吉，为动中求昌。

7.父子不和，亲情不睦，夫妻各怀二心。

8.逃亡须往远方寻。

9.六合乘卯酉时，主人离财散。

10.青龙临寅申时，主隔墙有耳而起灾祸。

例1　己亥日子时午将占（辰巳空亡）。

第一、二课无克，第三课下贼上，第四课上克下，取下贼上巳火发用，成反吟课。

此课父母旬空发用，亥财坐空，无一实处。《毕法赋》云："来去俱空岂移动，空空如也事休追。"诸事皆显虚花之象。

无亲格：反吟课无贼克，以日支驿马发用者是。因反吟格十二神本已居冲位，无克再取驿马，全盘皆冲，涣散无属故名。占事逢此格，主：

1.行人受阻，内外起怪事，诸事不久长。

2.上下不恭，盗贼相攻。

玄	空巳	父母
合	己亥	妻财
玄	空巳	父母

龙	后	玄	合
丑	未	巳	亥
巳	丑	亥	巳

合	陈	龙	空
亥	子	丑	寅
雀戌			卯虎
蛇酉			辰常
申	未	午	巳
贵	后	阴	玄

3. 凡事主速成速破。

4. 旁求之事多成，直求之事易破。

5. 占病多患两症。

6. 三传最喜见青龙为救神，主吉。

7. 三传神将俱凶者为凶。得吉神、吉将，可成就一半。

例2 己丑日巳时亥将占（午未空亡）。

课逢反吟无克。丑土的驿马在亥，故取亥发用。中传取支上神未土，末传取干上神丑土，成无亲格。

此课亥财遁丁，乘驿马发用，看似动而得财之象。可惜中末空亡，有始无终，终无所利，吉凶难成。

蛇	丁亥	妻财
合	空未	兄弟
后	己丑	兄弟

后	龙	龙	后
丑	未	未	丑
己	丑	丑	未

蛇	贵	后	阴
亥	子	丑	寅
雀戌			卯玄
合酉			辰常
申	未	午	巳
陈	龙	空	虎

三光课

【原文】凡课用神日辰旺相，吉神在中，曰三光课。占者万事可以任行，不劳费力，利有攸往。统贲之体，乃光明通达之课也。

【注解】为什么叫三光课，因为此课首先要具备三个条件。一是日干旺相。干为人，为我，人旺诸鬼难胜，且可峥嵘。二是支旺，支为宅，宅旺，诸邪难侵。三是用神旺相，所干无阻。此三处神旺相再乘吉将，就如光华四射，故名之。

占事课得三光，万事吉昌，目的一定能达到，事半功倍，大吉大利。占之囚狱可获释放，疾病得之可痊愈，商贾得之可获利。如果中末传见死囚、凶将，是三光失明，主先亨通而后有抑塞。

例 甲辰日午时申将夜占（寅卯空亡）。

申是四月月将，时为初夏。干上辰土得火生为相气，上乘六合吉将。支上神午火为旺气，上乘青龙吉将。发用为日上神，三处皆旺相且乘吉将，合此课。

就其课体而言，此课二、三课无克，第一、第四课皆下贼上。辰历四重克归本家，申历二重克归本家，取受害深者辰土发用，本为涉害课。因为有上述原因，所以另立别名，实为一课兼两体。以后课中常有此类情况，甚至有一课兼数体者，再不一一细述。

以此课论，虽干上神辰土妻财旺相发用，但自坐甲木，上乘六合亦木，名曰夹克，财虽来但不由己用。末传申鬼，为天将又长生于月令，上乘白虎凶神，是初中吉而末传死囚。诸事先吉后否。然丑土贵人临亥为登天门，事关皇庭。如果仕途中人占前程，申金虎鬼又得初传财生，必登高位，前程远大。

《大六壬大全》中举一例，有日无辰，课体不全，三光已是缺一。《袖中金》又举一例：假令六月戊寅日午时寅将占，六月建未，小暑节月将为未，大暑节月将为午，决无寅为月将之理；查其课式，应是寅时午将，笔下之误，特此更正，故不取此二例。

合	甲辰	妻财
龙	丙午	子孙
虎	戊申	官鬼

合	龙	龙	虎
辰	午	午	申
甲	辰	辰	午

空	虎	常	玄
未	申	酉	戌
龙午			亥阴
陈巳			子后
辰	卯	寅	丑
合	雀	蛇	贵

三阳课

【原文】凡课天乙顺行，日辰有气居前，旺相气发用，日三阳课。占者凡事吉庆，所求皆遂。统晋之体，乃龙剑呈祥之课也。

【注解】为什么叫三阳？原因有三。一是天乙贵人左行为顺行，为正治，阳气顺。二是日辰旺相有气，居天乙贵人之前，阳气延伸。三是用神旺相，阳气和而进。有此三种，如三阳开泰，万物生辉，故名之。

占事逢三阳课。主云路翱翔，讼狱得释，疾病无妨，财喜遂意，行人还乡，贼来不战，孕产贤郎。如果贵人临辰戌，名贵人坐狱。用神为日鬼，中末传又无救神，都是三阳不泰。占事主暗昧难成，先泰后否。

例　乙丑日酉时戌将占（戌亥空亡）。

贵人子水临天门亥上顺布，日支丑土在贵人前。戌是二月月将，属春季，所以发用寅木为旺气，三者皆附三阳课。

雀	丙寅	兄弟
合	丁卯	兄弟
陈	戊辰	妻财

龙	空	雀	合
巳	午	寅	卯
乙	巳	丑	寅

空	虎	常	玄
午	未	申	酉
龙巳			戌阴
陈辰			亥后
卯	寅	丑	子
合	雀	蛇	贵

此课寅木乘朱雀发用，生干上龙神巳火，中末传会东方一气，木旺火强，若占科考，求功名，皆大吉大利。唯占求财，三传劫财重重，岂能相聚。占家宅，寅木乘朱雀临丑相克，不仅难聚财，且防孝服。

三奇课

【原文】凡课得旬日之奇发用或入传，曰三奇课。如甲子、甲戌旬，用丑；甲申、甲午旬，用子；甲辰、甲寅旬，用亥；此为三奇。盖鸡鸣乎丑，日精已备；鹤鸣夜半，月精已备；斗转乾亥，星精已备。又丑为玉堂，子为明堂，亥为绛宫，三者为旬用之奇，故名三奇。占者百祸消散，凡事吉利，统豫之体，乃上下悦怿之课也。

【注解】日奇：甲日在午，乙日在巳，丙日在辰，丁日在卯，戊日在寅，己日在丑，庚日在未，辛日在申，壬日在酉，癸日在戌。

旬奇重，日奇轻。旬奇和日奇均入传为上吉。有旬奇无日奇亦为三奇吉课。如果仅有日奇而无旬奇，则不为三奇课。

占事得三奇课，万事和合，千殃解除；男人求婚，可配淑女；妇女怀孕，能产贵儿；士有奇遇，病获良医；凡事逢凶化吉，不忌刑杀。如果三奇空亡，精力不足，其福减半，先明后暗，吉凶无成。

例　己酉日未时申将占（寅卯空亡）。

己酉日在甲辰旬中，三奇为亥，亥水发用。同时，己日的日奇是丑，丑土居末传。旬奇、日奇同时入传，符三奇课。

此课虽三传亥子丑会北方水，但干上神申金脱干，三传脱干上神，势成连续脱泄。辛申为四月月将，季在初夏，巳月己土当旺之时，身旺不怕脱泄。再加三奇入传，上乘吉将，求财心遂，占婚必成，占功名以异政擢升，病愈讼散，诸事皆吉，诚为吉庆。

除支神三奇外，还有遁干三奇。即天上三奇乙丙丁，地上三奇甲戊庚。若支上三奇和天上三奇相遇，如三传是乙亥、丙子、

后	辛亥	妻财
贵	壬子	妻财
蛇	癸丑	兄弟

常	玄	阴	后
申	酉	戌	亥
巳	申	酉	戌

空	虎	常	玄
午	未	申	酉
龙巳			戌阴
陈辰			亥后
卯	寅	丑	子
合	雀	蛇	贵

丁丑，主吉上加吉。

三传是寅巳申，或辰巳未亦名遁奇。因为甲寄寅宫，戊寄巳宫，庚寄申宫，寅巳申即甲戊庚。乙寄辰宫，丁寄未宫，丙寄巳宫，辰巳未即乙丙丁。

六仪课

【**原文**】凡旬首之仪发用或入传，曰六仪课。甲子旬用子，甲戌旬用戌，甲申旬用申，甲午旬用午，甲辰旬用辰，甲寅旬用寅，此为旬六仪。盖旬首为六阳支神星宫之长，直符之使，有礼仪之尊，故名六仪。占者动无阻隔，家集千祥。统兑之体，乃喜气溢眉之课也。

【**注解**】支仪：子仪在午，丑仪在巳，寅仪辰，卯仪卯，辰仪寅，巳仪丑，午仪未，未仪申，申仪酉，酉仪戌，戌仪亥，亥仪子。

占事课逢六仪，兆多吉庆，求财相宜，有罪可逢赦减，有病能遇良医。如果旬仪，支仪皆入传，且乘天乙吉将，为富贵六仪，再加奇仪同会，妙不可言，吉庆无比。如果仪神发用克行年，则凶。

例 丙辰日寅时未将占（子丑空亡）。

丙辰日居甲寅旬，发用为寅，是旬仪。地支辰土，寅支为仪。故寅木兼旬仪、支仪于一身，符此课。大凡六仪课，旬仪、支仪并临三传为上。

玄	甲寅	父母
陈	己未	子孙
后	空子	官鬼

蛇	常	雀	玄
戊	卯	酉	寅
丙	戌	辰	酉

	蛇	贵	后	阴	
	戊	亥	子	丑	
雀酉				寅	玄
合申				卯	常
	未	午	巳	辰	
	陈	龙	空	虎	

有旬仪无支仪也是吉课。若仅有支仪无旬仪，则不符此课。

此课虽寅木旬仪发用，但寅加酉，下受其克；上临未，又受其墓，其力已减。再加戌土火墓覆干，同时戌土坐巳为蛇，上乘螣蛇，为两蛇夹墓，其凶难解，若占病，神医难救。中传脱气，末传子水空亡，百事昏晦之象，万勿以吉课断。

时泰课

【原文】凡课用起太岁、月建，乘青龙六合，又带财德之神，曰时泰课。盖太岁为天子，月建为诸侯，青龙为官长，又为钱财喜庆之神，六合为婚姻合和禄之神。四者发用，并入三传，而为日辰财德之神，如人时运通泰，故名时泰。占者万事亨利，统泰之体，乃天地和畅之课也。

【注解】构成时泰课要有三个条件。一是太岁月建，一发用，一入传。二是初末传乘青龙，六合吉将。三是课传带日财德神。缺一非此课。

占事逢时泰课，主灾潜祸消，谋为无碍，婚姻美满，占财大利（按：发用为财德故）。逃亡者，必安全回家，逢盗贼必然自败。孕产贵子，前程远大。如果传见空亡，则事多虚喜。

例　子年戌月戊寅日戌时卯将占（申酉空亡）。

发用子水为太岁，乘青龙吉将，又为日财。末传戌主为月建，上乘六合吉将。中传巳火为日德，满盘皆吉，福禄重重符此课。

龙	丙子	妻财
阴	辛巳	父母
合	甲戌	兄弟

合	常	贵	龙
戌	卯	未	子
戌	戌	寅	未

	合	陈	龙	空	
	戌	亥	子	丑	
雀酉					寅虎
蛇申					卯常
	未	午	巳	辰	
	贵	后	阴	玄	

依上论此课大吉，然细析此课，并非尽然。子水财星太岁虽发用乘吉将，然干支上神及末传皆兄弟，争夺难免，此其一。中传巳火虽为日德、日禄，然下被子克，上乘戌墓，德禄俱废，此其二。干上神墓干，支上神墓支，人宅俱损，此其三。所以此课昏晦不明，全无和气，与课格上论完全相反。

官爵课

【原文】凡课得岁月年命驿马发用，又天魁、太常入传，曰官爵课。盖驿马为驿递之神，传命之使。又戌天魁为印绶，故名官爵。占者庶人吉庆，仕宦升擢。统益之体，为鸿鹄冲霄之课也。

【注解】官爵课要有两个条件。一、发用必须是太岁、月建、本命、行年的驿马。二、传中必须见戌土天魁，天将太常。因为戌土天魁的类神是印，太常的类神是绶，合起来是印绶。太岁、月建、本命、行年共用驿马，本已华丽异常，再加印绶入传，驿马必为传递加官晋爵的信使，故名之。

占事得官爵课，富贵荣华，有官迁职，无官得官，财名皆利。如果四马带印绶，更遇天马、德神，青龙尤吉。日辰旺相主事成速，囚死主事迟滞。若占病讼遇之，却多凶少吉。如驿马逢冲破，主官爵淹留。若印绶值空亡，主官爵失脱，文书沉匿。常人主谋事不成。

例　未年卯月丁亥日巳时戌将占，癸亥命，行年午。

空	癸巳	兄弟
蛇	丙戌	子孙
常	辛卯	父母

后	空	虎	雀
子	巳	辰	酉
丁	子	亥	辰

蛇	贵	后	阴
戌	亥	子	丑
雀酉			寅玄
合申			卯常
未	午	巳	辰
陈	龙	空	虎

发用巳火，是太岁未，月建卯，日辰、本命亥水的四路驿马。中传戌土为天魁，末传卯木乘太常，符此课，主加官晋爵。

此课即为官爵课，又为铸印课。子水官鬼临干，亥水官鬼乘贵居支入宅，若求功名，实是大吉之课。然辰土乘白虎凶将临支、墓支、克支，子水官鬼临干克干。若占病讼，却为大凶之课，定要分清占事再论之。

富贵课

【原文】凡课得天乙乘旺相气上下相生，更临日辰年命发用，曰富贵课。盖天乙在紫微门外，近于左枢，居太乙之右，为十二神之首，主升官上任等事。占者家道荣昌，官职显耀。统大有之体，乃金玉满堂之课也。

【注解】富贵课要求有三。一是天乙贵人乘旺相之气发用，二是天乙贵人所乘之神要上下相生，三是天乙贵人要临日辰或年命，方是。

如果贵人逢旺相气发用，日辰上神逢禄马，亦为此课。

占事逢富贵课，如天降福德，万事新鲜；财喜双美，富贵两全；孕生贵子，婚配婵娟；狱讼得理，谋望胜前；如戌加巳发用或入传，则为富贵权印之象，尤吉。若再逢太常乘戌，又有驿马，青龙入传，则主累代富贵，无官者加官，有官者高升。

富贵课如果贵人临辰戌之位，名八狱，又名势消课，所占皆凶。如果在乙辛辰戌四日占，或占人年命为辰戌者，又为贵人临干、临支、临年命，仍以富贵课断，万勿误为入狱。

如果三传中见昼夜两贵，主告贵求事，必得两处贵人成就。若四课三传中昼夜贵人重得，则为遍地贵人，为贵多不贵之象。告贵反无依，占讼主干多官，主凶。

贵在干前事不宜迫，迫反为贵所怒。贵在干后则宜催，不催事慢。

若昼贵临戌亥子丑寅夜支，夜贵临卯辰巳午未申昼支，名贵人蹉跎，诸事不可往求贵人。但夜贵临昼主自暗投明，稍吉。

若贵人坐官受克，名贵人受制，万不可告贵求事。

如果传中贵人空亡，落空，事主虚喜，出旬填实可成。

例　二月辛巳日丑时戌将占，本命寅，行年巳（申酉空亡）。

初传寅木，二月为旺气，上乘贵人。寅加巳，巳为行年，又为日支，且上下相生，符此课。

此《大六壬大全》例，辛金昼贵在寅，夜贵在午，此课丑时为夜占，贵人颠倒，此例当误，特予说明。

此课干上神生干，支上神生支，三传逆生，贵人发用，似乎吉庆。可惜末传空亡，主中道而止。曾有占验者主阴谋败露，皆末传空亡之故。如占功名，昼占贵人乘财发用，财旺生官可得。夜占寅木乘勾陈，恐难有前程。

贵	戊寅	妻财
合	乙亥	子孙
空	空申	兄弟

虎	阴	贵	合
未	辰	寅	亥
辛	未	巳	寅

贵	后	阴	玄
寅	卯	辰	巳
蛇丑			午常
雀子			未虎
亥	戌	酉	申
合	陈	龙	空

龙德课

【原文】 凡太岁、月将乘贵人发用，曰龙德课。盖太岁，人君也，首出庶物而德被天下。月将，一月主宰之神，太阳也。悬象在空，而明照四方。天乙贵人，吉将之首也。降福致祥，而消苦超贫。若太岁与月将并者，更乘今日之贵神作用神，如龙行雨泽，德及万物，故名龙德。占者主天子恩泽，福神相助。统萃之体，乃云龙际会之课也。

【注解】龙德课有两个条件。一是太岁和月将必须是同一种，二是必须乘贵人且发用为初传，方是此课。

占事得此课者，君恩及下，万民欢欣，罪囚出狱，财喜临身，利名易遂，争讼休陈，官职超擢，利见大人。总之利卑下求贵，吉庆重重。不利尊贵求卑下，再带凶煞、日鬼，决非吉庆。

例　癸巳年庚申月癸酉日酉时巳将占（戌亥空亡）。

巳为太岁，又为月将，上乘贵人发用，符此课。

此《大六壬大全》中例，癸日昼贵在巳，夜贵在卯，酉时占为夜占，贵人应在卯木，非在巳火，此例当误，特予说明。

巳火乘贵人，为财为德发用，三传逆生合金局生干癸水，课传不离四课，回还曲折，处处皆生我、助我之人，实为吉祥。

贵	己巳	妻财
陈	乙丑	官鬼
常	癸酉	父母

常	贵	贵	勾
酉	巳	巳	丑
癸	酉	酉	巳

陈	合	雀	蛇
丑	寅	卯	辰
龙子			巳贵
空亥			午后
戌	酉	申	未
虎	常	玄	阴

轩盖课

【原文】凡课值胜光为用，遇太冲、神后，曰轩盖课。神后，子也，为紫微华盖。太冲，卯也，为天驷、天车。胜光，午也，为天马。此三神并遇，如乘驷马轩车，高张华盖，故名轩盖。占者加官荣显，凡事吉祥。统升之体，乃士子发达之课也。

【**注解**】轩盖课要有两个条件：一是午火发用，二是卯木、子水全，方符此课。

占事逢轩盖课，主招摇过市，车马赫然，诸事吉庆。无论做官，办企业，都会繁荣；求官得官，求财得财，疾病将愈，行人即来；和别人的交易谈判，也会顺利进行。

此课中如果车（卯）马（午）作财，主财自外来。如果日辰用神乘旺相气，三传见贵龙常合等吉将，为出入见君拜官，喜庆宠禄，十全之荣。如果三传为凶神凶将，克年命，日辰或空亡，或秋占卯木为丧车煞，却名坠轩落马，反凶。

例 甲子日卯时子将占（戌亥空亡）。

胜光午火发用，中传卯木太冲，末传子水神后，符此课。

蛇	庚午	子孙
陈	丁卯	兄弟
虎	甲子	父母

常	后	阴	蛇
亥	申	酉	午
甲	亥	子	酉

龙	陈	合	雀
寅	卯	辰	巳
空丑			午蛇
虎子			未贵
亥	戌	酉	申
常	玄	阴	后

铸印课

【**原文**】凡课得戌加巳入传，曰铸印课。戌，天魁也，为印。巳，太乙也，为炉。盖戌中有辛金与巳中丙火作合，全凭火炼，铸成贵器，故名铸印。统鼎之体，乃炼汞成丹之课也。

【**注解**】巳为炉火，戌为印，卯木为印模，三者全，方为此课。

凡占事得此课，顽金铸印，炉火炎炎，投书献策，官职高迁。仕宦之人，商务之人得此格，有进职加薪之喜。平常人得之却不大好。占孕，胎产大吉。占疾病，诉讼却大凶。

铸印课若逢太常入传，名印绶双全，三传更乘吉将，日辰旺相，则主官爵高迁，所求遂意。如果春占，干支是丙丁巳午，火嫌太过。若逢戌土空亡，日辰无气，名破模损印，官不能升迁。再逢凶神恶将，主先成后败，徒劳心力，甚至有官灾刑害之事。

例　丙子日未时子将占（申酉空亡）。

初传巳火，中传戌土，末传卯木，符铸印课。

此课巳火日禄日德乘太常吉将发用，课成铸印，占功名必得。然戌土坐蛇，乘蛇墓干，巳禄临支受支克，终不为吉，病讼得之尤凶。《古鉴》曾有占验此例，先是丁艰后起用，继而避任。亦主先成后败，说明戌墓临干之凶。

常	辛巳	兄弟
蛇	甲戌	子孙
空	己卯	父母

蛇	空	常	蛇
戌	卯	巳	戌
丙	戌	子	巳

蛇	雀	合	陈
戌	亥	子	丑
贵酉			寅龙
后申			卯空
未	午	巳	辰
阴	玄	常	虎

斫轮课

【原文】凡课卯加庚或加辛为用，曰斫轮课。盖卯为车轮，庚辛为刀斧。木就金斫，故名斫轮。占者禄位高迁。统颐之体，乃革故鼎新之课也。

【注解】此课有两个条件。一是必须卯木发用，因为卯为车轮。二是卯木必须加庚辛或申酉发用，因为庚辛申酉为刀斧。

占事得斫轮课，孕病凶险，财喜欢跃，禄位加增，官职迁擢，戌印、常绶遇之更乐。卯木加于庚金、申金之上者为上。加辛金、酉金次之。因为卯中乙木和庚金有暗合之情，更遇贵人、龙常等吉将及驿马、德合等吉庆无比。而卯加酉相冲，课逢反吟，吉庆自然大减。

壬癸日得地，卯木又为舟楫，初传、末传、驿马引从，名轩车，则能任重道远，有除授官职之喜。

卯木休囚无气，乘白虎临申为官椁，值空亡为朽木难雕。春季甲乙日占为木旺金衰，名伤斧。秋季庚辛日占，金旺木死，名伤轮。如果辛卯日干上卯为日财，宜速取，缓则有害。

总之，占逢此课均主事成迟缓，或先历艰难而后有成。如果三传中有本日墓神，名旧轮再斫，主退官失职，再谋复兴。

例 辛丑日辰时亥将占（辰巳空亡）。

初传卯木，加申发用，木被金克而成斫轮，符课意。

巳火为日长生，又为德神官鬼，临干入传本美，可惜空亡。中传戌土又为巳火德神之墓，禄神官鬼皆无用。唯巳年，巳月或巳为月将得此课为不空，方以吉论。申金遁丙，乘天空凶将，并暗鬼临宅，盗宅之气，家中难免手足之争。即使占官，因官逢空亡，亦主无得。仅男占婚或求财，卯财发用，可成。女占婚巳火官空，亦无成。

后	癸卯	妻财
龙	戊戌	父母
阴	空巳	官鬼

玄	雀	空	后
巳	子	申	卯
辛	巳	丑	申

雀	蛇	贵	后
子	丑	寅	卯
合亥			辰阴
陈戌			巳玄
酉	申	未	午
龙	空	虎	常

引从课

【原文】凡课日辰干支前后上神发用为初末传，曰引从课。此贵人出行，前者引，后者从，故名引从。统临之体，乃车马蜂拥之课也。

【注解】引从课的要点有二。一是日干或日支上神的前神发用或为末传。二是日干或日支的后神发用或为末传。二者缺一皆非此格。

初传在干神之前，末传在干神之后，又名拱干格。

例1　壬子日巳时戌将夜占（寅卯空亡）。

干上神为辰，初传巳火在辰前，末传卯在辰后，如前引后从，符此课。同时壬日阳贵在卯，阴贵在巳，初末又为巳卯二贵，又名两贵拱干。

此课虽二贵引从拱干，一则卯贵空亡，二则辰土日墓复干，为吉中藏凶之课。幸中传戌土冲开辰墓，谓之有解。如前论，正是退官失职之人，复出得职之象。卯木空亡，填实为期。财贵发用，求

贵	乙巳	妻财
龙	庚戌	官鬼
阴	空卯	子孙

后	陈	贵	龙
辰	酉	巳	戌
壬	辰	子	巳

龙	空	虎	常
戌	亥	子	丑

陈酉　　　　　　寅玄
合申　　　　　　卯阴

未	午	巳	辰
雀	蛇	贵	后

龙	庚子	父母
阴	空巳	子孙
合	戊戌	妻财

贵	龙	陈	玄
未	子	亥	辰
甲	未	午	亥

合	陈	龙	空
戌	亥	子	丑

雀酉　　　　　　寅虎
蛇申　　　　　　卯常

未	午	巳	辰
贵	后	阴	玄

财最吉。唯占争讼，鬼墓临干，事干两处为凶。

拱支格，支上的前神发用，后神为末传。

例2 甲午日申时丑将占（辰巳空亡）。

支上神亥水，初传子水在亥前，末传戌土居亥后是。

此课未墓覆干，亥水克支，干支皆受伤损，再加初传与干上神相害，看似不吉。幸干上神合支，支上神合干，为交车相合，再加支上神前后引从，为凶中藏吉，逢凶化吉之象。

另外，还有两贵临干支拱年命，干支拱日禄，干支拱贵人等情形均为引从格。（详见《毕法赋·前后引从升迁吉》）

占事得引从课，大利有官职之人，主官职升擢，声名荣耀，孕生英儿，婚得佳配，出行取财，干贵欢笑。

大凡拱干格，主有人提携，宜进职。拱支格主家宅吉庆。拱行年主该年大吉大利。若拱神凶恶且乘恶将或空亡，岁破等，仍以凶论。

亨通课

【原文】凡课用神生日，及三传递生日干，或干支互相生旺，曰亨通课。主逢亨运，事事通达，故名亨通。统谦之体，乃福禄来临之课也。

【注解】亨通课的条件有三条：一是初传生日干，二是三传递生日干，三是干支互相相生。细解起来，却有他别。

一是三传递生有两种：

1. 初传生中传，中传生末传，末传生日干。

2. 末传生中传，中传生初传，初传生干。

二是相生相旺有四种：

1. 干上神生干，支上神生支，名俱生格。

2. 干上神生支，支上神生干，名互生格。

3. 干上神为干之旺神，支上神为支之旺神，为俱旺格。

4. 干上神为支之旺神，支上神为干之旺神，名互旺格。

凡占课得亨通课，三传相生，干支有情，官逢荐擢，士获功名，婚姻和合，财利生成，事事如意，名利双收。如果递生逢空亡，课传中无解救，仍以凶论。

例1 丙戌日申时亥将占（午未空亡）。

初传申金生中传亥水，中传亥水生末传寅木，末传寅木生日干丙火。三传递生日干，主有人重重举荐，终得成就，大吉大利之兆。

此课初传申金坐长生为驿马，中传亥官遁丁神，三传递生，二马交驰，不动亦不由己，仕宦得之，必为升迁之兆。但初传为财，主以

蛇	甲申	妻财
阴	丁亥	官鬼
虎	庚寅	父母

蛇	阴	常	龙
申	亥	丑	辰
丙	申	戌	丑

蛇	贵	后	阴
申	酉	戌	亥
雀未			子玄
合午			丑常
巳	辰	卯	寅
陈	龙	空	虎

空	空酉	父母
阴	丁丑	官鬼
雀	辛巳	妻财

雀	空	常	贵
巳	酉	亥	卯
癸	巳	未	亥

空	虎	常	玄
酉	戌	亥	子
龙申			丑阴
陈未			寅后
午	巳	辰	卯
合	雀	蛇	贵

财纳官。庶人占之，求财无不遂意，占病终会康复，处处吉庆之课。

例2 癸未日寅时午将占。

末传巳火生中传丑土，中传丑土生初传酉金，初传酉金生

日干癸水，叫作逆生。主有升官加薪之喜，目的均能达到。

此课虽三传递生日干，然初中传逢空坐空，名有生无生，诸事成空。唯末传巳财不空临干，且为帘幕贵人，占求财，占科考，终为吉庆。

例3　辛巳日卯时子将占（申酉空亡）。

干上未土生日干辛金，支上寅木生日支巳火，符俱生格。主人宅各安。

此课虽干支俱生，财贵发用，然中传脱干，末传空亡，有先吉后凶之象。即使占财，亦宜急取，迟则恐不得。

例4　辛巳日辰时酉将占（申酉空亡）。

干上神卯木生日支巳火，支上神戌土生日干辛金，符俱互生格。主彼此相助，两相有益。

贵	戊寅	妻财		后	己卯	妻财
合	乙亥	子孙		空	空申	兄弟
空	空申	兄弟		蛇	丁丑	父母

虎	阴	贵	合		后	空	陈	后
未	辰	寅	亥		卯	申	戌	卯
辛	未	巳	寅		辛	卯	巳	戌

贵	后	阴	玄		陈	合	雀	蛇
寅	卯	辰	巳		戌	亥	子	丑
蛇丑			午常		龙酉			寅贵
雀子			未虎		空申			卯后
亥	戌	酉	申		未	午	巳	辰
合	陈	龙	空		虎	常	玄	阴

金，符俱互生格。主彼此相助，两相有益。

此课虽交车相生，似是两相有益。然卯财发用，中传空亡。末传坐空，财宜急取方得，迟则反失。虽亦课成斫轮，但惜中末空亡，官职亦恐难求。卯财下受辛克，上受申克，若占婚姻，始吉终凶。

《古鉴》有戊申十一月酉时寅将占妻之例，与妻只有九年相守，丧妻再娶，即应此。

例5 甲申日巳时午将占（午未空亡）。

干上神卯木是日干的旺神，支上神酉金是日支的旺神，符俱旺格，主自在坐用，谋为省力。

《毕法赋》云：互旺俱旺坐谋宜。此课干支皆有旺神相守，坐守为上，如果妄动，定有灾咎。因初传虽财，但中末传脱干及

合	壬辰	妻财		合	丙戌	妻财
雀	癸巳	兄弟		阴	癸巳	子孙
蛇	空午	兄弟		龙	戊子	父母

陈	合	阴	玄		雀	玄	常	合
卯	辰	酉	戌		酉	辰	卯	戌
甲	卯	申	酉		甲	酉	申	卯

蛇	贵	后	阴		龙	空	虎	常
午	未	申	酉		子	丑	寅	卯
雀巳			戌玄		陈亥			辰玄
合辰			亥常		合戌			巳阴
卯	寅	丑	子		酉	申	未	午
陈	龙	空	虎		雀	蛇	贵	后

干上神，三传虽进茹，但末传空亡，故宜退而相守。

例6 甲申日午时丑将占（午未空亡）。

日干上神酉金为日支申金旺神。日支上神卯木，为日干甲木旺神，符互旺格。主彼此两相投奔，互相旺相。

此课虽干支互旺，宜两相投奔。然干寄宫寅木坐未墓，申金自坐丑墓，自招昏滞，反宜静守。若妄动相投，反有灾咎。

末传生初传，初传生日干，也是亨通课，主有人暗地帮我

成功。如果末传生初传，初传为干财，主有人暗地以财助我。

繁昌课

【原文】凡课夫妻年立德方发用，或年立时令旺相之乡，曰繁昌课。占者人丁旺相，诞毓麟儿。统咸之体，乃男女合感之课也。

【注解】繁昌课有四个条件：

1.夫妻行年立德方或值德合。

2.夫妻行年的干支相合。

3.夫妻本命各乘旺相气。

4.夫妻行年为三合，上乘时令旺相之气。

占事得繁昌课，主阴阳和合，万物生成。命得贵孕，产必男形，谋为大利，家道自兴。如果夫妻行年俱乘衰败气，或互相克害，则名德孕不育，主小产或流产。

繁昌课专视天地盘与夫妻关系而定，为占妊娠专用之课，四课三传均略而不论。

例　壬申日未时巳将，夫本命水，行年甲寅，妻本命金，行年己亥（戌亥空亡）。

夫行年甲寅，妻行年己亥，甲与己合，寅与亥合，是干支相合。夫本命为水，行年寅上见子水，是水旺木亦旺。妻命是金，行年亥上见酉金，是金旺生水。日干壬水德禄在亥，合

```
玄　庚午　妻财
后　戊辰　官鬼
蛇　丙寅　子孙


空　常　玄　后
酉　未　午　辰
壬　酉　申　午


贵　后　阴　玄
卯　辰　巳　午
蛇寅　　　　　未常
雀丑　　　　　申虎
子　亥　戌　酉
合　陈　龙　空
```

在寅，适值德合是夫妻行年之德合。主夫妻合好，情欲必动，有孕育繁昌之兆而名。本课夫妻行年立于德合之乡，故又名德孕课。

繁昌课中，以女行年位上乘神的前三位为胎孕生月，冲位的天干为生日，冲位的前三位为生时，如女行年上乘酉，酉前三位为子，酉金的冲位为卯，卯前三位为午，则主十一月（子月）卯日午时生子。

繁昌课还以夫妻行年的天干来判断生子的性情。如夫妻行年为甲己合，主生子黄色，壮大，端庄，好读书，能得官。乙庚合生子主白色清俊，好音乐，善兵法，多得武职。丙辛合生子黑色，肥满多力凶恶，为人好武，亦多为武职。丁壬合生子青色，目深秀，好文学，多艺术，官多为文职。戊癸合生子赤色，上尖下大，爱牧游，喜技艺，多为文职。（按：色以合化之神论，如戊癸合化火，色赤。乙庚合化金，色白等。）

荣华课

【原文】凡课禄马贵人临干支年命，并旺相气发用入传，更乘吉将，曰荣华课。凡事荣达，且有光华，故名荣华。统渐之体，乃士众拥从之课也。

【注解】荣华课的条件有三。一是禄马贵人加临干支或年命且发用，二是发用旺相，三是传乘吉将。

禄即日禄，马指驿马，并非财马。

占事逢荣华课，干吉支祥，人宅俱利，经营俱亨，动止均美。孕育麟儿，婚姻连理。用兵征讨，得地千里。若昼夜贵人均逆行或贵人坐辰戌之上，名贵人坐狱，诸事则宜退不宜进。

贵人所乘之神为日之官鬼，占求官利，占病却凶。

贵人空亡，为贵人休假不理事，出空填实方可告贵求事。

如果贵临干支为刑害，则反吉为凶，占讼理直而做曲断。

例　丙申日寅时亥将占，本命寅，行年巳（辰巳空亡）。

《大六壬大全》中例，日支申金驿马在寅，为占时又临日上。地支申上巳火为日禄、日德。亥水贵人临本命寅木，驿马临行年巳上，亥将为正月，发用巳火为相气，故此课是禄马逢贵，荣显光华之兆，故曰荣华课。

空	空巳	兄弟
合	壬寅	父母
贵	巳亥	官鬼

合	贵	空	合
寅	亥	巳	寅
丙	寅	申	巳

合	陈	龙	空
寅	卯	辰	巳
雀丑			午虎
蛇子			未常
亥	戌	酉	申
贵	后	阴	玄

德庆课

【原文】凡课日辰、干支德神及天月二德发用，并在年命乘吉将，曰德庆课。盖善莫大于德，德能转祸为福，而有喜庆，故名德庆。统需之体，乃君子欢会之课也。

【注解】德庆课的条件有二：一是德神发用，二是年命上神乘吉将。

德神共有天德、月德、日德、支德四种，以日德为主。

占事逢德庆课，德神在位，诸煞潜藏。囚狱释放，病危无妨，婚孕佳配，孕产贤郎，凡占谋望，既吉且昌。如果德神为干鬼，德有化鬼之妙，占功名必高中，有官者必升迁。如果德神乘青龙等吉将更吉。即使乘凶将，有德神化解也无灾害。

如果德神空亡，或神将外战被刑克则不吉。如戊日以巳为德，巳临亥，乘玄武，玄武属癸亥水，巳德受二亥冲克，为减德，主事参差不顺。天将克神为外战，如青龙木克丑土等是。

如果课中德神克日干，德神的下神也克日干，则德化为鬼，反凶。此例仅四阴日有，即乙日德在申，申临酉；丁日德在亥，亥临子；己日德在寅，寅临卯；辛日德在巳，巳临午。癸日无此例。

例　戊子日戌时卯将占（午未空亡）。

初传巳火为日德，又为支德。善莫大于德，一神入传，众凶皆散，转祸为福，理应弹冠相庆，故名。

此课巳火日德、日禄发用生干，末传卯木官鬼生初传，鬼反变为助我之物，课又成铸印，不论求官还是求财，占宅还是远行，都大吉大利。

阴	癸巳	父母
合	丙戌	兄弟
常	辛卯	官鬼

合	常	阴	合
戌	卯	巳	戌
戌	戌	子	巳

合	陈	龙	空
戌	亥	子	丑
雀酉			寅虎
蛇申			卯常
未	午	巳	辰
贵	后	阴	玄

合欢课

【原文】凡课日辰遇天干作合，及支三合、六合发用，并占人年命俱乘吉将，曰合欢课。凡日辰年命见合，主和合欢喜，故名合欢。统恒之体，乃婚姻团圆之课也。

【注解】合欢课有四个条件：一是日上神遁干与日干作合，二是初传与干上神作六合，三是三传与干支作三合，四是年命上神乘吉将。

占事逢合欢课，主乾坤匹配，奇偶交并，占孕迟生，行人荣省，名利乔迁，财喜欢称，婚姻天缘，万事佳庆。但三合事关众多，克应要过月。占病迟愈，占争讼以和解为贵。

合欢课中带有刑冲破害，名蜜中藏砒，反为凶兆。如果初传落空亡，主喜事难成或为虚喜。

例 戊申日子时申将占，本命亥，行年辰（寅卯空亡）。

戊土日干，上神为丑。戊申日居甲辰旬，丑土遁干为癸，戊癸合，一也。初传子水与干上神丑土作六合，二也。日支为申，三传申子辰，与日支及上神作三合水局，三也。本命亥，亥上神未土乘贵人，名贵登天门，四也。行年辰，上神子水乘青龙吉将，五也。处处和合吉昌，符合欢课。

此课初传子财乘龙发用，三传合水局，财气极旺。幸申为巳月将，日干戊土旺相有气可任财，传课皆吉，一旬周遍，诸占吉庆，唯占父母尊长之事不吉。

龙	壬子	妻财
蛇	戊申	子孙
玄	甲辰	兄弟

空	雀	玄	龙
丑	酉	辰	子
戌	丑	申	辰

空	虎	常	玄
丑	寅	卯	辰
龙子			巳阴
陈亥			午后
戌	酉	申	未
合	雀	蛇	贵

和美课

【原文】凡课干支遇三合、六合，上下递互相合，曰和美课。占者主客皆怡，内外和顺，故名和美。统丰之体，神合道合之课也。

【注解】和美有四。日干与支上神作合，日支与干上神作合为一。日干与干上神作合，日支与支上神作合为二。干支的上神与三传作三合为三。日上两课及支上两课，上下俱作三合为四。有此情况之一者，都是和美课。

象曰：三合六合，上下欢悦，交易大通，财利不绝。婚姻吉庆，干贵相宜。唯占病、占讼不利，主病危讼屈。

如果课中逢有刑害，主恩中有怨，笑里藏刀。交合中各怀盗气，主彼此都有相脱之意。若合中逢空，主一场虚喜。若合中逢冲，主先合后散，先成后败。

注意：此课与合欢课大体相同。

例　壬午日巳时丑将占（申酉空亡）。

日干上神未与日支午火相合。日干壬寄亥宫，与日支上神寅木相合为一，三传寅午戌三合局为二。日上两课亥卯未三合木局，支上两课寅午戌三合火局为三。故此课符和美课。

细析此课，正是蜜中有砒之象。干上神未土盗日支午火之气，支上神寅木盗泄日干壬水之气，是交车脱泄，各怀欺骗之意，此其一。支上两课及三传寅午戌火局，脱泄日上两课木局，笑里藏刀之象，此其二。三传寅午戌虽合财局，但旺财生干上未土之鬼，名助鬼伤干，此其三。初传天将青龙，末传天将螣蛇，龙化为蛇，此其四。故此课诸占不利，唯占功名吉庆。

龙	甲戌	官鬼
玄	壬午	妻财
蛇	戊寅	子孙

常	贵	蛇	龙
未	卯	寅	戌
壬	未	午	寅

雀	蛇	贵	后
丑	寅	卯	辰
合子			巳阴
陈亥			午玄
戌	酉	申	未
龙	空	虎	常

斩关课

【原文】凡课魁罡加日辰发用，曰斩关课。盖辰为天罡，戌为天魁，日辰，人也。魁罡，天关也。魁罡加日辰，犹人遇凶神，重门闭塞，必须斩开关门，故名斩关。占者利于阴私永无触碍。统井之体，乃豹隐南山之课也。

【注解】占事逢斩关课，主关梁逾越，最利逃亡，捕贼难获，出行无殃。病讼凶祸，厌祷吉祥。最利隐遁逃亡。

甲戊庚日占贵人临亥，名神藏煞没。神藏即六凶神临克方，即螣蛇临子名坠水，朱雀临丑（癸水）名投江，勾陈临卯木名入狱，天空临巳名受辱，白虎临午名焚身，玄武临申名折足。六神均有所制，不能逞其凶焰。煞没即辰戌丑未四煞陷于寅申巳亥四维。凡占事遇之，主万事顺利，不独斩关课如此。

河魁加亥，名魁渡天门，主抑塞难通。

天罡加寅，名罡塞鬼户，主谋为顺利。

魁罡临日辰，传有虎阴申酉为斩关得逃者，永远不获。若带血支、血忌、呻吟、羊刃、三杀，必伤人而走。

例　甲寅日亥时未将占（子丑空亡）。

戊土河魁，加日辰寅木发用，符斩关课。寅又为天梁，能克天关辰戌之土，所以辰戌加寅发用，最利出行。

此课虽言最利出行，细析并非。戊土初传，下临寅木，上乘六合木将为夹克，财已不由己，再加三传合火局脱泄日辰，诸占无一吉庆，出行当有阻。

合	壬戌	妻财
虎	戊午	子孙
后	甲寅	兄弟

合	虎	合	虎
戌	午	戌	午
甲	戌	寅	戌

贵	后	阴	玄
丑	寅	卯	辰
蛇子			巳常
雀亥			午虎
戌	酉	申	未
合	陈	龙	空

闭口课

【原文】（凡旬尾加干，旬首加支，为一旬过周遍格。）

凡课旬尾加旬首，或旬首乘元武，或旬首位上神乘元武发用，曰闭口课。如甲申日，巳加申，丙辰日，亥加寅之类，皆旬尾加旬首为用也。如丁酉日，午加酉，若用夜将，则天盘旬首乘元武为用。如甲子日，辰加子，昼夜地盘，皆旬首上神乘元武为用。首尾相加，似物闭藏，环圆无端，不见其口，故名闭口。统遁之体，乃上下朦胧之课也。

【注解】 闭口课的条件有三：一是旬尾加旬首发用，二是旬首乘玄武发用，三是旬首上神乘玄武发用。有此其中之一者，即闭口课。

甲子旬子为旬首，酉为旬尾。

甲戌旬戌为旬首，未为旬尾。

甲申旬申为旬首，巳为旬尾。

甲午旬午为旬首，卯为旬尾。

甲辰旬辰为旬首，丑为旬尾。

甲寅旬寅为旬首，亥为旬尾。

为什么旬首乘玄武也是闭口课？因为玄武是十二将中的第十位神，天干癸，地支亥，干为十干之尽，支为地支之末。玄武居第十位正是天干之尽，玄武神癸亥又是地支之末，所以以旬尾论之，为此格。

象曰：占事逢闭口，主禁口闭缄，机关莫测，事机难明，逃亡难寻，失物人见而不肯言，纵乘贵告贵也不允。乘白虎占病，主痰气阻塞，喉肿舌禁，若兼无禄课体，主绝食而死。占讼有冤莫诉，有屈难伸。占孕生喑哑之儿。

例 1　甲申日卯时子将占（午未空亡）。

甲申旬中，申为旬首，巳为旬尾。

雀	癸巳	子孙	
龙	庚寅	兄弟	
常	丁亥	父母	

常	后	雀	龙
亥	申	巳	寅
甲	亥	申	巳

	龙	陈	合	雀	
	寅	卯	辰	巳	
空	丑			午	蛇
虎	子			未	贵
	亥	戌	酉	申	
	常	玄	阴	后	

巳火加申发用，首尾相交，如环无端，不见其口，故名闭口课。

此课上下六合，长生临干支。寅木日禄、日德乘青龙吉将为驿马居中传，末传亥水长生遁丁马，必动之象，占功名最利。然课逢闭口，初传冲干上神，为吉中藏凶，唯宜慎言乃为上策。

例2　丁酉日卯时子将占（辰巳空亡）。

丁酉日居甲午旬，午火旬首发用，上乘玄武，亦名闭口。

干上神辰土与支酉相合，支上神午火与丁（寄未宫）相合，为交车相合。末传子生中传卯，中传卯生初传午禄，高盖乘轩，一片吉庆。惜午火日禄乘玄武恶

```
玄  甲午  兄弟        玄  戊辰  妻财
空  癸卯  父母        蛇  壬申  官鬼
合  庚子  官鬼        龙  甲子  父母


虎  陈  玄  空        后  合  玄  蛇
辰  丑  午  卯        午  戌  辰  申
丁  辰  酉  午        甲  午  子  辰


龙   空  虎  常       雀   合  玄  蛇
寅   卯  辰  巳       酉   戌  亥  子
陈丑          午玄    蛇申          丑空
合子          未阴    贵未          寅虎
亥   戌  酉  申       午   巳  辰  卯
雀   蛇  贵  后       后   阴  玄  常
```

将，虽求功名可得，亦非全佳。午禄临支破支，伤财失盗难免。课体又逢闭口，三缄其口，方可免灾。

例3　甲子日未时亥将（戌亥空亡）。

甲子旬子水为旬首，玄武乘辰临子发用，也是闭口课。

此课初看，午火加干脱干，上遁庚金克干，初传乘玄武凶将，

当为凶课。然初传生中传，中传生末传，末传生干，且水局冲克午火而化庚鬼，三传又蛇化为龙，吉庆犹多。故主先历灾厄而后臻美利。虽为闭口，亦不为害。

　　课传中如果逢旬首加日支，旬尾加日干；或旬首加日干，旬尾加日支，名一旬周遍格。占事逢之，主不脱空，所谋皆就。病讼亦成，故不宜占病讼。

　　例 4　乙未日卯时寅将占（辰巳空亡）。

　　乙未日居甲午旬，午为旬首，加临日支未上；卯为旬尾，加临日干乙上。一旬中的首尾俱见，故名一旬周遍格。是闭口课的别格。

　　此课虽卯禄乘青龙吉将临干，戌财发用，且与干上神相合。然中传坐空为断桥，末传午火乘腾蛇凶将盗气，且龙化为蛇，课名又叫"冬蛇掩目"，吉中藏凶之课。即使求官可得，终有祸患。

阴	戊戌	妻财
龙	癸卯	兄弟
蛇	甲午	子孙

龙	空	雀	蛇
卯	寅	午	巳
乙	卯	未	午

陈	合	雀	蛇
辰	巳	午	未
龙卯			申贵
空寅			酉后
丑	子	亥	戌
虎	常	玄	阴

游子课

　　【原文】凡课三传皆土，遇旬丁、天马为用，曰游子课。盖土者，辰戌丑未，五季之神。咸归于墓，有巡游考绩之象。旬丁者，每旬丁干所值之神，主干摇动，其势最速。势既摇动，使人好游，故名游子。居者欲游，游者欲返。统观之体，乃云萍聚散之课也。

　　【注解】游子课的要求有二：一是三传必须皆土，即辰戌丑未．二是传中必须有天马和旬丁。

旬丁：即本旬中天干遁丁之神。如甲子旬，遁至卯为丁卯，卯即是旬丁。

旬丁、天马都是动神，使人好游，奔走东西，故名。

占事逢此课，丁马加吉神，主奔走西东。出行吉利，坐守困穷，疾病难愈，官讼多凶，天阴不雨，婚姻终空。大体为动摇不定之象，凶多吉少。若兼三奇、六仪等课体，年命日辰上有冲克救神，可化祸为福。

三传未戌丑为自阴传阳，主在家打算远出。若三传为戌未辰，名自阳传阴，主在外欲归。

初传丑土，加临辰土为破游。初传为戌，加临未土为衰游。游子课和反吟课并为复游。破游衰游不吉，复游中平。

游子课和斩关课并为绝迹，有张良归山之象。游子课和淫泆课并主因私隐而逃。游子课和天寇课并，因盗而逃。

张良，字子房，秦末韩人。佐刘邦伐秦灭楚，平定天下，官封留侯，后弃官隐居。

例　三月乙巳日午时酉将占（寅卯空亡）。

三传未戌丑皆土，初传未遁丁，为旬丁。三月天马在戌，为中传，初传逢丁，课式中旬丁天马全，符游子课，又名天涯地角课。

此课三传旺财，生起干上申鬼，日墓复干，一片凶象，诸占皆凶。唯占功名，主以财求贵，纳粟而得升擢。

蛇	丁未	妻财
阴	庚戌	妻财
虎	癸丑	妻财

蛇	阴	贵	玄
未	戌	申	亥
乙	未	巳	申

| 贵 | 后 | 阴 | 玄 |
| 申 | 酉 | 戌 | 亥 |

蛇未			子常
雀午			丑虎
巳	辰	卯	寅
合	陈	龙	空

三交课

【原文】凡课四仲日占，四仲加日辰，三传皆仲，将逢阴合，曰三交课。四仲日占，遇四仲加支辰阴阳，为一交；仲神发用，传皆四仲，为二交；仲神乘太阴六合将，为三交。此三者相遇交加，故名三交。占者事体勾连，连绵不已。统姤之体，乃风云不测之课也。

【注解】三交课有三个条件：一是四仲日占，二是四仲加干支，三是三传皆仲神，发用乘太阴六合。

四仲：子午卯酉者是，又名四败神，为五阳干沐浴之地。六合为乙卯，太阴为辛酉，亦为仲神。

占事逢三交课，主交加连累，奸私隐匿，谋事不明，求财无益。讼犯刑名，兵逢强敌。乘凶将病患尤甚。再遇凶神，男犯重法，女犯通私。

初传乘太阴六合，主门户不利，有隐私事。初传乘天空，主虚诈事。乘玄武，主遗失被盗。乘螣蛇，主惊恐怪异。乘朱雀，主口舌是非。乘勾陈，主撕打斗殴。乘白虎，主孝服损伤。

太阴、六合不入传，名三交不交。如果年月日时皆仲神，名三交不解。前者不及，后者太过。二者之凶，更甚于交。

三交课，年命行年乘吉将，日乘发用旺相。或三传为午卯子，是高盖乘轩，皆不能以三交课论。

阴	辛卯	官鬼
虎	空午	父母
陈	乙酉	子孙

龙	雀	阴	虎
申	亥	卯	午
戌	申	子	卯

龙	陈	合	雀
申	酉	戌	亥
空未			子蛇
虎午			丑贵
巳	辰	卯	寅
常	玄	阴	后

例　戊子日午时酉将占（午未空亡）。

戊子日为仲日，辰上神卯为仲神，三传卯午酉均仲神，发用卯乘太阴，亦为仲将，符三交课。

此课卯木官鬼临支发用，蒿矢本已无力，中传空亡，末传坐空，且冲克初传官鬼，致使功名无望。中末皆空，干上神虽乘吉将，却泄干之气，支上脱支，全无和气，诸占不利。

乱首课

【原文】凡课日往加辰，辰克日发用者，曰乱首课。盖日为尊长，辰为卑幼，辰克日，乃下犯上之象。又辰来加日而克日，为上门乱首。自取乱首者，尊上自己失礼，为支所犯，其事尤轻。上门乱首者，卑下无端敢来犯上，其事尤重。统师之体，有征讨不顺之象。

【注解】乱首课有两种：一是干加支，被支克，名自取乱首。二是支加干克干，又叫上门乱首，其祸尤重。

占事逢此课，子忤其父，弟背其兄。君骄臣逆，尊卑不分。以下犯上，悖逆重重。初传若逢官鬼，凶祸尤速。三传神吉将吉，年命处有克制凶神，生我之神名患门有解。

例1　庚午日申时戌将占（戌亥空亡）。

申为日干庚金的寄宫，即日干。加日支午火，被午贼上发用。干为尊上，为首；支为卑下，为足；卑下克尊上，为无礼作乱犯上，故曰乱首。

虎	壬申	兄弟
玄	空戌	父母
后	甲子	子孙

玄	后	虎	玄
戌	子	申	戌
庚	戌	午	申

空	虎	常	玄
未	申	酉	戌
龙午			亥阴
陈巳			子后
辰	卯	寅	丑
合	雀	蛇	贵

此课干加支而受支克，名自取乱首，乃尊上无礼而为下所犯，事发于内而起于外，情势稍轻。

　　此课虽干申加支，受支之克，上门乱首发用，看似不吉。然中传戌土墓支午，末传子水冲午，午火之凶已减。且丑贵临亥登天门，神藏煞没；辰土罡填鬼户，魑魅消潜。中午拱未土帘幕贵人，发用又为日德日禄，吉气强于凶气，故宜取官，家宅吉庆，疾病可愈，仍以吉课论。

　　例2　庚午日辰时寅将占（戌亥空亡）。

　　日支午火，加日干之上，克下发用，也是卑下凌犯尊上，亦名乱首。然支加干克干为上门乱首，是上不制下，卑来犯尊之象。事发于外而起于内，情势稍重。

龙	庚午	官鬼
合	戊辰	父母
蛇	丙寅	妻财

龙	合	合	蛇
午	辰	辰	寅
庚	午	午	辰

雀	合	陈	龙
卯	辰	巳	午
蛇寅			未空
贵丑			申虎
子	亥	戌	酉
后	阴	玄	常

　　此课初传午鬼临干发用，末传寅财遁丙鬼乘蛇助鬼，鬼气益盛，诸占凶。若仕途人得之，午火官星乘龙吉将临干，又得寅财暗助，主纳粟，以财得官。故课吉凶，应以占事事体具体分别论之。

赘婿课

　　【原文】凡课日干克辰，又自加临为用，曰赘婿课。盖干为夫，支为妻。干克者为妻财，以干临支，以动就静，如男子婚赘妻家。以支临干，以静就动，如妇人随男就嫁。今乃舍己就人，以身出赘，故名赘婿。占者寄居于人，身不自由。统旅之体，乃为客求财之课也。

【**注解**】赘婿课有两种：一是干加支克支，二是支加干受干之克。

占事逢此课，主曲意从人，事多牵连。胎孕迟延，行人淹滞。财名可成，病讼未济。兵利为客，先动多胜。如果年命得吉神吉将，又名赘婿当权，或末传有救亦是，仍可摆脱牵制，任意所为。

例1　丙申日辰时丑将占（辰巳空亡）。

巳火为日干丙火之寄宫，即日干，加日支申上克下，以动就静，如男子入赘妻家，故名。此为男就女之象，利尊长，不利卑幼。

此课巳火日禄、日德加支发用，中传寅木驿马，青龙吉将临干生干，末传亥水官星又为帘幕贵人。三传末中初递生，一片吉象，唯嫌初传空亡，填实之时，即富贵之期，吉庆之课，万勿以凶论。

左盘（例1 丙申日辰时丑将占）

常	空巳	兄弟
龙	壬寅	父母
雀	己亥	官鬼

龙	雀	常	龙
寅	亥	巳	寅
丙	寅	申	巳

龙	空	虎	常
寅	卯	辰	巳
陈丑			午玄
合子			未阴
亥	戌	酉	申
雀	蛇	贵	后

右盘（例2 甲戌日卯时亥将占）

合	甲戌	妻财
后	壬午	子孙
虎	戊寅	兄弟

合	后	后	虎
戌	午	午	寅
甲	戌	戌	午

空	虎	常	玄
丑	寅	卯	辰
龙子			巳阴
陈亥			午后
戌	酉	申	未
合	雀	蛇	贵

例2　甲戌日卯时亥将占。

日支戌土加日干甲木，被克发用，以静就动。如再醮妇携儿就嫁，舍己从人，亦有入赘之意，故亦名之。为女就男，卑幼凌尊长，而尊长不容。

此课戌财发用，三传递生，似乎财吉。然戌财下坐甲木，上乘六合，受夹克之象，财不由己。三传合火局脱干，亦难言吉。唯末传寅木为日德日禄，上乘白虎，若求武职，尚可一为。《六壬指南》存一例，八月未将亥时占武试而中。

冲破课

【原文】凡课日辰之冲神加破为用，曰冲破课。盖冲主反覆，破主倾坏，冲破并为一类，故名冲破。统夹之体，乃雪上加霜之课也。

【注解】象曰：占事逢冲破课，主人情反复，门户不宁，婚姻不遂，胚孕难成。一切谋望，成而复倾。唯占病讼逢之，却主冲散。所以此课占吉事得之为凶，占凶事逢之却吉。

如果发用初传与太岁、月令占时逢冲，也为冲破课。大抵发用旺相忌冲，衰墓宜冲。吉将不宜冲，凶将却宜冲。若凶将值空亡亦忌冲，因逢空冲则起。吉将值空亡宜冲，冲则有用。

《订讹》曰：子午冲道路驰逐，男妇争谋变动。

卯酉冲，门户改移，或逃亡失脱，淫乱奸私。

寅申冲人鬼相伤，夫妻异心。

巳亥冲反复无实。

丑未冲，兄弟兴衰相持，谋心不同，干事不遂。

辰戌冲，奴仆离异，贵贱不明。

例 庚子日卯时午将占（辰巳空亡）。

虎	甲午	官鬼
陈	丁酉	兄弟
蛇	庚子	子孙

雀	后	阴	虎
亥	寅	卯	午
庚	亥	子	卯

龙	陈	合	雀
申	酉	戌	亥
空未			子蛇
虎午			丑贵
巳	辰	卯	寅
常	玄	阴	后

日支子水，初传午火，子午相冲。午火加卯发用，午破卯，既冲又破，符此课。

午火官鬼乘白虎凶将克干，四课皆上脱下，名根断源竭。幸末传子水冲克初传午鬼，其凶终可解。

淫泆课

【原文】凡课初传卯酉为用，将乘后合，曰淫泆课。盖卯酉为阴私之门，后合乃淫欲之神，主淫奔泆欲，故名淫泆。占者利私谋，不利公谋。统既济之体，乃阴阳配合之课也。

【注解】此课有两个条件：一是必须卯酉发用，二是天将必须是六合、天后，缺一则非此课。

课体虽一，却分两格。六合为男，初传乘六合，末传乘天后名狡童格。天后为女，初传乘天后，末传乘六合则是淫女格。

占事逢此课，男子就室，女子有家，淫乱成风，阴私莫禁，嫁娶不吉，逃亡却利。若与三交课并，名浊滥淫泆，所私绝非一人一处。课

合	丁卯	妻财
虎	空亥	子孙
后	辛未	父母

后	空酉	官鬼
蛇	癸未	妻财
合	辛巳	子孙

贵	陈	合	虎
午	寅	卯	亥
辛	午	未	卯

空	常	后	蛇
寅	子	酉	未
乙	寅	亥	酉

龙	陈	合	雀
丑	寅	卯	辰
空子			巳蛇
虎亥			午贵
戌	酉	申	未
常	玄	阴	后

龙	陈	合	雀
卯	辰	巳	午
空寅			未蛇
虎丑			申贵
子	亥	戌	酉
常	玄	阴	后

中上克下发用，过在男子；下贼上发用，错在女子。若值空亡，淫泆为虚。日干和发用旺相，则以吉论。

例1 辛未日酉时巳将占（戌亥空亡）。

卯木发用初传，上乘六合。末传未土，上乘天后，符狡童格。主男诱女，不顾廉耻，先奸后娶，私奔逃亡。

此课虽名淫泆，但午火官星乘吉将临干，初传卯木又遁丁火官星。同时，干与支上神相合，支与干上神相合，交车相合而有情，再加三传财局生官。若仕宦之人求官，必速得。唯占婚主先合后娶。占父母病危，因财局克父母类神故。

例2 乙亥日卯时丑将占（申酉空亡）。

酉金发用为初传，上乘天后。末传巳火，上乘六合，符淫女格，主女就男，携男私奔。

此课虽酉鬼发用克身，且带镞伤干，诚然可畏。然酉金逢空，支上神合干，干上神合支，课成交车相合，主凶中藏吉。

芜淫课

【原文】凡四课有克，缺一为不备。及日辰交互相克，曰芜淫课。凡见二阳一阴，为阴不备，如二男争一女。二阴一阳，为阳不备，若二女争一男。又兼日辰交互相克，各自相生。此夫妻皆有私通，两情相背，荒淫无度，故名芜淫。占者家门不正，事多淫乱。统小畜之体，乃琴瑟不调之课也。

【注解】芜淫课有两种：一是四课缺一不备，但有克。二是干支交互相克。

占事逢芜淫课，名阴阳不备，交克最嫌。利名碌碌，狱病淹淹，阴微晴久，阳少雨添，行人未至，征战不利。阳不备利主，阴不备利客。交互相克，主宾主不投，两方均不利。如果神将吉，又有救神，不以凶论。即使夫妻离散，终复团圆。

三传阳多，事起于男。三传阴多，事起于女。

四课缺一名不备，其排列顺序，刚日不变。柔则日上两课的位置要和支上两课交换。即第三课、第四课改为第一、第二课；第一课、第二课改为第三、第四课。其课相同时，应取前弃后。如第一课、第三课同，取第一课舍第三课；第二课与第三课同，也是取第二课舍第三课。第一课和第三课属阳，第二课和第四课属阴。存二阴一阳，名阳不备；存二阳一阴，名阴不备。

例1　乙卯日午时未将占（子丑空亡）。

第一课巳乙和第四课巳辰相同（乙寄辰宫），是四课缺一。乙为柔日，应以辰卯为第一课，巳辰为第二课，巳乙为第三课，午巳为第四课。当留第二课巳辰，而舍第三课巳乙。缺第三课阳课，就是二阴一阳，名阳

陈 丙辰 妻财		合 空戌 妻财	
合 丁巳 子孙		后 庚午 子孙	
雀 戊午 子孙		虎 丙寅 兄弟	

合	雀	陈	合		合	后	蛇	玄
巳	午	辰	巳		戌	午	申	辰
乙	巳	卯	辰		甲	戌	子	申

雀	蛇	贵	后		空	虎	常	玄
午	未	申	酉		丑	寅	卯	辰
合巳			戌阴		龙子			巳阴
陈辰			亥玄		陈亥			午后
卯	寅	丑	子		戌	酉	申	未
龙	空	虎	常		合	雀	蛇	贵

不备。如两女争一男，荒淫无度，故名之。

此课辰财临支发用，三传进茹，似乎利求财。惜中末传脱干，干上神巳火即遁旬丁，又为驿马，乃动中求财之象，南方大利。

占婚课成不备，女强男弱。占功名，巳午克害官星，最不吉利。

例 2 甲子日卯时亥将占（戌亥空亡）。

四课虽备，但日上戌土克支子水，支上申金克干甲木，交互相克。干为夫，支为妻。干欲就支，畏申克。支欲就日，亦畏戌克。夫妻各有阴私之兆，故名。甲木克戌，戌为妻，为西北，夫西北方有外遇。子上乘申，申金生子，申为西南，妻西南方有相好。

此课三传合全火局脱干，诸占不吉。如果年命上神有救，主初败后成。即使占婚，若非上神乘后合阴玄等阴私天将，也不止夫妻阴私暗昧。

孤寡课

【原文】凡课地盘空亡为孤辰，天盘空亡为寡宿，以十干不到之地，五行脱空之乡，曰孤寡课。又有以发用空为孤，末传空为寡者；又有以阳空为孤，阴空为寡者。占主离乡背井。统革之体，乃同居不同行之课也。

贵	己巳	妻财
合	丙寅	子孙
空	空亥	兄弟

玄	贵	贵	合
申	巳	巳	寅
壬	申	申	巳

	合	雀	蛇	贵	
	寅	卯	辰	巳	
陈	丑			午	后
龙	子			未	阴
	亥	戌	酉	申	
	空	虎	常	玄	

【注解】孤辰、寡宿共有三意。一是以旬空论，阳空为孤，阴空为寡；如甲子旬中戌亥空，戌土阳空为孤，亥水阴空为寡。二是以天地盘论，地盘空为孤，天盘空为寡。三是以四季论，即孤辰寡宿二煞；春季以巳为孤，丑为寡；夏季以申为孤，辰为寡；秋季以亥为孤，未为寡；冬季以寅为孤，戌为寡。三者之中，以四季孤寡为重。

占事逢孤寡课，阴惆阳怅，百事

乖张，六亲无靠，离乡背井，诸事大体不吉。若兼三奇，六仪课体或神将皆吉，主反祸为福，先破后成。

　　例　壬申日丑时戌将占（戌亥空亡）。

　　戌是二月将，为春季，发用巳火为春季孤辰，符孤辰格。

　　此课长生临干，巳财乘贵发用，干遁己土官鬼，若求财、求官，俱可得到。惜末传空亡，课成不备，故婚姻、家宅、争讼等均不吉。

度厄课

【原文】凡四课内三上克下，或三下贼上，曰度厄课。盖上为尊，下为卑。三上克下，则尊长凌欺，小幼困厄；三下贼上，则尊长不正，幼小凌犯，故名度厄。占者家宅乖和，老幼不安。统剥之体，乃六亲冰炭之课也。

【注解】

象曰：占逢此课，长幼相厄，骨肉多乖，出军失利，行人有灾，讼直枉终，病去复来。如果日辰，类神旺相，反主长得幼力，幼得长力。若末传为吉神、救神，再加日辰旺相，亦主小凶或无凶，甚

后	丙寅	兄弟
陈	癸酉	官鬼
玄	戊辰	妻财

陈	玄	空	后
酉	辰	未	寅
甲	酉	子	未

蛇	贵	后	阴
子	丑	寅	卯
雀亥			辰玄
合戌			巳常
酉	申	未	午
陈	龙	空	虎

后	庚午	妻财
陈	乙丑	官鬼
玄	壬申	父母

后	陈	雀	虎
午	丑	卯	戌
壬	午	申	卯

龙	陈	合	雀
子	丑	寅	卯
空亥			辰蛇
虎戌			巳贵
酉	申	未	午
常	玄	阴	后

至化凶为吉。

例1　甲子日丑时申将占（戌亥空亡）。

第一课、第三课、第四课均上克下，尊长欺凌卑幼，卑幼必有厄难，符幼度厄。若幼度厄逢子孙发用，凶神入墓，卑幼凶厄更大。

此课寅木日禄、日德发用，惜寅木坐未库，上神酉鬼，一克一墓，德气全无。且干上神克干，支上神克支，诸占皆凶。唯仕宦中人占官，酉官临身，可以得官，尚为吉庆。

例2　壬申日子时未将占（戌亥空亡）。

第一、第三、第四课俱下贼上。三下贼上，卑幼欺凌尊长，尊长必有厄难，故名长度厄。若此格逢父母发用，凶神入墓，尊长更凶。

此课初传生中传，中传生末传，末传生干，气势流畅，必有一番吉庆。求财、求官皆可得。占婚成，占讼可得昭雪，应是吉卦。美中不足者，神吉将凶，所以占官前程不大，占财亦主消耗。

无禄绝嗣课

【原文】凡课四下俱克上，为无禄课。四上俱克下，为绝嗣课。盖日神阴阳，既皆相克，不得其所，不免投辰上两课。辰上阴阳又相克，则无所投之路。占者多主孤独，唯火多克金，有水可救。统否之体，乃上下僭乱之课也。

【注解】四上克下是上不容下，为不恕，而自己也无容身之地，故名绝嗣。四下贼上，是以下犯上，为不忠不孝，上禄被夺，故名无禄。

占事得此课者，上下悖逆，父子分离，求谋不遂，动作多疑。如果三传有救，方免灾危，先否后喜。无禄课占病必死，兵讼后者胜。绝嗣课兵讼主先胜。无禄课初传下贼上，末传又克初传者，名首尾相制，见之灾难尤甚。

例 1　庚辰日辰时亥将占（申酉空亡）。

四课均下贼上，符无禄格。又主孤独，生男则伤父，生女则伤母。亡其先人，故名孤独之子。凡事利静不利动。

此课虽初传生中传，中传生末传，末传为日禄日德又乘青龙吉将，可惜末传旬空，吉庆难

```
      虎  壬午  官鬼           蛇  癸酉  子孙
      贵  丁丑  父母           常  戊辰  兄弟
      龙  寅申  兄弟           合  空亥  妻财


   阴   合   雀   虎         空   蛇   陈   后
   卯   戌   亥   午         寅   酉   子   未
   庚   卯   辰   亥         己   寅   巳   子


   蛇   贵   后   阴         陈   龙   空   虎
   子   丑   寅   卯         子   丑   寅   卯
 雀亥            辰玄      合亥            辰常
 合戌            巳常      雀戌            巳玄
   酉   申   未   午         酉   申   未   午
   陈   龙   空   虎         蛇   贵   后   阴
```

成。于是初传午鬼乘白虎克身，若无中传丑贵化解，极为凶险。干上神虽乘卯财，但财助午鬼，亦合而不合，故婚姻难成，求财宜守，妄动反破。

例 2　己巳日寅时酉将占（戌亥空亡）。

四课都是上克下，尊上无礼，下自难存，符绝嗣格。对卑小极不利；若子孙有病占逢此格，必死无疑；若占胎孕，亦主损胎。

此课酉金盗气破碎乘螣蛇凶将发用，中传辰土为日墓，末传亥财空亡，干支均受上神克制，六处无一吉庆。若占行人，却主即归。

例3 甲寅日未时午将占（子丑空亡）。

四课均下贼上，为无禄课。三传子亥戌，初传子加丑，丑土克子水为首制。末传戌土亦克子水，首尾相制，凶灾尤甚。

细思此课，虽为八专，求财不利，然初传生干，中传长生，且初传与干上神丑土相合，丑土妻财为帘幙贵人临干，尚可言吉。惜干上丑土，初传子水旬空，中传亥水长生落空。末传戌财乘玄武凶将，无一可凭，诸事不成。此课凶在干上神及初中传旬空落空，并非凶在课体。

虎	空子	父母
常	癸亥	父母
玄	壬戌	妻财

空	虎	空	虎
丑	子	丑	子
甲	丑	寅	丑

合	雀	蛇	贵
辰	巳	午	未
陈卯			申后
龙寅			酉阴
丑	子	亥	戌
空	虎	常	玄

迍福课

【原文】凡课八迍课得五福，曰迍福课。如时令死气发用，为一迍。下为旺气取胜，为二迍。上见丘墓，为三迍。下见雠仇，为四迍。乘凶神，为五迍。带刑害，为六迍。下贼上，为七迍。凶神临日辰相克，为八迍。如用起死气，末传旺相，为一福。子逢凶，母带德解救，为二福。始为凶将，终有吉神，为三福。初传见鬼贼，年命克制之，为四福。日神吉，临旺相，为五福。占者先凶后吉。统屯之体，乃雷雨解难之象也。

【注解】迍，即迍邅，原为困顿不得志之义，这里的迍即"凶"之意，八迍即八凶。

占事得此课，八迍并初传，忧患将至，得病重危，遭官坐死，谋望不成，动作被累。若逢五福，变忧为喜。占事均主先忧后喜，终有成就。

例 癸酉日巳时戌将占，本命酉（戌亥空亡）。

戌是二月月将，属春季。未土发用，土死于木，为死气，一迍也。未下神寅木为旺克发用，二迍也。木墓在未，仰见其丘，三迍也。土畏木克，俯见其仇，四迍也。未乘朱雀凶将，为五迍。未害中传子水，为六迍。四课中有三课下贼上，为七迍。干上神午火乘腾蛇，支上神寅木乘玄武，皆凶将，为八迍。但末传巳火为旺相气，是一福。生初传未土是二福。末传巳火日德，又乘贵人，是三福。本命上神寅木克制初传凶将为四福。支上神寅木生干上神午火，且皆为旺相气，是五福。此课既得八迍，又得五福，主转祸为福，故名迍福课。

此课初传未鬼乘雀虽凶，但中传日禄，末传日财、日德乘贵神，且初传、末传夹拱地盘癸水名引从，皆主先凶后吉。

雀	辛未	官鬼
虎	甲子	兄弟
贵	己巳	妻财

蛇	空	玄	雀
午	亥	寅	未
癸	午	酉	寅

龙	空	虎	常
戌	亥	子	丑
陈酉			寅玄
合申			卯阴
未	午	巳	辰
雀	蛇	贵	后

侵害课

【原文】凡课日辰六害相加，并行年为用，曰侵害课。盖害者，损也。如子畏午冲，未复合之，助仇而为害也。主侵损相害，故名侵害。统损之体，乃防人暗算之课也。

【注解】侵害课有三种。一是六害加临日干发用，二是六害加临日支发用，三是六害加临行年发用。

占事逢侵害课，主六亲冰炭，骨肉刑伤，财利潜害，疾病殴伤，求婚人破，出军阵亡，胎孕防坠，干谒不祥。如果害神临干支，发用为凶神乘凶将，为祸尤甚。如果三传乘吉将，又兼德神，虽困难重重，有人作梗破坏，但终能成就。

例　癸丑日卯时申将占（寅卯空亡）。

日干癸水寄于丑宫，干上神午火与丑相害，支上亦然，发用又为午火，有侵损阻害之兆，故名。

午火妻财临干发用，上乘螣蛇凶将；末传既为日鬼，又为日墓，中传亥水又劫取午财，无一吉庆，诸占不利。

蛇	丙午	妻财
空	辛亥	兄弟
后	甲辰	官鬼

蛇	空	蛇	空
午	亥	午	亥
癸	午	丑	午

龙	空	虎	常
戌	亥	子	丑
陈酉			寅玄
合申			卯阴
未	午	巳	辰
雀	蛇	贵	后

刑伤课

【原文】凡课中三刑发用并行年，曰刑伤课。盖恶莫大于刑，刑主伤残，故名刑伤。统讼之体，有天与水违行之象。

【注解】刑伤课有三。一是发用刑干，二是发用刑支，三是发用刑行年。三者见其中之一，便成刑伤课。

占事逢此课，主偏敧失位，家门不昌，胎孕欲坠，婚姻不良，征下顺利，斫上刑伤，谋为乖戾，行为遭殃。刑干人不利，刑支宅不顺，与月建相刑不可讼人。若遇吉将吉神，事有阻但终遂。刑干事速，刑支事缓。

例 甲申日寅时亥将占（午未空亡）。

日干甲寄寅宫，日支为申，发用巳火刑日支、日干，又旺相发用，三刑全。恶莫大于刑，刑必有伤，故名。

此课初传巳火盗气乘勾陈凶将发用，诸事初必不顺。然中传日德、日禄并驿马，末传亥水长生遁旬丁，且临干上，终必吉昌。中传遁干庚官坐马，求官最吉。

二烦课

【原文】凡四仲月将，遇四正及四平日占，得日月宿加四仲，斗罡系丑未，曰二烦课。盖四仲者，子午卯酉也。日宿者，太阳躔度宫神也。正月起亥，逆行十二辰。月宿者，太阴星躔度宫神也。正月初一起室、二奎、三胃、四毕、五参、六鬼、七张、八角、九氐、十尾、十一斗、十二虚。每月初一移一宿，逐日数二十八宿，遇奎张井翼氐斗宿，重数一回，数到月宿住处，为太阴所在宫神。更详七政历细度为准。斗罡者，辰也。四正者，朔望弦晦也。初一为朔，初八为上弦，十五为望，二十三为下弦，月终为晦。四平日，即四仲也。子平卯，卯平午，午平酉，酉平子也。如日月经仲宿度数多而有稽留，及天罡凶神交系丑未，贵人不得理事，则三光不明。德气在内，刑气在外，此二者天地相并，故名二烦。占者家有灾祸。统明夷之体，乃荆棘满途之课也。

【注解】二烦课的要求有三。一是占日为子午卯酉四仲，二

陈	癸巳	子孙
蛇	庚寅	兄弟
阴	丁亥	父母

阴	虎	陈	蛇
亥	申	巳	寅
甲	亥	申	巳

蛇	雀	合	陈
寅	卯	辰	巳
贵丑			午龙
后子			未空
亥	戌	酉	申
阴	玄	常	虎

是日宿和月宿都为仲神且临仲神，三是斗罡临丑未。三者缺一则非此课。

日宿即月将，临仲神名天烦课。斗罡即辰。

月宿即月亮，太阴宫神，临仲神名地烦课。

日宿和月宿均临仲神，名叫二烦课。

什么是太阴躔度宫神？先要明确以下几点：

一、二十八宿的顺序

室　壁　奎　娄　胃　昴　毕

觜　参　井　鬼　柳　星　张

翼　轸　角　亢　氐　房　心

尾　箕　斗　牛　女　虚　危

二、二十八宿所属之官

室壁居亥宫　　奎娄在戌宫　　胃昴毕在酉宫

觜参在申宫　　井鬼在未宫　　柳星张在午宫

翼轸在巳宫　　角亢在辰宫　　氐房心在卯宫

尾箕在寅宫　　斗牛在丑宫　　女虚危在子宫

三、二十八宿轮转法

正月初一起室星　　二月初一起奎星

三月初一起胃星　　四月初一起觜星

五月初一起井星　　六月初一起柳星

七月初一起翼星　　八月初一起角星

九月初一起氐星　　十月初一起尾星

十一月初一起斗星　十二月初一起女星

每月依二十八宿的顺序往下数，每遇奎星、井星、张星、翼星、氐星、斗星时，则重留一日，数至占日即知月宿所在。其在何宫，何神即月宿躔度的宫神。如占日为七月二十一，欲查该日月宿，则初一起翼星。初二留一日仍为翼。初三轸，初四角，初五亢，初六氐，氐要重留一日。初七亦氐，初八房，初九心，初十尾，十一箕，十二斗，斗须重留一日。十三亦斗，十四牛，十五女，十六虚，十七危，十八室，十九壁，二十奎，奎应重留一日，二十一亦奎。奎在戌宫，月宿即戌。余类推。

占事男遇天烦课，命遭刑戮。女遇天烦课，身受益毒。征战伤亡，疾病号泣，狱讼徒流，胎孕不育。此课极凶，春夏占得之，凶稍轻。秋冬占得则无救。虽有吉将，亦无能为力。

例　九月初三丙午日午时卯将占寅命（寅卯空亡）。

日宿月将卯为仲神。月宿九月初一起氐，初二重留一日，仍为氐，初三为房，房居卯宫，即月宿，下临午，亦为仲神。占日午火为仲神，辰土天罡又加临地盘未。仲神又名败神，日月即入败神之宫，又入败神之乡。丑未系贵人之首，天罡凶神加其上，使其不能理事。门户闭塞，三光不明，天翻地覆，烦恼无穷，故名二烦。

细析此课，寅木长生乘吉将青龙临干生干，本吉，惜寅木空亡。子水官鬼上遁壬鬼发用克干冲支，亦落空亡，且为蒿矢发用，也是有其形而无其力。吉凶皆虚之课，并无大凶。

合	壬子	官鬼
贵	己酉	妻财
玄	丙午	兄弟

龙	雀	玄	合
寅	亥	卯	子
丙	寅	午	卯

龙	空	虎	常
寅	卯	辰	巳
陈丑			午玄
合子			未阴
亥	戌	酉	申
雀	蛇	贵	后

天祸课

【原文】凡四立日占，得今日干支，临昨日干支；或昨日干支，临今日干支，曰天祸课。盖立春日，木旺水绝。立夏日，火旺木绝。立秋日，金旺火绝。立冬日，水旺金绝，故名四绝。如干支神加绝神干支，或绝神干支加四立干支神，此四时之气，德既绝而用刑。如天灾流行，人受其祸，故名天祸。占者动有凶咎，不可妄为。统大过之体，乃嫩草遭霜之课也。

【注解】天祸课有三个条件：一是必须四立日占，二是今日的干支加临昨日的干支之上，三是昨日的干支加临今日的干支之上。

四立日，即立春、立夏、立秋、立冬四日。昨日即前一日。

立春日木旺水绝，立夏日火旺木绝，余类推。故四立日的前一日又叫四绝日。

象曰：以新易旧，天降灾祸，咎事莫为，身宜谨守，战斗流血，营谋丧偶，出行死亡，干谒空走。若值朔望，其凶尤甚。

望：地球运行至太阳和月亮之间，这天太阳从西方落下时，月亮正好从东方升起，地球上看到圆形的月亮叫望，多在农历的十五日。

朔：月亮运行到到太阳和地球之间，与太阳同时出没，地球上看不到月光叫朔，定在农历每月的初一日。

天祸课若逢绝神发用，五行各有所主。

绝神为火，主有火灾或雷电之灾。

绝神为水，主有水灾或盗贼淫乱之灾。

绝神为木，主有屋梁崩折之灾。

绝神为金，主有兵戈战斗之灾。

绝神为土，主有墙壁塌陷或瘟疫之灾。

例 1　正月甲申日立春，亥时子将占（午未空亡）。

甲申日前一日为癸未，甲寄寅宫，癸寄丑宫，今寅在丑上，日支申在未上，是今日的干支加昨日的干支。四立日的干支加绝神的干支，四时之气，德绝用刑，有上天降祸之兆，故名。

此课初传辰土妻财，下临卯木羊刃，上乘六合木将，受其夹克，已是财不由己，中末二传又临盗气，只宜退守。干上卯旺，惜卯木又遭支上神酉金冲克，守亦不安，故为凶课。

例2　七月癸丑日立秋，申时午将夜占（寅卯空亡）。

合	壬辰	妻财
陈	癸巳	子孙
龙	空午	子孙

雀	合	常	玄
卯	辰	酉	戌
甲	卯	申	酉

龙	空	虎	常
午	未	申	酉
陈巳			戌玄
合辰			亥阴
卯	寅	丑	子
雀	蛇	贵	后

陈	辛亥	兄弟
空	己酉	父母
常	丁未	官鬼

陈	空	陈	空
亥	酉	亥	酉
癸	亥	丑	亥

贵	后	陈	玄
卯	辰	巳	午
蛇寅			未常
雀丑			申虎
子	亥	戌	酉
合	陈	龙	空

癸丑日的前一日为壬子，癸寄丑宫，壬寄亥宫，今亥加地盘癸丑之上，是绝日干临今日干，也是天祸课。

此课末传未土官星上遁丁财，乘太常吉将生中传，中传生初传，初传归干。亥水旬奇、驿马，传课皆吉。求财、求官皆利，唯占病不宜。

两课课体同，吉凶各异者，神吉凶有别也。

天狱课

【原文】凡课囚死墓神发用，斗系日本，曰天狱课。盖囚死者，时令囚死之气也。墓者，日库也。我克者为死，克我者为囚。斗者，辰为罡也。日本者，日干之长生也。若日本强旺生日，尚望有救。今日本又系于斗，不能扶助用神。囚死墓葬之气，如天之桎梏于人，致诸罗网，故名天狱。占者忧患相仍，无从解免。统噬嗑之体，委靡不振之课也。

【注解】天狱课的条件有二。一是发用必须是死气，囚气或墓气。二是斗系日本，即辰土加临日干长生之位。

占事得此课，日用迍邅，刑狱之愆，犯法难解，染病未痊；出行甚凶，谋事徒然；临阵逢此，无一生还。如果发用刑日干，带恶杀尤凶，虽乘青龙吉将也不能解救。如果日辰、行年、临旺相气，又遇德神等，主危中有救，忧中有喜。

例1 乙酉日午时亥将占（午未空亡）。

亥是正月月将，季节为春，未土为死气发用。辰土临亥，亥为木长生之处，是斗系日本。因死发用，已主死亡囚禁。辰为天牢，又加日干长生处，如入狱难逃，故名。

后	空未	妻财			阴	丙寅	兄弟
陈	戊子	父母			龙	辛未	妻财
贵	癸巳	子孙			贵	甲子	父母

蛇	空	空	后		合	阴	空	蛇
酉	寅	寅	未		酉	寅	午	亥
乙	酉	酉	寅		乙	酉	丑	午

雀	合	陈	龙			雀	蛇	贵	后
戌	亥	子	丑			戌	亥	子	丑
蛇酉			寅空			合酉			寅阴
贵申			卯虎			陈申			卯玄
未	午	巳	辰			未	午	巳	辰
后	阴	玄	常			龙	空	虎	常

此课未土妻财旬空，子水父母坐空，独留巳火盗气，故而诸占皆凶。然指南存验一例，丙子年戌将占一重罪，断曰：皇

恩临干，天赦居之，太岁贵人生之，六月当豁免出狱。

天狱课如果初传地盘的上神为日墓，天盘上神又被地盘克制，名仰见其丘，俯见其仇，凶祸尤甚。

例2　七月乙丑日子时巳将占（戌亥空亡）。

七月是金旺之时，寅木为死气，天罡辰加临亥宫，亥为乙木长生之处，符天狱课。更甚者，初传寅上乘未为木墓，下临酉金又克寅木，占得此课者，百事皆凶。

细思斗系日本之理，除甲乙日，辰土临亥，既克亥水又为水墓为凶外，其余皆不见凶。如壬癸日辰土临申，是土生金；丙丁日辰土临寅，木克土；庚辛日辰临巳，化巳中丙火而生庚金，均与长生无妨。

天寇课

【原文】凡四离日占得月宿加离辰，曰天寇课。盖春分秋分，卯酉月中，阴阳均分而离。冬至夏至，子午月中，阴阳俱至而离，故为四离。乃阴阳生杀之机，多主盗贼之事。月宿者，太阴躔度之辰。正月初一起室，逆行二十八宿，每日约十三度，所到之宫辰为月宿。阴精专主刑杀，加于四离之辰，如天降此寇盗，殃及于人，故名天寇。占者事多破坏，身值乱离。统塞之体，乃时势多艰之课也。

【注解】分至日，即春分、秋分、夏至、冬至四日。分至日的前一日为四离日。如果占事当日的月宿加临四离日的地支，是天寇课。

月宿躔度，详见"二烦课"。

占事得此课，主阴阳分离，事多破坏，盗贼猖狂，兵卒溃败，疾病难疗，孕育无碍，出行死亡，婚姻拆散。如果月宿加离日地支发用，为祸尤甚。宜静不宜动，一动即有生离死别之象。

如果占人年命见月宿加离日的地支，必
已身欲为盗贼。如果月宿加离日地支又
同月将并，为日月并明，主盗贼败露，
能化凶为吉。

例　八月初五丁酉日秋分酉时辰将
占（辰巳空亡）。

丁酉日秋分前一日丙申为离日，申
即离日的地支。八月的月宿初一起角，
初二亢，初三氐；氐重留一日，初四亦
氐，初五房，房为卯宫，卯即是今日月
宿。加临申金离日地支之上，是天寇课。
月宿是金水之精，主刑杀。加离日盗气
之辰，如天降凶寇，必殃祸于人，故名。

此课干上神生干，支上神生支，俱
生且乘吉将。初传亥贵，日德并驿马，
与干上神生合，中传日禄，皆为吉庆。

贵	己亥	官鬼
虎	甲午	兄弟
雀	辛丑	子孙

合	阴	龙	贵
寅	酉	辰	亥
丁	寅	酉	辰

蛇	雀	合	陈
子	丑	寅	卯
贵亥			辰龙
后戌			巳空
酉	申	未	午
阴	玄	常	虎

惜初传亥贵落空，入墓入狱，吉中隐凶，反不宜矣。指南存验
一例。戌将加卯，推升迁。断曰：不唯不升，更须退位。因日
马坐墓，禄临绝地故，后果因参劾请退。

天网课

【原文】凡课占时与用神同克日，曰天网课。盖时为目前，
用为事始，时用皆为日鬼，如人举目所见，无非罗网，故名天网。
占者凡事不能踊跃而行，登高至远。统蒙之体，乃罗网在头之
课也。

【注解】占事逢此课，名天网四张（按：四面八方张开之意，
并非数量），万物俱伤。胎孕损子，逃亡遭殃。兵防埋伏，病入

膏肓。如果末传、年命有救神克制初传，名解网，可转凶为吉。

罗网格则主身宅俱不利，病危讼凶，谋为多拙，传中见丁马更凶。如果神将吉，末传、年命有救，仍以吉论。

例1　庚辰日午时辰将占（申酉空亡）。

庚日占事，占时和发用均为午火，克日干庚金，符此课。

此课午鬼临干发用，又得末传寅木财生，气似甚凶。然午鬼自坐申金空亡，为抱鸡不斗之象，凶亦难成。午火官星乘青龙吉将，末传寅木驿马为财生官，惜官星落空，申禄旬空，吉亦难成，待时之课。

龙	壬午	官鬼		陈	辛酉	官鬼
合	庚辰	父母		玄	丙辰	妻财
蛇	戊寅	妻财		雀	癸亥	父母

龙	合	蛇	后		陈	玄	陈	玄
午	辰	寅	子		酉	辰	酉	辰
庚	午	辰	寅		甲	酉	寅	酉

雀	合	陈	龙		蛇	贵	后	阴
卯	辰	巳	午		子	丑	寅	卯
蛇寅			未空		雀亥			辰玄
贵丑			申虎		合戌			巳常
子	亥	戌	酉		酉	申	未	午
后	阴	玄	常		陈	龙	空	虎

吉凶神煞中称日干前一位名天罗杀，天罗杀对冲之位是地网杀。如果课逢天网，同时又逢地网者，名天罗地网，为祸尤甚。

例2　甲寅日酉时辰将占（子丑空亡）。

占时和发用都是酉金，为日鬼克日干甲木，符天网格。甲寄寅宫，寅前一位卯木为天网煞，卯对冲酉为地网杀，所以酉金既为天网，又兼地网，故名天罗地网格。

此课虽酉鬼遁辛，明暗两鬼临干克干，临支克支，丑贵旬空，未贵坐空，似为凶象；喜末传为日之长生，且引酉鬼而化长生，初虽凶险，终为吉庆。若年命上再乘吉神、吉将，化凶为吉之课也。

天罗地网还有两种说法：一是干前一位为天罗，支前一位为地网。一是辰为天罗，戌为地网。如果初传是干前一位神，末传是支前一位神，或初传是辰，末传为戌，亦为天罗地网格。

魄化课

【原文】凡课白虎带死神死气，临日辰行年发用，曰魄化课。盖虎为凶将，乘旺气而受制，乃不能为害。若遇死神死气，及囚死之神，则为饿虎，定是伤人。如魂飞魄散，化为异物，故名魄化。死神正月起巳，死气正月起午，俱顺行十二辰。其神乘虎克日，则为己身之灾，克辰则为门户之灾。统蛊之体，乃阴害相连之课。

【注解】此课的主要条件是白虎带死神和死气发用。发用处有三：一是临干，二是临支，三是临行年。非此处发用者，均非此格。

占事逢此课，主魂飞魄丧，忧患相连，病多丧死，讼恐遭刑，产孕伤子，征战损兵，谋多招祸，切莫远行。如果发用为日干的墓神，名白虎衔尸，凶不可言。如果白虎乘神临地盘寅宫，名虎入鬼门。如果白虎的阴神能制虎，干支年命上有吉神解，名魄化魂归，却主先忧后喜。

例 六月壬戌日未时午将占，行年

虎	壬戌	官鬼
空	辛酉	父母
龙	庚申	父母

虎	雀	合	陈
戌	酉	酉	申
壬	戌	戌	酉

蛇	雀	合	陈
辰	巳	午	未
贵卯			申龙
后寅			酉空
丑	子	亥	戌
阴	玄	常	虎

亥（子丑空亡）。

初传戌土，上乘白虎，临日干、行年发用，戌在六月为死神，符此格。此课初传上克下发用，为丧事在外。若下贼上发用，主丧事在内。初传为阳，忧在男子。初传为阴，忧在女子。此例戌为阳，忧在男。上克下发用，丧事在外，千万莫远行。

析此课，虽支临干克干，二三课相同，白虎官鬼临干发用，集不备、乱首、魄化凶课为一，诸占不吉。然中末传化鬼生干，既为日之长生之处，又乘青龙吉将，退一步却海阔天空，诸凶皆化。同时三传龙虎官印俱全，仕宦人得之，决主升迁，万勿概以凶论。

课逢飞魂杀临干支或行年发用，名飞魂格。

飞魂：正月在亥，二月在子，三月在丑，四月在寅，五月在卯，依此顺行。

占事逢此课，主人夜梦多凶，精神恍惚，心神不宁。

课逢丧魄煞临干支或行年发用，名丧魄格。

丧魄：正月在未，二月在辰，三月在丑，四月在戌，五月在未，依此循环。

占事逢此格，健康者要发病，病者要死，极凶之课。

三阴课

【原文】凡课天乙逆行，日辰在后，用起囚死，将乘元虎，时克行年，曰三阴课。盖贵人逆治，日辰在后，阴气不顺，一也。用神囚死，动作无光，阴气不振，二也。将乘元虎，时克行年，阴气不利，三也。此三者暗昧幽晦，故名三阴。占者凡事不通，多有晦滞。统中孚之体，有或鼓或罢或泣或歌之象。

【注解】三阴课有三个条件。一是贵人逆布，日辰在天乙之后。二是初传囚死。三是发用乘玄虎，占时克行年。台湾六壬名家张定州认为：此论支离驳杂，不足为据。

占事逢此课，公私交困，百事沉沦，见官受屈，患病多迍，禄位难保，婚姻不吉。如果日辰发用带墓，时克行年尤凶。遇飞魂，丧魄等凶杀，占病必死。如果日辰、年命、三传处有解救，末传旺相，则以吉论。

例　正月癸丑日卯时子将占（寅卯空亡）。

贵人巳临地盘申，逆布。干支丑土在贵人巳后，为一阴。子水虽为十二月月将，但立春后旺衰以正月论，戌土发用值春为死气，为二阴。初传乘虎，末传乘蛇，为三阴。

此课除癸水日干外，课传皆土，竞相克干，极凶之课。幸末传冲初传，初传乘虎，末传乘蛇，名虎头蛇尾，凶中隐吉。如果守正待时，尚有可求。

虎	庚戌	官鬼
阴	丁未	官鬼
蛇	甲辰	官鬼

虎	阴	虎	阴
戌	未	戌	未
癸	戌	丑	戌

合	雀	蛇	贵
寅	卯	辰	巳
陈丑			午后
龙子			未阴
亥	戌	酉	申
空	虎	常	玄

龙战课

【原文】凡卯酉日占，卯酉为用，人年立卯酉，曰龙战课。盖卯月阳气南出，万物生；阴气北入，榆荚落。酉月阳气北入，万物凋；阴气南出，麻麦生。此阴阳出入之位，刑德聚会之门，时气分离，不可复合。如卯日占课，遇卯为用，人年复立卯上。酉日占课，逢酉为用，人年并立酉上。此阴气主杀，阳气主生，其体如龙，一生一杀，相战于门，故名龙战。占者凡事疑惑，反覆不定。统离之体，乃门户不宁之课也。

【注解】龙战课有三个条件。一是卯酉日占，二是卯酉发用，三是占事人行年立卯酉之上，三者缺一非此课。

例　丁卯日辰时戌将占，行年酉（戌亥空亡）。

此课卯日占，卯木发用，占人行年又立卯上，符此课。二月建卯，阳气南出，阴气北入。八月建酉，阳气北入，阴气南出。阴气主刑杀，阳气主德生。一杀一生，其体如龙相战于野，故名。

课逢反吟，二卯遁丁，动极之课。惜均临冲位，凶多吉少。唯中传暗遁癸官，若求官职，尚主速得。

亦有一说：卯酉日占事，卯酉上神发用，也是龙战格。其原因是日出卯，月生酉，卯酉为日月出入之门户，动则有乖戾之象。占事得之，欲行难行，欲止难止，家室分离，兄弟异居。

常	丁卯	父母
雀	癸酉	妻财
常	丁卯	父母

阴	陈	雀	常
丑	未	酉	卯
丁	丑	卯	酉

贵	后	阴	玄
亥	子	丑	寅
蛇戌			卯常
雀酉			辰虎
申	未	午	巳
合	陈	龙	空

死奇课

【原文】凡课斗罡系日辰，阴阳发用，曰死奇课。斗罡者，辰也。天罡为死奇，乃凶恶厌翳之神。死因带杀，所在者殃。如罡加四课之神，主死亡奇怪之事，故名死奇。月为刑奇，主于刑杀，占者必有疾病忧患。日奇为福德，主奸盗可息，反凶为吉。统未济之体，忧中望喜之课也。

【注解】死奇课有两个条件。一是斗罡加日干发用，二是斗罡加日支发用，均为死奇课。

凡占事得此课，因辰为天罡，刑狱之神，疾病死亡，征战

凶来，论讼被囚，干贵失靠，婚嫁出行，
祸患自招。带日鬼日墓，乘虎为必死之
兆。天罡加日，祸不出旬。加孟忧双亲，
加仲忧己身，加季忧妻奴。如果初传旺
相为吉将，或六处有救神，或辰土为月
将，名死奇回光，则除祸为福。

　　例　甲子日丑时巳将占（戌亥空
亡）。

　　辰土天罡，加临支神子水发用，符
此课。

　　此课虽午火乘白虎临干脱干，又遁
庚金之鬼克身，喜三传三合水局，冲克
午火而引鬼生身，先凶后吉之象。辰土
妻财发用，因乘玄武恶将，财虽可得，
恐为小人所夺。

玄	戊辰	妻财
龙	壬申	官鬼
蛇	甲子	父母

虎	合	玄	龙
午	戊	辰	申
甲	午	子	辰

陈	合	雀	蛇
酉	戌	亥	子
龙申			丑贵
空未			寅后
午	巳	辰	卯
虎	常	玄	阴

灾厄课

【原文】凡课丧车、游魂、伏殃、病符、丧吊、丘墓、岁虎发用，
曰灾厄课。盖丧车一名丧魂，正月起未，逆行四季，为恶鬼临门，
主病疾忧死，妇人产厄。游魂正月起亥，顺行十二辰，为鬼怪不
祥，惊恐病患。伏殃正月起酉，逆行四仲，为天鬼杀，主殃祸侵凌，
伏兵杀伤。病符乃旧太岁，临支克支，主合家病患，并天鬼则为
时疫，并白虎则为死丧。或临干支旺相，带日财贵人，即宜成合
残年旧事。岁前二辰为丧门，岁后二辰为吊客。若全加支干或年
命发用，主身披孝服，或并死气绝神，白虎临身，吊客入宅，主
自身死亡，宅人挂孝。白虎岁后四神，并旬虎临日辰，最为凶兆，

并鬼则病不可疗。五墓者，金丑、木未、火戌、水土辰，主死丧病患。统归妹之体，乃鬼祟作孽之课。

【注解】 岁虎：子年在申，丑年在酉，寅年在戌，卯年在亥，辰年在子，顺行十二支。如果岁虎作鬼占病，凶不可治。

占事逢此课，主灾厄重重，妖孽为害，疾病死亡，财喜破坏，婚姻多凶，征战大败，行人不归，访人不在。

例　亥年正月乙亥日卯时亥将占（申酉空亡）。

亥年未土为岁虎，正月未土为丧车。发用乘岁月凶煞，有灾厄之兆，故有此名。

此课子水帘幙贵人临干生干。初传虽墓，末传长生是自墓传生，先晦后明，先滞后发之象。最利科考，仕宦求官。唯三传合木局，兄弟过旺，不宜求财，男亦不利求婚。

```
后　癸未　妻财
虎　己卯　兄弟
合　乙亥　父母


陈　贵　后　虎
子　申　未　卯
乙　子　亥　未


龙　空　虎　常
丑　寅　卯　辰
陈子　　　　　巳玄
合亥　　　　　午阴
戌　酉　申　未
雀　蛇　贵　后
```

殃咎课

【原文】 凡课三传递克日干，神将克战，或干支乘墓，曰殃咎课。如己巳日三传巳申寅，初传克中，中克末，末克日干。如丙子日三传子未寅，末传克中，中克初，初克日干，为递克。主他人欺凌，互相克害，为官宜自检束，防人论劾，常人有横祸。凡将克神为外战，祸患易解。神克将为内战，祸患难解。凡初传遭上下夹克，身不自由，受人驱策。夹财财不由己，费用百出。唯夹克鬼则反吉。将逢内战，主谋事将成，被人搅扰。天后内战为用，主妻不和，或多病患。余详天将言之。壬申日，亥加辰，申加丑，为干支坐墓，乃心肯意肯，人宅甘受晦祸。丙寅日，干上戌，支上未，为干支乘墓，主人宅皆不亨利。此象若非殃祸，必由愆咎，故名殃咎。统解之体，乃内外凌辱之课也。

【注解】 殃咎课有四种。一是课遇三传递克日干。二是三传神将内战或外战。三是初传遭夹克。四是干支坐墓或乘墓。

将克神为外战：如白虎乘寅，白虎属金克寅木；朱雀乘酉，朱雀属火，火克金之类。神克将为内战：如白虎乘午，午火克白虎金；朱雀乘子，子水克朱雀火之类。外战祸患易解，内战难解。

夹克即神受将和下神夹克，如玄武乘午临亥，玄武水与加临之亥水，夹克午火之类是。主受人驱策，身不由己。

乘墓是干支上神为干支之墓。如甲日上神为未，子支上神为辰之类。坐墓是日干寄宫之下和日支之下见墓。如甲寄寅宫，寅临未，子临辰之类。干墓主人晦，支墓主宅晦。

占事得此课，五行克贼，多凶少吉，病势多危，讼事难息。民罹罪愆，官遭弹劾。逆克主被人欺凌。夹克主身不由己，受人驱策。内外战家法不正，丑声四播，占病最凶。乘墓人宅欠通，坐墓人宅自招晦气。

例1 辛酉日寅时未将占（子丑空亡）。

初传未土克中传子水，中传子水克末传巳火，末传巳火又克日干辛金，此三传递克之一。

蛇	乙未	父母	
空	空子	子孙	
后	丁巳	官鬼	

玄	雀	常	蛇
卯	申	寅	未
辛	卯	酉	寅

	陈	龙	空	虎	
	戌	亥	子	丑	
合酉				寅	常
雀申				卯	玄
	未	午	巳	辰	
	蛇	贵	后	阴	

　　此课虽三传递克日干，有众人欺凌之象；然仕途中人求官得之，虽有欺凌，却能迁转；且卯寅二财临干支，求财亦吉。

　　例2　丙寅日巳时子将占（戌亥空亡）。

　　末传寅木克中传未土，中传未土克初传子水，初传子水克日干丙火，亦为三传递克。

　　此课虽三传递克日干，然末传寅木长生乘青龙吉将，引初传子鬼生干，名引

合	甲子	官鬼
阴	辛未	子孙
龙	丙寅	父母

虎	戊寅	官鬼
蛇	空申	子孙
虎	戊寅	官鬼

合	阴	贵	虎
子	未	酉	辰
丙	子	寅	酉

陈	阴	蛇	后
亥	巳	申	寅
戊	亥	寅	申

合	陈	龙	空
子	丑	寅	卯
雀亥			辰虎
蛇戌			巳常
酉	申	未	午
贵	后	阴	玄

陈	龙	蛇	虎
亥	子	丑	寅
合戌			卯常
雀酉			辰玄
申	未	午	巳
蛇	贵	后	阴

鬼生身，反为吉庆。惜丙火寄宫巳火坐戌墓，日支寅木坐未墓，名干支坐墓，昏晦难免。

　　例3　戊寅日子时午将占（申酉空亡）。

　　初末传寅木乘白虎金，金克木；中传申金乘螣蛇火，火克金，为三传神将外战。

　　虽十二神均居冲位，反吟冲击；然干上神与支相合，支上神与干相合，交车相合，应是破中有成之象。惜中传旬空，初末传坐空，三传无一实处，吉凶皆虚，君子之交淡如水也。

　　例4　戊子日巳时亥将占（午未空亡）。

初末传午火乘白虎金，午火克金；中传子水乘腾蛇火，水克火，为三传神将内战。

课虽成反吟，亥财遁丁临干，似可求得，然初末传逢空，中传坐空，亦吉凶皆虚之象。唯求出行，亥财遁丁临干为吉。

例5　丙寅日亥时辰将占（戌亥空亡）。

戌为丙火之墓，未为寅木之墓，为干支上乘墓神。干支皆被墓覆，人宅皆昏晦之象。

例6　壬寅日丑时申将占（辰巳空亡）。

午火发用，上乘天后水将，下临亥水，是初传财遭夹克。

此课表面看来，三传递生，末传为日之长生，似乎甚美。然发用午火遭夹克，申金长生坐丑墓，壬干，寅支亦自坐墓，吉象全无。古鉴存验一例，酉时

```
虎  空午  父母        后  甲子  官鬼
蛇  戌子  妻财        空  己巳  兄弟
虎  空午  父母        蛇  空戌  子孙

雀  常  虎  蛇        蛇  常  陈  后
亥  巳  午  子        戌  卯  未  子
戌  亥  子  午        丙  戌  寅  未

雀  蛇  贵  后        蛇  贵  后  阴
亥  子  丑  寅        戌  亥  子  丑
合戌          卯阴    雀酉          寅玄
陈酉          辰玄    合申          卯常
申  未  午  巳        未  午  巳  辰
龙  空  虎  常        陈  龙  空  虎


                     后  甲午  妻财
                     陈  辛丑  官鬼
                     玄  丙申  父母

                     后  陈  常  蛇
                     午  丑  酉  辰
                     壬  午  寅  酉

                     龙  陈  合  雀
                     子  丑  寅  卯
                     空亥          辰蛇
                     虎戌          巳贵
                     酉  申  未  午
                     常  玄  阴  后
```

辰将占前程，曰：壬以申为父，临丑是在墓中；日上见午为妻，下受水克，主妻目病；午又为屋，受水克，其屋必坏；宅上酉为败气，又为破碎，支为宅，主宅中男女皆被酒所败。后皆验。

九丑课

【原文】凡戊子、戊午、壬子、壬午、乙卯、乙酉、己卯、己酉、辛卯、辛酉，十日为九丑日。如四仲时占，丑临日加四仲发用，为九丑课。盖子午卯酉，为阴阳出入之门。乙戊己辛壬，乃刑杀不正之位，三光不照。此五干四支，合而为九丑。乃一岁之终，物必纽结，丑恶同时，故名九丑。占者多凶。统小过之体，乃上下迍邅之课也。

【注解】乙木即卯木，居震方，震为雷，故为雷声开始震动之日。戊己居中央，逢此日为北斗星下降之日。辛金即酉金，肃杀之气正盛，故为万物断绝之日。壬日乃三光不照之日。冬至为子，以阳易阴；夏至为午，以阴易阳。春分为卯，阳盛阴绝。秋分为酉，阴盛阳绝。这些都是大不吉利的。丑为十二月，是一年中最末的一个月，岁功既毕，诸神会集，以考善恶。所以，以刑杀不正的五干，配合阴阳易绝的四支，再遇着岁末之月的丑土加临四仲发用，必有凶祸灾咎。

占事逢此课，刚日男凶，柔日女祸。重阳害女，重阴害男。婚姻有灾，营造无补，诸事谋为，徒劳辛苦，嫁娶迁徙，大凶大忌。乘吉将祸浅，乘凶将祸深。

蛇	空丑	妻财
后	癸亥	父母
玄	辛酉	官鬼

雀	贵	蛇	后
寅	子	丑	亥
乙	寅	卯	丑

合	陈	龙	空
卯	辰	巳	午
雀寅			未虎
蛇丑			申常
子	亥	戌	酉
贵	后	阴	玄

例　乙卯日子时戌将占（子丑空亡）。

乙卯日为九丑日，丑土加支神卯木仲神发用。占时子时亦仲，符此课。如刚日占，干支在天乙贵人之前，名重阳，主害父。柔日干支在天乙之后，为重阴，主害母。占得此课，若无吉将解救，必见灾祸。近则三月，远则三年。如发用再乘大小时杀，祸则不出月。

大时杀：正月卯，二月子，三月酉，四月午，五月卯，依此逆行四仲。

小时杀：即月建。

此课丑土财星旬空发用，中传亥水长生坐空，吉凶皆虚，九丑并无妨；只有末传酉鬼，遁干亦辛鬼，明暗二鬼克身，方凶，凶实因此。

鬼墓课

【原文】凡课日神、墓神及日鬼发用，曰鬼墓课。盖鬼者，贼也。阳见阳，阴见阴为鬼。如甲日用申，乙日用酉，为鬼也。鬼多主事不美，谋望不成，灾将及身。阴鬼星宿神祇，阳鬼公讼是非。墓者，蒙昧也。如甲乙寅卯见未，丙丁巳午见戌之类。鬼主伤残，墓主闭塞。五行既受鬼之克贼，又加四墓，故名鬼墓。统困之体，乃守己待时之课也。

【注解】此课有一说：干支的墓神兼日鬼发用者是。细查五行之墓，只有水墓辰为鬼，余皆无。

此墓用五行之墓，并非十二长生墓。即甲乙寅卯墓未，丙丁巳午墓戌，庚辛申酉墓丑，壬癸亥子墓辰，戊己辰戌丑未墓辰。

占事得此课，五行克贼，立于墓乡，盗贼难获，家宅不昌，行人可至，病必癫狂，财防虚耗，诸事迟滞，只宜退藏。此课日鬼发用，若为旺相气兼乘德神（按：此说无用，因墓无日德），占求官，占考试，主大利，余占均大凶。

　　如果初传为鬼墓，末传为长生，名自墓传生；或六处中有冲克鬼墓之神者，主变凶为吉，先忧后喜。

　　例　壬申日丑时午将占（戌亥空亡）。

　　辰土发用，既为水墓，又为水鬼，符此课。

　　此课初传为日墓、日鬼，临干发用，末传寅木盗气，支上神又为丑土金墓，全无吉象，凶课。

后	戊辰	官鬼
陈	癸酉	父母
玄	丙寅	子孙

后	陈	常	蛇
辰	酉	丑	午
壬	辰	申	丑

龙	空	虎	常
戌	亥	子	丑
陈酉			寅玄
合申			卯阴
未	午	巳	辰
雀	蛇	贵	后

励德课

【原文】凡课天乙立卯酉，曰励德课。夫卯酉为阴阳交易之位，贵人由之而迁易。如日辰阴神在天乙前，贵人不得引从，则宜于退。盖阴主小人，小人恃势，不知谨身修德，则凶。若日辰阳神在天乙后，贵人前引而从，则宜于进。盖阳主君子，君子知机，又能行仁布德，则吉。此天道福善祸淫，奖励有德，故名励德。占利君子，不利小人。统随之体，乃反复不定之课也。

【注解】励德虽仅天乙临卯酉一个条件，但因干支阴阳居天乙前后有别而有别格。

　　干支阴阳二神是指四课中的上一字。第一课的上一字为干（日）之阳神，第二课上一字为干之阴神，第三课的上一字为支（辰）之阳神，第四课的上一字为日支之阴神。并非甲寅之类为阳神，乙丑之类为阴神。

　　占事逢此课，若阳神前引，阴神后随，君子吉，小人则危。

若阴神前立，阳神后随，小人得意，君子失机。大体君子主迁
动官位；平民主身宅不安，若安分循理，亦能获吉。

如果干支的阳神居贵人前，阴神居贵人后；或阴神居贵人
前，阳神居贵人后，为励德课。

例 1　戊子日申时午将占（午未空亡）。

贵人丑土
加临卯木，干
之阳神卯木在
天乙贵人之前，
地支阳神戌土，
阴神申金均在
天乙贵人后，
符励德格。

此课虽卯
鬼临干克干，
戌兄临支克
支，人宅两损，
喜卯戌相合，
其危皆解。再
加丑贵发用，
极利谒贵，求取功名。

贵	己丑	兄弟
阴	丁亥	妻财
常	乙酉	子孙

龙	戊午	官鬼
合	丙辰	父母
蛇	甲寅	妻财

雀	贵	玄	虎
卯	丑	戌	申
戌	卯	子	戌

龙	合	龙	合
午	辰	午	辰
庚	午	申	午

雀	合	陈	龙
卯	辰	巳	午
蛇寅			未空
贵丑			申虎
子	亥	戌	酉
后	阴	玄	常

雀	合	陈	龙
卯	辰	巳	午
蛇寅			未空
贵丑			申虎
子	亥	戌	酉
后	阴	玄	常

励德课中，如果干支阴阳神都在贵人之前，名蹉跎格。

例 2　庚申日午时辰将占（子丑空亡）。

庚日昼贵在丑，干支的阳神为午，阴神为辰，俱在丑土天乙
贵人之前，符蹉跎格。主小人迁官，君子退职，利小人不利君子。

午火官鬼临克干，末传寅财助官克干，传课皆无守，诸事
不吉。

励德课中，如果干支的阴阳神均在贵人之后，名微服格。

例3　辛丑日巳时辰将（辰巳空亡）。

辛日昼贵在寅，干支的阳神为酉子，均居贵后，阴神为申亥，也在贵人之后，符微服格。主君子迁官，小人退职，利君子不利平民。

为何干支阴阳二神居贵人后吉而居前不吉？因贵人在前有引接照应之德。贵人居干支之后，是贵人不愿引接照应也。

阴	庚子	子孙
玄	己亥	子孙
常	戊戌	父母

虎	空	阴	玄
酉	申	子	亥
辛	酉	丑	子

雀	合	陈	龙
辰	巳	午	未
蛇卯			申空
贵寅			酉虎
丑	子	亥	戌
后	阴	玄	常

盘珠课

【原文】凡课太岁、月建及日时，并三传皆在四课之中，曰盘珠课。如甲子年、七月、乙巳日、酉时巳将占。岁月日时，皆在四课之上，为天心格，主事远大非常，及于朝廷，可以成就。如盘中走珠，不出于外，故名盘珠。统大壮之体，乃凤翔丹山之课也。

【注解】占事逢盘珠课，三传四建，会合非常，吉则成福，凶则成殃，贼未出境，行人还乡。阴私解释，事反不良。如果日干和用神旺相，神将吉者大吉。若日干用神囚死，神将凶者，凡事成祸。如果戌加太岁，或太岁加戌，为重阴，忧女。辰加月，月加辰为重阳，忧男。即使传与年命吉，也有凶灾。

例1　戌年丑月甲子日丑时子将占（戌亥空亡）。

太岁戌土，在第四课上，日支子水居第二课上，月建与占时丑土居第一课上。三传子亥戌顺次居第二、三、四课上，符此格。

此课初看，丑贵临干与日支相合；支上神亥水生合日干，交车相合，极为有情。初传子，中传亥生干，末传戌为妻财，似乎吉庆。惜戌亥空亡，吉庆皆成虚花。唯占讼主散，为吉。

课一

```
后　甲子　父母
阴　空亥　父母
玄　空戌　妻财

贵　后　阴　玄
丑　子　亥　戌
甲　丑　子　亥

　合辰　陈巳　龙午　空未
雀卯　　　　　　　　申虎
蛇寅　　　　　　　　酉常
　丑　　子　　亥　　戌
　贵　　后　　阴　　玄
```

课二

```
龙　己巳　子孙
蛇　乙丑　妻财
玄　癸酉　官鬼

贵　常　玄　陈
子　申　酉　巳
乙　子　丑　酉

　蛇丑　雀寅　合卯　陈辰
贵子　　　　　　　　巳龙
后亥　　　　　　　　午空
　戌　　酉　　申　　未
　阴　　玄　　常　　虎
```

三传不在四课，仅有年月日时在四课中，名天心格。

例2　甲子年壬申月乙丑日酉时巳将占（戌亥空亡）。

太岁子水在第一课上，月建申金在第二课上，占时酉金临日支上，符此格。占事得之，远事和大事有望可成。

此课表面看来，三传金局，乘蛇玄凶将，旺鬼凶将克干，似乎凶危。妙在子水贵人临干，引鬼生干，且干支与上神作交车合，似凶实吉之课。

如果只有三传在四课上，年月日时不在者，名回还格。

课三

```
龙　戊子　妻财
贵　空未　兄弟
虎　庚寅　官鬼

龙　贵　贵　虎
子　未　未　寅
戌　子　子　未

　龙子　空丑　虎寅　常卯
陈亥　　　　　　　　辰玄
合戌　　　　　　　　巳阴
　酉　　申　　未　　午
　雀　　蛇　　贵　　后
```

例 3　戊子日子时未将占（午未空亡）。

初传子水居第一课上，中传未土居第二、三课上，末传寅木居第四课上，三传不离四课，符回还格。主谋为皆可随心。

此课子财乘青龙吉将临干发用，财自天来，但须急取，迟则无。盖因中传空亡，末传坐空故。虽寅木官星并驿马临末传，然坐空坐墓，也徒有虚名。男占婚吉，女占婚空喜无实，也是财实官空之意。

全局课

【原文】凡课三合俱在传，曰全局课。如三传申子辰水局，名润下格。寅午戌火局，名炎上格。亥卯未木局，名曲直格。巳酉丑金局，名从革格。辰戌丑未，名稼穑格。此三方类神，全入传中，合成一局，故名全局。吉事必成，凶事难弃。统大畜之体，乃同气相求之课也。

【注解】占事得全局课，三方会合，萃成一气，吉事必成，凶事难散。婚姻美满，谋为大利。尊长恩荣，常人财喜。传财易得财，传官易得官，日干和用神旺相，神将吉，大吉大利。如干支上有一神与中传作合，凡事主有人帮助，全无阻滞。唯占病讼，主不散为凶。三传中若有一神与干支上神刑冲破害，名三合犯杀，主合中不合，若与合作，须防笑里藏刀。

例 1　乙酉日丑时巳将占（午未空亡）。

三传申子辰，合为水局，名润下格。得者主事游浮不安，宜施惠于人。亥子

陈	甲申	官鬼
贵	戊子	父母
常	壬辰	妻财

陈	贵	后	虎
申	子	丑	巳
乙	申	酉	丑

合	雀	蛇	贵
酉	戌	亥	子
陈申			丑后
龙未			寅阴
午	巳	辰	卯
空	虎	常	玄

丑属北方一气为三传，也属此格。

申金官星为帝幪贵人临干，三传合全水局，引鬼生身。占官占考决主有人推荐，定能升迁考中。唯占胎孕，父母为子孙克星，不吉。

例2 甲戌日午时戌将占（申酉空亡）。

三传寅午戌合为火局，名炎上格。火者，动也，得此课者，事不论吉凶，均主速。大多虚多实少，事难持久。巳午未属南方一气为三传，也是此格。

此课日禄、日德发用，诸事初吉。然三传合全火局脱干，除占婚

虎	戊寅	兄弟
后	壬午	子孙
合	甲戌	妻财

后	合	虎	后
午	戌	寅	午
甲	午	戌	寅

雀	合	陈	龙
酉	戌	亥	子

蛇申			丑空
贵未			寅虎
午	巳	辰	卯
后	阴	玄	常

合	己亥	父母
虎	癸卯	兄弟
后	乙未	妻财

贵	陈	合	虎
申	子	亥	卯
乙	申	未	丑

蛇	雀	合	陈
酉	戌	亥	子

贵申			丑龙
后未			寅空
午	巳	辰	卯
阴	玄	常	虎

姻可成，占子息吉庆外，余占皆不利。占功名、占疾病尤为不美。

例3 乙未日巳时酉将占（辰巳空亡）。

三传亥卯未合为木局，曰曲直格。占事主进退未决，动则如意，不动多不宁，先难后易，先曲后伸之象。寅卯辰是东方一气，为三传亦为此格。

此课春占木旺，申金官星带贵临干，最利求官、考试，大

吉大利之象，诸占皆利。唯占讼宜求和，否则必屈。

　　例4　癸酉日寅时午将占（戌亥空亡）。

三传巳酉丑为金局，名从革格。占事主有革故鼎新之气，或有兵戈金铁之事，利远行或求财。申酉戌属西方一气，为三传也属此格。

此课三传合局生干，巳财为帘幕贵人临干，遁己土暗官，所以求

空	癸酉	父母
阴	乙丑	官鬼
雀	己巳	妻财

蛇	辛未	妻财
阴	空戌	妻财
虎	乙丑	妻财

雀	空	阴	雀
巳	酉	丑	巳
癸	巳	酉	丑

蛇	阴	陈	蛇
未	戌	辰	未
乙	未	丑	辰

空	虎	常	玄
酉	戌	亥	子
龙申			丑阴
陈未			寅后
午	巳	辰	卯
合	雀	蛇	贵

贵	后	阴	玄
申	酉	戌	亥
蛇未			子常
雀午			丑虎
巳	辰	卯	寅
合	陈	龙	空

官求财均吉，决计有人举荐。余占亦吉，讼亦和解。

　　例5　乙丑日卯时午将占（戌亥空亡）。

　　三传未戌丑皆属土，名稼穑格，主沉滞，占事多主艰难反复。

　　此课未土木墓临干，辰土土墓临支，干支皆被墓覆，且中末空亡，昏晦之课；若占求财，虽课传皆财，但干弱难取，也不为吉。

元胎课

　　【原文】凡课孟神发用，传皆四孟，曰元胎课。盖四孟者，寅申巳亥四生之局，又为五行受气之位，此元中有胎，故名元胎。占者，事体皆新。统家人之体，乃开花结子之课也。

【注解】元胎课的条件只有一个,即三传皆"寅申巳亥"四孟神。

占事得此课,乃四生之局,胎孕成形,官加爵位,婚获美妻,病难速愈,财可大兴,道路跋涉,奔波繁忙。此课发用若为父母,主尊长有灾。子孙发用,值空亡名元胎不育,主百事无成,占子息尤艰。发用乘天后值空亡,则主因孕伤母。

此课大体为新鲜吉庆之象,但身喜心忧,事远而多伏,触则成祸。如课体反吟,则名绝胎,虽开花但不结子。

元胎课逢寅加巳,巳加申,申加亥,亥加寅,上神气泄于下神,名病胎格。主怀胎有忧,事远而伏,暗昧不明,触则成祸。

元胎课若逢寅加亥,亥加申,申加巳,巳加寅,上神受下神之生,名生胎格。百事皆喜,怀孕大吉。

甲木长生于亥,其子火为受气。壬水长生于申,其子木为受气。庚金长生于巳,其子水为受气。丙火长生于寅,其子土为受气。戊土长生于申,其子金为受气。所以四孟为五阳干的受气之位,故曰玄胎课。

例　甲寅日寅时巳将占(子丑空亡)。

三传申亥寅,均孟神,符此课。

虽巳火临干支脱干支,然三传递生日禄、日德,中传又为长生,申金官鬼乘青龙吉将发用,求官最吉,必有人举荐,勃然而兴之象。唯求财不利,不宜妄求。

陈	庚申	官鬼
雀	癸亥	父母
后	甲寅	兄弟

常	龙	常	龙
巳	申	巳	申
甲	巳	寅	巳

龙	陈	合	雀
申	酉	戌	亥
空未			子蛇
虎午			丑贵
巳	辰	卯	寅
常	玄	阴	后

连珠课

【原文】（即连茹课）凡课用神传在一方，相连作中末，曰连珠课，如三传寅卯辰之类。盖中末传孟仲季神，相连若贯珠，故名连茹。茹，菜也。盖拔茅联茹，言其相牵引也。吉士占之，若连珠之可爱。凶人占之，若连茹之可恶。统复之体，乃山外青山之课也。

【注解】占事逢连珠，阴阳夹拱，奇偶有生。凶者重重，吉亦累累。孕必连胎，事当续举。时旱多晴，天阴久雨。传进宜进，贵顺者事速，值空亡却宜退。传退宜退，贵逆迟阻，遇空亡反宜进。

三传相接而进，名进连茹。

例1 壬午日丑时寅将占（申酉空亡）。

三传丑寅卯相连而进，如串珠，故名进连珠。

此课干上神子水冲克日支午火，支上神未土克日干壬水，交互相克，已是不宜，且中末传脱气，课无吉象。初传丑官，上遁丁财，且与干上神作合，

常	丁丑	官鬼
玄	戊寅	子孙
阴	己卯	子孙

虎	常	雀	合
子	丑	未	申
壬	子	午	未

蛇	雀	合	陈
午	未	申	酉
贵巳			戌龙
后辰			亥空
卯	寅	丑	子
阴	玄	常	虎

贵	甲申	官鬼
蛇	空未	妻财
雀	空午	子孙

龙	空	贵	蛇
卯	寅	申	未
乙	卯	酉	申

陈	合	雀	蛇
辰	巳	午	未
龙卯			申贵
空寅			酉后
丑	子	亥	戌
虎	常	玄	阴

似乎宜于求官，却又被中末传克制，亦属无情，故诸占皆不宜。

三传相连而退，又名失友格，主人情欠美，事情阻逆。

例2　乙酉日卯时寅将占（午未空亡）。

三传申未午，相连而退，符此格。

此课三传退连茹，中末传空亡，退则无路，故反宜进。申金官星乘青龙吉将发用，卯木日禄遁辛金官鬼，积极进取，求取功名，必能升迁。若占讼、占病却为凶课。

间传课

【原文】凡课间一位作三传，曰间传课。顺间传十二格，主事顺。逆间传十二格，主事逆。统巽之体，乃阴阳升降之课也。

【注解】间传课因天地盘相间二位而成，也有顺逆之分。计顺有十二格，逆有十二格，本应有二十四格。但其中五格均难入传，课中没有，实际只有十九格。

象曰：间位相传，事多间阻。顺有登天，向阳、出户。逆有回阳、励明、顾祖。占事逢之，皆为吉课。

例1　甲子日寅时辰将占（戌亥空亡）。

三传辰午申，是顺间传的第一种，名登三天格。因巳午未申四位为天，辰为龙，辰居午申之上，有龙登天之象，故名。

占逢此格，云行雨施，泽及万物。官职迁动，唯忌脱空（空是旬空，脱即

合	戊辰	妻財
龙	庚午	子孙
虎	壬申	官鬼

合	龙	蛇	合
辰	午	寅	辰
甲	辰	子	寅

空	虎	常	玄
未	申	酉	戌
龙午			亥阴
陈己			子后
辰	卯	寅	丑
合	雀	蛇	贵

子孙之神）。此课占讼，范围扩大，占症疾病会加重，占盗贼必来，占行人即至，久旱占者雨。

此课初传财星生末传官星，中传午火子孙乘青龙吉将，又遁庚金官星，仕途中人得之，最利求官，求财、求婚、出兵打仗均为吉庆；唯不宜占病、占讼。

例2　乙丑日辰时午将占（戌亥空亡）。

三传申戌子为顺间传的第二种，名涉三渊格。因亥子丑寅四位属于地，由申传子，有临深渊之象，故名。

占逢此格，如临渊履冰，战战兢兢，疾病难愈，谋望不成，病讼危险，占官无望。占盗贼不来，占行人不至，久雨占则晴。

```
贵  壬申  官鬼            玄  甲子  兄弟
阴  空戌  妻财            后  丙寅  子孙
常  甲子  父母            蛇  戊辰  官鬼


雀  贵  龙  合            阴  贵  虎  玄
午  申  卯  巳            丑  卯  戌  子
乙  午  丑  卯            壬  丑  申  戌


蛇   贵   后   阴         陈   龙   空   虎
未   申   酉   戌         未   申   酉   戌
雀午              亥玄    合午              亥常
合巳              子常    雀巳              子玄
辰   卯   寅   丑         辰   卯   寅   丑
陈   龙   空   虎         蛇   贵   后   阴
```

此课申金官星乘贵人吉将发用，遁干壬水为父母，引鬼生干。干上神午火虽克申金官星，有遁干壬水克午暗助，官星不损，故此课求官占考最宜。中传旬空，末传坐空，且与干上神冲克，故占妻财、尊长不利。

例3　壬申日巳时未将占（戌亥空亡）。

三传子寅辰为顺间传的第三种，名向三阳格。因子属北方阴暗之乡，寅辰为东方日出阳明之乡，有向三阳之象，故名。

占事逢此格，主自暗投明，初凶后吉，病愈讼解，人情皆美。

此课丑鬼临干与初传相合，似宜求官，惜被中传寅木子孙克制，先易后不顺之象。末传辰土日墓日鬼，戌土虎鬼覆支，人宅均不吉，唯占讼有中传寅木子孙驿马克鬼，可解。

例4　辛未日丑时卯将占（戌亥空亡）。

三传寅辰午是顺间传的第四种，名出三阳格。因午后阴生，自寅传午，有出三阳之象，故名。

占事逢此格，出阳入阴，闭塞不明，谋为动作，病讼皆凶。

此课虽寅财乘太常吉将发用，中传辰

常	丙寅	妻财
阴	戊辰	父母
贵	庚午	官鬼

空	常	合	龙
子	寅	酉	亥
辛	子	未	酉

蛇	雀	合	陈
未	申	酉	戌
贵午			亥龙
后巳			子空
辰	卯	寅	丑
阴	玄	常	虎

阴	乙丑	官鬼
贵	丁卯	子孙
雀	己巳	妻财

贵	雀	常	阴
卯	巳	亥	丑
癸	卯	酉	戌

陈	龙	空	虎
未	申	酉	戌
合午			亥常
雀巳			子玄
辰	卯	寅	丑
蛇	贵	后	阴

土父母生干，末传午火官星乘贵人吉将，看似吉庆，然四课皆上神脱下神，源涸根枯，且子水天空临干冲克午火官星，诸占均不吉利。

例5　癸酉日亥时占（戌亥空亡）。

三传丑卯巳，是顺间传的第五种，名出户格。因卯为门户，巳为地户，自丑传巳，有出户之象，故名。

出户而去，访问无从，君子升扬，小人狐疑。占盗贼难获，占行人不归。

此课干上神脱干，支上神脱支，初传空亡，中传卯贵脱干，末传巳财被支上神亥水冲克，无一吉象。幸丑土为十一月月将，癸干在子月为旺，身旺喜脱，虽初无成，终有小就。

例6 己丑日未时酉将占（午未空亡）。

三传卯巳未为顺间传的第六种，名盈阳格。因卯巳为阳，未为阴之始，由卯传未，阳至阴生，有物极必反之象，故名。

日中将反，稍纵即逝，事宜急作，切勿迟滞，故此课占诸事急赴则吉，缓图则凶。此课干上神脱干，初传

玄	辛卯	官鬼
虎	癸巳	父母
龙	空未	兄弟

合	蛇	玄	虎
酉	亥	卯	巳
己	酉	丑	卯

龙	陈	合	雀
未	申	酉	戌

| 空午 | | | 亥蛇 |
| 虎巳 | | | 子贵 |

辰	卯	寅	丑
常	玄	阴	后

贵	辛巳	妻财
雀	癸未	官鬼
陈	空酉	父母

阴	贵	陈	空
卯	巳	酉	亥
癸	卯	未	酉

雀	合	陈	龙
未	申	酉	戌

| 蛇午 | | | 亥空 |
| 贵巳 | | | 子虎 |

辰	卯	寅	丑
后	阴	玄	常

干鬼临宅克宅，且与干上神冲克，末传旬空，中传父母巳火，又乘白虎凶将，人宅两损，无一吉利，守正循理，方可无虞。

例7 癸未日辰时午将占（申酉空亡）。

三传巳未酉是顺间传的第七种，名变盈格。因阳至午而盈，未为一阴，酉为二阴，自巳传酉，有月满而缺之象，故名。

月盈则缺，乐不可极，势过人衰，物满必缺。占官被黜。占疾病，久病者愈，新病则死。

此课虽三传递生，惜末传空亡，是生而不生。再加四课皆上神脱泄下神，源消根断，诸占皆凶。唯初传巳财发用，上乘贵人吉将。如求财官，急则可成。

例8 癸巳日子时寅将占（午未空亡）。

三传未酉亥是顺间传的第八种，名入冥格。因酉亥为日冥之时，有阳消阴长之象，故名。

夕阳西下，天将背黑，急起直追，时不可失，占讼求官，均主不吉。诸事均宜速办急进，缓则不宜。

此课虽三

陈	空未	官鬼
空	乙酉	父母
常	丁亥	兄弟

贵	蛇	常	空
卯	巳	未	酉
癸	卯	巳	未

陈	龙	空	虎
未	申	酉	戌
合午			亥常
雀巳			子玄
辰	卯	寅	丑
蛇	贵	后	阴

雀	丁酉	妻财
贵	己亥	官鬼
阴	辛丑	子孙

雀	贵	贵	阴
酉	亥	亥	丑
丁	酉	酉	亥

陈	合	雀	蛇
未	申	酉	戌
龙午			亥贵
空巳			子后
辰	卯	寅	丑
虎	常	玄	阴

传递生，但初传旬空，中传落空，再加四课皆上神脱泄下神，源消根断，诸占均凶。唯末传遁丁暗财，求财还有可得。

例9 丁酉日申时戌将占（辰巳空亡）。

三传酉亥丑是顺间传的第九种，名凝阴格。因亥丑属北方，又属冬季，阴气凝结，有严霜坚冰之象，故名。

正不压邪，淫欲奸盗，幽暗不明，诸事多凶。

此课中传贵人，初传阴贵，课传中五现，贵多反为不贵，占官反不利。初传财星遁丁，且为夜贵，主得贵人之财，余占均不利。

例 10 己卯日午时申将占（申酉空亡）。

三传亥丑卯是顺间传的第十种，名溟濛格。因为亥丑为极阴，卯为微阳，二阴之下见微阳，正在溟濛之时，故名。

阴盛阳微，将明未明，进退失据，忧惧不宁。占诸事物均主欠真实，且难速决。

此课干上

```
蛇 乙亥 妻财        蛇 戊寅 子孙
后 丁丑 兄弟        合 丙子 兄弟
玄 己卯 官鬼        龙 甲戌 官鬼

合 蛇 虎 龙        空 常 后 蛇
酉 亥 巳 未        酉 未 辰 寅
己 酉 卯 巳        壬 酉 午 辰

龙 陈 合 雀        贵 后 阴 玄
未 申 酉 戌        卯 辰 巳 午
空午        亥蛇   蛇寅        未常
虎巳        子贵   雀丑        申虎
辰 卯 寅 丑        子 亥 戌 酉
常 玄 阴 后        合 陈 龙 空
```

神空亡，初传坐空，课传极阴，无一吉象。然极阴者阳自生，静守待时而动之象。

以上十种均为顺间传，中缺午申戌出三天格，戌子寅入三渊格，然七百二十课中并无其课，徒有其名。

例 11 壬午日辰时寅将占（申酉空亡）。

三传寅子戌是逆间传的第一格，名冥阴格。因寅为日出之方，子戌阴气极盛，自寅传戌，由阳退阴，以明转暗，故名。

白日忽匿，气象阴惨，鬼贼在前，须防暗损，占官最凶。

酉金空亡临干，寅木盗气乘蛇发用，末传官鬼，皆为凶象，诸占不吉。然末传戌土官星乘青龙吉将。寅木为十月天将，日干旺气，若求功名，虽难终得，恰与课体说明相反。

例12　壬子日卯时丑将占（寅卯空亡）。

三传戌申午，是逆间传的第三种，名悖戾格。因戌申为阴地，午为一阴的始生处，自深退浅，乃悖逆乖戾之兆，故名。

占事逢之，不进而退，悖戾之兆。强进有祸，逃避不能，占行人不至，占盗贼不获。

龙	庚戌	官鬼
虎	戊申	父母
玄	丙午	妻财

空	常	龙	虎
酉	未	戌	申
壬	酉	子	戌

贵	后	阴	玄
卯	辰	巳	午
蛇寅			未常
雀丑			申虎
子	亥	戌	酉
合	陈	龙	空

陈	丙午	官鬼
雀	甲辰	父母
贵	空寅	妻财

空	陈	虎	龙
申	午	酉	未
辛	申	亥	酉

蛇	雀	合	陈
卯	辰	巳	午
贵寅			未龙
后丑			申空
子	亥	戌	酉
阴	玄	常	虎

此课干上神酉金被占时冲破，名生而不生。戌土官鬼临支发用克干，末传午财助鬼，人宅两伤，诸占不吉。然戌鬼乘青龙吉将，又得财助。若占功名，却主升迁。

例13　辛亥日巳时卯将占（寅卯空亡）。

三传午辰寅是逆间传的第三种，名顾祖格。因为午火为寅木子孙，寅是午火长生，自午传寅，有子孙回顾其祖宗之象，故有此名。

子来视母，复其旧居，游子心动，急于思归。占求财，谋望，诉讼均吉。唯庚日占病为凶，因初传午火为鬼故。

初传丙午官鬼与干相合，又得寅木财助，最利求官。寅财旬空，出空之年月即可得升。余占皆不利，病讼尤凶。

例 14　丙辰日子时戌将占（子丑空亡）。

三传丑亥酉是逆间传的第四种，名极阴格。因为丑亥酉均属阴方，自丑传酉，由阴入阴，故名极阴。

占事逢此格，极阴之地，邪气所乘，荒淫无度，酒色大胆，淫乱异常，占病则必死。

此课丑土

雀	空丑	子孙		陈	辛亥	兄弟
贵	癸亥	官鬼		空	己酉	父母
阴	辛酉	妻财		常	丁未	官鬼

陈	雀	合	蛇		陈	空	陈	空
卯	丑	寅	子		亥	酉	亥	酉
丙	卯	辰	寅		癸	亥	丑	亥

陈	龙	空	虎		贵	后	阴	玄
卯	辰	巳	午		卯	辰	巳	午
合寅			未常		蛇寅			未常
雀丑			申玄		雀丑			申虎
子	亥	戌	酉		子	亥	戌	酉
蛇	贵	后	阴		合	陈	龙	空

发用旬空，中传亥贵坐空。唯末传酉金妻财，遁干辛财，又是帘幕贵人为吉，初凶终吉之象。

例 15　癸丑日丑时亥将占（寅卯空亡）。

三传亥酉未是逆间传的第五种，名时遁格。因酉为太阴，未中有丁，为玉女，利隐遁潜行，故名。

六丁前导，遁迹潜行，行人不至，盗贼难得，病讼皆凶。君子占之，却为有利。

此课初传亥水驿马发用，末传未鬼遁丁财，如占求财，可以如意。他占却主不宜。

例 16　乙亥日午时辰将占（申酉空亡）。

三传酉未巳是逆间传的第六种，名励明格。因为巳为阳明之地，自酉传巳，有从暗入明之象，故名。

自暗投明，勉强而行，前途坦荡，所欲从心。士人占得，宜取禄位。平民占得，宜早营运，奋力取获之课。

后	空酉	官鬼
蛇	癸未	妻财
合	辛巳	子孙

空	龙	后	蛇
寅	子	酉	未
乙	寅	亥	酉

龙	陈	合	雀
卯	辰	巳	午
空寅			未蛇
虎丑			申贵
子	亥	戌	酉
常	玄	阴	后

蛇	空未	妻财
合	癸巳	子孙
龙	辛卯	兄弟

空	常	蛇	合
寅	子	未	巳
乙	寅	酉	未

龙	陈	后	雀
卯	辰	巳	午
空寅			未蛇
虎丑			申贵
子	亥	戌	酉
常	玄	阴	后

此课表面看来，干上神与支、支上神与干交车相合，似乎有情。然初传空亡，中传坐空，末传脱干，三传无一吉处，凶虽不凶，吉亦不吉也。《秘要》云："遥克、昴星、别责，遇发用空陷，将乘玄武，定主失脱，此法极验。"此课若夜占，酉金上乘玄武，主有此象。

例 17　乙酉日未时巳将占（午未空亡）。

三传未巳卯是逆间传的第七种，名回明格。因未为一阴，巳卯为二阳，由阴至阳，有缺月渐圆之象，故名。

生明生魄，缺月渐圆，循序而进，眹咎自消。诸事均宜缓进，不宜急进。吉事渐成，凶事渐消。久雨占则晴。

此课未土干墓乘腾蛇发用且临支，支为宅，人宅两损。幸初传空亡，中传巳火盗气坐空，二凶皆消，虚惊而已。末传日禄乘青龙吉将，初晦终明，月缺渐圆之象，符课理。

　　例 18　癸未日酉时未将占（申酉空亡）。

　　三传巳卯丑是逆间传的第八种，名转悖格。因巳卯为二阳，丑是纯阴，自巳传丑，弃明投暗，以巧就拙，悖庆殊甚故。

　　弃明投暗，不知检点，正路不走，好出风头，败家之子，贤郎难求。主家业凋落，做事不循正轨，不肯安分守命。

阴	辛巳	妻财
贵	己卯	子孙
雀	丁丑	官鬼

合	空卯	官鬼
蛇	癸丑	兄弟
后	辛亥	妻财

陈	空	阴	贵
亥	酉	巳	卯
癸	亥	未	巳

龙	合	虎	龙
巳	卯	未	巳
己	巳	酉	未

贵	后	阴	玄
卯	辰	巳	午
蛇寅			未常
雀丑			申虎
子	亥	戌	酉
合	陈	龙	空

合	陈	龙	空
卯	辰	巳	午
雀寅			未虎
蛇丑			申常
子	亥	戌	酉
贵	后	阴	玄

　　此课巳火妻财乘太阴为阳贵临宅生宅，又得中传贵人生助，虽求财，男占婚皆吉。惜干支上神互相冲克，干克支上神，均是不吉之象，恐婚难偕老。唯巳为驿马，占出行则吉。

　　例 19　己酉日午时辰将占（寅卯空亡）。

　　三传卯丑亥是逆间传的第九种，名断涧格。因卯为一阳，丑亥为二阴，自卯传亥，一阳入二阴，有投入涧底之象，故名。

　　悬崖下坠，断涧绝流，求名求利，一切无头。此格仕宦人占得，自动离职，才会吉利。平民占得，主灾殃。

此课巳火父母乘青龙临干生干，似乎吉利。然初传空亡，中传坐空，末传亥水妻财，又与干上神巳火冲克，三传干上皆成虚幻，诸占无一吉利。

以上九种为逆间传，缺子戌申偃蹇格，申午辰凝阳格，辰寅子涉疑格，也是仅有其名，并无其课，故形同虚设。

六纯课

【原文】凡四课三传俱阳，或四课三传俱阴，曰六纯课。六阳课宜于尊贵，占天庭之事。六阴课宜于卑下，占阴私之事。统无妄之体，乃匪正有眚之象。

【注解】占事逢之，若六阳动达，如登三天，私凶公吉，官职升迁。若六阴则蒙昧，似坠深渊，公凶私吉，病患缠绵。占孕，六阳主生男，六阴则主生女。

例1 甲子日卯时未将（戌亥空亡）。

三传辰申子，四课上神申辰戌午，均为阳神，名六阳格。

例2 丁丑日寅时午将占（申酉空亡）。

三传酉丑巳，四课上神亥卯巳酉，都

玄	戌辰	妻财		贵	空酉	妻财	
蛇	壬申	官鬼		常	丁丑	子孙	
龙	甲子	父母		陈	辛巳	兄弟	

后	合	玄	蛇		阴	空	陈	贵
午	戌	辰	申		亥	卯	巳	酉
甲	午	子	辰		丁	亥	丑	巳

雀	合	陈	龙		贵	后	阴	玄
酉	戌	亥	子		酉	戌	亥	子
蛇申			丑空		蛇申			丑常
贵未			寅虎		雀未			寅虎
午	巳	辰	卯		午	巳	辰	卯
后	阴	玄	常		合	陈	龙	空

是阴神，名六阴格。

由上二例可以看到，间传课有半数在六纯课内，但因各有其体，所以六纯课应将间传课除外。

杂状课

【原文】凡课俱取初传动爻，以别五行纯杂，数目物色为用，曰杂状课。盖纯者，子午卯酉四仲为纯。其余寅申巳亥四生之地，辰戌丑未四墓之地，皆有余干杂处其中，故名杂状。统节之体，有万物得所之象。

【注解】子午卯酉支中仅藏一种五行，故为纯。

寅申巳亥四孟，寅中有生木，申中有生水，巳中有生金，亥中有生木，并非纯洁之气，故曰杂。

占事得之，五行阴阳，万物纯杂，凶视救神，吉防凶害，数目日期，颜色物类，觅物寻人，克应可取。

例　甲子日寅时亥将占物色（戌亥空亡）。

占物色，午火为赤，加酉金发用，酉金为白，故上赤下白。

占数目，午火数九，青龙数八，庚金数七，相加为二十四。或午数九，加酉金数六，相加十五数，相乘五十四数，以旺相囚绝灵活而取。

课体总论：

至此六十四课全部介绍完毕，静心思考，就会发现：

一、牵强附会。如杂状课，有的书

```
龙  庚午  子孙
雀  丁卯  兄弟
后  甲子  父母


阴  虎  常  龙
亥  申  酉  午
甲  申  子  酉


蛇  雀  合  陈
寅  卯  辰  巳
贵丑          午龙
后子          未空
亥  戌  酉  申
阴  玄  常  虎
```

为物类课，毫无意义，无非是凑足六十四课之数而已，难免牵强附会。

二、脱离课理。六壬课是以贼克之法为主发用的，这就是说判断六壬课要以十二神五行生克制化为主。有些课不问神之吉凶，生克之奥妙，以某一特定日期论吉凶。如"二烦课""九丑课""天祸课"等完全脱离壬断课理。

三、支离破碎。有些课理凭空想象，支离破碎。如"三阴课""龙战课"等其理甚异。

四、雷同重复。如"官爵课"与"铸印课"，"六纯课"与"间传课"，"合美课"与"合欢课"等，实是大同小异。

五、神煞主课。课理应以神将吉凶为主，有些课悖离课理，只依神煞判断。如"六仪课""斩关课"等。

从前面课体说明中我们可以看到，大部分均有"神将吉者，依吉断。神将凶者，以凶论"之说，且举例中课体吉者，其例反凶；课体凶者，其例反吉之例比比皆是。说明课体只是分类参考，与吉凶关系并不重要，故近代六壬名家袁树珊、韦千里等在书中均将课体略去。

第四章　神将总论

贵人所属

【原文】贵人为百神之主，得位为福，失位为殃。

【注解】贵人即天乙贵人，在天为紫微官门外的右星，乃天帝之神。经曰："天乙、阊阖门外，事天皇大帝，下游十二辰，家于艮丑斗牛之次。执玉衡，校量世间之事，乃壬式中天子也。"所以贵人为最吉之将，十二将之主，有降祥赐福，解厄扶危之喜，属己丑土，色黄，数八。类神为官贵、尊长、俸禄、文章，首饰、珍宝、神佛、宗庙、牛、谷物、生丝、麻等。

天乙贵人顺布叫顺治，再与日干相生，虽课传中见勾陈、螣蛇等凶将，也不致有大害。反之，天乙贵人逆布谓逆治，再加克日干，虽课传中见六合，青龙等吉将也不为深喜，且必受贵人谴责（仕宦中人求官例外）。

太岁为一年之主，课传中正好乘贵人，即使不入传，也主得贵人力，唯不救病。如果入传，更加相乘于干支、年命，凡谋之事皆会有成，官吏主有升迁之喜。

贵人为尊贵之神，所以宜旺相得位，主得官爵，印信或得贵人赏赐帮助。如果贵人在休囚之处，名失位，主贵人本身有忧愁之事，困惑之事；在死地之处，则会遇到死丧之事；均主不得贵人之力。

贵人逢空落空（贵人乘神空亡叫逢空，所乘之神临地盘空亡之处叫落空），忧喜不生。即闻忧而无忧，闻喜而不喜。

贵人临十二神亦各有所名，各有所主，择要述几种。

贵人乘丑为升堂。因贵人本居斗牛艮丑之次，临丑为归本家，不治事，效用全失。若占投书进事，却主有贵人接引。

贵人乘辰戌为入狱，主有烦恼，下会害上，君子、尊长不安，有处罚之事。若占请谒，必阻滞，即使相见亦无利。

贵人乘亥名还官，又名登天门，诸杀被制，利于进取。

贵人乘巳午名受赏，因巳午之火可生贵神之土。但有分别，乘巳多会受赞赏，上下皆喜。乘午多为因赏识而迁官，或荐拔之事。

还有一种贵人叫帘幕（幙）贵人，即隐藏的贵人。日占则昼贵显，夜贵隐；夜占则夜贵显，昼贵隐，如隐藏在帘幙之中，故名。这种贵人隐隐用力，也主吉庆。占考试得此贵，又与日干相生，必中无疑。

占事谋望，如得昼夜两贵同时入传，或一居干上，一居支上，主贵人分外得力。

例1 丙子年辛卯月乙酉日巳时戌将，占重罪能否减免（午未空亡）。

此课必遇恩赦，六月便有出狱之兆。因酉金皇恩临干，寅木天赦加支。中传子水太岁乘贵人生日，罪虽至重，也能转凶为吉。后果由曹大司礼奉命执审，开豁谪戌。为何言六月出狱？因为六月未为青龙，上乘子水，既为贵人，又乘太岁故。

例2 辛未年壬辰月丁酉日卯时戌将，占可升迁否（辰巳空亡）。

不仅不能升迁，且主退位。因为亥水驿马乘贵人坐于辰墓之上，午火禄神临亥水绝地，传将又逆行故。况且亥水贵人官鬼坐空，入狱入墓，

龙	空未	妻财
贵	戌子	父母
虎	癸巳	子孙

合	阴	阴	龙
酉	寅	寅	未
乙	酉	酉	寅

| 雀 | 蛇 | 贵 | 后 |
| 戌 | 亥 | 子 | 丑 |

合酉			寅阴
陈申			卯亥
未	午	巳	辰
龙	空	虎	常

诸凶皆显，岂能无咎？后果因浙省大行参劾请告而归。

例3 戊辰年己未月癸未日申时午将，测次日股市行情（申酉空亡）。

贵人乘巳火妻财并驿马发用，且为日德，次日股市必涨，且成交量很大。但初

贵	己亥	官鬼
虎	甲午	兄弟
雀	辛丑	子孙

合	阴	龙	贵
寅	酉	辰	亥
丁	寅	酉	辰

蛇	雀	合	陈
子	丑	寅	卯
贵亥			辰龙
后戌			巳空
酉	申	未	午
阴	玄	常	虎

贵	辛巳	妻财
雀	己卯	子孙
陈	丁丑	官鬼

空	常	贵	雀
亥	酉	巳	卯
癸	亥	未	巳

雀	蛇	贵	后
卯	辰	巳	午
合寅			未阴
陈丑			申玄
子	亥	戌	酉
龙	空	虎	常

传巳贵财星被干上亥水兄弟冲克，此君难以得财。果是。

【原文】螣蛇为卑贱之神，旺相为贵，休囚为忧。

【注解】螣蛇在天事天乙，为车骑都尉，位居前一，家丁巳火，旺六十日，凡事喜造衅发端，所以为凶将。有火光惊疑，忧恐怪异等事情发生。属丁巳火，色紫，数四。类神为文化之神，主文字或火光、血光。在人为痫妇，荧惑小人。在兽为蛇蛟。在五谷为豆、黍。

螣蛇如乘旺相，更加木盛者，主胎产与婚姻之喜（因其为阴私血光之神）。在君子主权威之象；若附血忌带刑杀时，占胎必坠或有产厄。

螣蛇之事，应期在丙丁巳午之日。若旺相比和为吉；休囚

多起凶灾；若逢空亡，凶灾减半。如果螣蛇乘神披刑带煞，灾病将立发矣。

占怪异之事，遇螣蛇乘旺，必为生物。乘死囚之神，必为死物，或有声无形。

占凶祸之事，螣蛇乘旺相，主因斗讼而失财。休囚主囚禁，恐惧、疾病、怪异之事。死则主惊恐死亡之事。

螣蛇乘神为日财，且神将旺相，求财大吉。若神将休囚，反主因财发生惊恐之事。

螣蛇乘火神，临火乡（即巳午），或占时下见火，主有火灾或惊骇、口舌，官非之事。

螣蛇乘子名坠水，乘亥为掩目，因亥子水克螣蛇火故。凡占凶事，均不能伤人，不过是一场虚惊而已。

螣蛇乘寅名生角，旺则得时为蛟龙，大利进取；衰则失时为蜥蝪，却宜退藏。

螣蛇乘卯名登门，主伤人口，门户不和，或有血光之灾。

螣蛇乘未名入休，因未土为木墓而名，主停枢未葬，家鬼作祟，或口舌官讼。

螣蛇乘戌为入冢，因戌为火墓而名，主灾难全消。

例 1 庚辰年戊子月壬辰日酉时寅将，占回原籍吉凶（午未空亡）。

此课支加干克干墓干，卑凌尊，下犯上，为上门乱首。寅木为驿马、天马，但受遁干庚金克制，且上乘螣蛇凶将。

蛇	庚寅	子孙
常	空未	官鬼
合	戊子	兄弟

后	空	空	蛇
辰	酉	酉	寅
壬	辰	辰	酉

龙	陈	合	雀
戌	亥	子	丑
空酉			寅蛇
虎申			卯贵
未	午	巳	辰
常	玄	阴	后

中传空亡，末传坐空，卯木贵人坐戌
为入狱，一片凶象，回原籍决主不吉，
必有祸患；此君遂止不行。到次年春，
贼陷其原籍，此君免其灾难。能免其
灾者，中末传空亡，故吉凶皆虚。

例2　丁丑年戊申月丁亥日辰时巳
将，占被逮问吉凶（午未空亡）。

此课占讼最凶，无法救解。因官鬼
临宅，三传旺财生鬼，末传戌土，既乘
螣蛇凶将，又为日墓。且初传为病，中
传为死，墓加死上，缘何有救？初传遁
干甲木，岁上寅木亦为木，必主木死。
后果在刑部拘讯中，被杖毙而亡。

【原文】朱雀文书，亦主刑戮，奸
谗口舌。

【注解】朱雀在天事天乙，为羽林

合	甲申	妻财
雀	乙酉	妻财
蛇	丙戌	子孙

合	雀	后	阴
申	酉	子	丑
丁	申	亥	子

龙	陈	合	雀
午	未	申	酉
空巳			戌蛇
虎辰			亥贵
卯	寅	丑	子
常	玄	阴	后

将军，位居前二，家丙午火，夏旺春相。因阴火寄于重离，阳极
反阴，不足之神，故为凶将。属丙午，在神为灶神，在禽兽主飞鸟、
獐马。在食物主果谷。

朱雀得地，主文章、印信、敕命、王廷等事。或主从文学、
文章发福。如果失地，则主火灾，财物损失、生病、家畜损伤
等事。若旺相带凶煞，主口舌官司。若休囚带凶煞，主囚禁不
自由。若为死带凶煞，主因死丧之事而发生口舌。

占公事逢朱雀逆布，且刑日干，必被长官嗔责。

占断考试、文献、选举之事必须先寻朱雀，因朱雀为其类神。
若朱雀入传，课传均吉，必文章得意，主高中或当选。如果朱雀
不入三传，但其所乘之神为太岁、月建、月将；或者与太岁、月建、

月将相合，且遇禄马、日德临生旺之乡，必文章扬名，高中或当选。如果朱雀被刑克或落空亡，或临死绝之乡，必试文不及格或落选。

朱雀乘火神，临火乡，占时又值火，必主火灾。如果课体系伏吟，神煞伏而不动可免。

占有关公文或私人书信，必须课传中有朱雀出现，不入课传则无。

朱雀乘神克干，有口舌，不安宁。生干有音信，在初传会突然发生官事。在末传乘丁马，有远信或远方交易。乘木火且合太岁上神，与贵人乘神相生者，必掌大权。

朱雀乘亥子，因朱雀属火，亥子为水，水克火，火入水乡，所以乘子名损翼，乘亥名入水，占词讼无妨，灾祸自然消解。但占考试却主落榜，占文章不得意，占选举主落选。

朱雀乘巳名画翔，乘午名衔符。因巳午为火旺之地，占词讼、口舌、怪异等事主大凶。占文书、文章、科考、选举等事却大吉。

朱雀乘戌为无生，因戌为火墓，朱雀入墓，事物皆违，有遗失或失错之事，占书信会来，文章得意。

例1 戊辰年丙辰月癸巳日辰时戌将，辛卯命，苏君卜能否考上研究所（午未空亡）。

巳亥有双意，故主考两个研究所，但只能考上一所。因为未土朱雀旺相临干，朱雀的阴神丑土太常亦旺。支上神亥水乘天空奏书之神也是类神，阴神又为亥水贵人。考试的吉神均入课传，且

贵	癸巳	妻财
空	丁亥	兄弟
贵	癸巳	妻财

雀	常	空	贵
未	丑	亥	巳
癸	未	巳	亥

空	虎	常	玄
亥	子	丑	寅

龙戌			卯阴
陈酉			辰后
申	未	午	巳
合	雀	蛇	贵

巳火贵人发用，临亥名登天门，诸煞皆退避。再加贵人顺行，年上神酉金为父母生干，实力运气皆不错，定能考上。可惜戌土青龙岁破、月破，卦逢反吟，所以只能考上一所研究所。果苏君夏天股票颇有收获，又于巳月考上一研究所，另一研究所则落榜。

　　例2　乙亥年壬午月戊戌日辰时未将，甲辰命，辛丑行年占承包某饭店后生意如何（辰巳空亡）。

亥水妻财发用生中传，中传生末传，末传生干，其吉一也。干上神乘青龙吉将，支上神乘贵人吉将，人店俱吉，其吉二也。占财，财神临太岁发用；占店为饮食，类神为太常，入传旺相且与干上神相合，其吉三

雀	丁亥	妻财
后	壬寅	官鬼
常	空巳	父母

龙	雀	贵	玄
申	亥	丑	辰
戌	申	戌	丑

```
     龙  陈  合  雀
     申  酉  戌  亥
空未                子蛇
虎午                丑贵
     巳  辰  卯  寅
     常  玄  阴  后
```

雀	辛酉	妻财
阴	空丑	子孙
空	丁巳	兄弟

贵	常	雀	阴
亥	卯	酉	丑
丁	亥	巳	酉

```
     雀  蛇  贵  后
     酉  戌  亥  子
合申                丑阴
陈未                寅玄
     午  巳  辰  卯
     龙  空  虎  常
```

也。由是观之，此店包下后，财运不错。唯嫌初传乘朱雀凶将，又遁丁神，且朱雀旺相，全靠亥财制火，使其不能为灾，一旦亥水失去作用，火灾难免。果此店承包后，生意绝佳，先后发展为五个连锁店。丙子年正月建寅，初传亥水与月建寅木相合，不能制朱雀之火。因厨房不慎失火，迫使歇工整整一个月。

例3　乙酉年辛巳月丁巳日巳时酉将，占兄能补桂林知府否（子丑空亡）。

贵人乘亥作官星带驿马加临日干，三传又合金局催生，酉金朱雀乘太岁作月将发用。青龙日禄临年，天喜临命，皆荣调之兆。又驿马临干，丁马入传，其应最速。午月节必得好音，后果如所占。

【原文】白虎道路，又为官灾、疾病、死亡。

【注解】白虎在天为廷尉卿，位居后五，家庚申金，旺秋三月。得之主损害骨肉，好色淫行，是操行不良之神。得地时，气势雄大而威猛；失地时，势力尽失而狼狈。主刀剑、血光、疾病、死亡、兵祸、道路、仇怨、口舌、威权、刑戮等事。若白虎乘神披刑带煞，灾祸立至，所以为凶神。其色栗，其数七，属庚申金。类神在人主病人、孝子、失官者，在五谷主麦、麻。在禽兽主猿猴、虎，在物主金银铜铁之器。

白虎虽为凶神，也主权威。所以施大功，做大事最喜白虎。若发用或入传，其功立成，其事立就。

占官爵也喜白虎，带刑杀尤佳，有"不刑不发"之论。

占断疾病，最忌白虎。如所乘之神克日干，或带煞克日干，或白虎乘辰克日干、克行年，或白虎的阴神克干支、年命皆凶。若白虎临空亡，或附日德，方可化凶为吉；如果凶杀太重，也不能有救。

占墓宅白虎临何方，可断此方有岩石或神庙。

占行人以白虎为准，乘初传立至，乘中传在中途，乘末传失约不来。

白虎带丧门，吊客临支，主家中有丧服或外服入宅。

白虎正月乘申、二月乘寅、三月乘巳、四月乘亥、五月乘申、周而复始，叫作白虎仰视，主咎殃大作。

白虎乘凶神，旺时主哭泣、官事；相时主有仇冤相争之事；死时有疾病死丧之事；囚时有血光之灾或官讼；休时必主疾病。

白虎乘巳名焚身，乘午名断尾，因火能克金，皆主化祸为福。

白虎乘土，因土能生金，更增白虎凶焰，故皆凶。乘丑名泣涟，有田土或家畜损失。乘辰名咥人，主官灾、刑戮，夜间出外逢灾，至凶之象。乘未名在野，主田土、家畜损失。乘戌名落井，主受他人中伤，反祸为福。

例1　壬午年癸卯月辛卯日寅时亥将占友病（午未空亡）。

癸巳日必死。因为脱气游魂自支上发用，又归末传，名反复往来，无非游魂度化也。中传白虎乘死气加干，命上神丑土为墓，又乘螣蛇凶将。课逢昂星，得虎蛇之凶不可解，故危。巳日为病符、日鬼、驿马，辛金死地会聚之处，故断巳日死。

例1 课盘

雀	戊子	子孙
虎	空未	官鬼
雀	戊子	子孙

虎	阴	雀	龙
未	辰	子	酉
辛	未	卯	子

	贵	后	阴	玄	
	寅	卯	辰	巳	
蛇丑					午常
雀子					未虎
	亥	戌	酉	申	
	合	陈	龙	空	

例2 课盘

虎	丁巳	父母
雀	壬戌	兄弟
玄	乙卯	官鬼

贵	虎	贵	虎
子	巳	子	巳
己	子	未	子

	雀	蛇	贵	后	
	戌	亥	子	丑	
合酉					寅阴
陈申					卯玄
	未	午	巳	辰	
	龙	空	虎	常	

马，辛金死地会聚之处，故断巳日死。

例2　辛未年癸巳月己未日辰时酉将占官运（子丑空亡）。

月内定转，但难以久任。因巳火月建、驿马遁丁神，乘白虎发用，生其日干，是以月内必转。唯嫌干支贵人子水空亡，与太

岁未土青龙相害，龙神不安，且占时
与中传相冲，既逢冲破，佳从何来？
是以知其难以久任。果此君不久即转，
后又因事降职。

例3 甲申年庚午月庚子日巳时申
将，占扬州城池安危（辰巳空亡）。

城池虽危，不日可解。因四课上
神皆脱下神，内外空虚，城危可见。
但初传鲁都，白虎乘月建作鬼，彼兵
虽凶，有末传游都子水乘螣蛇冲克。
虽系月破，填实之日不破，以凶制凶，
其凶自散。且初传白虎，末传螣蛇，
名虎头蛇尾，故曰不日解围。果验。

【原文】勾陈，主迟滞勾连之事，
囚主讼而旺主争。

【注解】勾陈在天为大将军（又云左将军），位居前四，旺
于四季，本好争斗，多蓄二心。故得之主争斗、词讼、兵祸、
虎符、印信等事。勾留、迟滞、枝节横生，所以为凶将。在官
者勾陈却主印绶，为吉。其色黄，数五，属戊辰土。类神在人
主将军、兵卒、丑妇、贫荡小人、官吏、捕盗人。在物为田、瓦、
石、金、铁。在食为果。在禽兽为鱼、龙、水虫之类。

勾陈旺相，为一将官，失时则为一兵卒。

占讼事以勾陈为主，勾陈克日干，冤不得伸。干克勾陈，
讼终得直。勾陈的阴神乘朱雀、螣蛇克日干最凶。若勾陈克日干，
但勾陈的阴神乘贵人生日干，可化凶为吉，却须本人的行年不
落空亡方可。

占捕盗，遇勾陈克日主获。勾陈所乘之神克玄武所乘之神

虎	甲午	官鬼
陈	丁酉	兄弟
蛇	庚子	子孙

雀	后	阴	虎
亥	寅	卯	午
庚	亥	子	卯

龙	陈	合	雀
申	酉	戌	亥
空未			子蛇
虎午			丑贵
巳	辰	卯	寅
常	玄	阴	后

亦主获。勾陈所临之地克玄武所临之地，主盗自败或自首。如玄武临申酉，勾陈临巳午，巳午火克酉金是。

勾陈乘旺相气临宅墓（干为墓，支为宅），主安。若乘休囚之气，且与宅墓刑克者，主不安。

勾陈乘二马生日干，主远行。克日干，主远行招灾。

勾陈最忌在初传或日干之上，克日必灾。

勾陈乘神若披刑带煞，灾祸立至。

勾陈正月乘巳，二月乘辰，三月乘卯，四月乘寅，依此逆行十二支，名勾陈仗剑，主疾病伤残。

勾陈乘辰戌丑未，土将乘土神，其气尤重，却有分别。乘丑名受钺，有功绩被否定而落罪之事，易受凌辱。乘戌名下狱，主词讼，诸事迟滞不前。乘辰名升堂，主狱吏勾通。乘未名入驿，亦主词讼稽留。

勾陈临巳午，虽火能生土，也有不同。临巳名捧印，有升官、进级、加薪之喜。临午名反目，主因他人之事而受牵连。

例1　辛未年乙未月癸卯日卯时未将，占上疏吉凶（辰巳空亡）。

表面看来，

陈	丁酉	父母		陈	辛酉	官鬼
常	辛丑	官鬼		玄	丙辰	妻财
贵	空巳	妻财		雀	癸亥	父母

贵	陈	雀	空		陈	玄	陈	玄
巳	酉	未	亥		酉	辰	酉	辰
癸	巳	卯	未		甲	酉	寅	酉

陈	龙	空	虎		蛇	贵	后	阴
酉	戌	亥	子		子	丑	寅	卯
合申			丑常		雀亥			辰玄
雀未			寅玄		合戌			巳常
午	巳	辰	卯		酉	申	未	午
蛇	贵	后	阴		陈	龙	空	虎

此课三传合金局生干，巳贵临干，似乎吉庆。惜酉金勾陈坐空且被日辰占时冲破。末传巳火贵人虽临干但空亡，支上未土朱雀临太岁月建作鬼克干。太岁，君也；月建，相也。君相皆见责，且四课皆下贼上名无禄，若上疏，必触上怒。后果因上奏章下狱拟发配。

　　例 2　辛巳年辛丑月甲寅日午时丑将，占省城安危（子丑空亡）。

　　贼当于本月二十三日至城东北，虽危但无害。因酉鬼并破碎乘勾陈发用，克干克支，此城危至九分。子水游都虽空亡，但一填实，亥水恩星反空，故云贼二十三日至。酉临艮地，所以东北方向受伤。幸初传酉鬼生末传父母，末传父母引鬼生干、生支，所以城虽危无破。

　　【原文】玄武为盗贼虚耗之神，休失人而旺失物。

　　【注解】玄武在天为后军，位居后三，旺冬三月。玄武乃纯阴之水，倚乾辅坎，阴极之位，北方至阴之邪气，能终万物，故为凶将。因其是第十位，气当六甲之穷，位在四时之尽，故主奸盗、贼害、阴私、走失、奸邪、鬼魅等事。其色褐，其数四，属癸亥水。类神在人为盗贼、奸邪小人。在物为文章、女子之物。在五谷为豆。在禽兽为猪，带鳞甲之物。

　　占盗贼以玄武为主，玄武的阴神为之盗神。若阴神上下比和，即可断为盗贼隐匿之处。若上下相克，须再视盗神的阴神，盗神所生之神为脏物的藏匿之地。玄武的阴阳神和盗神的阴神递生，或盗神乘吉将，则难捕获。若三传相克或乘凶将，主败露。

　　玄武临干支，须防盗贼、失脱，或防小人暗算。

　　玄武附日德，临干支，占走失人或物，主自归或寻获。

　　昴星课玄武临寅卯，必主失脱。公占须防狱囚走失。

　　失脱或捕盗，占人行年上神或日干制玄武，必获。

玄武克日干，事多浮泛难成。玄武乘财星，主财散失、亡失或涩滞等事，少成多败。如玄武旺相生日干，则作交易财物或牙侩断之。

玄武乘神克干，旺主贵人财物亡失之事，相主因官失财，囚主盗贼、囚禁之事，休主亡失、病、财物之事，死主盗难或因盗死丧之事。

玄武正月乘亥，二月乘子，三月乘丑，四月乘寅，五月乘卯，依此顺行十二支，名玄武横截，主盗贼凌侵。一说玄武乘辰戌丑未为之横截。

玄武乘子名散发，主走失财物。

玄武乘丑名升堂，有盗难、失物、诈骗等事，须注意。

玄武乘卯名窥户，因卯为六合，也是阴私之神，主家有盗入。

玄武乘辰名失路，盗贼必擒。有官讼入狱之难，奴婢有逃亡之虞。

玄武乘巳名反顾，因巳火冲玄武亥水，为虚惊。一说主有人举进。

玄武乘申名折足，乘酉名拔剑，水逢金生，玄武强盛，故会现形，凶恶害人，小心为宜。

玄武乘戌名遭囚，水被土克，主盗贼失势，可捕获。

例1　甲申年庚午月己丑日午时申将，见日有大晕，皆日祥瑞之气，因此占得一课（午未空亡）。

此非祥瑞之气，因干为天位而乘酉金死气，支为社稷而见卯木败气，且玄武日鬼发用克干克支，干神坐空

玄	辛卯	官鬼
虎	癸巳	父母
龙	空未	兄弟

合	蛇	玄	虎
酉	亥	卯	巳
己	酉	丑	卯

龙	陈	合	雀
未	申	酉	戌
空午			亥蛇
虎巳			子贵
辰	卯	寅	丑
常	玄	阴	后

不能为救，申金太岁又临受克之方，子水贵人复履地网，中州吴越，必失封疆，君国败亡，此其兆也。后福临登位一载，果失其国。

福临即清入关第一位皇帝，年号顺治，1643（癸未年）继位，1644年（甲申年）入关亡明。此课即言其兆。

例2　辛未年庚寅月戊申日未时亥将，刘一升占病（寅卯空亡）。

玄	甲辰	兄弟
龙	戊申	子孙
蛇	壬子	妻财

陈	贵	蛇	玄
西	丑	子	辰
戌	酉	申	子

陈	合	雀	蛇
西	戌	亥	子
龙申			丑贵
空未			寅后
午	巳	辰	卯
虎	常	玄	阴

酉金临干为日之死气脱干，必因少阴致病。三传合成财局生其日鬼，恐一时难愈。至甲戌年，戊土入墓，且受上神寅木鬼克，恐凶。同时，玄武发用，传归支上，支上神脱支，须防盗窃。果三月被窃，刘一升复来，仍以原课断之：贼北方人，陈姓，为一人作案，告官可获。因辰与陈同音，玄武临子，子合一数。官鬼遥克玄武，公命上神又制玄武，故告官可获。果告官三日后获贼。

【原文】六合为婚姻和合，妇女得之，则为私门。

【注解】六合在天为光禄大夫，位居前三，旺春三月，六乙日。因六合为和合之神，能委曲通达人事，故为吉将。得地为相合之神，主婚姻信息交易、胎产、财物等事。失地则为虚诈、阴私、暗昧之事。其色青，其数六，属乙卯木。类神在人为仕宦、术士、隐逸之士、巧工、子孙、朋友、媒妁、牙侩。在物为竹、木、盐、粟。在禽兽为兔。

六合顺布，乘旺相而发用或入传，必主婚孕或胎产之喜。

若乘神死囚且克日干，则主财物口舌或阴人缠绕。

六合乘神入传克日，交易不成，夫妇不和，带离神则主夫妇离异。六合乘神克财，和合中会破财。克禄会有官事。乘子午卯酉巳亥克干，家内有色情事。乘末传，地盘巳亥，天盘带驿马、丁神，主远行或得财。（离神即四立日的前一日，如正月初五立春，初四即离神。）

六合旺，有赏赐迁职之喜。六合相，有嫁娶财礼或财物之喜。六合死，有争财或死丧之事。六合囚，有婚姻破裂，阴私谋匿之事。六合休，主疾病和阴私之事。

六合乘子为反目，因子卯相刑，恩德反怨，婚姻难成，夫妇不睦，有无礼之事。

六合乘寅名乘轩，乘申名结发，皆主从媒妁之言而成婚姻之喜。六合乘寅，木至临官，万事皆顺，其理可通。然六合至申为卯木临金，何以会有结发之喜？皆因卯木为乙木，申金为庚金，乙庚有相合之意，故论。也有一说：六合乘申为披发，主财离病损，取申金克卯木之意，理亦通。

六合乘辰名违礼，诸事中途皆易失败，故宜静，因木至辰衰故。唯占婚主成，因辰为乙木寄宫。

六合乘酉名私窜，主男女淫奔；因一为卯酉相冲，一为乙寄辰宫，与酉相合；合主淫，冲主动，故为之。

六合乘戌名亡差，因卯戌私合，主冒渎得罪，或婚姻，奸淫而获罪。

六合乘亥为待命，因亥为卯木生地，又与卯三合，故婚姻百事皆吉。

例1　丙寅年癸巳月丙寅日寅时酉将，一僧占（戌亥空亡）。

神后乘六合作鬼临干发用，必有阴人缠绕。僧默然久之，曰："吉凶若何？"曰："干支首尾相见，一日杀，不能折力，且河魁加卯命上，马临行年，又将乘天后，必有携妇而逃之意。然传将逆克日干，须防阴人攻折。"僧因此渡江，后复来扬州，携妇而去。

例2 辛巳年辛丑月己未日辰时子将，占欲回陈留吉凶（子丑空亡）。

合	甲子	官鬼
阴	辛未	子孙
龙	丙寅	父母

合	阴	贵	虎
子	未	酉	辰
丙	子	寅	酉

	合	陈	龙	空	
	子	丑	寅	卯	
雀亥					辰虎
蛇戌					巳常
	酉	申	未	午	
	贵	后	阴	玄	

合	乙卯	官鬼
后	癸亥	妻财
雀	己未	兄弟

合	后	合	后
卯	亥	卯	辰
己	卯	未	卯

	蛇	雀	合	陈	
	丑	寅	卯	辰	
贵子					巳龙
后亥					午空
	戌	酉	申	未	
	阴	玄	常	虎	

卯木官鬼乘六合临干克干发用，三传又合木局克干，支上神亦克支，课传中没有一点解救，且丧吊全逢。子水贵神空亡，且入狱入墓，大凶之课，陈留不可回也。此君不听，径归抵家后二日，即遇贼至，家口皆丧失，仅以自身免。

【原文】太常主酒食衣裳，武职占之，则为擢任。

【注解】太常在天为太常卿，或云少府，位居后四，旺四季各十八日，为四时之喜神，和八节之佳会，所以为吉将。得地时，衣食、财帛、田园丰隆。失地时财物退藏。主文章、印绶、衣服、宴会、酒食、绢帛等事。凶时主衣服失窃、哭泣等事。色黄，数八，属己未土。类神于人为贵人、武官、贫妇。于物为酒食、衣冠、麻、金石、毛发。于禽兽为雁、羊。

占官最喜太常，主武职。初末传见之，再附天马、驿马，所求必遂。传中见河魁（戌）、太常，主有两重印绶，因戌为印，太常为绶。

太常发用，又临日辰为印绶星动，定有喜庆。若所乘之神旺相且与之相生，仕宦主迁官职，平民主媒妁婚约。所乘之神休囚，且与之相刑相克，则主财帛不安，货物不足。

太常春乘辰，夏乘酉，秋乘卯，冬乘巳，名太常被剥，主百事销烁。

太常旺，主贵人财物、酒食、婚姻之喜。相主有祭祀、衣服、婚姻等事。逢死主谥赠或遗产之事。囚主参与官方之事。休主有病、衣服、钱物之事。若披刑带煞，其事速成。

太常乘子名荷项，主因酒食之事受罚。

太常乘丑名受爵，因丑为贵人，主有进职加官，添薪之喜。

太常乘寅名侧目，木克土，主有小人谗言离间，信用受损。

太常乘卯名遗冠，卯木克太常之衣服，故主财物遗失。

太常乘酉名立券，主证券类，事虽顺利，但会发生争执；也主虽有女人之喜，事后却须防争执。

太常乘亥名征召，上喜下憎，故宜对上不宜对下。

例1　戊辰年庚申月辛酉日申时巳将，陈君卜下周股市（子丑空亡）。

三传递生初传官鬼，上涨不会持久。干上神未土乘白虎，主投资者

常	戊午	官鬼
后	乙卯	妻财
雀	空子	子孙

虎	阴	常	后
未	辰	午	卯
辛	未	酉	午

贵	后	阴	玄
寅	卯	辰	巳
蛇丑			午常
雀子			未虎
亥	戌	酉	申
合	陈	龙	空

虽想买，却有登高思危之心理。初
传乘太常作官鬼临支，恐有被上级
干涉之可能。幸午火与干上神未土
相合，影响不太大。中传卯财日破，
涨势亦不大。末传子水乘朱雀且旬
空，当有利空谣言。不过，某些股
票将略有上涨，例如因卯木为财，太
常入传，食品和纺织类（太常类神）
股票将较好；由于日支酉金冲克卯
财，故金融股将较差。

常	癸巳	父母
后	丙戌	兄弟
阴	辛卯	官鬼

合	阴	常	阴
戌	卯	巳	戌
戌	戌	子	巳

合	雀	蛇	贵
戌	亥	子	丑
陈酉			寅后
龙申			卯阴
未	午	巳	辰
空	虎	常	玄

例 2 辛卯年辛卯月戊子日午时亥
将，占官差及文书（午未空亡）。

官差必升，吏书缺未能如愿。因
课得铸印，定主升迁。又太常发用，
末传卯木太岁作官星，必有差遣，代
天子巡行之职。又格合回还，其诏已
发。未几工科上疏，定复巡差。其不得吏书者，因支阴之印缺
一课故。

【原文】青龙所主财物，文官见之，尤为恩宠。

【注解】青龙在天为左丞相，位居前五，旺春三月。其神高
雅端正，廉直方正，执生气，所以为吉神。得地时富贵尊荣，
失地则财物外耗。主财帛、米谷、文字、书籍、升迁、婚姻、
胎产、宴会等喜庆之事。色碧，数七，属甲寅木。

类神代表：于人为贵官、富人、田主、丈夫、僧道或私通
之人。在物主钱财、棺、桶。在天为雨。在禽兽为虎、豹、狸、猫。

占公事，以青龙为喜神。若所乘之神披刑带杀入传克干，
反主凶。

占婚姻，以青龙为夫，天后为妇。新妇入门，占得天后克青龙所乘之神，定主克夫。

占求财以青龙为主，乘旺相气，临旺相与日辰相生，或与日辰作六合、三合，必得财吉。但青龙须入传或临干支上，否则为龙居闲地，仍不得力。占婚姻、胎产亦同。

青龙所乘之神生本命，主进财。克泄本命，主退财。

占捕盗最忌青龙入传，因龙有见首不见尾之象。占行人遇青龙入传，亦主转往他方。

占病青龙入传，必因酒食不慎，房事过纵而得。

占文职，专视青龙与日干生合者吉，刑克者凶。青龙乘太岁入传，必主迁移。

凡青龙遇凶杀合并，加于干支之上，主喜庆中有斗杀。

孟月青龙乘寅，仲月青龙乘酉，季月青龙乘戌，名青龙开眼，消灾降福。

春季青龙乘丑，夏乘寅，冬乘巳，秋乘辰，名青龙安卧，主灾祸随临。

青龙乘子名入海，乘亥名游江，水能生木，故诸事吉庆，有舟车、财帛或婚姻、妻妾怀孕之喜。

青龙乘寅名乘龙，乘卯名驱雷或戏水，木临木旺之处，所求皆吉。大利经营、求亲、子孙欢庆，或有征召。若青龙乘寅卯加申酉之上，木受金克，名折足，却主有斗讼之事。

青龙乘午名焚身，因木生火而自焚故，主有损财、官事之忧。若妻在妊娠之中，虽有惊恐，亦不足畏。

青龙乘未名无麟，因未为木墓，龙入墓故。诸事静者吉，动则有伤身之灾。

青龙乘申名折角，乘酉名伏龙，因金能克木，故诸事宜退守，不利进取，诸事忧愁，或有斗讼之事。

例1 癸未年甲寅月己亥日未时亥将，一客求占（辰巳空亡）。

来意必为功名，六月即有启名之应。因未土太岁乘青龙吉将发用，传将结成官局，且乘进旺之气，富贵逼人，将来功名远大。曰："六月者何

龙	乙未	兄弟
蛇	己亥	妻财
玄	癸卯	官鬼

蛇	玄	玄	龙
亥	卯	卯	未
己	亥	亥	卯

合	雀	蛇	贵
酉	戌	亥	子
陈申			丑后
龙未			寅阴
午	巳	辰	卯
空	虎	常	玄

龙	壬午	兄弟
后	丙子	官鬼
龙	壬午	兄弟

贵	空	龙	后
亥	巳	午	子
丙	亥	子	午

贵	后	阴	玄
亥	子	丑	寅
蛇戌			卯常
雀酉			辰虎
申	未	午	巳
合	陈	龙	空

也？"未作皇恩发用，上乘天诏，且为太岁乘青龙，是以六月定有吉音。果此君于六月奉诏进京，授京营提督。

此课系《六壬指南》中例，课名涉害，当以涉害深浅取用。初传未土历卯乙两重克，中传亥水历己未戌三重克，初传应取涉害较深之神亥水，三传应是卯亥未，非未亥卯，为保持原貌，故未更正，特说明。末传未土为太岁乘青龙，且作皇恩。末传为终结，断六月奉诏进京，更贴近卦意。

例2 戊子年丙辰月丙子日辰时戌将，占友何日升迁（申酉空亡）。

亥水皇恩作官鬼临干，午火青龙乘相气发用，一交夏月，龙神乘旺，必得升迁。但子水太岁作鬼冲克青龙，惊灾有所不免。且财官禄马俱入空绝之乡，不仅官难满任，且有意外之虞。果

六月升扬州抚台，未几疽发于背而亡。
（按：因课逢反吟，岁鬼克身故。）

例3　戊辰年丁巳月丙寅日申时酉将，庚子命，张君卜所买股票吉凶（戌亥空亡）。

太岁乘青龙发用，月建为日德、日禄居中传，末传乘六合吉将且遁庚财。支生干，支上神生干上神，三传进茹，均为得财之象。所嫌者，巳午火旺，兄弟太盛，有夺财之虑。再加年命旬空，上乘空亡，所以仅有小利可得。初传辰土青龙化火气而生财，可买进，申日财神当值，上神酉金为财且乘贵人，可卖出。后辰日买进，申日卖出，得数千元小利。

龙	戊辰	子孙
陈	己巳	兄弟
合	庚午	兄弟

合	雀	空	龙
午	未	卯	辰
丙	午	寅	卯

合	雀	蛇	贵
午	未	申	酉
陈巳			戌后
龙辰			亥阴
卯	寅	丑	子
空	虎	常	玄

【原文】天后虽为妇人，庶士得之，亦主亨嘉。

【注解】天后在天事天乙，为后妃，位居后一，旺于冬三月。掌握后宫，配贵人，多柔顺，体天地之至位，作群侯之慈母，故为吉将。得地主清廉洁白，高贵尊荣。失地则奸邪淫乱，不顾人伦。主阴私、暗昧、妇人、婚姻、胎产、欺诈、蔽匿等事。色黑，数九，属壬子水。类神在人为贵妇，为妻。在物为金石、草木及女子用物。在五谷为稻、豆。在禽兽为鼠、蝙蝠。

天后乘太岁临日干，主大赦。课体为三光、三阳者尤准。

天后乘神，若遇下贼，主有小人凌辱之事。

占婚姻以天后为主。天后与日干相生，或与日干作六合、三合者成，冲克则不成。天后克日干，主女虽有意而男不愿。

日干克天后，主男有意而女不愿。

天后遇驿马，本命上见解神，主离婚。（解神：甲在亥，乙在申，丙在未，丁在丑，戊在酉，己在亥，庚在申，辛在未，壬在丑，癸在酉。）

天后的阴神乘玄武，主暧昧不明。天后的阴神乘白虎，主妻妾危殆。

天后为阴，日干乘申；天后为阳，日干乘酉，主淫乱。

天后乘天罡临行年，主坠胎。

天后乘丑名偷窥，因子丑相合故。女人有婚姻之喜，男子有进田宅之喜或有阴私。

天后乘寅名理发，男女互有交际，或有结婚之事。

天后乘卯名临门，家庭内有奸邪之事，以致家庭不宁。

天后乘辰名毁妆，有忧愁羞辱之事，或家中有阴人患恶疾，皆因辰为水墓故。

天后乘巳名裸体，主有奸淫之羞。

天后乘午，名伏枕，因天后子与午相冲克，故有呻吟、叹息之事，或孕妇有病患。

天后乘酉名倚户，主荒淫无度，或家有色欲奸邪之事。

天后乘戌名蹇淫，有失物、官事或奸淫之事。

例1　戊辰年丙辰月壬子日子时酉将，甲午命，范女士测开饭馆吉凶如何（寅卯空亡）。

太常酉金临支，必为饮食之类。

后	丙午	妻财
雀	空卯	子孙
龙	壬子	兄弟

玄	贵	常	后
申	巳	酉	午
壬	申	子	酉

合	雀	蛇	贵
寅	卯	辰	巳
陈丑			午后
龙子			未阴
亥	戌	酉	申
空	虎	常	玄

午火财星乘天后吉将发用，又为本命，遁干亦财，似乎吉庆。可惜本命上神卯木空亡且入传，末传子水乘青龙吉将又坐空，午火日财又逢日破，开饭馆当会中途而废。

　　例2　丁丑年己酉月壬寅日卯时巳将，占事（辰巳空亡）。

丑土太岁作官星临干，阴见卯木太阴又为夜贵，此必近君阴贵人也。曰："此公先也，然有何事？"曰："天后发用，末传六合作皇诏长生，必请封荫子之事。"曰："旨意允否？"曰："课名登天，主事达天庭，但嫌初中空陷，必须两疏方得允许。"后果如所占。

后	空辰	官鬼
蛇	甲午	妻财
合	丙申	父母

后	庚子	父母
阴	己亥	父母
玄	戊戌	妻财

常	阴	后	蛇
丑	卯	辰	午
壬	丑	寅	辰

贵	后	陈	合
丑	子	巳	辰
甲	丑	午	巳

雀	合	陈	龙
未	申	酉	戌
蛇午			亥空
贵巳			子虎
辰	卯	寅	丑
后	阴	玄	常

合	陈	龙	空
辰	巳	午	未
雀卯			申虎
蛇寅			酉常
丑	子	亥	戌
贵	后	阴	玄

　　例3　壬午年戊申月甲午日午时巳将一客求占（辰巳空亡）。

　　公乃科第中人，非田姓即王姓，然有获罪朝廷之事，却不致大咎。因贵人临身，必科第中人。然子水乘天后为岁破、日破、时破发用，三传退茹，干支及上神交车六害，丑贵又被卯木朱雀克制，是以有获罪朝廷之事。喜初中传子亥父母乘后阴吉将为恩星，故无大咎。后知其为荆州知府王曾，甲戌进士，以失城逮问，贼破燕京遂归。

【**原文**】天空奴婢妄诞。

【**注解**】天空在天为司直官，位居后六，旺于四季。天空乃阳土之神，燥灰之土，居中央最卑之位，列奴婢之行，为天地杂气，所以是人间的虚诈之神，为凶将。动无利济之心，静有妖氛之气。位居天乙贵人的对方，有名而无实，故与空亡相类，所以主虚伪、诈巧等事。色黄，数五，属戊戌土。类神于人为丑妇、奴婢、贫人。于物主井灶、金铁等空虚之物。在天为晴。在禽兽为狼犬。

天空旺相有气，主有财帛之喜，部属同心协力且忠诚，能共同创造利益，即使用虚诈之术，也能成功。凶衰则主奴婢、口舌、虚伪等凶事。

占词讼，天空乘初传或末传之神，定主讼解。

占婚姻，天空发用或临干支上，其家必有孤寡之人，或祖业凋零。

占奴婢以天空为类神。天空乘神与干相生相合者吉且善良，否则逃亡；天空所乘之神为魁罡，奴婢必非善良。

占考逢天空发用，因天空为奏书之神，故吉。

托人谋事遇天空入传或发用，须防虚诈。

贵人顺布，天空所乘之神与天空相生，且旺相，主奴婢同心。所乘之神若为日财，更遇天喜，占求财主赖小人或僧道之助；或主所获之财，因虚诈而来。

天空乘神的遁干为壬癸，叫天空下泪，主哀声聒耳，有丧亡之事。

占行动天空发用，主卑贱相损。

天空乘克我之神，乘旺，主贵人欺诈，相主财物欺诈。天空死，因死人之事被欺，或欺诈死人之事。天空逢囚，因刑狱之事欺诈。休主受人欺诈。

天空乘子名伏室，因子为阴方，受土之克，故主阴人有灾。又名溺水，主小人塞塞，百事有忧。

天空乘丑名侍侧，仕宦主迁擢，平民则防尊长欺诈播弄。

天空乘卯名乘侮，木克土，主有暴客相欺，或为花言巧语所欺骗。

天空乘辰名肆恶，诸事易受欺侮，小事却主可成。

天空乘巳名受辱，若发用，主血痢之疾。

天空乘午名识字，火生土，诸事文明开朗，文学文章得意。

天空乘申名鼓舌，金脱土气，其情虚伪难测，多凶兆。

天空乘酉名巧说，凡事主隐匿不明，巧言奸诈，亦主奴婢走失、奸淫。

天空乘亥名诬词，因天空土可制亥水，故主多陷于小人的圈套，或奸人的诡计。纵有小利，亦会有遗失之事，终难得。

例1 癸酉年乙卯月丁丑日午时亥将，占被参回奏吉凶（申酉空亡）。

天空发用，自是为奏章而占。因有官之人，占得铸印，必面君奏事，

```
空  辛巳  兄弟        空  己巳  兄弟
蛇  甲戌  子孙        蛇  空戌  子孙
常  己卯  父母        常  丁卯  父母


后  空  龙  贵        后  空  合  阴
子  巳  午  亥        子  巳  申  丑
丁  子  丑  午        丁  子  卯  申


蛇  贵  后  阴        蛇  贵  后  阴
戌  亥  子  丑        戌  亥  子  丑
雀酉        寅玄      雀酉        寅玄
合申        卯常      合申        卯常
未  午  巳  辰        未  午  巳  辰
陈  龙  空  虎        陈  龙  空  虎
```

迁官转职。然日禄的阴神制禄，必被罚俸，官位无碍。交仲秋时，天吏皇诏生日，青龙日禄居丑，必荣擢吴越斗牛之分。虽四课上下冲害，却又交车合禄，先虽参差，而后和好。及回奏果罚俸。秋升闽抚有功，寻授两广总督。

例2 戊辰年乙卯月丁卯日午时亥将，卜今年运势（戌亥空亡）。

君本命午火，上乘贵人亥水，又为日之官鬼，君父当为现任官吏，今年夏将被迫退休，且防小人伤害。因课逢铸印本美，但中末传空陷，铸印破模。初传乘天空凶将，本命上亥贵旬空，皆为退职之兆，官位将不保。戌亥旬空加巳午，故云夏季退休。初传乘天空，主友以不实之言相害（按：天空乘神巳火兄弟为朋友）。至庚午年日干得禄，且为本命，上乘贵人帮忙，官司方可结束。

【原文】太阴暗昧不明。

【注解】太阴在天为御史大夫中丞，或云天乙嫔妃，位居后二，旺于秋三月。因太阴乘金，居酉方，为白帝之少女，握肃杀之权，严而有威貌，故为吉将。得地时正直无私，明辨是非，以信望为主旨；失地则淫乱无耻。主妇女、财帛、结婚及阴私、蔽匿、奸邪、暗昧等事。其色白，其数六，属辛酉金。

类神代表：于人为兄弟、姐妹、贱妾、情妇。于五谷为小麦。于物为金、铁、刀、针、女子用物。在禽兽为鸡、雉、飞鸟。

太阴旺相与日相生，因女子而有财喜或胎产。若为死囚相克，则有阴人或小人疾患，或有口舌之事。

占盗贼遇太阴入传或临干支，定主难获。因为太阴是天地私门。

占墓宅遇太阴入传，所临之方有佛寺或奇美景物。

占婚姻遇太阴临干支，乘亥发用，其女不正。

太阴临日干长生之地（如甲日太阴临亥），克日干，主淫乱。（只有金土日有，因金长生于巳，克金故；土长生于寅，克土故，水火木无。）

占刑事遇太阴入传，与日相生，宜自首，可减轻或赦免罪行。

太阴乘神临日干克日干，有色情淫乱之事。

太阴乘申酉名叫拔剑，主暗中相害。

太阴乘子名垂帘，妾妇有嫉妒、侮辱、争端之事。因子为房，阴为妾故。

太阴乘寅名跌足，因金能克木故。主文书暗动，或有荣升、恩赐之喜。

太阴乘卯名微行，诸事清正。（按：太阴为酉金，乘卯相互冲克排斥，何以有清正之行，与五行之理不符。）

太阴乘辰名遭淫，有被污辱、勾连争讼之事；或妇人损胎，伤身之事。

太阴乘巳名伏枕，因火克金，故主盗贼、口舌、惊忧事。

太阴乘未名著书，夏末迎秋，金将至，故名。虽有书籍和婚姻之事，家宅安宁，然却有欺诈和破失之事发生。

太阴乘酉名闭户，主奴婢疾病或出入有忧愁事。

太阴乘戌名刺绣，有怪异之事或有妇女、小人的色情之事。

太阴乘亥名裸形，凡事吉凶相反。喜会变忧，凶反生吉。

例1 己丑年庚午月癸酉日酉时申将，占续弦成否（戌亥空亡）。

阴	辛未	官鬼
后	庚午	妻财
贵	己巳	妻财

龙	空	玄	阴
子	亥	申	未
癸	子	酉	申

蛇	贵	后	阴
辰	巳	午	未
雀卯			申玄
合寅			酉常
丑	子	亥	戌
陈	龙	空	虎

支类南方，财气强旺，初传乘阴，末传乘贵人，均吉。占婚必成，后却有讼。因干支上下相合，支生干，支上神又生干及干上神，女愿与男联姻，财官旺相，夫妇偕老之象。然中末传财生初传未鬼克干及克害干上龙神，必主因妻致讼。后娶妻月余，前夫之弟告官，破财百金，息事。庚寅岁得佳儿。（按：寅木为我生之神，又乘六合，类神亦为子孙故。）

天将总解。

一、"乘""临"的辨别

天将所遇的支神叫乘，天将所乘之神加之地盘叫临。乘神的旺衰看天时，如春季木旺、火相、土死、水休、金囚。临则看地盘之神。如木临亥子为生，临寅卯为旺，临申酉为绝等。

二、天将和乘神的轻重及生克

天将化克为生者，主先凶后吉。如辛酉日，三传寅午戌火局克干，但天将为贵人、勾陈、太常，皆属土，土能化火生金之类是。

大吉大凶却要寻源探本，必须以天将所乘支神的五行为准绳来判断。如贵人本属土，乘申酉则以金论生克，乘巳午则以火论生克。总之，十二支神生干为吉，克干、脱干则凶。十二天将虽有吉凶之分，若乘神生干，凶将亦吉。乘神克干、脱干，吉将也凶。所以将之吉凶，不必过分拘泥，为轻。神之生克，却必须详究，此为重要，万勿倒置。

例 1 丁丑年戊申月戊辰日巳时午

蛇	丙寅	官鬼
龙	庚午	父母
龙	庚午	父母

龙	空	陈	龙
午	未	巳	午
戌	午	辰	巳

龙	空	虎	常
午	未	申	酉
陈巳			戌玄
合辰			亥阴
卯	寅	丑	子
雀	蛇	贵	后

将，占大司马官运（戊亥空亡）。

司马寻出将入相矣。因寅木驿马作官星发用，中末传午火青龙作月将生日辰年命，且蛇化为龙，太岁作贵人居年命，一片吉庆，皆入相之兆。又课传天、驿二马全逢，干支上乘羊刃、日禄、日德，出将入相无疑。戊寅年六月果入相，己卯年奉命督师剿贼。

此课初传寅木乘螣蛇凶将，但寅木为占官类神、用神，将虽凶而神吉，故仍以吉论。

例2　己丑年丁卯月辛丑日亥时戊将占产（辰巳空亡）。

占产难生，母子皆亡。因干上酉金乘白虎遁丁神作暗鬼，支上子水作游神，且戊土临亥，名魁度天门；辛金长生于巳，辰土临巳，名斗系日本，再加初中传子亥盗气，其子如何能生！况丑土天后象母，临寅受其劫夺克制，是以母子皆难保。未几，子未出生，母已死矣。

此课初传天将太阴，末传太常，皆为吉将。然子水为脱气之神，将虽吉而神凶，故仍应以凶论。

阴	庚子	子孙
玄	己亥	子孙
常	戊戌	父母

虎	空	阴	玄
酉	申	子	亥
辛	酉	丑	子

雀	合	陈	龙
辰	巳	午	未
蛇卯			申空
贵寅			酉虎
丑	子	亥	戌
后	阴	玄	常

三、类神的取法

十二将的类神之说，诸家均有异有同，纷乱如麻，究竟如何取用？一是以占事决定。如同是青龙，占天时为行雨之神，占功名为文官吉神，占病则为凶煞。二是看其所乘何神，所加何方。如青龙乘水为鱼，为舟；乘木则为车，乘土则为庙。三是看乘神旺衰。如白虎乘驿马，旺者为道路，囚死则为病丧，乘官鬼又为争讼。贵在随时变通。

月将所属

【原文】寅，工曹，主木器、文书。

【注解】工曹，寅的别名，亦为神名，面方色青，有须，身材高大。因十月太阳和月亮合于寅方，故为十月月将。十方万物大聚，岁功成就而会计于曹，故名工（功）曹。五行属木，正月月建，节气含立春、雨水。

甲寄其上，火生其下；星为尾箕，位居东北，青龙之象，数七。

主木器、文书、婚姻、财帛、官吏等事。

【原文】申，传送，主行程消息。

【注解】传送，申的别名，亦为神名，其神项短，目圆睁，微有须发，大身。因四月太阳和月令会于申方，故为四月月将。四月万物茂盛，阳极将退，一阴欲生，传阴而送阳，故名传送。五行属金，七月月建，节气含立秋、处暑。

庚寄其上，水生其下，星为觜参，位于西南，数七。

主道路、疾病、信耗等事。

【原文】卯，太冲，主林木舟车。

【注解】太冲，卯的别名，亦为神名，其神面长色青，高额有须，身材细长，狡狯不正。因九月太阳和月亮会于卯方，故为九月月将。又为日月五星所出之门户，天之冲也。又万物离散盘剥，若冲之义，故名之。五行属木，二月月建，节气含惊蛰、春分。

星为氐房心，位居正东，数六。

主驿村、舟车、林木等事。

【原文】酉，从魁，主金刀、奴婢。

【注解】从魁，酉的别名，亦为神名。其神形貌端正，黄白色。因三月太阳和月亮交会于酉方，故为三月月将。从魁为斗魁第二星，因其星抵于酉而名。亦取三月草木枝叶从根而出之义。五行属金，八月月建，节气含白露、秋分。

星为胃昴毕，位居正西，数六。

主阴私、解散、赏赐、金钱、奴婢、金刀、信息等事。

【原文】辰，天罡，为词讼，兼主死丧。

【注解】天罡，辰的别名，也是神名。其神色黄，面圆满，多须。因八月太阳和月亮交会于辰位，故为八月月将。天罡为斗杓之所建，又取枝条坚刚之义而名。五行属土，三月月建，节气含清明、谷雨。

乙寄其上，水墓其下。星为角亢，位居东南偏东，数五。

主争斗、词讼、死丧、田宅等事。

【原文】戌，天魁，为欺诈，或称印绶。

【注解】天魁，戌的别名，也是神名。其神为古之狱吏。因二月太阳和月亮交会于戌位，故为二月月将。天魁为斗魁第一星，其星抵于戌而名。建卯之月，万物皆生根本，以类聚合，魁既聚之义，故名。九月月建，节气含寒露、霜降。

辛寄其上，火墓其下。星为奎娄，位居西北偏西，数五。

主欺诈，奴婢逃亡等事，又主印绶。若发用主旧事重提，或主消耗、破财、聚众。

【原文】巳，太乙，惊怪，颠狂。

【注解】太乙，巳的别名，亦为神名。其神身高，额赤大口，黄发，眼目不正。因七月太阳和月亮交会于巳位，故为七月月将。太乙即太微垣所在，以太乙星所居之处名。又七月百谷成实，自能任持之义。五行属火，四月月建，节气含立夏、小满。

戊丙寄其上，金生其下。星为翼轸，位居东南偏南，数四。

主争斗、口舌、惊忧、怪异等事或飞祸、赏赐之事。

【原文】亥，登明，阴私，哭泣。

【注解】登明，亥的别名，亦为神名。其神面长，发黄，手足黑色。因正月太阳和月亮交会于亥位，故为正月月将。正月三阳始兆于地上，见龙在田，天下文明，故曰登明。五行属水，十月月建，节气含立冬、小雪。

壬寄亥上，木生其下。星为室壁，位居西北偏北，数四。

主祯祥、征召、阴私、污秽等事。因亥为自刑，阴极之神，固乘凶将又主争讼、拘禁、沉溺；巳酉丑日占，金沉水底，故主失物。

【原文】午，胜光，官讼连绵。

【注解】胜光，午的别名，亦为神名。其神目圆，面赤身大。因六月太阳和月亮交会于午位，故为六月月将。午为阳火，正当离位，光被四表，所谓大明当天，爝火不息，难乎其为光者，故曰胜光。五行属火，五月月建，节气含芒种、夏至。

星为柳、星、张，位于正南，数九。

主光怪、丝棉之事，又主文书、官事。

【原文】子，神后，奸淫，妇女。

【注解】神后，子的别名，亦为神名。其神面圆色黑。因十二月太阳和月亮交会于子位，所以是十二月的月将。子又为十二支之首，有君之道。且十二月子位，北方之中，为上帝所居，神后即帝君之称，故名。五行属水，十一月月建，节气含大雪、冬至。

星为女、虚、危，位居正北，数九。

主阴私、暗昧、妇女之事。

【原文】丑，大吉，咒咀，冤仇。

【注解】大吉，丑之别名，亦为神名。其神色黑。因十一月太阳和月亮交会于丑位，所以是十一月的月将。大吉为冬至之气，小往大来，君子道长，大人之吉也。又一阳始生，上帝复位之义，故名。五行属土，十二月月建，节气含小寒、大寒。

癸寄其上，金墓其下。星为斗牛，位居东北偏北，数八。

主田宅、园圃、争斗，及财帛、宴喜等事。

【**原文**】未，小吉，酝歌，医药。

【**注解**】小吉，未的别名，亦为神名。其神为风伯，古之药师。因五月太阳和月亮交会于未位，所以为五月月将。其为夏至之气，大往小来，小人之道长，故名小吉；又为万物小成之义。五行属土，六月月建，节气含小暑、大暑。

丁己寄其上，木墓其下。星为井鬼，位居西南偏南，数八。主酒食、婚姻、祭祀等事。

注：以上二节类神均参自《六壬类聚》。

神将相乘

【**原文**】辰乘贵人合禄，公门役吏，遇马而为奔走公人。戌逢空禄临孟，为瞭哨边军，见丁而为逃窜落阵。

【**注解**】辰戌为贵人不临之地，辰土不可能乘贵人；四季也非禄旺之处，戌土也不可能为禄，故此两说脱离课理。然辰戌为魁罡，乘吉将、吉神则为将军，掌兵刑大权之人；若为凶神凶将，则为役吏戍卒。

辰戌为阳神，丁马为阴神，丁火不可能临辰戌。辰戌也并非驿马之处，故也不可能为马（天马例外）。这里的遇马见丁，当是三传中再遇驿马，又逢丁神，并非本身为驿马丁神。

【**原文**】大吉、小吉作勾陈，斗争田地。

【**注解**】大吉是丑，小吉是未，勾陈是戌辰土凶将，二土相逢乘凶将，故云因田地争斗。

例　庚戌年己丑月癸酉日戌时丑将，

蛇	戊辰	官鬼
陈	辛未	官鬼
虎	空戌	官鬼

蛇	陈	玄	贵
辰	未	子	卯
癸	辰	酉	子

| 龙 | 空 | 虎 | 常 |
| 申 | 酉 | 戌 | 亥 |

陈未			子玄
合午			丑阴
巳	辰	卯	寅
雀	蛇	贵	后

庚申本命，行年在辰，卜争讼（戌亥空亡）。

小吉未土乘勾陈，勾陈的阴神戌乘白虎也是土，故因田产争讼。末传逢空，有始无终之象，官讼可以息解。因干上辰与酉支相合，支上子与癸水寄宫丑土相合，课名交车合故。后果息讼。

【原文】天魁、从魁为六合，奴婢逃亡。

【注解】天魁戌、从魁酉都是奴婢的类神，六合是阴私之神，乙卯又与戌相合，与酉相冲，故主因阴私逃亡。

【原文】从魁若乘武合，妻妾怀妊。

【注解】从魁酉为少女、少妇，妾之类神，六合、玄武为儿童类神。若从魁乘六合，玄武旺相，母子平安，休囚死则不吉。

【原文】传送上会青龙，子孙财损。

【注解】传送为申金，青龙为甲寅木，又为子孙、妻财类神，甲寅之木受申金冲克，故曰子孙损财。

【原文】胜光如逢天马，必问行人。

【注解】胜光午为关梁，天马为动神，天马出关梁，故为行人。

例 壬辰年戊申月辛巳日辰时巳将占（申酉空亡）。

午火并天马发用，亥水驿马乘白虎临干，必问行人。蒿矢见金，贵人天马入辰，行人已起程；午火天马入墓收藏之日，行人到。后果于丙戌日到。

【原文】太乙若逢白虎，家多疾病。

【注解】太乙巳火为破碎煞，白虎为凶将，主疾病死丧之事。如果巳火乘白虎临支发用，主家中多疾病或有丧亡之事。如乙亥日亥时巳将占，巳火是七

贵	壬午	官鬼
后	癸未	父母
阴	空申	兄弟

虎	空	贵	后
亥	子	午	未
辛	亥	巳	午

贵	后	阴	玄
午	未	申	酉
蛇巳			戌常
雀辰			亥虎
卯	寅	丑	子
合	陈	龙	空

月月将，发用为破碎，夜占上乘白虎，临支发用是。

【原文】未逢天后，妇女奸淫。

【注解】未土为小吉，神后为壬子，子未有相害之意。如果神后乘未土，再逢未土死囚，主妇女不贞。如辛卯日酉时巳将占，三传未亥卯，未土乘天后，卯木乘六合，课成淫女，占婚有此应。

【原文】丑合贵常，欲添财喜。

【注解】丑土本是贵人本家，再乘贵人，太常吉将发用，必有财喜，甲乙日占丑土为妻财尤准。如戊子日未时巳将占，初传丑土乘贵人吉将是。

【原文】天空临酉，走失家奴。

【注解】天空在天上处中央最卑之位，列奴婢之行，又主虚诈。酉金亦主奴婢之事。若天空乘酉金失地，主奴婢走失，逢空或坐空亦然。如壬午日辰时卯将占失窃，初传戌土乘白虎，戌土为奴婢类神，中传酉金乘天空坐空亡，酉金和天空也是奴婢类神，主此应。

【原文】常遇登明，亲朋酒食。

【注解】太常的类神在物为酒食，亥水加酉，是酉旁加水为酒字，故太常乘亥坐酉，决有此应。

【原文】辰戌上见空武，奴婢逃亡。

【注解】辰戌、天空、玄武均为奴婢类神，辰戌又为斩关，上乘天空，主婢奴逃亡；若上乘玄武，主奴婢窃物逃亡。

例　己巳年戊辰月甲午日辰时酉将，占失窃（辰巳空亡）。

占者丢失了一件贵重衣服，盗者

蛇	庚子	父母
常	空巳	子孙
合	戊戌	妻财

空	蛇	雀	玄
未	子	亥	辰
甲	未	午	亥

合	雀	蛇	贵
戌	亥	子	丑
陈酉			寅后
龙申			卯阴
未	午	巳	辰
空	虎	常	玄

是一奴仆，姓氏带三点水，衣服就藏在本人卧房内，速寻可得。因玄武为盗贼，正时为辰，上乘玄武，辰为奴仆，故断是奴仆窃物。玄武入课临亥，亥居日支之上，故断失物在家。天将太常乘巳入传逢空，太常的类神为衣服，故知失物为衣服。巳火加临子水，子为仆房，故断在仆房中。日干为甲，克制辰土玄武，故知失物可得，后果从仆人潘三卧房内寻得。姓氏带三点水者，初传子水故。

【原文】小吉单逢六合，婚姻聘礼。

【注解】小吉未土，六合乙卯，二者有三合之情，且未土与六合均主婚姻之事。但细推七百二十课，并无未土乘六合之课。因六合居贵人前四位，如果顺推，未土乘六合，午火乘朱雀，巳火乘腾蛇，贵人处应是辰土，贵人不起辰位；若逆推，未土乘六合，申金乘朱雀，酉金乘腾蛇，贵人处应是戌土，贵人亦不起戌位。所以此论不能自圆其说。

【原文】辰逢勾虎，必问田坟。

【注解】辰土为天罡，主死丧，田宅等事。白虎凶将，主孝服哭泣，死丧疾病等事。勾陈土将，主田宅土舍之事。所以辰土乘勾陈发用，多主田宅等事；辰土乘白虎发用，多主死丧坟墓等事，辰土为死气尤的。

【原文】丑作虎勾，墓田破损。

【注解】其理与上论大同小异。因丑虽为大吉，亦为土神，若处死囚冲破刑害之地，乘勾陈主家宅田产破败，乘白虎主坟墓破败。

【原文】太岁龙常，来占官职。

【注解】太岁为一年之君，贵人又是最尊贵之将，青龙、太常亦吉将。如果太岁乘贵人，青龙、太常发用，必是占官职升迁之事，多吉。

例　壬申年乙巳月乙未日午时申将占（辰巳空亡）。

太岁、月将申金乘贵人作官鬼发用，子水太常作父母居末传，引官生身，吉祥无比，出将入相之课。唯嫌末传子水与干上神午火朱雀冲克，恐后将因上疏触上怒而退职。

贵	丙申	官鬼
阴	戊戌	妻财
常	庚子	父母

雀	贵	虎	龙
午	申	丑	卯
乙	午	亥	丑

蛇	贵	后	阴
未	申	酉	戌
雀午			亥玄
合巳			子常
辰	卯	寅	丑
陈龙	龙	空	虎

【原文】子乘龙合，女受皇恩。

【注解】子水为神后，主妇女之事。若乘青龙，六合吉将，主女受皇帝恩宠或封赏。

【原文】寅乘龙合，儿孙欢庆。

【注解】寅木为青龙，六合为小儿。如果寅木乘青龙、六合吉将，则主小儿吉庆或贤能。

【原文】卯酉如同阴武，私通门户动摇。

【注解】卯酉为出入之门户，又为败神，主阴私等事。太阴为辛酉金，玄武为北方至阴之邪气，均主阴私、奸邪等事。如果卯酉乘太阴，玄武发用且失地，主门风淫乱，丑声四闻。如己巳日卯时亥将占，酉金乘六合发用。亥水为正月月将，木旺之时，酉金又临寅木绝处，且盗日干之气，若占家宅，主有此应。虽子水贵人临支，一则子水克日支巳火，二则子水败于酉金，也难免此议。亦主有改门换户之象，即门户动摇之意。旺相则非。

【原文】巳亥若逢阴后，二女争淫不已。

【注解】巳为双女，亥为双鱼，均含双意。太阴、天后为阴私之神，所以云巳亥若乘太阴，天后发用，临死败之地，主二女争夫，淫乱不已。

【原文】子作六合为荡妇，见亥亦作孩儿。

【注解】子水为神后，主阴私暗昧之事。六合有和合之情，亦主阴私暗昧。且六合为卯木，子卯为无礼之刑，不顾人伦，荒淫无耻，故云荡妇。亥水为六合长生之处，六合为小儿类神，子加亥又为孩字，故云见亥为小儿。

【原文】丑遇天空为矮子，会申名为和尚。

【注解】天空在人为丑妇，丑土为僧尼。申金在人主屠户、军人、僧尼等。天空戊辰土乘丑，是丑土入墓，必矮小。再会申金，申亦入墓，入墓与入寺同，且均有僧尼之意，故云会申为和尚。

【原文】寅作朱雀，会卯为文章之士。

【注解】朱雀为考试、文章之类神，属丙午火，乘寅为长生，再逢卯木旺强有力，必文章锦绣，文才出众。

　　例　丁丑年癸卯月乙未日戌时亥将，代占会试。

　　为人代占，今年必中。因酉金官星并皇恩发用，中传河魁并天喜，末传长生为月将，最利试场之象。支见申金幕贵官星，寅木乘朱雀临太岁，文字华藻合时，必中甲榜无疑。但嫌干支上乘互绝，居官未能远大。后中甲榜，补刑部主政，恬退不仕。

　　此课寅木乘朱雀，阴神为卯木，也是寅木乘朱雀会卯木。

玄	丁酉	官鬼
阴	戊戌	妻财
后	己亥	父母

龙	空	常	玄
巳	午	申	酉
乙	巳	未	申

空	龙	常	玄
午	未	申	酉
龙巳			戌阴
陈辰			亥后
卯	寅	丑	子
合	雀	蛇	贵

【原文】寅乘玄武，见巳为炼丹道人。

【注解】玄武为癸亥之水，巳火在人为术士，寅木为道士类种。

【原文】卯上乘传送为匠斫。

【注解】传送者，申金也，斧也。卯木者，舟车也。斧斫木，非木匠者何。

【原文】辰上见白虎，是屠人。

【注解】白虎为庚申金、为刀、为剑，主血光、死丧之事。辰土为凶徒，辰土乘白虎，凶徒持刀，常有血光之事，非屠人者何。

【原文】巳入酉宫，为犯刑远配。会太阴亦作淫娼。

【注解】酉金为赌徒，巳火为骑卒，巳火临酉克酉，酉金又为门户，出门受克，且酉加巳为配字，故云徒配之人。巳火又为双女，酉金又为少女，若乘太阴、阴私之神，临休囚死地，定是淫荡娼妓。

【原文】酉加午上为宠婢登堂，会六合必主淫乱。

【注解】酉金为少女、为娼妓、为奴婢，午火亦为妾、为婢，所以酉加午主宠婢主家。若上乘六合阴私之将，酉午卯不仅均为败地，且相互冲破，故主淫乱。如己卯日卯时午将占，酉金乘六合加午火发用者是。

【原文】未加酉为继母。

【注解】未土在人为寡妇，加酉生酉，是寡妇再嫁，养育他人之子，故为继母。

【原文】申传合作医人。

【注解】申金传送道路之神，六合为东方医药之将，六合乘申有四处行医之象。

【原文】戌作天空健奴军吏。

【注解】戌土于人为奴、为军人、兵卒。天空亦为奴仆，且为戊戌之土。土神乘土为旺，所以云健奴、军吏。

【原文】亥乘元（玄）武，乞丐鬼神。

【注解】玄武为癸亥水，亥水乘亥，水极强而四处流荡，故云乞丐。又癸亥为四时之尽，为北方至阴之邪气，二亥相遇，阴气益盛，故云鬼魅、神祇。

【原文】太常乘破碎，为孝服。

【注解】破碎煞，寅申巳亥月在巳，子午卯酉月在酉，辰戌丑未在丑。实际此煞除亥月见巳，卯月见酉，未月见丑为月破外，其余并无实际意义。如丙丁日贵人顺行，巳火乘太常，为丙火日德、日禄，为丁火旺处，再三传配合得当，决为吉象。壬癸日占贵人逆行，酉金乘太常，若发用为生我之神，亦不为凶。故大凡神煞只为参考，课象吉凶还应以神将吉凶为主，后不再注。

例1　癸巳日申时辰将占（午未空亡）。

此课辰土为酉月月将，酉月破碎煞在酉，临干乘太常，依上论主有孝服。然此课贵神发用，三传递生，酉金乘太常吉将临干生干，三传又合金局生干，一片吉祥，占官占财均主吉庆。占家宅虽丑土临支脱气，仅主消耗，并无孝服之患。

贵	癸巳	妻财		龙	丙戌	官鬼	
陈	己丑	官鬼		常	己丑	官鬼	
常	乙酉	父母		后	壬辰	官鬼	

常	贵	陈	常	玄	贵	雀	龙
酉	巳	丑	酉	寅	巳	未	戌
癸	酉	巳	丑	壬	寅	辰	未

陈	合	雀	蛇	合	陈	龙	空
丑	寅	卯	辰	申	酉	戌	亥
龙子			巳贵	雀未			子虎
空亥			午后	蛇午			丑常
戌	酉	申	未	巳	辰	卯	寅
虎	常	玄	阴	贵	后	阴	玄

例2　壬辰日子时卯将占。

　　卯木为戌月月将，戌月破碎在丑，乘太常入传，依上论主有孝服。此课三传皆鬼，日支为干墓，干上神又盗干之气，未土官鬼乘朱雀临支，占家宅口舌是非，脱耗不断，亦恐有死丧之事。此课恐有孝服之应者，乃三传、日支皆鬼且为日墓故，并不是因为破碎之说。

　　【原文】天空会勾陈，为斗争。

　　【注解】天空属戊戌土，为凶神时主口舌。勾陈属戊辰土，为凶时主斗、词讼。二者均为土神且相冲，取兄弟争斗之意。

　　【原文】天后临卯酉，一举成名。

　　【注解】天后，壬子水将，乘酉得金之生，乘卯生木之气，若卯酉为官鬼旺相发用，求官者可得官。若卯酉为帝幞贵人发用，主考场得意，临干发用尤的。若卯酉居死囚之地，却主淫乱破败；因卯酉四正，得地为旺，失地则为败。

　　【原文】月将乘贵龙，片言入相。

　　【注解】月将为当月太阳，司权之将，如果乘贵人、青龙发用，必主升迁；若所乘之神为官星尤的。

　　例　丁丑年丙午月甲子日巳时申将，占官运（戌亥空亡）。

　　申金月将乘青龙作官星发用，末传寅木日禄、日德、驿马临亥，亥为天门，必位居显要。此公甲戌年官至大方伯。

　　【原文】勾龙同居旺地，财宝如山。

　　【注解】青龙为财帛之将，勾陈为田产之将，龙勾相逢且旺相，主财产丰厚，土地广阔，富甲一方。若龙勾乘财

龙	庚申	官鬼
雀	空亥	父母
后	丙寅	兄弟

常	龙	阴	空
巳	申	卯	午
甲	巳	子	卯

龙	陈	合	雀
申	酉	戌	亥
空未			子蛇
虎午			丑贵
巳	辰	卯	寅
常	玄	阴	后

神尤的。

例　庚辰日丑时子将占（申酉空亡）。

三传不仅逢青龙勾陈，且为日财，末传丑土又为帘幕贵人，贵人又临干生干，一片吉庆，求财求官均利。唯嫌三传退茹，末传丑贵上遁丁神为鬼，虽富贵逼人，却须防因财致祸。

陈	己卯	妻财
龙	戊寅	妻财
空	丁丑	父母

贵	蛇	陈	龙
未	午	卯	寅
庚	未	辰	卯

	合	雀	蛇	贵	
	辰	巳	午	未	
陈卯					申后
龙寅					酉阴
	丑	子	亥	戌	
	空	虎	常	玄	

【原文】常贵共入官乡，当朝执政。

【注解】仕途中人求官，官星乘贵人、太常，吉将发用，必为当朝要员。然而却有分别，贵人主文职，太常主武职。

【原文】年临孤寡，自甘半世孤灯。

【注解】年即本命和行年，孤寡即孤辰寡宿二煞。若年临孤寡，课传及干上神死囚或凶恶，主此应。如果干上神或三传上有婚姻类神且旺相乘吉将，谓之有解，不依此论。

【原文】日遇空亡，多主首阳饿死。

【注解】相传商之贤臣伯夷、叔齐在周武王起兵伐商时，曾叩马力谏。后周兴商亡，二人耻食周粟，隐于首阳山中，采薇而食，最终饿死。

日上神空亡，三传再逢凶神恶将，必为贫贱或乞食之人。如果日上神空亡，三传有救，非以此论。

【原文】太阳加神后之位，有水火之灾。

【注解】太阳即月将，神后即子水，此意取太阳为火，与子水相互冲击，必致为灾故。实际月将在不断更换，若太阳为辰戌丑未之土，土能克水；太阳为寅卯之木，木能泄水，均难成灾。唯太阳为申酉金，金能生水；为亥子水，水能助水，三传再会金局、水局，占年时主有水灾。火灾则以朱雀、螣蛇及寅卯、巳午论。

【原文】太阴临胜光之宫，主自缢之患。

【注解】太阴乘申酉临午，受午火克制为凶，若逢月令死败，再加悬索、索神、长绳等恶煞，当有此应。

长绳煞：正月在亥，二月在戌，三月在酉，四月在申，依此逆行十二支。

索神煞：正月在卯，二月在子，三月在酉，四月在午，五月在卯，依此循环。悬索煞与索神煞同。

如果太阴乘辰戌丑未土神临午，或神吉祥，均不依此论。

【原文】财遇绝官而上乘旺气，定因白手成家。

【注解】财旺可生官，官旺可护财。财为我克之神，为我用之物；官是克我之神，为尊长、长辈，为荫庇。今财无官护，身无长辈护持管束，其财必自身奋斗而来。

【原文】子作白虎而下见离明，多主螟蛉承嗣。

【注解】螟蛉比喻义子。离明即午火。

【原文】年命加临卯酉，作事朝移暮改。

【注解】卯酉为出入之门户，为私门，多动荡不安，故云朝移暮改。

【原文】龙合下临丑未，为人佛口蛇心。

【注解】丑土为大吉，贵人本官；未土为小吉，且土主信。丑未临干或发用，本主言而有信，为人品德高尚。然上乘青龙或六合皆为木将，将克神，为内战，故云佛口蛇心。主人外表慈善，内心狠毒。

【原文】武会太阴，嘲风弄月；虎同天后，迷酒恋花。

【注解】玄武太阴都是暗昧阴私之将，二者相会定是风月场中之常客。白虎为酉金，天后为子水，酉旁加水为酒。子水为妇女，酉金为少女，白虎与天后相会，故有酒色之迷。

【原文】财同朱雀，主口舌上生财。

【注解】朱雀为口舌，词讼之将。若乘财发用，非因口舌而生财，即得财后会发生口舌是非。朱雀乘财临支发用尤验。

【原文】武见官鬼，因奸伪中成事。

【注解】玄武本是盗神、阴私之神。官鬼乃克制玄武之神。若玄武乘官鬼发用为吉神时，主因阴谋诡计而成事。若玄武乘官鬼为凶神不以此论。

【原文】财为天后，主宅主妻；财作太阴，为奴为婢。

【注解】妻财是我克之神，我用之神。天后是高贵尊荣的天将，若天后乘妻财，则主得贤妻主宅。若乘太阴，则是奴婢，为我所使用之人。占得太阴乘妻财发用，非主奴婢阴私之事，即以阴私得财。

【原文】年作卯酉而入空申，随娘再嫁。

【注解】卯酉为出入之私门，也是败神。酉在人主妇女，卯在人主母姑。申金为传送，为人门，为道路，为改门，在人主刚健男人。人行年、年命为卯酉临空申，主出入私门，行于道路而改门，非随娘再嫁，改换门庭而何。

【原文】时逢酉未而乘刃绝，市井呼卢。

【注解】呼卢指吆喝卖酒之人。

酉加水为酒，未土亦主酒肆。占时为先锋门，乘羊刃为过旺，乘绝为衰败，过旺极衰均不吉，故为市井中卖酒之人。

【原文】合武乘旺临酉寅，非雷惊必主沉溺。

【注解】六合在天为雷，在地主阴私。玄武在天为雨神，在地主阴私、奸邪。寅木在天为风神、龙神，在人为夫婿。酉金在天为阴为虹霓，在人为少女、外妾、娼妓。所以，六合、玄武乘旺神临寅酉，在天为雨雷交加之象，在地则主沉溺女色。

【原文】虎蛇带煞临未巳，非虎咬必主蛇伤。

【注解】巳火在兽主蛇，若虎蛇带煞临巳，主有蛇伤，于理可解。未土在兽为羊，与虎蛇并无干系；唯一可解释者，未土为寅木之墓库，寅木在兽主虎，墓库即老虎隐藏之处，故白虎、螣蛇乘凶神，凶煞加未，主有虎伤之患。

【原文】子午卯酉为关格，谋望多主难成。

【注解】子午卯酉为四旺，若临旺相发用，主事易成；但又为四败，若临死绝处发用，则为关格，主事难成。

【原文】辰戌丑未为墓神，多因掩蔽。

【注解】辰为水土之墓，戌为火墓，丑为金墓，未为木墓；若逢发用，主掩藏遮蔽，事多昏悔、涩滞。

天　象

【原文】子为阴云，午为电母，卯为雷门，酉为虹霓，
　　　　丑为雨师，未为风伯，寅作龙神，申为水母，
　　　　戌为天河，亥为水神，辰为水库，巳为风门。

【注解】亦有大同小异者。子为阴云，为水神。午为电母，亦为晴神（见水神、龙神、雷神、雨神主电，见晴神则主晴）。卯为雷神，酉为霓虹，亦为阴。丑为雨神，未为风伯。寅为龙神，一说风神。申为水神，戌为云，亥为雨神。辰为水库（按：此节言天象，水库为地上之象，与文意不符，故另一说辰为雾较妥帖）。巳为风门，又为晴，为虹。

分　野

【原文】子属青齐，丑属吴扬，寅属幽燕，卯属宋豫，
　　　　辰属兖郑，巳属荆楚，午属梁周，未属雍秦，

申属益晋，酉属冀赵，戌属徐鲁，亥属幽卫。

【注解】古书分野有两种。一是以十二支配国名及州名。如子属青、齐。齐为春秋战国时国名，在今山东。青州古地名也在山东，即子水的分野在山东。丑属吴扬。吴，春秋战国时期国名，在今江苏、浙江、上海一带，即丑土分野在今江浙。从这里我们可以看出，子水主北方，丑土为东北，而山东为我国东方，江浙为我国东南，远与地理不符，若以此论，必致大谬。这是因为《大六壬大全》等书，多采取宋代分野。在历史上，宋代从没有统一过全国，不要说东北、蒙古，就是云燕十六州也忽得忽失，最后偏安江南，所以其分野在当时尚为可用。而后来全国统一，时代变迁，此种分野也就失去了其本身的含义。

二是用二十八宿分野。如《大六壬大全》云：南直隶，并属斗牛分，一州属鬼元分，二州属氐房心分……。北直隶，属尾箕分，一府属室壁分，三府属胃昴分……等。略有天文知识的都知道，地球与地球轨道的平面（黄道面）成 $23°26'34''529$ 的倾斜夹角，使地球赤道的凸出部分，受到太阳和月亮引力的影响。地球转动时为了抗拒这种引力，便产生了抗力。这种反作用形成一种偏差移动，致使地极每年偏移五十秒二七三五。换句话说，每隔约七十二年，恒星便向西移一度（ $50''×72=360$ ，六十分为一度）每隔二千一百余年移一宫。如尧时纪历，冬至日躔在虚星，到周时冬至日躔已在尾宿十五度了。《大六壬大全》所载女虚危到子宫，乃宋代星躔之度，并非今时星躔之度。若以此分野，时代不同，则斗转星移，面目全非。所以也不能为据。

如今我国地域广阔，按十二支，分野应是：

子属正北，分野应在山西及内蒙中部。

丑属东北，分野应是今河北省、北京、天津。

寅属东北，分野为东北三省，即黑龙江、吉林、辽宁。

卯属正东，分野在今山东省及江苏、安徽省长江以北。

辰属东南偏东，分野在今浙江、上海、安徽、江苏长江以南。

巳属东南，分野为江西、福建、台湾。

午属正南，分野为广东、湖南、海南、广西东部。

未属西南，分野为广西西部、贵州。

申属西南，分野应在云南、西藏。

酉属正西，分野应在青海、四川、重庆。

戌属西北，分野应在陕西、甘肃、新疆。

亥属西北，分野应在宁夏及内蒙西部。

另辰戌丑未四支虽各有分野，但土属中央，所以其分野均兼河南、湖北、中原之地。

人　品

【原文】子为妇女、渔翁，丑为贵人、牧竖，寅为公吏、祝史，卯为媒妁、沙门，辰为僧道、屠宰，巳为乞丐、庖人，午为宫人、蚕姑，未为师巫、寡妇，申为军徒、公吏，酉为婢妾、沽儿，戌为僧道、狱吏，亥为盗贼、小儿。

总　类

【原文】子为水，为坎，为江湖、沟涧、内房、后宫，为妇女、后妃、乳妇，为渔翁、染匠，为聪明、淫佚，为胎产、泄泻，为肾水、膀胱，为文墨、图书、珠玉、衣服、布帛、水物、石灰，为绿豆，为鼠、蝠、燕。

【注解】子水乘旺，临生旺之处为海、为江河、为大湖。子水休衰为河沟、小溪、山涧。子水坐绝或受克之处，为水洼或沼泽之地。

子水乘旺，或临生旺之处，为后妃、为妻、为媳。加败处，乘玄后阴为淫女。临休囚之处为渔翁、乳媪、船夫。乘天后加午为幼女。乘六合，非媒妁即淫妇。子加亥为孩童，加丑未为老妇，加巳为嫁妇，加日辰乘白虎为军妇，乘太阴为婢妾，加酉为嬬妇，乘太常为娼妇，乘勾陈为驼子，乘玄武为盗贼，乘贵人、六合加申亥为僧尼，乘天空加卯申为邪师。

子水乘旺或临生旺之处为聪明。临败地，休囚之地，再乘阴合、玄后等阴私天将为淫泆。子加卯为奸邪，又乘青龙主亡遗。丙丁日为男诱女，壬癸日为女诱男。乘玄武为盗贼，壬癸日贼乘小路，丙丁日贼行陆路且凶。

子加生气为燕，加休囚为蝙蝠；或日占为燕，暮占为鼠。

子水在姓为孙、齐、谢、耿、聂、沐、漆，子加丑未为任，未加子为姜，子乘六合为孔，子加卯为陈，申加子为傅，子加午为冯。凡带水旁之姓，皆可断，全在融会贯通。

【原文】丑为土，为坟墓、田园，为宫殿、桥梁、桑园，为尊贵，为神佛、牧儿，为喜庆，为冤仇，为脾腹、小肠，为宝珍、斗、斛、巾、带、首饰、鞋履、锁钥、车轮，为粟、米、牛、犀、龟、鳖。

【注解】丑土旺相或加临生旺之处，为田园；若丑土乘休囚之气或加临死绝之处，则为坟墓。

丑土旺相或加生旺之处，于人为君上、为尊贵、为神佛、为父母、为军官；若丑土乘休囚之气或加临死绝之处，则为牧儿，为僧尼；乘太岁为宰执；乘勾陈旺为将军，衰为兵卒；乘贵人或加临日辰为尊长，乘天空为矮子，乘驿马或丁马为旅客。丑加卯酉之上为瘸子，或为缺唇之人。

丑土旺相为宫殿、华舍。丑土病衰为井墙、社坛、仓库、桥梁。丑土乘六合为道院，加申为僧舍，加卯酉为店铺，加亥亦为桥梁。

丑土旺相乘贵人为珍珠、首饰；休囚为鞋履、锁钥。丑土乘天空为罐，加卯酉为缸，加未因丑未相冲，其物必不完整。

丑土旺相为喜庆，为贵人相招；死囚则为龟、为蜈蚣。

丑姓为田、孙、邱、牛、吴、赵、杨、杜、董、岳；丑加子为王，丑乘六合为苗、黄，丑加亥为汪。凡有土旁之姓均可类推。

【原文】寅为木，为艮，为寺观、道路、桥梁、公门、公吏、贵人、道士、儒者、祝史、木匠，为喜庆、信息、宾客，为背、胆、筋、发、脉，为文书、火炬、神像、香炉、剑器、桌席、匙箸、织机、棺木、神树、山林、花木，为稻，为虎、豹、猫、狸。

【注解】寅木旺相为社稷、为公衙、为书室；休囚则为道路、桥梁、寺庙、酒家；加土为神祠，加午为栋柱，乘六合，壬日则为丛林。

寅木旺相，为丞相、为家长、为夫婿。寅木休衰为儒者、为道士、为祝吏。寅木乘青龙、六合为秀才，加申为道士，乘玄加巳为炼丹道人，乘朱雀加申、戌为胥吏，乘天后加未为匠，乘天后加申为僧，加巳午为患病之人。

寅木旺相在物为宝剑、屏风、山林、文书、竹箱；死衰为棺椁、为机杼、为花草等；乘天空为棒杖，乘朱雀为火炬，乘玄武为杂色斑纹。

寅木旺相为升迁、为谒见、为喜庆；休衰为信息，乘贵人为征召，乘太常为书籍，加卯为文章，加巳亥为迷路。

姓为韩、苏、曾、乔。寅卯相加为林，子加寅为霍，戌加寅为杜，乘太阴为程朱。凡木旁、草头、走脚之类皆可类推。

【原文】卯为木，为震，为竹花草木、门窗亭槛，为术士、沙门、媒妁、牙保、妇女、兄弟，为阴私和合，为手、肝、爪、为荣卫，为舟、车、盘、盒、杓、梳、笙、箫、琴、笛、砧、屏、枕、帐、笼、床席、幡竿，为稻，为兔、驴、骡、狐、貉。

【注解】卯木旺相为门窗、床、牌坊；休囚为亭槛、棺、幡竿、衣架、梯。卯加申酉，木受金削，为木器；乘天后加子为水车，乘青龙为竹棒；卯加丑未为竹篱，卯乘癸水为船筏。

卯木旺相，于人主长子、公主、大夫、经纪人；休衰为术士、沙门、媒妁、牙保、盗贼。卯加未为兄弟，干神为乙更的。卯加申为艺术人，卯乘白虎为匠人，卯乘勾陈、天空、均为沙门。甲日卯木发用为僧，多不洁。卯木乘天后，主为淫妇。

卯木在姓为朱、房、鲁、杨、张、卢、高、刘、雷、宋、钟、蔺。加寅为柳，加六合为茅，加亥、子为季、李。木旁草头类皆是。

【原文】辰为土，为山岗、城垣、井泉、墙廊、田园、寺观、麦地、坟墓、争斗、凶恶、杀伐、腥荤，为胸、肩、皮、毛、项，为网罟、缸、瓮、碾、硙器、灰盆、坚硬、盐梅味，为麻，为龙，为鱼、蛟、蜃。

【注解】辰土旺相为岗岭、寺观、廊庑、城垣、田园、井泉；死囚则为坟墓、祠堂、池沼、沟洫、石栏。辰土乘天后加亥为海水，乘玄武加巳为井，乘天空加丑为山坡。

辰土于人，旺相为军人、狱神；衰死则为凶徒、皂隶、渔夫；加月建为官贵，乘玄武加子为强盗，乘白虎为屠人，加巳午为老人。

辰土旺相为敕书、杀伐；死囚为争斗、凶恶、腥荤。辰土乘天空为欺诈，乘勾陈为战斗，乘玄武为奸邪，乘六合为宰杀；乘朱雀、勾陈克日为官讼，加日辰为惊悸，乘天后为妊娠，乘蛇虎克日为自缢。辰加亥主哭。辰土发用，或作末传主多虑。

辰土旺相，春夏为龙、为蛟，秋冬为鱼；或旦为龙、为蛟，暮为鱼；旺为甲胄、为坚硬、为缸、为瓮；休囚为砖、为瓦、为破衣、为碾、为灰盆等物。辰土乘腾蛇为网罟、为缠绕。壬日主妇人缠绕，癸日主盗贼相伴。

辰土在姓为马、郭、乔、郑、邱、岳、龙、陈、田。加勾为庞，辰加酉为周。凡土旁之类，皆可意推。

【原文】巳为火，为巽，为窑灶、炉冶、店铺，为轻狂、惊怪、毁罥、取索、多言，为齿面、咽喉、三焦、唇，为文字、磁器、弓弩、鼎、筐、釜锅，为赤豆、黍，为蛇、蚓、蝉、蟮、萤、飞虫、鸣虫。

【注解】巳火旺相为车骑、为布帛、为炉、为灶、为店铺；死囚为磁器、为砖瓦、为乐器、为筐、为手弩（标）；巳加辰为窑，加申为釜；戊日乘勾陈为管乐，加未为灶畔有井（按：未中有井宿）。

巳火旺相在人为主妇、为长女、为朋友；休囚为画师、为术士、为厨师、为窑工、为手艺人、为骑卒；乘太阴为娼妓，辛日巳乘腾蛇为吊客。巳加辰戌为囚徒。巳加酉主徒配。

巳火旺相为文学；克日辰为狂骂，休衰为轻狂。

巳火旺相为蛇，休囚为蜥蜴、为蟮。

巳火在姓氏为陈、石、赵、田、张、荆、余、朱。巳加六合为郝，寅加巳为楚、为杞，子加巳为耿，辰加巳为龚，丑加巳为纪。

【原文】午为火，为离，为山林、道路、窑灶、城门、堂屋、宫室，为蚕姑，为骑马人，为词讼、口舌、火烛、信息、血光。为心、目、精神、魂魄。为文书、旌旗、衣架、厨柜、赤豆、黍、果实，为马厩、鹿、雀、獐、蚕。

【注解】午火旺相为宫室、为城门、为窑冶；休衰为堂、为灶、为道路、为山林。午乘白虎为道路，午乘太常加申酉为厨房。午加干上、支上、行年上为屋。午加寅卯上为宅。

午火旺相，在物为旌旗、为文书、为丝绣、为光彩；休囚为火烛、为蒸笼、衣架、厨柜；乘太常为衣服、帐被、丝棉等。

午火旺相，于人为军官、骑兵、旅客、蚕姑（按：午火为天蚕）；死囚为娼妇、女巫、铁匠、僧人。午乘青龙为使君，乘贵为善人，乘太阴为妾，午作月将亦为妾。午加酉为婢，午加辰为老妇，午乘六合为翻译，丙丁日为牙侩，壬癸日为妇媒。午乘天后为宫女。甲日主妇小而长，仁而有礼；戊日黄浊而肥；庚日瘦而有礼，但多病（按：午火克庚故）；壬癸日淫而有色，但有别，壬仅淫泆，癸则乱伦。

午火乘朱雀为诚信，旺主文书、迁官等事；休衰则主词讼、火灾。午加申为诅咒，乘白虎虽为道路，亦主刀兵、血光。

午火在姓为萧、张、李、许、马、周、朱。加六合为柳（按：六合卯木合为柳，午中有柳星），乘勾辰加亥为狄。乘蛇加子为冯，水旁加午马，意在其中。

【原文】未为土，为井圈、坟田、垣墙、酒肆、茶坊、神堂、佛殿、过院，为老妪、白头翁、牧羊人、父母，为宴会、酒食，为印信，为腕膈、脊梁、胃门，为衣服、药饵、酒器、乐器、幡帘，为桑、柘、麻，为羊、鹰、雁、鸽、鹊。

【注解】未土旺相为墙垣、为酒肆、为茶坊、为佛殿、为神堂。未土死囚为坟墓、为井、为过院。未乘天空为井泉（按：未中有井宿），加辰为田园，加卯为林木。未日乘白虎为坟墓或赛场、陶冶等。

未土在人，旺相为父母、为妹、为嫂、为牧羊人、为宾客；死囚为寡妇、道士、酒匠、帽匠、老妪、白头翁。未加亥为继父，未加酉为继母，未乘太阴为姨或小姑，乘天后为舅姑。未加未为醉人，未加寅为婿，未乘天后加日辰上为公婆，未乘六合为僧，未加酉丑为老人。

未土在物，旺相为冠裳、为印信、为酒食、为木棉；休囚为桑叶、为笙歌、为医药、为帘。未乘龙后加寅卯为麻，未加子为酱，为贺宴。

未土在姓为朱、秦、高、章、张、羊、杜、井、魏、杨。凡土旁、羊旁类皆是。

【原文】申为金，为坤，为道路、城宇、湖池、石路、神祠、坊场、街巷，为凶人、猎人、医人、缉捕，为疾病、死丧，为肺经、骨节、大肠，为铜铁、金、银、刀、剑、绢帛、羽毛、纸、布、兵器、磨碓，为大麦、姜、蒜、产乳，为猿猴、狮子。

【注解】申金旺相为城宇、为廊、为邮亭；休囚为神祠、为马舍、为陵寝、为街巷。申加卯为改门。申金为道路，其主有五。甲日主财帛或远信出其道路；戊日主奴婢，公文出其道路；庚日主疾病、丧孝出其道路；壬日壬申金入传，带奸神，主因妇人淫乱败露出其道路；癸日出其道路有遗亡之事。申金乘天后为湖池。

申金于人旺相为孝子、商贾、行人、缉捕、医人；休死则为银匠、铁匠、屠户。申加三合之首为元帅，作月将加日辰魁罡是军人，加子午为逃兵。申金乘龙加孟，或乘太常为僧；乘白虎为猎人；申加四仲为客人，申加戌亥为仇人；申加巳午，或加日干发用为孤儿。

申金于物，旺相为金银、刀剑，休衰为绢帛、羽毛、絮、纸。申金乘龙合为药物，乘天空为碓磨。

申乘玄武加亥主失脱，申加亥克日主水厄。申乘腾蛇为孝丧，甲日为官鬼财富之丧，戊日奴婢之丧或官致病死之丧，丙丁日为官吏之丧或炉冶家之丧。申金乘六合主市贾交易，但壬癸日为女人交易。

申金在姓为袁、郭、申、晋、韩、侯、邓。凡金字旁、走之旁之类皆可推演。

【原文】酉为金，为兑，为山石、门户、仓廪、楼阑、酒房、街巷、碑碣，为沽酒儿、金玉匠、外亲，为痨瘵、相貌，为口、耳、小肠、精血，为刀剑、钗钏、金石、珠玉、钱、镜、纸、绢、皮毛、碓磨、门锁、口窍、石柱、石仙，为小麦、醋酢、酒酱，为鸡、雉、鸦、凫、鸭、鹅。

【注解】酉金旺相为山岗、为塔、为门户、为仓廪、为金银首饰、珍珠、铜镜；死囚为街巷、为祠庙、为碑、为酒坊、为石穴、为碓磨；乘龙虎旺相为金玉，囚死为小刀。甲乙日乘白虎主孝服；丙丁日乘太阴为钱（按：火炼金故）。

　　酉金旺相，为贵妇人、为姐、为少女；休囚为外妾、赌徒、金银匠人、胶漆工人；乘天空休衰为妓女，乘六合为奴婢。酉加子丑为老婢，酉乘天空旺相为小婢，酉乘青龙为侍妾，乘太常加卯未上为乐伎，乘六合加寅申为尼，酉乘白虎加四孟为官禄、边兵，乘天后为姑母、舅母，乘太阴加干上为妻妾，酉乘六合主斗目（按：六合乙卯与酉冲克故）。

　　在姓为金、赵、乐、石。卯加酉为刘，卯酉加六合为闵，酉乘贵人为郑，酉加月将为程、吕。凡立人、金旁之类皆是。

　　【原文】戌为土，为山岗、坟墓、积土、秽所、牢狱、营寨、寺观，为屠、下贱、孤寒，为诈伪侵欺，为足腿、命门、砖瓦、鞋履、枷杻、锁钥、磁盆、葫芦，为麻、五谷、田螺，为犬狗、豺狼。

　　【注解】戌土旺相为城廓、山岗、寺观、营寨、牢狱；死囚为坟墓、秽所、积土、仆室、浴室、虚堂；加勾陈为牢狱，加四季临干支上为墙垣，乘蛇加巳午为窑冶，壬癸日乘白虎发用为坟墓，乘玄武加寅为坑厕，甲日加寅为坟墓损坏；戌加壬癸日主墙倒。

　　戌土旺相，于人旺相为军人、皂隶、猎人；休囚则为僧道、小童、奴婢。戌乘天空加子午为舅翁，戌加申为兵卒，戌乘朱雀为官吏，戌加太岁、月建为官贵，戌乘天后为长者，戌乘白虎克日为盗贼，戌乘玄武为乞丐，戌乘太常、勾陈加辰（按：指日支而非指辰土）主官长，戌加亥为小厮，戌乘六合加干支上为聚众。一说乘勾陈为聚众，不如乘六合贴切。

　　在物旺相为礼服、印、军器；休囚为鞋、锄、锁钥、碓磨等；乘玄武带刑为枷锁，乘勾陈加申酉为石，乘太常为印绶。

　　在姓为魏、王、鲁、徐、倪、娄。凡土旁、足旁之类皆是。

　　【原文】亥为水，为乾，为江湖、楼阁、台榭、坑厕、栏槽、仆室，为亡失、取索、哭泣，为头、肾、脾、疝、膀胱，为笔墨、图画、布绢、毛发、伞、笠、管籥、幞头、帐幕，为禾稻、果、梅、花，为猪，为熊罴。

【注解】亥水旺相为江湖、为庭院；休囚则为坑、栏槽、仆室。亥作贵人加寅为宝殿，亥作青龙临申为楼台，亥乘六合为阁，亥乘勾陈为狱，乘太常为廪。亥加日辰上为柱，亥加戌为厕，乘天空主秽厕。在物旺相为布绢、图画、幞头、梅花、帐幕；休囚则为笔墨、伞、笠、圆环、葫芦等。

亥水旺相，于人为将军、夫人、上客；休囚则为乞丐、舟子、妇、孙。亥加辰戌丑未日为幼子，亥乘天空加卯酉为孩童，亥加酉为醉人，亥乘朱雀为遗弃小儿。亥加丙丁日上主盗贼，乘玄武亦是。亥乘天空加太岁为高人。亥乘朱雀作合加辰及壬癸日为狱人或屠人。亥克支辰为病人。

亥水在姓为杨、朱、鲁、卫、于、房，加寅卯为季，加丑未为王，乘六合为邓、范，乘蛇巳午加亥为冯。凡带水旁之类皆是。

第五章　总论分论

六壬课传总论

【原文】壬者，水也，天一之所生也，其体外阴而内阳，毫厘之必鉴，而妍媸之悉彰也。

贵人者，统御之主也，阴后助其内，龙虎朱元为其辅，而财帛之六合，衣食之太常备焉。勾陈如将军以御敌，螣蛇如大理以司刑，而天空则奏书以受谳者也。

以月将定天，以时刻定地，而三才列，万变生矣。

【注解】月将每月轮流变换，主动，象天，故以其定天盘。地支主静，故以占时定地盘。三传为天地人三才，变化皆在其中。

【原文】以时为先锋者，时为动之先机也。

【注解】占时是六壬课的发动，月将必须要加在占时上才能演成天地盘，而后成四课三传，所以占时是激发祸福的根源。一切祸福皆先从占时发现，故又叫先锋门，如冲锋陷阵之先锋官。

【原文】至于干上神为尊，而凡属外者，莫不统焉。支上神为卑，而凡属内者，无不统焉。此四课也。

【注解】占事以日干为主，课传皆与日干配合较量来断吉凶。干上神与日干最近，最为切要。课传凶，干上神吉，为有解，仍以吉论。课传吉，干上神凶，仍以为恶。所以干上神为尊，日干为尊。支上神仅为配合之神，故为卑。日上两课发用，主事从外来，故云统外。支上两课发用，事多内动，故云统内。

例　乙丑日子时申将占（戌亥空亡）。（图见第264面右上）

初传巳火脱日干之气，初中末三传合金局为鬼克干，一派凶象。幸干上神子水乘贵人吉将，又克巳火，使其不脱干气，又化金局引鬼生干，变凶为吉，反主得贵人之力。此课之吉，全赖干上子水，故为尊。

【原文】传者，事之发也。事有初、中、终，此所以有三传也。

【注解】初传为事之始，中传为事之进行之中，末传为事之结果。初传吉，末传凶，虽吉终凶。反之，初传凶，末传吉，先凶后喜。

【原文】天地之道，其体在生，其用在克。盖万物不克不成，万事不克不发也。木非金，何以成材。金非火，何以成器。故因其克之多寡而课以立焉。

【注解】此言六壬发用为什么以克贼为初传之理。克者，动也。一动，玄机就在其中，吉凶即现。如木强旺，喜金克以成材；木衰弱畏金克以去根。金强旺喜火炼以成器，金衰弱则畏烈火而销熔。是吉是凶，是祸是福，全以课传与日干较量而言，决无定论。

【原文】如上克，顺也；下克，悖也。悖则必先发矣。

【注解】上神为君、为尊；下神为臣、为卑。故上克下为顺，下贼上为悖。下克上与理不顺，必先发动，故先以下贼上发为初传，即发用。

【原文】遥克者，斜侵也。如以弹为射，以蒿为矢，虽中而不入于内也。

昂星无克，无克而事何由兴，课何由立。盖酉为刑门，西方肃杀之气也，肃杀临而克伐之事起矣。

至伏吟则合而无克，如天地之闭塞焉。闭不终闭，而阳起于干，阴起于起支，必刑冲以发之。

龙	己巳	子孙
蛇	乙丑	妻财
玄	癸酉	官鬼

贵	常	玄	龙
子	申	酉	巳
乙	子	丑	酉

蛇	雀	合	陈
丑	寅	卯	辰
贵子			巳龙
后亥			午空
戌	酉	申	未
阴	玄	常	虎

若夫反吟，则天地易位矣。既取正克以发用，而亦有丁己辛之无克者。阳绝于巳，阴绝于亥。丑金库而亥为金子，未木库而巳为木儿。则巳亥为丑未归藏之地也，觅父于其子，逢绝以求生。如居井栏之上，而张弧自护，其不坠也，几希矣。然必归之于干支者，万物之反本也。

至于四课不全，则曰别责。盖干有支神，而支有干神，则内外之情合矣。不全而复不动，求之于其合也固宜。

若夫八专，则内外一家，主客不利。君子嫌之，而曰帷薄不修，严内外之分也。顺逆有取于三者，三为天道之来复也，如是而六壬之课传全矣。叩之者诚，应之者敬。诚则无妄，敬则主一，鲜有不应者。

【注解】以上言九宗取用之法，详见第一章《取三传法》。

干支用神总论

【原文】课以干为主，先当审其干上所加之神，生比刑冲克害空破何如也。以支为宅，又当审其支上所加之神，生比刑冲克害空破何如也。吉神者，贵合龙常阴后也。凶神者，蛇雀勾空元虎也。吉神居生旺之地，吉而愈吉。凶神居所乐之地，凶不成凶。

【注解】干为人，干上神为尊，与日干最为贴切，故宜助我、生我。以支为宅，占家宅先看支及支上神，最宜支上神助支、生支。吉神者，生干、助干、生支、助支之神。凶神者，克干、克支、脱干、脱支之神。吉将者，龙常贵合阴后。凶将者，虎玄空雀陈蛇。本书言吉神为龙贵等语是神将混淆。断吉凶当以神为主，将为辅助。神吉将凶，仍以吉论；将吉神凶，凶亦不减。如吉神吉将居生旺之地，更增其吉。若凶神凶将居休衰之地，凶神凶将受克，其凶亦难成。

所乐之地：即日干、用神所喜之地，凶神凶将死绝之地。

例1 丙寅日卯时申将占（戌亥空亡）。

此课干上神戌土乘螣蛇坐巳，且为干墓逢空，名两蛇夹空墓墓干。支上神未土亦为支墓墓支，主宅暗人昏，功名蹭蹬，求财得而复失，病凶，讼败，家宅破坏，诸事不吉。即使中传巳火为日禄、日德，且乘太常吉将，亦无解，因此神凶故。

合	甲子	官鬼		常	辛未	子孙
常	己巳	兄弟		陈	丁卯	父母
蛇	空戌	子孙		贵	空亥	官鬼

蛇	空	阴	合		陈	贵	贵	常
戌	卯	未	子		卯	亥	亥	未
丙	戌	寅	未		丁	卯	卯	亥

蛇	雀	合	陈		雀	合	陈	龙
戌	亥	子	丑		丑	寅	卯	辰
贵酉			寅龙		蛇子			巳空
后申			卯空		贵亥			午虎
未	午	巳	辰		戌	酉	申	未
阴	玄	常	虎		后	阴	玄	常

　　例2　丁卯日卯时亥将占（戌亥空亡）。

　　干上神卯木生干，虽乘勾陈凶将，但神吉仍以吉论。支上神亥水官星乘贵人生支，虽空亡，但为天将不空，仍以生论。干支上神俱吉，虽初传未土子孙脱干墓支，仍以吉论。求财易得，求官有贵人帮忙，家宅吉庆，占病可愈，占讼得贵人解息，诸事皆吉，因神吉故。

　　【原文】既审干支吉凶，尤当审三传之所发。初传者，用神也，为心之所主，事之所向，故名之曰用。夫用神不可损伤，必与神将上下相生相比，则吉。若上下相克，而又入休败之地，则凶。

　　【注解】因为占事均从初传开始动机，祸福吉凶均从初传发起，所以叫发用，又叫发端门，在壬学中占着非常重要的位置。

　　初传如果旺相，事之开端多吉。若初传被冲破克害，或休囚死绝，其事开端必凶。

【原文】若用在日之阴神，则为外事，其期远而迟。用在辰之阴神，则为内事，其期近而速。又凡事出于蓦然兴发，蓦然成就，所谓蓦越课者是也。

【注解】此论与诸论有异。诸书皆云："日上两课为初传，吉凶应验急速。支上两课为初传，吉凶应验迟缓。"据理：壬课以干及干上神为主事，干上二神离干较近，克生有力，应事必速。支上两神离干较远，生克力量较小，事必迟缓。所以诸论贴切。相反，如果占家宅之事，则以日支为主，支上两神离支较近，生克力强，主事较速。干上两神离支较远，生克费力，事主迟缓，却以本书为是。所以先要分清占事为何，方能分辨何迟何速。

又一说，《轩辕肘后经》诗云：

何以明其急与迟，但看天乙自然知。

日辰在前为事急，支干在后迟无疑。

如四月戊寅日午时申将占，辰土临寅木发用，贵人丑土临亥顺行，是用神日辰均在贵人之前，主事急速。

再如正月壬子日辰时亥将占，午火临壬（亥）发用，天乙贵人巳火加戌逆行，是用神和日辰均在贵人之后，主事迟缓。

【原文】若所发用神，地盘贼天将，贵神又贼天将，名曰连迫杀，主身不自由，被人抑伏。若天将为财，而上下夹克，则财不自由。或日之同类受克，乃身不由己。唯日鬼受克，乃为吉也。天将居中，而上下相生，则人我相合，有和美之象。天将居中，而上下相克，必彼此相违，有隔阻之象。

【注解】六壬用语：十二支，如子、丑、寅、卯等称为神。十二天将，如贵人、螣蛇、朱雀等称为将。神将不能混淆。本文云"用神地盘贼天将，贵神又贼天将"就是神将混淆，甚是费解。用神者，十二支也，神也。被地盘之神所克，是下贼上。

又被所乘天将所克，是将克神。用神既被下贼，又被将克，名夹克。如用神为子水，下临戌土，是戌土贼子水。上乘太常土将，也克子水之类是，主事不由己。唯发用为鬼，是鬼被夹克，反吉。（按：如果占前程，官鬼为类神，被夹克反凶。）

例1 辛未年壬辰月丁酉日卯时戌将占升迁（辰巳空亡）。

此课占官，不仅不能升迁，且主退位。因亥水官星虽作驿马，乘贵人吉将发用，但亥水自坐辰墓，受其墓克，上乘贵人土将，又受其克，名为夹克，已是凶险，不料遁干又是己土克亥官，官星处处受制，必退位无疑。后果被参劾。

贵	己亥	官鬼
虎	甲午	兄弟
雀	辛丑	父母

合	阴	龙	贵
寅	酉	辰	亥
丁	寅	酉	辰

蛇	雀	合	陈
子	丑	寅	卯 辰龙
贵亥后戌			巳空
酉	申	未	午
阴	玄	常	虎

合	甲辰	妻财
雀	乙巳	子孙
蛇	丙午	子孙

陈	合	雀	蛇
卯	辰	巳	午
甲	卯	辰	巳

蛇	贵	后	阴
午	未	申	酉 戌玄
雀巳合辰			亥常
卯	寅	丑	子
陈	龙	空	虎

例2 戊辰年庚申月甲辰日巳时午将行年卯占财。

虽辰土财星临干发用，但自坐卯刃受下贼。上乘六合木将，又受天将克制，再加遁干甲木比肩夺财，是虽有财而财不由己之象。幸辰土虽被围克，但亦为太岁，太岁为众神之主，且三传进茹，中末传生财，大财虽无，小财仍有。后果仅得小财小利。

【原文】用临长生，百事称心。用临死败，事多凶谢。用临绝地，事体更兴。用若临鬼，举动不利。用若临墓，事多沉晦。用墓加生，事宜再发。用见克害，事主艰难。

【注解】例
1　戊辰年庚申月丙辰日寅时巳将占求财（子丑空亡）。

庚金财神临干，临巳火长生发用，且乘六合吉将。再加三传递生，末传又生日干，一片吉庆，必得财。虽末传寅木与干上神相冲，行年午上乘

```
合　庚申　妻财
贵　癸亥　官鬼
玄　甲寅　父母


合　贵　陈　蛇
申　亥　未　戌
丙　申　辰　未


合　雀　蛇　贵
申　酉　戌　亥
陈未　　　　　子后
龙午　　　　　丑阴
巳　辰　卯　寅
空　虎　常　玄
```

```
贵　乙丑　兄弟
阴　空亥　妻财
常　癸酉　子孙


雀　贵　蛇　后
卯　丑　寅　子
戊　卯　辰　寅


雀　合　陈　龙
卯　辰　巳　午
蛇寅　　　　　未空
贵丑　　　　　申虎
子　亥　戌　酉
后　阴　玄　常
```

西金凶将，只要抓住时机，必能获利。后果此君获利近两万元。此用临长生例。

例2　戊辰年癸亥月戊辰日巳时卯将，甲午命占财。

虽三传均乘吉将，且贵人发用。然丑土坐卯木绝地，遁干乙木克贵，已难全吉。再加中传空亡，末传坐空，又与干上神冲克，卯木日鬼临日，上乘朱雀凶将，全无一点吉祥之气。本无财可求，妙在中传亥财虽逢空亡，但临月建旺相之气为不空，虽难获暴利，小财还可得。此用神临绝例。

例3　乙酉日巳时子将占（午未空亡）。

虽亥水长生临干发用生干，且乘六

```
合　丁亥　父母
阴　空午　子孙
龙　己丑　妻财


合　阴　常　合
亥　午　辰　亥
乙　亥　酉　辰


陈　龙　空　虎
子　丑　寅　卯
合亥　　　　　辰常
雀戌　　　　　巳玄
酉　申　未　午
蛇　贵　后　阴
```

合吉将。然乙寄辰宫，辰土又为亥水之墓，是长生投墓，事沉晦。中传空亡，末传坐空，虽吉将亦无益。故此课占功名，会以官败身辱祖。占财、占婚、占宅皆不吉，此因用神临墓故。

【原文】用刑则恩中成怨，仇里成欢。用破则暗里生灾，隐中阻隔。用空则吉凶不成，事多虚诈。用冲则事主反覆，聚散不宁。

【注解】例　丁卯日巳时亥将占（戌亥空亡）。

不仅初传逢冲克，整个天地盘都处在冲克的地位，名反吟课，主诸事反复蹉跎，聚散无常。占婚、占宅、占财、占病、占失脱等均主不吉。如果占功名，虽冲克，但卯木太常生身，酉金朱雀主文章，科考却利。

常	丁卯	父母
雀	癸酉	妻财
常	丁卯	父母

阴	陈	雀	常
丑	未	酉	卯
丁	丑	卯	酉

	贵	后	阴	玄	
	亥	子	丑	寅	
蛇戌				卯	常
雀酉				辰	虎
	申	未	午	巳	
	合	陈	龙	空	

【原文】用克岁，则主岁中之有灾。用克月，则主月中之有祸。用克日，则尊长为有厄。用克辰，则宅中为不宁。用克时，主心有忧惊，灾生于卑贱。用克末，主事无结果，力阻于中途。用克命，主大运之偃蹇。用克年，主小限之坎坷。

【注解】用克岁名犯太岁，主岁中有灾。用克月非月破，即月鬼，故当月有祸。用克干为日鬼，非长上有灾即本人有灾。用克末传为事终结受克，故主事无结果。（按：中传为化解之神，不在此例，如三传申亥寅）。初传克本命或本命上神，主一生蹇滞（按：若为仕途中人，却主官运久远）。初传克行年上神主当年坎坷（按：求官得之，却主当年得官）。

例1　辛卯年辛卯月丁未日卯时戌将占病（寅卯空亡）。

初传酉金不仅冲克卯木太岁，且与月建、占时卯木均冲克。

同时，引中传辰土，生末传官鬼亥水克干，不出本月，其人必死，后此人死于亥日午时。应亥日者，末传官鬼应值，应午时者，亥上神午火禄绝故。

例2　庚辰年庚辰月庚辰日子时戌将，占西席朝考后可留馆否（申酉空亡）。

阴	己酉	妻财
龙	甲辰	子孙
贵	辛亥	官鬼

合	阴	合	阴
寅	酉	寅	酉
丁	寅	未	寅

蛇	雀	合	陈
子	丑	寅	卯
贵亥			辰龙
后戌			巳空
酉	申	未	午
阴	玄	常	虎

蛇	壬午	官鬼
合	庚辰	父母
龙	戊寅	妻财

蛇	合	龙	虎
午	辰	寅	子
庚	午	辰	寅

陈	合	雀	蛇
卯	辰	巳	午
龙寅			未贵
空丑			申后
子	亥	戌	酉
虎	常	玄	阴

此公不待散馆而回，且有不测之忧。因课得顾祖，故必有复其席庐之象；且寅木驿马，午火天马均两现，其行必疾，故知其不待散馆而回。可惜日鬼临干发用，上乘螣蛇凶将；同时，午寅丧吊全逢，末传寅财生初传之鬼。申禄午官逢空坐空，其命难逃。果回籍数月即逝。

此课系《六壬经纬》中例，课体涉害。午火历庚申酉辛四克归本家。寅木历辰戌己未戌丑六克归本家，应以受克较深之寅木发用，三传是寅子戌，非午辰寅。因为古例，故用之，特说明。

实际此课初传寅木，末传戌土，与干上神午火三合火局克干，待午月火旺而亡，更近课理。

【原文】用财宜去营生。用父宜承旧庇。用官则利于求官干贵。用马则利于远出求财。用带二马，主乘马登舟之事；若克年命，主损伤手足之灾。

【**注解**】用财宜经商，用官宜入仕途，均无异议。唯"用马则利于远出求财"之论不确，驿马主动，但因何而动，还要看所乘何神。若驿马为财神，主远行求财；为官星，主远出入仕；若为父母，主远出谒拜尊长；为兄弟日禄，却又要看所乘天将而论。若乘贵人、太常、青龙为远出求官谒贵。若为天空、朱雀、非出为考试即因口舌外出。乘天后、六合，主远出求婚。乘太阴，恐因阴私外出。若乘玄武，恐因窃而逃。一切均宜在变通。

例1　癸巳日午时寅将占（午未空亡）。

此课巳火日财乘贵人吉将发用，虽似求财，但财为日支，属家财，上乘丑土盗气，求财反不吉庆。再看三传，巳丑酉递生，合金局生干又均乘贵、陈、常土将，土金水一顺相生，巳财助官，反而最利求官。所以对发用也应活看，最忌拘泥。

贵	癸巳	妻财		龙	丙申	官鬼
陈	己丑	官鬼		雀	己亥	父母
常	乙酉	父母		后	壬寅	兄弟

常	贵	陈	常		常	龙	陈	蛇
酉	巳	丑	酉		巳	申	酉	子
癸	酉	巳	丑		甲	巳	午	酉

陈	合	雀	蛇		龙	陈	合	雀
丑	寅	卯	辰		申	酉	戌	亥
龙子			巳贵		空未			子蛇
空亥			午后		虎午			丑贵
戌	酉	申	未		巳	辰	卯	寅
虎	常	玄	阴		常	玄	阴	后

例2　甲午日寅时巳将占（辰巳空亡）。

此课申金驿马发用，申金为日之官鬼，上乘青龙吉将。中传日之长生，末传为日德日禄，大象见之，最宜为边官战将，一枪一刀，搏出功名。同时青龙为文材，定主文武双全，或武将兼文职之官，故宜求官。

【原文】用见月厌，作事不成。用见丧吊，事干孝服。

【注解】月厌、丧吊神杀，仅可参考。吉凶祸福，则要据用神及天将的吉凶判断。

例 己卯年己巳月戊子日未时卯将占（午未空亡）。

巳火父母乘太常吉将发用生干，中传申金乘青龙吉将，末传丑土乘贵人，三传皆吉；且丑贵临干，申龙临支生支。占人事吉，求财得，婚姻成，占官有，疾病愈，逃亡归，失脱获，占宅一切顺利，举止皆宜，应是全吉之课。若以上论，卯年占事，初传巳火为丧门，末传丑土为吊客，丧吊全逢，当以家有丧事孝服之忧来断，岂不与课理大相悖逆吗！

常	癸巳	父母
龙	甲申	子孙
贵	己丑	兄弟

贵	陈	龙	玄
丑	酉	申	辰
戌	丑	子	申

贵	后	阴	玄
丑	寅	卯	辰
蛇子			巳常
雀亥			午虎
戌	酉	申	未
合	陈	龙	空

【原文】用临辰戌丑未，主事有归藏之地。用临巳亥寅申，主事有发生之机。[（如春得寅用，夏得巳用，秋得申用，冬得亥用，谓之机发当时。若春得巳用，夏得申用，秋得亥用，冬得寅用，谓之将来者进。若春得亥用，夏得寅用，秋得巳用，冬得申用，谓之成功者退。若春得申用，夏得亥用，秋得寅用，冬得巳用，谓之反弓相射也。）] 夫机发当时者，无往不利。将来有进者，亦获荣昌。成功已退者，须培养其根枝。反弓相射者，须晦藏其形迹。所谓用事之先兆，观发用而预知者也。

【注解】辰戌丑未为五行墓库，故云有收敛归藏之意。寅申巳亥为四生，虽云事有发生，却有分别。如春占得寅，夏占得巳，秋占得申，冬占得亥为得地强旺，故言事发当时，无往不利。若春占得巳，木生火为相。夏占得申，秋占得亥，冬占得寅，均主得生为相，故云将来者进。春占得亥，亥水之气泄于木；夏占得寅，寅木之气泄于火；秋占得巳，巳火之气泄于金；冬占得申，申金之气泄于水。因其气已泄，故为休囚，乃功成者身退，诸事须待时方是。若春占得申，夏占得亥，秋占得寅，冬占得巳为临绝处，故云反弓相射，诸事不宜。

如巳月丙寅日巳时申将占。三传为申加巳，亥加申，寅加亥，均为生地，且申金发用为巳月，是将来者进。

如五月戊辰日酉时未将占，三传为寅加巳，亥加寅，申加亥，从初传始三传皆处脱气之地，是功成者退。

十月己巳日酉时寅将占，巳火临子发用，又被月建冲克，是临绝处，为反弓相射。凡寅申巳亥反吟课皆属此类。

如五月辛巳日申时未将占，巳火遥克临午发用；午火为火之旺地，巳火坐旺，其势如虹，故云机发当时。

论日辰

【原文】日上生日百事吉，昼将人助，夜将神助。但忌空亡及三传空脱，得不偿费。

【注解】大凡占事，不论三传如何吉凶，只要日上神生日，其凶皆可化解。如鬼克干，干上神可引鬼生干，化凶为吉。子孙脱干，干上神可制子孙而护日干。唯独三传中有冲克干上神者，使其无力生干，方不以吉论。干上神逢空者，有两论。其神逢休囚、败绝者，真实无用；其神逢旺相者，出空之日仍有用。

例 癸巳日午时寅将占（午未空亡）。

虽初传巳财生中传丑鬼克干，三传天将皆土克干，喜酉金父母居末传且临干，化众鬼而生干，变凶为吉，是有"日上生日百事吉"之象。

贵	癸巳	妻财
陈	己丑	官鬼
常	乙酉	父母

常	贵	陈	常
酉	巳	丑	酉
癸	酉	巳	丑

例　甲子日巳时寅将占（戌亥空亡）。

午火发用无气，干上神亥水虽乘吉将生身，但逢空亡。幸喜寅木为十月亥月天将，亥水临月建为旺相，月建填实为不空，故仍以吉论。若此课为四月占，亥水临月破逢绝，即使出空，仍以空论。

蛇	庚午	子孙
陈	丁卯	兄弟
虎	甲子	父母

常	后	阴	蛇
亥	申	酉	午
甲	亥	子	酉

【原文】日上克日，诸事不利。昼将人害，夜将神殃。旺相犹可，休囚乃甚。

【注解】日上神克日为鬼，诸事蹭蹬。如果旺相，仕途中人占之，为得官之象。若休囚死绝，占官亦不吉，故云更甚。

例　戊辰年壬戌月己未日申时卯将占财（子丑空亡）。

初传酉金虽盗日干之气，但生末传亥水妻财，求财似乎吉庆；可惜末传亥财生合干上神寅木官鬼，官旺克干，再加四课均上克下，名无禄绝嗣，故占财、占宅、占病、占讼、占出行、占产无一吉庆。唯占功名寅木官鬼临干、临宅，主功名到手为吉。（按：寅木坐未为入墓，戌月为休囚虽无力，但得末传癸亥之水相生，由弱变强，故以旺相论。）

合	辛酉	子孙
常	丙辰	兄弟
蛇	癸亥	妻财

阴	合	阴	合
寅	酉	寅	酉
巳	寅	未	寅

贵	后	阴	玄
子	丑	寅	卯

蛇亥			辰常
雀戌			巳虎
酉	申	未	午
合	陈	龙	空

【原文】日生上神，虚费百出。

【注解】日生上神者，为脱泄。泄我脱我，必有虚耗。然泄我之神又为子孙，若占子息之事，旺相入传，反主子息贤良，前程远大。若占胎产，主易产易养，喜产贤郎。

例　甲午日卯时未将占（辰巳空亡）。

干上神脱干，支上神脱支，三传又合火局脱干，消耗过甚。

占失脱屡见难获，占财、占功名、占病均不利，唯宜占子息。

古鉴存此课占验一例：辛酉年生人，己酉年酉时丑将占谒县令断曰：三合盗气，干支皆被上神脱泄，远涉徒费，泆女淫荡（按：二三课相同，为泆女不备），戌财坐午火盗气，纵有厚赐，旋以狎邪耗尽。行年申金腾蛇衔剑，贵人在后，被克而怒（按：未贵自坐卯木被克），必主后来嫌怨不足。其人曰："彼有札召我，何为不去？"及至初相见，款洽厚赠。寻因遇友，引入妓家，遂倾所有。令知之，果见诮让，情礼顿疏，潦倒而归。（按：初见厚赠者，寅木日德日禄发用。中狎妓尽耗者，中传与干上神午火乘天后故。县令情疏，潦倒而归者，三传合火局克官鬼而脱耗甲木故。）

虎	壬寅	兄弟
后	甲午	子孙
合	戊戌	妻财

后	合	合	虎
午	戌	戌	寅
甲	午	午	戌

雀	合	陈	龙
酉	戌	亥	子
蛇申			丑空
贵未			寅虎
午	巳	辰	卯
后	阴	玄	常

【原文】日克上神，凡事抑塞。

【注解】此句有误。干克上神者为干之财，财为生身之本，何言抑塞？应有二解：日干旺相，财神有气，主得财且诸事顺畅。日干无气，财星过旺；或日干过旺，财神死绝，主有抑塞，应仔细区别。

例1 戊辰年丙辰月丙申日午时戌将占财（辰巳空亡）。

酉金财神临干乘贵人吉将发用，三传合成财局，又得辰土太岁、月建相生，财气旺相。丙火虽为相，但月建盗气且寄宫空亡，其力不足任财，丙火旺时方可得财；同时三传合局亦主费时方得。果于立夏节后，丙火临禄旺之处，干旺财旺获利。

例2 辛未日未时亥将占（戌亥空亡）。

亥水为正月天将，寅木财神正旺之时，又得三传木局生助，财气极盛，辛金日干反处绝地。纵观全局是干弱财旺，如人生病，虽身入宝山，亦空手而归。此课诸事抑塞，占财虽得，终亦耗尽，占病难愈，占失脱难获，占宅婢妾有奸窃之事。如果此课为七八月占，则不以此论。

```
贵 丁酉 妻财          合 空亥 子孙
常 辛丑 子孙          后 丁卯 妻财
陈 空巳 兄弟          虎 辛未 父母

贵 常 玄 龙          贵 常 合 后
酉 丑 子 辰          寅 午 亥 卯
丙 酉 申 子          辛 寅 未 亥

贵 后 阴 玄          龙 陈 合 雀
酉 戌 亥 子          酉 戌 亥 子
蛇申        丑常      空申        丑蛇
雀未        寅虎      虎未        寅贵
午 巳 辰 卯          午 巳 辰 卯
合 陈 龙 空          常 玄 阴 后
```

【原文】日上生辰，辰上生日，或日辰上各自受生者，两家顺利。

【注解】干上神生支，支上神生干，名交车相生，主宾主相得，两方均利，最宜合伙。日辰上各自受生者，是言日上神生日，支上神生支，主人宅均安。

例 丙午日巳时寅将占（寅卯空亡）。

干上神生支，支上神生干，且支上神生支，干上神生干，既符交车相生，又符各自受生，以上论诸事皆利。但此课寅卯旬空，名受生不生。子水官鬼发用坐空，午火末传上乘卯空，四课三传

```
合 壬子 官鬼
贵 己酉 妻财
玄 丙午 兄弟

龙 雀 空 合
寅 亥 卯 子
丙 寅 午 卯

龙 空 虎 常
寅 卯 辰 巳
陈丑        午玄
合子        未阴
亥 戌 酉 申
雀 蛇 贵 后
```

皆于无形，吉凶好恶皆无成，为应吉不吉。故课要活断，万勿执一。

【原文】 日上克辰，辰上克日，凡事离散。或日辰俱被上克者，两有相伤。

【注解】 日上神克支，支上神克干，名交车相克，主宾主不和，两方均不利。而干上神克干，支上神克支，却主人宅均受损。占合伙主各自受损，两败俱伤。

　　例　庚申日午时辰将占（子丑空亡）。

干上神克支，支上神克干，且干上神克干，支上神克支，既符交车相克，又符各自相克。若为合伙，主两败俱伤，宾主不和。占宅、占财、占出行、占兵

龙	戊午	官鬼
合	丙辰	父母
蛇	甲寅	妻财

龙	合	龙	合
午	辰	午	辰
庚	午	申	午

| 雀 | 合 | 陈 | 龙 |
| 卯 | 辰 | 巳 | 午 |

蛇寅			未空
贵丑			申虎
子	亥	戌	酉
后	阴	玄	常

战，无一吉利，唯占官最吉。官星临干支，必得之象。

古鉴存占验一例。己酉生人，九月巳时卯将占讼。

断曰：顾祖课，原有讼根。金日得巳时为天网课，末传寅木为胥吏，生起午官来克日干，主一吏人不足，始终被害。行年在子，上乘戌土，会寅木、午火自去烧身，患必自招。午为火针，必遭刺配，且年上见戌为军徒，当一千八百里。缘午数九，支亦午火，相加为一千八百里。

按，此课午鬼为占时，临干支且发用，既克干，又克支，人宅俱损，无处躲藏，占讼最凶。幸月令戌土为火墓，行年上戌亦为火墓，凶焰略减。若为春夏占之，更凶。

【原文】 日上脱辰，辰上脱日，主我脱他，他脱我。或日辰俱被上脱者，彼此防脱，乘元尤甚。

【注解】 脱即泄。日上神脱辰是我欲泄彼，支上神脱干是彼欲泄我。互脱者，彼此均有相脱之意。主两人合伙，都有占对方便宜之心。若干支均被上神脱泄者，主彼此都有消耗。

例　庚申日亥时寅将占（子丑空亡）。

干上神脱支，支上神脱干，且干支均被上神脱泄。若为合伙做生意，不仅自己消耗殆尽，且想消耗对方。丑土昼贵，虽发用但旬空，反为干支之墓，诸占无一吉象，故为凶课。

【原文】日上见辰旺，辰上见日旺，或日辰各见旺神，不宜谋动，动则为罗网。

【注解】日中则昃，月满则亏，干支上神互见或各见帝旺，为羊刃、为正盛之期，保持这种形势则吉。一动必往衰败之方，故云动必招忧。

例　甲申日酉时辰将占（午未空亡）。

木旺于卯，金旺于酉。今干上乘酉，支上乘卯是交互乘旺，同时甲木寄宫寅坐未墓，申金坐丑墓，干支又自坐墓，自招昏晦，故诸事静守，尚有旺气，可以为福，若动，必有灾咎。

古鉴存验一例。一县令己未生，戊申年丑时申将占身命。

断曰：日上乘破碎、勾陈，官位不明。初传戌乘六合，主私门受财。阴神巳火化罗网，酉鬼伤身，明年八月事发遭勘。寅为功曹坐墓，当谪为曹属。行年在巳，上被子克，下临戌墓，巳为旬尾，庚戌年当得暴疾，闭口而终。前后俱验。（按：应酉年酉月降谪者，临干之酉鬼当值岁月故。应戌年身亡者有二意，一是巳火行年入墓之岁，二是巳火为旬尾为

空	空丑	父母
陈	癸亥	子孙
陈	癸亥	子孙

陈	虎	陈	虎
亥	寅	亥	寅
庚	亥	申	亥

蛇	雀	合	陈
申	酉	戌	亥
贵未			子龙
后午			丑空
巳	辰	卯	寅
阴	玄	常	虎

合	丙戌	妻财
常	癸巳	子孙
蛇	戊子	父母

陈	玄	阴	合
酉	辰	卯	戌
甲	酉	申	卯

蛇	贵	后	阴
子	丑	寅	卯
雀亥			辰玄
合戌			巳常
酉	申	未	午
陈	龙	空	虎

闭口，旬尾有终意，临戌而终故。)

【原文】日上见禄马，主荣名迁动。

【注解】干上神既为日禄，又为日马，只甲庚二干有，余干皆无。甲子、甲申、甲辰三日干上见寅；庚午、庚寅、庚戌三日干上见申是。有趣的是六课都是伏吟课，都是日禄日马发用。同时，禄马又为日德，吉神集于一身，再乘吉将，必主荣名迁动。

【原文】日上见辰马，辰上见日禄，君子迁官，小人身动宅迁，凡占受屈。

【注解】干为我，支为彼，日禄临支，为我禄就彼，必受其牵制，故云受屈。《毕法赋》云"权摄不正禄临支"亦此意。

例　丙申日巳时寅将占（辰巳空亡）。

巳为丙火之禄，加临支上；寅午日支申金驿马，加临干上，符上论。此课马加干生干，禄加支生支，本为极吉之课。可惜巳火日禄、日德发用空亡，且逢月破，中传寅木父母坐空，以致前程大损。幸寅木乘青龙吉将，又为月将，初虚终吉，虽受委屈，仍获成功。

常	空巳	兄弟
龙	壬寅	父母
雀	己亥	官鬼

龙	雀	常	龙
寅	亥	巳	寅
丙	寅	申	巳

【原文】日辰上见德神，利进发，乘吉将尤佳。

【注解】阳干德神又为干禄，临干自是吉庆。阴干己、辛、乙、丁见德神为官星，癸见巳德为财，且乙见申、丁见亥、癸见巳都是贵神，如果日干旺相，三传得当，必大贵大显。即使三传不佳，德神临干，虽不大贵，亦无大碍。

例　丁酉日辰时申将占（辰巳空亡）。（图见第281面）

亥水官星乘贵人吉将并日德临干，三传又合木局生干，诸事宜积极进取，占求官、谒贵、兵占皆吉。若占宅，丑墓临宅，却主人口不宁。

古鉴存占验一例，正月未时亥将占前程。

断曰：行年三十岁，上见申，申生亥水之官当及第；然亥水克身必主大病，赖曲直脱水生火，故不至死。卯数六，主得六任。木局生风，末传墓临死地，应得风疾而终。（按：卯木为生干之神，故以卯木论任期。又木局生风，未为风伯，为木墓，木藏而风生，故得风疾。）

断验又一例，亥生人占身位。

断曰：亥四未八，四八三十二。今年四十九岁，官星已过，后绝神克身，至辛亥年必死。宅左被人下葬断脉，以致家破人亡。因丑墓在左，上乘破碎。

同为一课，上一课行年申虽生亥水，官鬼克身，行年一过，亥鬼无生，故无恙。后一课则本命为亥水，不能除去，再至亥年，益加鬼势故亡。这说明，虽课同但年命不同，占事不同，吉凶亦不同之理。

【原文】日辰上见六合或见互合，主交易成就，但不利解散事。

【注解】日上神与辰上神作六合，或日上神合支，支上神合干，作交车相合，彼此有和合之情，占交易、占婚等均主合成。如占讼、占病等解散之事，却主不成。

【原文】日辰上皆乘墓，如处云雾昏暗中，人宅俱不亨通。日鬼之墓加干，不吉，将凶尤甚。日辰坐于墓上，比上乘墓更不同，坐墓者是本身情愿，甘受暗昧，家宅亦肯借与人，被人作践也。

贵	己亥	官鬼
常	癸卯	父母
陈	乙未	子孙

贵	常	阴	空
亥	卯	丑	巳
丁	亥	酉	丑

雀	蛇	贵	后
酉	戌	亥	子
合申			丑阴
陈未			寅玄
午	巳	辰	卯
龙	空	虎	常

【**注解**】墓加干支是墓来寻我墓我，虽心有不甘，亦难躲避，人宅皆主昏晦不通。干支坐墓是我去寻墓，心甘情愿地被其墓晦，人愿受其侮辱，住宅甘愿任其作践，故有不同。

例1 壬寅日丑时午将占（辰巳空亡）。

日干壬水被辰土墓覆，未土加支寅墓支，是人宅皆被其墓。中传巳火妻财虽乘贵但逢空，末传戌官乘青龙吉将却落空，人宅俱损，三传无依，诸事不吉之课，占病尤凶。

古鉴存验一例，五月壬寅日丑时申将占家宅庚午生人。

虎	庚子	兄弟
贵	空巳	妻财
龙	戊戌	官鬼

后	陈	雀	虎
辰	酉	未	子
壬	辰	寅	未

龙	空	虎	常
戌	亥	子	丑
陈酉			寅玄
合申			卯阴
未	午	巳	辰
雀	蛇	贵	后

蛇	戊戌	子孙
常	空巳	兄弟
合	庚子	官鬼

合	阴	空	蛇
子	未	卯	戌
丙	子	申	卯

合	陈	龙	空
子	丑	寅	卯
雀亥			辰虎
蛇戌			巳常
酉	申	未	午
贵	后	阴	玄

断曰：身宅俱墓，无气之极，必主妻妾争斗而逐出其婢；盖因酉为婢，不在宅中，居于干阴，故主出也。然酉与辰合，至甲辰日当再还。又主常被兄弟作难，缘子未相加且乘白虎也。（按：兄弟子水乘白虎凶将，临宅阴且发用，故云兄弟作难。）

例2 丙申日卯时戌将占（辰巳空亡）。

从此课天地盘可以看出，丙火日干寄宫巳火自坐戌墓；日支申金自坐丑墓，且丙干被子鬼加临克制，申支上卯财又乘天空凶将，有欺诈之意，干支上神皆凶，三传无救，是真心情愿被墓，自暴自弃,诸占皆凶。

【原文】日辰上见刑害,宾主不投,各怀嫉忌侵害。

【注解】刑害却有分别,如丑未刑,寅申刑,不仅刑且主散。若寅巳刑,子卯刑,巳申刑,刑中有生,虽刑终成。

例　戊申日子时酉将占(寅卯空亡)。干上寅,支上巳,寅巳相刑,但诸书解释均未论及相刑,说明相刑之说多有不妥。此课巳火临宅生宅,家宅康泰。寅木临干克干且发用,似乎利占功名,然寅木驿马逢空,亦为虚喜。占病占讼似凶,然寅木为空,凶亦不凶。吉凶皆不成之课。

古鉴存占验一例:子时酉将占赴任。

断曰:寅作青龙、官星也,奈值空亡。巳就宅而作朱雀,宅神又加亥而作末传,任当虚赴。巳与申合禄在支上,摄不得正任,待陈姓人去,方

龙	空寅	官鬼
常	辛亥	妻财
后	戊申	子孙

龙	常	雀	龙
寅	亥	巳	寅
戌	寅	申	巳

龙	陈	合	雀
寅	卯	辰	巳
空丑			午蛇
虎子			未贵
亥	戌	酉	申
常	玄	阴	后

得到正任。行年午在酉上作蛇,临行主夫人大病一场,一一皆验。

【原文】日辰上逢败气,主身宅俱衰败。

【注解】败气,五行沐浴处,金在午,木在子,水在酉,火在卯。

此论庚辛申酉上逢午,金被火克,衰败当在其理。然木见子,水见酉,火见卯,均为相生,若旺相时均以生论,死绝时方以败论。

例1　乙酉日申时辰将占(午未空亡)。

子水临干,依上论为败气,然此课三传合为金局,为日鬼克身,全凭干上子水父母化解。同时初传生中传,中传生末传,末

传生子水干上神，又名三传递生。故不论求财、求官、投谒、失脱、出行，诸事皆吉。唯占讼不散，占病缠绵，此因三传六合故。

此课遍查《大六壬立成大全钤》《大六壬总览》诸书，均以"满盘皆鬼来生子水，子水生身，忧变成吉"论断，并无一以木败于子论，说明"败神有用，亦不为败"之论正确。

例2　庚寅日酉时未将占（午未空亡）。

龙	癸巳	子孙		蛇	空午	官鬼
蛇	己丑	妻财		合	壬辰	父母
玄	乙酉	官鬼		龙	庚寅	妻财

贵	常	龙	蛇		蛇	合	虎	玄
子	申	巳	丑		午	辰	子	戌
乙	子	酉	巳		庚	午	寅	子

蛇	雀	合	陈		陈	合	雀	蛇
丑	寅	卯	辰		卯	辰	巳	午
贵子			巳龙		龙寅			未贵
后亥			午空		空丑			申后
戌	酉	申	未		子	亥	戌	酉
阴	玄	常	虎		虎	常	玄	阴

午火临庚，子水加寅，以上论均为败气，但此课亦实不吉。一则午火官鬼发用临干，依理宜取功名，然午火空亡；二则支干上神子午相冲，干支庚寄申宫，申寅亦冲；三则干上神午火泄支，支上神子水脱干，名交车脱泄。再加干上神午鬼乘螣蛇凶将，支上子水神乘白虎凶将，无一吉气，故诸事不吉。（按：此课不吉，实非败故；若六月占午火为月将，月将不空，反主可得功名。）

【原文】日辰上值绝神，宜结绝旧事。

【注解】绝神，金绝于寅，木绝于申，火绝于亥，水绝于巳。

绝神为旧事已了，新事将生之处，故云宜结绝旧事。如丙寅日丑时未将占，丙上乘亥，寅上乘申属此类。

【原文】日辰上逢死神死气，凡事宜休息，不利动作。

【注解】死神：木死午，金死子，火死酉，水死卯。

死气：正月在午，二月在未，三月在申，依此顺推。

木见午火，金见子水，水见卯木，均为脱泄之气，耗我之神，其为死气，甚合五行生克之理。唯丙丁见酉为财，又为贵人，若占财占官均为类神，却宜谨慎。若酉金旺相，当以财贵论，死绝方论死气。

例 1 丁未日寅时辰将占（寅卯空亡）。

辰土为酉月月将，酉金正当旺时，临干支且发用。中传亥水乘太阴作官鬼且为德神，不仅人宅两旺，且求财、占婚、占行人、占出行均吉，占求官、科考最

贵	己酉	妻财		贵	己酉	妻财
阴	辛亥	官鬼		常	癸丑	子孙
常	癸丑	子孙		陈	乙巳	兄弟

贵	阴	贵	阴		贵	常	后	合
酉	亥	酉	亥		酉	丑	戌	午
丁	酉	未	酉		丙	酉	午	戌

美，万勿以死气论。唯占病缠绵，终难痊愈，此即死气之故也。

例 2 丙午日卯时未将（寅卯空亡）。

酉金死气虽乘贵作财临干发用，但未为午月月将，是酉金败地，又自坐丙火被克，故以死气论。

占验一例：申时子将占睢州被围。

断曰：课传从革，刑干害支，春占金局，乃反射肃杀之气，戌命长生被克，全无化解，干乘死气，支乘墓神，又干支年命上俱遭刑克墓害，被戮何疑乎。果验。（按：子水为大寒、立春节月将，此断云春占，当属寅月，寅月为金绝之地，故云死气。）

【原文】日辰上空亡，虚声无实。

【注解】如乙巳日干上寅，支上卯。乙巳居甲辰旬中，寅卯逢空，属此类。占得人宅皆空，虚耗百端，有名无实，吉凶皆空。

【原文】日上课不足，自身不足，行止不实。辰上课不足，

家宅不宁，仍主阴小灾殃。

【注解】此为别责不备课。刚日逢之是辰上不备，柔日逢之是干上不足。

例1　庚戌日未时巳将占（寅卯空亡）。

日干庚寄申宫，第一课与第四课同，日辰不备。初传午官乘青龙吉将临干，申金德禄坐宅，宅旺人亨之象。但课逢阴辰不备，若占婚却主不宜，非二男争一女，即女方不正。

龙	丙午	官鬼	
合	甲辰	父母	
蛇	空寅	妻财	

龙	合	虎	龙
午	辰	申	午
庚	午	戌	申

合	空卯	官鬼	
蛇	癸丑	兄弟	
后	辛亥	妻财	

龙	合	虎	龙
巳	卯	未	巳
己	巳	酉	未

例2　己酉日午时辰将占（寅卯空亡）。

己干寄未宫，第一课与第四课同，柔日为干不备。初传卯木乘六合，末传亥水乘天后，又成狡童格。且初传空亡，中传落空，末传又与干上神冲克，无一吉象。占宅、功名、求财，无一吉利，占婚主夫妻各怀邪念，异心同床，年命逢吉可解。

贵	丁巳	妻财	
合	甲寅	子孙	
空	癸亥	兄弟	

虎	阴	玄	贵
戌	未	申	巳
癸	戌	亥	申

【原文】日辰上魁罡，凡占不自由；或六合发用，主隐身避难，欺诈私门；乘蛇虎加临或为用，定有折伤之厄难。

【注解】魁罡即辰戌。如果辰戌为凶神且乘凶将，依此议。若魁罡为吉神、用神类神且乘吉将，仍以吉论。

例　癸亥日午时卯将占官（子丑空亡）。

戌土类神官鬼乘白虎临干，占官白

合	雀	蛇	贵
寅	卯	辰	巳
陈 丑			午 后
龙 子			未 阴
亥	戌	酉	申
空	虎	常	玄

虎为催官使者。末传亥水生中传寅木，中传寅木生初传巳火，巳火又生干上戌官。初传巳火贵人乘双马（驿马、丁马）作德神生官，大吉之象，不仅得官，终为贵显。戌土虽落丑土空亡，但卯木为戌月月将，戌官临月建不为空亡，反更有力。若因魁罡临干不自由论，必致大谬。（按：此课干支上神相生，初传贵财，不论占财、占婚、占宅、占人，皆主吉昌。唯占病讼、官鬼临干不吉。）

　　例　丁未日申时亥将占（寅卯空亡）。

戌土既为火墓，又为土墓，临干支是干支皆被其墓，是人宅俱晦之象，诸占不吉，占讼必因。即使占功名，亥水官鬼乘贵神发用，但被二戌克制，亦主不成。幸二戌及初传遁干财，财有化子孙生官鬼之功，若以财得官，尚有可成。此戌土魁罡为凶神临干、临支故。

贵	辛亥	官鬼
蛇	庚戌	子孙
蛇	庚戌	子孙

蛇	阴	蛇	阴
戌	丑	戌	丑
丁	戌	未	戌

【原文】日辰上见卯酉为阻隔。

【注解】卯酉为出入之门，又为关格。是否有阻，则要以神将吉凶来论断，若卯酉为吉神、吉将，则称关梁可越，亦为无阻。（详参后《行人》《出行》节。）

【原文】日临辰被克，自取卑幼凌犯；辰临日克日，卑幼上门凌犯。

【注解】此乱首课。干临支被支克名自取乱首，乃尊上无礼，方被下犯，其势稍轻。支临干克干名上门乱首，乃上不制下，卑来犯尊，为鬼克尊，其情较重。至于吉凶，则要以所占之事的类神、发用及本人年命来判断。（详参前《课体·乱首课》）

合	己卯	官鬼
后	丁亥	妻财
虎	空未	兄弟

合	后	后	虎
卯	亥	亥	未
己	卯	卯	亥

　　例　己卯日卯时亥将占（午未空亡）。

日支卯木加干克干，是上门乱首，三传又合木局，亥水为寅月将，木气为旺，克干益烈，如占讼、病、婚、财、失脱，无一吉利。唯仕宦中人占官，官星乘旺临干，亥财遁丁生官，不仅得官迅速，且长久贵显，反为大吉。（按：上门乱首，十干中各有一课，甲申日干上申，乙酉日干上酉，丙子日干上子，丁亥日干上亥，戊寅日干上寅，己卯日干上卯，庚午日干上午，辛巳日干上巳，壬辰、壬戌日干上辰戌，癸丑、癸未日干上丑未。）

阴	壬午	子孙
龙	丁丑	妻财
贵	空申	官鬼

合	阴	阴	龙
亥	午	午	丑
乙	亥	亥	午

【原文】日临辰受生，以尊从卑，初虽艰阻，后终逸乐；辰临日生日，凡事不待我求彼，彼自上门顺从，不劳余力。

【注解】干加支受支生，如同我去求他相助、包容；支加干生干，如他上门帮我、助我，其势顺利畅通得多。

例　乙亥日未时寅将占（申酉空亡）。

初传午火脱干之气，三传递生，申金官鬼克干，且初传午火又是乙木死地，三传极为不利，喜日支亥水加干生干，不仅引鬼生身，且克制午火，使木之气不泄，人宅皆旺，全赖一亥水；亦"干上生干百事吉"之意。

阴	空巳	妻财
蛇	壬寅	子孙
陈	己亥	兄弟

虎	阴	陈	虎
申	巳	亥	申
壬	申	寅	亥

蛇	贵	后	阴
寅	卯	辰	巳
雀丑			午玄
合子			未常
亥	戌	酉	申
陈	龙	空	虎

【原文】日临辰生辰，是人往生宅，人衰宅旺，凡事他来求我，犹日不得已而与之；此则情愿上门，屈往就彼，财耗人疲，虚费无得。

【注解】此课每干有一课（丙日二课），即甲午日寅临午，乙酉日辰临酉，丙戌、丙辰日巳临辰戌，丁酉日未临酉，庚子日申临子，辛酉日戌临酉，壬寅日亥临寅，癸酉日丑临酉。吉凶却要根据三传及干上神判。

例　壬寅日申时巳将（辰巳空亡）。（见第288面下图）

虽干加支生支，但干上神亦生干，源远流长，一递相生，反主营建新居，另盖华宅。同时巳财为月将为夜贵发用，三传递生，初传又生干上神，干上神再生干，一片吉象，故占财、占官、占病皆吉。万不可以虚费无得论断。

【原文】辰临日脱日，主虚耗遗失之象。

【注解】辰临日脱日，是彼上门脱我，虚耗难免；若占子息，却主吉昌。如果三传年命有克制之神，不以此论。

例　丙辰日卯时寅将占（子丑空亡）。

虽辰土日支临干脱干，但传见卯寅父母，一则卯寅之木克辰，使其不能脱日干之气，二则寅卯辰会东方一气，脱干之神反成生干之局，是变忧为喜。同时，三传退茹逢空，反宜向前，诸事进则吉，退则凶。

空	乙卯	父母
虎	甲寅	父母
常	空丑	子孙

龙	空	空	虎
辰	卯	卯	寅
丙	辰	辰	卯

【原文】日临辰克辰，事多费力，却得其财。辰临日受克，尊长得财，不利卑幼。

【注解】干为我，支为彼。支为日财，日加克支是彼有财而我去取，所以费力。干为尊，支为卑，支临干受干克制，为日财，故云尊长得财。卑幼受克，故云不利卑幼。

【原文】日临辰，辰临日，俱比和乘吉将，凡占皆吉利。

【注解】比和即同类，命理中的比肩、劫财，壬课中即兄弟。如甲乙见寅卯，丙丁见巳午之类是。日干加支，日支加干，且均为同类者，只甲寅、庚申、己未三日第一课（伏吟课）共三课。寅木申金即为日禄，又为日德，既临日干，又临日支，且干支同心，故凡占皆利。

论三传

【原文】课为体，传为用。传吉课凶事终吉；传凶课吉事少成，纵成亦无终始。

【注解】此言三传与四课的关系。三传是从四课中发出，所以四课为体，三传为用。三传既为用，玄机必尽藏其中，所以以三传为主，四课为次。三传吉，四课亦吉，锦上添花，诸事更吉。三传吉四课凶，虽有小疵，亦无大碍，占事仍成。若三传凶，四课吉，诸事难成，即使干上神生干，不过仅可守成，必无进展。若三传凶，四课也凶，则诸事无望，凶祸必至。

例1　戊辰年辛酉月己巳日未时巳将占财（戌亥空亡）。

以此课观之，巳火青龙临干生干，卯木官鬼临支生支，干支皆受上神所生，似是吉课。然丑土兄弟乘螣蛇发用，为夺财之神；中传亥水妻财类神空亡，且与干上神冲克；末传酉金乘

蛇	乙丑	兄弟		蛇	戊申	妻财
后	空亥	妻财		贵	己酉	妻财
玄	癸酉	子孙		后	庚戌	子孙

龙	合	合	蛇		合	雀	雀	蛇
巳	卯	卯	丑		午	未	未	申
己	巳	巳	卯		丙	午	午	未

玄武凶将，既盗日干之气，又冲克支上神卯木；如此支干上神均受冲克，虽生不生，三传皆凶，无一可依，反是无财之象，故宜守不宜动。

例2　戊辰年庚申月丙午日辰时巳将占财（寅卯空亡）。

以四课观之，午火羊刃，夺财之神临干；未土乘朱雀凶将临支脱支，四课中二、三课相同，又为不备，一片凶象。然三传申酉戌进茹且成西方一气，戌上又遁庚财。占时申月，财气大旺，中末传又乘贵人、天后吉将，必获大利。果此君把握时机，获利数十万。此课凶传吉仍吉例。

【原文】凡事始末系之三传，以初中末为次第。假如初鬼中印末财，便是先阻、中助、末得也。若初凶末吉，初虽艰难，终有成。初吉末凶，初虽好，终不济。初末凶中吉，事虽中合，无益。

【注解】此论三传关系。初传为事之发端，中传为事之进行，

末传为事之结局。初传凶，末传吉，谓之有解，事虽开始艰苦，
而终能达到目的。若初末吉中凶，主事虽有阻隔，也终会成功。

如果初末凶而中吉。主事开端即凶，中虽
努力，有好转，终仍功亏一篑，中间努力
付之东流。

例　戊辰年己未月癸未日申时午将占财
（申酉空亡）。

此课巳火财神乘贵人发用，开始必定吉
庆。然中传盗气，乘朱雀凶将。末传官鬼乘勾
陈凶将，且干上神兄弟冲克初传巳财，初传虽
吉，中末凶险，仍为一无所获。果此君虽拥有
巨资，却不敢投入经营，以致最终无利。

例　戊辰年庚申月丙辰日辰时巳将占财
（子丑空亡）。

此课亥水官鬼遁癸发用，初必不利，
再加午火羊刃临干，故宜暂时守旧不动。
但申月财当月建，下月酉金为财旺之时，

贵	辛巳	妻财
雀	己卯	子孙
陈	丁丑	官鬼

空	常	贵	雀
亥	酉	巳	卯
癸	亥	未	巳

阴	癸亥	官鬼
合	戊午	兄弟
合	戊午	兄弟

合	雀	陈	合
午	未	巳	午
丙	午	辰	巳

中末传午火兄弟助身，且乘吉将，定获大利。果此君乘此机，
竟获暴利五十余万。

【原文】初传为发端门，乃心之所主，事之所向，须要神将
比和，上下相生为吉。若逢德禄，举事称心，事危有救。

【注解】初传是心事之发端，所占事之先机、动机皆蕴于初
传之中，故名发端门，也叫用神。如果初传逢旺相，获名获利；
值休，主疾病；值囚，主刑罚。

初传所乘吉将，与初传同类者，如初传丑，乘贵人，初传
为寅，上乘青龙等，主喜上添喜。

初传所乘凶将，与初传同类者如初传申，上乘白虎，初传巳，
上乘螣蛇等，却主凶中不凶。

初传太岁，中、末传如见月将或日辰，为移远就近之象，事宜速行。

初传为鬼乘朱雀，无救神，主火灾，应谨慎防范或搬家。

螣蛇乘戌发用临支且墓支，家有病人；若带死气将会有死丧之事。

天空、丁马发用脱干，主受人欺骗，损耗财物。

官鬼并金神乘白虎发用，有兵刃之危，宜慎防之或避之；若螣蛇并鬼带杀刃发用，加干亦同。

白虎带死气、空亡发用，克干或年命，占病必死。

太常为鬼，带劫杀发用，并带死神、死气，因服毒而死；或因酒食招灾生病。

螣蛇乘木鬼发用，带死神、死气或索神，有缢死之厄；若加支上或克支，家里会有此厄。

支上神为火，克支发用，带破耗，主家运不好或财物耗散。

支上神乘蛇发用，带死气死符，家内有死人；刑支更的。

贵人加支发用，旺相者主家富裕；休囚者，两姓同居。

朱雀带杀临支发用，非兄弟同居即两姓同居。

申金临支乘朱雀发用，加临卯酉，家人有手足之伤；是谁受伤，则以六亲断；为财是妻妾受伤，为子孙是儿女受伤等。

朱雀乘辰戌加支发用，会有官灾是非。

六合带德神临支发用，会生双胎。

勾陈乘贵加支发用，因造房致灾或损失财产，减少人口。

天空乘巳临支发用，家会破损，亲属不和。

白虎乘申酉临支发用，家有女人病丧。

天后乘辰戌临支发用，非女人主家，即妻有灾祸。

六合带鬼临支发用，有与他人私通之事。

按：支为宅，若占家宅或家内之事者，依上论；若占彼此之事者，则以彼我论。

例　癸酉二月甲子日巳时亥将代占功名（戌亥空亡）。

斗鬼相加（丑中有斗宿，未中有鬼宿）且系两贵，必会状之命（会试殿试均第一名因斗鬼相加为魁字故），但不能久居庙堂。因德禄驿马加于绝地，定主退职，且夜贵居于本命，也主为不仕闲官也。但发用为德神、禄神，虽退职却无凶灾。后知为宜兴周延儒首揆所占。至申月，驿马逢冲而去职。

【原文】 中传为移易门，乃事体中间一段。母传子则顺，子传母则逆。鬼主事坏，墓主事止，害为折腰，事多阻隔。破主中缀无成，逢空为断桥折腰，事体不成。

【注解】 中传为应事之中。若初传凶，中传吉，可以移凶化吉。反之初传吉，中传凶，也可由吉变凶，所以中传叫移易门。

初传生中传叫母传子，主顺。中传生初传叫子传母，主逆。

中传空亡，叫断桥，又名折腰。如行至中途无路可走，主事中途而废。

后	丙寅	兄弟
龙	壬申	官鬼
后	丙寅	兄弟

龙	后	虎	蛇
申	寅	午	子
甲	申	子	午

雀	蛇	贵	后
亥	子	丑	寅
合戌			卯阴
陈酉			辰玄
申	未	午	巳
龙	空	虎	常

后	戊寅	兄弟
龙	空申	官鬼
后	戊寅	兄弟

龙	后	玄	合
申	寅	辰	戌
甲	申	戌	辰

雀	蛇	贵	后
亥	子	丑	寅
合戌			卯阴
陈酉			辰玄
申	未	午	巳
龙	空	虎	常

虎	癸亥	子孙
空	空子	子孙
龙	空丑	父母

虎	空	常	虎
亥	子	戌	亥
辛	亥	酉	戌

贵	后	阴	玄
午	未	申	酉
蛇巳			戌常
雀辰			亥虎
卯	寅	丑	子
合	陈	龙	空

例1　庚午年丁亥月甲戌日酉时卯将，占月销30吨山羊绒合同能签否（申酉空亡）。

寅为日德、日禄发用，中传申金乘龙亦为求财吉神，看似吉庆；惜中传申金既为日鬼，又逢空亡，名折腰；再加天地盘皆居冲位，课逢反吟，亦主冲散，必属妄谈，中途即止。

例2　乙酉年辛巳月辛酉日申时酉将，田总漕占发兵勤王吉凶（子丑空亡）。

驿马白虎临干发用，惜脱干之气，又坐于戌土之上，虽有狐假虎威之势，举动必有阻塞。再加中末传空亡，干支俱乘罗网，又干神归支，我兵此行必半途而回，不能前进。后兵至扬州，因高镇兵出城抢船，无奈抽兵而回。

【原文】末传为归计门，乃事之结果。发用在初，决事在末，最为紧切。初传受下克贼，而终能制之，可以反吉为凶。末克初为终来克始，远行万里，病苏灾止。如破害有阻，吉凶皆不成。逢空亡，事无结果。

【注解】末传为所占之事的终吉，所以叫归计门。

末传克初传为终克始，远行万里，入水不溺，入火不烧，病可苏复，灾咎终止。如果加临破害之处，则有阻隔。

末传最忌空亡，占吉事终无结果，占凶事亦难成凶。末传在壬课中的位置比初传还重要，因为它隐藏着整个事件结局的玄机，所以要非常认真地推详。

【原文】初传日之长生，末传日墓，有始无终。初传日墓，末传日之长生，先难后易。

【注解】例1　乙亥日子时申将占（申酉空亡）。

未土为乙木之墓发用，亥水乃乙木之长生，是从墓传生。初传未土日墓且乘白虎凶将；末传日生又乘天后吉将。贵神子

虎	癸未	妻财
合	己卯	兄弟
后	乙亥	父母

贵	常	虎	合
子	申	未	卯
乙	子	亥	未

水又临干生干，故诸占主先昏晦而后通明。唯占宅，未土乘白虎临宅克宅，伶仃难免。

例 2 乙丑日丑时亥将占（戌亥空亡）。

亥为乙木长生发用，未土为乙墓居末传，是自生传墓。初看此课，末传生中传，中传生初传，初传生干及生合干上神，似乎吉庆。惜初传空亡，末传日墓乘白虎凶将，且遁辛鬼，又生助中传日鬼，明暗两鬼克干，日墓墓干，闭塞不通，暗昧不明，诸占无一吉庆。

后	空亥	父母
玄	癸酉	官鬼
虎	辛未	妻财

雀	贵	后	玄
寅	子	亥	酉
乙	寅	丑	亥

【原文】初传凶，中末吉能解之。初中凶，末吉亦能解之。三传凶，行年吉，能解之。若三传、行年凶，不能解也。

【注解】末传为事之终结，故能解初中之凶。行年上神为一年之君，三传为臣，故行年上神可解三传之凶。

例 1 己巳年丙子月丁酉日戌时丑将，因一举人作乱求占（辰巳空亡）。

干上神戌土为干墓，支上神子水为支之死地，子水官鬼乘玄武凶将发用，其乱必凶。但子水坐酉为败地，既被干上神克制，又被末传午火日禄乘六合吉将冲击，

玄	庚子	官鬼
空	癸卯	父母
合	甲午	兄弟

后	常	玄	虎
戌	丑	子	寅
丁	戌	酉	子

蛇	贵	后	阴
申	酉	戌	亥
雀未			子玄
合午			丑常
巳	辰	卯	寅
陈	龙	空	虎

后	己巳	官鬼
陈	空戌	父母
玄	丁卯	妻财

玄	雀	空	后
卯	申	子	巳
辛	卯	未	子

陈	龙	空	虎
戌	亥	子	丑
合酉			寅常
雀申			卯玄
未	午	巳	辰
蛇	贵	后	阴

其乱指日败擒，无须过虑。此初传凶，末传吉，其凶可解例。

例2 辛巳年庚子月辛未日酉时寅将，本命午，行年酉占病（戌亥空亡）。

巳火太岁作日鬼发用，末传卯木妻财遁丁鬼助初传之鬼，本命上神亥水又为血支，所以其妇所患为崩漏之症。三传皆凶，其症严重。幸寅木幕贵为天医临行年，命上神亥水冲克日鬼，可以治愈。此三传凶，行年吉，可解其凶例。

【原文】三传神将，若将克神为外战，忧轻，虽凶可解。神克将为内战，忧重，虽吉有咎。

【注解】例1 癸未年己未月乙巳日亥时未将，占被上司参劾吉凶（寅卯空亡）。

三传合鬼局克干，行年丑土上神又是酉鬼乘螣蛇凶将，应有一番风波。幸三传皆为天将所制，金局无力克干，再加干上神子水父母又能化鬼生身，化凶为吉。同时，

蛇	己酉	官鬼		龙	甲申	官鬼
玄	乙巳	子孙		雀	丁亥	父母
龙	癸丑	妻财		后	庚寅	兄弟

陈	贵	龙	蛇		常	龙	雀	后
子	申	丑	酉		巳	申	亥	寅
乙	子	巳	丑		甲	巳	申	亥

龙	空	虎	常		龙	陈	合	雀
丑	寅	卯	辰		申	酉	戌	亥
陈子			巳玄		空未			子蛇
合亥			午阴		虎午			丑贵
戌	酉	申	未		巳	辰	卯	寅
雀	蛇	贵	后		常	玄	阴	后

干上神又作六合，虽先龃龉，终归和好，后果如所占。

例2 庚寅年甲申月甲申日寅时巳将，宜陵景生占院试能取否（午未空亡）。

不但府试可取，且必得首揆。盖因月将旬首发用，末传日禄驿马会入天门，传递生进，格合天心，又干支交车生合，天喜临年，主有非常喜事，首拔无疑。后此君果得榜首。

查此课初传申金，上乘青龙，金木冲克。中传亥水，上乘朱雀，水火相克。神克将为外战，依上论虽吉有咎，何以全吉？三传全吉故。故断课应以神为主，将为辅。天将为附神之物，只是参考，不能为重。例一之凶，皆因传合鬼局，能化解者，非天将克神，实因干上神子水父母为幕贵化鬼生干故，天将只属偶合。特予说明。

【原文】三传皆空，推事了无一实。如两传空，一传实，却见天空，亦系三传空之象。如初中空以末传为主，中末空以初传为主。

【注解】三传皆空者，两传逢空，一传落空。如丁丑日申金临干发用，丁丑居甲戌旬中，申酉空亡，申临未，酉临申，戌临酉之类是。天空系虚妄之神，若乘之，故也以空论。

三传中两传空亡，不论哪一传踏实，均以此传论吉凶。

例 丁丑年癸卯月癸未日午时戌将，占会试，本命午（辰巳空亡）。

虽巳火日德乘贵神为财、为马，加临太岁、日干，但巳火空亡，初传酉金落空，均无作用。唯中传丑土不空，既为太岁，又乘太常吉将且作官星，正是占考之类神，太常又为印绶；同时，戌土官星乘青龙吉将临本命，戌土类神为印，青龙乃占考类神，吉将。二者俱吉，必中甲榜。（按：此课虽三合金局为生干父母，但初陷末空，万勿以生干之局论。）

陈	丁酉	父母
常	辛丑	官鬼
贵	空巳	妻财

贵	陈	空	阴
巳	酉	亥	卯
癸	巳	未	亥

陈	龙	空	虎
酉	戌	亥	子
合申			丑常
雀未			寅玄
午	巳	辰	卯
蛇	贵	后	阴

【原文】三传自干上发用，传归支上者，名朝支格，主我求人干事。自支上发用，传归干上者，名朝日格，主人托我干事。朝日格，若神吉传吉，事易成合，不求自

至。若神凶传凶，祸起不测。如丙寅日干上午，三传辰巳午。壬寅日干上戌，三传子亥戌是也。朝支格，俯就于人，不得自由。如甲午日干上辰，三传辰午申，甲木传于死地，行人不来，病者死。丁亥日干上西，三传酉亥丑，财破贵人，引入绝地，不利与贵交易。庚寅日干上午，三传午辰寅，此乃支助日鬼，反害尊长。三传不离干支，求物得，谋事遂，行人回，贼不出乡，逃不脱。

【注解】格成朝日，虽主人托我干事，易于成合，仍要根据三传神将吉凶及排列情况来具体分析。如本文举例：丙寅日干上午，三传自第四课上神辰土发用，中传巳，末传归干上午火。昼占初传乘青龙吉将，中传日禄、日德，末传日旺，又乘六合吉将，且三传进茹，故诸占皆吉。而壬寅日一课，虽亦自第四课上神子水发用，但上乘玄武凶将，中传亥水日禄日德乘太常吉将，末传戌土官鬼乘白虎凶将，且三传退茹，魁度天门，除末传戌土作官星带绶，占官吉庆外，余占皆为阻塞淹滞之象。两课虽都是朝日格，但吉凶截然不同，所以应以神将吉凶为主，万勿将主次弄颠倒了。

格成朝支，虽主我去求人，干事不得自由，如果神将吉，仍以吉论。本节所举甲午日例，四课辰甲、午辰、申午、戌申，辰土乘六合发用，下坐寅木，是辰财受夹克之象；末传申金官鬼乘白虎凶将，初传辰财助鬼，除占功名先难后易有得外，余占皆凶。庚寅日辰上午，三传午辰寅，格成顾祖，末传寅财助鬼，诸占不吉，病讼尤凶。而丁亥日干上西，三传酉亥丑，酉亥为昼夜贵人，丑土乘太常吉将临干，诸占皆利，占功名阴阳二贵，并丑土太常印绶临干支，决主吉庆。此三课虽同格，但神将吉凶不同，吉凶亦有异。

【原文】三传不离四课，名曰如珠走盘，谋事成，吉则吉，凶则凶，忌占病。三传离日远，凡事难成，唯避难占讼灾可退。

【注解】远近：天干以天盘论，日期以地盘论，六位内为近，六位后为远。如戊戌日巳时辰将占，三传卯寅丑，戊土寄宫于巳，巳加午；三传卯寅丑，卯加辰，寅加卯，丑加寅，均隔八位以上为远。再如庚寅日辰时卯将占，三传子亥戌；庚寄申宫，加酉上；三传子亥戌与日隔二、三、四位为近。若三传中二远一近，则论远；二近一远，则论近。应灵活取用。

【原文】三传日辰互换三合，递相牵连，占事翻来覆去，不易了当。外有三传三合，为日干全脱，全生、全鬼、全兄弟，俱视天将吉凶，及五行制化何如。假如全鬼为凶兆，若年命日辰四处，有子孙爻，则制鬼矣。脱气要见父母，全生不可见财。

【注解】"全脱要见父母"者，用父母生干克制脱气之凶。"全生不可见财"者，财为父母忌神，传逢全生，干上见财，财克生干之神，有生无生故。

例1 癸酉日午时戌将占（戌亥空亡）。

虽三传合金局生干，然巳火为财星临干克金，丑土官鬼为支墓墓支，以致人宅受损，诸多不利，此皆"全生见财"之故。然毕竟三合金局，课成盘珠回还，金局有生身之用，虽先龃龉，终有成就。

陈	癸酉	父母
常	乙丑	官鬼
贵	己巳	妻财

蛇	丙子	子孙
龙	空申	兄弟
玄	庚辰	父母

贵	陈	常	贵
巳	酉	丑	巳
癸	巳	酉	丑

玄	蛇	蛇	龙
辰	子	子	申
庚	辰	辰	子

例2 庚辰日巳时丑将占（申酉空亡）。

三传合水局脱干，然辰土为庚之父母，临干生干，是全脱逢父母，凶中藏吉之课，事主先难后易。

例3 戊辰日巳时酉将占（戌亥空亡）。

此课初看，子水妻财为旬首、旬奇发用，末传申金乘青龙吉将，为日禄、日德，三传合财局，似乎吉庆。惜酉金败气乘勾陈凶将临干脱干，酉金复生三传，成干生干上神，干上神生三传，连续相脱之势，比全脱更凶。再加支上神亦脱支，吉气全无，凶气皆旺，故为全凶之课，无一吉庆。

例4 庚午日午时寅将占（戌亥空亡）。

虽三传合火局为鬼克干，但干上神辰土父母生干，引化火气，名引鬼生干，反

蛇	甲子	妻财
玄	戊辰	兄弟
龙	壬申	子孙

陈	贵	龙	蛇
酉	丑	申	子
戌	酉	辰	申

合	空戊	父母
虎	庚午	官鬼
后	丙寅	妻财

玄	蛇	后	合
辰	子	寅	戌
庚	辰	午	寅

成鬼生父母，父母生干，递生之势，再加寅木加支生支，故为转祸为福之象。占求功名尤吉。

【原文】三传并日辰上下皆合，则不得妄动，须寻日月冲破方动。然又看三传凶吉何如。若吉则宜合，又不喜冲矣。凶遇冲则凶散，却不以凶论。

【注解】三传并日辰，上下皆合，如庚寅日酉时午将占，干上课巳庚，支上课亥寅，初传巳加申，中传寅加巳，末传亥加寅之类是。

大凡三传神吉将吉，宜合忌冲，冲则吉散。神凶将凶，却喜冲克，冲主凶散，此是正论。

【原文】三传生日百事吉，占讼轻，无理亦不至凶。

【注解】生我者为父母，壬课中最吉之神。除占子息，父母克子息不吉外，余占皆吉，即使占凶事，亦可化解。

例 壬午年壬寅月戊寅日（正月初八）辰时子将，占左镇援兵何日到，贼兵何日退（申酉空亡）。

合	甲戌	兄弟
虎	壬午	父母
后	戊寅	官鬼

贵	陈	合	虎
丑	酉	戌	午
戌	丑	寅	戌

贵	后	阴	玄
丑	寅	卯	辰
蛇子			巳常
雀亥			午虎
戌	酉	申	未
合	陈	龙	空

三传合父母局生干，正月火相，必有救援兵至。惜干上丑土与初传相刑，与中传相害，名合中犯煞，至十三日癸未冲去丑土，则援兵至而贼兵退；且游都（按：戊日在申）、勾陈（酉）、玄武（辰）均入空陷之处，贼又何足在乎。果于十三日左镇有兵来之信，十五日贼移营而去。

须要注意的是，三传生干若占病，新病、乍病主易愈；若占旧病，虽可痊愈，也缠延时间，因三传合局故。

【原文】三传克日至凶，被冲则凶散。如癸亥日辰加癸，三传辰未戌，初蛇中勾末虎，是戌冲辰，虎冲蛇，以凶制凶。若行年更在戌上，凶可散。或行年在辰，则戌一辰二，冲不能破，而辰反为癸之墓，便主全凶矣。

【注解】三传克日虽至凶，其解法有三。一是干上神或年命上神冲克三传官鬼；二是干上神或年命上神为子孙，可以克制官鬼；三是年命上神或干上神为父母，能够化鬼生干。此三种吉凶却有分别，前两种虽可免灾，却不能为吉，后一种却可化祸为福，化凶为吉；如占功名，前两种无，后一种却速得而贵显。

如壬戌日酉时子将占，三传辰未戌，干上寅，一则末传冲初传，二则干上寅木子孙逢进气克制众鬼是。又如己卯日寅时辰将占，三传亥丑卯，第四课为未巳，凑足亥卯未三传合木局，干上酉金子孙当旺，冲克卯官是。再如乙酉日巳时丑将，三传巳丑酉三合金局，为鬼克干，干上子水化鬼生身之类是。

【原文】三传盗气，只宜退散，更防失物。若加蛇虎空亡之乡，主托人不得力，官事反复。

【注解】例　辛亥月壬辰日戌时寅将占逃亡。

未土官鬼加卯发用，卯为门户，主门户动摇。上乘朱雀凶将，因文字词讼交加。中传亥水乘天空，必因欺诈而起。甲申旬中午未空亡，逃亡终不可获。未下卯木乘太阴临日，辰上见申金传送，将得六合，逃必远去。（按：干上神脱干，支上神脱支，三传合木局脱干，托人不得力，事情反复，必难寻获。）

【原文】三传递生干克干，吉凶详毕法赋中。内干克初，初克中，中克末，求财大获，此最验。

【注解】此节有二意。一是三传递生克日，而日复生其传；如戊寅日，干上神为寅，三传寅亥申之类，主苦尽甘来之象。一是初传为日之长生，三传又递生克日；如庚申日，干上神为巳，三传巳寅亥之类，有乐极生悲之应。而本节所注干克初传，初克中，中克末，与原意不符。《毕法赋》原句为"三传互克众人欺"，其中有"求财大获格"。（详参后《毕法赋》第三十二解。）

雀	空未	官鬼
空	丁亥	兄弟
阴	辛卯	子孙

阴	雀	合	虎
卯	未	申	子
壬	卯	辰	申

陈	龙	空	虎
酉	戌	亥	子
合申			丑常
雀未			寅玄
午	巳	辰	卯
蛇	贵	后	阴

【原文】三传日辰全逢下贼上者，毫无和气。讼必刑，病必死。占事必家法不正，以致争竞。

【注解】例 庚寅年壬午月庚申日丑时申将，占携妻子远行吉凶（子丑空亡）。

男女远行，皆不得意，中途被劫，死于他乡，有沉溺破舟之虞，因男女干支行入空墓之地（按：干为男，支为女，庚寄申宫，申金坐丑，丑土空亡，故云）。中传巳火劫杀，遁丁马刑克支干，末传子水为干支死地加巳，是死加于生，且壬戌加卯发用，是河井相加，卯受干克，主车船破坏，其祸必矣。果近江西百余里，男女五人被盗而死。

按：课传皆下贼上者，为绝嗣无禄

合	壬戌	父母
常	丁巳	官鬼
蛇	空子	子孙

阴	合	阴	合
卯	戌	卯	戌
庚	卯	申	卯

蛇	贵	后	阴
子	丑	寅	卯
雀亥			辰玄
合戌			巳常
酉	申	未	午
陈	龙	空	虎

格，诸占皆凶。

【原文】三传有被日辰夹定居中者，若乘凶将，凶不可逃，乘吉将，吉不可邀，唯宜成合诸事。若占忧病、讼产、行人，皆不利；外有透出支干外者，只先紧后慢，更看所夹何如。

有三传被日辰夹定，如日辰上乘空亡，谓之遇夹不夹，始困终醒，有名无实，过后失时，反成差错；虽凶不至死，有吉不成喜。

有三传虽在日辰中间，而前欠一位，或后欠一位，谓之夹定虚一格。主有小节不完，更看所虚如何。若是财，则因财不足，不能成事，更看天将吉凶断之。（若年命填实，不在此限。）又有传透出支干外者，名透关格，号曰当时不时，过后失时。凡事主失时，或心力不逮，致使已成之事为人破坏。如甲子日，子加丑，三传子亥戌是也。看所透者是鬼爻，反吉成凶，主破财。若是退茹透出者，因退之慢而有所不及。进茹透出者，因进之过，反成不及。若是干透出支，不利外事，主有回还意，先动后静。支透出干，不利内事，唯宜外事。

【注解】三传被日干夹定有二解，如己酉日第二课，三传戌午申，日干己土寄未宫，未酉夹申，末传申金是被干支夹拱，这是干支夹拱三传类；再如庚午日第二课，干上一课未庚，支上一课巳午，三传午巳辰，干支上神巳未夹拱初传午火，这又是一类。至于吉凶，却要根据神将吉凶判断，这是壬课至理。如第一例，初传戌为日干己之墓，中传午为日干己之禄，末传申金为脱气，是中吉初末凶，凡占皆有稽滞惊惶之意。第二例干上未为日干庚金父母且乘夜贵，支上巳火为支午之禄，人宅俱兴。午火初传乘青龙作官星发用，中传长生作官星，末传辰土父母乘六合吉将，课传皆吉，故一片光明，尤利前程。所以壬课中不论格式如何千变万化，总以神将吉凶皆来断，方能抓住要点。

细查六壬七百余课式，被干支夹定三传中一神者，仅己酉日有一课；被干支上神夹定三传中某一神者，仅庚午日两课。余日如甲子日三传丑，已巳日三传午，癸卯日三传寅，甲辰日三传卯，庚戌日三传酉，丁巳日三传午，皆无此格。即使干支上神夹定三传中一禄者，也只庚午日有两课，余日亦无。此类实形同虚设。至于前欠一神，后欠一神等论，更无实际意义，不必计较。

论占时

【原文】时者，乃人之神机，符合自然，激发祸福之源，推测吉凶之首，故三传非时不发，月将非时不加，时与用俱不可伤。

【注解】六壬课的发动就在于占时，它受太阳的支配而变迁，因为月将必须加在占时上，才能演成天地盘，而后成四课，成三传，所以云占时是激发祸福的根源。既然如此重要，当然就不宜被伤害了。

【原文】如甲乙日金时，戊己日木时，庚辛日火时，壬癸日土时，丙丁日水时，皆时克日，用又助之，谋事皆凶，所谓天网四张，万物尽伤者也。

【注解】甲乙日占事，时逢申酉金为日之鬼，余日皆同。时鬼克身已是不吉，若发用再助时鬼，所谋皆凶。仕途中人求官却最宜。

例　戊戌日卯时丑将占终身，本命酉（辰巳空亡）。

三传丑亥酉，课名极阴。土死于卯，败于酉，酉六亥四，其人寿止四十六岁。初传丑土贵人，当享父福；中传亥财，临官加丑，亦乘父禄；末传及于本身，尔便败坏矣。中传亥水，末传酉金，当因酒色而败，果验。

贵	辛丑	兄弟
阴	己亥	妻财
常	丁酉	子孙

雀	贵	虎	龙
卯	丑	申	午
戌	卯	戌	申

雀	合	陈	龙
卯	辰	巳	午
未空			未空
贵丑			申虎
子	亥	戌	酉
后	阴	玄	常

　　此课占时卯木为鬼，子月占为相，又得中传亥财生助，更加临干克干，凶兆已伏，加之又有末传凶险，故有此验。

　　【原文】地上正时为先锋门，天上正时为直事时，课一入手，便须于正时着意参详。

　　【注解】地上正时是指占时，天上正时，是指天盘上正时。

　　自然符合谓之神，卒然相遇谓之机。占六壬课报时讲究毫不犹豫，因脱口而出，玄妙活泼，一切神机尽藏其中，祸福首先发见，故曰先锋门。

　　例　癸酉年庚申月辛卯日寅时午将，占科考（午未空亡）。

　　定能高中。何以报一时辰即知其中？因先锋寅木为幕贵且临日辰上，月将为官星，上乘贵人吉将加寅命，是以必中；然末传未土空亡，必待未年太岁填实，方可中甲榜。

　　按：此课诸书发用皆未亥卯，当有误，因此课支上两课皆下贼上，以涉害深浅发用；从天地盘上可以看出，未土坐卯，一克，至辰中乙木又一克，历经二克至本宫；而亥水坐未土为一克，未中寄己土又一克，至戌再一克，历经三克至本宫。故发用应是亥而非未，特予说明。

　　【原文】金日得寅卯时，为日干财，便是为求财事。而正时所乘之天盘将为白虎，虎为道路，便是往来出入求财也。旺相新财，休囚旧财。

　　【注解】例　戊辰年己未月癸未日申时午将，占事（申酉空亡）。（图见第306面上图）

　　此课占时与发用均为财神，且发用又为驿马，末传丑鬼又遁丁

龙	丁亥	子孙
玄	辛卯	妻财
蛇	空未	父母

常	贵	蛇	龙
寅	午	未	亥
辛	寅	卯	未

合	陈	龙	空
酉	戌	亥	子
雀申			丑虎
蛇未			寅常
午	巳	辰	卯
贵	后	阴	玄

神亦为财，均动中求财之事。依课论巳财
乘贵人临支发用，且为日德，似乎甚佳；
惜干上神亥水兄弟乘天空凶将，既克占时
午财，又冲克初传巳财，此君必于财无
望。果此君是想占股市之财，因坐失良机，
眼看股市大涨，自己却无进账。

【原文】如时为日马，定主出入。
若马为日财，主因财出入。发用休气，
主紧速之疾。

若时为日马带鬼，或紧速官事，各
随事体断之。

【注解】例　癸亥日巳时未将占应试
（子丑空亡）。

占时巳财为驿马，上乘贵人吉将，
必是动中求功名之事。课中巳火明贵加
于卯木夜贵之上，谓二贵向明。卯作幕
贵，夜虽不显，但日贵相加，先晦后明
之象。且癸亥为六极日，传辰至日，日
去就辰，是为根本由内发用，本身上见
帘幕，乃考试必中之象。（按：三传初
空中陷，末传丁巳，二马乘贵，也是先
难后易，必中之象。）

时为日干三合、六合，主外事和合。
若合中带财，得吉神良将，主获外财或
妻妾和合之事。

时为日支三合、六合，主内事和合，
或式中见子孙之神，乘旺相气且带吉
神，则主添丁或子孙有和合之事。若支

贵	辛巳	妻财
雀	己卯	子孙
陈	丁丑	官鬼

空	常	贵	雀
亥	酉	巳	卯
癸	亥	未	巳

雀	蛇	贵	后
卯	辰	巳	午
合寅			未阴
陈丑			申玄
子	亥	戌	酉
龙	空	虎	常

常	空丑	官鬼
阴	乙卯	子孙
贵	丁巳	妻财

阴	贵	常	阴
卯	巳	丑	卯
癸	卯	亥	丑

雀	合	陈	龙
未	申	酉	戌
蛇午			亥空
贵巳			子虎
辰	卯	寅	丑
后	阴	玄	常

合中带鬼，上见朱雀、勾陈，主眷属不合，为内事竞争。仕人得之，主同僚不睦。公吏得之，同辈相残。时与日干、日支皆合，主两动，应内外和合，非一方之事。

时为日之空亡，事主虚诈，闲占无益。即使式中见三合、六合，上带龙、常、合、后等吉将，亦主空喜，终难成功。唯占病讼以时落空为吉，但要分新病、旧病，新病逢空主愈，旧病逢空则亡。

时为干冲，主外动；时为支冲，主内动，或家宅卑幼与人相争之事。

昼占得夜时，事多暗昧，病重讼凶。夜占得昼时，则主光明可期。

占时为日墓更在传中，非干涉田土事，即茔葬之事。

占时的选取，以事发生之时为最美。如占病用发病之时日，若不记得，则以脱口而出为美，不得有私毫迟疑，迟疑则神机有滞，难以尽得自然之妙。

论太岁

【原文】太岁乃五行之标，岁功之本，上主天庭之事。若作贵人，不必入传，皆为救助，讼得贵人力，唯不救病耳。入传而为鬼者，凶甚，月建次之。

太岁在传，主一年吉凶之事。

【注解】太岁即当年的岁支，为一年之君，一年中众神之主，所以是至尊之神，决不可冒犯，俗话说"不能在太岁头上动土"即此意。若为吉神，一年吉庆；是为凶神，一岁遭殃。

例1 丁丑年癸卯月癸未日午时戌将占会试（申酉空亡）。

巳火日财并日德、驿马，乘贵人临本命，太岁丑土为官星入传，遁丁财马，又乘太常吉将，且为印绶类神；行年未上乘戌土青龙吉将又作官星，一片吉庆，今年必登甲榜。果应。

例2 戊申年乙丑月辛卯日未时子将，占休咎，戊午生人（午未空亡）。

六年之中，四分五裂，因还俗人起衅，遂致家破屋拆，必葬尊长于其中，乃成坟墓。因申金太岁乘天空凶将入宅克宅，必主有死丧之事。丑为金母，故言尊长。卯上乘天后，子卯刑，

陈	空酉	父母
常	丁丑	官鬼
贵	辛巳	妻财

后	辛卯	妻财
空	甲申	兄弟
蛇	己丑	父母

贵	陈	空	阴
巳	酉	亥	卯
癸	巳	未	亥

后	空	空	蛇
卯	申	申	丑
辛	卯	卯	申

陈	龙	空	虎		
酉	戌	亥	子		
合申				丑常
雀未				寅玄
午	巳	辰	卯		
蛇	贵	后	阴		

陈	合	雀	蛇		
戌	亥	子	丑		
龙酉				寅贵
空申				卯后
未	午	巳	辰		
虎	常	玄	阴		

为分裂刑伤之象。申为僧，而值劫杀，故曰还俗。卯数六，故言六年。后其人之叔子为僧道还俗，与之争产成讼，司判与诸子均分，其家遂破。后其叔死，葬于是宅，果成坟墓。（按：成坟者，支阴丑土为金墓故。）

【原文】初见太岁，中末月建或日辰，谓之移远就近，以缓为速。太岁生我最吉，合我次吉，我生亦吉。若我克之凶甚，小事反为大也。日干年命上神，最不宜犯太岁，凶祸甚大。

【注解】年命干上神冲克太岁为犯太岁。

例1　戊申年己未月乙巳日亥时午将，占讼，庚戌生人（寅卯空亡）。

以三传论，初传午火为木死地，末传日鬼，且乘凶将。支上神子水为干败地，干上神亥水为支绝地，无一吉象。妙在亥子皆生日干，子水又乘贵人吉将，名绝中逢生，引鬼生身。子为乙母，

临巳火子孙，主得母家产业。申为乙之祖（申金生亥水，亥水生干）丑为申墓，巳作生圹于旁。申为僧，又为幕贵，生子当作大善知识。后一一皆验。

按：申金太岁虽凶，一则为帝幕贵人，二则生起干支

空	丙午	子孙
后	癸丑	妻财
陈	戊申	官鬼

蛇	空	贵	龙
亥	午	子	未
乙	亥	巳	子

贵	后	阴	玄
子	丑	寅	卯
蛇亥			辰常
雀戌			巳虎
酉	申	未	午
合	陈	龙	空

龙	壬午	兄弟
后	丙子	官鬼
龙	壬午	兄弟

贵	空	龙	后
亥	巳	午	子
丙	亥	子	午

贵	后	阴	玄
亥	子	丑	寅
蛇戌			卯常
雀酉			辰虎
申	未	午	巳
合	陈	龙	空

上神，反作吉神，故讼息，且得善子。

例2　戊子年丙辰月丙子日辰时戍将，占升迁（申酉空亡）。

子水太岁乘天后作官星，午火日刃乘青龙吉将，看似吉庆，然龙后相冲，子午相冲，子水官星太岁与午火青龙均受损伤，且课逢反吟，虽主升迁，却防意外不测。果升迁后不久，即疽发于背而卒。此因午火冲击子水太岁故。

【原文】太岁乘天乙相生，吉庆非常，唯君子可以当之，加官进禄，常人反凶。若太岁克日，号曰太岁下堂，君子小人，俱主灾孝。

【注解】太岁乘天乙贵人生干，不论君子、庶人均主一年吉庆。原说"君子吉庆，小人反凶"实违课理。太岁克日"君子小人俱灾孝"亦有误。若君子求官，太岁为官星，克日主当年升官，小人主灾孝，却合课理。

例 卯年二月戊子日午时亥将，占复巡按并吏书缺（午未空亡）。

课成铸印。巳火日禄、日德临支，末传卯木太岁帘幕贵人作官星又为日之阴神，定有代天巡狩之差。四墓均加长生之处，有已废复兴之象。唯四课不全，故只能占二得一，吏书之位不能复也。

【原文】太岁临日克辰，家长不安。岁破加月破，吉将犹可，凶将则凶。岁破月破加日辰，破财耗失。

【注解】例 申年正月丙戌日未时子将，占终身，乙丑生人（午未空亡）。

戌土日支为日墓加干，上乘腾蛇，下坐巳火为蛇，名两蛇夹墓，进退不得。支上神卯木被阴神申金克制，且申金为当年太岁，其凶不能化解。卯为丙母，六月当死。申为丙妻，上乘丑墓，下加卯木为转杀，上乘六合，妻孕亦死。午作寡妇、羊刃，加于本命丑上，旺神既空，至丑年自身亦不善终。果应。

按：卯木丙母六月死者，六月建未，未为木墓。妻孕死者，夜占贵人起亥，逆行至申，上乘六合天将，天将为儿童，木被金克，故云妻孕死。

天转杀：春乙卯，夏丙午，秋辛酉，冬壬子。地转杀：春辛卯，夏戊午，秋癸酉，冬丙子。

常　癸巳　父母
合　丙戌　兄弟
阴　辛卯　官鬼

合　阴　常　合
戌　卯　巳　戌
戌　戌　子　巳

合　雀　蛇　贵
戌　亥　子　丑
陈酉　　　　寅后
龙申　　　　卯阴
未　午　巳　辰
空　虎　常　玄

后　甲申　妻财
陈　己亥　子孙
玄　空午　兄弟

蛇　空　空　后
戌　卯　卯　申
丙　戌　戌　卯

蛇　雀　合　陈
戌　亥　子　丑
贵酉　　　　寅龙
后申　　　　卯空
未　午　巳　辰
阴　玄　常　虎

论月将

【原文】月将太阳也，幽明之司，动静之机，祸福之柄，若入传为福不浅。月建运天道而左行，月将禀天道而右旋，是以左为天关，右为地轴。

占病见之为救神，他占为天心，临日主动。乘天乙发用为龙德，当有天恩之喜。

【注解】壬课占事均以月将加占时而成天地盘，而后成四课，以分四象阴阳，取三传以别三才相克，皆以神将决其祸福，取其吉凶，故月将名为值事门。同时，月将和当月的月令相合，其力极强，故此神所到之处，必能解除灾殃。又因月将是太阳和月令相会之处，故又名天心。

月将临干，有福相助。月将临支，可保家宅平安。月将入三传，可散一切凶恶。

月将为吉神，其吉倍增。若为凶神，却有减凶之福力。

月将空亡，不以空论。因月将乃太阳当空的中气，太阳为曜之主，

	贵	辛亥	官鬼		玄	壬戌	妻财
	龙	甲辰	子孙		虎	庚申	官鬼
	龙	甲辰	子孙		龙	戊午	子孙

龙	雀	龙	雀	后	玄	后	玄
辰	丑	辰	丑	子	戌	子	戌
丁	辰	未	辰	甲	子	寅	子

合	陈	龙	空	雀	合	陈	龙
寅	卯	辰	巳	卯	辰	巳	午
雀丑			午虎	蛇寅			未空
蛇子			未常	贵丑			申虎
亥	戌	酉	申	子	亥	戌	酉
贵	后	阴	玄	后	阴	玄	常

管三旬之事，所以不空。

例1　癸未年壬戌月丁未日未时辰将，丹阳盛顺田被逮进京途中求占（寅卯空亡）。

其事定然辨雪，至京官讼全休。因月将青龙加临干支，勾陈乘卯木生日，亥水官鬼空陷，且贵德皇恩作长生临命，本命寅，是以官讼辨雪并休息矣。

宜兴周延儒亦占得此课，但其本命己丑，丑上戌土为日干之墓，行年乘三刑，被赐死。

例2　癸酉年己未月甲寅日申时午将，朝官占升迁（子丑空亡）。

干支上子水逢空，戌土发用落空，本无升迁之兆，但中传申金作官星并驿马皇诏，末传为月将又乘青龙，酉金太岁乘太常作官星临年命。经云："太常入官星，当朝执政。""月将乘青龙，片言入相。"所求可如愿矣。所嫌者午火青龙克太岁酉金，将来恐不获上意。尔后俱验。

论年命

【原文】命为身之应，所占与日干同。大要不得与岁月日上神相伤，宜与日及类神相生德合。年为用之助，亦不得与日用相伤，克日为不及，克用事不成。

【注解】年命是两个不同的概念。一个人所生之年的地支，叫本命。如甲子年生，子就是这个人的本命，本命固定不变，故曰："命为身之应。"

根据年龄不断增长，不断变化，一年交换一位的当年地支叫行年。在六壬课中，本命为一生之应，行年则为用事之助，习惯上合称年命。

传虽有一定的吉凶，人却有不同的年命。所以，即使课式相同，因年命各异，吉凶结果也就不同。如传财本吉，年命上见鬼，财去生鬼反凶；传鬼本凶，年命上见子孙可制鬼，见父母可化鬼，反而成吉。故课传凶而年命有救者，可转祸为福。神将吉而年命相冲者，也可喜处生忧。往往同得一课，论断各异，就是年命不同的原因。所以年命又叫变体门。

例1 丁丑年乙巳月丁巳日丑时申将占借贷，本命辛丑，行年壬寅（子丑空亡）。

马某遣人去南京借款，占得此课。明暗财神（按：酉金初传为明，遁干辛金为暗），乘贵发用，青龙临日生日，行年上贵财，本命上乘申财，对方定会借款。唯财不得时令，以初传酉计，不过六数；亥水驿马入墓乘

贵	辛酉	妻财		后	庚辰	官鬼
虎	丙辰	子孙		雀	癸未	官鬼
雀	癸亥	官鬼		龙	甲戌	官鬼

龙	贵	合	阴		后	雀	龙	常
寅	酉	子	未		辰	未	戌	丑
丁	寅	巳	子		癸	辰	未	戌

	合	陈	龙	空				合	陈	龙	空	
	子	丑	寅	卯				申	酉	戌	亥	
雀亥				辰虎			雀未				子虎	
蛇戌				巳常			蛇午				丑常	
酉	申	未	午				巳	辰	卯	寅		
贵	后	阴	玄				贵	后	阴	玄		

朱雀，所派之人必先空手而归，其款当寄回来。

同日亦有一孙姓之人询问收账之事占得此课。此人本命乙卯，与初传酉财相冲，断其十难获一。后果两例均如所占。

例2 古鉴存例：七月癸未日卯时午将占前程，乙未生人（申酉空亡）。

官不迁转，止宜治生。因未土本命临中传，是从辰土墓中引

出；末传戌土为旬首，本命旬尾是周而复始之象；官方初起，如何迁转？未干遁癸，未克癸水为财；又三传全鬼化财，故可治生。

又一人占病，亦得此课，断其命不长久。因此人本命丙辰，本命自来墓干，是又添一墓在其身上，如何能得长久？

二人皆验。

同为一课，一生一死，吉凶大异者，年命不同故也。

【原文】年命上见财，问财吉。逢鬼主官病，父母、兄弟、子孙依法推详。

【注解】例1　壬戌日巳时子将，占妻，妻本命卯（子丑空亡）。

午火妻财发用，上乘天后水将，下坐亥水绝地，妻财受夹克，已伏凶机。午财生丑官，丑官生申父，申金生干，似乎吉庆，然中末空陷，虽生不生。同时午火妻财发用为死气，火以戌为墓，戌墓乘白虎凶将临卯木年命，为墓门开格，主其妻行年到卯必死。

后	庚午	妻财
陈	空丑	官鬼
玄	庚申	父母

后	陈	贵	龙
午	丑	巳	子
壬	午	戌	巳

龙	陈	合	雀
子	丑	寅	卯
空亥			辰蛇
虎戌			巳贵
酉	申	未	午
常	玄	阴	后

空	空丑	妻财
常	癸亥	父母
常	癸亥	父母

常	后	常	后
亥	申	亥	申
甲	亥	寅	亥

龙	陈	合	雀
寅	卯	辰	巳
空丑			午蛇
虎子			未贵
亥	戌	酉	申
常	玄	阴	后

后果因好饮水，致病丧身。（按：以水丧身者，午财遭二水夹克故，玄机皆藏于发用之中。）

例2　戊申年戊午月甲寅日戌时未将，占前程，本命乙亥，行年在亥（子丑空亡）。

本命、行年皆在亥，为父母乘太常生干生支，且居中末传。太常为绶，当由学职历台谏。唯嫌亥水为旬尾闭口，空墓发用，主先丁艰，后入仕途；寅七亥四，寿七十四。悉验。

【原文】年命上神与太岁相刑，常人主官事忧疑。若逢太岁乘天乙，大人有天庭文书恩泽之喜，或主横发得官。

【注解】年命上神与太岁相刑，常人灾忧，仕人却主得官，取不刑不发之意。若年命上神乘天乙贵人，不论常人、仕人皆吉。但常人主横发，仕人主得官。若为太岁、吉神，再乘天乙贵人，尤吉。

例　甲戌日亥时未将，占武试，年命在巳（申酉空亡）。

合	甲戌	妻财
虎	壬午	子孙
后	戊寅	兄弟

合	虎	虎	后
戌	午	午	寅
甲	戌	戌	午

贵	后	阴	玄
丑	寅	卯	辰
蛇子			巳常
雀亥			午虎
戌	酉	申	未
合	陈	龙	空

戌土河魁临干发用，丑土贵人居年命之上，格合盘珠。亥水乘朱雀遁乙奇为日之长生，旺气，文字甚合试官之意。申金传送加子，箭必中垛，连捷无疑。（申金为箭，子水为垛。）

【原文】年命上见月将，大能除一切凶祸。

【注解】月将为当月之太阳，临年命可除一切凶祸，乘吉神吉将尤验。若为凶神凶将，虽可减祸，却不能尽去。

【原文】年命上魁罡作凶将，凡事不利。

【注解】魁罡本为凶神，再乘凶将临年命，其恶尤甚。若魁罡作官鬼，仕人占之，却主该年升官。

例　辛巳年辛卯月丁亥日午时亥将，任淑渠刺史占弟何时得缺，行年巳（午未空亡）。

三传巳戌卯课名铸印，占官得此为美。太常入传，且太岁乘

天空发用，生其年命上神，又为支之驿
马，今年必得铨选。唯嫌行年巳火上乘
戌土魁罡，既为行年之墓，又为日墓，
故目下尚不能得。须待戌月土旺，墓化
为库，方得。干禄午火居丑土之上，其
缺当在吴越之分。果九月被选宁波知府。

　　按：此课戌土魁罡临行年之上，虽
乘凶将，但为求官之类神，故应以旺衰
而论。戌土卯月春季为死，为墓；九月
临月建，为旺为库。所以吉凶贵在通变，
万勿死执一词。

　　【原文】年命上见二马，迁官奉诏，
出行大吉。若见破勾为用，主疑惑，无
定向。

　　【注解】年命见驿马、天马，主动，
因何而动，却要视其神而定。若二马乘
财，主因财而动；乘鬼，仕人主因升迁
而动，常人则因病讼而动；乘子孙，因
子息或脱耗而动。至于吉凶，则要根据
占事、三传及天将综合分析，方可论断。

　　例　庚子日子时申将占行人，本命
寅（辰巳空亡）。

　　课得斩关，子水子孙发用，将得青
龙；末传玄武空亡，主子逃万里，音信
不通；行人年命上得寅财为驿马，临于
旺地，后当获利而归。本命是午，午上
见寅为甲，四月己巳，甲与己合。又查，

空	癸巳	兄弟
蛇	丙戌	子孙
常	辛卯	父母

后	空	虎	雀
子	巳	辰	酉
丁	子	亥	辰

蛇	贵	后	阴
戌	亥	子	丑
雀酉			寅玄
合申			卯常
未	午	巳	辰
陈	龙	空	虎

龙	庚子	子孙
蛇	丙申	兄弟
玄	空辰	父母

玄	龙	蛇	玄
辰	子	申	辰
庚	辰	子	申

空	虎	常	玄
丑	寅	卯	辰
龙子			巳阴
陈亥			午后
戌	酉	申	未
合	雀	蛇	贵

寅木作马，属青色，乘虎属白色，当白衣乘青马，于七年之后
而归。后至期一一皆验。（按：七年者，寅数七也。）

【原文】年命上见天喜，又乘吉将，百事大吉庆。年命上见
月厌作死气，主有冤家人鬼相逼；见血忌，车马惊恐。年命上
见凶将，乘传送主疾病服药，乘登明主死水中。

【注解】年命上神吉、将吉，即使见月厌死气也可转凶为吉；
相反，年命上神凶将凶，即使见天喜等吉神亦不能为吉。故以
神为主，神杀只为参考，不能过分注重。

【原文】年命临贵人，非常喜庆。若克年命，有官事。腾蛇
主惊疑，白虎主斗狠，克年命者灾。若乘死气，不出一月病，
不过四十九日死，乘金煞尤凶。乘生气克命，有传尸痨瘵之疾。
丧门、吊客、病符，在年命凶。

【注解】仍以年命上神将吉凶为主
论断。若年命上神吉将吉即使附丧吊、
病符凶煞也不能为祸；若年命上神将
凶，再附凶杀，方以凶论。

例1　卯月丁酉日卯时戌将，占推
升，本命辰，行年巳（辰巳空亡）。

此课不仅难升迁，且主退位。盖因
亥水驿马坐墓，午火日禄临亥水绝地；
且传将逆行，命上亥水官鬼覆天罗，坐
墓入狱，年上子水日鬼乘腾蛇凶将，夏
月定有风波；幸官鬼俱空陷，虽退位无
大咎，后以参劾请退。

贵	己亥	官鬼
虎	甲午	兄弟
雀	辛丑	子孙

合	阴	龙	贵
寅	酉	辰	亥
丁	寅	酉	辰

蛇	雀	合	陈
子	丑	寅	卯
贵亥			辰龙
后戌			巳空
酉	申	未	午
阴	玄	常	虎

看年命，首先看天地盘的上下生克。如年命寅，地盘子水
是水木相生；年命亥，上神酉，是金水相生，逢此类者吉。若
年命是卯，下神为申，或上神是申，金克木，逢此类则多凶。

其次，看年命上神所乘天将的五行生克。如年命寅，上神子水，天将勾陈，勾陈土克子水，寅木不能全吉；年命午，上神亥，天将六合，六合木化水生午火，午火也不致全凶。

年命上神生年命，上神乘将又生上神，为恩上加恩，吉庆更重。如年命寅，上神为子水，又乘太阴、白虎金将，金水木一顺相生者是。

日干上神与年命上神皆合者，其年必有喜庆之事。

年命上神与岁月日干刑冲破害，主官讼忧疑、灾病。若带官符，必主争讼。（官符杀：寅年在午，卯年在未，辰年在申，依此顺行十二支。）

总之，占人休咎，必须与年命合参，方能符合易理。

例2　申年二月甲子日午时亥将，占休咎，行年寅（戌亥空亡）。

未土木墓加干墓干，未上神子水与未相害，未为眷属，上见天空，而被害于子水父母，腾蛇绕之，传归宅上，必因家眷入宅起讼。巳为破碎，为厨灶，乘太常是有服人分争。初传甲子，末传戌土刑起未中丁火，应添小口。行年即

蛇	甲子	父母
常	己巳	子孙
合	空戌	妻财

空	蛇	常	合
未	子	巳	戌
甲	未	子	巳

合	雀	蛇	贵
戌	亥	子	丑
陈酉			寅后
龙申			卯阴
未	午	巳	辰
空	虎	常	玄

寅，与太岁相冲，又为日干，故当年起讼，上神未，讼起六月。

论遁干

【原文】课传皆支神出现，其遁干为吉凶伏藏，最宜兼看。遁法有二旬遁、五子遁。

【注解】壬学中的四课三传，除日干外都是支神出现。支常

静而不动，遁干则经常变动，祸福皆潜伏于其中，故最宜参看，万不可忽视。

遁干有两种，一为旬遁，即以本旬天干加其支上。如辛亥日初传午，辛亥居甲辰旬中，至午天干为丙，故午火遁丙。

五子遁：是以当天占时为准，来推定三传的遁干。如辛亥日午时占，辛亥日以五子遁法，子时遁戊，即戊子、己丑、庚寅、辛卯、壬辰、癸巳、至午遁干为甲，午火发用，其遁干就是甲木。

这是另一种推断方法，依《大六壬秘本》为据，简作介绍。

《中黄经》云："莫执东方木旺春，夏火秋金冬是水。专以初建复建论，干多者为聚，干少者为散。"

什么叫初建？以日干为准，三传的遁干就是初建。

什么叫复建？以占时为准，三传的遁干就是复建。

取法：甲己日子时甲子，丑时为乙丑，依此推十二时遁干。乙庚日子时为丙子，丑时为丁丑，依此类推十二时遁干。丙辛日子时为戊子，丑时为己丑，依此类推十二时遁干。丁壬日子时为庚子，丑时为辛丑，依此类推十二时遁干。戊癸日子时为壬子，丑时为癸丑，依此类推十二时遁干。

取出三传的初建、复建，便以建干的多寡来论五行，不拘本支的五行。如巳午本属火，建干为壬癸，又临水乡，便以水论。又如丁亥，春夏从火，秋冬则从水；临水者从水，临火者从火，此乃中黄变化之妙。其实例也确有些玄妙，特摘于下：

例1　丁酉日己酉时亥将占事（辰巳空亡）。

来意是盗贼杀人，后获贼是一妇人与一行者，在舟中杀死一僧一仆，将尸体沉于水内；其妇与僧通奸，犹如其子。如何从这个课式中断出：

1.酉金妻财发用，酉为少女，是因妻起变。

2.中传亥水为官鬼，上乘太阴，亥水又为孤独之人，为驿马，是孤独之人因阴私之事伤人。

3. 由初建观之，今日的日干之鬼是癸，即癸卯，上乘天空，为行人，为舟人。亥时为辛亥，辛为日之妻，亥卯相合是妻与行人合伙谋杀明矣。

4. 以复建观之。酉金遁己临丁，酉为妻，己为脱泄，是妻来害己也。此妇是癸酉生，虽系狱，后遭世变而漏网。（按：酉上乘贵人吉将故。）

例 2 丁巳年癸卯月庚寅日甲申时戌将，占钱财失盗（午未空亡）。

1. 来意失钞三百张，先锋门申金为钱钞，为日之驿马，为惊忧。

2. 中传午火官鬼，上乘青龙为财类神。龙财虽生鬼，但午火旬空。

3. 玄武乘戌土，为日干庚金父母，亦难言贼。

4. 结合遁干。初建戌上遁丙，为日之鬼。以复建言之，戌上遁甲，为日庚之财。财鬼相生，鬼太旺，乘玄武，主盗也。

5. 戌土与中传午火，日支寅木三合成局，是同类人。

6. 戌的类神为仆，又是月将，又为印绶，为父母，故贼非屋主之仆，即屋主之亲。

7. 玄武戌土临申，故贼自西南来，居于西北方。

8. 天盘戌与地盘戌相隔一辰，故相居很近。

贵	丁酉	妻财
阴	己亥	官鬼
常	辛丑	子孙

贵	阴	阴	常
酉	亥	亥	丑
丁	酉	酉	亥

雀	蛇	贵	后
未	申	酉	戌
合午			亥阴
陈巳			子玄
辰	卯	寅	丑
龙	空	虎	常

合	壬辰	父母
龙	空午	官鬼
虎	甲申	兄弟

玄	后	合	龙
戌	子	辰	午
庚	戌	寅	辰

空	虎	常	玄
未	申	酉	戌
龙午			亥阴
陈巳			子后
辰	卯	寅	丑
合	雀	蛇	贵

9. 玄武戌土临申，皆为阳气，为男，临孟又为少。

10. 申至戌有二位，寅午戌三合火局，午火空，只二神，故贼主二人。（详参《大六壬秘本》清·金正音辑·台湾武陵出版社出版。）

古人云："求奇反不奇。"壬课只以日干为主、三传生克及正时而论吉凶，不必用变求奇。这里介绍，仅供大家研究，万不可舍重就轻。

【原文】甲，数之始，冠万物，以为尊。占者，多主革故鼎新，重谋别用。

乙为日精，丙为月精，乙丙所至，凶恶消藏。故婚姻得之成，家宅得之宁，盗贼得之倾。大抵利明不利暗，利正不利邪。

丁为玉女，为星精，能变化，能飞腾。故逃亡得之远遁，盗贼得之潜身，婚姻得之奸淫密成，病讼得之幽暗难伸。大抵利暗不利明。

又云丁主动，蛇马主逃，虎常主忧，阴后主女人走，天空主奴婢走，元武主贼，雀主远音，勾主远兵，龙主飞腾，六合主子孙远行。（按：此言丁神乘天将所主。）

戊为隐遁之象，利于逃亡。

己为六阴之首，宜于守静。

庚辛肃杀之气，不宜动，动见死伤，唯占盗贼，渔猎可获。

壬者，天乙生水，为五行之始，位乎乾而为八卦之始，故易以乾为首，课以壬为名，此万物之祖，动之根也。占者观其动机而萌芽见矣。

癸，数之终，效天地以为静，可以隐遁，可以伏藏。

【注解】十干之意，只以生克论，"即我克者为妻财，克我者为官鬼，生我者为父母，我生者为子孙，同类者为兄弟。"至于吉凶，以占事而论。如甲日占，遁干庚辛为官鬼，若仕人占官吉，诸占则凶，余同论。三传之神为明，遁干为暗。

例　四月乙亥日未时申将，占索债（申酉空亡）。

此课来意欲出外索旧债两重，丑年交易，钱三百二十贯。六月先得五十六贯，十二月再索，相争口舌，幸得一姓董人劝合，其钱方能全得。

盖时为先锋门，未时是乙日之财。值事门乘白虎，主道路。丑财发用，上遁旬丁，主动，故言出外。土为寅木所克无气，故言旧债两重。用神丑，故云丑年交易。丑数八，蛇数四，相乘得三十二，故云三百二十贯。时为日财，未为八数，虎数是七，相乘五十六数，故云六月先得五十六贯。发用丑财，是十二月月建，届时必再索。中传寅乘朱雀，主口舌。末传卯乘六合，卯是乙木禄神，禄即财。六合为草头，卯主千里，配成董姓。六合主和，故言姓董人劝解，其财方可尽得。

蛇	丁丑	妻财	
雀	戊寅	兄弟	
合	己卯	兄弟	
龙	空	贵	蛇
巳	午	子	丑
乙	巳	亥	子

空	虎	常	玄
午	未	申	酉
龙巳			戌阴
陈辰			亥后
卯	寅	丑	子
合	雀	蛇	贵

按：此课初传遁丁，丁为动神，我生之子孙，子孙生初传之财，是遁干吉庆。

论指斗

【原文】斗即天罡也，凡课传皆视天罡所指。罡在日辰前，为灾已过。在日辰后，为灾将至。加日辰，为灾正发。加孟为二亲，仲为己身及兄弟，季为妻妾、奴婢、财物。欲知来意，多用此法。

凡类占除类神外，俱另有一法，视天罡所指为吉凶。

天罡加子为天关，加午为地关，加卯为天格，加酉为地格。

凡遇天关、天格，必因天时所阻。遇地关、地格，必因道路所阻，更以刑害天官消息而言之。

【注解】此另一法。日本人阿部泰山在《六壬神课·实践鉴定法》一书中对指斗法做了详细介绍，摘要如下：

斗是指北斗七星的第一星之魁星，第五星之衡星，第七星之杓星。此三星谓之斗。斗魁朝着各月的十二地支指着，即寅月指寅，卯月指卯等，如此天之气虽然无形，从斗建中便可知晓。

为什么人事正断要在辰字地盘下求吉凶？因为北斗七星的第一星指辰之方向，而第七星指戌字方向，所以合叫魁罡，六壬学中的许多断法与辰戌有关，即此理。

1. 天罡用法。

首先以月将加占时演成天地盘，重用天盘辰加地盘的地支。如治病朝此方求药，必得明医良药。诸事皆可用天盘辰下地支，结果对我均会有利。因辰为天罡，故云天罡指斗法。

2. 阻隔法。

天盘辰加子午卯酉，表示有阻隔，即本文"遇天关、天格为天时所阻；遇地关、地格为道路所阻"之意。天阻即风雪、雨雹、寒暑等，地阻是指舟、车、山川等。在事物进行中，亦可用此法，加天关、天格，是意想不到之灾，如水灾、旱灾、火灾、地震等；遇地阻多是人为之灾。

3. 计划法。

着手计划前，以天盘辰字下之神决定计划方针。

辰加子，凡事中途遇挫折，精神不安。

辰加丑，事宜近行，但不利久远之事，目前事和近事可获大利。

辰加寅，诸事有利，赌博可获大利。

辰加卯，内外闭塞之象，不利收藏、藏匿之事，他事却宜。

辰加辰，为闭塞之象，宜保旧，不可轻举妄动。

辰加巳，天地开通，诸事皆可进行，赌博可得大利。

辰加午，诸事皆宜，唯须避免神佛祈愿及歌舞游兴。

辰加未，竞争之兆，或易受他人压迫；若事已开始，旅行出发之事则较安全。

辰加酉，出行生灾，计划失败，有损失，消耗之事。

辰加戌，原定计划变更方宜，会因属下发生损伤之事。

辰加亥，为窄门难通之兆，诸事易招惊愕或损失。

4. 占访谒。

天盘辰下临四孟神，其人在家。加四仲神，须稍待片刻，才出来会面。加四季神时，非不在家，即在家也不肯出来会面。若对方类神发用，或为日支上神，可会面。若逢伏吟，阴日昴星课时，是真不在家。

5. 占来访行人。

天盘辰加四孟神，其人尚未动身；加四仲神，即将出门；加四季神时，其人已在途中。

6. 客人来否。

辰加四孟为中途受阻之象；辰加四仲，客人正在途中；辰加四季神时，立刻可到。但伏吟课辰加辰却为不来。

7. 出行吉凶。

辰加四孟者吉，加四仲者有祸害，加四季者平稳，出行方位也可据此法。

8. 逃亡远近。

辰加四孟者，尚未远去；加四仲者，五十里内；加四季已逃行远方。

9. 迷路走法。

天盘辰加孟往左，加仲往中，加季往右。若在山中森林中迷途时，往辰字地盘之神方位直走，百步后即可见道路。

10. 求物求财。

辰加孟，所求必得；加仲，所求得半；加季者不得。

11、买卖。

辰加四孟，买卖不成；加四仲、四季可达成目的。

12. 内外吉凶。

天盘辰加四季神，内凶外吉；加四孟神时，内吉外凶；加四仲神者，吉在家庭里，凶由身边起。

13. 灾厄。

辰字在日支之前，为灾已过或无灾。在日支之后的三支中，灾厄来速，三支后者来迟。若日辰上神正好是辰字，主无灾。何人则以辰下神断，加四孟为尊亲，加四仲为己身及兄弟，加四季为妻妾和下属。

14. 失物。

辰加四孟，失物并非盗窃，乃自己遗忘；加四仲为失；加四季失物为人所窃，难以寻回。

15. 胎产。

辰加四孟为男，加四仲为女，加四季有产厄。

16. 占病。

辰加四孟神病重，加四仲病轻，加四季者可愈，但较缓。

从上述中可看出，指斗法只看辰下之神，与三传四课无多大关系，所以为壬课诸书所弃。

论旬丁

【原文】凡课传逢丁神，必主有动。庚辛日为凶动，壬癸日为财动。支上逢丁，更带火鬼，须防火灾。逢丁乘马，凶动尤急。

【注解】丁神是由遁干产生的，即其神遁干逢丁便是。这样，丁神共有六位。即：

甲子旬中，卯上遁丁，卯为丁神；甲戌旬中，丑上遁丁，丑为丁神；

甲申旬中，亥上遁丁，亥为丁神；甲午旬中，酉上遁丁，酉为丁神；

　　甲辰旬中，未上遁丁，未为丁神；甲寅旬中，巳上遁丁，巳为丁神。

　　丁神性质与驿马同，也主动。若乘神为驿马，动尤速。

　　庚辛日遇丁神入传，因丁为庚辛官鬼，主灾殃立至，故曰凶动。壬癸日遇丁神入传，丁为壬癸之财，故云财动。至于吉凶，却要根据所乘之神活看。

　　【原文】庚午辛未卯是丁，因妻财凶动。庚辰辛巳丑是丁，为墓田凶动。旺相为田，死囚为墓。庚寅辛卯亥是丁，因子息凶动。庚子辛丑酉是丁，因兄弟或己身凶动。庚日为兄弟，辛日为己身。庚戌辛亥未是丁，因父母凶动。庚申辛酉巳是丁，因官鬼凶动。庚日为鬼，辛日为官。

　　【注解】此言庚辛日逢丁神吉凶所主。庚午、辛未日见丁卯，卯为庚辛妻财，妻财上乘丁鬼，故主因妻财而凶动祸起。庚辰、辛巳日见丁丑，丑土为庚辛父母墓库，所以丑土旺相是因田产凶动，死囚则是因墓坟之事凶动。余日类推。

　　庚辛见丁，虽有凶灾，也要活看。若是有职务人占，却主很快就会升官或赴任。论断却又有别，见丁卯因财得官，见丑土因长上、父母动而得官，均据类神而判断。甲乙日见丁酉，丙丁日见丁亥，戊己日见丁卯，壬癸日见丁丑、丁未，虽丁神或为父母，或为妻财，或为子孙、兄弟，但所乘之神皆为之官鬼，其吉凶与庚辛日逢丁同论。

　　例　己丑年癸酉月乙未日卯时辰将，

玄	丁酉	官鬼
阴	戊戌	妻财
后	己亥	父母

龙	空	常	玄
巳	午	申	酉
乙	巳	未	申

空	虎	常	玄
午	未	申	酉
龙巳			戌阴
陈辰			亥后
卯	寅	丑	子
合	雀	蛇	贵

占病，本命辰（辰巳空亡）。

占病不治。因干支互乘绝气，课传革故从新，且巳火驿马临干，临本命。酉金官鬼乘丁马临宅发用，病人见二马决非所宜。干上神乘青龙，支上神乘太常，又名孝服，戌加酉为纸钱杀。本命辰土加卯为床、为棺。三传二阴一阳，中传戌加酉是交会，此日必死。果于交九月节之日死。（按：此课酉金官鬼乘丁神克日主速，故刚出月即病丧。

【原文】财动者，或有妻妾之喜，或远方封寄财物之象。壬申癸酉卯是丁，因子息财动。壬午癸未丑是丁，因官鬼财动。壬辰癸巳亥是丁，因己身或兄弟财动。壬寅癸卯酉是丁，因父兄长上之财动。壬子癸丑未是丁，因官鬼财动。壬戌癸亥巳是丁，因妻财动。又如癸丑日，日上未乘丁为初传，其财却不可取，缘三传皆鬼，如刀上蜜也。

【注解】日干壬癸，见丁为妻财，故云财动，主在远方得财或远方有人送钱来。占婚可成，若为已婚者，却反有离别之象。因所乘之神不同，所主亦有别。壬申、癸酉二日丁卯，因卯为我生之神，卯木又生丁财，故云因子息而得财。壬午、癸未日见丁丑，因丑为壬癸日干的官鬼，上乘财神，故云因官事而财动。却也有不同，平民得之，主因官事而灾动。仕人得之，则因升迁而动，或云因财而得官。余日类推。

例1 庚辰年丙戌月癸亥日未时辰将，本命酉，占财（子丑空亡）。

虽然巳火财星乘贵人发用，既遁丁神又为驿马，动至极处。可惜末传为日支，

贵	丁巳	妻财
合	甲寅	父母
空	癸亥	兄弟

虎	阴	玄	贵
戌	未	申	巳
癸	戌	亥	申

合	雀	蛇	贵
寅	卯	辰	巳
陈 丑			午 后
龙 子			未 阴
亥	戌	酉	申
空	虎	常	玄

上遁癸水兄弟，冲克初传之财。本命酉上乘午财，惜上乘天后水将被伤。支上申金为天财，又是日之长生，但乘玄武，又为劫杀，更何况干支同类，共争巳财，其财从有变无矣！果此君没有得财。

天财：戌月在申。

例2　戊辰年丙辰月丁酉日申时戌将，占抽奖（辰巳空亡）。

不能得奖且要破财。虽酉财乘丁神发用又临干，但三传退间传，贵人逆行，末传为财墓，名自财入墓。三传不离四课，本命上神卯木乘太常冲财，不能得财。果未中奖。

按：酉金虽为妻财，上遁丁神为日干兄弟，有夺财之象。天将朱雀，亦为火将，众人夺财，亦为不得。

丁神在天为星精，在神为玉女，其神最灵，含意广博。

占逃亡得丁神，可远遁。

占捕盗得丁神，隐匿难获。

占讼得丁神，诸事难以伸张。

雀	丁酉	妻财
贵	己亥	官鬼
阴	辛丑	子孙

雀	贵	贵	阴
酉	亥	亥	丑
丁	酉	酉	亥

陈	合	雀	蛇
未	申	酉	戌
龙午			亥贵
空巳			子后
辰	卯	寅	丑
虎	常	玄	阴

丁神带驿马，有逃亡之事，带虎有忧愁之事，带雀音信动，带蛇外出逢怪异之事，带阴、后有女子私奔，带空部属离去，带玄为盗贼走失，带勾有兵士远来，带合有远行，带龙飞黄腾达。

丁神临支且旺相，主宅不宁，门户改动。若年命或三传上有生支之神，宅修后可居；无生支之神且带刑克破害，改宅后也不可居。

丁神乘玄武临干支，克冲刑干支时，主起流血之灾。

丁神带死气克干支上神或干支，家庭会有丧亡之事。

丁神为鬼，带月厌，飞祸在三传或加临干支，诸事不安，或损财畜。（月厌、正月起戌，二月在酉、三月在申，依此逆行十二支。飞祸：春申、夏寅、秋巳、冬亥。）

丁神旺相乘子孙，带劫杀、破耗克支，是子败家，生祸。

丁神乘青龙，带风、雨、雷三杀，恐道路罹风雨之难。（风杀：正月起申，二月未，三月午，逆行十二支。雨杀：正月起子，二月在丑，三月在寅，顺行十二支。雷杀：正月起巳，二月在午，三月在未，顺行十二支。）

丁神乘玄武，带盗神，道路上必逢盗窃之难。（盗神春巳、夏卯、秋酉、冬子。）

丁神旺相主动，若带天车、天坑、死气、死符等凶煞，主出车祸。（天车：春丑、夏辰、秋未、冬戌。天坑：正月起丑，二月在寅，三月在卯，顺行十二支。死符：子年在巳，丑年在午，寅年在未，顺行十二支。）

例 3 十二月己巳日巳时丑将，越王占回国（戌亥空亡）。

越王：春秋战国时期的越王勾践。在和吴国的战争中，兵败被俘为人质，囚系于虎丘山下。后使大臣用美女、宝器贿赂吴大臣伯嚭，劝说吴王赦勾践。此课即赦放之前所占能否逃离之课。

合	丁卯	官鬼
后	空亥	妻财
虎	辛未	兄弟

合	后	蛇	玄
卯	亥	丑	酉
己	卯	巳	丑

蛇	雀	合	陈
丑	寅	卯	辰
			巳龙
贵子			午空
后亥			
戌	酉	申	未
阴	玄	常	虎

雀	丁卯	子孙
虎	空戌	官鬼
贵	己巳	妻财

玄	雀	蛇	空
申	卯	辰	亥
癸	申	酉	辰

龙	陈	合	雀
子	丑	寅	卯
空亥			辰蛇
虎戌			巳贵
酉	申	未	午
常	玄	阴	后

　　十二月初占，太阳尚在丑宫，木局为官鬼，旦墓皆乘白虎，谓之催官使者。故宜驰马速归，若至午，即无禄之课矣。（按：午时丑将，四课为寅巳、酉寅、子巳、未子。四课皆上神克下，故名无禄。王无禄则无位，岂能逃脱？）

　　按：卯木官星乘丁神发用，名官星已动，且利逃亡。三传虽合成局，但中传逢空，末传落空，为三传未合，仅存初传丁卯，最利逃亡，故勾践能顺利回国。

　　例4　辛卯年壬辰月癸酉日卯时戌将，占前程（戌亥空亡）。

　　卯木太岁乘朱雀发用，上遁丁神，其文书必迅速上达朝廷。可惜中传戌土官星逢空，末传巳火财神落空且入墓，功名必有始无终。支上神辰土官鬼乘螣蛇凶将为日墓克日、墓日，必上台不长。幸巳卯两贵夹酉金日支，中传戌土虎鬼冲蛇，以凶制凶，虽凶无大咎，仅失官位，人却无妨。

　　按：此课体为涉害，必以涉害课深者发用。今卯木历四重克归反本家，亥水历五重克归反本家，初传应取亥而非卯。三传为亥午辰，此系古例，特说明。

　　以此论断，末传辰土为日鬼日墓，幸有干上神申金父母化解，亦为失位，人却无妨。

　　例5　癸亥日卯时酉将，占出行（子丑空亡）。

　　巳火自宅上发用，末传复归支上，必当半途而返。是因一骨肉有丧，急遣人追回，主有眷属孝服之事。因日为外事，未土加癸，夜占上乘太常，主外来丧服。太阴乃阴人，乘巳为妻财，必妻之祖丧。果验。（按：丁神并驿马发用，动之已极，但课逢反吟，末传又为初传，亦主半途而归。）

阴	丁巳	妻财
陈	癸亥	兄弟
阴	丁巳	妻财

常	雀	阴	陈
未	丑	巳	亥
癸	未	亥	巳

陈	合	雀	蛇
亥	子	丑	寅
龙戌			卯贵
空酉			辰后
申	未	午	巳
虎	常	玄	阴

论旬空

【原文】凡天盘空亡，转动即实，乃游行之空。凡吉凶等事，十有七八。若地盘空亡，真落空矣，吉凶事主十分。

【注解】干支不仅是六壬学的纲领，也是一切术数的纲领。天干主动，地支主静，天干依着地支不断转化。如果天干附于生旺的地支，如乙附卯、亥等，则为有气；若附于死绝的地支，如甲附午、申等，则屈而不活泼。所以六十干支循环正是新陈代谢之理；然天干有十干，地支却有十二个，每一轮天干与地支相配，总有两个地支配不上天干，这两个没有配上天干的地支就叫空亡。依此六旬是：

甲子旬中，戌亥空亡。甲戌旬中，申酉空亡。

甲申旬中，午未空亡。甲午旬中，辰巳空亡。

甲辰旬中，寅卯空亡。甲寅旬中，子丑空亡。

空亡即空虚，因干不循支，孤立无援，天地之气不能相接，所以无力。财空则财力空虚，求财艰难。官空则官星无力，求职艰难。这是判断空亡的基本法则。

其中，甲辰日寅空，乙巳日卯空，壬申日亥空，丙申、戊戌日巳空，丁亥、己丑日午空，癸亥日子空，庚辰日申空，辛巳日酉空，此十日因为日禄空亡，故名十恶大败日。占身命逢之无财禄，占官主无俸禄，均不吉利。课传中逢生，方可化凶为吉。

天盘空亡，因地盘实在，故名游行空亡，吉凶尚有七分。

地盘空亡，因坐而无实，故名漏底空亡，又名真空，吉凶却有十分。

龙	壬申	官鬼
雀	空亥	父母
后	丙寅	兄弟

常	龙	阴	虎
巳	申	卯	午
甲	巳	子	卯

龙	陈	合	雀
申	酉	戌	亥
空未			子蛇
虎午			丑贵
巳	辰	卯	寅
常	玄	阴	后

例　丑年午月甲子日巳时申将，占功名（戌亥空亡）。

申金官星乘青龙吉将发用，可惜申冲克天将，内战不息，必因执掌败事。干乘飞符，支见游魂，目今人宅必有灾非。又丁动刃逢，贵履地网，必见官讼拘系。幸勾阴生日，事可辨雪。德神禄马会入天门，定然位居显要，但值旬空，难以久远。（按飞符：甲日在巳。游魂：他书与此有异，午月在巳，子日在亥。丁动刃逢：支上神卯木为羊刃，干神遁丁。贵履地网：丑贵临戌。勾阴生日：酉金乘勾陈，上神子水为阴神，生甲干。德禄马会天门：亥为天门，寅为甲日禄、日德，为日支子水驿马。）

按：寅木德神禄马坐亥为真空，中传亥水逢空临申为游行空亡。实际此课干支上神脱气，支上神相刑，三传初战中空末陷，无一吉象，故难久远。

【原文】吉神吉将，生益我者皆不宜空。凶将凶神，贼害我者皆喜空。

【注解】例1

己酉年辛未月丁丑日辰时午将，占前程（申酉空亡）。

酉金太岁作朱雀发用，上乘亥鬼，丁火见亥为绝，必因上书言事

雀	空酉	妻财
贵	乙亥	官鬼
阴	丁丑	父母

雀	贵	常	空
酉	亥	卯	巳
丁	酉	丑	卯

陈	合	雀	蛇
未	申	酉	戌

龙午　　　　　　亥贵
空巳　　　　　　子后

辰	卯	寅	丑
虎	常	玄	阴

后	空申	兄弟
龙	戊寅	妻财
雀	辛巳	官鬼

后	后	合	合
申	申	辰	辰
庚	申	辰	辰

雀	蛇	贵	后
巳	午	未	申

合辰　　　　　　酉阴
陈卯　　　　　　戌玄

寅	丑	子	亥
龙	空	虎	常

而被贬窜。酉为宠妾，亥贵加之，反克其妻。卯为日母，被制于酉，本官见巳，会起酉丑，是宠妾而抛妻离母，遭贬宜哉。（按：此课占前程，以亥水官星为类神，亥水临酉空亡之地，且受末传丑土乘丁神之克，是喜神吉神逢空，岂能言吉？亥水驿马，丑干遁丁，皆为动神，故遭贬之象。）

例2 戊申年乙丑月庚辰日子时子将，占武职，丁巳命（申酉空亡）。

武职主兵，宜金旺。今申金空亡且墓于月建，是休衰无力。武职的类神为太常，不入课传。申金日禄空亡，是武无位而禄虚，所占非吉。幸中传寅木青龙入庙，末传巳上乘朱雀，既为本命，又为日之长生且为官星，龙雀相生，若改文必显。果改文后己酉、庚戌二年连捷。（按此例应细把玩，避空凶而就实吉，很耐寻问，深得壬学精髓。）

【原文】凡太岁、月将、月建、行年、本命，皆不算空；唯时空，则事必无成。日干不论地盘之空，天盘仍以空论。如甲子旬内，壬申日，壬禄在亥，地盘亥不算空，天盘日禄则言空也。

【注解】此论与诸论略有不同。诸论皆云，太岁、月将、月建、年命、占时有填实之妙，不以空论；本文却唯占时空亡为空。细想课理，占时为正逢事之时，岂能云空，故以不空论较贴切。

例 庚辰年甲申月丙辰日丑时巳将，占妻今晚何时来（子丑空亡）。

此课丑土旬空，巳火坐空，依理当以空论；然丑为占时，占时不空。巳火

雀	辛酉	妻财
阴	空丑	子孙
空	丁巳	兄弟

雀	阴	合	后
酉	丑	申	子
丙	酉	辰	申

雀	蛇	贵	后
酉	戌	亥	子

合申			丑阴
陈未			寅玄
午	巳	辰	卯
龙	空	虎	常

为月将，月将亦不空。巳火上乘丁神，干支作交车合，原断当天巳时到，实际当晚一点二十分妻到。应一点二十分者，丑时填实，巳火不空，反生占时故。说明占时也不论空之理。

【原文】日上空亡，入途而返，凡事不就，屡验。

【注解】干为我，支为彼、为宅，干支上神皆空，占事全无诚意，亦无实象，诸事皆散。若占病却主新病可愈，久病却危。

例1 辛巳年己亥月己未日酉时寅将，占起复（子丑空亡）。

仲　　　冬
（按：即子月）必有起官之兆。因干上贵人虽空，但乘旺气，交仲冬，子水当权，填实旬空，便当擢用；且巳火遁丁乘白虎并驿马发用，又为当年太岁且生日，四墓覆生，皆废旧复兴之象，起官无疑，果至期补兵曹。

```
虎 丁巳 父母        后 空戌 子孙
雀 壬戌 兄弟        空 己巳 兄弟
玄 乙卯 官鬼        蛇 甲子 官鬼

贵 虎 贵 虎        合 阴 后 空
子 巳 子 巳        寅 酉 戌 巳
己 子 未 子        丁 寅 卯 戌

雀 蛇 贵 后        蛇 雀 合 陈
戌 亥 子 丑        子 丑 寅 卯
合酉        寅阴   贵亥        辰龙
陈申        卯玄   后戌        巳空
未 午 巳 辰        酉 申 未 午
龙 空 虎 常        阴 玄 常 虎
```

例2 壬申年壬子月丁卯日未时寅将，占购买两千吨汽油生意（戌亥空亡）。

初看丁火上乘寅木长生，天将六合，似乎不错。可惜初传临支发用，为日干空墓，日支为彼，彼空也，占生意最忌。中传巳火入戌土之墓，末传官鬼，乘螣蛇凶将。干上神寅木又坐未墓，我之实力也不足。课传皆虚而凶，纯属妄谈。因天将为蛇，有纠缠之象，最终虚幻。后果虽将多方努力，历时月余，终未成功。

至此，读者不禁要问：上一例是干上空，此例支上空，何以一成一败？盖因上例子水虽空，但为旺气；下例戌土空亡为休囚之气。此即旺不为空之理。

空亡在壬学中很是重要，用法也较广泛。

课逢进茹，中末传空亡，事反宜退。课逢退茹，中末传空亡，事却宜进。

占断父母尊长事，父母空亡，尊长父母不安，占病则危。

占断功名，官星妻财空亡，非无谓消耗太多，即收益或钱财流通受阻。

脱气之神逢空亡，主不泄我气，反吉。占子息事反凶或养子承嗣。

占产妻财逢空，主有妊娠之喜。

初传空而末传实，先无力而后成。初传实而末传空，终无结果。中传空亡，叫作折腰或断桥，诸事中途废止。

占婚妻财发用，中末传空亡，夫妻有离别之兆。

四课尽逢空亡，为有名无实。如乙巳日干上寅，第一课寅乙，第二课子寅，第三课卯巳，第四课丑卯。乙巳日居甲辰旬，寅卯空亡，四课非旬空即落空，无实际意义。

空亡之神乘天空，即使其神再吉或旺相，亦如镜中花，水中月，得之不易。非待将来填实之时，方能实现。

初传是本旬空亡，中传为下旬空亡，末传为后旬空亡。这种连续空亡叫脚踏空亡，不论吉凶，都主虚声。

三传合鬼局，两传空亡，实神为财时，所得之财为危险之财，会起官非。

三传相递相生，但逢空亡，他人虽有荐举之心，但无实际。

初传空亡，但居长生之地，行事虽不成，却可东山再起。若乘太阴，虽有机会，终必为废。

鬼作空亡带驿马、丁神，非有人逃亡，即离家出走或过房之事。

发用为鬼入空亡，主人无依，孤单凄凉度一生。

例 3　辛未年六月癸卯日卯时未将，一台臣占上疏（辰巳空亡）。

表面看来，末传生中传，中传生初传，初传生干，似乎甚吉；惜酉金日破发用，初末皆空，独存中传丑鬼，又为岁破；同时未土太岁临宅，上乘朱雀克干。太岁，君也；岁破，相也。君相皆贵，与公何能有利。况四课皆下贼上，名无禄，如疏入，必触上怒。后果因上疏荐人，下狱拟配。

陈	丁酉	父母
常	辛丑	官鬼
贵	空巳	妻财

贵	陈	雀	空
巳	酉	未	亥
癸	巳	卯	未

陈	龙	空	虎
酉	戌	亥	子
合申			丑常
雀未			寅玄
午	巳	辰	卯
蛇	贵	后	阴

论来情

【原文】凡占来情，须详正时并发用。正时与日生克刑冲破害比合，以定所占事体。发用旺相休死，以定事体吉凶，并过去未来见在。

时为日冲，主占动摇被人相犯事。时与日同，主出入迟滞，或外人暗损财帛事。时与日相生，迭为恩惠。时生日，得他人之惠。日生时，则我惠人。时为日马，若临日上，主远行动移事。临辰，主家宅动移事。时为日禄，主求禄位或进身事。时为日贵，或干贵及与贵人干事之兆。时为日德，主赏赐事。时为日空亡，主求谋不成或赚财失脱事。时为日劫杀，主事急速，或劫盗事。时为日刑，主急速事，或刑克官忧事。时为日害，主损害自己，灾祸不测事。时为日鬼，主鬼贼相犯，或灾病失脱事。时为日墓，主被人蒙蔽，或争田土坟墓。旺相为田，休囚为墓。时为日破，主破财走失，破败之事。

再以发用衰旺，详其过去、见在、未来，以决吉凶，而来意得矣。若同时人来占者，各以来方上神论之。如果东方来看卯上神，西方来看酉上神。来方不真，则论坐位上神，坐位不正，则论本命上神。

【注解】占来情虽以占时为主，必须参看发用，方能合理。

例1　甲子年四月癸卯日午时申将，占事（午未空亡）。

来人问曰："可知来意？"曰："占时午火为癸日之胎神，必为六甲占也。"问曰："然男乎？抑女也？"曰："干上属卯震为长男，又是幕贵。三传、四课纯阴，阴极阳生，生贵儿矣。且支加干，仰首见子（按：癸水生卯木为子息），生必须利。但四课不备，未能足月，酉

```
雀　空未　官鬼          空　癸巳　兄弟
陈　乙酉　父母          合　庚寅　父母
空　丁亥　兄弟          贵　丁亥　官鬼

阴　贵　贵　雀          龙　雀　玄　空
卯　巳　巳　未          辰　丑　申　巳
癸　卯　卯　巳          丁　辰　亥　申

雀　合　陈　龙          合　陈　龙　空
未　申　酉　戌          寅　卯　辰　巳
蛇午　　　　　亥空       雀丑　　　　　午虎
贵巳　　　　　子虎       蛇子　　　　　未常
辰　卯　寅　丑          亥　戌　酉　申
后　阴　玄　常          贵　后　阴　玄
```

金冲卯木子星，酉临未，六月生。子水冲午火胎神，子上见寅，子日寅时生之。后果一一如所断。

例 2　壬午年九月丁亥日未时辰将，一丙午命人索占（午未空亡）。

来意必问功名，公乃未年甲榜。曰："何以知之？"曰："辰土青龙乘月将居干，贵德官星临寅木行年。辰土加未，又为占时，故应未年高第。"曰："该作京官？"曰："岁居干后，日干青龙，理应先京职而后外任。但身命逢空，此去身不安而禄不享耳。"果此君去后不久，李自成破城而归。

论期候

【原文】过去未来，若看远期，当于太岁上神详之。如正月占，巳加岁上，事在四月为未来。亥加岁上，事在去年，十月为过去。大都事端，吉凶起处看发用，吉之成合，与凶之究竟，期散皆在末传。

用起太岁，吉凶应在岁内。月建在月内，日干应本日，日支同。旬首应一旬。若非旬首，即当从本日支次第推之。如丑日用寅，应第二日，用卯应第三日，用辰应第四日。二十四气，每一气管十五日，占日若得交气之日支发用，则应在本气日内。如初二日丙子立春，初六日庚辰，巳加庚发用，得勾陈，主争田宅斗讼，在十六日以前应之。七十二候，每候五日，以立春日为始，每一气三分之，为三候。如发用得每候之第一日，则应在本候日内，用春夏秋冬四立日，应在一季，用时应在本时。

【注解】例 1　甲子年甲戌月甲子日戌时卯将占（戌亥空亡）。

子水父母乘青龙吉将发用，为印绶又为华盖。末传戌土空亡，但月建和占时填实，不以空论。中末传巳戌，虽缺卯木，但卯既为月将，又是戌土阴神，以不缺论，乘轩铸印课成。

戌土和太常的类神都是印绶，初传子水也是印绶，此课主有迁官加印之喜，且有兼职。初传子水为当年太岁，得岁不出岁。子水又是十一月月建，十一月岁运皆临，当应。

例2 甲辰年戊辰月甲子日巳时酉将占（戌亥空亡）。

辰土克下发用，课名元首。辰土为财，天将玄武，玄武为盗贼，必主因盗财之事。支全水局，其人必为近水捕鱼打猎之人，伏在水泽之处。支全水局生干，辰土克玄武，水墓三月，其贼必败。初传辰土为月建，得月不出月，此贼该败于三月。

例3 戊辰年庚申月甲辰日巳时午将，占买股票（寅卯空亡）

财神临太岁，又为旬首发用，买此股本旬定会得财。虽辰土财星落空，且坐卯木又乘六合木将，遭其夹克。但三

```
龙  甲子  父母          玄  戊辰  妻财
阴  己巳  子孙          蛇  壬申  官鬼
合  空戌  妻财          龙  甲子  父母

贵  龙  阴  合          后  合  玄  蛇
未  子  巳  戌          午  戌  辰  申
甲  未  子  巳          甲  午  子  辰

 合  陈  龙  空          雀  合  陈  龙
 戌  亥  子  丑          酉  戌  亥  子
雀酉          寅虎     蛇申          丑空
蛇申          卯常     贵未          寅虎
 未  午  巳  辰          午  巳  辰  卯
 贵  后  阴  玄          后  阴  玄  常
```

```
合  甲辰  妻财
雀  乙巳  子孙
蛇  丙午  子孙

陈  合  雀  蛇
卯  辰  巳  午
甲  卯  辰  巳

 蛇  贵  后  阴
 午  未  申  酉
雀巳          戌玄
合辰          亥常
 卯  寅  丑  子
 陈  龙  空  虎
```

传进茹，中末传均为生财之神，定会上涨，可以购买。初传辰财为旬首，得旬不出旬，果买后数日，即开始上涨。

【原文】一法：以用神上下所主为月期，以今日爱恶之神为日期。吉课以今日生我者为爱，凶课以今日克我者为恶。假令吉课，戊己日卯加辰为用，则月期在二月卯故也。不在二月，当在三月，卯在辰故也。日期即在丙丁，丙丁生戊己故也。假如凶课，甲乙日巳加申为用，则月期在四月，巳故也。不在四月，当在七月，巳加申故也。日期即在庚辛，庚辛克甲乙故也。

【注解】例　丁丑年乙巳月辛亥日亥时申将，谢某占妻病（寅卯空亡）

子亥子孙坐空，必因胸隔受阻，不能饮食。日鬼临月建发用，禄神酉金临死地，夫占妻，寅木妻财类神旬空，皆不祥之兆。幸巳为日德，末传亥水又临支制鬼，尚可苟延残喘。五月丙午，火势大旺，必难治矣。果因滴水不入，针药无效，延至四月三十日病故。辛日为丙寅，已交芒种数日，木火旺炽，鬼逢长生益彰，在数难逃。

按：地盘巳火，上乘寅木，财生鬼旺，惜寅木逢空无力，丙寅日填实生鬼，故应。此凶神以出现当值者为应期。

蛇	乙巳	官鬼
陈	空寅	妻财
虎	辛亥	子孙

后	雀	阴	蛇
未	辰	申	巳
辛	未	亥	申

陈	合	雀	蛇
寅	卯	辰	巳
龙丑			午贵
空子			未后
亥	戌	酉	申
虎	常	玄	阴

【原文】一法：用起阳神，取绝日为验。阴神取墓日为验。

【注解】不论用神为阴还是为阳，不论类神为阴还是为阳，只要用神或类神临绝、临墓，均以绝墓当值为应期。占结绝事尤验。

　　例　癸未年庚申月癸未日子时午将，崔某占幼子病，本命午（申酉空亡）。

　　明日必死。因太岁、岁破充满课传且克干，全无一点解救。本命午火，上乘子水死气，年乘丧魄，如何能生？且父母占子，癸日以寅卯为子孙类神，坐于空亡受克之地。一交明日，旬空填实，申金乘白虎为子孙绝地，旺克子孙。果验。

　　丧魄杀：正月在未，二月辰，三月丑，四月戌，五月未，依此循环。本课未土太岁上乘丑土，七月占，丑土为丧魄。

　　【原文】末传为结局之期，凶事取末传冲处为散期，吉事取末传合处为成期，全在变通者，旺相休囚气。

　　【注解】例1　戊辰年乙卯月丁亥日卯时戌将，辛丑女命，行年巳，占今年财运（午未空亡）。

　　夏季平平，秋季吉利。因午火乘白虎发用，主有惊险。喜其落空，但与行年巳火上神子水相冲，子水乘蛇，恐有血光之灾。本命丑土上乘申财，又为末传，秋天必财运亨通。本命丑土及六合乘寅落空，六合为小儿类神，如有怀孕，必须小心。果春夏财运平平，夏天流产，秋天申月因售屋得巨款。应申月者，末传申金为财故。

常	癸未	官鬼
雀	丁丑	官鬼
常	癸未	官鬼

常	雀	雀	常
未	丑	丑	未
癸	未	未	丑

陈	合	雀	蛇
亥	子	丑	寅
龙戌			卯贵
空酉			辰后
申	未	午	巳
虎	常	玄	阴

虎	空午	兄弟
雀	巳丑	子孙
玄	甲申	妻财

合	阴	虎	雀
寅	酉	午	丑
丁	寅	亥	午

蛇	雀	合	陈
子	丑	寅	卯
贵亥			辰龙
后戌			巳空
酉	申	未	午
阴	玄	常	虎

例2 丙子年甲午月庚子日亥时未将占退职（辰巳空亡）。

某翁在海关工作多年，因病想告退，特来占卜，得此课。日干庚金在午月为进气，恐不能获准。初传、末传空陷，其位已有人代替；课传水局脱干，病非一日可愈；到明年春季，金逢绝地，辰月为墓，方退职。春木旺，木为财，退休时可能有巨款到手。果上司不许退职，准予病假。后见痼疾久延，于次年三月免职，并给重金。应辰月者，亦为末传故。

【原文】 三合课各以墓为期，如三合少一字，以少一字为期。寅午戌，有寅午无戌，要见天空，须候戌月戌日成就也。又如间传课，名折腰，三合待中传对冲神为克应之日，谓之虚一待用。

【注解】 例1 戊辰年乙卯月辛未日酉时亥将占婚（戌亥空亡）。

巳火天后为占婚类神，卯月为相。日支未土为妻，阴阳二神皆乘吉将，所以女友长相漂亮贤淑。支生干，支上神生干上神，表示女对男有意。三传吉将且妻财发用，本命辛丑，卯财临其上，婚姻必成。三传寅午三合，缺一戌土，九月戌土填实，可成婚配，果于亥年九月结婚。

课传千变万化，占事亦非一途，所以应期也非仅有以上几种，据他书所

龙	庚子	子孙
蛇	丙申	兄弟
玄	空辰	父母

玄	龙	蛇	玄
辰	子	申	辰
庚	辰	子	申

空	虎	常	玄
丑	寅	卯	辰
龙子			巳阴
陈亥			午后
戌	酉	申	未
合	雀	蛇	贵

常	丙寅	妻财
阴	戊辰	父母
贵	庚午	官鬼

空	常	合	龙
子	寅	酉	亥
辛	子	未	酉

蛇	雀	合	陈
未	申	酉	戌
贵午			亥龙
后巳			子空
辰	卯	寅	丑
阴	玄	常	虎

见，特摘于下：

如果岁、月、日、时均不发用，当以本日日支次第类推。如丑日占事，寅木发用，应在第二日；卯木发用，应在第三日；辰土发用，应在第四日。出了四位，则不再取，却依地盘太岁的上神定应期。如子年占事，子上神为巳，应在巳月，因四月建巳。子上是酉，则应在八月，以八月建酉矣。

以初传所合之神加临地盘之神为成事应期，以末传所冲之神加临地盘之神为散事应期。

占断疾病时，白虎乘鬼克干，助鬼之日为病危之应期，制鬼之日为病愈之应期。

如果用神或类神在课传中空亡，以用神或类神脱空填实之日为应期。

又一法：寅卯发用，以辰上神为应期。申酉发用，以戌上神为应期。亥子发用，以丑上神为应期。巳午发用，以未上神为应期。辰土发用，以未上神为应期。未土发用，以戌上神为应期。戌土发用，以丑上神为应期。丑土发用，以辰上神为应期。若以上发用为太岁、月建、旬首、日时等，则仍以前太岁发用不出岁之论断之。原歌为：

> 用传申酉戌为期，亥子须从丑上推，
> 寅卯不离辰上用，方知巳午未当时，
> 土神四季前为用，此课传入可指迷。

《中黄歌》应期取法虽同，上下神却恰恰相反。其歌云：

> 从来克应几般期，唯有中黄另一规，
> 先别木金水火土，即将下位神上推。

若是用神临亥子，但寻丑位落何枝——凡亥子发用，即以天盘丑所临之神为应期。如丑临申，则以申为应期，临巳则以巳为应期。后诸法均同，不再注释。

用神若也归寅卯，天罡所立更无疑。

更有季神觅用者，戌中觅丑始为奇。

丑看辰兮辰看未，未视河魁永不移。

从此轮流为妙诀，劝君记取勿多歧。

忽然巳午初传见，又向天盘未位思。

申酉之神唯近取，戌宫之下列如眉。

以上诸法，虽各持一说，却均含至理，但也有不尽准者。这并非取应之法不善，而是占断之人泥而不化之故。如占人岁数，子加丑，子数九，丑数八，八九相乘得七十二岁犹可。如果是寅加亥发用，寅数七，亥数四,四七相乘仅二十八岁，然来人已三十余；若以十倍相乘，则为二百八，人岂能活这么久？故应以寅亥旺衰或真数倍二或倍三。如寅为木，真数为三，旺相再乘以三。亦有寅旺为七，亥为四，七为十位数，四为个位数，相合得七十四者。再如军队出动，数皆成千上万，若课值得休囚，怎能只断为七八人？则应以百或以千乘之。又如，亥年占长事，丑土发用，可应于丑年。如果占花草，却要以季论。所以取应期全在因时、因事临机触动而悟其玄机。只有潜心研究，方能洞悉天地奥妙。

例2　丙子年壬辰月己酉日卯时戌将，占何日出狱。

目今不能脱难，交巳月甲戌日巳时方能出狱。同难之缙绅皆曰指日可出，予曰不然。因亥水驿马发用坐墓，中传午火犯岁君，如上疏，旨意必改，众不然。三月，冯大司寇上疏，旨意驳回。四月

蛇	辛亥	妻财
空	丙午	父母
后	癸丑	兄弟

阴	合	常	蛇
寅	酉	辰	亥
己	寅	酉	辰

贵	后	阴	玄
子	丑	寅	卯
蛇亥			辰常
雀戌			巳虎
酉	申	未	午
合	陈	龙	空

上疏，依拟脱难。因巳月建巳，冲初传墓中驿马，方有出狱之应。（按：应甲戌日者，冲开辰土驿马之墓，其理甚明。）

　　例3　三月甲戌日未时酉将占升迁（申酉空亡）。

　　（按：此又一法，甚为有趣，故取之供参考。）

　　午火乘青龙加辰入中传，与日相生为吉迁。从甲至辰上青龙，得三位，即为三岁期。从日支戌土至辰上青龙为七位，为七月期。此日青龙乘午火，火生土，戊己为日期，午火青龙加辰即为辰时，故相去三年七月戊己日辰时升迁。

```
合  庚辰  妻财
龙  壬午  子孙
虎  空申  官鬼


合   龙   后   蛇
辰   午   子   寅
甲   辰   戌   子


空   虎   常   玄
未   申   酉   戌
龙未              亥阴
陈巳              子后
辰   卯   寅   丑
合   雀   蛇   贵
```

论类神

　　【原文】凡课须兼看类神，如求官，责官星及龙常。求名，责文书及龙雀。求财，责财神，青龙。求婚责天后，谒见责贵人。求雨责青龙，求晴责天空、螣蛇。文字责朱雀，衣服饮食责太常，田土责勾陈，奴仆责天空，媒保责六合，道路责白虎，盗贼责元武等类。要入课传内，旺相不空，与日辰德合相生，求谋必济。

　　【注解】占课求事，类神为吉凶的关键，并非兼看，而是要仔细详审。如占升迁，要看类神官星、印绶（父母）、绶（戌土）、青龙、太常、贵人、驿马、丁马、天马、皇恩、天诏、日禄、漫语、日德等。至于入传不入传，是吉还是凶，则要根据所占之事灵活判断。"显晦"之法云："显晦是指占断中的类神而言，用类神的显晦来判断事物的隐显。"

　　类神入四课、三传为之显。入年命也为显，但次之。如四课三传及年命上均不见类神，则为晦，又叫类神临闲地。至于显晦是吉还是凶，则因占事不同各随所宜。有宜显不宜晦者，如占官，官星的类神宜显；占财，妻财的类神宜显。有宜晦不宜显者，如占病，鬼爻和白虎是类神；占讼，朱雀、官鬼、腾蛇是类神，如果隐晦，则病利愈，讼宜息。若显于三传，则官事不可避免，病情也恐一下难以痊愈。

例1　戊寅年丙辰月己巳日丑时戌将，天气亢旱，占何日有雨（戌亥空亡）。

占求雨：

子丑亥及青龙、天后、玄武为雨神，寅未为风神。

巳午之日先有狂风起，出旬甲戌日有小雨，乙亥日大雨；因辰加未为风伯，发用寅木为鬼克日，故主有狂风。又贵登天门，龙神飞天，

空	丙寅	官鬼		虎	丙申	兄弟
合	空亥	妻财		蛇	壬寅	妻财
贵	壬申	子孙		陈	空巳	官鬼

常	龙	空	合		虎	虎	后	后
辰	丑	寅	亥		申	申	子	子
巳	辰	巳	寅		庚	申	子	子

空	虎	常	玄		陈	龙	空	虎
寅	卯	辰	巳		巳	午	未	申
龙丑			午阴		合辰			酉常
陈子			未后		雀卯			戌玄
亥	戌	酉	申		寅	丑	子	亥
合	雀	蛇	贵		蛇	贵	后	阴

皆行雨之象。因中末申亥空亡，故言出旬有验；甲戌日小雨者，乘休气空亡也；乙日大雨者，子卯相刑也。

例2　戊辰年庚申月庚子日午时午将，连日多雨，卜何日晴（辰巳空亡）。

类神：巳午为晴神，螣蛇、勾陈、朱雀亦为晴神。

课逢伏吟，无丁马，课传中金水相生，初传金生水，今明两天雨仍很大。中传寅木乘蛇晴神，但逢月破，仅能减其势，寅卯日雨必小。末传巳火乘勾陈主晴，但逢空，出空必晴。果乙巳日放晴。

以上两例皆以类神出现之日判断。

【原文】类神入传，若克日辰年命，更乘旺相，立见倾败，谋亦无成。无气为鬼，亦主凶咎。或不入传为在闲地，更又无气，或作空亡，乃曰无类难成，凡求事宜退。

【注解】类神克日者，只有官鬼。若占病、占讼，诸事不宜。但仕人占前程，最喜此神克日，名官来寻我，却吉。占求财，财神临支克支，名财神入宅。若财神临年命克年命，也为财来寻我，为吉庆，所以定要分别占事，再以生克论吉凶。

例1 丁卯年壬寅月丁巳日卯时子将，占升迁（子丑空亡）。

占升迁以官星、贵人、青龙、驿马为类神。

卯木太岁、寅木月建生日，亥水官星乘贵人发用，必然迁擢，且为山环水绕之地。因支为任所，寅艮为山，与亥水相合，故应此地。蒿矢发用，传中见金，为箭之有镞，又贵德驿马入传，财官城吏全逢，催官迅速之兆。但忌日之阴阳克制官星，须防陈、王、田姓人为祟。癸亥日随受南京巡捕营都司，不久被田大司马罢免。

亥水乘贵人类神发用，故应亥日升迁。干上神辰土，阴神丑土克制亥水官星类神，故有罢免之患。

贵	癸亥	官鬼
玄	庚申	妻财
空	丁巳	兄弟

龙	雀	合	贵
辰	丑	寅	亥
丁	辰	巳	寅

	合	陈	龙	空	
	寅	卯	辰	巳	
雀	丑			午	虎
蛇	子			未	常
	亥	戌	酉	申	
	贵	后	阴	玄	

例 2 己卯年辛未月己酉日辰时未将，占病（寅卯空亡）。

卯木官鬼为占病类神，临太岁乘玄武发用，虽旬空，但太岁填实，不以空论。太岁克日，当以凶论。妙在末传酉金子孙吉神，冲克初传卯鬼，名为有救。惜中传午火坐木得生，又持强克破酉金，名救神被伤。幸六月午火衰退，酉金逢进气，又为日辰有气，目下无妨，壬午年春恐危。果死于壬午年春。（按：应壬午年春者，午火忌神临太岁，有力克破酉金，此其一。应春季者，酉金救神临绝，卯木凶神临旺，此其二。酉金被伤，卯木无制，自是可以肆无忌惮地克害己土了。此以类神当值岁月论应期例。）

玄	空卯	官鬼	
空	丙午	父母	
合	己酉	子孙	

雀	后	贵	玄
戌	丑	子	卯
己	戌	酉	子

陈	合	雀	蛇
申	酉	戌	亥
龙未			子贵
空午			丑后
巳	辰	卯	寅
虎	常	玄	阴

【原文】类神入局，主事速。不入局，有气则速，无气则缓。凡在课传年命，俱作入局，然即不入局，亦当以所占事类决之。如占失脱，虽元武不入局，但求所居生克刑合喜畏，断其方所色目，自验。

【注解】占失窃专以玄武为类神，不论其入不入课传，均以玄武所居之处的生克情况断其盗情。

例 辛酉日巳时丑将占捕盗（子丑空亡）。

兄弟酉金上乘玄武为入传。看天地盘，酉金临丑，贼往东北十四里之处。其贼出门向西行六里，却往北行五里，藏匿财物后于西北还家。藏匿五日，方敢再行。幸勾陈克其藏处，即可擒获也。

（按：玄武入不入课传，均以天盘上玄武乘神论。玄武乘酉数六，加丑数八，相加故云藏东北十四里。酉数六，方位主西，故云先向西行六里。土数五，丑为东北，故云向北行五里。勾陈之神为寅木，克其所藏之方丑土，故云其贼可获。）

【原文】凡类神用阳，观其大象；用阴察其隐微。阳者，类神所乘之神；阴者，类神传去之神，乃类神上神也。如类神乘申临午，则午上所乘为阳，申上所乘为阴。捕盗则求元武之阴，乃见盗之胜负。访人求日德之阴，乃见彼人长短。求妻看天后之阴，乃见女人性情。求财看青龙之阴，乃见财之得失。

【注解】此节论及阴阳二神，什么为阳神，什么是阴神？

曰：凡神有阳就有阴。六壬课中的阳神主显其大象，阴神主察其阴微，阴神乃事之归宿。要知道事情的究竟，若不详观阴神，就很难判断吉凶的底蕴。那么什么是阴神？十二天将除贵人以昼夜互为阴阳外，即昼占以夜贵为阴神，夜占以昼贵为阴神，其余均以所乘上神为阴神。如甲子日丑时酉将占，腾蛇乘申临子，申为阳神。申金地盘上神是辰，那么辰就是申的阴神，即腾蛇的阴神。又如乙卯日子时亥将占，白虎乘丑临寅，丑为阳神。地盘丑上是子，子就是丑土白虎的阴神。

占谒贵之事及升迁考试，看贵人的阴神。

占小儿病及怪异之事，看腾蛇的阴神。

占考试、选举、文书、口舌之事，看朱雀的阴神。

占交易、婚姻、子孙之事，看六合的阴神。

蛇	丁巳	官鬼
龙	空丑	父母
玄	辛酉	兄弟

贵	阴	蛇	龙
午	寅	巳	丑
辛	午	酉	巳

龙	陈	合	雀
丑	寅	卯	辰
空子			巳蛇
虎亥			午贵
戌	酉	申	未
常	玄	阴	后

占词讼、田产、土地之事，看勾陈的阴神。

占天雨、财利、官爵之事，看青龙的阴神。

占天晴、奴仆、僧道之事，看天空的阴神。

占道路、疾病、死亡之事，看白虎的阴神。

占印绶、衣服、宴会之事，看太常的阴神。

占盗窃、捕获之事，看玄武的阴神。

占婢妾及阴私之事，看太阴的阴神。

占妻病、求妻，看天后的阴神。

其断法，如占盗贼，看其玄武之阴神，上下比和，即可推断其所匿之处。占灾病，视白虎阴神，若克日辰年命，其病不救。占词讼视其勾陈阴神，乘凶将克日，必遭刑责，余类推。

例　乙卯日申时亥将，占捕盗（子丑空亡）。

玄武乘卯居末传，阴神为午火，是自正东转正南（按：玄武卯木为正东，阴神午火为正南），卯六午九，此去五十四里。卯主树木，坟茔，午上天空，主藏于窑穴。中传子水克午，初传酉金克卯，必主擒获。遇酉子日即其期也。

合	辛酉	官鬼
贵	空子	父母
玄	乙卯	兄弟

龙	雀	空	合
未	戌	午	酉
乙	未	卯	午

陈	合	雀	蛇
申	酉	戌	亥
龙未			子贵
空午			丑后
巳	辰	卯	寅
虎	常	玄	阴

论八煞

【原文】干有德、合、鬼、墓；支藏破、害、刑、冲。看其生旺休囚，审其亲疏关格。德为庆会，合乃和合。鬼主伤残，墓多蒙昧。破须倾损，害必阻隔。刑有强弱，冲则动摇。此理简明，为式中关键。

【注解】此八煞为六壬课中至要之处，须认真揣摩方是。

论　德

【原文】德者，福佑之神也。凡临月入传，能转凶为吉，其名有四（谓天德、月德、日德、时德）。四德入传皆吉，日德尤吉。俱宜生旺，不宜休囚。凡德加干发用为鬼，仍作德断，不可作鬼断，盖德神能化鬼为吉也。凡德下贼发用，得贵神生扶，仍作全吉断。若无生扶，又见克泄，主喜处生忧。如乙未日申加午，发用申为乙德，受制于午，但阴阳贵神属土，脱午生申，仍作全吉之例。凡德神临日，又会合带贵，主有意外之喜，唯不宜占病讼。凡德临死绝，又值凶神，力减十之六七。凡日德发用，又同下神克日，名鬼德格，主邪正同途。凡德作官星，又临朱雀，名文德格。主应举得官，在官得荐。

【注解】例 1 乙未日午时申将占事。

第二课申金加午火发用，申金是乙木日干贵人，又为日德，是贵德受制于午火。但申金又是乙日贵人，贵人为己丑土星，丑土可以化午火而生金，再加中传戌土为午火之库，末传子水冲克午火，皆助申金日德，所以申德仍为有用。如果无生扶申金日德者，却主喜中有忧。

德临日干，又作贵人，主有意外之喜。占病讼却不宜。

德临死绝之地，又值凶神，其吉力只有三成。

日德发用，上下神同克日干，叫鬼德格，主邪正同途。

例 2 乙酉日卯时寅将占事。

贵	丙申	官鬼
阴	戊戌	妻财
常	庚子	父母

雀	贵	后	玄
午	申	酉	亥
乙	午	未	酉

蛇	贵	后	阴
未	申	酉	戌
雀午			亥玄
合巳			子常
辰	卯	寅	丑
陈	龙	空	虎

申为日德，又为日鬼。申临酉，酉为日鬼，上下神申酉同克日干，再加干上神卯木遁辛，又为暗鬼，是酉辛夹申，化德为鬼，故正邪同途。

日德发用，作日官鬼，上乘朱雀，名文德格，主应举得官。

例3　己巳日巳时寅将占。

贵	甲申	官鬼
蛇	空未	妻财
雀	空午	子孙

龙	空	贵	蛇
卯	寅	申	未
乙	卯	酉	申

陈	合	雀	蛇
辰	巳	午	未
龙卯			申贵
空寅			酉后
丑	子	亥	戌
虎	常	玄	阴

雀	丙寅	官鬼
后	空亥	妻财
常	壬申	子孙

陈	蛇	雀	后
辰	丑	寅	亥
己	辰	巳	寅

雀	合	陈	龙
寅	卯	辰	巳
蛇丑			午空
贵子			未虎
亥	戌	酉	申
后	阴	玄	常

寅木日德加巳发用，作日官，又乘朱雀，化官生干，主应举得官。

注意：大凡占事以五行生克为根本，日德虽为吉神，但本身为凶神者，只能化解一时，终以凶断。若日德为吉神者，则愈加有力。

论　合

【原文】合者，和顺之神也，凡临日入传，主有和合成就之喜。盖阴阳配合，奇偶交连，故凡事皆成也，其名有三。

一行合，即三合也。亥卯未木合，主繁冗驳杀。寅午戌火合，主侣党不正。巳酉丑金合，主矫革离异。申子辰水合，主流动无滞。凡三合入传，主事关牵连，必过月方能了结，又主朋侪众多之应。

一干合，即五合也。甲己为中正合，乙庚为仁义合，丙辛为威权合，丁壬为淫佚合，戊癸为无情合。凡中正合乘贵人，主贵人成就。见贵得喜，与德神并，能解诸凶。若与阴后元六相乘于卯酉，主有贵人奸邪不正之事。凡仁义合乘吉神，主内外和合，作事端肃。若乘阴六元后临卯酉，主假仁义以行奸邪之事。凡威权合乘吉神，主施威德，布号令，观兵讲武。若乘凶神，主挟威凌下，卑幼勉强承顺。凡淫佚合乘吉神，主阴谋成事。若乘阴后元六临卯酉，主女子淫奔，家门丑行。凡无情合乘吉神，占事半实半虚。若乘凶神，主外合中离，百凡承顺，皆是假意。

一支合，即六合也。凡合与德同入传，百事皆吉，即会凶神，亦主凶中和合。凡合入传，视其进退，传进利进，传退利退，百事如意。凡寅亥为破合，巳申为刑合，主谋事合而不合，成而不成。若得贵青禄乘之，仍主顺利。凡合入传，谋事皆成，但不能即时了结，不宜占病占讼。凡暗中三合六合，主失脱，藏匿难获。凡天后、神合作合，占婚立成。凡刑破二合发用之，内吉外凶，占事须费力，然终有济。凡合逢空落空，又见刑害，主和中藏祸，有德可解。凡合带刑害，虽乘吉神，其力亦减，但可宛转小用。凡合克日，或乘蛇空朱雀，主合中有害，不可托人谋干，恐以直信人，反招不足。

上三等合神，以干合为主，支合次之，行合又次之，要与德神、禄喜临并，方为全吉。

凡三合在课中作干支上神交克干支者，主外合中离，各怀疑忌，或为人挑激以致不和。凡支干互合，名同心格，主一切谋望皆合意齐心。若见刑害，又主同心之中，暗生妒忌。凡支加干上神，邻近相合，主彼此变换，共相谋事，皆有成就（唯壬子、戊午、丙子三日有）。凡日干与支上神相合，支辰与干上神相合，名交车合，主交关成合之事。

一、长生合，宜合本营为（如甲申日，干上巳为支长生，与支合。支上亥为干长生，与干合）。二、财合，宜交关取财，或财相交涉（如辛丑日，干上子为支财，与支合；支上卯为干财，与干合之例）。三、脱合，不宜交涉，主彼此各怀相脱之意（如戊辰日干上酉脱支，与支合；支上申脱干，与干合之例是也）。四、害合，主彼此合谋，暗中相害（如丁丑日，干上午害干，与支合；支上午害支，与干合之例）。五、空合，主先好后恶，有始无终（如辛亥日干上寅，空与支合，支上卯空与干合之例）。六、刑合，主和美中生出争竞，及彼此各不循理（如癸卯日，干上戌刑干，与支合；支上子刑支与干合）。七、冲合，主先合后离，不论亲疏，五伦皆然（如甲申日，干上巳与支合；支上亥与干合，巳亥寅申相冲）。八、克合，主交涉中生出争讼，或匿怨相交，笑里藏刀（如庚子日，干上丑克支与支合，支上巳克干与干合之例）。九、三交合，凡交关用事，必有奸私或交涉二三事（三交者，孟仲季各临孟仲季也，唯己酉日辰加干，丁卯日戌加干二课）。十、交会合，主内外相合，或世代义门，更有外人相助。凡占事之有成，唯忌空亡（如乙丑日，干上子与支合，支上酉与干合，三传巳酉丑，又三合之例）。

【注解】合共有三种，即六合、干合、三合局，分别予以说明。

一、六合：

1.六合与德同入传，百事皆吉；即使课中为凶神，也主凶中和合。

2.六合入传，视其进退；传进利进，传退利退。

3.六合入传，谋事皆成，却不能即时了结。如果占病主一时难愈，问讼主讼成，反为不吉。

4.六合带刑害，虽乘吉将，其力亦减，但可宛转小用。

5.六合逢空落空，又见刑害，主合中藏祸，有德却可化解。

6.合寅亥为破合，巳与申为刑合，均主合而不合，成而不成，谋为费力，但终有济。（注：亥为寅之长生，巳为申之长生，亦为长生相合，故破刑费力之说不合课理。）

7. 四课中有合，但日干上神与日支上神互克时，主外合内离，各怀鬼胎。

8. 日辰相合，日辰上神也合，叫作同心格，主一切谋望能同心协力。若逢刑害，则主同心之中暗生嫉妒。

9. 日辰相害，但日辰上神相合相破，主外面假意相助，心中百般暗毒。如果合而不破，却主貌合神离，无大危害；若值空亡，其凶与破同论。

例 1　壬申日巳时申将占。

此课韦千里认为，干支上神虽相合，但亦相破，同时亥水空亡，主外面假意相助，实则心中暗毒。

阿部泰山解云：初传是财，木生火坐于生地。日干寄宫亥为日支上神，坐申金受生，任何事努力以后一定成功。又云：秘传说，干上神支合，日支的上下成为申亥的六害，主表面和好，内藏争斗，外表和协，但心中不满。

实际此课干上神脱干，支上神脱支，干支阴神皆上神脱下神，干支之气尽泄，所以诸事费力，且防破耗盗窃。此皆上下神相脱之故，与破合并无关系。

雀	己巳	妻财	
龙	壬申	父母	
常	空亥	兄弟	

后	雀	常	后
寅	巳	亥	寅
壬	寅	申	亥

龙	空	虎	常
申	酉	戌	亥
陈未			子玄
合午			丑阴
巳	辰	卯	寅
雀	蛇	贵	后

10. 交车合：凡日干与支上神相合，支辰与干上神相合，这种交叉相合之式叫交车合。主交易、交换之事，利合谋不利分散。此例除甲寅、丁未、己未、庚申、癸丑五日干支同位不能交叉相合之外，其余各日都有一课可以

相合，其合共有十种情况，特举如下：

（1）长生合：干上神与支相合，为支之长生。支上神与干相合，又为干之长生，叫长生合，宜合本营谋。如甲申日卯时午将占，第一课巳甲，第三课亥申。干上神巳火是日支申金长生，支上神亥水是日干甲之长生者是。但此课干支皆被上神脱泄，彼我元气尽失，合亦无益。

（2）财合：干上神与支相合，为支之妻财。支上神与干相合，又为干之妻财，叫财合，宜因财交涉。如辛丑日未时酉将占，第一课子辛，第三课卯丑。干上神子水是日支丑土之财，支上神卯木是日干辛金之财。

（3）脱合：干上神与日支相合但脱支，支上神与日干相合但脱干，叫作脱合。主彼此均怀相脱之意，不宜交涉。如戊辰日巳时酉将占，第一课酉戊，第三课申辰。干上神酉金与日支辰土相合但脱辰，支上神与日干戊土相合（戊寄巳宫，巳与申合），但脱戊是。脱即脱气，我生之神。

（4）害合：干上神害干而与支合，支上神害支而与干合，叫作害合。主彼此合谋，暗中相害。如丁丑日戌时卯将占，第一课子丁，第三课午丑。解曰：未为子害，丑为午害，日与辰先有不足之处；然后未合与午，丑和与子，交相合睦也；占宅宅利，占功名必升，占财必得，占失脱可获，唯争讼为人所欺，且防牢狱之灾。

（5）空合：干上神旬空与支合，支上神旬空与干合，叫作空合，主事先好后恶，有始无终。如辛亥日卯时未将占，第一课寅辛，第三课卯亥。辛亥在甲辰旬，寅卯空亡。干上神寅木旬空与支亥相合；支上神卯木旬空与干辛寄宫戌土相合者是。解曰：干上寅，支上卯，虽交车相合，而四课皆空，持之何益。若贪其财，不唯财不可得，而祸即随之矣。

（6）刑合：干上神刑干与支合，支上神刑支与干合，叫作刑合，主和美中会生争竞。如癸卯日亥时酉将占，第一课戌癸，第三课子卯。癸寄丑宫，干上神戌土合日支卯木却刑日干寄宫丑土，支上神子水合干丑却刑日支卯木是。占家宅，争讼难免，占婚不成，占财无，皆不吉利。

（7）冲合：干上神虽与支合，支上神虽与干合，但干支和干支上神却互相冲克，叫作冲合，主先合后离。如甲申日辰时未将占．第一课巳甲，第三课亥申。干上巳与支申相合，却与支上神亥水相冲。支上亥虽与干相合，却与干上神巳火相冲，且干支亦相冲者是。事主先合后散或先散后合。

（8）克合：干上神虽克支，但与支合；支上神虽克干，却与干合，叫作克合。主交涉中生出争讼或匿怨相交，笑里藏刀。如庚子日午时亥将占，第一课丑庚，第三课巳子。丑土克日支子水却与子合，巳火克庚金寄宫申金却与申合者是。

（9）三交合：干上神与支合，支上神与干合，但干支的上下神为同类，叫三交合。主和合中有奸私，或生出二三种交涉。（同类并非五行同类兄弟，而是同为孟神，同为仲神，同为季神者。）如己酉日丑时戌将占，第一课辰己，第三课午酉。干上神辰与支酉相合，支上神午火与己土寄宫未土相合。但干支上神辰己均属季神，支与支上神午酉同为仲神，是此类。

（10）交会合：干上神与支合，支上神与干合，三传又为三合局，叫作交会合。主合作成就，且有外人帮助，但忌空亡。如乙丑日丑时酉将占事，第一课子乙，第三课酉丑，三传又是巳丑酉三合金局之类是。

从上论看出，六合虽是有情，却也有合吉合凶之分，一定要根据类神、用神和所合生克细辨，万莫一见六合就以吉论。

例2　癸巳月甲辰日巳时申将占病（寅卯空亡）。

初看此课，虽申鬼发用，但初传生中传，中传生末传，末传为干禄、日德，似乎吉庆。细析之下却不然：初传申鬼坐长生、月建，占时亦为鬼之长生，其鬼力旺。末传寅木德禄旬空，占病最忌禄空。支上

蛇	戊申	官鬼
陈	辛亥	父母
虎	空寅	兄弟

阴	蛇	贵	合
巳	申	未	戌
甲	巳	辰	未

蛇	雀	合	陈
申	酉	戌	亥
贵未			子龙
后午			丑空
巳	辰	卯	寅
阴	玄	常	虎

蛇	甲申	官鬼
陈	丁亥	父母
虎	庚寅	兄弟

阴	蛇	陈	虎
巳	申	亥	寅
甲	巳	申	亥

蛇	雀	合	陈
申	酉	戌	亥
贵未			子龙
后午			丑空
巳	辰	卯	寅
阴	玄	常	虎

神未土为干墓，月建占时又为丧车，且上下相刑。寅木又为驿马，恐出空之时凶至。果于寅日早六时四十分死。

此课干上神巳火与初传申金六合，日干甲木与中传亥水相合，虽六合入传，但申为凶神，合亦无用。

例3　戊辰年己未月甲申日卯时午将，郑某卜最近财运庚子命，行年午（午未空亡）。

最近不仅财运不佳，申月还要破财。因为申金是日干官鬼，上乘腾蛇凶将发用，此其一。干支上神不仅皆脱干支之气，且互相冲克，此其二。本命子水上乘卯木为羊刃凶煞，行年午火上神为酉金官鬼且乘朱雀凶将，此其三，必破财无疑。后此君果因股票下跌损失数万元。

此课不仅干上神与初传六合，日干与中传相合，且干上神

合支，支上神合干，合气一片。然因神凶将凶，终为不吉。

二、干合

甲木为阳木，其性仁慈为十干之首。己是阴土，其性宁静有滋生万物之德，所以甲己之合称为中正之合。见贵得喜，与德神并可解诸凶。如果在卯酉上且带阴、后、玄、合四将，却主有奸邪不正之事。

乙为阴木，其性仁而柔弱。庚是阳金，其性坚强不屈。如此则刚柔相济，仁义并存，所以称为仁义之合。乘吉神为内外和合之象，做事端肃。如果在卯酉上乘阴、合、玄、后四者，却主伪善，以假仁假义之面而行奸邪之事。

丙属阳火，火势威猛吓人。辛属阴金，它能克制羊刃而喜见七杀，所以称为威权之合。乘吉神可显扬威信，观兵耀武。乘凶神主挟上凌下，卑幼勉强承顺。

壬是纯阴之水，日月不照。丁为藏阴之火，火光昏暗而不明，故曰淫泆之合，乘吉神主谋事有成。如果在卯酉上，临阴、玄、合、后四将，家中必起淫奔、丑行之事。

戊为阳土，是老丑之夫。癸属阴水，是年轻漂亮的妻子，老阳与少阴，即使相配，亦无情，所以称为无情之合。乘吉神者，所断之事半实半虚。乘凶神者，主外和中离，虽诸事承顺，却都是假意。

例4　戊辰年乙卯月癸亥日午时亥将，庚子命，占升官（子丑空亡）。

课传皆乘凶将，无龙常等吉将，此一；辰土虽是官星，也是干墓，虽临太岁，却被四课上神合去，虽有似无，此二；初传午火，财星上遁戊土官星且与干合，财足能生官，可惜落于空亡之处，此三；年命上神巳火为贵财，本美，无奈亦落空亡，无力助身助官，此四。综上之论，所以今年无升官之兆，纵有消息，亦属不实，不如静待时机，明年贵人临太岁再谋。

此戊癸合因落空而无用之例。

例5　癸酉八月壬戌日申时巳将占升迁（子丑空亡）。

目下必然荣升，后将因他人之事请告。盖因传将递互相生，驿马、

蛇	戊午	妻财
空	癸亥	兄弟
后	丙辰	官鬼

蛇	空	后	陈
午	亥	辰	酉
癸	午	亥	辰

龙	空	虎	常
戌	亥	子	丑
陈酉			寅玄
合申			卯阴
未	午	巳	辰
雀	蛇	贵	后

贵	丁巳	妻财
合	甲寅	兄弟
空	癸亥	父母

玄	贵	阴	蛇
申	巳	未	辰
壬	申	戌	未

合	雀	蛇	贵
寅	卯	辰	巳
陈丑			午后
龙子			未阴
亥	戌	酉	申
空	虎	常	玄

天马居占时，且月将乘贵人旬丁发用，定有公卿主荐，不日即会升迁。唯三四课皆鬼，须防为他非而退位。后此君月内即升迁为天津巡抚，丁丑年因标官之事请告而归。应丁丑年者，丑上神戌土乘白虎克日故。

此课初传丁火与日干相合，丁火日财，可生官鬼，且乘贵人吉将，故以吉论。

从以上三例可以看出，占断时干合并非很重要。这是因为六壬课除日干外，皆用地支。而干合仅有三传遁干与日干相合，还有别责课阳日取干上合神发用为初传，除此之外，其余均不见用。所以以支合为主，干合次之。该书中"以干合为主"之论实为不妥，故予订正。

三、三合局

三合入传，主事关牵连，必过月方能了结。又为亲威朋友众多之象。

三合入传，如果缺一神名折腰格，又叫虚一待用格，占事必待所缺之神值期方可成就。如果所缺之神有日辰或干支上神凑足，则叫"凑合"格，主有意外和合之事，但要以所凑合之神来断其事，如所凑之神乘贵，主有贵人提携，乘后则有女人相帮，余类推。

日辰上下作合，但日上神克辰，辰上神克日，主外和中离，各怀猜忌，或因挑拨，以致不和。

例6 甲子日卯时亥将占。

第一课戌甲，第三课申子。日上两课寅午戌三合火局，但日上神戌土克日支子水。支上两课申子辰三合水局，但支上神申金克日干甲木。同时，辰上两课水局，又克冲干上两课火局是。此课占宅主破耗致穷，常有官事。占婚不成；占出行，不利；占行人，未至；占功名，无成；皆凶。

```
合 空戌 妻财              空 丁酉 父母
后 庚午 子孙              阴 辛丑 官鬼
虎 丙寅 兄弟              雀 空巳 妻财

合 后 蛇 玄              雀 空 陈 常
戌 午 申 辰              巳 酉 未 亥
甲 戌 子 申              癸 巳 卯 未

空 虎 常 玄              空 虎 常 玄
丑 寅 卯 辰              酉 戌 亥 子
龙子          巳阴        龙申          丑阴
陈亥          午后        陈未          寅后
戌 酉 申 未              午 巳 辰 卯
合 雀 蛇 贵              合 雀 蛇 贵
```

三合局之力大于六合之力，如果为吉神，吉庆加倍。若为凶神，凶祸益甚。若传逢空亡、落空，则合力大减，故宜活断。

例7 戊辰年庚申月癸卯日寅时午将，林小姐卜股市吉凶（辰巳空亡）。

四课皆下贼上，名曰"无禄"，已藏不吉。初传酉金父母坐空，末传巳火财星旬空，虽临干上，空亦无用。三传虽成金局父母生干，但初末空陷，名见生不生，不如不生。且酉为八月，股市必不景气。果七月中旬股市一直下跌，从八月中旬始，又大跌十九天。

此三合逢空，虽吉亦凶例。

例8 辛未四月己未日巳时酉将占功名（子丑空亡）。

占功名，将来远大非常。因传将木局，官星峥嵘。又喜本命丁马，恩星化官生身，为逢凶化吉、遇难呈祥之象。且木逢初夏，正在荣时，三传天将，蛇化为龙，又化为太岁吉神，将来定功名显赫，事业日新。后此君官直历至大司马，特告而回。

例9 壬辰八月辛巳日卯时辰将，占友何日到（申酉空亡）。

例8 图

蛇	癸亥	妻财
玄	乙卯	官鬼
龙	己未	兄弟

蛇	玄	蛇	玄
亥	卯	亥	卯
己	亥	未	亥

合	雀	蛇	贵
酉	戌	亥	子
陈申			丑后
龙未			寅阴
午	巳	辰	卯
空	虎	常	玄

例7 图

贵	壬午	官鬼
后	癸未	父母
阴	空申	兄弟

虎	空	贵	后
亥	子	午	未
辛	亥	巳	午

贵	后	阴	玄
午	未	申	酉
蛇巳			戌常
雀辰			亥虎
卯	寅	丑	子
合	陈	龙	空

行人已从宅中起程，应丙戌日到。因亥水乘白虎为驿马临干，贵人发用入辰，又蒿矢见金，故知其起程。丙戌日到者，因驿马临戌位，又为发用之死绝；且寅为本命，午为用神，与戌土作三合，名缺一待补故。后果于丙戌日到。

论　鬼

【原文】鬼者，贼害之神也。干支之中，阳克阳、阴克阴为鬼。凡昼鬼，主公讼是非。夜鬼，主神祇妖祟。凡鬼入传，若日干旺相，传中命上见子孙，亦不为凶。凡占讼占病，忌鬼入传临日，见子孙为救神，凶可减。

【注解】克我者为官鬼，却有分别。阳克阴，阴克阳，如庚克乙、辛克甲等，因阴阳和谐，虽克名叫官星。而阳克阳，阴克阴，因阴阳不和谐，却叫作鬼杀。官星克身易解，鬼杀克身凶狠，较难解。

我生之神为子孙，子孙之神是专克制官鬼之神，不论占何事，只要官鬼入课传，再见子孙者，必能克去官鬼，使其不能凶害。如果占前程，官鬼为类神，见子孙克官鬼，却主难以得官，或有官者退职。占病讼，最喜子孙为解救之神。

例1 壬午年甲辰月戊寅日卯时酉将，占何时能出狱（申酉空亡）。

春占戊寅既为天赦，又为皇恩，但寅木本身为鬼杀，春占为旺，又临日辰，是鬼强旺。中传申金子孙虽为救神，一则春占金绝，二则又逢空亡，绝金难制旺木。再加干支作交车六合，一时不能

后	戊寅	官鬼
龙	空申	子孙
后	戊寅	官鬼

雀	常	龙	后
亥	己	申	寅
戌	亥	寅	申

雀	蛇	贵	后	
亥	子	丑	寅	
合戌			卯	阴
陈酉			辰	玄
申	未	午	巳	
龙	空	虎	常	

出狱，到七月建申，救神填实，寅鬼临绝，方能出狱。后果如所占。

例2　丁丑年丁未月己未日戌时午将，占推升，行年酉（子丑空亡）。

目今推升必遂，但结局不佳。因用合干支，传成官局，推升无疑。但干支死伤，丧吊全逢（按太岁丑，卯、亥为丧吊），又贵履天网，斗系日本（按子贵临辰，辰为天网；己土长生于申，辰土临申，为斗系日本）。行年酉金冲破官局，后必有不如意之事。后果以流贼犯界，遣将守御，全军覆没，丁艰而回。

【原文】凡占盗，鬼入传自相冲，或与盗神相冲，其盗自败。若落空带合，反难捕捉。

合	乙卯	官鬼
后	癸亥	妻财
雀	己未	兄弟

合	后	合	后
卯	亥	卯	辰
己	卯	未	卯

蛇	雀	合	陈
丑	寅	卯	辰
贵子			巳龙
后亥			午空
戌	酉	申	未
阴	玄	常	虎

【注解】占盗以玄武为盗神，官鬼、勾陈为捕盗人。若官鬼克制玄武乘神，其盗必获。若落空亡，主捕盗无力。若与玄武相合，主与贼联手作案或有勾结，皆以意测。

【原文】凡干上鬼发用，事多不美。若用见德合，犹可望事求官。

【注解】阳干德神均为日禄，而乙、丁、辛、己四干德神均为日鬼。查实例，阴干见鬼兼日德发用，除占官吉庆外，占病占讼皆大不宜。因除辛金见巳，犹可言长生外，乙见申，己见寅，丁见亥，均为绝处，即德神也难解危，万莫以德可解救论。

例　乙丑年丁亥月辛亥日午时卯将占阴人病（寅卯空亡）。

巳火日鬼发用，且三传递生，寅财助鬼。酉金日禄临子为死地，均为凶兆。如今亥月亥日，巳鬼日破、月破，且被制无妨。来年巳月，太岁寅木生起巳鬼，旺鬼无制克身。且丈夫占妻，寅木妻财旬空，均为失妻再续之兆。（按：此课巳火虽为日德，仍以鬼断，并未减其克势。）

【原文】凡鬼宜衰败，不宜生旺，若鬼当时，亦不为凶。（如甲为戊鬼，若在仲春，春木贪生，反不制土，防遇时而为灾。）

【注解】此

蛇	乙巳	官鬼
陈	壬寅	妻财
虎	辛亥	子孙

后	雀	阴	蛇
未	辰	申	巳
辛	未	亥	申

陈	合	雀	蛇
寅	卯	辰	巳
龙丑			午贵
空子			未后
亥	戌	酉	申
虎	常	玄	阴

蛇	乙巳	官鬼
陈	空寅	妻财
虎	辛亥	子孙

后	雀	阴	蛇
未	辰	申	巳
辛	未	亥	申

陈	合	雀	蛇
寅	卯	辰	巳
龙丑			午贵
空子			未后
亥	戌	酉	申
虎	常	玄	阴

说费解，鬼杀克身，最忌旺时，其凶必应。旺时贪生不克之理，与五行旺相生克之理不符。

例 丁丑年乙巳月辛亥日亥时申将占妻病（寅卯空亡）。

巳火官鬼临月建发用，亥水子孙解救之神临空亡且为月破，虽有实无，其病难医。果滴水不进，延至芒种后丙寅日，木火旺炽时身亡。（见上右图）

【原文】凡课鬼发用，又临克日鬼之乡，名攒眉格。占事主有两重不美，即遇救神，唯解其一。

【注解】此课语义不准确。以原文理解是鬼为初传，下临克日鬼之乡，应是甲以申为鬼，申金临午，是克日鬼之乡。依此论断，日鬼受制，应为吉庆，何以又言唯解其一呢？原来其本意是：官鬼发用，再临克日干之官鬼处；如甲日以申为鬼，申加酉是；因发用上下皆鬼，遇有解救，虽能解其申金明鬼，酉金暗鬼却不能解。故云："唯解其一。"

【原文】凡鬼多有制，反不为凶。占事未免先值惊危，终乃无畏。若闻人谋害，尚在商量，不能为祸。唯白虎发用，大可畏忌，要年命上有制鬼之神。

【注解】制鬼之说有二。一是课传或干上见鬼，但课传或年命上有子孙之神，可以制鬼，使其不能为祸。一是年命或课传见父母之神，或初鬼末父，或干上神为父母，均可引鬼生身。二者都有趋吉避凶，转祸为吉之用。

例　五月丙戌日丑时申将占女病（午未空亡）。

子水官鬼乘螣蛇凶将临干发用，又为胎神，巳火血支加支，病必因胎产所致。课成不备，主脉息虚弱；但子鬼一则临月破，二则有中传未土制服，三则有末传寅木父母乘六合吉将化解，故病虽重，但却无妨。

【原文】凡鬼发用是支神，又引中末入鬼乡，谓之家鬼弄家神。若无救神，祸必不免。（如己丑日，支上寅发用作鬼，三传寅卯辰，皆归木乡之例。）

【注解】支为宅，亦为妻宫，若支鬼发用，非家中有灾，即妻有灾。

例　戊申年甲子月辛巳日丑时寅将占孙读书（申酉空亡）。

蛇	戊子	官鬼
常	空未	子孙
合	庚寅	父母

蛇	常	空	蛇
子	未	巳	子
丙	子	戌	巳

蛇	雀	合	陈
子	丑	寅	卯

贵亥			辰龙
后戌			巳空

酉	申	未	午
阴	玄	常	虎

陈	壬午	官鬼
龙	癸未	父母
空	空申	兄弟

玄	阴	陈	龙
亥	子	午	未
辛	亥	巳	午

陈	龙	空	虎
午	未	申	酉

合巳			戌常
雀辰			亥玄

卯	寅	丑	子
蛇	贵	后	阴

干上神亥水，乘玄武水神，二水盗气，恐有遗泄之疾。午火鬼杀临支发用，支亦为克日之鬼，酉金日禄逢空，全局克泄交加，不特前程难得，且防夭亡。

【原文】凡鬼发用生末传作干长生，名鬼脱生格，主一切先凶后吉。（如丙子日，干上子用为鬼，生末传寅之例。）凡传虽脱干，能制暗鬼，名借格。犹有人来赚我，恰值我有祸患，欲借其力，姑遂其意用之，反有益也。（暗鬼者，贵神克干也，其凶甚于明鬼。如壬子日未加卯发用，三传木局脱干，夜贵贵勾常为鬼，木反制之例。）

【注解】鬼之判断，还有如下：

三传合为鬼局，反生起干上神，干上神又生日者，主化凶为吉。如庚午日，日上神辰土父母，三传寅午戌火局之鬼，生起辰土，辰土又生干者是。

太岁和月建为鬼，不宜冒犯，否则，主尊长致灾。

鬼虽众但入空亡，有凶极轻。

三传为鬼，但日支上有解救之神时，主家中有解祸之人。

三传为日财，干上神为日鬼，叫财生鬼，鬼得势而伤干，主因财致祸，最忌贿赂，名妻与鬼交必伤我，如财入虎口一般，得目前之财，必遭凶祸。若日支上神为日鬼，三传财生鬼，家庭生灾祸。但此类课若为占断求官、求升迁却主大吉。

日干上神为财，遁干为鬼，财生鬼伤我，主因食物致灾或妻妾起讼。占婚则主娶恶妇。

年命为日鬼，主自身或家庭中有消耗疾病等事。如果并丧门、吊客，家有不幸，并官符主起官讼。

三传若为初克中，中克末，末克日干或末克中，中克初，初克干，主为众人所欺，万事宜慎。

鬼杀若乘青龙，主财灾；乘虎主病灾；乘雀主火灾；乘勾有官灾；乘阴后，有妻妾女人灾等，均依天将类推。

课传中有鬼，若无制化，多凶。唯仕人求官，占科名，或女人占丈夫等却为大吉，万勿一概而论。

例1　己卯年庚午月丙辰日丑时申将，邵云亭少府占财（子丑空亡）。

此课初传生中传，中传生末传财神，

虎	戊午	兄弟		陈	庚午	官鬼
雀	空丑	子孙		雀	丙辰	父母
玄	庚申	妻财		贵	甲寅	妻财

蛇	常	贵	虎		空	陈	龙	合
子	未	亥	午		申	午	未	巳
丙	子	辰	亥		辛	申	酉	未

蛇	雀	合	陈		蛇	雀	合	陈
子	丑	寅	卯		卯	辰	巳	午
贵亥			辰龙		贵寅			未龙
后戌			巳空		后丑			申空
酉	申	未	午		子	亥	戌	酉
阴	玄	常	虎		阴	玄	常	虎

看似很佳，可惜中传旬空，末传财星坐空，申财又坐丑墓，求财似镜中看花。更有甚者，干上神子水官鬼乘螣蛇凶将克干，阴神未土克子，且支神亥水又为官鬼。末传申财助其官鬼，白虎恶将发用。不唯求财难得，且会因贪污败名，因财致祸。果如所占。（按：此传财生干上鬼为祸之例。）

例2　丁丑年癸卯月辛酉日子时戌将，占友被捕吉凶。

末传寅木财神，生起初传午火官鬼，干鬼乘勾陈凶将克干，必教唆有人，系一冤狱。幸中传辰土生干，遁丙火官星，上乘朱雀与日干辛金相合，支上神未土乘青龙，也与午官相合，主有显者保护，一纸文书，即将释放。辰土为生气，又为父母。支上神未土也为父母，必为父母面上之人。后果其父进京，托某公驰函营救，于辰月庚辰日出狱。

例3 戊寅日寅时亥将占赦（申酉空亡）。

此课为吴越春秋时，越王勾践被吴王夫差扣押，越王让文种重贿吴大臣伯嚭，劝吴王赦越王，越王闻之，占得此课。

断曰：戊土为囚日，寅木官鬼乘腾蛇临干克干发用。午火青龙临酉，既临死地，又为死气，占时又克其日，无一吉处，名天网四张，万物尽伤，何喜之有。果吴王又听伍子胥劝谏，决定重囚越王。

```
蛇  戊寅  官鬼
阴  乙亥  妻财
虎  空申  子孙

蛇   阴   阴   虎
寅   亥   亥   申
戌   寅   寅   亥

蛇  雀  合  陈
寅  卯  辰  巳
贵丑          午龙
后子          未空
亥  戌  酉  申
阴  玄  常  虎
```

论 墓

【原文】墓者，伏藏之神也。凡墓入传临日，主一切闭塞暗昧，壅蔽不通。凡辰未为日墓，戌丑为夜墓，日墓刚速，夜墓柔延。若夜墓临日，自暗投明，诸事当有解救。如日墓临夜，自明投暗，一切愈见模糊。

【注解】墓为五行所终之处，所以为伏藏之神。取墓以五行之墓为主，如甲乙墓未，丙丁戊己墓戌，庚辛墓丑，壬癸墓辰；不取十干之墓，如辛墓辰，癸墓未之类。至于昼墓，夜墓之分，甚少见用。大凡见墓，日干休囚，均为昏晦，淹滞，闭塞暗昧之象。

例 庚午年丙戌月癸亥日辰时酉将占讨账（子丑空亡）。

某君把摩托车以八千元卖出，要去讨钱，卜吉凶得此课。初看日干癸水上午财发用，似乎吉祥。惜午加丑落空，上乘玄武盗神，必主因盗事阻隔。中传亥水兄弟乘勾陈主牵连停滞。末传辰土官鬼，又为日墓，幸天将天后亦妻财，必因司法机关干预得财，但终难如愿。就其数，初传午九，遁干戊五，五九相乘为四十五数，主可获四千五百元。果买车人把车借友，恰此友因盗被捕，查明后方将车还给卖主。车主变卦，后出四千五百元了结。

此因末传干墓，终晦滞之故。

【原文】凡寅加戌，巳加丑，申加辰，亥加未，自生入墓，如人坠井中，呼天不应，占病必死，占贼难获，占行人不来。日之长生处乘墓（如甲乙日，未临亥；丙丁日，戌临寅之类），主旧事再发。长生处自乘墓（如甲乙日，辰加亥；丙丁日，未加寅之类），主新事忽发。凡生旺入墓，成而后败。墓入生旺，败而后成。自墓传生，凶中变吉。

【注解】例　戊申年壬戌月乙卯日未时卯将，占终身，丁卯生人（子丑空亡）。

子水贵人临干生干，三传木局，自墓传旺，自旺传生，必由穷途渐至荣显，且享高寿。但课传无火，主无子息（按：火为我生，为子孙类神）。同类乘六合，主纳兄弟之子。妻财为墓且乘白虎，主先丧偶。卯带禄加未，末传天后长生，归于禄地，主娶后妻少艾而有财旺夫也。俱验。

【原文】凡墓发用，宜日干有气。若无气，占病防死，占讼防屈。

【注解】墓神发用或临干，如果日

玄	戊午	妻财
陈	癸亥	兄弟
后	丙辰	官鬼

玄	陈	后	空
午	亥	辰	酉
癸	午	亥	辰

龙	陈	合	雀
戌	亥	子	丑
空酉			寅蛇
虎申			卯贵
未	午	巳	辰
常	玄	阴	后

虎	己未	妻财
合	乙卯	兄弟
后	癸亥	父母

贵	常	后	虎
子	申	亥	未
乙	子	卯	亥

蛇	雀	合	陈
丑	寅	卯	辰
贵子			巳龙
后亥			午空
亥	酉	申	未
阴	玄	常	虎

干旺相，为库、为吉；日干休囚方为墓、为凶，定要分清。

　　例　戊申年乙卯月乙未日丑时戌将占财（辰巳空亡）。

　　丑土财神，乘青龙吉将临干，临行年，主进田产，不用钱买。中传戌财乘朱雀，主有人争财。末传未财乘天后，应归还内戚。日就支财，旋得众赀，却因门前有坎侵界兴讼，财化为鬼。若非春占乙旺，则不唯破横得之财，即在己者，亦须破尽。（按：前有坎侵界者，末传未土为日之墓，与初中传相冲相刑故。此即未土虽为墓，但乙木临卯月为旺，旺则为库例。）

　　【原文】凡中传见墓，百事不顺，进退有悔。凡末传见墓，百事终无成就。

　　【注解】中传为事之进行之中，若见墓，百事不顺，进退有咎，占讼防屈。末传为墓，为事之结局，结局入于墓中，故云毫无成就。

　　例　戊申年戊午月癸巳日卯时申将，己卯命，一妇人占身命（午未空亡）。（图见第372面右上）

　　此妇不正，遇饥则气攻胸臆，以致眼目昏暗。子多不存，足生小趾，后有血瘿之疾，破溃而死。因午空为不正阴人，又为目，被水所克，故主昏暗；本命禄空（己土以午火为禄，旬空），故主饥；戌为足加巳乘龙，为添足之象，故有小趾（脚多一小趾），亥为血海，上乘辰墓，辰乘天后，为厌秽，癸见厌秽，则成血瘿而死（末传辰土为干墓，故云死）。

龙	辛丑	妻财
雀	戊戌	妻财
后	乙未	妻财

龙	雀	常	龙
丑	戌	辰	丑
乙	丑	未	辰

空	虎	常	玄
寅	卯	辰	巳
龙丑			午阴
陈子			未后
亥	戌	酉	申
合	雀	蛇	贵

【原文】凡墓逢冲则吉，逢合则凶，若年命上神能克制之，亦可解救。

【注解】例1 戊辰年壬戌月丙寅日辰时卯将，卜戊辰日布什能否当选总统（戌亥空亡）。

三传退茹，末传戌土冲干上神辰土，看似凶象，细一审视，妙也，天地玄机，尽藏于这一冲一退之中。三传退茹，中末逢空，似退反宜进，此其一。戌土为日墓，被辰土冲开日墓，放出丁丙火，此其二。干上神辰土既乘青龙吉将，又为太岁，有领袖元首之象，此其三。日支寅木生干，日干的阴神卯木也生干，此其四。子水发用，既为旬首，又为支首，六十花甲之首，且作官星，最利选举，此其五。同时，选举辰日，正值干上神太岁青龙当值，冲开戌库，放出照耀天下之丙火，此其六。此课占尽天时、地利、人和，必能当选。果辰日布什当选美国总统。

占事逢墓，还须注意：

日干上神为墓，叫作墓神覆日，主昏暗不明。

干支均乘墓，主人宅均欠亨通；干支均坐墓，主人宅自招祸患。（注意"乘""坐"之别）

干上神为墓，诸事暧昧不明。宅上

蛇	空午	妻财
空	丁亥	兄弟
后	壬辰	官鬼

蛇	空	龙	阴
午	亥	戌	卯
癸	午	巳	戌

	龙	空	虎	常
	戌	亥	子	丑
陈酉				寅玄
合申				卯阴
	未	午	巳	辰
	雀	蛇	贵	后

玄	甲子	官鬼
阴	空亥	官鬼
后	空戌	子孙

龙	空	常	玄
辰	卯	丑	子
丙	辰	寅	丑

	龙	陈	合	雀
	辰	巳	午	未
空卯				申蛇
虎寅				酉贵
	丑	子	亥	戌
	常	玄	阴	后

神为墓，诸事昏暗无光明。年命上神为墓，本人昏暗，诸事不顺。逢冲则无妨。

墓逢空、刑、冲、破、害，凶不成凶。

占时为日墓，且临干或发用，会受到内外之人的欺负。

例2　壬午年癸丑月甲午日未时子将，一司马占出师，本命卯（辰巳空亡）。

子水岁破发用，上乘腾蛇凶将且内战。本命卯上神申金驿马乘青龙克下神，干上乘墓，三传中空末陷，辰土斗罡临亥水长生，名斗系日本，种种迹象，无一佳处。幸甲子为天赦，亥水朱雀为皇书恩星，虽退归尚得温旨，并无灾咎，故来年秋得温旨而退。

蛇	庚子	父母
常	空巳	子孙
合	戊戌	妻财

空	蛇	雀	玄
未	子	亥	辰
甲	未	午	亥

合	雀	蛇	贵
戌	亥	子	丑
陈酉			寅后
龙申			卯阴
未	午	巳	辰
空	虎	常	玄

蛇	戊子	父母
常	癸巳	子孙
合	丙戌	妻财

空	蛇	贵	虎
未	子	丑	午
甲	未	申	丑

合	雀	蛇	贵
戌	亥	子	丑
陈酉			寅后
龙申			卯阴
未	午	巳	辰
空	虎	常	玄

归尚得温旨，并无灾咎，故来年秋得温旨而退。

例3　戊申年辛酉月甲申日亥时辰将，辛未命，占前程（午未空亡）。

干上神见未墓，支上神见丑墓，子水发用，又与干上神相害，前程迟滞。中传巳为旬尾，为闭口，主无子，今年有灾，防为医误，庚申禄尽矣，果验。

（按：丑墓覆申，申金临卯木绝处，故云申月禄尽。）

论　破

【原文】破者，散也，移也。午破卯，主门户破败。辰破丑，主墙墓颓圮。酉破子，主阴小灾悔。戌破未，主人物刑伤。亥破寅，申破巳，破中有合，败而复成。（卯破午，丑破辰亦然。）凡破，占事多中辍有更改，又主不完全。

凡四孟见酉，四仲见巳，四季见丑，名破碎煞，主凡物破损不完。凡破冲，主人情暗中不顺，占婚虽强成难久，占产虽胎动难生。若乘喜神吉神，凡事主艰难而后遂。若逢空落空，有声无形。凡年命上见破，主有损伤。

【注解】取破之法，十二支环例，阳支破后四辰，阴支破前四辰，如此则午卯破，未戌破，申巳破，酉子破，亥寅破，丑辰破。凡日干逢破，或破神入传，凶事主散，吉事也不成。

午破卯，酉破子，亥破寅，名生破，主人情亲密，先难后易，会成功。

以天将而论：

破贵，功名、引荐不成，鬼杀破而无灾。

破蛇，有牵连，做事不允。

破雀，会发生文章是非。

破合，买卖交易、婚姻不成。

破勾，因田地、坟墓发生争斗。

破龙，财婚失利，或公文案卷不举。

破空，文书迟纳，奴仆不如人意。

破虎，道路、权益有失。

破常，推荐、婚姻、宴会中止。

破玄，阴谋，盗窃不会成功，或者投师立学不会成功。

破阴，有阴谋阻隔，事事不通。

破后，恩赐敕命不会来临，婚姻不成。

注意：虽有破之一说，但壬学中并不多提及，事例中也很少提及，其力远不如冲。且亥寅、卯午、酉子、巳申之破均无实意，如课传中逢之，仍以五行生克、神将吉凶为主论断，不必舍本逐末而论之。

例1　甲申年庚午月庚子日巳时申将，扬州被围半月，占城池安危（辰巳空亡）。

城虽危急，其围可解。因四课皆上神脱下，内外空虚，城危可见。但初传午鬼乘白虎又为月建，彼兵虽凶，却被末传子水乘螣蛇凶将冲克，名以凶制凶，其凶自散。且虎发用而蛇居末，亦为虎头蛇尾之象。果不日解危。

虎	甲午	官鬼
陈	丁酉	兄弟
蛇	庚子	子孙

雀	后	阴	虎
亥	寅	卯	午
庚	亥	子	卯

龙	陈	合	雀
申	酉	戌	亥
空未			子蛇
虎午			丑贵
巳	辰	卯	寅
常	玄	阴	后

雀	乙未	官鬼
空	己亥	兄弟
阴	癸卯	子孙

阴	雀	蛇	龙
卯	未	午	戌
壬	卯	寅	午

陈	龙	空	虎
酉	戌	亥	子
合申			丑常
雀未			寅玄
午	巳	辰	卯
蛇	贵	后	阴

按：此课中末传酉子相破，初传与支上神卯午相破，支为城，被破是主城破。若以此论，城将不保。

例2　辛巳年辛丑月壬寅日酉时丑将，占可在许门住否（辰巳空亡）。

壬水死于卯，寅木死于午，干支皆逢死气且脱泄，人宅皆死，岂能居住。因此北回，越日贼至，果城破。

此课干支上神卯午相破，三传卯木与午相破。若以破论，似乎也是城破，但这只是偶合。未鬼发用，三传脱干之气，干支皆被上神脱泄且乘死气，是其主因，并非其破为害。此君能脱难者，干上神卯木虽为脱气，也是帝幪贵人，故得高人指点，方脱大难。

例3　十月戊申日戌时寅将占宅（寅卯空亡）。

断曰：恋一妾，复置一妾，精气衰耗。财为家贼所偷，宅上子水作蛇，主子横逆。辰土又克子水，所以多招是非。酉为藏毒，今年太岁酉，值水败，明年巳月破碎重见，当死，果验。

玄	甲辰	兄弟
龙	戊申	子孙
蛇	壬子	妻财

陈	贵	蛇	玄
酉	丑	子	辰
戌	酉	申	子

陈	合	雀	蛇
酉	戌	亥	子
龙申			丑贵
空未			寅后
午	巳	辰	卯
虎	常	玄	阴

观此三课，第一课卯午、子酉破，第二课卯午破，第三课子酉破，原断均未言破，直以神将生克制化断，说明对六破不必过于拘泥。

论　害

【原文】害者，阻也，斗也。子加未，主事无终始，官非口舌。未加子，主营谋阻滞，暗里生灾。丑加午，主公讼不利，夫妻不和。午加丑，主事不分明，终难成就。寅加巳，主出行改动，退利进阻。巳加寅，主谋事阻难，口舌忧疑。卯加辰，主事有虚争，好中生斗。辰加卯，主求谋多阻，干事无终。酉加戌，主门户损伤，阴小灾疾。戌加酉，主暗中不美，奴隶邪谋。申加亥，主先阻后得，事必有终。亥加申，主图事未遂，事必无始。凡事必无和气，只宜守旧，动即有失。

【注解】六害之断，子未、卯辰相害，相克为害，自是常理，但有克何以论害？实为蛇足。而申亥、酉戌、午丑、寅巳相害，实为相生，利多害少，又何能论害？实在令人费解。细查诸多实例，均少提及。

例1　六月戊辰日巳时未将，本命卯，占前程（戌亥空亡）。

课体涉三渊，一生跋涉。干支午未相合，出身甚好，历三仕，两丁忧。子孙居火上（申金子孙之神临午），日后以弟之子为子，因初传临羊刃之鬼，故难得子也。未传子为妻落空，且为兄弟所克，上乘天后秽神，妻当因难产而死。

例1

```
虎  壬申  子孙        后  空午  妻财
玄  空戌  兄弟        陈  己丑  官鬼
后  甲子  妻财        玄  甲申  父母


空   常   龙   虎     后   陈   空   后
未   酉   午   申     午   丑   亥   午
戌   未   辰   午     壬   午   辰   亥


空   虎   常   玄     龙   陈   合   雀
未   申   酉   戌     子   丑   寅   卯
龙午          亥阴    空亥          辰蛇
陈巳          子后    虎戌          巳贵
辰   卯   寅   丑     酉   申   未   午
合   雀   蛇   贵     常   玄   阴   后
```

卯命与干支皆属东方，今顺归西北而不反，当死于外州也。

例2　子月壬辰日午时丑将，本命午，占前程（午未空亡）。

课名乱首，当因到官取财为仆所持，妻必为仆所淫，且死于仆人之手。因壬水寄宫亥加支辰上，又为辰所克，名自取乱首。亥水上乘天空，下为辰克，所以为仆所持（按：天空、辰皆为奴仆类神）。午为财，丑为官，官加财上，乃官受赃之象。天后临亥，妻必主淫，亥乘天空被夹克，故为仆有。申为父坟，作长生而不顾，此为拒尸，命不久乎。

以上二例，第一例子未相害，第二例午丑相害，原断均未提及，只以神将吉凶论课，故六害之理，也不必拘泥。

论　刑

【原文】刑者，伤也，残也。子刑卯，死败相刑，门户不正，尊卑不睦。卯刑子，明入晦出，子息不律，水陆不通。寅刑巳，刑中有害，举动艰难，灾讼骈至。丑刑戌，刑中有鬼，贵贱相侮，病狱交臻。巳刑申，戌刑未，刑中有破，长幼不和，身家零落。

凡自刑，主自逞自作，以致败落，事非顺成，死非正命。

凡刑发用，必见刑伤，刑干忧男，刑支忧女，刑时忧事。凡时刑日，忧小人。日刑时，忧君子。凡旺刑衰，则福遇。死刑旺，则祸起。凡发用刑月建，不可对讼。刑日阴，不可远行。刑干支，诸事不安。干刑应在外速，支刑应在内迟。凡上下相刑，发用又作日鬼，主反复乖戾，公私两忧。

【注解】例1　十月癸巳日亥时寅将占婚（午未空亡）。

巳申相合，寅亥相合，其婚必成。申为长生学堂，其妇必轻盈清白，善能书算。亥上遁丁，婚后当丁母艰。子息乘干丁上，便当有三子传，无空，享福绵远。果验。（按：丁母艰者，丁神为财，克下神申金母故。当有三子者，末传寅木，为子孙类神，木数三故。）

例2　五月丁亥日午时申将，本命亥，占前程（午未空亡）。

酉金破碎加干，必因费财得官。卯木九丑在宅，主淫乱。又为木命神，主贪色。末传又见丑作太阴，加于官星。太阴者，阴晦也，当因色而死。

按：此课求官，以日支亥水官星乘贵神为类神。干上神酉财发用生官星亥水，主因财得官。可惜丑土子孙遁己丑临官克官，官必不永。丑乘太阴淫晦之神临宅，淫乱贪色明矣。

查以上二例，第一例寅申巳亥刑破害全，第二例酉亥自刑，然断吉凶，均未言刑害，而以神将吉凶言。

龙	甲申	父母
常	丁亥	兄弟
后	庚寅	子孙

蛇	陈	龙	常
辰	未	申	亥
癸	辰	巳	申

龙	空	虎	常
申	酉	戌	亥
陈未			子玄
合午			丑阴
巳	辰	卯	寅
雀	蛇	贵	后

雀	乙酉	妻财
贵	丁亥	官鬼
阴	己丑	子孙

雀	贵	阴	常
酉	亥	丑	卯
丁	酉	亥	丑

陈	合	雀	蛇
未	申	酉	戌
龙午			亥贵
空巳			子后
辰	卯	寅	丑
虎	常	玄	阴

因此，凡课三传神吉将吉者，见刑破害不能动其吉，仍以吉论。若传课神凶、将恶者，见刑破害，方以凶论。若神吉将凶，又见刑破害，为蜜中砒，虽然吉庆，会有小的阻隔、灾谷。如果神凶，将吉见刑破害者，为凶中藏吉，虽凶险，不至于全凶。

论　冲

【原文】冲者，动也，格也。凡冲，主动移反覆不宁。子午相加，道路驱逐，男女交争，谋为变迁，举动差失。卯酉相加，分异失脱，更改门户，乘阴临合，淫佚奸私。寅申相加，邪鬼作祟，夫妻异心。巳亥相冲，顺去逆来，重求轻得。丑未相加，弟兄两意，谋望无成。辰戌相加，悲喜不明，奴仆逃失。凡岁月日干支，皆不宜冲，冲岁岁中不足，冲月月中不足。凡吉神不宜冲，冲则不吉；凶神宜冲，冲则不凶。

【注解】冲者，动也。其法十二支环列，阴阳各相对者为冲。

日干或干上神被冲，我身动摇。日支或日支上神被冲，家生变动。

冲神乘玄武，为逃避盗失之动。乘阴后为暗动或因色而动。乘合为淫风之动。乘勾为私邪，竞争，纠纷之动。余以天将所主类推。

注意：冲为壬课中重要组成部分，不可忽视。

例1　六月壬戌日丑时未将，丁巳命，占宅（子丑空亡）。

此课德丧禄绝，人亡家破，我去彼绝，彼来我绝，墓神克日，最凶之象。因壬禄在亥，亥为旬尾，为闭口，无德可言。本命为巳，为生气，却坐亥上受克，而亥为死气，反临本命，上下克冲，是谓人亡。辰来冲宅破宅，

```
贵 丁巳 妻财          龙 戊寅 官鬼
空 癸亥 兄弟          常 乙亥 妻财
贵 丁巳 妻财          后 空申 子孙

贵 空 后 龙          龙 常 常 后
巳 亥 辰 戌          寅 亥 亥 申
壬 巳 戌 辰          戌 寅 寅 亥

空 虎 常 玄          龙 陈 合 雀
亥 子 丑 寅          寅 卯 辰 巳
龙戌        卯阴     空丑        午蛇
陈酉        辰后     虎子        未贵
申 未 午 巳          亥 戌 酉 申
合 雀 蛇 贵          常 玄 阴 后
```

克干墓干，是以谓之家破。（按：此课天地盘均临冲克之位，课名反吟，干支皆被冲，人宅不宁，故为凶宅。）

例2 十月戊寅日巳时寅将女占婚（申酉空亡）。

初看，四课互合，青龙乘寅木夫星类神临干，亥水财神入宅生宅，似乎其婚极利。却不喜末传申金作天后冲克干上寅木青龙夫星，为夫受妻冲克，夫妻不仅不睦，且主克夫。

例3 戊申年己未月丁巳日酉时未将，丁巳命，五十二岁占宅（子丑空亡）。

日干丁火自旺方归死绝之地。宅上卯，被末传酉金冲克，卯酉均六数，主六年败尽产业，兼退人口。宅前有大朽木，宜急去之，否则生事。因卯为乙木，上乘天空，故曰朽木。又阁后作猪栏，猪旺克人，四年败坏，六年尽废。因丑为后阁，亥为猪，酉为婢，是今日干之死神，主今年十月婢死厕中。因亥为日干绝神，又为污秽之地。后悉验。（按：酉临亥，亥为十月月建，故云十月婢死。）

陈	空丑	子孙
雀	癸亥	官鬼
贵	辛酉	妻财

常	空	空	陈
巳	卯	卯	丑
丁	巳	巳	卯

空	虎	常	玄
卯	辰	巳	午
龙寅			未阴
陈丑			申后
子	亥	戌	酉
合	雀	蛇	贵

第六章　分类杂占

天　时

【原文】问雨以水神为主（亥子），兼看龙元阴后。问晴以火神为主（巳午），兼看蛇雀。凡课体炎上主晴，润下主雨。曲直主风，稼穑主阴，从革主雨。若遇空亡则反是。三传午戌传寅则晴，寅午传戌则不晴。子辰传申则雨，子申传辰则不雨。三传火上水下主晴，水上火下主雨。

【注解】初传火，末传水，或火上水下，火水未济，故不雨。初传水，末传火，或水上火下，水火既济，故主雨。

【原文】三传火土主大晴，三传金水主大雨。三传巳亥巳，为天门地户相通，主阴。水神空主晴，火神空主雨。日克传主晴，传克日主雨。巳午乘蛇雀主晴，亥子乘元阴主雨。纯阳主晴，纯阴主雨。亥子加巳午未申，为水运乎上，主雨；若加亥子丑寅则无雨。水神克日主雨，日克水神主晴。

视巳午所临之辰（地盘），而知其何日晴。视子亥所临之辰，为知其何日雨。青龙乘金为云雾，勾陈加水必有雨，冬主大雪。蛇主大雷，乘金水主闪电，在亥子则化龙。雀临巳午为归巢，主旱风。元武在亥子为居穴，主霖雨。白虎加寅卯为出林风。

一法：视天罡所临，指阳则晴，指阴则雨。

【注解】一、占断天时类神。

子为水神，为云；丑为雨神；寅为风神；卯为雷神；辰为雾；巳为晴神，为虹；午为晴神，为电；未为风伯；申为水神；酉为阴；戌为云，亥为雨神。

贵神为阴，蛇为电、晴神，朱雀为风，六合为雨，勾陈为云，青龙为甘雨之神，天空为霖雾，太阴为霜雪，白虎为雷电、大风，太常为阴雾，玄武、天后为雨神。

二、占晴雨。

台湾六壬名家张定州云："占晴占雨，其说至多。发用乘白虎者晴，乘青龙者雨，此一说也。魁罡加孟者晴，加仲者阴，加季者雨，此又一说也。初传乘朱雀，末传乘青龙者晴；初传乘青龙，末传乘朱雀者雨，此一说也。玄武乘亥者雨，朱雀乘午者晴，此又一说也。凡此诸说或失之偏，或失之小，或失之巧，或失之奇，均非占晴雨之正轨。占晴雨之法，当于日上、发用及三传详细观察，参以类神，而后所下断语，始不至错观。"

以干上神断：干上神属火，所乘天将为蛇雀，主晴。若被干克，却反主雨。干上神属水，所乘天将为后玄，主雨。若为日干所克者，反主晴。

以课传断：炎上主晴，值空亡反主雨等（依本文之论）。

以发用断：巳午乘螣蛇、朱雀发用主晴，妻财发用主晴。亥子乘玄武、天后、青龙主雨，官鬼发用也主雨。

以类神断：类神偏胜，有其一，无其二。如卯多亥丑少，主雷震而不雨。子多亥丑少，主云胜而不雨。类神交并，想此得此。如占晴遇巳午乘蛇雀，或同入课传必晴。占雨亥丑乘龙后或入传必雨。

参考判断：

火土发用，末传青龙乘水神者，朝晴暮雨。

金水发用，末传天空乘土神者，早雨晚晴。

朱雀乘午发用，但被下神或中末传所克，虽晴但多云。

天后乘子发用，但被下神或中末传所克，虽云簇但不雨。

寅申龙虎互乘，主风雨大作。丑午雀合并见，雹雨大作。

白虎乘申酉发用主雪；太阴乘申酉发用主霜；寅申临干支发用主风；水少火土胜，申酉乘白虎主雹；六合乘土神临火神发用为雾。

初中传火神火将，末传水神水将，主初阴晴后雨。初中传水神水将，末传火神火将，主初雨后晴，程度则以囚旺判断。

三传皆为阳支，天乙之前又无水神，也无龙在传，主久晴。三传均为阴支，天乙之后又无火神，蛇雀也不临传，主久雨。

白虎乘支克干，忽然起风。申酉旺相加子巳，秋冬下霜。

课传阳不备者主下雨，阴不备者主晴。青龙乘丑或未有风雨。白虎乘神临寅、卯、辰，名虎啸山林，主风。如果白虎乘未临寅卯辰，主有暴风。

申加干在天乙之前主风，起风的时间依未土临支决定，风向则以白虎来定；若白虎加未土受克，则主小风或无风。

丑未均出现于课传主大风；亥子加巳午未申，风后有雨。

巳为风门，未为风伯，乘白虎发用，主有大风。

今日测明天或后天的天气，则看明天或后天的地支上神属于何种类神，然后以此来定。

三、久雨占晴。

刚日视午下之神，如午加子，即子日放晴。柔日视巳下之神，如巳加寅，即寅日放晴。

干支上神为土，且乘贵勾常土将，很快就会放晴。

四、久旱占雨。

刚日视子下神，如子加卯，即卯日雨。柔日则视亥下神，如亥加酉，即酉日雨。

连续旱天，占得炎上，为阳到极点，三天内会下雨，应于天后、玄武乘神加临的地支之日。

五、实例。

例1　戊辰年乙卯月乙酉日丑时戌将，因连日雨占今日天气（午未空亡）。

今日仍有雨有风，自午时后无雨。因稼穑格本主晴，逢空却主雨。蛇乘丑主晴，被干克却主雨。到午时后午未填实，则不雨。未为风伯临末传，又主有风。果当日一直下雨，到午时现晴有风。

```
蛇  辛丑  妻财          龙  壬午  官鬼
阴  丙戌  妻财          空  癸未  父母
虎  空未  妻财          虎  空申  兄弟

蛇  阴  空  合          常  玄  陈  龙
丑  戌  午  卯          酉  戌  巳  午
乙  丑  酉  午          庚  酉  辰  巳

雀  合  陈  龙          龙  空  虎  常
寅  卯  辰  巳          午  未  申  酉
蛇丑        午空        陈巳        戌玄
贵子        未虎        合辰        亥阴
亥  戌  酉  申          卯  寅  丑  子
后  阴  玄  常          雀  蛇  贵  后
```

例2　戊辰年辛酉月庚辰日辰时巳将，卜最近天气（申酉空亡）。

凡青龙临巳午未申均名登天（按：巳午未申居十二支环列上方，象天），主雨。初传虽火神，但遁壬乘龙，主有小雨。中传未土，虽乘天空，一则为父母之神，二则遁癸，午日小风小雨难免。申金白虎主雨，但空亡也为小雨，直至戌日，午火入墓，方可放晴。后辰巳日风雨，午日小晴，未日又小雨，直至戌日放晴。

例3　辛巳年癸巳月乙酉日寅时酉将，久晴占何日雨（午未空亡）。

明日必有大雨，且有疾雷。因亥水为雨神，上乘六合亦雨神，必雨。遁干丁神，其势必奔雷电骤。但一则亥水坐墓，二则今日上神为辰土乘太常，故今日无雨。明日一则戌土冲开辰墓，亥水无制，二则戌土上神乘玄武雨神，巳亥雨神冲击，其势必猛。且巳为风门、雷杀，岂不电闪雷鸣，风雨交加？次日晚亥时果验。（按：应亥时者，初传之神故。）

例4　辛巳年庚子月壬子日寅时丑将，占雪后还有雪否（寅卯空亡）。

明后日必有大风雪。因明天丑日，上乘子水玄武水神，主雪。后天寅日，上乘丑土太阴，也是霜雪类神。且寅为风神，丑为雨师，故为大风雪，果验。

左课式：

合	丁亥	父母
阴	空午	子孙
龙	己丑	妻财

合	阴	常	合
亥	午	辰	亥
乙	亥	酉	辰

陈	龙	空	虎
子	丑	寅	卯
合亥			辰常
雀戌			巳玄
酉	申	未	午
蛇	贵	后	阴

右课式：

虎	庚戌	官鬼
空	己酉	父母
龙	戊申	父母

虎	空	常	虎
戌	酉	亥	戌
壬	戌	子	亥

蛇	雀	合	陈
辰	巳	午	未
贵卯			申龙
后寅			酉空
丑	子	亥	戌
阴	玄	常	虎

例 5　乙亥年戊寅月甲辰日丑时亥将，占何日晴（寅卯空亡）。

三传玄武、白虎、青龙，都是雨神，故从今始，三天皆有雨。第四日丁未，未土乘天空，又遁丁神，阴神巳火乘勾陈，皆为晴神，故放晴。后果至丁未日乙巳时云开见太阳。

按：此课为涉害课，应以涉害深浅发

玄	庚戌	妻财		雀	辛丑	子孙
虎	戊申	官鬼		空	空巳	兄弟
龙	丙午	父母		空	空巳	兄弟

后	玄	雀	后		空	陈	常	空
子	戌	寅	子		巳	卯	未	巳
甲	子	辰	寅		丁	巳	酉	未

雀	合	陈	龙		陈	龙	空	虎
卯	辰	巳	午		卯	辰	巳	午
蛇寅			未空		合寅			未常
贵丑			申虎		雀丑			申玄
子	亥	戌	酉		子	亥	戌	酉
后	阴	玄	常		蛇	贵	后	阴

用。今戊土临子一克，临丑（癸水寄宫）一克，历归本家共两克。而寅木临辰，经戊己未戌丑至本家共六克，故应以寅木发用，三传寅子戌是，原传非。但为古例，特说明。

以寅子戌断，辰巳二日上神寅卯，乘蛇雀，本应主晴，但空亡，故仍为雨。午日上乘辰，天将六合，亦仍为雨。未日上乘巳火，天将勾陈，均为晴神，主丁未日放晴更确。

例 6　丁丑年癸丑月丁酉日卯时丑将，因雪后天气昏沉，断明日天气（辰巳空亡）。

明日无雪，且有日色。因丑土月将为太阳发用，乘朱雀乃南方火之精，且三传四课纯阴，阴极阳生，必有日现。至庚辛日有风暴起，因午火日禄乘白虎上下克战，又未为风伯，酉为风煞，未酉相会，故有此应。

例7 宋仁宗明道二年（1033年）癸酉五月甲寅日辰时未将占雨（子丑空亡）。

青龙发用，今日申时当有风雷，而雨尚微。中传乘雀，亥加申，水火交战，庚申日午时风雷复作，但巳火又乘土将，故雨仍未足。末传寅加亥，上乘天后水将，甲子日有云来自西北，大雨滂沱，一伏时止。俱如所占。

龙	庚申	官鬼
雀	癸亥	父母
后	甲寅	妻财

常	龙	常	龙
巳	申	巳	申
甲	巳	寅	巳

龙	陈	合	雀
申	酉	戌	亥
空未			子蛇
虎午			丑贵
巳	辰	卯	寅
常	玄	阴	后

田 禾

【原文】以日为农，以支为田，以支上神将占其吉凶。财旺为丰年，子空为损耗，父发用曰徒劳，兄发用曰收薄。水鬼旺相为淹腐，火鬼临生为焦枯。土鬼克类，水旱不调。金鬼伤类，蝗虫交集。木鬼主风，谷粒被吹。日辰上下相生比者，大丰。日伤辰上者，主耕耘不力。支上神伤日者，主有天灾耗失。三传财神旺相，高低皆宜。发用在日上二课，宜早种。在辰上二课，宜晚种。

又看课传日辰，察其何田为今岁之所宜。如伏吟宜近，反吟宜远。辰上神是卯辰巳午未申，宜高田，酉戌亥子丑寅宜低田。又看所乘之神吉凶，如高田吉，则宜高田。高田凶，则又宜低田矣，不可胶执也。

木是稻禾金是麦，黍并红豆火为之，丑未土兮麻大小，菜兼乌豆水应知。又寅为早禾，卯为晚禾。类神要入传，即不入传，要旺相。乘吉将与日相生比和则吉，最忌空亡刑克。

【注解】一、类神。

子属黑豆、麦；丑属黄豆、大麻；寅属瓜果；卯为瓜果、晚禾；辰为五谷、米、麦；午属黍稷、红豆，加卯为小豆；未为田园；申为麦（六辛日，申乘太阴旺相方是）；酉属姜蒜，乘太常属小麦，为青苗；戌属麻、豆；亥为稻，乘太常为谷粟，亥加子为麦。

贵人属谷物、麻；螣蛇属豆、黍；朱雀为谷、果；六合为粟、盐；勾陈属果；青龙为米、谷；天空为井；太常为麻；玄武为豆；太阴为小麦；天后为稻、豆。

二、例解。

例1　辛巳年庚寅月乙酉日未时子将，见雪寒，民多冻馁，占今岁如何（午未空亡）。

今岁天气亢旱，风大雨小，田禾欠熟，且有瘟疫死亡之患。因初中传风伯会箕（按：箕为二十八宿

左盘：

龙	空未	妻财
贵	戊子	父母
虎	癸巳	子孙

```
合   阴   阴   龙
酉   寅   寅   未
乙   酉   酉   寅
```

```
雀   蛇   贵   后
戌   亥   子   丑
合酉              寅阴
陈申              卯玄
未   午   巳   辰
龙   空   虎   常
```

右盘：

陈	戊寅	妻财
虎	乙亥	子孙
阴	空申	兄弟

```
后   雀   陈   虎
未   辰   寅   亥
辛   未   巳   寅
```

```
陈   合   雀   蛇
寅   卯   辰   巳
龙丑              午贵
空子              未后
亥   戌   酉   申
虎   常   玄   阴
```

之一，分野在寅），神后夹克，末传巳为风门，又乘白虎，故知天气亢旱，风大雨小。未为田原，子属稻谷，二者俱空，故知田禾欠熟。又支作天鬼克干，上门乱首，劫煞入辰，三传递克，此疾病死亡之象也。后果如所占。

天鬼：正月起酉，二月在午，三月在卯，四月在子，五月在酉，依此类推。

例2　庚寅年十月辛巳日朔午时卯将，占日蚀主何应（申酉空亡）。

太岁寅木作游都，临翼轸发用，且乘勾陈披刑带煞，主楚地当有战争之象。弹射有丸，忧惊必重。中传虎马居支阴，冲克日支，末传太阴拔刀乘岁破冲克太岁，然是旬空，阴谋必败。又河覆井，虎出林，来年定主风多涝患。奈何雷公、雷煞并见，以作病态，气不收敛，民生多病之象也。唯次年水涝为灾，余皆验。

翼轸：二十八宿中的两个星宿，分野在巳。

太阴拔刀：太阴乘申，申为刀剑。

雷煞：正月在亥，二月在申，三月在巳，四月在寅，五月在亥，依此类推。

雷公煞：正月在寅，二月在亥，三月在申，四月在巳，五月在寅，依此类推。

畜牧附占蚕桑

【原文】六畜只看支上之神，旺相则吉，休囚则凶。又看类神所临何神（午马未羊之类），又看类神所临何处，旺相则吉，否则难养。所乘之神来生日者易养，克日者不可养。魁罡加白虎乘之，必有病。如子巳寅酉加于辰上，畜病必死。（子为屠户，寅为铺师，巳为灶，酉为刀砧。）

占蚕以午为蚕，未为叶，寅为茧子，卯为丝缕，申为绵帛，辰巳为筐簿。要干支相生，财神旺相，临家长年命上者，全收，否则看其缺陷处以断分数。四课遇官，必遭伤损。遇亥戌必然黄死。遇丑则眠化，遇酉则自僵，遇子则鼠窃。未作妻财，叶必腾贵。未逢朱雀，叶必争竞。午为蚕命，宜于寅卯巳方安之。只要日辰发用，神将与天上午、地下午相生，十全收成也。受克则蚕病。

【注解】类神。

子，旦为燕，暮为鼠、蝙蝠；在人为屠夫。丑为牛、龟、鳖。寅为虎、豹、猫、狸；在人为铺师。卯为兔、为羝羊、为狐，乘蛇加巳午为骡、驴。辰为蚕、为水族之类。巳为蛇、蟮、蜥蜴、飞鸟、飞虫；在物为灶，在人为厨夫。午为马、为獐、为鹿；在人为蚕姑。未为羊、为海鲜，乘朱雀加亥子为蝗虫。申为猴、猿、猩猩。酉为鸡、鸭、鹅，乘腾蛇为怪鸟；在物为刀砧。戌为狗、为狼、为豺、为蚕丝。亥为猪、熊、野猪。

贵人为牛、鳖、生丝。腾蛇为蛇、蟮。朱雀为马、獐、飞鸟。六合为兔。勾陈为鱼、水族类。青龙为虎、豹、猫、狸。天空为犬、狼。白虎为猴、猿、虎。太常为羊、雁。玄武为猪，带鳞甲之物。太阴为鸡、飞鸟。天后为鼠、蝙蝠。

谋　望

【原文】专以类神为主，如求财，要青龙财神入于课传。如类神见于课传，干支上神比和而乘吉神者；发用所乘之贵神与日相合，而不落空亡者；三传俱退连茹而空亡者；年命上神与所谋之类神相合，而不见刑冲，不落空亡者；贵登天门，罡塞鬼户者（如甲日，丑加亥为贵登天门；辰加寅为罡塞鬼户）；贵神覆日者；三传俱吉者；皆可以谋望者也。

若类神不见于课传，日上神与支上神刑冲破害，而不相合者；发用与日干刑冲破害，而天官复乘恶神者；日上神与发用俱值空亡者；发用空亡，又乘天空者；三传空陷者；干支坐墓，或干支互墓与墓神覆日，墓神发用而不见刑冲者；日辰命上所乘之神皆凶，而发用复凶者；此皆不可谋望者也。

类神旺相者速，休囚者迟。劫煞发用者速，驿马发用者迟。类神临卯酉者速，临辰戌者迟。六阳宜公，六阴宜私。丁马并见宜动，干支乘旺宜静。干传支，我求人。支传干，人求我。传贵顺则事顺，传贵逆，则事逆。去辱喜空，求荣喜实。

【注解】一、类神。

谋望的类神以所谋之事来确定。如求财，以青龙、妻财为类神。占婚以妻财、青龙、官星、天后、神后为类神。占酒席以太常为类神等。

二、谋望成败。

关格发用，又乘恶将者（如子加卯，午加酉且乘凶将）；干支虽均吉，但三传凶者；谋望类神虽入课传，但落空亡与刑冲破害者；勾陈、天空、玄武、白虎虽非类神，但日上与发用并乘者；太阴、螣蛇、朱雀非类神但乘发用克干者；三传所乘之神先见玄武，复见勾陈，命上神或克日上神者；三传初传克末传者；三传见类神但休囚者；均主不成。以上所论，皆常理，也应活看。如三传初克末主不成，但若末传为凶神凶将，初传为吉神吉将，如此则初传克末传反为救神，主吉庆。

日德、日合发用又乘吉将者；干支虽凶但三传均吉者；类神见且不落空亡，不刑冲破害者；太岁、月将作贵人发用者；命上神或为贵人，或为月将，且与发用相比和者；干上神与命上神相合者；三传末传克初传者；三传见类神且旺相者；龙常临干发用且不克日者；主谋望必成。

三、迟速。

三传不离四课，末传归日上者速。三传离四课，末传又空亡者迟。

迟速之应必参考岁月日时。如用年不出年，用月不出月，用日不出日，用时不出时，其迟速自然明了。

四、附论。

三合、六合见类神，所图者实。类神伏或乘天空逢旬空，所图必虚。

上克下者，事起男子在外。下克上者，事起女子在内。知一课事起比邻。支克干者言真，干克支者言伪。

五、例解。

例1 丙子年辛丑月丙辰日子时子将，魏某卜明年运程（子丑空亡）。

丁马乘天空发用，末传为父母驿马，明年在外事业有所变动。初传为日禄、日德，但乘天空。中传为妻财，主弃政就商。而家内却喜事临门。一是日支上乘青龙，妻妾当生贵子。二是末传父母

空	丁巳	兄弟
玄	庚申	妻财
合	甲寅	父母

空	空	龙	龙
巳	巳	辰	辰
丙	巳	辰	辰

空	虎	常	玄
巳	午	未	申
龙辰 陈卯			酉 阴 戌 后
寅	丑	子	亥
合	雀	蛇	贵

阴	辛巳	妻财
蛇	戊寅	子孙
陈	乙亥	兄弟

虎	阴	贵	合
申	巳	卯	子
壬	申	午	卯

蛇	贵	后	阴
寅	卯	辰	巳
雀丑 合子			午 玄 未 常
亥	戌	酉	申
陈	龙	空	虎

乘六合，克支上辰青龙为财，龙辰为土墓，主家母已丧，今父又有续弦之喜。

例2　戊辰年辛酉月壬午日未时辰将，本命丁未，行年丁亥，卜明天运气（申酉空亡）。

申金乘白虎加干生干，巳财乘太阴发用，且与日上神相合，明日必有女友来相会。日支和发用均为财，亦有得财之喜。可惜巳午之财均落入空亡，且为休囚，故仅为小财。果次日女友来会且有人给钱数百。

例3　乙酉年丁亥月丁卯日巳时寅将，任淑渠太守占王家营堤何日得成（戌亥空亡）。

堤工于来月可合龙，因子水发用，虽属时令旺气，但干上神辰土，干之阴神丑土皆克初传。一入子月，子水旺强，与丑土龙神相合，即可合龙。丑土又为皇恩，上乘朱雀，工程告竣之后，丑月必有锡命之荣。后果如所占。

按：龙神：即季末之神，春辰、夏未、秋戌、冬丑。

蛇	甲子	官鬼
阴	癸酉	妻财
虎	庚午	兄弟

龙	雀	蛇	阴
辰	丑	子	酉
丁	辰	卯	子

合	陈	龙	空
寅	卯	辰	巳
雀丑			午虎
蛇子			未常
亥	戌	酉	申
贵	后	阴	玄

阴	己巳	妻财
后	庚子	妻财
贵	辛丑	兄弟

龙	空	阴	后
午	未	亥	子
戊	午	戌	亥

龙	空	虎	常
午	未	申	酉
陈巳			戌玄
合辰			亥阴
卯	寅	丑	子
雀	蛇	贵	后

例4　癸未年庚申月戊戌日辰时巳将，本命亥，施耐庵遗子

占赴省访友求文稿得否（辰巳空亡）。

此课访友必见，文稿亦得。因求文稿的类神为朱雀、青龙。今朱雀卯木与支发用及太岁成三合局，青龙临干生干。末传丑贵又与本命上神子水相合，课得三奇连珠，再加成神、会神入传。三传水局生朱雀类神，文稿必得。果是。（成神，申月在亥。会神，申月在子。）

例5 己酉年丁丑月戊子日未时子将，三十二岁戊寅命卜谋望（午未空亡）。

课逢铸印，必谋宦途之事，但恐不成。末传卯木被太岁酉金冲破，铸印不成，宦海当有风波，此其一。本命寅木，上乘未土旬空，天将又为天空，此其二。戊土寄于巳宫，巳临子位而受克，名干加支而受克，课名赘婿，却主受他人之利。再加发用巳火，干遁癸水为日之暗财，如果北上或赴临江沿海的地方，可获相当位置，能得布菽粟等类职业尤佳，因初传暗财乘太常故。可惜支课不备，贵人逆行，初入局中，信用薄弱，权力无多。必须竭智尽忠，方能由小至大。至于任事日期，应在明年二月。因卯逢岁破，明年二月建卯不破，铸印格成之故。

常	癸巳	父母
合	丙戌	兄弟
阴	辛卯	官鬼

合	阴	常	合
戌	卯	巳	戌
戌	戌	子	巳

	合	雀	蛇	贵	
	戌	亥	子	丑	
陈酉					寅后
龙申					卯阴
	未	午	巳	辰	
	空	虎	常	玄	

例6 戊辰年乙卯月戊子日亥时戌将，本命甲辰，行年庚寅，卜弟今年运势（午未空亡）。

玄武、太阴入三传，其弟当为浪人，家事不正。干支俱自刑，天后申金遁甲鬼，阴神未贵空亡，又与支神子水相害，其妻况有入狱之兆。命上神卯官乘勾陈，行年上神丑土乘天空，主有官非诉讼。三传退茹，牢狱之灾难免。后果如所断。

例7 戊辰年丙辰月己酉日巳时酉将，本命巳，行年丑，卜友近况（寅卯空亡）。

财星临干发用，看似吉庆，可惜三传合成鬼局。行年上神乘白虎冲财，

玄	丙戌	兄弟
阴	乙酉	子孙
后	甲申	子孙

蛇	辛亥	妻财
玄	空卯	官鬼
空	丁未	兄弟

合	陈	常	玄
辰	卯	亥	戌
戌	辰	子	亥

蛇	玄	后	虎
亥	卯	丑	巳
己	亥	酉	丑

```
合  雀  蛇  贵
辰  巳  午  未
陈卯          申后
龙寅          酉阴
丑  子  亥  戌
空  虎  常  玄
```

```
合  雀  蛇  贵
酉  戌  亥  子
陈申          丑后
龙未          寅阴
午  巳  辰  卯
空  虎  常  玄
```

本命上神酉金冲卯鬼。卯为天车，受酉冲克，恐二月有车祸。亥水发用，又为双鱼，含有双意，车祸不止一次。幸行年上神虽乘白虎，但生干为吉，虽有意外，不致死亡，八月仍宜小心。果该友上月连续两次出车祸，数天前的一次受伤较重，已住院治疗。

例8 戊辰年丁巳月丙寅日辰时酉将，因夜做恶梦卜今天谋望（戌亥空亡）。

腾蛇乘空墓覆干盗气，子水官鬼发用。幸子水为日仪旬首，上乘六合吉将。中传巳火为日德日禄，大减其凶。腾蛇临干入传，但逢空，恐有惊吓之事发生。果该日巳时坐友车外出，发生了小车祸，朋友破财，该君惊吓一场。此因戌土阴神为卯，卯木坐空，铸印乘轩破格，卯木为车坐空，故主车祸。

例9 戊辰年壬戌月庚戌日午时辰将，卜先生在外过夜吉凶

（寅卯空亡）。

午火克干发用，末传寅木乘蛇生之，君夫必和女人在一起。三传得戌月、戌日补足火局克干，支上神申金乘白虎临戌支，申金为道路，恐该夫不久即有血光之灾，非车祸即官讼。青龙午火，临干发用，冲子水天后，夫妻感情已非常恶劣。

合	甲子	官鬼
常	己巳	兄弟
蛇	空戌	子孙

蛇	空	阴	合
戌	卯	未	子
丙	戌	寅	未

蛇	雀	合	陈
戌	亥	子	丑
贵酉			寅龙
后申			卯空
未	午	巳	辰
阴	玄	常	虎

龙	丙午	官鬼
合	甲辰	父母
蛇	空寅	妻财

龙	合	虎	龙
午	辰	申	午
庚	午	戌	申

雀	合	陈	龙
卯	辰	巳	午
蛇寅			未空
贵丑			申虎
子	亥	戌	酉
后	阴	玄	常

委　托

【原文】以日为我，以辰为人，又看所托之人，系何类神（如文视青龙，武视太常，奴视戌，婢视酉之类）。如辰上神生日，或与日比和者；发用日德日合，又乘吉神者；干支虽凶，三传却吉者；辰上神与类神，不遇空亡与刑冲破害者；太岁月将作贵神发用者；年命上神，或为日贵，或作福德，而与发用相比合者；发用乘青龙太常，而不克日者；此皆可以委托之占也。

若发用关格，复乘恶神者；干支虽吉，三传独凶者；辰上神克日，或遇空亡，与日刑冲破害者；岁破月破并见三传，而类神复为岁破月破者；勾空元武作类神，而日上与发用并乘者；太阴蛇雀作类神，而乘用来克日者；三传初克末者；皆不可委托之占也。

先刑后合，先难而后易。先合后刑，先易而后难。三传递生干者，事虽大而必成。三传递克干者，事虽小而必败。太岁月将发用，宜于大事。类神旺，可图现在；相可图将来；休可图过去。罡在孟，尊长之事难图；在仲，等辈之事难图；在季，卑幼之事难图。

【注解】一、类神。

委托类神，以所托之事来定。如委托求财，以妻财、青龙为类神。委托文搞，以朱雀、青龙为类神。委托求官，文以青龙为类神，武以太常为类神等。

二、例解。

例1　己卯年丙寅月辛酉日辰时亥将，本命酉，行年申，占派人借款（子丑空亡）。

三传逆行，干上神乘官鬼，先时似无合洽之意。但月将乘青龙发用，又为三奇。中传午火乘贵人临亥，名贵登天门。辰土天财临本命酉金且为日支，又上下六合。太岁卯木为财神，

龙	癸亥	子孙			合	空卯	官鬼
贵	戊午	官鬼			蛇	癸丑	兄弟
虎	空丑	父母			后	辛亥	妻财

后	空	阴	龙		龙	合	虎	龙
巳	子	辰	亥		巳	卯	未	巳
辛	巳	酉	辰		己	巳	酉	未

空	虎	常	玄		合	陈	龙	空
子	丑	寅	卯		卯	辰	巳	午
龙亥			辰阴		雀寅			未虎
陈戌			巳后		蛇丑			申常
酉	申	未	午		子	亥	戌	酉
合	雀	蛇	贵		贵	后	阴	玄

临行年申金。月建也是财神，且乘进旺之气，后必允许，果如断占。（按：委托借款为求财，故以财神为类神。）

例2 辛巳年癸巳月己酉日戌时申将，占派人去州城讨款得否（寅卯空亡）。

不能即付，当从别处交兑。因为初传卯官乘六合生合，干支上神虽吉，但逢空亡。中传兄弟丑土夺财，直到末传，方见亥财。因遥克发用，传将间退，亥水又为图书，主使人持票而回。三传亥卯缺未，得支上神凑合成局，其款数必两次凑合而成。

后果是。

命运附占寿夭

【原文】以日为人，辰为宅，又为妻。命看一生造化，年看一岁吉凶。初传管初运二十年，中传管中运二十年，末传管末运二十年。其生克衰旺墓脱天将，各依其类以断之。

又法：以本人当生月日时，看太阳到何宫以月将加生时上，即以生日起四课、三传、大小运，并以立命法推之分十二宫，随天将顺行。一命宫，二兄弟，三妻妾，四子孙，五财帛，六田宅，七奴仆，八疾厄，九迁移，十官禄，十一福德，十二父母。

附占寿夭法

专看命上神。若命受上神生者寿，见生气更确。若得长生见生气，寿尤多也。大端长生主寿，冠带、临官、帝旺，俱壮健可望寿。沐浴好色多病，衰病俱主气血不足，而死墓绝胎养俱夭。若命上被克，见死神死气，带白虎，或见空亡，皆即夭也。日上生日者寿，辰上生辰者，只主身壮健，不以寿夭论。三传四孟，以长生递生干及命者寿。四孟从干递生去者，为源消根断，虚痨病死。三传四仲，不夭不寿。三传四季者夭。

【注解】例1 午月癸亥日未将酉时，甲寅命，占家宅（子丑空亡）。

癸亥是六甲极日，又是六阴相继，家宅得此，耗力极矣。然物极则反，后必得福，现今宅中六分并居。而甲寅生人，从后门厕边出入，来年有阴人死此，必外迁他宅，居必胜前，得贵家阴人助成家，且得好子，晚

阴	己未	官鬼
贵	丁巳	妻财
雀	乙卯	子孙

空	常	常	阴
亥	酉	酉	未
癸	亥	亥	酉

雀	蛇	贵	后
卯	辰	巳	午
合寅			未阴
陈丑			申玄
子	亥	戌	酉
龙	空	虎	常

蛇	丁巳	官鬼
龙	空丑	父母
玄	辛酉	兄弟

贵	陈	蛇	龙
午	寅	巳	丑
辛	午	酉	巳

龙	陈	合	雀
丑	寅	卯	辰
空子			巳蛇
虎亥			午贵
戌	酉	申	未
常	玄	阴	后

年福寿无穷。其人果兄弟六人，路由厕出，次年妻死迁居。因再娶贵人之妾，致富生子，寿八十四岁。因课得迎阳，中传昼贵乘财，又是水日逢丁，所以兴起家业也。

按：路由厕出者，甲寅上神子水神后为污秽故。

来年克妻，迁居者，亥水日支冲克巳火妻财、驿马丁神故。

寿八十四岁者，初传未八数，阴神巳四数故。断寿又一法。

例2　九月辛酉日未时卯将占身命（子丑空亡）。

午火官星乘贵人临干，辛藏于戌，戌年及第。庚申年赴任，遇临官也。五十四岁死，干上午数九，末传酉数六，共计五十四是也。子爻不见，不得子息之力，传得金局，至戌午年，必有兄弟分争之事。（按：此计寿数别一法。）

例3　九月壬子日丑时卯将占身命（寅卯空亡）。

此课于细微中出入，却能显现。宅居西北，渐出东南，主有财有寿。因壬子皆在西北，主幽燕之地，转出东南旺盛之方。宅上寅为子息值空，初传辰鬼又临子嗣空亡之地，中传得午为财，末又长生临干财及子孙之上，

后	甲辰	官鬼
蛇	丙午	妻财
合	戊申	父母

常	阴	玄	后
丑	卯	寅	辰
壬	丑	子	寅

雀	合	陈	龙
未	申	酉	戌
蛇午			亥空
贵巳			子虎
辰	卯	寅	丑
后	阴	玄	常

常	辛亥	兄弟
玄	壬子	兄弟
贵	空卯	子孙

常	常	玄	玄
亥	亥	子	子
壬	亥	子	子

雀	合	陈	龙
巳	午	未	申
蛇辰			酉空
贵卯			戌虎
寅	丑	子	亥
后	阴	玄	常

故主有寿有财。子虽先死，得孙送终也。后皆验。（按：壬以木为子，木以火为子，故以午火为孙。）

例4　戊申年十月壬子日卯时卯将占身命（寅卯空亡）。

宅上帝旺，财物兴隆。中传是子，子旁亥似孙字，今年子孙当进学堂。末传门户上不宁，乃是户役事，门上不合安符，主不时吵闹。财禄甚稳，家当大发，但身有膀胱疝气及阴肿水气之忧，尚有四四一十六年寿，当以阴肿而亡。因亥数四，身与初传重见，旺则相倍之故也。其家果挂一天师，时有怪异，去之则安。（按：此寿数又一法。）

从以上诸例看出，占寿夭之法并非专以命上神来判断，而

是有以初传者，有以占时者，也有以末传者，还有以干上神者，殊无死法。就如本文所云："初传管初运二十年，中传管中运二十年，末传管末运二十年。"如果此人只活了三十八岁，那么末传是否就没有用？反之，如所占之人已活了九十余岁，那么后三十年又该由何处判断？因此课无死法，全靠断课之人心机领悟，灵活运用。

功 名

【原文】以官禄为主，文视青龙，武视太常，雀为文书，虎加官鬼为催官使者，又主威权。太岁为至尊之神，月将为福德之神。二马为致远之具，禄神为食禄之方。俱要得时有气，马陷空亡死绝，不能远到。禄居旺相、临官必然久任。寅申巳亥为长生学堂，莫遇刑冲克害。戌为印，未为绶，卯为轩车。

凡官星有气，当长生帝旺之时，又值三传上神生之，发达其速。或官虽不当时，而自己居长生帝旺之地，亦为有气。但不宜见剥官煞（即子孙是也），恐功名无成。若克官之神，自坐克方及空亡、脱气、墓库，则不为害，但有阻滞，必待官星有气之年得之。若官星逢生，屡见升迁。如日干太旺而官星不能克之，必待官旺之年始得。若日休囚而官健旺，主人心已灰，而富贵逼人。若有文无官，乃是生局，目下虽困，宜藏修以俟进取。

其升迁之迟速，文视青龙，武视太常。所乘之下神，或作今日之日辰，则佳音可翘首而待。不然，视龙与日隔几位，而因以定其年（如甲日占，龙乘午加辰与日禄隔三位，为迟三年也）。视其神与支隔几位，而因以定其月（如戌为支，辰戌隔七位为七月）。视天盘上神，长生之地为何神，而因以定其日（如龙乘午，午长生在寅，寅上是辰，辰中有戊土，是为戊寅）。视龙临地盘之神，而因以定其时（如龙所临下神为辰，即辰时）。其龙常所乘之神，生日比日克日者，内除也。日干生克龙常所乘之神者，外除也。其禄神下之神，即食禄之方。

州县以月建为上官，生干吉，克干不吉。在朝官，太岁生日干，升迁之兆也。六丁带凶将，迁谪也。六丁带吉将，远行也。丁带凶克日，上章贬斥也。干支上乘罗网发用（干支前一位是）。而年命上乘丧吊者，为丁忧之象。日上与发用系日墓，上乘白虎，或禄作闭口，或三传为折腰空亡，与年命之神乘病符与凶煞者，主疾病不测之象。

三传自上克下，递克日干，而无解救之神，朱雀发用者，为弹劾之象。金神三煞（即破碎），占功名大忌，见之多败少成。出身但看日上带凶煞，出身微贱。贵人禄马临身，必主高品。

【注解】一、类神。

克我之神名官鬼，为官星。生我之神名父母，为印绶。

文官看青龙，武官看太常，文书看朱雀。戌为印，未为绶，太常也为印绶。白虎加官鬼为催官使者。卯为轩车。

二、有关神煞。

1.日德。2.日禄。3.皇恩。4.天诏。（均见前《吉凶神煞》章）

5.漫语、死气：正月在午，二月在未，三月在申，四月在酉，五月在戌，依此类推。

6.天机：子月在卯，丑月在寅，寅月在丑，卯月在子，辰月在亥，巳月在戌，午月在酉，未月在申，申月在未，酉月在午，戌月在巳，亥月在辰。

7.皇书：春寅、夏巳、秋申、冬亥。

8.死符：子年在巳，丑年在午，寅年在未，卯年在申，辰年在酉，依此类推。

三、功名最忌。

1、空亡；2、支冲；3、干墓；4、官墓。

四、占在任吉凶。

日上神发用且为日德、日禄或日官乘吉将，且中末两传不见空陷者吉。日上神发用，神将皆凶，或神将吉却逢冲墓、空亡者皆凶。

五、占官之凶。

日上神发用为日墓，或上乘白虎，或神将不吉，或三传折腰空陷者，轻则疾病，重则有不测之灾。

三传自下克上，递克日干；或自上克下，递克日干，且朱雀发用，无德解救，为弹劾之凶。

德、禄、官三者落空亡，年命上神又乘凶将或乘天空，为失职之凶。

课逢伏吟，用神为官星，但乘天空或旬空，主无官或不能长久。若非天空或不逢空亡，主功名来迟。

发用或干上神为官禄类神，但带死气、死符且刑害者，主遭受遣责或不久将失职。

初传或干上神为官星，但临休囚之地；三传中有财星但乘临玄武、太阴生官星者，主官有贪污之象。

初传乘龙，末传乘蛇，名龙化蛇，求官难得，有官降职。

三传见子孙无财星或印绶化解，占官非失职即获罪。

初传或干上神为官星，但带漫语，天机等煞，末传又为支上神者，主因受他人中伤而失去职位。

官星带贵神、天诏、皇书等临干或发用，虽官会显达，如果中末传带死气、死符，却主喜悦中忧愁；求官会中途受阻，在官会中途遭祸，只有离职方安。

初传带丁神、驿马、生气，但坐空亡，求官不得。

四课皆上克下为无禄课，求官无望。虽干上神或初传为官星，也是虚名，或得低微之职。

六、求官占吉。

太岁、月将临干或发用，官印显赫。禄马扶身，贵临天门，神藏杀没及甲子、庚寅日的伏吟课，皆官尊德厚，悠久无疆。

（按：甲子日伏吟课寅木发用，申金为末传。庚寅日伏吟课，申金发用，巳居末传。二者发用均为日德、日禄，末传均为官星类神故。）

青龙、太常乘初传生日干，或与日干比和，带德神、皇书、天诏、月将，又为官星者，可为高官。常人也会得重要位置。

课逢铸印，月将为初传，且有天喜、二马，功名显达。

午为马，辰为龙，辰加午名马化龙，再乘天马、驿马、青龙，或寅木生午火，无空亡刑害者，得官迅速。

官星带天马或驿马，得时旺相，或乘太常发用，再带三奇、六仪、乘轩等吉课，定能功名显达。

卯日卯发用，或卯命卯发用；酉日酉发用，或酉命酉发用，叫龙战格，若再带皇恩、天诏，主同时得两重官。

初传或丑或未，上乘贵人，干支上神带驿马、天马、禄神，主因得上司、长辈之助得官。

朱雀乘卯酉，求官类神入传且得地，带喜神、德禄等，有晋升之喜。因卯酉为门户，朱雀为文书，得官文书入门户故。

贵神乘财星或官星，三传中见求官类神，格成登三天，或再见青龙，求官必得。

七、升迁迟速。

官星为驿马、丁马、天马发用，得官迅速。课逢伏吟迟缓。

日鬼乘白虎，加年命或干上名催官使者，求官必速。官星临日干、三传或年命上神生官星也叫催官使者，得官也速。

也有以生青龙、太常的月日为升官之期。如文官春占，寅木乘青龙，寅属木，长生于亥，十月升迁。武官春占，子乘太常，子属水，长生于申，七月可升迁。

八、赴任择日。

赴任之方为门。赴任之日，门上神克行年上神，恐难以归乡。行年上神克门上神，主徭役，不安宁。

春天赴任占得金局，夏天赴任占得水局，秋天赴任占得火局，冬天赴任占得土局，名反本煞。或赴任占得反吟卦，均主不满任。

九、例解。

例1 辛巳年庚寅月丙辰日午时子将，占能调升否。

此公为两湖总督，武职当视太常。今太岁乘太常发用，遁干丁神，均生其年上神。天诏（按：正月在亥）加临日干，二丁主速，目下即有征召之应。丙日德禄在巳，乘太常临天门发用，行年上神辰土乘白虎，主有

常	丁巳	兄弟		蛇	戊子	父母
雀	癸亥	官鬼		常	癸巳	子孙
常	丁巳	兄弟		合	丙戌	妻财

雀	常	蛇	虎		空	蛇	贵	虎
亥	巳	戌	辰		未	子	丑	午
丙	亥	辰	戌		甲	未	申	丑

雀	合	陈	龙		合	雀	蛇	贵
亥	子	丑	寅		戌	亥	子	丑
蛇戌			卯空		陈酉			寅后
贵酉			辰虎		龙申			卯阴
申	未	午	巳		未	午	巳	辰
后	阴	玄	常		空	虎	常	玄

威权生杀之柄，必为刑部之职。后果奉诏进京，随受刑部侍郎。次年转仓场，因课逢反吟故。

例2 庚午年丁亥月甲申日戌时卯将，占西哈努克亲王能否当选（午未空亡）。

初传子水父母为乘轩，中末传巳戌为铸印，卯木为乘轩，虽未入传，但卯木为末传戌土的阴神，三传暗合铸印乘轩之意，极利选举。初传子水加临未土之上，未土为日之财星，又是帘幙贵人，选举考试最喜此神。今上乘初传加临干上，本为极美，可惜未土旬空，贵人无力。明年未土临太岁，六月又为月建，必当选元首。果是。

例3 辛巳年庚寅月丁卯日卯时亥将，占新任陈制军、温方伯、邓廉访尚有更调否（戌亥空亡）。

陈属土音，邓有卯形，温则水旁属亥。未土为支神发用，卯为支神加干，陈邓二官皆可任。唯亥水乘贵旬空，恐难以到任，尚有更动。后果陈邓到任，温左迁郎中，江西臬司廉敬升湖北藩台补温缺。

常	辛未	子孙	
陈	丁卯	父母	
贵	空亥	官鬼	

陈	贵	贵	常
卯	亥	亥	未
丁	卯	卯	亥

雀	合	陈	龙
丑	寅	卯	辰
蛇子			巳空
贵亥			午虎
戌	酉	申	未
后	阴	玄	常

后	戊申	官鬼	
雀	乙巳	子孙	
龙	空寅	兄弟	

常	后	空	玄
亥	申	丑	戌
甲	亥	辰	丑

龙	陈	合	雀
寅	卯	辰	巳
空丑			午蛇
虎子			未贵
亥	戌	酉	申
常	玄	阴	后

例4　壬午年癸卯月甲辰日丑时戌将，占能否恢复原职。

申金官星乘天马发用，末传寅木日德、日禄乘青龙吉将，均为吉象。可惜初传申官被中传巳火克合，末传寅木德禄逢空。再加干上神亥水乘太常落空，贵神未土入狱，巳火朱雀的阴神寅木旬空，太岁午火克本命酉金，凶象一片，必不能恢复职位。后果如所占。

例5　癸未年乙卯月己亥日午时亥将，王太守占运（辰巳空亡）。

课成铸印，官占运本美。但白虎驿马巳火发用旬空，中传朱雀戌土又落空，为铸印破模。且初传巳火又为年月日之驿马，太岁、月建，均不安，任内会有不如意之事。地支亥水上见辰土空墓，冲其中传戌土空印（戌为印绶类神），当有不测。十月果如所占。

例6　庚戌年戊子月辛酉日戌时寅将，癸丑本命，辛亥行年，占赴任（子丑空亡）。

虎	空巳	父母
雀	戊戌	兄弟
玄	癸卯	官鬼

贵	虎	常	合
子	巳	辰	酉
己	子	亥	辰

雀	蛇	贵	后
戌	亥	子	丑
合酉			寅阴
陈申			卯玄
未	午	巳	辰
龙	空	虎	常

常	甲寅	妻财
贵	戊午	官鬼
陈	壬戌	父母

常	贵	虎	后
寅	午	丑	巳
辛	寅	酉	丑

合	陈	龙	空
酉	戌	亥	子
雀申			丑虎
蛇未			寅常
午	巳	辰	卯
贵	后	阴	玄

初传寅木妻财乘太常且为帘幙贵人，中传午火乘官鬼贵人，末传戌土为太岁又为印绶，三传木火土递生日干辛金，名亨通课，赴任最宜。午火官鬼加临寅上，赴任当属东北，一片吉象。唯嫌支上丑土与午火相害，乃幸中不幸，名合中犯煞，蜜中有砒。丑乘白虎，阴神巳火乘后，十二月建丑，恐因盗案杀伤妇女之事，牵涉武官以致投鼠忌器而受攻击。必须宽猛兼施，无枉无纵，方能化险为夷。明年辛亥春木火并旺，君子道长，惜本命上巳火为岁破，到十月又为月破，宦海升沉，尽显于课中，可叹！

例 7　己酉年壬申月甲子日巳时巳将，16 岁甲午命，占从戎（戌亥空亡）。

安徽某君拟投笔从戎，卜前途得此课。支上子水为甲之父母，与本命午火相冲，此举与其父意不合。初传空亡，临月破，君住西南，舍西南而就东北。课名伏吟，寅为兄弟朋友，故来东北访友，皆不遇。且十二

龙	丙寅	兄弟
雀	己巳	子孙
后	壬申	官鬼

龙	龙	虎	虎
寅	寅	子	子
甲	寅	子	子

```
      雀  蛇  贵  后
      巳  午  未  申
  合辰              酉阴
  陈卯              戌玄
      寅  丑  子  亥
      龙  空  虎  常
```

虎	戊辰	子孙
龙	庚午	兄弟
合	壬申	妻财

陈	雀	虎	龙
未	酉	辰	午
丙	未	寅	辰

```
      陈  合  雀  蛇
      未  申  酉  戌
  龙午              亥贵
  空巳              子后
      辰  卯  寅  丑
      虎  常  玄  阴
```

神无一移动，动辄得咎，静方安全。再加贵人逆行，螣蛇临命，从戍必无前程。同时，中传巳火为月将，上乘朱雀。末传申金官鬼为月建，虽有特殊功效，均利文不利武，不如另图谋划。

例8　戊寅年丙辰月丙寅日申时戌将，孙鲁出兵先占请告（戌亥空亡）。

请告不允，更主升迁，因传将引进，官登三天，安得退居林下乎？况龙神乘相气居中传，太岁与行年又生青龙日干，将来功名远大。且朱雀克太岁，阴神不空，必不为君上所允。后果不准所请，旋历宣大制台。

例9　巳月戊寅日未时申将，行年亥，占前程（申酉空亡）。

日上午火为天罗羊刃。支上阴神辰土发用，传归日上，昼乘青龙吉将，必能赴任。行年在亥，上神子水为地网，必阻外艰。卯六数，辰五数，巳四数，此十五年合至监司之职。自后入午天罗，必见谪降，二十三年大运终矣。后皆验。

例10　八月丙申日丑时辰将，本命乙

```
合 庚辰 兄弟        蛇 丙申 妻财
陈 辛巳 父母        阴 己亥 官鬼
龙 壬午 父母        虎 壬寅 父母

龙 空 雀 合        蛇 阴 阴 虎
午 未 卯 辰        申 亥 亥 寅
戌 午 寅 卯        丙 申 申 亥

龙 空 虎 常        蛇 贵 后 阴
午 未 申 酉        申 酉 戌 亥
陈巳      戌玄     雀未      子玄
合辰      亥阴     合午      丑常
卯 寅 丑 子        巳 辰 卯 寅
雀 蛇 贵 后        陈 龙 空 虎
```

亥，占前程（辰巳空亡）。（图见第411面右图）

　　申金日支临干被干克，为赘婿课，必无正居，或寄居妻家。传见蛇虎，必多丧服。寅为功曹，为蛇虎所扰，官不过司曹。其人后丁父母四丧，止于江阴知录而已。（按：四丧者，亥水宅上神数四故。）

　　例11　三月丙辰日午时酉将，占官运（子丑空亡）。

　　传将财、驿马、城吏递互相生（按：申为天城，寅为天吏，又为驿马），大吉之兆。来人曰："此人已获重罪下狱，生全为幸，何有他望。"曰：月德发用，中绝末生，名绝处逢生，支上皇恩化戌，今虽谪戌，后必

蛇	庚申	妻财		贵	丁亥	官鬼
阴	癸亥	官鬼		常	辛卯	父母
虎	甲寅	父母		陈	空未	子孙

蛇	阴	雀	后		贵	常	阴	空
申	亥	未	戌		亥	卯	丑	巳
丙	申	辰	未		丁	亥	酉	丑

蛇	贵	后	阴		雀	蛇	贵	后
申	酉	戌	亥		酉	戌	亥	子
雀未			子玄		合申			丑阴
合午			丑常		陈未			寅玄
巳	辰	卯	寅		午	巳	辰	卯
陈	龙	空	虎		龙	空	虎	常

显达。果此人被赦，寻迁司马。

　　例12　丁丑年乙巳月丁酉日巳时酉将，刘退斋占请假眷亲可允否（辰巳空亡）。

　　此奏不允，有温旨相留。因天驿二马加临年命，理为催动之象。但发用亥水驿马坐未乘贵，受夹克。子水天马坐申，为

恋长生，主不由己而动。又酉金朱雀坐空，为文书不就。且三传合局生身，木逢初夏，正当荣旺之时，是以知必有温旨相留。后果不允请假。

例13　己巳年丁卯月乙巳日巳时戌将，占出何方官差（寅卯空亡）。

此为南行之差。彼以为乙木日禄卯木临戌，故去北差。不知守土官专论禄，钦差官只论马。今亥水驿马为日之长生临午，必是南差。果此日在堂上拈阄，此君得南方九江之差。

阴	空寅	兄弟
龙	丁未	妻财
贵	壬子	父母

合	阴	雀	玄
酉	寅	戌	卯
乙	酉	巳	戌

雀	蛇	贵	后
戌	亥	子	丑
合酉			寅阴
陈申			卯玄
未	午	巳	辰
龙	空	虎	常

科　第

【原文】小试以月建为考试官，乡试以岁破为考试官，会试以月将为考试官，殿试以太岁为主，要生合有情，便为吉象。如月建乘吉相生，临干发用，德禄见传中，批首也。见于中传，一等也。见于末传，二等也。占乡试，如岁破乘吉生干作贵，临干发用，传见德禄马喜，魁元也。见于中末传，名次在后也。会试看月将亦然。太岁乘吉生干作贵，临干发用，五马交驰，六阳数足，状元也。或见于中传，三四马交驰，六阳缺一者，榜眼也。临于末传，六阳缺二者，探花也。日辰课传俱吉，而归并初传者，一甲也。归并中传者，二甲也。归并末传者，三甲也。又须看帘幙贵人（用昼贵看夜，用夜贵看昼）。加临年命日辰，并合吉将者吉。以雀为文，以长生为学堂，俱宜旺相生合。

占武举，以巳为弓，申为箭，午为马，三者并现，又乘吉将，不落空亡者，此外场中也。申加午，中红心。加孟四角花，加季脱垛。三传克日，阳刃禄马并见者，吉也，三场则依文举断之。

【注解】一、类神。

依上论，各级考试类神不同，但不论小试，还是殿试，均为考试，考官类神不应不同；尤其乡试以岁破为考官，更是难合课理。现特予统一说明。

朱雀为文字，天空、青龙也为文字。印绶为文书，太岁为考场。辰戌为魁首，酉金为亚魁，月将为考官。

二、神杀。

经云："帘幙贵人高甲第。"占考以此神为主，即昼占夜贵为帘幙贵人，夜占昼贵为帘幙贵人。

三、占断。

类神旺相与日相生，能考上。类神乘休囚与日相克，传空考不上。

帘幙贵人临行年、本命、日干上，考试必高中。如果六甲旬首作帘幙临年命、日干上之神尤的。如辛酉日夜占，寅木帘幙贵神临年命日干等是。

甲戌、甲辰二旬中占考，得辰或戌临年命、日干者，必得魁元。因辰戌为魁罡故。

占考、年命或日干丑加未，未加丑亦作魁元。因未中有魁宿，丑中有斗宿，鬼斗相加为魁字。

如太岁、月将临干支或生合日干，考试必中。

三传见日德、日禄、长生，考试亦中。

日德加亥为用，主人高中，因德禄入天门，德者，得也。

以上诸论最忌空亡。凡德禄类神入空亡者，皆不中。

占试逢朱雀克帘幙贵者，主文不合考官之意。

出榜前逢朱雀临丁马，必高中。

所要注意的是，帘幙贵人也有喜忌。甲日不喜未，庚日不喜丑，因未为甲墓，丑为庚墓。若正逢未丑月，却旺为库，主功名入库，又吉。甲寅日见丑为空，庚寅日见未为空。六丙日，六丁日不喜亥，因官鬼克身之故。己卯、己亥日见申为空。六壬、六癸日见卯为脱气。壬寅、癸卯日见巳为空亡等，虽有帘幕，也为无用，故应变通。

四、例解。

例1　戊辰年乙卯月己巳日申时亥将，辛丑命，朱某占考试能中否（戌亥空亡）。

干为人，支为文章，干支交脱泄气，恐自己平时不努力，缺乏信心，不敢报名。朱雀为文章类神，乘戌土空亡，且临卯日死地，虽加干上，也无用，亦主自己准备不足无信心。三传中未空陷，主有始无终，所以榜上无名。后所言尽验。

```
陈  壬申  子孙          蛇  甲子  父母
蛇  空亥  妻财          常  己巳  子孙
阴  丙寅  官鬼          合  空戌  妻财

雀  后  陈  蛇          空  蛇  常  合
戌  丑  申  亥          未  子  巳  戌
己  戌  巳  申          甲  未  子  巳

陈  合  雀  蛇          合  雀  蛇  贵
申  酉  戌  亥          戌  亥  子  丑
龙未        子贵                      寅
空午        丑后        陈酉          寅后
巳  辰  卯  寅          龙申          卯阴
虎  常  玄  阴          未  午  巳  辰
                       空  虎  常  玄
```

例2　戊辰年己未月甲子日寅时未将，庚子命，苏某卜考试吉凶（戌亥空亡）。

初传下贼上，子水乘螣蛇，时令休囚，主平时准备不足。日干上见墓，干支交车相害，官星不现，传中戌土旬空，铸印破模，必因平常懒散不用功而缺乏信心。三传末空，有始无终，一派否象，果没考上。

　　例3 戊辰年丙辰月戊戌日未时戌将，卜次女能否考上大学（辰巳空亡）。

次女能考上大学，但想进高等大学，只能进入较冷门的科系。因课三传均吉利，财官印递生日干，寅命上神临太常吉将，主其女在校学习认真，成绩优秀。但干上青龙申金盗气，末传巳火空亡，主其女容易紧张，影响成绩，

雀	己亥	妻财
后	壬寅	官鬼
常	空巳	父母

龙	雀	贵	玄
申	亥	丑	辰
戌	申	戌	丑

龙	陈	合	雀
申	酉	戌	亥
空未			子蛇
虎午			丑贵
巳	辰	卯	寅
常	玄	阴	后

陈	空酉	父母
常	丁丑	官鬼
贵	辛巳	妻财

贵	陈	空	阴
巳	酉	亥	卯
癸	巳	未	亥

陈	龙	空	虎
酉	戌	亥	子
合申			丑常
雀未			寅玄
午	巳	辰	卯
蛇	贵	后	阴

后果考上重点大学，因语文失常，分到土木工程系就读。

　　例4 丁丑年甲辰月癸未日午时戌将，同乡孙大宣孝廉占会试（申酉空亡）。

　　此课三传递生日干，主隔三隔四有人在上推荐。且贵德财马会临日干，又居太岁之位，必应今年甲榜。更喜月将乘青龙河魁，旬首作官星，二者会于行年午上，是以必中。后果如所占。

例5　癸未年乙卯月乙丑日卯时亥将，代占会试（戊亥空亡）。

此课必中，因巳火乘青龙为相气发用，子水乘贵为旬首临干生干，阴见帘幕，必得两贵人周旋而中。且传将递生，首尾相见，又交车六合，主文思滔

龙	己巳	子孙
蛇	乙丑	妻财
玄	癸酉	官鬼

贵	常	玄	龙
子	申	酉	巳
乙	子	丑	酉

	蛇	雀	合	陈	
	丑	寅	卯	辰	
贵子					巳龙
后亥					午空
	戌	酉	申	未	
	阴	玄	常	虎	

后	戊寅	妻财
常	辛巳	官鬼
龙	空申	兄弟

雀	后	空	合
亥	寅	未	戌
庚	亥	辰	未

	龙	陈	合	雀	
	申	酉	戌	亥	
空未					子蛇
虎午					丑贵
	巳	辰	卯	寅	
	常	玄	阴	后	

滔不竭。虽嫌朱雀克岁，喜得遁丙以化之，逢凶化吉，中甲无疑。

例6　乙亥年壬申月庚辰日卯时午将，本命戌，行年未，占考律师（申酉空亡）。

亥水盗气临干，平时学习不大努力，信心不足。三传财官禄本美，惜末传申金德禄空亡，也主有头无尾，考试必很艰难。所喜者，亥水虽盗气，却为朱雀，又为太岁，考运不错，所出题目大多平时接触过。更加本命上乘贵人，行年上神乘六合，均为父母印缓，后必由父母面上之人推荐，得律师资格。

例7　丁丑年壬寅月己巳日巳时子将占科考（戊亥空亡）。

唯戊戌命能中。他人皆云：属牛属虎者中。（按：丑土上神申金为幕贵，考试最吉之神，且丑为太岁。属虎为寅，为月将上

神乘六合吉将故。）余曰："初传酉，末传亥暗拱戌命，戌土又乘朱雀类神，且生申金幕贵，其文甚贴试官之意，及放榜时果中，始知为常熟蒋婉仙。（按：丑土上神申金为月破，寅木上神酉金入太岁墓，故亦不言中。）

合	癸酉	子孙
常	戊辰	兄弟
蛇	空亥	妻财

阴	合	贵	龙
寅	酉	子	未
巳	寅	巳	子

贵	后	阴	玄
子	丑	寅	卯
蛇亥			辰常
雀戌			巳虎
酉	申	未	午
合	陈	龙	空

玄	戊戌	父母
阴	丁酉	兄弟
后	丙申	兄弟

贵	蛇	常	玄
未	午	亥	戌
庚	未	子	亥

合	雀	蛇	贵
辰	巳	午	未
陈卯			申后
龙寅			酉阴
丑	子	亥	戌
空	虎	常	玄

例8 庚辰年辛巳月庚子日酉时申将，占本科状元落于何省何姓？（辰巳空亡）

未土贵人加干，未土分野在西南，当居广西、云南，状元当为此两省人。未为土音，应是陈、王等姓人。放榜后，果状元陈继昌，广西桂林人。按：此嘉庆二十五年（1820年）庚辰科试。

财物附占卖买

【原文】日干所克者为财，青龙为财神（六合亦为财神）。三传皆财，财多反无财，以财化鬼故也。三传无财，而子孙成局反有财，以子能生财故也。支来生日易，克日难。财为发用易，末传难。财临干易，临支难。支传干易，干传支难。日德禄发用易，伏吟反吟难。日上辰上比和将吉易，日上辰上背驰难。先难后易者，初来克日，而中末被日克，求之宜缓。先易后难者，初为日克，而中末克日，取之宜早。

欲知求财之方，则视青龙所乘之支。财绝逢生，依然厚利。财神临命，所求必成。墓神作财，是因财而引身入墓也。财归财库，其财聚而不散（如金财以丑为库，水财以辰为库）。空手求财须鬼入传，及马动财旺则吉。龙在寅为入庙，伏而不动。龙在未为入墓，俱无财。

附占卖买。

以日为己，辰为他人，俱以发用为物，以子孙为财源，买货时则为货物，卖货时则为主顾。日辰俱吉，物贵宜卖。日辰俱伤，物贱宜买。自旺传死墓宜速卖。发用无气，中末相生，宜积货有利。

【注解】一、类神。

以五行而言，日干所克之神为财神。遁干之财及日干所生之神为暗财。

以天将而言，青龙为求财的类神。

二、神杀。

天财：子月在子，丑月在寅，寅月在辰，卯月在午，辰月在申，巳月在戌，午月在子，未月在寅，申月在辰，酉月在午，戌月在申，亥月在戌。

成神：子月在亥，丑月在寅，寅月在巳，卯月在申，辰月在亥，周而复始。

天喜：春戌、夏丑、秋辰、冬未。

大耗：即岁破，子年在午，丑年在未，寅年在申，卯年在酉，依此类推。

小耗：子年在巳，丑年在午，寅年在未，依此类推。

三、卜财有无。

财神入传或临干支，或临行年之上，无刑冲，求财必有。

青龙乘神为日之长生，临干上支上，无刑冲，求财必有。

如果干克初传财神，初传克中传，中传克末传，可得大财。

日干禄神或本命禄神入传，无刑冲，不空亡，可得大财。

干克干上神，支克支上神，本命克本命上神，也可求财。

三传皆财，如甲乙日三传土局，丙丁日三传申酉戌等，此类名财多化鬼，是求财不得之象。日干旺相，也主得财。发用虽为干财，但乘天空；或课传无财星，青龙又坐寅（为入庙）、入墓、空亡；或干支上神皆与日干比和，均求财不得之象。

虽有财神，但逢空或坐空，求财多不得。若财神强旺，出空可得。

四、求财多寡。

求财类神逢旺相者多，休囚则少。

发用为财者多，财居中末传者少。

类神现于课传者多，类神伏则少。

太岁做财神，临青龙者多；三耗临干，即见财星也是小财。

干支行年上神为暗财且生旺，主得大暗财，休囚则少。

干支和行年上有财，叫作三财，得财必多。三传均财身弱，因财多化鬼，只能得到一点小财或无财。

五、得何人财。

财神乘贵人，主得贵人、上司或尊长之财。

财神乘螣蛇，主得妇人或医匠之财。若加凶杀，为得冒险所获之财。

财神乘朱雀，主得使君、亭长或善士之财。

财神乘六合，主得士大夫或术士、沙门、商旅之财。

财神乘勾陈，主得恶人之财或因讼、田产得财。

财神乘青龙，主得公门贵客或道流之财。

财神乘天空，主得官吏或仆人之财。

财神乘白虎，主得兵卒、僧道或孝服之财。

财神乘太常，主得贵人、老者或女亲之财。

财神乘玄武，主得小儿或盗贼之财。

财神乘太阴，主得妇人、姻亲、奴婢之财，或用计谋而得财。

财神乘天后，主得妇人、妻妾、女友之财，或得妇女装饰品之类财。

六、得何处财。

财乘贵人是旧宅、牛畜或桥梁之财。

财乘朱雀是文书、文章之财。

财乘六合是车船、舟木、卖买之财。

财乘勾陈是水物、田土或文书印信，宝货鱼鳖之财。

财乘青龙是书籍或财薪、钱帛之财。

乘天空是坟墓、宅舍或印信、狱具之财。

乘白虎是田园、大麦或湖池、道路、丧具之财。

乘太常是衣服、绸缎或婚姻、饮食之财。

乘太阴是金银珠宝或小麦、五谷之财。

乘玄武是麟介楼台，仓廪或畜类之财。

乘天后是水利或酒醋之财。

七、求财方向、时间。

求财方向之法有三：1. 以青龙所乘之地盘为财方。如青龙居午，财往南方求之（按：此即本节原文所论之法）。2. 以财神之地盘为准，如子为财神，往北方求财；卯为财神，则往东方求财。3. 以财神所临地盘为准，如子财临寅，财在东北方；午财临酉则往西方求财。三法皆合课理，当以旺相休囚灵活而取。

得财时间则以财神所临之神为准。临太岁依年计，临月建以月计，临干以日计，临时以时计。

八、求财吉凶。

1. 发用、占时干上神为财星，主求财。三传中见白虎、勾陈、玄武，带漫语、大杀、飞祸或刑克日干，主因得财而家中男女遭受凌辱。（飞祸：春申、夏寅、秋巳、冬亥。大杀：子月在子，丑月在酉，寅月在午，卯月在卯，辰月在子，依此循环。）

2. 发用为财，但干支相害，我虽求财，但与他人不睦。三传中再见金神、劫杀作鬼克干，主受他人仇恨。传中见辰戌、空亡同论。（金神：子年在酉，丑年在巳，寅年在丑，卯年在酉，周而复始。劫杀：巳酉丑月在寅，申子辰月在巳，亥卯未月在申，寅午戌月在亥。）

3. 课中四上克下为无禄课，求财主无财或得财极少。如果三传生干，和他人结交方能得财。

4. 财星发用，带丁神、驿马、病符，主求财会得病。如中末传带刑害又不生干，主无依而孤闷。（病符：岁后一辰，子年在亥等是。）

5. 财星临胎神发用，三传中有飞廉、六害克干，宜守不宜进，进必招祸。（飞廉：正月在戌，二月在巳，三月在午，四月在未，五月在申，六月在酉，七月在辰，八月在亥，九月在子，十月在丑，十一月在寅，十二月在卯。）

6. 财星发用与成神相合无伤，求财十分顺利。

7. 八专课带天喜、德禄且旺相，求财可以独占。

8. 财神衰弱，带盗神、死神、奸神等，因色情而致祸。财化鬼而成党，与人一起做事，恐半途而死。（死神：正月在巳，二月在午，三月在未，四月在申，依此类推。盗神：正月在卯，二月在午，三月在酉，四月在子，五月在卯，周而复始。奸神：春寅、夏亥、秋申、冬巳。）

9. 财星在驿马前发用会发横财，带刑冲害，是靠暴力发财。

九、其他。

求索债者，详其干支、占时而推。干为财，支为债主，时为欠债人。干上神生支，支上神生干，或皆比和，且皆乘吉将，或支上神克时上神，或类神发用，索之可得。

财神旺相，但值空亡，是空手求财之人。太阴乘神作为财神，是无心求财而获财之人。

交易买卖：如果干支上神相生相合，买卖可成。干克干上神，支克支上神，进行虽迟缓，却能获厚利。干上神生干，支上神生支，交易可迅速达成，获利却小。类神入三传旺相，物价上扬。类神不入传或三传逢空亡、墓、休、囚等交易不成，可居寄待价。三传见青龙、长生、驿马，交易成且获利大。交易之处，也宜去青龙、驿马、长生所临之方，必成倍获利。

博戏求财者则看干支，干为客，支为主。支克干者主胜，干克支者客胜。皆以上神论断。

干上财为外财，支上财为内财，丁马财为远财。视何神旺相，则或远或近，或内或外，求无不获。

十、例解。

例1 戊辰

虎	丙寅	兄弟
雀	癸酉	官鬼
玄	戊辰	妻财

雀	玄	贵	虎
酉	辰	未	寅
甲	酉	子	未

龙	空	虎	常
子	丑	寅	卯
陈亥			辰玄
合戌			巳阴
酉	申	未	午
雀	蛇	贵	后

合	甲子	兄弟
虎	壬申	父母
后	戊辰	官鬼

常	贵	后	合
未	卯	辰	子
壬	未	申	辰

雀	蛇	贵	后
丑	寅	卯	辰
合子			巳阴
陈亥			午玄
戌	酉	申	未
龙	空	虎	常

年乙卯月甲子日辰时亥将，甲午命，卜最近财运（戌亥空亡）。

此课春夏间有财利可得。因发用寅木为日禄、日德、驿马。末传又为辰土财星，本命上神丑土也是财，支上神未土财神乘贵人，且与本命午相合，皆主得财。干上虽见酉金官星，但有二课上神辰财生合，化忌为喜，反主因朋友相助而获利。初传乘虎，末传乘玄，当从起伏很大的股市所得，果是。

例2　戊辰年乙卯月壬申日卯时亥将，壬辰命，卜最近财运（戌亥空亡）。（图见第423面下右）

春天无财，夏天可得。因日干壬水，三传水局，子水为日之阳刃，比劫旺不利求财。再加课传不见财父和青龙，所以春天财运不佳。但行年寅木上神为戌土乘青龙，青龙的阴神午火财星上乘玄武，故断五月因投资而得财，后果如所断。

例3　戊辰年乙卯月甲戌日申时亥将，辛丑命，某女士卜卖房吉凶（申酉空亡）。

此课申鬼发用，但幸旬空，大减其凶。干上神巳火泄甲木之气，所以此房好一段时间卖不出去，此女士十分着急。喜其本命

蛇	空申	官鬼
陈	乙亥	父母
虎	戊寅	兄弟

雀	戊戌	妻财
常	空辰	妻财
雀	戊戌	妻财

阴	蛇	空	常
巳	申	丑	卯
甲	巳	戊	丑

雀	常	后	龙
戌	辰	丑	未
乙	戌	未	丑

蛇	雀	合	陈
申	酉	戌	亥
贵未			子龙
后午			丑空
巳	辰	卯	寅
阴	玄	常	虎

蛇	贵	后	阴
亥	子	丑	寅
雀戌			卯玄
合酉			辰常
申	未	午	巳
陈	龙	空	虎

丑土为鬼之墓，又为财，丑土本命上辰土也是财，故断丑日可以卖出。果丑日将此房卖出。

例4　丁丑年甲辰月乙未日卯时酉将占财运（辰巳空亡）。

程某占财得此课，问其吉凶。因课传皆土，满目皆财，课逢反吟无依格，三传非旬空，即落空，必有声无实，望不可接。求不能得，不取又贪，如身入宝山，却空手而归。程曰：先前和友在豫开矿，资金耗尽，空空如也，却又难舍，拟再招股进行，把握不住，特占。听君言，当往辞绝。

例5　戊辰年丙辰月庚戌日丑时酉将，己未命，蔡某卜最近财运（寅卯空亡）。

占财财逢空亡，不能为吉。且三传水局盗气，中无财星化解，也不为吉。春季财神填实旺相，财运喜利。六月未为贵人，又为本命，上乘财星太常，有大财可得。七月财弱，八月酉金羊刃，上乘午鬼，破财。冬季不利。果此君春天，以低价买进一批股票，到六月曾涨到

龙	壬子	子孙
蛇	戊申	兄弟
玄	甲辰	父母

玄	龙	后	虎
辰	子	午	寅
庚	辰	戌	午

| 空 | 虎 | 常 | 玄 |
| 丑 | 寅 | 卯 | 辰 |

龙子　　　　　　巳阴
陈亥　　　　　　午后
戌　　酉　申　未
合　雀　蛇　贵

雀	空酉	妻财
阴	丁丑	子孙
空	辛巳	兄弟

贵	常	空	雀
亥	卯	巳	酉
丁	亥	丑	巳

| 雀 | 蛇 | 贵 | 后 |
| 酉 | 戌 | 亥 | 子 |

合申　　　　　　丑阴
陈未　　　　　　寅玄
午　巳　辰　卯
龙　空　虎　常

原来的四倍半；但此君贪利不卖，秋天后一直下跌，到冬也没有再涨。

例6 戊辰年己未月丁丑日卯时未将，庚子命，苏君卜今年财运（申酉空亡）。

初看此课，三传合财局，贵人临干，似乎财运不错。可惜初传、中传空陷，神将也不吉。本命子水上又乘辰土白虎，支上两课合金局，克干上两课木局，今年财运不会太佳。

例7 戊辰年己未月甲申日卯时午将，庚子命，行年午，郑某卜最近财运（午未空亡）。

最近不仅财运不佳，申月还要破财。因为申金为日干官鬼，上乘螣蛇凶将发用，此其一。干支上神不仅皆脱干支之气，且互相冲克，此其二。本命子水上乘卯木，为羊刃凶杀，行年午火上神为酉金官鬼，又乘朱雀凶将，此其三。后果因股

```
蛇  空申  官鬼          空  乙巳  兄弟
陈  乙亥  父母          蛇  庚戌  子孙
虎  戊寅  兄弟          常  空卯  父母

阴  蛇  陈  虎          后  空  后  空
巳  申  亥  寅          子  巳  子  巳
甲  巳  申  亥          丁  子  未  子

蛇  雀  合  陈          蛇  贵  后  阴
申  酉  戌  亥          戌  亥  子  丑
贵未          子龙      雀酉          寅玄
后午          丑空      合申          卯常
巳  辰  卯  寅          未  午  巳  辰
阴  玄  常  虎          陈  龙  空  虎
```

票生意损失了数万元。

例8　癸酉年癸卯月丁未日巳时戌将，占与一英公司谈生产包装（寅卯空亡）。

三传巳戌卯，课成铸印乘轩，末传太常为父母生身，本吉。可惜末传卯木逢空，名铸印破模，当主事无结果。且干支相同，四课反成两课，有我无彼。子水官鬼临干克身，此笔生意断然无成。后果因翻译时用词不当，引起对方反感而失败。

例9　亥月癸巳日丑时寅将占财（午未空亡）。

午火妻财临支，是问妻家觅财，虽许但未得，因午财旬空故。寅木为日干子息，癸长生于申，是因生子而得此财。后得婢仆之患，随得随失，因酉金乘天空与破碎并临故。行年酉上见戌，为六害，戌乘白虎并血支，恐遭官讼，几不免刑。幸作三合，终能解散耳。俱验。（按：得婢仆之患者，酉金乘天空，为婢

```
陈 空未 官鬼          贵 辛酉 妻财
龙 甲申 父母          虎 丙辰 子孙
空 乙酉 父母          雀 癸亥 官鬼

后 贵 合 陈          龙 贵 合 阴
寅 卯 午 未          寅 酉 子 未
癸 寅 巳 午          丁 寅 巳 子

合 陈 龙 空          合 陈 龙 空
午 未 申 酉          子 丑 寅 卯
雀巳      戌虎       雀亥      辰虎
蛇辰      亥常       蛇戌      巳常
卯 寅 丑 子          酉 申 未 午
贵 后 阴 玄          贵 后 阴 玄
```

仆类神并破碎。　官讼者：行年上神戌土为官鬼且乘凶将。）

例10　庚辰年丙戌月丁巳日酉时辰将，占派人借款允否（子丑空亡）。

酉金财神乘贵人发用，遁干亦财，又系正时，末传亥水为三奇，寅木乘青龙吉将作长生临干，一片吉象，必允。但因酉金退气，必只六数而已。天财申金临丑空陷入墓，驿马亥水也入墓，必使人空手归而款寄来。后果是。

例11　庚戌年丁亥月丁酉日寅时寅将，庚午命，占担保（辰巳空亡）。

经云：日生上神，虚耗百出，以此论似觉今日担保，必它日赔偿。实际上，干为我，支为彼。干上未土虽盗丁火之气，但六合午火临禄命，足可合未助丁。且未又是日干寄宫，断无灾害。支为彼，酉金乘贵，彼虽困难，人格颇高，且乘财星，必不致久困。

	贵	丁酉	妻财			龙	乙卯	官鬼
	雀	乙未	子孙			雀	戊午	父母
	常	辛丑	子孙			雀	戊午	父母

雀	雀	贵	贵		雀	合	雀	合
未	未	酉	酉		午	巳	午	巳
丁	未	酉	酉		己	午	未	午

陈	合	雀	蛇		陈	合	雀	蛇
巳	午	未	申		辰	巳	午	未
龙辰			酉贵		龙卯			申贵
空卯			戌后		空寅			酉后
寅	丑	子	亥		丑	子	亥	戌
虎	常	玄	阴		虎	常	玄	阴

颇高，且乘财星，必不致久困。唯犯自刑，力有不逮。若得未

土之生，即可转败为功，后必因援手而感德。

例12 庚辰年壬午月己未日酉时申将，本命酉，想请友担保借款，测允否（子丑空亡）。

其事必允，因青龙乘官星发用，月将乘贵人临本命，中末传午火乘旺相朱雀生太岁和干支，干支上下神作六合，巳火乘六合吉将又为成神，且作干支的阴人，有人相助，主事必成。

例13 丙子年丙申月己亥日子时巳将，占绸店利否（辰巳空亡）。

陆君拟开绸店，特来求占得此课。统而观之，干上见财，支为财，上乘财库，名财神归宅，营业必佳。可惜初传巳火父母，中传戌土沦于空陷，唯末传卯木官鬼坐实。巳为四数，戌为五数，恐九个月或九

```
玄  空巳  父母        雀  己亥  妻财
雀  戊戌  兄弟        后  壬寅  官鬼
虎  癸卯  官鬼        常  空巳  父母


陈  玄  常  蛇        龙  雀  贵  玄
子  巳  辰  酉        申  亥  丑  辰
己  子  亥  辰        戌  申  戌  丑


雀  合  陈  龙        龙  陈  合  雀
戌  亥  子  丑        申  酉  戌  亥
蛇酉          寅空    空未          子蛇
贵申          卯虎    虎午          丑贵
未  午  巳  辰        巳  辰  卯  寅
后  阴  玄  常        常  玄  阴  后
```

年后被人抢夺。后果于次年初夏被一钟表商用重金挖去。

例14 戊辰年丙辰月戊戌日未时戌将，癸亥命，郭小姐测抽奖（辰巳空亡）。

年月日时及月将、辰上两课皆土，兄弟太旺，不利求财，此一。亥水财星虽发用，但上乘朱雀凶将，遁干又为己土兄弟，众

土争水，此二。中传寅木官鬼盗财之气，此三。末传巳火冲击亥水财神，此四。三传递生逢空，名见生不生，不如无生，此五。一片否象，必不中。此女不信，次日连续抽奖，费财不少，一次未中。

例15 戊辰年癸亥月丙子日戌时卯将，测卖房交易。

支上巳火乘天空发用，且临支上受支克，恐对方没有诚意，交易纠缠不清，丙火泄气于戌土，又乘腾蛇，君也有点厌烦。喜末传卯木乘太常生干且合干上神戌土，必得朋友调和方可成生意。此宅子水得旺相上乘天空，主宅阔人稀，不宜做生意。可得声名，从文更佳，越住越旺。

以下特举六壬名家张定洲一些占炒股求财的例解，以说明占求财的课理分析。

例1 戊辰年庚申月丙申日卯时午将，徐某卜测最近股市的大势

```
空  辛巳  兄弟
蛇  甲戌  子孙
常  己卯  父母

  蛇   常   空   蛇
  戌   卯   巳   戌
  丙   戌   子   巳

  蛇   贵   后   阴
  戌   亥   子   丑
雀 酉               寅 玄
合 申               卯 常
  未   午   巳   辰
  陈   龙   空   虎
```

```
蛇  庚申  妻财
阴  癸亥  官鬼
虎  甲寅  父母

  蛇   阴   阴   虎
  申   亥   亥   寅
  丙   申   申   亥

  蛇   贵   后   阴
  申   酉   戌   亥
雀 未               子 玄
合 午               丑 常
  巳   辰   卯   寅
  陈   龙   空   虎
```

```
后  丁酉  官鬼
阴  戊戌  妻财
玄  己亥  父母

  合   雀   贵   后
  巳   午   申   酉
  乙   巳   未   申

  雀   蛇   贵   后
  午   未   申   酉
合 巳               戌 阴
陈 辰               亥 玄
  卯   寅   丑   子
  龙   空   虎   常
```

（辰巳空亡）。

月建为财神，为日支加干上且发用，短期内股市必上涨。三传递生，不出十天，必上涨至高峰。唯初传申金乘螣蛇凶将且坐空亡，末传又冲击干上财神，七月中旬后，将乘下滑局势。果从七月初九甲辰日（第九天）大涨，不过数天又迅速下跌。

例2　戊辰年辛酉月乙未日卯时辰将，陈君卜今后股市吉凶（辰巳空亡）。

酉金官星旺相发用，干上神巳火盗气且空亡，最近两周难免下跌。日支未土为财，干支上神相合，中传戌土又为财，九月中旬后股市反弹。末传亥水虽生干，惜乘玄武，且冲克干上神，十月中旬后，股市将会下跌。子月也不佳，后果如所占。

例3　戊辰年壬戌月癸卯日申时辰将，许君卜下周股市（辰巳空亡）。

未土官鬼太阴发用，本不吉，幸中传卯木子孙制之，末传亥水生中传制鬼，

```
【例2】
 阴  乙未  官鬼
 雀  癸卯  子孙
 空  己亥  兄弟

 常  贵  空  阴
 酉  巳  亥  未
 癸  酉  卯  亥

 陈   合   雀   蛇
 丑   寅   卯   辰
                 巳 贵
 龙子             午 后
 空亥
 戌   酉   申   未
 虎   常   玄   阴
```

```
【例3】
 贵  乙丑  兄弟
 阴  空亥  妻财
 常  癸酉  子孙

 雀  贵  蛇  后
 卯  丑  寅  子
 戌  卯  辰  寅

 雀   合   陈   龙
 卯   辰   巳   午
 蛇寅             未 空
 贵丑             申 虎
 子   亥   戌   酉
 后   阴   玄   常
```

三传合木局，子孙旺自可生财，下周有反弹迹象。巳午火为癸日之财，临酉戌之上，周五股价指数会反弹，投资人会买进。干上神酉金乘太常生干，支上神亥水生支本美。但干支上神均为自刑，主股市投资人和政府虽因股市烦恼，但会力图挽救股市。

例 4 戊辰年癸亥月戊辰日巳时卯将，甲午命，许君卜某股可购买否（戌亥空亡）。

三传吉将，贵人发用又为旬奇，本美。但中末传财神空陷，恐上涨幅度会越来越小。幸本命上神辰土为财库，仍有利可图。明日己巳日上神卯木官星乘朱雀，股价必低，宜卖进。亥日填实，股价上涨，即宜抛出。因干支上神均乘凶将，难获暴利。

例 5 戊辰年乙卯月己卯日午时戌将，戊戌命，李小姐测卖某股能否得利（申酉空亡）。

财临干上神且发用，初传为蛇，末传为龙，蛇有化龙之兆，均为吉象，主能赚钱。唯嫌课传皆成木局，本命上也是寅木

蛇	乙亥	妻财
玄	己卯	官鬼
龙	癸未	兄弟

蛇	玄	龙	蛇
亥	卯	未	亥
己	亥	卯	未

合	雀	蛇	贵
酉	戌	亥	子
陈申			丑后
龙未			寅阴
午	巳	辰	卯
空	虎	常	玄

龙	空丑	妻财
雀	壬戌	妻财
后	己未	妻财

龙	雀	陈	蛇
丑	戌	子	酉
乙	丑	卯	子

空	虎	常	玄
寅	卯	辰	巳
龙丑			午阴
陈子			未后
亥	戌	酉	申
合	雀	蛇	贵

官鬼，虽可得利，必须经过一段波折，才有收成。课传成局，应期当在出月。果两周后入清明卖出，赚钱数万。其间该股起伏很大，盘档甚久。

例6　戊辰年庚申月乙卯日申时巳将，己亥命，郭女士卜股票得利否（子丑空亡）。

虽三传皆财，干支上神相合，但此股最近将会下跌，皆因初中二传空陷之故。但申金贵神乘月建临本命，名贵人登天门，干上丑财又乘青龙吉将，足可逢凶化吉，该股不出几天就会上涨，且涨幅很大，本人也会得财。果一周后，郭女士将股票卖出，得利两万。但该股仍一直上涨，且涨幅很大。

例7　戊辰年辛酉月戊辰日卯时巳将，宋君卜与友合伙买股吉凶（戌亥空亡）。

干支上神相合，支上神乘青龙吉将生干，宋君的朋友资本比较雄厚，合伙买股应有利可得。可惜三传中末空陷，末传财神与午火青龙冲克，其友必因紧张而卖出股票，宋君获利不多，果是。

虎	壬申	子孙		贵	空申	官鬼
玄	空戌	兄弟		阴	甲戌	妻财
后	戊子	妻财		常	丙子	父母

空	常	龙	虎		雀	贵	虎	龙
未	酉	午	申		午	申	丑	卯
戌	未	辰	午		乙	午	亥	丑

空	虎	常	玄		蛇	贵	后	阴
未	申	酉	戌		未	申	酉	戌
			亥 阴					亥 玄
龙 午			子 后		雀 午			子 常
陈 巳					合 巳			
辰	卯	寅	丑		辰	卯	寅	丑
合	雀	蛇	贵		陈	龙	空	虎

例8　戊辰年己未月乙亥日巳时未将，庚子命，戊午行年，吴某卜买股吉凶（申酉空亡）。

干上神午火盗乙木之气，申金官鬼临行年发用，幸乘贵人吉将且坐空。中传戌财乘太阴吉将，可惜落空。干支上神相害，均主不吉。幸其支上神为丑财，主该股必有涨势。但上乘白虎，主要经过风浪方得财。因初中空陷，恐吴君空劳无功。但三传吉将，不致亏损。果吴某与友同时买进，吴一周内即脱出，刚够本钱；其友一周后方卖出，得利三万余。

例9　戊辰年癸亥月丁丑日巳时卯将，丙戌命，林君卜买股吉凶（申酉空亡）。

亥水官鬼临支发用，中末传空陷，酉财旬空，年命上神申财也旬空。干之阴阳冲支之阴阳，全无吉象。所买股票涨势已过，也难翻本，宜趁现在未跌太很而出脱，还可减少损失。否则价会越低，损失也更大。后果是。（按：此课三传天将贵人、太阴、太常均为吉将，然中末空陷，

贵	乙亥	官鬼
阴	空酉	妻财
常	癸未	子孙

空	陈	贵	阴
巳	卯	亥	酉
丁	巳	丑	亥

陈	龙	空	虎
卯	辰	巳	午
合寅			未常
雀丑			申玄
子	亥	戌	酉
蛇	贵	后	阴

玄	辛卯	官鬼
雀	丙戌	父母
虎	癸巳	兄弟

阴	合	陈	玄
寅	酉	申	卯
己	寅	丑	申

贵	后	阴	玄
子	丑	寅	卯
蛇亥			辰常
雀戌			巳虎
酉	申	未	午
合	陈	龙	空

财神空亡，虽将吉也无用，此亦以神为主，将为辅之理。）

例 10 戊辰年癸亥月己丑日未时寅将，陈君卜买某股吉凶（午未空亡）。

课逢铸印，宜求官不宜求财。干上神寅木官鬼旺相，初传卯鬼乘玄武旺相，双鬼虎视耽耽，近日必凶，万不可求财。如若买进，不数日即会破财。末传巳火父母虽可生干，但目下月破，要有一段时间方能逢凶化吉。陈君不信，固执买进，不出三天，即亏损万余元。

宅 舍

【原文】以干为人，支为宅，支之左右为邻。日上神为旧宅，辰上神为新宅。日上神旺相，旧宅好。如上神克日，自己不欲住。辰上神旺相，新宅好。如上神克辰，住不久也。以辰上神视其衰旺，以辰上天官论其兴替（如贵人螣蛇之类，各以吉凶消息断之），视其空亡。如兄弟空，则兄弟不测之类。视其类神，如子为房，丑为厨、为花檻。寅为前过道，又书院。卯为前门，辰为积壤，巳为灶，午为堂，未为井，申为后过道，酉为后门，戌为浴堂。亥为厕，又为楼台仓廪。兼以家长、本命上神配之（喜相生，忌相克），而吉凶无遗矣。

日辰传命，大纲要有生气、旺气，得时得季，自然昌盛。虽有凶神，亦无妨碍，更得吉将相助，美不可言。旬丁亦宜细看，如乘天乙，主贵人来；乘蛇主家人走，乘朱主有远信，乘合子孙外出，乘龙千里远游，乘空奴婢逃亡，乘虎主防孝服，乘常父母生灾，乘元主失贼，乘阴婢妾阴私，乘后妇女不谨。火鬼（春午、夏酉、秋子、冬卯）、火怪（正月起戌，逆行四季）若临支，乘雀克日，须防火灾。日上丁马，人不安。辰上丁马，宅不安。

【注解】一、类神。

子为卧室、径。丑为厨房、花橱。寅为书房、前过道。卯为前门。辰为佛堂。巳为灶。午为明亮房间大堂。未为井。申为后过道。酉为后门。戌为浴室。亥为厕、楼台、仓库。

二、神杀。

支德：子日在巳，丑日在午，寅日在未，卯日在申，辰日在酉，巳日在戌，午日在亥，未日在子，申日在丑，酉日在寅，戌日在卯，亥日在辰。因支为宅，故支德为重。

败气：即十二运中的沐浴。甲在子，乙在巳，丙戊在卯，丁己在申，庚在午，辛在亥，壬在酉，癸在寅。（按：通常阴干依阳干论，如甲乙皆在子，庚辛皆在午等。）

阴杀：寅月在巳，卯月在辰，辰月在卯，巳月在寅，午月在丑，未月在子，申月在亥，酉月在戌，戌月在酉，亥月在申，子月在未，丑月在午。

大杀：寅月在午，卯月在卯，辰月在子，巳月在酉，午月在午，周而复始。

灭门：寅月在亥，卯月在午，辰月在丑，巳月在申，午月在卯，未月在戌，申月在巳，酉月在子，戌月在未，亥月在寅，子月在酉，丑月在辰。

死神：子在卯，丑在辰，寅在巳，卯在午，辰在未，巳在申，依此类推。

天鬼：寅月在酉，卯月在午，辰月在卯，巳月在子，午月在酉，周而复始。

三、吉凶祸福。

干上神生支，支上神生干者；干支各受上神之生者；干上见支之旺神，支上见干之旺神者，如甲申日，甲上酉，申上卯；干支上各乘旺神者，如甲申日干上卯，申上酉；支上见德合，乘吉将而不空亡者；干支上神见贵人而不空亡者；干支上神见三合、六合，或交车互合且乘吉将者；支加干生干者，如甲子日，甲上子；贵合龙常临干支且发用者，均主人福宅吉。

干上神脱支，支上神脱干，或干支各受上神所脱者，主人病宅盗。

干上神克支，支上神克干，或干支各受上神所克者，主人灾宅坏。

干上神墓支，支上神墓干，或干支各被上神墓者，主人昏宅晦。

干上神为支之败气，支上神为干之败气。如甲申日，甲上午，申上子，或干支上各乘败神者，主人损宅圮。

干支上神空亡者；干临支受克，支加干克干者，主下犯上，外侮内，宅广人少。

三传无气，空亡发用，或支上神乘陈蛇虎玄凶将发用，主人祸宅凶。

四、人之祸福。

干上神乘吉将，作日德，或日贵、日禄者；干上神生干者；支上神生干或支来生干者；干上神为生气又乘青龙者；日上神克支者；日上神为月将又乘吉将者；课体吉，三传又生日者；三传生日，但天将克日，或三传克日，天将又生日者；均主官印显赫，富贵荣达。

三传递生而生日者；三传旺相发用，日德乘吉将者；初传为日前一辰，末传为日后一辰者（如甲寅日，初传卯，末传丑为引从）；均主福祥。

干上神乘凶将，为日破、日刑、日害者；干上神克干者；支加干克干或墓干者；干上神为死气乘白虎者；支上神克干者；干临支受支克者；支克干上神者；干上神空亡、脱干、败干，又乘凶将者；课体凶且传克干（有官职者不忌）或脱干者；三传递克又克干者；发用空亡或为日墓者；发用克干又乘凶将者；皆主灾祸。

以上吉凶祸福的判断，均以日上神将的刑克来决定事因。

贵人生干主贵人提挈，本身近贵荣华，日渐繁荣。贵人克干，受尊长叱责，事多缺陷，干谒无效。干克贵人，非惹事生非，即从贵处得利。

腾蛇生干，忧疑解散。克干发生人病、火灾、怪异惊恐事；干克腾蛇主脱力或虚惊。

朱雀生干，文书喜气。克干口舌是非。干克朱雀，财物到门。

六合生日，有婚姻成就之喜。六合克日，提防哭泣、不明之灾；干克六合，有进人之喜。

勾陈生日有田土进益。克日主因田屋争讼，干克勾陈主修造动工。

青龙生日，有财喜恩荣。克日主家内不安。干克青龙则有财喜。

天空生干，部下得力。克日遭部下暗算。干克天空主加工修筑。

白虎生干，精彩发达。克干孝服血灾；干克白虎反有横财。

太常生干，人送财帛。克干有孝服或口腹之疾；干克太常有酒宴之会。

玄武生干，虚实交错。克干主失盗防盗；干克玄武反有喜事来临。

太阴生干，主阴人助财。克干防僧道暗算；干克太阴，金银财宝自来。

天后生干，有婚姻之喜。克干夫妻不和，与妇人争斗；干克天后，喜事临门。

三传全财忧尊长，干上见官，尊长却喜。三传全印忧卑幼，干上见兄弟卑幼却吉。三传皆兄弟者忧妻财，干上见子孙者妻妾喜庆。三传全子孙者忧官禄，干上见财神者却官加禄增。三传全鬼者本身和兄弟皆忧，干上见父母者却本身和兄弟皆福。（按：此节即干上神化仇为喜之理。）

再看空亡。父母空尊长有不测。子孙空，子息有厄。妻财空，妻妾有灾。兄弟空，兄弟有祸。官鬼空，有位不利官禄，女测者不利丈夫。平常人得之，却主无灾。

兼看类神。六合受克，六合为小儿、兄弟不吉。天后为妻妾，受克则妻妾不吉等。同时结合所乘之神的旺衰、虚实及家人的行年上神决之，定能祸福无遗。

五、宅之吉凶。

支上神为太岁，月将乘吉将者；太岁乘贵人加支者；支上神生支者；支上神为生气乘青龙吉将者；支上神为支德或与天喜并者；支上神与干上神比和或三合、六合、德合且乘吉神者；支上神旺相或自旺者；三传旺相，发用乘吉将、支德，不克干者；发用为支之长生，乘吉将者；均主宅吉庆。

支上神休囚墓绝又乘凶将者；支上神虽作生气但克干者；支上神盗支、墓支、败支者；支上神空亡者；支上神与支刑冲破害者；三传休囚乘凶将，发用支德却空亡者；太岁乘白虎加支上者（有官职者反吉）；支上神克支者；三传尽为支鬼，或发用为支鬼，又生干者；皆主宅凶。

具体起因，仍以支上天将的美恶来判断兴替。

贵人加宅，主家道兴隆，生贵子。乘吉神贵人钦敬，乘凶神小口灾，多虚惊。

螣蛇加宅，主忧惊怪异，忧愁怪梦，火灾鬼祟，损害阴小。

朱雀加宅，主求亲作书，家中有人患眼疾，内外喧噪。若午酉占逢之，主妇女不和，有口舌诅咒之事。

六合加宅，主进人口，眷属入门，修造动作。戊己日占之，则有人送物，添丁进宝。

勾陈加宅，主屋宇毁坏，小口宿疾，又主伤风。三传见白虎，家有久患血病之妇。三传见朱雀，有争田产之讼。

青龙加宅，有财富之喜及骨肉娱乐之事，子孙富贵，屋宇光华。三传见六合主进人口，传见三合主积财宝。

天空加宅主人多忧，财多失散，下人不足，阴小多灾，家运逐渐衰退。

白虎加宅主病亡丧祸，三传见朱雀主官讼；三传见贵人主病疼，三传见勾陈、玄武，主小儿有病难治。

太常加宅，主宅常修饰，歌管欢呼，外家作主。女人占之会得到娘家的财物，库中丰满。三传见蛇、虎，须防孝服。

玄武加宅，主宅多失脱，盗贼逃亡，少妇坠胎，家长损，阴小灾，或有溺死之人作祟。

太阴加宅，主生贵女，异姓过房，财帛暗积。又主生小口，多福禄。如乘死囚，财帛受损，小口削弱，有老妇会病死。

天后加宅，也主生贵女。发用为太常，家有寡妇。发用螣蛇，多灾病。传见龙常主婚姻，传见玄武损阴小，传见六合多淫泆。

六、宅附近情况。

支左之神为左邻，支右之神为右邻，对冲之神为对门，视其神将善恶而分。如支为子，丑为左邻，亥为右邻，午为对门。神将吉则善，神将凶则恶。

又一法：将家长本命加在支神，以命上神来判断。本命上神为子午，宅内水火之物集中，有佛堂神龛。命上神为丑未，附近有粪料或冢墓。命上神为寅申，附近有水流或大马路。为卯，附近有造船厂或竹木堆积场所。为辰戌，附近有山林。为巳火，附近有城池或火炉。为酉金，附近有神灶、佛阁、江水。为亥水，附近有宫庭，或神佛之社，或墓石。

七、其他。

青龙乘子临辰巳，宅内井里有水。

传中巳火乘天空，宅灶须要修理。

支加干乘青龙，宅乃寄居。

天后、太阴临支，格成不备者，宅利阴人。

子午、丑未相加，且乘朱雀，兄弟不和而分居。

未加寅乘朱雀发用，家中必有佛堂神龛。

戌土又名天目，临宅屋下有死人或其他怪异之物。

宅上神脱宅，家多虚耗。宅上神为绝，家人会死亡；为长生家安。

支上神为干鬼，乘六合外人来家生淫私之事。

羊刃临宅，会有流血负伤之灾。

支上神为支墓，克支带死神，住宅下有死人，很不安宁。

支上神带墓和破碎，家运衰退；并灭门、大耗、小耗更甚。

支上神发用并死气、死符且刑支，家内有死人；带病符家内有治病之人，带官符家有官灾之忧。

劫杀、天鬼并白虎发用克支，家人会染传疾病。

玄武发用，并劫杀刑克害冲日干，三传有奸门、阴杀，家内会发生伤害妇女之事。

如果与人共居一宅，则以干为我，支为彼。上克下，对来居者不利；下克上，对我不利。下生上，有利于我；上生下，有利于彼。其性格则以日支上神所乘天将的吉凶判断。

八、例解。

例 1 丁丑年辛亥月辛丑日戌时卯将，某君占厂安否（辰巳空亡）。

时值日战时期，粹华卡片厂老板黄涤生，因闻闸北

玄	癸卯	妻财
雀	丙申	兄弟
虎	辛丑	父母

玄	雀	贵	龙
卯	申	午	亥
辛	卯	丑	午

陈	龙	空	虎
戌	亥	子	丑
合酉			寅常
雀申			卯玄
未	午	巳	辰
蛇	贵	后	阴

雀	辛巳	妻财
蛇	庚辰	官鬼
贵	己卯	子孙

玄	常	合	雀
子	亥	午	巳
癸	子	未	午

蛇	雀	合	陈
辰	巳	午	未
贵卯			申龙
后寅			酉空
丑	子	亥	戌
阴	玄	常	虎

房屋多成灰烬，占宝兴路总厂安否，得此课。断曰：无害，货物也不致损失。因支上神乘旬首，干上神为旬尾，名周而复始。且支上神乘贵人，又为支德且生支，支之阴神也乘青龙吉将，虽在烽烟炮火之中，也固若金汤，不致损失。后黄君派人前往察看，告说："该厂前后左右各家，或焚或炸，成为瓦砾一片，唯渠厂巍然独存，天数深不可测矣！"

例 2　戊辰年乙卯月癸未日子时亥将，戊戌命，某君卜家运（申酉空亡）。

君妻已有身孕，今年可生贵子。春天吉利，夏天是非口舌，其父母也不利。因巳火妻财发用，又为日之胎神，故知其妻怀孕。三传二阴一阳，末传卯木子孙乘贵，故知其为男孩，将来贤贵。干支上神子午相冲，巳火又乘朱雀，故夏巳午月有是非口舌、破财之事。申金父母乘青龙旬空，故知其父为官场中人，且今年七月不利。后果是。

例 3　己酉年丙子月丙寅日子时丑将，三十五岁乙亥命，某君卜家务（戌亥空亡）。

干支上神，皆为帝旺，且乘龙常吉将，君家昆仲必多，且财业不薄。可惜课名始入，卯木贼

虎	戊辰	子孙
空	己巳	兄弟
龙	庚午	兄弟

常	丁亥	兄弟
蛇	壬辰	官鬼
虎	丙戌	官鬼

龙	陈	常	虎
午	未	卯	辰
丙	午	寅	卯

常	常	蛇	蛇
亥	亥	辰	辰
壬	亥	辰	辰

| 龙 | 陈 | 合 | 雀 |
| 午 | 未 | 申 | 酉 |

空巳
虎辰　　　　　　戌蛇
　　　　　　　　亥贵

| 卯 | 寅 | 丑 | 子 |
| 常 | 玄 | 阴 | 后 |

| 雀 | 合 | 陈 | 龙 |
| 巳 | 午 | 未 | 申 |

蛇辰　　　　　　酉空
贵卯　　　　　　戌虎

| 寅 | 丑 | 子 | 亥 |
| 后 | 阴 | 玄 | 常 |

辰土发用，故自癸卯年到乙巳年，君家卑凌尊，幼犯长，以及忧丧动耗，纷至沓来，到丙午年方复振兴。今年太岁己酉，冲克支上神卯木，卯木为生我之神，故堂上见背。本命上乘子水天后，与干上午冲，妇人长舌，以致棠棣参商。目下月建又值子水，平地风波，势将决裂。喜其干之阴神未土，乘勾陈与干相合，故西南方有一陶冶亲戚可作调解之人，仍能言归于好。恐两年后太岁壬子，枝节横生，析产分居，在所不免。君为长而家独肥，不能使孀母弱弟心悦诚服，以致干戈不宁矣。其人默然而去。

例4　戊辰年癸酉月壬辰日辰时辰将，本命寅，行年辰，卜父最近运势（午未空亡）。

干支阴阳皆入支墓，其父行年也是辰土，作鬼墓乘蛇临宅上，占时又为辰土鬼墓，恐其父已因血光之灾而痛哭呻吟。幸干上神亥水为干禄旺相，命上神寅木可制辰鬼，死里逃生。戌月白虎冲开辰墓，虽有病疼，开始好转，冬天能平安保养。明年辰月须防伤痛加重。果其父不久前被车撞倒，正在治疗之中。

例5　戊辰年丙辰月己亥日子时戌将，癸巳命，行年丑，卜新宅吉凶（辰巳空亡）。

此宅有女

左盘：

```
龙  癸卯  官鬼
虎  辛丑  兄弟
玄  己亥  妻财

合  龙  后  蛇
巳  卯  酉  未
己  巳  亥  酉

龙    陈    合    雀
卯    辰    巳    午
空寅              未蛇
虎丑              申贵
子    亥    戌    酉
常    玄    阴    后
```

右盘：

```
合  空卯  兄弟
雀  空寅  兄弟
蛇  癸丑  妻财

合  雀  陈  合
卯  寅  辰  卯
乙  卯  巳  辰

陈    龙    空    虎
辰    巳    午    未
合卯              申常
雀寅              酉玄
丑    子    亥    戌
蛇    贵    后    阴
```

人相助，可得财利，小有官运。以前恐是神道坛之类。因课传纯阴，宅上阴阳二神又乘后蛇，阴气太重，只利女人不利男人。三传卯亥合缺未待用，本命上神乘青龙官星，行年上亥财乘玄武，所开店面多用女性，财源必如意。唯不可扩张，宜保守经营。青龙官鬼临年命发用，可惜不旺，只为公家一小官。后于庚午年倒会数千万，被辞职。

例6 己卯年丁卯月乙巳日亥时戌将，癸丑生人占家宅（寅卯空亡）。

卯木空禄临干，宅不容人。寅卯均为兄弟，传课不见父母，辰土勾陈临宅盗宅之气，必因兄弟相争，以致父母离居。后果是。

例7 十月二十五日庚子日未时寅将，占进屋（辰巳空亡）。

卯加申，课名斫轮，后必争竞。未乘天空加于宅上，与子相害，主有阴小相欺。行年乘酉，上缠罗网而加于寅，寅为绝地，末传腾蛇子孙亦临绝地，非佳宅。果验。

例8 未月辛卯日辰时午将，占家宅（午未空亡）。

巳为六阳极处，乘天后临宅，妻极淫荡。

合	戊戌	父母
常	空巳	官鬼
蛇	庚子	子孙

阴	合	空	后
卯	戌	未	寅
庚	卯	子	未

蛇	贵	后	阴
子	丑	寅	卯
雀亥			辰玄
合戌			巳常
酉	申	未	午
陈	龙	空	虎

后	癸巳	官鬼
蛇	空未	父母
合	乙酉	兄弟

空	常	后	蛇
子	寅	巳	未
辛	子	卯	巳

蛇	雀	合	陈
未	申	酉	戌
贵午			亥龙
后巳			子空
辰	卯	寅	丑
阴	玄	常	虎

日上子水盗气，又乘天空，主本身下部淋疾。兼子息作耗，又见宅上破碎，子为一阳之始，巳为六阳之终，始于干身而终于宅家。末传辛禄陷空，所以致败。

例9　丑月丙戌日申时子将，占家宅（午未空亡）。

干上神酉金与日支戌土相害，支上神寅木与日干寄宫巳火相害，干阴与支阴丑午相害，牛马自伤。午为妇人、为目，入日支之墓，主妇人失明。

```
雀  乙酉  妻财          空  乙丑  兄弟
阴  巳丑  子孙          常  空亥  妻财
空  癸巳  兄弟          阴  癸酉  子孙


雀  阴  玄  龙          陈  空  龙  虎
酉  丑  寅  午          卯  丑  寅  子
丙  酉  戌  寅          戊  卯  辰  寅


雀  蛇  贵  后          陈  合  雀  蛇
酉  戌  亥  子          卯  辰  巳  午
合申        丑阴        龙寅        未贵
陈未        寅玄        空丑        申后
午  巳  辰  卯          子  亥  戌  酉
龙  空  虎  常          虎  常  玄  阴
```

酉金发用，类神为婢。巳火末传乘天空，类神为仆，巳克酉乃仆人诓言谮婢。丑乘太阴为老妇，酉主血光，墓于丑是老妇血滞，遂成痨疾。丑为山，为田，酉金上乘朱雀，主山地有争。子为池塘，辰墓相加，池亦有争。俱验。

例10　戊申年六月戊辰日酉时未将，占家宅（戌亥空亡）。

干支戊辰皆土，丑土又加卯发用，卯为门，主有土塞东边门。干上得卯，支上得寅，寅卯入月建之墓，为死木，主壁外有两棺。末传酉加亥为败地，乘太阴为老妇，主以酒病死。丑亥酉名为极阴，唯传空可解，然亦主家道消索，果验。

坟　墓

【原文】以日为生人，辰为亡人阴地。辰生日，辰上神生日，大吉。辰克日，辰上神克日，大凶。若干支及上神相比和者，虽不荫人，亦不生灾。传生日者吉，日生传者凶。支墓加支，定主坟上安坟，全要上神旺相，必能发达。如休囚死绝，支破蛇虎加临，主子孙消耗无后。总以干为人，支为穴，青龙为龙，白虎为虎，朱雀为案，天后为水，元武为主山，以生旺有气为高，受克无气为低（如青龙所临地盘之位生龙，则青龙好，克龙则青龙不好）。吉神生气，主体势尊严，秀丽迭出；带凶神恶煞，主体势巉岩，形局凶猛；空亡主间断空缺，刑破主破碎崎岖。

初传主初代吉凶，中传主中代吉凶，末传主末代吉凶。丁马所值，主有动摇不安。又有以初传为来龙，中传为穴，末传为案。假如三传巳申亥，初传是巳，则来龙当是金局，须出水于丑。中传是申，阳日当是庚申落脉，阴日当是坤申落脉。末传是亥，旺则当作亥。巳乃回龙顾祖之格，衰则阳日当作壬丙，阴日当作乾巽，以旺则从本，衰则从左右也，空亡则不结穴。

【注解】巳酉丑合金局，故初传巳为金局。立穴水法是从生旺方收水纳水，巳为金长生之处，故为纳水之方。从墓方收水消水，丑为金墓，故为出水之处。落脉是指坐山朝向，如壬丙，即壬山丙向。

一、类神。

干为生人，支为墓，为死者。

二、坟墓吉凶。

发用生干者吉，干生发用者凶。

已葬之地，宜安稳不宜刑害。未葬之地，宜生旺，不宜破败。

以亥为天柱，寅为青龙，申为白虎，子为水，以玄武乘申为主山，所对之神为案山。课传中俱见，则数者俱全。课传有缺，则数不全。吉凶则视其上神判断，如寅为青龙，亥寅相加相生为吉，加酉相克则凶。

次以青龙为主，以日鬼之墓为墓，青龙与墓生合而无刑克者吉，逢刑克则凶。

看干支和课传，知其所荫。贵人顺治，传见四孟者荫长；贵人逆治，传见四仲者荫次；干支上见四季者，荫小。

看支上所乘神将，断其所应。乘丁马主迁移不定。乘蛇雀、空亡主怪异荡覆。乘六合、玄武作支鬼，主门户不洁。若乘吉将且旺相，上下不相克害，则人鬼安宁，富贵双全大吉。

三、葬后。

以发用五行来判断葬后吉凶。

木神发用，旺相乘吉将，子孙宽容仁惠，为州县之官。休囚乘凶将，子孙刚愎固执，为竹木之匠。

火神发用，旺相乘吉将，子孙亢爽信实，为文学之士。休囚乘凶将，子孙奸诈浮滑，为炉冶之工。

土神发用，旺相乘吉将，子孙敦厚忠良，为富家之翁。休囚乘凶将，子孙顽愚迟钝，为田舍之子。

水神发用，乘吉将且旺相，子孙聪慧智巧，为发明家、科学家。休囚乘凶将，子孙凶恶残暴，为屠狗宰猪之徒。

葬后以初传为第一代，中传为第二代，末传为第三代。均以所乘之神煞判断吉凶。若遇空亡，无生气，又无救神，即判其某代衰落或断绝。宜改迁别处，方可挽救。

四、占墓下何物。

视课传五行胜者来判断。金胜下有骸骨，瓦、铜、铁之类。木胜，下有棺椁。水胜，下有涌泉。火胜，下有破石孔穴。土胜则下无杂物，平坦安稳，至吉之穴。

五、例解。

例1 辛巳年庚寅月甲戌日戌时亥将，占孙大刚总镇南乡墓地风水（申酉空亡）。

辰土龙神发用（龙神：春辰、夏未、秋戌、冬丑），干支交车六合，三传进茹，支上及支阴乘太常及白虎吉将，是吉地正穴，主先出武职。青龙为日禄，白虎为印绶，中传子孙乘朱雀，遁辛官且见旺气，

合	庚辰	妻财
雀	辛巳	子孙
蛇	壬午	子孙

陈	合	常	虎
卯	辰	亥	子
甲	卯	戌	亥

```
蛇  贵  后  阴
午  未  申  酉
雀巳            戌玄
合辰            亥常
卯  寅  丑  子
陈  龙  空  虎
```

贵	庚午	官鬼
雀	戊辰	父母
陈	丙寅	妻财

阴	贵	蛇	合
申	午	巳	卯
辛	申	未	巳

```
合  雀  蛇  贵
卯  辰  巳  午
陈寅            未后
龙丑            申阴
子  亥  戌  酉
空  虎  常  玄
```

主中代长房出文官。财神主人丁，富贵俱全，福泽绵绵。（按：长房出文官者，巳火为孟神，主长房。上乘朱雀，为文章。）

例2 辛巳年庚子月辛未日辰时寅将，沈某占墓地风水（戌亥空亡）。

课成顾祖，必是回龙顾祖之局。螣蛇乘巳生支，又为干之长生，支之阴神也生下神，贵人作官星发用，中传父母乘朱雀，主文明，末传财神主财，丁秀俱全。勾陈乘寅作日财生官，长房中房最利，唯季房人丁不旺。（按：寅木孟神为长房，午火仲神为中房，辰土季神为季房。）

例3　戊申年壬戌月癸卯日寅时卯将占葬地（辰巳空亡）。

支干皆贵，此地甚佳。因丑为坟，即癸干之位，其墓在辰，遇空则为虚墓，对酉乘天空，也是虚坟。去此二者，方可以葬，后当发贵。且申酉为今日水母，对冲寅木，主水合星辰。巳又主双，上乘朱雀加辰，为双圆峰文章星也，生子当应举及第，后皆应。

蛇	空辰	官鬼
雀	空巳	妻财
合	甲午	妻财

后	贵	蛇	雀
寅	卯	辰	巳
癸	寅	卯	辰

合	陈	龙	空
午	未	申	酉
雀巳			戌虎
蛇辰			亥常
卯	寅	丑	子
贵	后	阴	玄

龙	空未	妻财
贵	戌子	父母
虎	癸巳	子孙

合	阴	阴	龙
酉	寅	寅	未
乙	酉	酉	寅

雀	蛇	贵	后
戌	亥	子	丑
合酉			寅阴
陈申			卯玄
未	午	巳	辰
龙	空	虎	常

例4　庚寅年壬午月乙酉日寅时未将，卜坟地风水（午未空亡）。

此地风水在西山，无真龙正穴。课虽成不备，也有好处，何也？因玄武为风水，乘卯加戌，是西北山冈。青龙为来龙乘未虽空，但逢进气。腾蛇为穴，加亥落空，喜乘旬丁，主穴活泼有情，故美中不足也有可取。贵人左旋逆行，属逆水之局。四课下神寅木对冲是申，申为对案，理合艮山坤向兼丑未分金（按：寅为艮，申为坤，丑亦为艮，未也为坤；但寅申显而丑未藏，故兼分金；风水中属于兼向局）。勾陈为明堂，阴阳二神为财官贵人。朱雀戌土遁丙临巳，是对案山出文明富贵，利于长房。但嫌子孙午火旬空，巳火临子受克，恐子息艰难。干之胎神在酉，阴神寅木生巳火子爻，辰年十一月主婢妾有妊（按：辰土与酉金胎神相合，辰土为奴婢、为妻妾，辰土临子，故云妻妾十一月生子）。玄武卯木遁干为辛，坟边有小径。辛克卯木兄弟，主兄弟有碍。恐龙虎空战，长季分房，人财不旺。天后、太阴为水口，腾蛇作罗城，喜与紧关包固。但初中二传龙贵逢空，第一二代虚名虚利。朱传巳火为支之长生，学堂阴神戌土乘朱雀为文明之神，则第三代长房、中房子孙必出科甲之贵。虎临巳火，阴神朱雀，主文兼武职。

婚　姻

【原文】青龙为男，天后为女。日为男，支为女；青龙旺相，则为佳男；天后旺相，则为佳女。青龙所乘神生后，或比合者，为男益女；天后所乘神生合龙者，为女助男。日生旺则男吉，辰生旺则女吉。日上乘天乙，则男贵；辰上乘太常，则女贵。日上与辰上生合，为男女相得。若龙后所乘之神，刑冲破害，或落空亡，或带孤寡乘恶将者，皆不吉。龙克后，日克辰者，男妨妇；后克龙，辰克日者，女妨夫。男占重辰上，女占重日上。男占重后，女占重龙。男占忌日财空亡，女占忌日官空亡，皆不成之兆（以日官为夫，日财为妻）。

六合者，媒也。所乘神要与龙合比和，而无刑冲破害。女之性情，看命上神。属水，吉主智慧，凶则轻盈诡诈。属火，吉主方直，凶则猛暴无终。属木，吉主仁慈，凶则执拗散乱。属金，吉主刚断，凶则好杀多欲。属土，吉则持重有信行，凶则愚顽自用。

若不知女子之年命，则以天后所临地盘之神断之。女之妍丑，看支上神。乘贵则贵重美好。乘蛇有病，面多红色。乘雀在巳午能文，在亥子面麻，在寅卯申酉发少，在四季雀子斑。乘六合娇好，乘勾陈粗短，乘龙美而清瘦，乘空肥而陋，乘虎丑而恶，乘常好而能饮，乘元黑而逸，乘太阴、天后俱美好。女子命上临魁罡者貌丑。日上乘天后，辰上乘六合，是未娶而先通也。课传循环三合六合，是因亲而致亲也。日临辰上，男就女家也。辰临日上，女就男家也。

课传所喜，三光、六仪、元胎、三阳、连茹；所忌，狡童、泆女、芜淫、八专，主奸淫。孤辰，寡宿主孤独。反吟、别责，不久。乱首，不孝。无禄，贫乏。

【注解】一、类神。

就五行言，克日干（我）之神的官鬼为夫星。因正官为司国、俸禄之神，丈夫的责任是为国办事，谋俸养家，故以官鬼为夫星。我克之神为妻财、为妻星。因妻能扶佐丈夫之气，管理夫薪，以理家务，故为妻星。

就干支言，干象天，属阳，在上，故为男。支属阴，象地，在下，故为女。

就天将言，青龙位东方太阳升起之方，属阳，故为夫神。天后居北方，属阴，故为妻神。六合有和合之美，故为媒人。

同时，贵人为己丑土，丑中有二十八宿中的牛宿，即牵牛星。子中有二十八宿中的女星，即织女星。子丑相合成土，可生万物，所以贵人神后也作类神。

二、神煞。

天喜：春在戌，夏在丑，秋在辰，冬在未。

天马：正月起午，二月在申，三月在戌，四月在子，五月在寅，六月在辰，七月在午，周而复始。

寡宿：春在丑、夏在辰、秋在未、冬在戌。

孤辰：春在巳、夏在申、秋在亥、冬在寅。

病符：岁后一辰，子年在亥，丑年在子等是。

金神：子年在酉，丑年在巳，寅年在丑，卯年在酉，辰年在丑，周而复始。

桃花：巳酉丑在午，申子辰在酉，亥卯未在子，寅午戌在卯。

羊刃：甲在卯，乙在辰，丙戊在午，丁己在未，庚在酉，辛在戌，壬在子，癸在丑。（按：此神以阳干为主，阴干可不论。）

隔离神：巳酉丑三合财局，或为财星发用临干者，以吉论。否则皆为隔离之神，主夫妻离散。

劫煞：（年月日同论）子在巳，丑在寅，寅在亥，卯在申，辰在巳，周而复始。

妍门：子月在寅，丑月在巳，寅月在申，卯月在亥，辰月在寅，周而复始。

飞廉、成神、谩语、大耗、小耗等见前。

三、占男女优劣。

青龙旺相者，男为佳儿。居死囚，夫不良。天后旺相者，女为佳妇，居死囚，妇不良。青龙的阴神上乘贵人，男为贵客（如庚申日申时卯将占，青龙乘申，阴神在丑，上乘丑贵是龙化贵），天后的阴神上乘太常，则女为贵妇（如丁酉日申时巳将占，天后乘子，阴神在卯，上乘太常，是后化常）。

日上阴神旺相，男家富。阴阳神比和相生则家庭和合。辰上阴神旺相，女家富。阴阳神相生比和则家庭和合。

若龙后所乘之神刑冲克害不相合，或落空亡见孤寡；或干支上神刑冲破害而不相合，落空亡，乘恶神者；则视其克害而断何方不吉。如龙乘神克后，或干上神克支上神者，为男克妻。天后所乘之神克龙或支上神克日者，则为损夫之妇。（按：青龙和神后二将，正处在互相对冲的位置，若依此论，世上岂有百年和合夫妻？故男占以妻财为主，女占以官鬼为主，龙后兼看。

至于损夫克妻，则要以官星、财星和夫妻本命行年上神合断，龙后之神克害，则不可拘泥。）

四、婚姻吉庆。

干上神与支上神比和，或与三传三合、六合、德合者成。

青龙天后所乘之神与干支上神无刑冲破害者成。（注意：男占婚重支上，女占婚重干上。）

六合所乘之神与龙后所乘之神比和而不刑冲破害者成。因六合为媒。（须注意：男占重天后，女占重青龙。）

青龙发用，六合乘寅卯者；子加丑发用，上乘太常者；三传比合相生乘吉将而无刑害空亡者；三传见成神，又乘龙合后者；皆婚姻能成就之象。因初传为男，中传为媒，末传为女，故宜相合相生。

五、婚姻破败。

干上神与支上神刑冲破害而不相合者，主破。青龙、六合、天后所乘之神与干支刑冲破害者，主破。

干支上下神相克，或干上神克支上神，支上神克干上神者，主破。

三传相刑，白虎、天空，空亡发用者；干生三传，后合不见者；男女行年上神刑冲破害相克者；课传不甚吉，魁罡辰土加寅申巳亥者；男占婚妻财空亡者；女占婚官鬼空亡者；皆婚姻不成之象。

交车相克，男女相背，意志不合。日干克天后所乘之神，女方不肯；天后所乘之神克干，男方不愿。日支克天后，男方不欲娶；天后克日支，女方不想嫁。支上神克干上神，女方有拒；干上神克支上神，男方当绝。

六、成婚应期。

远者，男以青龙的阴神为成年，女以天后的阴神为成年。近则以青龙、天后的阴神定月日。

若占结婚之日，大吉（丑）所临之支即婚期。

七、如何择妇。

1、女子性情。

主要以女子本命上神的五行和天将来判断。女子命上神属水，乘吉将，其女有智慧才能；乘凶将或下贼上者为散漫轻荡，淫荡诡诈之人。命上神为木，乘吉将，其女仁慈；乘凶将则固执散漫。命上神属火，乘吉将，为亢直端正之人；乘凶将则为凶暴，不知反省之人。命上神属金乘吉将，为刚直果断，重情义之人；乘凶将则为好淫欲，喜杀生之人。命上神属土乘吉将，为自重、笃行之人；乘凶将则为愚顽、自以为是之人。

女占婚以男命上神同论。

如果不知本命，男以青龙，女以天后所临地盘之神判断。

2. 女子邪正。

四课俱全，支上神旺相，三传为吉神良将者正。四课阴不备，传见六合乘亥卯未酉，与辰巳乘太阴者邪。

女子命上神为日之官星，乘贵人、太常、日德者正。女子命上神为子水，乘玄武并桃花者邪。

支上神为亥卯未酉，初传乘太阴者女不正。如果再见玄武、六合、丁神、天马为发用，淫奔不正。

女子占婚，男子同论，但为干上神。

3. 女子美丑。

以支上所乘之神将来判断，其法与本文论同。

如支上神和支成六害，必有残疾；残在何处，或面貌或四肢，则以类神决之，如亥为头，戌为足等。（按：详参疾病节类神）

大抵神后、天后入课且旺相者美。发用子加巳或加四季，或女子命上神见魁罡者丑。

女子占婚，则以干上所乘神将来判断，吉凶同论。

4. 能否生育。

六合与本命上神相生者有子。六合克本命上神者无子。（按：六合为子孙之类神。）

三传有子孙之神者有子。三传皆为父母之神者无子。

课传为四上克下，或四下克上者，名绝嗣、无禄、无子息。

子临命上神者，先女后男。午临命上神者，先男后女。

八、媒人。

六合是媒人的类神，中传也是媒人。中传入死囚之地，或乘天空，空亡者，媒人无力；虽好话说尽，但对方不信。中传旺相乘吉将者，婚姻可得媒人之力。

初传乘六合生日干，媒人要向男方多费心力；末传乘六合生日支，则要多向女方多费心力。

初传乘六合并天喜，但空亡者，虽媒人多美言对方不信。中传为死囚乘玄武，或六合为死囚者，虽有媒人帮助，其言却虚伪不实。

六合与青龙、天后相合，且无刑冲空亡者，说亲顺利。

六合加四孟，媒人有诚意。加四仲，男人作媒。

九、选择。

测婚时常常还会遇到这样的问题：即两个以上的人同时向女方或男方求婚，或同时爱上两个女孩或男人，以致无法选择，此时用此法：1. 先查出该女或该男居住的方位。2. 以月将加占时造成天地盘。3. 看天盘天后或青龙与其居地的生克来判断。相生、比和者吉，相克、空、墓、冲、害则凶。

例　戊月甲子日寅时卯将，一男有三女同时求婚，应择何女（戌亥空亡）？一女住申方，一女住午方，一女住辰方，据此造成天地盘如右：

龙	空	虎	常
午	未	申	酉

陈	巳		戌	玄
合	辰		亥	阴

	卯	寅	丑	子
	雀	蛇	贵	后

　　这个天地盘上是：天后子水居亥方。三女中住辰方者上神巳火乘勾陈，被天后克制。居午方者，上神未土乘天空，克制天后。居申方者，上神酉金太常，与天后相生，所以选择居申方之女为佳。

　　如果两神均与天后相生，则以天将吉凶决之。

　　如果两女住同一方向，则以女方本命上神决之。

　　十、入门吉凶。

　　妇人入门吉凶也以天后乘神生克判断。如果和日干长生之神相生，孝敬公婆（按：生日者为日之父母）。克干之长生者则伤残公婆，如壬癸日占，申金为长生，天后乘神是土为生，是火则为克等是。

　　天后乘神克干则克夫，克六合乘神则克子女。

　　十一、其他。

　　子加申，酉加寅，男有二妇。申加子，寅加戌，女有二夫。

　　巳亥相加发用，主两心不定。六合乘神克天后，主强横夺妻。闻嫁人之言，不知虚实，以六合所临之神判断：六合临孟为实，临仲正在准备，临季为虚。

　　传中天喜、德神与妻财、天后并者，主妻有内助之德；若与青龙官星并者，主女能嫁贵夫。

　　三传中酉乘丁神，或酉乘巳午，为入赘之婿。日干和日支上神为同一神，上下相生者，非童养媳即爹娘与其自小订婚。

　　初传巳戌相加，无论男女，皆二心不定。

　　卯酉为家庭，若乘六合、成神、天喜且发用，家中有结婚之喜；如带德神、生气，家中有妊娠之喜。

　　初传为日财，三传有六合、天后者，为正式婚配。若为淫女、淫佚，又带奸门，主婚前私通。

　　干上神发用生支，为男追女；支上神发用生干，为女追男。

发用和中末传见月将，当月就可以结婚。

三传中见白虎、螣蛇，主夫妻不和。若乘巳酉丑，则有生离死别之忧。

初传乘天后或六合与日干相生，主有恋爱之喜。若三传临绝神、胎神克日干，却主夫妻淫欲过度，中途多会分离。

天后、妻财入传带丁马、玄武、迷神，主有情夫，有与他人淫奔之兆。(迷惑：寅月起丑，卯月在戌，辰月在未，巳月在辰，午月在丑，依此循环。)

初传乘螣蛇，日干或日支带刑害，上乘咸池、奸门，妻有奸淫密事。

三传见财神，遁干为日鬼，婚后与妻有官讼之事。妻财之神为刑害，上乘朱雀者同。

初传六合，年命上神乘贵为成婚之象。若并谩语破亲之神，主暗中有人破坏婚姻。再带官符，因受人阻挠而起争执。

三传中有六合、天后，逢沐浴、桃花，自由恋爱，无须媒人。

干支上神与三传成三合、六合，但合中有空亡、奸门、桃花和阻隔之神时，多为单相思。

支上神带玄武成六合、三合局，附奸门、桃花、飞廉，无刑冲破害者，妇人多养年轻男子。

三传辰戌，上乘玄武，带劫杀、金神，更附咸池、奸门，因遭恶汉而失贞操；但有三合、六合则为和奸。

初传为子亥水神，并桃花、奸门；干支上神又见桃花，奸门更为羊刃、劫杀，上下内外均有色情之事，且后必有灾。

初传午酉，上乘太阴、天后并奸门、羊刃，主因色情起杀人恶意。三传相合克干，因色杀夫。二阳一阴不备格，带刑害，因妒杀女。二阴一阳不备格，带刑害者，因奸杀夫。

乙卯、乙酉、己卯、己酉、辛卯、辛酉、戊子、戊午、壬子、壬午名九丑日；占断逢之，三传乘太阴、天后、带咸池、奸门，支合，虽为美人，但淫乱不正。

初传天后，三传白虎乘申酉为恶夫。刑冲克害日干时，其妇害夫；与支刑冲克害时，主杀家人；与四课三传中刑冲克害主杀他人。

支上神为破碎、大耗、小耗，主家中被女人所害；以神将来判断是争讼、奸私、盗难等事。

初传乘天后克干，又带咸池、奸门、病符，因色染病。

初传乘太阴，带咸池、天喜、德神，且与干相生，主与僧尼暗通款曲。

初传为亥卯未酉乘太阴，非再嫁之妇，亦非处女。

干克支上神，支克干上神，主夫妇不和。若课为不备，淫佚时，夫妻各有外情。年命上神互为冲战者同论。

（按：此节参自阿部泰山《六壬神课细密鉴定及秘传》。）

十二、例解。

例1 丁丑年壬寅月丁酉日戌时亥将，名妓可卿占从良。

名妓可卿拟从良，苦无适

左盘

阴 己亥 官鬼		
玄 庚子 官鬼		
常 辛丑 子孙		

蛇	贵	后	阴
申	酉	戌	亥
丁	申	酉	戌

合	雀	蛇	贵
午	未	申	酉
陈巳			戌后
龙辰			亥阴
卯	寅	丑	子
空	虎	常	玄

右盘

阴 辛酉 兄弟		
贵 己未 父母		
贵 己未 父母		

贵	蛇	贵	蛇
未	午	未	午
庚	未	申	未

合	雀	蛇	贵
辰	巳	午	未
陈卯			申后
龙寅			酉阴
丑	子	亥	戌
空	虎	常	玄

从，特来占卜，得此课。当即断曰：马上可得情人，且当远方，唯
为续弦。不数日，可卿果与孙某结识，一见倾心，即定姻缘。因孙
为江西人，故可卿与孙某同归故里。这是因为三传进茹，婚姻必速。
驿马发用，必有远行。支上神戌土为日干之墓，上乘天后，天后为
妻之类神，天后入墓，故断前妻亡故，必为继室。（按：女子求婚，
以官鬼为夫星类神，今三传亥子丑会北方，夫星有力，故婚成。）

例2　戊辰年甲寅月庚申日子时亥将，本命甲辰，行年戊申，
陈小姐卜与男友感情（子丑空亡）。（图见第458面右图）

感情不错，已有过亲密接触，且男友大专学历，明年可望结
婚。因干支上神俱比且乘吉将，又受上神所生及交车互生，主感
情良好。三传吉利，中末传贵人父母生干支，双方家长赞成。本
命上神乘财神，行年上神为未贵，年命皆吉。辰土六合临巳，故
知明年当婚。

例3 戊辰
年庚申月辛丑
日未时午将，
林女士卜丈夫
与外遇女人何
时分手（辰巳
空亡）。

三传退茹，
桃花重重。初
传桃花乘太阴，
中传亥水乘玄
武又为日之沐
浴，主其夫和
外遇尚未分开。

阴	庚子	子孙
玄	己亥	子孙
常	戊戌	父母

虎	空	阴	玄
酉	申	子	亥
辛	酉	丑	子

雀	合	陈	龙
辰	巳	午	未
蛇卯			申空
贵寅			酉虎
丑	子	亥	戌
后	阴	玄	常

后	戊寅	兄弟
虎	壬午	子孙
合	甲戌	妻财

虎	合	后	虎
午	戌	寅	午
甲	午	戌	寅

陈	合	雀	蛇
酉	戌	亥	子
龙申			丑贵
空未			寅后
午	巳	辰	卯
虎	常	玄	阴

干生支上神，支生干上神，且干上神又生支上神，主其夫对外遇非常迷恋，秋天会更密切，今年恐难分开。但子酉均系自刑且相破，日前两人已有摩擦，林女士宜努力挽回丈夫心意。明年春夏，财官旺相，夫妇会重新合好。

例4　五月甲戌日卯时未将，一妇占婚（申酉空亡）。（图见第459面右图）

妇人占婚课得不备，两夫之象。青龙为正夫，乘申金克之又空亡，必逃亡而去。青龙的阴神子水为偏夫乘蛇，子孙的阴神辰土乘玄，此妇已入群盗之中。中传午火为媒，上见戌土为奴仆类神。干支在传，是邻近当有邻仆做媒。炎上为夏旺，为新事，当再嫁。发用天后与日相生，三传交合，婚姻事必成功。

例5　辛丑年甲午月甲寅日亥时未将，陶某占婚，男行年巳，女行年申（子丑空亡）。

用神和干支合成火局，盗泄干支之气。三传逆合，事有不顺。干支交车互克上神，合解离课。初传戌财坐寅乘六合木将受夹克。支干阴神

左图

合	壬戌	妻财
后	戊午	子孙
虎	甲寅	兄弟

合	后	合	后
戌	午	戌	午
甲	戌	寅	戌

```
 空   虎   常   玄
 丑   寅   卯   辰
龙子             巳阴
陈亥             午后
 戌   酉   申   未
 合   雀   蛇   贵
```

右图

后	壬申	子孙
玄	空戌	兄弟
虎	甲子	妻财

贵	阴	蛇	后
未	酉	午	申
戌	未	辰	午

```
 贵   后   阴   玄
 未   申   酉   戌
蛇午             亥常
雀巳             子虎
 辰   卯   寅   丑
 合   陈   龙   空
```

均为自刑，其中必有人阻隔。且男女行年不仅刑中带合，女行年申又坐空亡，其婚难成。后果未成。

例6 戊辰年乙卯月戊辰日酉时亥将，乙未命，杨小姐测婚（戌亥空亡）。（图见第460面右图）

未贵临干，支上午火合未生干，该女学历较高，且服务于公职。寅木青龙旺相，阴神辰土六合为太岁，对方学历也高，家世不错。干支上神相合生干，其父母也愿成其婚事。唯三传中末空陷，初传申金盗气，命上酉金也盗气且均克青龙，恐女方不愿意，难成夫妻，果是。

例7 戊辰年乙卯月癸未日卯时戌将，己酉本命，辛丑行年，周小姐卜与男友感情（申酉空亡）。

没有结果，宜速斩断情丝，以免痛苦。因卯木子孙发用，坐空格成铸印破模，主事有始无终，此其一。干支交互脱气，此其二。干支和干支上神相冲，干支阴阳又助冲，彼此定有不和，且越来越不合，此其三。本命空亡，行年上

雀	己卯	子孙		贵	己卯	子孙
虎	甲戌	官鬼		龙	甲戌	官鬼
贵	辛巳	妻财		阴	辛巳	妻财

玄	雀	合	常		虎	贵	蛇	空
申	卯	寅	酉		申	卯	寅	酉
癸	申	未	寅		癸	申	未	寅

龙	陈	合	雀		合	雀	蛇	贵
子	丑	寅	卯		子	丑	寅	卯
空亥			辰蛇		陈亥			辰后
虎戌			巳贵		龙戌			巳阴
酉	申	未	午		酉	申	未	午
常	玄	阴	后		空	虎	常	玄

神旬空，此其四。故断无结果，果验。

例8 戊辰年丁巳月癸未日丑时申将，甲午命，戴君卜男女感情（申酉空亡）。（图见第461面右图）

支上神乘腾蛇，天后的阴神乘勾陈，女友个性不好，家世不佳，两人终将分手。因初传坐空，课逢铸印破模，占婚不吉。虽乘吉将，但贵人逆行，且干上神与支上神，干支阴神俱冲。本命上神官鬼乘凶将，但干生支上神，支生干上神，目前正在迷恋时期，终归要分手。后果如所断。

例9 戊辰年己未月丙子日申时未将，庚子命，甲午行年，钟君卜与北部女友感情如何（申酉空亡）。

此课初看三传皆财（按：戌酉申为西方一气，故云戌亦财），龙临干上，似乎婚姻吉庆。可惜辰土覆干盗气，支上神为官鬼克干，干上反克支上，三传退茹。中末传妻财空亡，主女有意而男无心。支上亥水乘太阴休囚，其女虽貌美，但身材略胖，很会缠人。因钟君无意，事终难成。

后	甲戌	子孙
贵	空酉	妻财
蛇	空申	妻财

龙	空	阴	后
辰	卯	亥	戌
丙	辰	子	亥

龙	陈	合	雀
辰	巳	午	未
空卯			申蛇
虎寅			酉贵
丑	子	亥	戌
常	玄	阴	后

阴	辛未	官鬼
后	庚午	妻财
贵	己巳	妻财

龙	空	玄	阴
子	亥	申	未
癸	子	酉	申

蛇	贵	后	阴
辰	巳	午	未
雀卯			申玄
合寅			酉常
丑	子	亥	戌
陈	龙	空	虎

后果分手。

例10　丙子年庚子月癸酉日卯时寅将，李某测婚姻（戌亥空亡）。（图见第462面右图）

其婚必成，但成后有讼。因干上神子丑相合（按：癸寄丑官），其婚必成。支生干，支上神生干神上神，其女尤深有眷恋之意。君命戌午，女命己未，亦相合，果为良缘。末传巳财，遁己干鬼，中末传财又生鬼，必因妻构讼。娶后月余，被一陈姓所讼。因其父母已将此女许亲于陈，但伊人独倾心李君，后稍破财结案。

例11　庚戌年丙戌月乙丑日午时卯将，丙戌命，卜婚（戌亥空亡）。

贵人顺行，天后临命，君已于二十三岁丁未年完婚。今又有新欢，既羡其色，又爱其财，欲谋为妻，而彼则要求离异原配，故而占之。因丑支就干，上乘青龙且为日财，故新欢有姿色，但品行不端。丑临干发用，和末传

龙	乙丑	妻财
雀	空戌	妻财
后	辛未	妻财

龙	雀	雀	后
丑	戌	戌	未
乙	丑	丑	戌

```
空   虎   常   玄
寅   卯   辰   巳
龙丑              午阴
陈子              未后
亥   戌   酉   申
合   雀   蛇   贵
```

玄	己卯	妻财
雀	空申	兄弟
虎	丁丑	父母

玄	雀	陈	玄
卯	申	戌	卯
辛	卯	巳	戌

```
陈   龙   空   虎
戌   亥   子   丑
合酉              寅常
雀申              卯玄
未   午   巳   辰
蛇   贵   后   阴
```

天后相冲，故不容原配。及至丑冲未以其难以存在，丑之阴神又忽变空亡。该女水性杨花，必舍乙木而他适。时届九秋，乙木秋死囚，实力本不足，虽欲制止，也无能力，故实乃弄巧成拙之举。该人闻此语，忸怩不安，点头自去。

例12 戊申年甲子月辛巳日酉时寅将占妻（申酉空亡）。

日干寄宫戌土加支上，夫就妻之象。卯木妻财虽然发用，一则下坐辛金受克，二则阴神申金临卯克卯，卯上神旬空，目下即主丧妻，当有再娶之事。后皆验。

产　孕

【原文】以日为子，以支为母。三传俱克日难养，俱克支损母，破今日之胎神为生期。又以子息长生之日生，又以五行养处生，又以白虎所临之日生最验。诸占以白虎为凶神，唯产取虎为血神。若出现发用，主产期速，或当日生。辰上生日上，顺而易产，日上生辰上，逆而难产。传顺贵顺头先出，传逆贵逆足先生。伏吟无丁马，将俱凶恶，临产不出。以妇行年上神，为受孕之月。如得小吉，为六月受胎之类。

日上神属阳为男，属阴为女。又子孙属阳为男，属阴为女。又三传阴包阳为男，阳包阴为女。干支交车主双生。遇阴阳不备，昂星虎视，必日月不足。占孕要看生气，占产要见空亡脱气，不要见三六合及四生之类，谓之子恋母腹，生时反有可患。若传旺相而长生遇脱气，皆不劳而生，子母均安。天后为母，六合为子，二神不可临于凶处。产以正时为命，伤时则子母俱凶。胎神临绝受克，当日即生。纯阴课占产不吉。

【注解】一、类神。

五行中我生之神为子息，即子孙。干为子息，支为产母。

天将中天后为母，六合为子息。

二、神煞。

胎神：甲在酉，乙在申，丙戊在子，丁己在亥，庚在卯，辛在寅，壬在午，癸在巳。（按：也有阴干从阳干论者。）

生气：寅月在子，卯月在丑，辰月在寅，巳月在卯，午月在辰，依此类推。

月厌：寅月在戌，卯月在酉，辰月在申，巳月在未，午月在午，依此逆推。

血忌：寅月丑，卯月未，辰月寅，巳月申，午月卯，未月酉，申月辰，酉月戌，戌月巳，亥月亥，子月午，丑月子。

血支：正月在丑，卯月在寅，辰月在卯，巳月在辰，午月在巳，依此类推。

死气：正月在午，卯月在未，辰月在申，巳月在酉，午月在戌，依此类推。

死符、天鬼，见前。

三、占孕有无。

干支上神旺相相合，三传旺相而发用为子孙者，主有妊娠之喜。白虎、天后、六合入传且加干支者，主有妊娠之喜。

辰戌发用，上乘天后、六合者有孕。胎神乘生气发用，临干支年命者有孕。

夫妇行年上神为三合、六合、德合，更值天月二德与生气者有孕。

夫妇行年上神见子孙之神，无上下空亡、六害者有孕。

太乙巳临妇人的行年上，乘六合者主有孕。

四课干支上神刑冲，三传休囚空亡，不见子孙之神者无孕。

课格无禄，绝嗣者无孕。

三传丑亥酉者无孕。（极阴之故）

夫妇行年上神相害，乘恶杀而不见子孙之神者无孕。

发用为寅未相加，乘虎蛇作日鬼或天鬼，临支克日者；天后乘辰加于干支者；子孙之神乘玄武、天空者；三传克日者；主孕虽有而终坠。

子孙之神乘死气空亡，玄胎课乘玄虎蛇者，主怀孕流产。

巳亥日反吟，子孙又乘勾陈，虽非空亡、六害，孕也易动。

四、占孕男女。

测男女之法甚多，但以理而推，其谬也甚多，如胎神乘月将为男，乘月建为女等，就甚无理。再如本文"干上神属阳为男，属阴为女"，"子孙之神属阳为男，属阴为女"，如果干上神属阳，子孙发用为阴，该如何判断等，皆相互矛盾。唯以孕妇行年上神判断较合课理。

孕妇行年上神为阳者孕男，为阴者孕女。

三传中二阴一阳为男，二阳一阴为女。

课传纯阴，阴极者阳生，为男；课传纯阳，阳极者阴生，为女。

课传并见贵合龙常吉将，三传生日者；干支上下相生，旺相又得吉神良将者；太岁与干支入传相生者；青龙加占时发用者；生下不论男女，皆贤良。

课传并见空勾玄虎者；干生三传者；干支上下刑冲破害又乘凶神恶将者；太岁与干支不入传，或入传不相睦却相刑者；白虎加占时发用者；不论生下男女皆不肖。

五、占孕产期。

干上神脱支上神，或三传脱支者；三传逢空亡及传退者；发用子加戌，传内白虎乘子孙之神者；干支入传而支脱干者；天空乘干，干生三传者；青龙乘酉冲动者；均主生产速而易。

胎神旬空受克，占产当日就生。

生气作月厌，占产必速。

胎神临日干，占产本日必生，如六庚日卯加庚等是。

干上神合支上神，或三传合支者；三传逢三合、六合或传进者；勾陈乘子孙之神者；干入传而支合干者；课传循环而不见刑冲空脱者；则生期缓且难。

月期：以发用的三合为月定期。如发用为亥，卯未则为诞生之月。

日期：以发用的刑冲为日定期。如发用为子，刑卯冲午，主卯午日生。

时辰：以发用之后一辰为期。如发用为子，则亥时生。如果天空、白虎乘日干，脱神发用，或今天之支脱今日之干，无一羁绊者，主当日生；其生时则以当天日干的长生断。如甲在亥，丙在寅之类，阴干从阳干长生断。

六、吉凶。

干支上神各旺相相生，乘龙、合、贵等吉将者；干上神不相克害者；三传递生且不乘恶将者；妇人行年上神旺相，末传乘吉将，干支上神也吉者；皆为吉象。

干上神克支上神者；六合乘神克天后乘神者；墓神覆支而不见刑冲者；三传克支，蛇虎入传，支乘死囚者；均主伤母。

支上神克干上神者；天后乘神克六合乘神者；墓神覆干不见刑冲者；三传克日，蛇虎入传，而干乘死囚者；主伤子。

干支交车互克，后合相刑，干支上下，四课三传无一吉将者，母子俱伤。

伏吟课无丁马、驿马，且三传乘凶将者，产难或产厄。

占时受伤，母子均难避灾厄。胎神无气且逢刑、冲、破、害，则胎不保。

产育遇纯阴格最不利。支上神乘玄武，生儿会病。庚辛日白虎乘子或支上神为卯乘天空，或卯加辰，婴儿残废或缺唇。

（按：卯为兔，庚申日受克，故缺唇故。）

辰加孕妇行年为鬼杀发用，生下婴儿会死亡。螣蛇加支，母亲产后多厄。

七、类集。

三传俱旺，末传乘后或课成不备而日脱者，不足月而生。

空亡发用，传归实地，或阳日昂星，或伏吟无丁马者，过月方生。

亥为头，戌为足。传顺贵顺或戌加亥者为顺生。传逆贵逆或亥加戌者主逆生。伏吟不动，干支刑克，神将俱内战者，逆而不生。

课体伏吟，玄武加辰者，婴儿残废。

日之胎神，为日之妻财加干，又逢月内生气，占妻必怀孕。支之胎神作月内生气者尤验。

甲乙日胎神在酉，十月占为婢妾怀孕。丙丁日胎神在子，正月占亦同。

死气带月厌加母行年，占产必凶，如三月占，申加母行年是。

六合是子孙类神，三月占加申，四月占加酉，是死气克六合，忧子凶。

天后为母之类神，二月占加未，五月占加戌，八月占加丑，十一月占加辰，是死气克天后，产期忧母。

支加干，干加支，互相相生为子恋母腹，占孕吉，占产迟缓。

丙丁戊己四日胎神在子，养神在丑，正月占血支，血忌皆在丑，名养神克胎神，占产速，占孕有损。十二月占亦同。母行年上神克胎神，纵为生产亦小产。此法极验。

胎坐长生，如丙丁戊己日子加申等，占孕吉，占产反凶。

腹（丑）加胎神，如甲子日丑加酉等占来意，妻必怀孕。

天盘丑旬空名腹空，占产速，占孕必损。

胎神带死气，产必损子。

辰戌发用并逢丧吊，乘阴后又带生气喜神，主在服丧中结婚生子。

贵人乘子午卯酉，加寅申巳亥，与壬戌日伏吟乘天空者，主双生。孕妇行年上神乘天后，命上神见神后子，也是双胎。初传巳亥相叠，甲乙日蛇乘巳，戊己日虎乘申，庚辛日玄乘亥，壬癸日龙乘寅，均为双胎。

八、例解。

例1　戊辰年乙卯月癸亥日子时亥将，丙申命，陈先生卜子息（子丑空亡）。

已有三女，求儿较难，如行善事，已未年可生一男。因三传二阳一阴，父母旺相且逆退，求男渺茫。所生皆女者，因木是癸水子息，数三，胎神巳火亦阴，故断其有三女。子孙的类神六合乘午临未，故断其己未年可得一子，后果于己未年正月生下一个儿子。应正月者，与支亥水相合故。

虎	壬戌	官鬼
空	辛酉	父母
龙	庚申	父母

玄	常	虎	空
子	亥	戌	酉
癸	子	亥	戌

例2　戊辰年丙辰月癸巳日申时戌将，陈君卜妻怀孕是男是女，妻命己亥，行年辛卯（午未空亡）。

三传未亥合缺卯木，干上神凑合成局。妻行年卯为子孙，上神巳火为胎神，子息胎神皆阴，故断生女。日支为巳，三合之期在酉，且酉冲卯木子息，上神亥水旬空，故断产期为八

蛇	雀	合	陈
辰	巳	午	未
贵卯			申龙
后寅			酉空
丑	子	亥	戌
阴	玄	常	虎

月。干支上神卯未三合，合后相生，生产顺利，果是。

例3 戊辰年癸酉月辛卯日申时辰将，癸巳命，卜所生男女。

虽亥水子孙乘六合，子孙类神显于未传，可惜初中空陷，三传合空。胎神木皆空陷，求子很

雀	空未	官鬼		虎	空未	父母
陈	乙酉	父母		后	辛卯	妻财
空	丁亥	兄弟		合	丁亥	子孙

阴	贵	雀	陈		常	贵	合	虎
卯	巳	未	酉		午	寅	亥	未
癸	卯	巳	未		辛	午	卯	亥

雀	合	陈	龙		蛇	贵	后	阴
未	申	酉	戌		丑	寅	卯	辰
蛇午巳			亥空		雀子			巳玄
贵巳			子虎		合亥			午常
辰	卯	寅	丑		戌	酉	申	未
后	阴	玄	常		陈	龙	空	虎

难。亥水属阴，本命、行年上皆阴神，恐所生皆女。果某所生三胎皆女。

例4 戊辰年甲寅月己未日未时亥将，庚子命，卜妻怀孕是女还是男（子丑空亡）。（图见第471面左图）

生女，且过时而生。因妻行年丁未，上乘胎神亥水为阴，三传又下贼上发用，六合酉金也是阴神，故断生女。课传均三合局，必晚产，当于酉月或酉日临盆。后果酉月酉日产一女。因六合乘酉，酉上神丑为腹旬空，故酉月酉日产。

例5 辛巳年己亥月壬辰日巳时卯将，行年丑，占六甲（午未空亡）。（图见第471面右图）

此课寅木子孙乘六合发用，子孙类神旺相，胎神午火为阳，

故主生男。三传三合缺午，名虚一待用，故断午月产。干支交车六合，怀胎平安。干上神上下相生，产亦顺利。唯嫌行年上神亥水克空亡午火之胎神，恐生而难育。果年余而夭。（按：寅木子孙发用，遁庚暗父克子，亦为夭兆。）

蛇	癸亥	妻财
玄	乙卯	官鬼
龙	己未	兄弟

蛇	玄	蛇	玄
亥	卯	亥	卯
己	亥	未	亥

合	雀	蛇	贵
酉	戌	亥	子
陈申			丑后
龙未			寅阴
午	巳	辰	卯
空	虎	常	玄

合	庚寅	子孙
龙	戊子	兄弟
虎	丙戌	官鬼

常	阴	合	龙
酉	未	寅	子
壬	酉	辰	寅

雀	蛇	贵	后
卯	辰	巳	午
合寅			未阴
陈丑			申玄
子	亥	戌	酉
龙	空	虎	常

例6　戊辰年癸酉月辛卯日寅时辰将，己亥命，徐女卜子息（午未空亡）。

末传酉金上乘六合为类神坐空，三传不见子孙之神，虽结婚多年，应无生育。支上巳火克干发用，徐女身体不好。命上神丑土克干上神子水，今年怀孕无望。干支上神均脱干支，主人宅不安。但干上神子水旺相，徐女并非不育之人。腾蛇为支之阴神且入传，主宅有问题。徐女说："经医院检查，夫妇都很正常，故来占卜问路。"

例7　庚辰年丙戌月甲子日寅时辰将，本命午，行年戌，吴君占子息（戌亥空亡）。

当产男儿，主十月辰日生，但恐不养。因子孙午火，六合辰土均阳神，故主生男。甲以亥水为长生，亥为十月建，故知为十月产。本命午上申金，行年戌上子水和干上辰土三合子息类神，且辰上又乘午火子孙

后	癸巳	官鬼
蛇	空未	父母
合	乙酉	兄弟

合	戊辰	妻财
龙	庚午	子孙
虎	壬申	官鬼

空	常	后	蛇
子	寅	巳	未
辛	子	卯	巳

合	龙	蛇	合
辰	午	寅	辰
甲	辰	子	寅

蛇	雀	合	陈
未	申	酉	戌
贵午			亥龙
后巳			子空
辰	卯	寅	丑
阴	玄	常	虎

空	虎	常	玄
未	申	酉	戌
龙午			亥阴
陈巳			子后
辰	卯	寅	丑
合	雀	蛇	贵

之神，故知为辰日。所忌者，辰土六合坐寅发用，一被夹克，二为死气，再加行年空亡，恐生难养。果亥月辰日生，仅二载即殇。

例8　丁丑年四月乙酉日酉时酉将占六甲（午未空亡）。

产必双胎，一男一女，然男必生，女必死。因酉为日之胎鬼，又为死气，为偏房或婢室之孕。但末传卯木为支之胎神，又为月中生气。中传酉为少阴、为女；末传卯震为长男。其男子生者，胎神为生气；女子死者，日鬼为死气故。（按：双胎者，中传酉为干之胎神，末传卯为支之胎神。）

例9　丁丑年十月癸丑日酉时卯将，占东宫田妃六甲（寅卯空亡）。

孕生男，虽生难养，应在卯年。因课传纯阴，阴极阳生，故孕生男。但课传中九土克一水，必不能养。巳火胎神坐亥乘玄受夹克，此追魂之煞。卯为子，寅为东官，受酉金金煞冲克，是以知卯年不养。未几，田妃生皇六子，卯年殇。

例10　二月丁亥日亥时戌将占产（午未空亡）。

占时与日支相比，戌土用神克下，当生男。亥为头，戌为足，戌加

```
陈  壬辰  妻财        常  丁未  官鬼
玄  乙酉  官鬼        雀  癸丑  官鬼
合  辛卯  兄弟        常  丁未  官鬼

陈  陈  玄  玄        常  雀  常  雀
辰  辰  酉  酉        未  丑  未  丑
乙  辰  酉  酉        癸  未  丑  未

龙  空  虎  常        陈  合  雀  蛇
巳  午  未  申        亥  子  丑  寅
陈辰          酉 玄   龙戌          卯 贵
合卯          戌 阴   空酉          辰 后
寅  丑  子  亥        申  未  午  巳
雀  蛇  贵  后        虎  常  玄  阴


后  丙戌  子孙        贵  丁酉  妻财
贵  乙酉  妻财        阴  己亥  官鬼
蛇  甲申  妻财        常  辛丑  子孙

合  陈  后  贵        贵  阴  阴  常
午  巳  戌  酉        酉  亥  亥  丑
丁  午  亥  戌        丁  酉  酉  亥

龙  陈  合  雀        雀  蛇  贵  后
辰  巳  午  未        未  申  酉  戌
空卯          申 蛇   合午          亥 阴
虎寅          酉 贵   陈巳          子 玄
丑  子  亥  戌        辰  卯  寅  丑
常  玄  阴  后        龙  空  虎  常
```

亥，恐有倒生之象。末传申金螣蛇，与卯上寅木白虎对冲，白虎为血神，又为血忌，寅木临卯，卯日当生。果然。

例 11 十月丁酉日子时寅将占继子（辰巳空亡）。

酉金为宅，遁干为丁，丁马主动。且酉为丁干之妻，亥为酉金之子，其妻已经生子，岂能怜惜继子。幸一老妇人抚之，老妇人死，此子当去，果验。

疾　病

【原文】以日为人，辰为病。日上克辰吉，辰上克日凶。如四课日辰俱墓，传用复墓而无刑冲者；白虎乘死神死气，克日而无救解者；白虎临辰克日，或辰作白虎克日者；年命俱墓，复乘死气者；恶煞死气填满课传，而内有克日者；青龙乘日马，与元武乘浴盆煞加命上者（浴盆煞，即四时季神）；日德日禄发用，及加年命而俱值空亡者；为人占病而类神空亡者；此皆凶占也。

如年命入墓，而四课中有生气者；三传俱绝，而年命上有气者；课传俱凶，而类神在生旺乡者；课传虽填恶煞，而不来伤日者；白虎乘神克日干，而干上神反克白虎者；白虎乘神克日之支与支之上神者；白虎乘神生日，或日生白虎乘神，与白虎作日之德神者；白虎虽作墓，而加午上者（加午为白虎烧身，乘水神临干反凶）；白虎克日，而虎之阴神能制虎者；日德日禄发用，而不空亡者；此皆吉占也。

死期以日干之绝神定（如木绝在申之类），愈期以日干之子孙定。以辰上神为所受之病症。如亥子水也，属肾；巳午火属心；寅卯木属肝；申酉金属肺；辰戌丑未土属脾胃。又子，膀胱也；巳亥，头目也；寅申，手足也；辰戌，顶门也；丑未，肩背耳也；卯，大小肠也；午，营卫也；酉，肺与肝胆也。如辰上神见子，伤风肾竭，天后乘之，男主精竭，女主血竭。见亥，颠斜头风，元武乘之，眼目流泪。见戌，腹痛脾泄，天空乘之，行步艰难。见酉，喘咳劳伤，太阴乘之，发肺伤脾。见申，男唇破，女孕危，白虎乘之，疮疼骨痛。见未，伤食、翻胃吐逆，太常乘之，气噎劳疲。见午，心痛目昏，朱雀乘之，伤风下痢。见巳，齿痛呕血，螣蛇乘之，头白疮肿。见辰，遗漏风瘫，勾陈乘之，咽喉肿痛。见卯，胸肋多风，六合乘之，骨肉疼痛。见寅，目痛腹疼，青龙乘之，肝胆胃疾。见丑，气促伤残，天乙乘之，腰腿痿痹。

自巳至戌，白虎乘之，病在表。自辰至亥，白虎乘之，病在里。男以天罡加行年上，功曹下，是医神（如寅加子，医在正北方）。女以天魁加行年上，传送下，是医神（如申加午，在正南方）。医神能克支，能制虎之乘神则善。医神属木土者宜丸散。属水者宜汤饮。属火者宜灸。属金者宜针砭。

【注解】 一、类神。

干为人，支为病，白虎为病神。

十二支专属：亥子属肾，巳午属心，寅卯属肝，申酉属肺，辰戌丑未属脾。

十二支变通：亥子膀胱，巳午头面，寅申手足，辰戌顶门，丑未背肩，卯为大小肠，酉为肝肺胆。

二、神煞。

天医：正月起辰，卯月在巳，辰月在午，巳月在未，依此顺行十二支。（按：一说寅月在子，卯月在卯，辰月在午，巳月在酉，周而复始者非。）

地医：正月起戌，卯月在亥，辰月在子，巳月在丑，依此顺行十二支。（按：一说寅月在子，卯月在丑，辰月在寅，顺行十二支者非。）

游魂：正月在亥，卯月在子，辰月在丑，巳月在寅，午月在卯，依此顺推。

长绳：正月在亥，卯月在戌，辰月在酉，巳月在申，午月在未，依此逆推。

悬索：寅月在卯，卯月在子，辰月在酉，巳月在午，午月在卯，周而复始。

忧神：春丑、夏子、秋戌、冬亥。

浴盆：春辰、夏未、秋戌、冬丑。

三丘：春丑、夏辰、秋戌、冬未。

五墓：春未、夏戌、秋丑、冬辰。

井杀：寅月在未，卯月在申，辰月在酉，巳月在戌，午月在亥，依此顺推。

孝服：寅月在午，卯月在未，辰月在申，巳月在酉，午月在戌，依此顺推。

游杀：寅月在卯，卯月在辰，辰月在巳，巳月在午，午月在未，依此顺推。

丧车、丧门、吊客见前。

三、占病人生死。

类神空亡者多凶。如占父和尊长病，贵人、父母逢空；占母病，太阴、父母逢空；占伯叔病，太常逢空；占兄弟朋友病，青龙、兄弟逢空；占子息病，六合、螣蛇、子孙逢空；占奴婢病，天空、酉戌逢空；等等；皆主不吉。

课逢四下贼上，或传中皆财忧父母；课逢四下克上，或三传皆父母忧子孙；三传皆兄弟之神者，忧妻妾。

用神入墓，白虎入墓，干入墓，支入墓，行年入墓，再并白虎为鬼克行年或干，占病必死。凶期则以鬼当日为准，如甲乙日逢庚辛申酉者是。

白虎乘神克干支，白虎的阴神也克干支者，必死。

白虎、天后、螣蛇中任何一将入墓，即使不克干也会死亡。

四到十四岁的小孩占病，最忌螣蛇克干，必死无疑。幼女则看螣蛇的阴神，克干会有死厄。

壮年人占病最怕白虎入墓，多死。老年人却无妨。

三传见空亡，久病必死，新病则愈。

行年上神为辰戌，上乘白虎，占病有死亡之忧。

白虎带刑杀，并附浴盆、丧车、死气、死神、三丘、五墓、临干支、年命，主大凶。

白虎为太岁临日支，当年会生病。鬼杀临支，虎、蛇、勾入传，成死气或空亡者，多有死亡之危。

死气或空亡乘鬼杀临干支，叫催魂格，占病主死。

六合乘申酉，占子女病，主死亡。白虎乘亥占幼儿病，也主死亡。

白虎带月厌加干支，三传再见死气，占病多会死亡。

占病逢玄胎课，主去投胎多凶。白虎和元辰杀在一起加年命，占病多死。（元辰：男在本命冲前一位，如本命子冲午，午前是未，未为元辰。女命在冲后一神，如本命子，冲午，午后是巳，巳即元辰。）

死期看日干绝神。如甲乙绝申，看申下何神，临太岁者不出岁，临月建者不出月，临日支者不出当天。

病愈之期以日干子孙之神来判断（按：子孙为克鬼病之神）。如甲乙日占病，丙丁巳午为子孙，故断丙丁巳午日愈。

四、病症。

病症均以支上神判断，也宜结合神煞。

白虎加辰，霍乱吐泻。玄武加子，肾衰。勾陈乘戌，咽塞。太阴乘申，腰肿。白虎加卯酉，吐血痨怯。贵人乘辰戌，虚肿。白虎乘丑，腹疾。丑加亥乘虎，女经不通。

白虎乘未加干发用，主长辈或主人有腰脚之疾。

羊刃加干支之上，非出血之症即须手术治疗。

初传天地盘为土加土，是咽喉病；金加金是腹病；水加水是心脏或急性酸痛；木加木是腹胀；火加火为气喘剧咳。

五、发用五行看病症。

戊己日干，木发用，临死绝之地，带二血乘蛇主患肺病。

庚辛日干，火发用，临败绝之地，带二死很快就会死亡；带二血为咳嗽肺病。

壬癸日干土发用，带二死、二血，为见血之疾病。

甲乙日干金发用，临死囚之地带病符，久病不愈，或患足疾。初传卯酉相加，带绳索二死，妇人会自缢。

丙丁日干水发用，热气上攻，头痛目眩；带游神、死气，神经有异状，临衰绝者肾衰身瘦。

日干是水，克火用神，格成闭口，为痴呆耳聋病；丁神带生气可愈。

发用上土下木，带六害、哭神、忧神，会生瘤、秃头；带病符、天鬼、游魂为腹部之疾。

火上金下受克，金又临死地带二血、二死为肺病。

巳上水下带二血，非脓肿即肾水不足；带井杀、二死，有妇人溺死。

初传上午下戌，为心脏病；带二血，妇人患脓血病。

六、得病原因。

干上神乘贵人，因思想烦恼和劳苦而得。乘螣蛇为惊恐忧疑而得。乘朱雀为口头诅咒而得，或为流行病。乘六合因婚姻喜庆而得。乘勾陈为精神过度劳累，情绪索绊而得。乘青龙因酒色过度，高兴太甚或经营过累而得。乘天空因受骗，欺妄，隐忍而得。乘白虎因吊丧，问病或惊骇而得。乘太常因过量饮食，醉酒而得。乘太阴因奸私暗昧或用脑过度，忧郁而得。乘天后则因闺房酒色或私情不遂而得。

七、医药。

初传为药，中传为病，末传为医人。初末传克中传，病可愈。中传克初传，药无效。中传克末传，医不良。

白虎乘阳神，病在右；乘阴神，病在左。天地盘上克下，或下生上，病在表；白虎乘神为巳至戌者亦然。天地盘下贼上，或上生下者，病在内；白虎乘神是亥至辰者亦然。

八、寿夭。

干上神生干长寿，支上神生支健康。

三传为四孟，成长生或递生日干者长寿。三传在四孟，日干递生三传者中寿。三传为季神寿命较短，为干墓者尤短。

命上神临干，生干者；命上神生本命者；均长寿。

干上神，命上神见空亡者，短命。

九、其他。

占病得回环格，病不能很快治好。六阳格则不会治好。

蒿矢课三传见金，初传克干带二死、二血为男子病。克支为女人病，六所无制鬼之神或无生气，必死。

无禄格初传并病符克干，病重；带二死克干，主财力用尽，生命终了。

闭口格病人不能说话。若寅木发用克干，是因中风而不会说话。

太岁上神带病符克干，日干又休囚，年内必死。

十、例解。

例1　戊辰年乙卯月壬午日子时戌将，丙申命，林君占眼疾何时好（申酉空亡）。

支上神为病，辰鬼乘蛇，林君因犯妇人而得眼疾。三传中戌土为鬼杀且乘白虎，为问病吊丧而得；果因前二日拜祭而得。

申酉父母为医生，但逢旬空，就医无效；宜找苦主，以焚符化水喝之，或可痊愈；果喝完符水后，数日即愈。

例2　戊辰年丙辰月丁酉日巳时戌将，小女卜父健康（辰巳空亡）。

卯木太常为父之类神，逢日冲，必有病。

合	戊寅	子孙
龙	丙子	兄弟
虎	甲戌	官鬼

常	阴	蛇	合
酉	未	辰	寅
壬	酉	午	辰

雀	蛇	贵	后
卯	辰	巳	午
合寅			未阴
陈丑			申玄
子	亥	戌	酉
龙	空	虎	常

陈	乙未	子孙
后	庚子	官鬼
空	空巳	兄弟

后	空	玄	陈
子	巳	寅	未
丁	子	酉	寅

蛇	贵	后	阴
戌	亥	子	丑
雀酉			寅玄
合申			卯常
未	午	巳	辰
陈	龙	空	虎

干上见子水官鬼，本命上神未土发用制之，再加时令逢春，火逢进气而旺相，其父病可愈。唯课逢递克，非一时能愈。寅木父母之神坐酉受克，服药难即见效。支上为病床，寅木主神经系统受伤，夏天逢旺可愈。果其父为神经扭伤，看病月余，正在逐步恢复。后六月完全恢复正常。（按：应六月者，未土发用克子鬼故。）

例3　戊辰年丙辰月癸卯日午时戌将，乙未命，卜偶感风寒何日愈（辰巳空亡）。

君感冒已有多天，虽多次就医仍无效，需三四天后方才痊愈。因三传初末空陷，只有丑鬼落实，故为丑日得。四课均下贼上，也不吉。幸三传合金局生干，且金局克支木局，病为支，上神未鬼乘朱雀，乃伤风之类。病虽可治好，必待出空后方愈。果乙巳日遇明医治疗，数日即愈。

例4 申月己亥日午时巳将占子病（辰巳空亡）。

占时午与日干己土六合，事必主外。申金本命乘太常，三传戌酉

陈	丁酉	父母
常	辛丑	官鬼
贵	空巳	妻财

贵	陈	雀	空
巳	酉	未	亥
癸	巳	卯	未

陈	龙	空	虎
酉	戌	亥	子
合申			丑常
雀未			寅玄
午	巳	辰	卯
蛇	贵	后	阴

阴	戊戌	兄弟
玄	丁酉	子孙
常	丙申	子孙

空	龙	阴	玄
午	巳	戌	酉
己	未	亥	戌

陈	龙	空	虎
辰	巳	午	未
合卯			申常
雀寅			酉玄
丑	子	亥	戌
蛇	贵	后	阴

申合西方一气，为子息，末传申金本命子息乘太常，必是其子在外酒食过度而致病。但目下子息乘旺气，必愈。

丁卯年亦有一男占病得此课。断曰：本命和发用相合，中传酉金乘玄武，因私通婢妾而致病。因酉为婢妾，玄武临酉为窥户，本身为土，被酉耗败，必羸弱。

按：此两例课式相同，断法有异，说明了其中的变通之理。

例5 丁丑年庚戌月甲子日辰时辰将，李某闻父病于长沙，卜吉凶（戌亥空亡）。

三传寅巳申，甲木禄在寅，病在巳，绝在申。申金得旺相之气且为日干之鬼克干，课体又逢伏吟，种种凶象，其父病必不起，危在旦夕，君即驰往，也不及躬送。三日后，果有电自

湘来，乃翁归
西矣。

　按：《吴
越春秋》中
记载：某年三
月，范蠡占吴
王病也得此
课。断为无妨，
后果不数日痊
愈。为何课式
相同，所断吉
凶截然相反？
因上例为秋月
占，木死金旺，
禄绝鬼强；下
例为春月占，

龙	丙寅	兄弟
雀	己巳	子孙
后	壬申	官鬼

龙	龙	虎	虎
寅	寅	子	子
甲	寅	子	子

雀	蛇	贵	后
巳	午	未	申
合辰			酉阴
陈卯			戌玄
寅	丑	子	亥
龙	空	虎	常

陈	丙午	官鬼
雀	甲辰	父母
贵	空寅	妻财

空	陈	虎	龙
申	午	酉	未
辛	申	亥	酉

蛇	雀	合	陈
卯	辰	巳	午
贵寅			未龙
后丑			申空
子	亥	戌	酉
阴	玄	常	虎

木旺金绝，禄重鬼轻，故而生死大异。

例6 庚辰年己丑月辛亥日寅时子将，柏女士占夫病（寅卯空亡）。

课逢顾祖，有回到祖先身边之意。末传寅财生初传午鬼克干，其凶已极。占夫以官鬼为类神，上乘丧门、丧车，末传寅木为吊客，皆凶。幸太岁辰土入中传生干，今年无妨。明年太岁在巳，为驿马且乘死气，恐巳年危矣。果于次年正月卯日死。因正月寅为吊客，卯为金绝，且行年在子，子卯相刑故。

例7 辛巳年丁酉月庚寅日酉时巳将，秦某占一友病（午未空亡）。

三传合成鬼局克干，病甚沉重，且有旷日持久之患。酉月天医也在酉，临月建本美，但上遁丁火暗鬼，主医人用药不当。幸午火官鬼空亡，干之阴阳又合成子孙水局克鬼，秋冬水旺，可以无忧。但干支上皆墓神，

合	丙戌	父母
后	空午	官鬼
虎	庚寅	妻财

玄	龙	合	后
辰	子	戌	午
庚	辰	寅	戌

空	虎	常	玄
丑	寅	卯	辰
龙子			巳阴
陈亥			午后
戌	酉	申	未
合	雀	蛇	贵

蛇	丙子	子孙
龙	空申	兄弟
玄	庚辰	父母

玄	蛇	蛇	龙
辰	子	子	申
庚	辰	辰	子

贵	后	阴	玄
丑	寅	卯	辰
蛇子			巳常
雀亥			午虎
戌	酉	申	未
合	陈	龙	空

干支皆长生之神，名四墓复生，主愈而复发。明年壬午，官鬼填实，春季木旺，火鬼炽盛，救神无力，危厄难免。果次年二月死。

按：此例课体名涉害，支上神戌土至本家历四重克，干阴子水至本家历五重克，三传应是子申辰，非戌午寅，特说明。

以子申辰断，三传合水局脱干，支上神为病，合火局克干，唯午鬼空亡，寅财坐空，填实之日必凶日，亦应在壬午年二月木旺之时。

例8　癸未年壬戌月庚辰日未时卯将，张某得兄病之信，卜其吉凶（申酉空亡）。

尔兄必死。因螣蛇遁暗鬼发用，又为日之死地。日干、中

未传、年命均陷空亡之乡。同时，弟占兄，以兄弟之神为类神，今申酉兄弟旬空且入传，一片凶象，恐此去不能见矣。果是。

例9　午月甲申日卯时未将，乙巳命，行年申，占小儿病（午未空亡）。

本命巳上乘酉金勾陈官鬼，行年申上子水乘螣蛇，俱凶。甲木日干上乘白虎凶将，日干寄宫在寅，寅加戌，名自生入墓。看小儿病以螣蛇为主，今子水乘蛇逢月破，被干上神冲击，上神又为辰墓；干上神午火月建又为甲木死地，种种凶象，皆主小儿命危。

```
玄  戊辰  妻财        陈  丁酉  官鬼
龙  壬申  官鬼        玄  空辰  妻财
蛇  甲子  父母        雀  己亥  父母

虎  合  蛇  玄        陈  玄  贵  龙
午  戌  子  辰        酉  辰  丑  申
甲  午  申  子        甲  酉  午  丑

陈  合  雀  蛇        蛇  贵  后  阴
酉  戌  亥  子        子  丑  寅  卯
龙申        丑贵      雀亥        辰玄
空未        寅后      合戌        巳常
午  巳  辰  卯        酉  申  未  午
虎  常  玄  阴        陈  龙  空  虎
```

例10　辛未年己未月甲午日亥时午将测母病（辰巳空亡）。

官星乘勾陈，附丧门临干发用且克干，支上丑土盗支之气。更甚者，占父母病以父母之神为类神，今亥水类神为死气，加临空墓之上，凶象一片，恐亥日危矣。果其母死于亥日。

例11　乙酉年戊寅月己亥日巳时子将，卢先生占病。

脾土受伤，目今无虑，六月恐有不测之忧。因木为官鬼克土，故脾经受伤，当以平心清肝为上。但午火死气发用，干支上乘明暗二鬼，禄神午火临于绝地，巳火驿马入戌墓，皆非病人所宜；又干鬼克日临未，故知其六月必死，果验。

例12　九月丁亥日亥时辰将占病（午未空亡）。

空	甲午	父母
后	辛丑	兄弟
陈	丙申	子孙

阴	合	空	后
寅	酉	午	丑
巳	寅	亥	午

贵	后	阴	玄
子	丑	寅	卯
蛇亥			辰常
雀戌			巳虎
酉	申	未	午
合	陈	龙	空

常	癸巳	兄弟
蛇	丙戌	子孙
空	辛卯	父母

合	常	虎	贵
子	巳	辰	酉
丁	子	亥	辰

蛇	雀	合	陈
戌	亥	子	丑
贵酉			寅龙
后申			卯空
未	午	巳	辰
阴	玄	常	虎

课得铸印，不利占病。两蛇夹墓（按：戌土为丁火之墓，上乘腾蛇，下坐巳火为蛇），辰土乘白虎为支墓临宅克宅，三日内必死。（按：丁火日禄在午逢空，临丑，占病最忌禄空，午禄临丑，亥至丑为三日，故三日内必死。）

出　行

【原文】以日为人，以辰为所行之地。日上神克辰上神，一路坦然。辰上神克日上神，不可行。日上神生辰上者，必行。辰上神克日上者，不行。干吉宜行陆路，支吉宜行水路。卯临蛇虎，中有忧惊，都将伤干，须防盗贼（谓游都煞，看在何方主盗）。日临支，日上逢墓得冲，魁罡临日辰年命、天马驿马，或丁神临日发用；日上旺相，斗罡加季；巳亥加卯酉发用，伏吟见丁马，必行也。

或墓临日辰上墓，日马会三合、六合，马值空亡，马临长生，日上休囚，斗罡加孟，日辰上下相克，用起贵人入墓，伏吟无丁马，不行也。

马带青龙，一路安逸。途中风雨视三传，纯阳晴，纯阴雨。木多风，水多雨，土多阴，火多晴。鬼临身不可行，身带往亡煞，或克日克支，不可行也。反吟，行人去而复反。日上子孙耗费重。白虎为道路神，然不宜临课传年命上。若要投宿，以日为客，以辰为主，辰凶不可相投。天罡加子卯为天关格，风雨阻滞；加午酉为地关格，关津阻碍。

【注解】 一、类神。

干为行人，支为去方。干为陆路，支为水路。

卯为车，申为道路。

二、神煞。

天车：春丑、夏辰、秋未、冬戌。

天坑：寅月在丑，卯月在寅，辰月在卯，巳月在辰，午月在巳，依此顺推。

天罗、地网：干前一位为天罗，对冲为地网。

关隔：子加卯，午加酉为关隔。

游都：甲在丑，乙在子，丙在寅，丁在巳，戊在申，己在丑，周而复始。

往亡：正月在寅，二月在巳，三月在申，四月在亥，五月在卯，六月在午，七月在酉，八月在子，九月在辰，十月在未，十一月在戌，十二月在丑。

三、吉凶。

干上神旺相乘吉将，与支上神相生或相合，天马、驿马入传，不值空亡，临地盘生旺、德合之乡者吉，反之不吉。

支上神生干，及生年命者大吉。日吉，年命克支上神次吉。支上神克干及年命上神为凶。

干上神生年命，主恋家，行动必迟缓，或是拟到很有交情的亲戚家。

干支上下相克，或墓神覆日，或干上神乘空亡，均主中止不行。

中末传空亡，初传不空者中道反回。初中传空亡，末传生日者，出远方利，近方不利。

干支上神乘凶神恶将，出门不利。辰戌加干为迫不得已而出行。

干上神生支上神，宜中止出行；支上神生干上神，宜远行。

出行方位的天盘上乘吉神吉将者吉，凶神恶将者不宜。

年命上神生出行方位上神者外出耗费甚大，或遭损失。

日干、日支上神成旺相休宜外出，乘死绝则不宜。

申金为道路。课传申乘吉将者吉，乘恶将者凶。

太岁为出门，行年上神克太岁，途中多生疾病或不安。太岁克年命上神，途中会发生灾危。

三传克干，不宜外出。干生干上神，开销巨大。干上神乘蛇虎，中途起惊疑之事。天盘游都煞克干，中途被盗。丁神驿马空亡，无法出行。

占出行逢罗网、关隔，均主阻隔不通。

四、水陆。

干为陆，水为支，天空为空中。干上神乘吉将与日生合者宜陆行。支上神乘吉将与支生合者宜水行。天空乘神生干者，宜乘飞机。

干上神乘玄武克年命，陆路须防盗贼。干上神乘虎克年，中途抱病。

干上神乘凶将，支上神乘吉将，当急往他乡。反则宜静不宜动。

五、迷路。

看天罡辰。加孟路在左，加仲路在前，加季路在右。

六、家中安否。

看发用，乘贵阴龙常合，家内平安。乘雀有口舌，乘蛇有惊恐或火灾，乘勾有争讼，乘虎有灾病，乘玄有盗失。

七、来人善恶。

看子水。加孟善良，加仲商贾，加季奸恶。

若人自水路来则看天罡：加孟吏人，加仲商贾，加季奸恶。

八、例解。

例1 辛巳年庚寅月己未日申时亥将，王淑臣刺史赴省因出门马毙，特占水路平安否（子丑空亡）。

干支无伤，水路平安，唯此行不免有意外耗费。因发用岁破与月建亦破合。课传皆兄弟夺财之神，必主财物耗费。且干支俱乘墓，又为三刑，中末传也刑干支，亦主不通而致意外之财重重耗费。后果因公事未了，复赴省城，耗金甚多。

例2 庚申年壬午月庚申日丑时申将，徐某携妻及子女远行特占（子丑空亡）。

初视此课，三传皆称吉将，似乎平安。细审之后，却为大凶之课。其一，干支俱坐空墓。其二，旬丁临巳鬼

蛇	癸亥	妻财
雀	壬戌	兄弟
雀	壬戌	兄弟

雀	后	雀	后
戌	丑	戌	丑
己	戌	未	戌

```
陈   合   雀   蛇
申   酉   戌   亥    子贵
龙未                 丑后
空午                 寅阴
巳   辰   卯   寅
虎   常   玄   阴
```

克日辰。其三，初传戌为河魁，卯为井，河井相加，卯又为舟车，有覆舟之患。其四，中传旬丁刑克日干，也主舟车坏。其五，中传巳为金生之地，末传子为金死之地，子加巳，合为死字。子克巳，凶祸更甚。主中途舟破沉溺

合	壬戌	父母			龙	空申	父母
阴	丁巳	官鬼			后	戌寅	子孙
龙	空子	子孙			龙	空申	父母

常	合	常	合		后	贵	龙	空
卯	戌	卯	戌		寅	卯	申	酉
庚	卯	申	卯		癸	寅	未	申

龙	空	虎	常		合	陈	龙	空
子	丑	寅	卯		午	未	申	酉
陈亥			辰玄		雀巳			戌虎
合戌			巳阴		蛇辰			亥常
酉	申	未	午		卯	寅	丑	子
雀	蛇	贵	后		贵	后	阴	玄

被劫，死于他乡。果徐某在江中遇盗，男女五人俱亡。

例3　丁丑年壬子月癸未日子时丑将，戊子命，严老太问婿在外安否（申酉空亡）。

严老太女婿在某银行任出纳。当时，报纸盛传该婿因职务之累被谋杀，特占得此课。课名昴星，乃虎狼当道之象，以致空气紧张。但初末传旬空，本命戊子上乘太阴吉将，又上下神相合，绝无危害。所嫌者，干支相冲，干支上神又相冲，乃同僚中有不睦之人而致谣传。果次日各报又竞载该银行之事，证实该婿仍在。

例4　甲申年庚午月乙未日未时申将，张相公寓居扬州，因闻兵兆，求占行止（辰巳空亡）。

驿马贼符临干，太岁为日鬼劫杀，酉支从魁乘玄武发用克日，又作来年太岁，明年此地还有兵戈扰攘，如何能居？且喜日上罗网逢空，天上三奇入传，又三传遁入阴位，末传见亥水长生，只有迁居水乡，方

玄	丁酉	官鬼
阴	戊戌	妻财
后	己亥	父母

龙	空	常	玄
巳	午	申	酉
乙	巳	未	申

空	虎	常	玄
午	未	申	酉
龙巳			戌阴
陈辰			亥后
卯	寅	丑	子
合	雀	蛇	贵

龙	辛未	妻财
雀	空戌	妻财
后	乙丑	妻财

龙	雀	常	龙
未	戌	辰	未
乙	未	丑	辰

陈	合	雀	蛇
申	酉	戌	亥
龙未			子贵
空午			丑后
巳	辰	卯	寅
虎	常	玄	阴

能免祸。相公遂渡江南下。

例5　甲申年丁卯月乙丑日申时亥将占进京（戌亥空亡）。

必不能行，即行也半途而归。因未墓覆干，所谓不通。干神归支，利静不利动。又中空末陷，课传年命上见二马，均主半道而旋，是以知其不能北行也。果是。

行人朱雀之阴是信神

【原文】以干为行客，以支为宅，彼此比和则归，刑冲破害则不归。有暂出而确知其归者，以出门之时，加今日之支上。看天罡下神为至期（如天罡加子则子时至）。有出虽久而确知其归者，以月将加正时，视天罡之下神。加孟未发，加仲半路，加季即至。罡乘日马（按：天罡辰绝不可能为驿马，应是罡临日马，方合

课理），至期尤速。如出久而疑其不归者，视四课内，或墓覆干，或墓覆支，或二马临支，或类神乘支，或日辰上见天罡，或初传是日之绝神，或为日之官鬼，或初传是日而末传是辰，或末传是日之墓，或是天罡二马之墓，或类神临墓临绝，或虎乘二马，此皆归者也。归期以游神之下神决之（如游神是子，下临寅，主寅月或寅日归）。如行人绝无音信，则视行人之行年，与今日之日干。要天盘上日，归地盘上日（如甲日看寅），其归之顺逆，准于贵神（贵神顺行，则自子而丑；贵神逆行，则自丑而子）。归从门上过（卯酉为二门，或顺或逆，当必过之），门上之神，不克日不克行年，及地盘日上神不克日，不克行年，其人必归。若日克初传，或辰克日，或初传空亡，类神空亡，二马空亡，马临长生，马入墓者，皆以不归断之。

【注解】一、类神。

干为行人，支为宅。贵神为官长，天空、酉戌为奴婢。天后、神后为妻、妇女。僧道看寅木，子女看六合。

我克为妻财，我生为子孙，生我为父母，克我为官长，女占官为丈夫，比和为兄弟。

二、神杀。

大将军：寅卯辰年在子，巳午未年在卯，申酉戌年在午，亥子丑年在酉。

游神：春丑、夏子、秋戌、冬亥。

信神：正月申，二月戌，三月寅，四月丑，五月亥，六月辰，七月巳，八月未，九月巳，十月未，十一月申，十二月戌。

书信：正月酉，二月戌，三月亥，四月子，五月丑，六月寅，依此顺推。

三、行人久出不知方向。

以其行年上神来判断去处。如行年是戌，戌上是子，即在北方。戌上是巳，即在东南方。

四、久出绝无音信。

如果课传不太明了，则视日干或行人的行年。将天盘上的日干寄宫，依贵人的顺逆（贵人顺者顺转，贵人逆则逆转），转到地盘的日干寄宫，从卯酉上经过时（因卯酉为门），不克干，不克行年者，其人必归。若不经过卯酉，或经过但卯酉上神克干或行年，均主不归。

三千里之外的人，视大将军之下神。如巳午未年占，大将军在卯，卯下是子，则断其子月子日归。千里外的人，视太岁支下神；五百里外的人，看月建之下神；百里外的人，视日干之下神；无不应也。

五、不知行人远近。

看行人命上神和行年上神，合而定其远近。意其近者，一进十，十进百。意其远者，一可进千，进万。如命上神和行年上神旺相，则又可加倍进之。否则，但有进而无倍也。如命上神是子，子数九。行年上神是亥，亥数四，合成十三。意近者进作十三里，一百三十里，倍者二百六十里。意远者，一千三百里，倍则二千六百六十里，三千九百里。

六、断法。

墓传为干墓，上乘白虎，是有病而归。

年命上神和三传皆无财，或见财却落空亡，或财乘玄武，皆归而无财。

年命上神为子午卯酉四败之神，或贵人落空亡，能归，但不如意。

日克初传者，初传为干墓者，初传空亡者，类神空亡者，天马、驿马临长生者，驿马被合者，皆为不动之象。

若被羁留而不归者，看其类神上所乘之神来判断被何人所留。如类神是戌，戌乘本日的青龙是被朋友所留。若乘天后、太阴，则为妇女所留。

类神临长生，或旺相，或驿马临长生，是所在方为乐地而不肯归。

阳日昴星，戌加亥发用，是中道而止，不能归。

行人本命上值墓神，乘凶将马临空绝或逢空，是死而不归。

七、约人来否。

末传为干神，待人会来。末传为支神亦同。

时支上神临初传地支，待人会来。时支为一、三课上神也来。（时支上神临初传地支，即中传。）

辰罡加干或加支，待人会来。

所约人的年命发用，又带德、合、丁、马，所等人会来。

三传中有空亡，待人不来。三传贵人逆行，等人不来。阳日伏吟，三传逆行不来；阴日伏吟，三传顺行不来。

干加支上，或支加干上，等人均来。伏吟课见旬丁或驿马，主人立刻到来。

八、例解。

例1 庚辰年戊子月戊辰日酉时寅将，当阳裴正纲占省友袁子仁何日到（戌亥空亡）。

寅木官星克日发用，又为天马、驿马、月将，其力甚雄，人已启程；寅加酉上，酉为门限，是已渡门限，

虎	丙寅	官鬼	
贵	辛未	兄弟	
龙	甲子	妻财	

合	常	雀	虎
戌	卯	酉	寅
戌	戌	辰	酉

合	陈	龙	空
戌	亥	子	丑
雀酉			寅虎
蛇申			卯常
未	午	巳	辰
贵	后	阴	玄

均为起程。发用寅木和干上戌土作三合缺午，待午日补上所缺之神必到。果其友于壬午日到来。

例 2　寅月甲子日丑时亥将，占行人，行年在辰（戌亥空亡）。

此课行年辰土为日财，上乘六合吉将，加午受生。日干甲寄寅宫，寅乘青龙吉将，加辰土行年上，皆吉。贵神未居酉为逆转，天盘寅归地盘寄宫过卯，卯上

玄	空戌	妻财
后	壬申	官鬼
蛇	庚午	子孙

虎	玄	玄	后
子	戌	戌	申
甲	子	子	戌

陈	合	雀	蛇
卯	辰	巳	午
龙寅			未贵
空丑			申后
子	亥	戌	酉
虎	常	玄	阴

合	甲辰	妻财
龙	丙午	子孙
虎	戊申	官鬼

合	龙	龙	虎
辰	午	午	申
甲	辰	辰	午

空	虎	常	玄
未	申	酉	戌
龙午			亥阴
陈巳			子后
辰	卯	寅	丑
合	雀	蛇	贵

神为丑财不克干。地盘寅上神为子水，子生寅木，子水又为行年辰土之财，故主行人在外得财回来。

例 3　壬午年癸卯月甲辰日申时戌将，占新任刺史何日到任（寅卯空亡）。

辰土发用，名为斩关，又龙合虎吉将入传，理应到来。唯嫌发用坐空，恐始有阻隔。辰前一位是巳，巳乘勾陈，必因案件稽留。又格合回环，主来而又去，恐一时不能到任。末传申金，上乘白虎，又为天马，加临午上，必午月寅日到。

果一一如占。(按：应午月者，申金天马所临之支。寅日者，驿马也。)

例4　辛巳年乙未月乙巳日未时午将，楚省廉藩台出京，由襄阳登舟赴任，家人占何日过境（寅卯空亡）。

道台已由水道赴任，不用再守候。因三传退茹逢空，贵人、驿马均不入传，日禄乘飞廉发用，天罡乘天

左盘（例4）：

```
合  空卯  兄弟
雀  空寅  兄弟
蛇  空丑  妻财

合  雀  陈  合
卯  寅  辰  卯
乙  卯  巳  辰

陈   龙   空   虎
辰   巳   午   未
合卯            申常
雀寅            酉玄
丑   子   亥   戌
蛇   贵   后   阴
```

右盘（例5）：

```
贵  空丑  兄弟
阴  癸亥  妻财
常  辛酉  子孙

雀  贵  陈  蛇
卯  丑  辰  寅
戊  卯  午  辰

雀   合   陈   龙
卯   辰   巳   午
蛇寅            未空
贵丑            申虎
子   亥   戌   酉
后   阴   玄   常
```

马加支，支为水道，又为任所。且天罡临巳，在日干之前，主其事已过，故知。后果如所占。

例5　辛巳年己亥月戊午日辰时寅将，任淑渠刺史在沙洋守候本道堪堤，占何日到（子丑空亡）。

道台今日可到，不堪堤即行。因贵人飞廉发用，正时天罡加支，申金白虎，驿马临戌，戌又为初传丑土之墓，故断今日戌时可到。天驿二马不入课传，丑贵旬空，又和明日己未相冲，所以知其不堪堤即行。

例6　丑月甲午日午时丑将占行人，行年寅（辰巳空亡）。

此课日干甲寄寅宫，行年又在寅，天盘寅转到地盘寅，从卯门上过，卯上戌为辛金寄官，辛金克寅木。地盘寅上神为酉金，又克寅木，故断行人不归。

例7 庚寅年甲申月丁丑日巳时午将，占行人何日到扬州（申酉空亡）。

雀	丁酉	官鬼
玄	空辰	妻财
陈	己亥	父母

雀	玄	空	蛇
酉	辰	丑	申
甲	酉	午	丑

龙	空	虎	常
子	丑	寅	卯
陈亥			辰玄
合戌			巳阴
酉	申	未	午
雀	蛇	贵	后

合	空申	妻财
雀	空酉	妻财
蛇	空戌	子孙

合	雀	玄	常
申	酉	寅	卯
丁	申	丑	寅

龙	陈	合	雀
午	未	申	酉
空巳			戌蛇
虎辰			亥贵
卯	寅	丑	子
常	玄	阴	后

行人尚未起程，九月节后，子丑日方能到扬州。因进茹逢空，玄武劫杀加支克支，主当地有兵戈盗贼扰害，是以未能起程。九月后方到者，因戌土子孙居末传，且贵人、游神、驿马会于戌地故。果九月伊子到扬。

遗　失

【原文】失物看类神。凡类见课传而不乘元武，不落空亡者，当于类神所临之地寻之。如失金银，类神是酉。若酉加子，则于房内寻，盖子为房也。若子加卯，则于房东方寻之，以卯为东方也。若类神乘元武，乃为人盗去。若辰上天空、空亡，而不见元武，家人隐匿也。日上乘太阴隐藏者，不密而可寻。类乘日贵，虽匿而终还。类神作长生，或入墓，虽失必得。类神临日辰本家，不失。贵人顺行，元武不见，乃遗失也。若疑家人为盗，而未知孰是，则行年上承元武者，是也。日上神能制之所乘，则获。

> 青龙财物太常衣，朱雀禽书卯舫车；
> 酉是金银并首饰，巳为弓弩乐音俱；
> 功曹木器同桌凳，珠玉刀镡传送为；
> 亥伞图书文墨画，未为药物酒食储；
> 戌为印绶辰鱼谷，米麦丑牛以类推。

六畜走失，各视其类。若遇子寅巳酉，及血支、死气之类，则为人屠宰矣。盖子为屠神，寅为铺师，巳为灶，酉为刀砧。如临相生之神必得，临日辰自归。

【注解】一、类神。

干为自己，支为他人。

财神、酉金为钱财、金银首饰。太常为衣服、食品。

二、占可否寻获。

玄武临卯辰巳午未申为白日盗去，临酉戌亥子丑寅，为黑夜盗去。

类神虽入课传，但逢空落空，主遗失不获。

太阴、六合与类神作三合、六合可寻。

类神临干支、年命或墓发用，其物未失。贵人顺行，课传不见玄武者，自己不小心遗失。

若失物为贼所盗，不知何等人，则以玄武所乘之神来判断。阳为男，阴为女。旺相为少壮，休囚为衰老。

可获盗否：若玄武所乘之神被干上神所克者，被行年上神所克者，被太岁所克者，被月建所克者，皆可获。无以上前提条件，均不能获。

以课体断。知一课为邻人所取。见机课在家内寻找。伏吟

课盗未出门。均可参考。(详参后《盗贼》节)

三、例解。

例1　丁丑年庚戌月己卯日辰时辰将,程某占首饰为何人所盗(申酉空亡)。

程某家仅一妻一保姆,有一友徐君,借榻其处。当晚,程妻忽失去首饰数件,疑徐友所取,但无佐证,无法指斥,特来求占,得此课。玄武乘酉,酉即婢之类神,又为首饰类神,必为保姆所窃。

合	己卯	官鬼
贵	丙子	妻财
空	壬午	父母

虎	虎	合	合
未	未	卯	卯
巳	未	卯	卯

| 龙 | 空 | 虎 | 常 |
| 巳 | 午 | 未 | 申 |

陈辰			酉玄
合卯			戌阴
寅	丑	子	亥
雀	蛇	贵	后

虎	空巳	父母
雀	戊戌	兄弟
玄	癸卯	官鬼

贵	虎	常	合
子	巳	辰	酉
己	子	亥	辰

| 雀 | 蛇 | 贵 | 后 |
| 戌 | 亥 | 子 | 丑 |

合酉			寅阴
陈申			卯玄
未	午	巳	辰
龙	空	虎	常

幸酉为日之长生,课逢伏吟,物尚在家,宜速侦之,失物可得。后严诘保姆,始惭愧坦白,物藏在煤球筐内。

例2　甲申年丙寅月己亥日午时亥将,余某占失窃(辰巳空亡)。

课得铸印,但初中空陷,独存末传卯鬼。幸太岁申金乘勾陈入玄武本家(按:卯木乘玄,申金乘勾陈临卯木,为勾陈入玄武本家),克制玄武,其贼必获。可惜勾陈阴神丑,又生玄武阴神申,虽捕终放。玄武卯木临戌,天地相合,其物已入同伙之家。干上神虽为子财，但上乘贵人被夹克。支上乘辰土太常，太常为衣服，支阴乘六合为匣，俱入空陷之乡，其物必不获，果是。

例3 亥月己丑日戌时寅将占失物（午未空亡）。

酉金发用，类神为妇人或金钗首饰之属。酉加巳为临长生之地，不落空亡，其物可寻。又是三合金局，其物不失，现在炉灶灰中寻之，果获。（按：巳为炉灶，酉加巳故。玄武乘神巳火，干上神亥水冲克玄武，亦主失物可得。）

```
蛇 乙酉 子孙            虎 乙未 兄弟
龙 己丑 兄弟            合 癸卯 官鬼
玄 空巳 父母            后 己亥 妻财

合 虎 玄 蛇            合 后 虎 合
亥 卯 巳 酉            卯 亥 未 卯
己 亥 丑 巳            己 卯 亥 未

蛇 雀 合 陈            蛇 雀 合 陈
酉 戌 亥 子            丑 寅 卯 辰
贵申        丑龙       贵子        巳龙
后未        寅空       后亥        午空
午 巳 辰 卯            戌 酉 申 未
阴 玄 常 虎            阴 玄 常 虎
```

例4 壬午年十月己亥日未时卯将，本命丑，占功名（辰巳空亡）。

功名乃为后事，目今须防失脱。因酉金乘玄武居本命之上，与中传卯鬼相冲为动，此事为急，且防复来。果初被盗去郎君之物，三日后复被盗。（按：盗郎君之物者，玄武乘神酉金为子孙之神故。盗复来者，课成回环。）

兵　战

【原文】以日为我，以辰为敌，看生克旺衰，分彼此胜负。勾陈为我将，地盘即为他将。宁可令我克制他，不可使他克制我。若更刑害日辰，便非吉兆。又勾陈为主将，元武为客将，旺相者胜，囚死者负。勾克元主胜，元克勾客胜。

古法以初中传为外为客，末传为内为主。如我入敌境，则宜初中制末。敌来侵我，则宜末制初传。子孙能克制官鬼，故日干有子孙者胜。如六处（谓日、辰、年、命、三传、正时也）无鬼，干支上见子孙，则为脱神。财者，日所克也，能生鬼，故亦忌之。若六处无鬼，亦不忌财，要察贼之所在，专看天目（春辰、夏未、秋戌、冬丑）。如春占辰加亥，则贼在西北方也。贼之来方，以初传定之。如初传见午，从南方来。要识贼之来否，专看游都（甲己日丑，乙庚日子，丙辛日寅，丁壬日巳，戊癸日申）。游都临孟，虚信；临仲，半途；临季，速来；加日则今日到，加前一位则明日到。游都加干支旺相，又克日干，主贼势凭陵。居休地，主贼不来。囚死又无克制，主贼自遁。上下相生，为喜游都，主有降卒。得勾陈克制游都，贼兵必败。

凡占兵，先审卦体，详其主客胜负，而后举兵。一上克下为元首课，主臣忠子孝，闻事皆实，利先举，不利后动，利为客，不利为主。一下贼上为重审课，主下凌上，事多不顺，利后应，不利先动，利主不利客。比合为用，占人不出邑里，占贼皆在比邻，此时行兵，进退狐疑，是当和允。涉害为用，主作事稽迟，忧患难解。此时行兵，当审其机，察其微而动，否则不免致伤。遥克为用，诸事皆轻，此时行兵，虽凶无畏。蒿矢利主，弹射利客。昂星为用，刚日名虎视，利于动兵，忌关梁稽滞。柔日名冬蛇掩目，利于伏藏。若我往攻，敌必潜伏不见。伏吟为用，刚日欲行中止，柔日伏藏不起，此时行兵，关梁杜塞，贼不越境。反吟为用，祸从外起，子逆臣奸之象，此时行兵，事多反覆，尤宜审慎。八专为用，主客不分，此时行兵，遇敌必战，要当时旺为吉。别责为用，借径而行，出兵须用外助。墓神下可以藏兵。元武神下可以劫掠。被围欲出，须向天罡神下（如罡加午，须出南方）。

【注解】一、类神。

干为我，支为敌。勾陈为我主将，玄武为敌主将。干为人，支为城池。

二、神煞。

天目：春辰、夏未、秋戌、冬丑。

游都：甲己日在丑，乙庚日在子，丙辛日在寅，丁壬日在巳，戊癸日在申。

鲁都：甲己日在未，乙庚日在午，丙辛日在申，丁壬日在亥，戊癸日在寅。

三、占断。

兵战乃军国大事，非同等闲。有兴趣者，除细究本节外，还可详参《大六壬大全》卷四、卷五。

四、例解。

例1　辛未年癸巳月丙子日酉时酉将，占东省地方安否（申酉空亡）。（图见第502面上左图）

东省齐分，主有伏兵作乱，民人尽遭其伤。因干上巳火勾陈月建发用，被支之子水将星乘玄武所克，是以有伏兵屠杀之虞（按：子水为屠人）。又传将遥克游都寅木，虎马入于末传，官防参劾，民人流亡。冬月水旺，玄武得势，此其时也。后果孔、耿、李三将兵起，破登州府七州县，总兵张大可自缢，孙巡抚被逮问典刑。

例2　甲申三月丙午日午时酉将，闻真定被围，占城安危（寅卯空亡）。

不唯真定城破，燕京也有他危。因太岁内战发用，冲克旬空寅木末传。干支又均克上神，两阴神又克干支，主居民心散，兵马为钱粮内变，左右献城之象。且末传寅为幽燕之分，被初传申马冲克，此日燕京也必破。月余来报，果验。

左图

陈	辛巳	兄弟
蛇	空申	妻财
虎	戊寅	父母

陈	陈	玄	玄
巳	巳	子	子
丙	巳	子	子

陈	合	雀	蛇
巳	午	未	申
龙辰			酉贵
空卯			戌后
寅	丑	子	亥
虎	常	玄	阴

右图

合	戊申	妻财
贵	辛亥	官鬼
玄	空寅	父母

合	贵	雀	后
申	亥	酉	子
丙	申	午	酉

合	雀	蛇	贵
申	酉	戌	亥
陈未			子后
龙午			丑阴
巳	辰	卯	寅
空	虎	常	玄

例3　己丑年戊辰月丁亥日子时寅将，占武昌城池安危（午未空亡）。（图见第503面左图）

丁日游都在巳，离日辰甚远。但酉贵临干发用，其兵必来。酉临未，贼自西南来。游都远离日辰，酉贵落空，唯以正时上下合断。子时数九，上乘寅数七，相乘六千三百兵。但酉贵临干受克，贼不攻城而退。

此课乃晋元帝时，毛宝叛兵屯邾城，命宰相戴泽占载于史，然前人仍有未尽之秘。1、干之阴神亥水鲁都克日，主贼有埋伏。2、支为城，上神丑土克支，上神又被阴神所克，主居守不仁，欲自相攻击。3、末传生合初传酉贵，主城内有暗降之人。幸初传干上神落空，故皆未遂。

例4　七月辛亥日寅时巳将，吴欲伐齐得此课（寅卯空亡）。

此课为《吴越春秋》时例。断曰：辛上丑，亥上寅，巳火克日发用。辛，岁位也。亥，阴前之辰也。合壬子，岁前合

```
贵  乙酉  妻财          后  乙巳  官鬼
阴  丁亥  官鬼          雀  戊申  兄弟
常  己丑  子孙          龙  辛亥  子孙


贵  阴  常  空          虎  阴  常  后
酉  亥  丑  卯          丑  辰  寅  巳
丁  酉  亥  丑          辛  丑  亥  寅


雀  蛇  贵  后          雀  合  陈  龙
未  申  酉  戌          申  酉  戌  亥
合午        亥阴      蛇未          子空
陈巳        子玄      贵午          丑虎
辰  卯  寅  丑          巳  辰  卯  寅
龙  空  虎  常          后  阴  玄  常
```

也，行师决胜。但德在合，辰斗系丑，丑为辛之本，丑土大吉乘白虎临辛，寅木乘太常临亥。丑加辛为九丑，又并白虎，前虽胜，后必大败。

按：丑土临干墓干，寅木临支盗支，已是不吉。虽初传巳火官鬼为日德发用，但末传亥水盗干之气，故初胜后败，其理甚明。上原解冗长而不中肯。

例5　戊子年乙卯月乙亥日未时亥将，李少文寓居江宁，虑金兵南下索占，得此课（申酉空亡）。

金兵不但不能东下，且不能持久。因游都子水临申，恋其长生，且离日辰甚远。贼符临干支，水陆必有伏兵，然乘死绝之气，无虎。且未土发用休囚，末传日禄临月建克初传，是守

坚攻弱，其必不东下，且不能持久。子水太岁又生木局，也是坚守之象。一交丑年，金局旺盛，破坏木局，恐怕难支。果应。

例6 己丑年丙子月戊辰日戌时寅将占兵事（戌亥空亡）。

申金游都乘腾蛇凶将临

后	癸未	妻财
合	乙亥	父母
虎	己卯	兄弟

贵	陈	虎	后
申	子	卯	未
乙	申	亥	卯

蛇	雀	合	陈
酉	戌	亥	子
贵申			丑龙
后未			寅空
午	巳	辰	卯
阴	玄	常	虎

龙	甲子	官鬼
玄	戊辰	子孙
蛇	壬申	妻财

雀	空	蛇	龙
酉	丑	申	子
戊	酉	辰	申

雀	合	陈	龙
酉	戌	亥	子
蛇申			丑空
贵未			寅虎
午	巳	辰	卯
后	阴	玄	常

支，主有兵事。子属北方，兵当从北至。干上神酉金为日之败气，又龙化为蛇，其兵必退。但干支交车相合，末传又生初传，主城中人归顺。（按：干支皆生上神，乘脱气，亦主城中人降顺。）

盗贼附占捕获

【原文】以日干为失主，元武为贼，元武之阴神为盗神。先当看其可捕与不可捕。其不可捕，则如辰戌立干支上，名斩关课者；三传见日鬼，而乘青龙、六合、太阴，而丁马发用者；元武三传皆比和而相生者；元武第二传为盗神，而上乘吉将者；盗神遁得旬丁，而天地盘比和者；元武是日刃，又临卯酉，或克日者，皆不可捕。

当视其匿于何方。如盗神是子，贼在正北方，水泽江河之所，东有桥梁坟墓，西有水畔楼台，前有神庙，物藏水中，其家有儿女悲啼之声。盗神是丑，则在北方近东，或州邑之旁，或风伯雨师之庙，或前贤将军之祠，或仓库之侧。若旷野则桥梁、平田、坟墓之所。盗神是寅，则东方靠北，林木之中，曲堤之所，或大木枯竹，沽卖之家，寺观之傍，藏物窖中，以草掩之。盗神是卯，则在东方木竹丛中，曲屈水径，近寺观，有舟车，其家或竹木之工，舟车之匠。盗神是辰，则在东方冈岭冢穴之中，东有池塘，傍有枯骸之场，或潭沼渔猎之所，丹青彩画之家。盗神是巳，则在东南方，炉灶之所，东有树木，夏秋有蝉鸣，春冬马嘶，藏物于树下，其家或巫，或妇人主事。盗神是午，则在南方，炉冶铁匠，门侧有牛马之物，物藏其中，或其家侩贩人马骡牛之家。盗神是未，则在南方近西，隐伏土冢之中，向东十步，内有井田，常有歌唱，或其家牧羊打拳，神鬼沽卖之处。盗神是申，则在西南方，近州县门墙城阙之所，远则村野要冲之地，三叉路口，或邮亭、马舍之所，其家削斫之工，金石之匠。盗神在酉，则在西北，或地名金坑酒务之所，城市之中，或近娼家，或胶漆匠之处。盗神在戌，则在西北，州郡及营寨之所，聚众之处，村居垒土为山，冈垄之地，有猪犬在门前，藏物近于楼台，奴仆兵卒之家。盗神在亥，则在北方，居近水边，或点水旁地名收港，其家曾为狱吏，物藏在内楼阁，门前赶猪，问而取之。

然必盗神天地盘比和者，可以此断。若上下相克，则盗不留。至于人之伴数，则视盗神隔元武之位而数之。如元武临辰加酉为初传，亥加辰为二课，是亥为盗神，自亥数至辰，隔六位，是为六人。所谓盗神之本家，知伴数也。本家者，元武也。又必视盗之旺相休囚，以为增减。

又当视盗为何等状貌（须视元武所乘之本位）。如元乘子，是眼小轻细人，女面著黑衣，下淡黄有青。丑大肚阔口，貌丑多须，身雄壮，著皂衣下黄。寅短矮美须，手把斑猫，爱骑马，著青衣有里。卯骨瘦快走，著深青，作医人术士之状。辰目大眉粗，须长凶相，著黄衣中绛服，爱渔猎。巳瘦长人，能歌唱语言，试以贼，则触着便欲交手。午斜视人，方长，若捕时，先见一匹赤马，后遇著青，头带紫堂色。未眼露头白，持物，其妻能作酒，若姓谈姓张尤的。申身材长白，而有痿病，少须，爱打弹，著黄色，或淡白衣。酉身材粗长，面上有斑点，声响，著白衣裹肚。戌颜恶多须，黑色，少发声，著半黄半白衣。亥肥人丑貌，青黑色，背驼，著破衣持伞。（若贼多，则为首者是其状也。）

占捕人可用否，当视勾所乘神，克元所乘之神则得。若勾乘神生武，或比和，主受赂私通而不得。若三传中不见勾陈，则当视末传，盖初脏、中贼、末吏，此旧法也。若末克中者捕得，相生比和者不得。朱雀为报信人，亦宜看。元武在寅，败在申庚月日时。武在卯，败在酉辛月日时，余仿此。至于远年大夥，不得其方向者，于天目煞所临之方索之（天目：春辰、夏未、秋戌、冬丑）。

【注解】一、类神。

日干为失主，玄武为盗贼，玄武的阴神为盗神。

金帛财富看申，看妻财；衣服绸缎看太常，经书文具看朱雀，玩具舟车看卯木。

勾陈为捕盗人，朱雀为报信人。

二、路程。

以盗神的天地盘合而判断。休者相加，囚死者折半，相者相乘，旺则相乘后倍之。如盗神是子加亥，子数九，亥数四。休则相加为十三里，囚死折半为六七里，相则四九相乘三十六里，旺则倍之七十二里。如果失物之期较远，则可进十倍、百倍，相机而定。

此乃古法，今交通工具先进，数小时即数千里之外，则可参看盗神所乘天将及乘神。如为丁马、驿马或为卯木舟车等类神，主为乘车远遁。若乘天空、天马，则为乘飞机远遁。远近则以旺相囚死意断。

三、占赃藏匿。

看盗神所生之神，盗神属阴，所生之神取阳；盗神属阳，所生之神取阴。如盗神是子，子水生寅卯木，子为阳，便取阴，故取卯，余同推。

盗神生子，物藏竹木或舟车之内。生丑未，物藏祠庙之内，城阙之旁。生寅，物藏炉灶之中或砖瓦之下。生卯，物藏窑冶之内或箱柜之中。生辰戌，物藏仓廪之中或碑碣之下。生巳，物藏廊芜、石栏之下或沟浍之中。生午，物藏圆围之中或墙垣之下。生申，物藏圆墙之下或坑厕之中。这也是从十二神的类神得之，贵在悟通。

方向仍以盗神所生之神的方位断。如盗神是寅，寅生巳，则物在东南方。盗神是申，申生亥，则在西北方。

四、贼为何等人。

以玄武所乘之神的类神来判断。乘寅为公吏、道士。乘卯为术士、沙门。乘辰为恶徒、军人。乘巳为厨夫，伙夫。乘午为旅者、女巫。乘未为寡妇、道人。乘申为公人、金银匠。乘酉为婢女、卖酒人或醉酒人。乘戌为乞丐、僧道。乘亥子为强盗或惯窃。乘丑为农夫、兵卒。旺相者少壮，休囚者衰老。

五、贼从何方来及形状容貌。

以玄武所乘之神来判断。玄武乘子，贼从北方来，面黑身长，姓氏与水有关。玄武乘丑，贼从东北方来，大腹阔口，脸圆貌丑，皮肤黄白，多须雄壮，住在桥梁或神社附近。玄武乘寅，贼从东北方来，美须髯，脸大且有伤痕或痣，身材高大（按：原文寅为矮短之人，寅为阳木强木，高大，与其意相合），姓名和木有关。玄武乘卯，贼从东方来，瘦小善走，皮白，脸孔方形，略有损伤，姓带木旁。玄武乘辰，贼从东南方来，目大眉粗，须长，身材短小，貌凶恶。玄武乘巳，贼从东南方来，瘦而长，善歌曲，脸色带红，下贱之人。玄武乘午，贼从南方来，脸孔又红又黑，额尖声大，身长目斜，游荡无赖之徒。玄武乘未，贼从西南方来，目露头白，身有孝服，体稍肥，不太高大。玄武乘申，贼从西南方来，身长面白，少发有痿病。玄武乘酉，贼从正西来，稍高，容貌丑陋，面有斑点。玄武乘戌，贼从西北来，身材很高，骨瘦如柴，颜丑黑多须，脸眼嘴都很大的下贱人。玄武乘亥，贼从西北来，体肥貌丑，口歪眼斜。上述如果贼非一人，则是为首之贼状貌。

六、捕役。

勾陈为捕役。如果三传中不见勾陈，则初传为赃物，中传为贼，末传为捕役。

勾陈所乘之神为日德，或为羊刃，或克玄武所乘之神，捕役可胜任。

勾陈乘神，生玄武乘神或比和，主有贿纵脱。

玄武乘神为羊刃，又克勾陈乘神，主捕盗反为贼害。

另有制玄武之法者：玄武乘酉，用丁命人去捕，取火克金之意。丙火虽克，但与酉中辛合，或丙寄巳宫，与酉相合，皆不宜。余同论。

玄武临月将，名太阳照玄武，宜急捕。若玄武虽临月将，但为酉戌亥子丑寅夜时，没有太阳，并不为照。

七、其他。

盗神的天地盘相克，主盗贼内部不宁，贼可自首。如果盗神乘朱雀、勾陈、白虎、螣蛇等天将，盗贼会自败。

干支，行年上神克盗神，或控制日鬼，贼易捕获。克制盗神之神生干，被盗的东西能找回。

玄武乘神，遁干为旬丁，贼逃往远方。玄武乘神为太岁。盗贼是同学。

课传中见螣蛇，盗贼为附近之贼。

八、例解。

例1 癸未年丙辰月丙申日丑时酉将，陈少府占捕盗（辰巳空亡）。

此课贼匪不能即得，到八月方可获。因为午火玄武临戌土三合之处，丑土勾陈反坐空亡之地。虽子水官鬼发用可冲克玄武，但却被干上丑勾、支上辰虎所伤。所喜者，勾陈的阴神乘酉贵又为月将，克制玄武的阴神寅木（盗神），故八月可获。后果如所占。

例2 癸未年庚申月壬申日午时未将，郎少府占捕盗（戌亥空亡）。（图见第510面左图）

盗贼八九月可获。因丑土日鬼发用，但被末传卯木所克。西金勾陈乘旺，遥克中传玄武，故可捕获。但勾陈的阴神戌土旬空，又被玄武的阴神卯木所克，主盗强捕弱。幸干上为旬首，支上为旬尾，首尾相见，盗贼无处可逃。八九月，勾陈的阴阳二神临月建，可捕该逃。果于九月，捕获盗贼四名。

例3 酉月壬辰日巳时辰将，占失窃捕盗（午未空亡）。

戌土官鬼乘白虎发用，戌为家奴类神，事因家奴而起。中

合	庚子	官鬼	
后	丙申	妻财	
虎	空辰	子孙	

陈	贵	虎	合
丑	酉	辰	子
丙	丑	申	辰

陈	龙	空	虎
丑	寅	卯	辰
合子			巳常
雀亥			午玄
戌	酉	申	未
蛇贵	后	阴	

传酉金乘太常。太常为衣服、食物，酉金为妇女。末传申金乘玄武，故家奴窃妇女衣服。申金玄武加酉，酉为西方，上下比用，为近邻，在西邻可捕获。秋占戌加亥，亥水为财，乘旺相气，失物可得。果一一如占。

常	乙丑	官鬼
玄	丙寅	子孙
阴	丁卯	子孙

虎	常	陈	龙
子	丑	酉	戌
壬	子	申	酉

蛇	雀	合	陈
午	未	申	酉
贵巳			戌龙
后辰			亥空
卯	寅	丑	子
阴	玄	常	虎

虎	丙戌	官鬼
常	乙酉	父母
玄	甲申	父母

虎	常	玄	阴
戌	酉	卯	寅
壬	戌	辰	卯

蛇	贵	后	阴
辰	巳	午	未
雀卯			申玄
合寅			酉常
丑	子	亥	戌
陈	龙	空	虎

例4 子月乙未日卯时丑将占贼（辰巳空亡）。

玄武乘酉克日，必主破财。巳火青龙末传克酉，贼本当败，不料初传亥水反冲克巳火，贼得水中伏匿。戌为来路，亥为去方，皆在西北，酉为贼本家，必属鸡，酉六亥四，酉金无气，不必倍数，当于二十四里外，门前有林木，屋后有水处捕之。

例5 辛未年正月戊申日未时亥将占病（寅卯空亡）。

病起少阴，目今无妨，只需防贼，却为急要。因辰土乘玄武发用，传归支上，主贼入内室。果至三月一贼入室，此人复来言及，据原课断云：贼从北方道路行来，姓陈，少年，一人无伴，必被官获。因玄武乘相气，主年少。在子为道路，子属北方。辰陈同音。三传水局，水数一。寅木官鬼遥克玄武且旺，命上神又制盗神，告官必获。果告官三日后获贼，其名陈忠。（按：三日者，寅木官鬼临戌故。）

【原文】

附寻人法

追寻君子，当责日德，善德者，阳也。君子属阳，如甲己日占逃，则以月

```
后  己亥  父母          玄  甲辰  兄弟
雀  壬寅  兄弟          龙  戊申  子孙
龙  空巳  子孙          蛇  壬子  妻财


雀  贵  龙  合          陈  贵  蛇  玄
寅  子  巳  卯          酉  丑  子  辰
乙  寅  未  巳          戊  酉  申  子


合  陈  龙  空          陈  合  雀  蛇
卯  辰  巳  午          酉  戌  亥  子
雀寅          未虎      龙申          丑贵
蛇丑          申常      空未          寅后
子  亥  戌  酉          午  巳  辰  卯
贵  后  阴  玄          虎  常  玄  阴
```

将加正时，视寅德所临之方而求之，余仿此。又当视各属之类神，如占尊长视太常，父视日德，母视天后，兄弟朋友视六合，妻女视神后，子孙视登明，姐妹看太阴，佣工看朱雀，奴视天魁，婢视从魁之类。

若追捕罪犯，当责辰刑，盖刑者，阴也。小人属阴，既曰小人，责元武足矣，何又取刑，为其无所窃而去也。既无所窃，安可以盗目之。如子日占逃亡，则以月将加时，视卯刑所临之方而索之（如卯加寅则往东北方林木之处索之）。凡德克刑者易获，刑克德者难寻。

【注解】 一、逃亡远近。

三日以内为近逃亡，君子看日德，小人看支刑。如甲子日

德在寅，支刑在卯。若占尊长看日德寅木所临地盘之方；占小人则看卯临地盘之方，此即逃亡方向。

超过三日则为远逃亡，便以类神决之。如占父逃，日德为类神，日德临午，则父在南方。（按：今交通发达，一日之内，可去千里，甚至万里之遥，故均以类神为准。）

二、占藏匿处。

方向和天将合参判断。如占父逃，甲日德在寅，寅加子，子是北方，子乘六合，是在亲戚朋友家。子乘天后是妇人家。子乘贵人，在富贵人家。子乘螣蛇，在凶徒之家。子乘朱雀，在官吏之家。子乘六合，是牙侩之家。子乘勾陈，在公吏之家。子乘青龙，在豪贵之家。子乘天空，在狱吏之家。子乘白虎，在死丧之家。子乘太常，在善人宴乐之家。子乘玄武，在奸盗之家。子乘太阴，在阴私老妇之家。

三、逃亡回否。

类神临干，由他人寻获送来。类神临支，自己归来。日德发用和干支三合、六合者，他自己归来。

类神虽见，但空亡者，不归，见人也不归。课传不见类神者，不归，归亦费力。

类神乘死气、墓神、恶将，非有不测之灾，即死于外乡。

四、占孩子走失。

初失，往初传地支之方寻。三日内迷失，在天盘卯下地盘之方寻。三日后迷失，则以类神断之。年命上神乘墓，成死气，恐危。日干或年命上神为凶神恶将，遭灾厄。

五、例解。

例 1 壬午年乙巳月癸卯日午时酉将，沙洋一民妇携子而逃，其夫求占（辰巳空亡）。

此妇逃往正东方，十五里寻之，辰日可归。因占时为日之妻财，加临卯上，故断往东方。午数九，卯数六，相加为十五数，故为十五里。酉金勾陈发用，遥克亥水行年上寅木玄武。勾陈的阴神子水，又克玄武的阴神巳火，故寻之可得。干上辰土旬空乘天后，与发用酉金相合，

```
陈  丁酉  父母          陈  甲申  官鬼
虎  庚子  兄弟          贵  庚子  父母
阴  癸卯  子孙          常  壬辰  妻财

后  雀  蛇  陈          陈  贵  后  虎
辰  未  午  酉          申  子  丑  巳
癸  辰  卯  午          乙  申  酉  丑

合  陈  龙  空          合  雀  蛇  贵
申  酉  戌  亥          酉  戌  亥  子
雀未        子虎    陈申          丑后
蛇午        丑常    龙未          寅阴
巳  辰  卯  寅          午  巳  辰  卯
贵  后  阴  玄          空  虎  常  玄
```

待辰日填实，必能寻获。后果如所占。

　　例2　庚寅年辛巳月乙酉日巳时酉将，湾子街夫妇来占子外逃，看往何方寻找，何日能见（午未空亡）。

　　原解：此子逃往西南四十八里亲戚家。其家近水楼房，门前有羊二只，柳数株。其子与金山僧往来，寻之，丙丁日可见。因申为金，加辰为山，水局环绕，岂非金山乎。玄武卯木居亥，即近水楼房。亥支居未，上下相乘，即西南四十八里。玄武阴神上乘未，未为羊，卯木为柳，故言门前有羊有柳。后四日，于所云处见子，其子从金山回。（按：亥数四，未数八，相乘为三十二里，非四十八里。若相加乘四，则为四十八数。）

　　例3 己卯年庚午月乙亥日丑时未将，占仆逃能追回否（申酉空亡）。

课逢反吟，驿马、白虎乘亡神发用，天空坐冲位，主人不可获。勾陈申金虽克玄武卯木，但玄武的阴神酉金又伤勾陈的阴神寅木，是所遣之人，阳虽追呼，阴实为其所制，定不能归。果如所占。

虎	己巳	子孙	玄	戊辰	妻财
蛇	乙亥	父母	蛇	甲子	父母
虎	己巳	子孙	龙	壬申	官鬼

雀	常	虎	蛇	虎	合	玄	龙
戌	辰	巳	亥	午	戌	辰	申
乙	戌	亥	巳	甲	午	子	辰

蛇	贵	后	阴	陈	合	雀	蛇
亥	子	丑	寅	酉	戌	亥	子
雀戌			卯玄	龙申			丑贵
合酉			辰常	空未			寅后
申	未	午	巳	午	巳	辰	卯
陈	龙	空	虎	虎	常	玄	阴

　　例4 甲子日未时亥将占逃亡捕盗（戌亥空亡）。

　　昨夜三更门开，婢窃钱五千，逃往正北渔家，钱藏水中，本日申时可获。因占时未土为财，与日支子水相害，上乘天空，故主失脱。未时临卯，乘太阴为婢，丑贵立酉，故门户有惊。辰土天罡乘玄加子，子属三更，为日支，故主三更失财。辰为罗网，故去渔家。阳神辰为玄武，刚出走不久，便以玄武临处求之。本人行年卯，卯亦刑子，是玄武遭刑必败，故言正北水中藏财。本日申时获者，三传至申止故。

例5 正月己巳日戌时亥将占逃亡（戌亥空亡）。

贤人逃亡在东北，因己德在寅，寅临丑，丑为东北故。小人则在西南，因巳刑申，申临未故。申七未八，七八相乘为五十六里。遁干壬申、辛未、壬六、辛七相

贵	壬申	子孙
贵	壬申	子孙
雀	庚午	父母

贵	后	雀	蛇
申	酉	午	未
巳	申	巳	午

雀	蛇	贵	后
午	未	申	酉
合巳			戌阴
陈辰			亥玄
卯	寅	丑	子
龙	空	虎	常

陈	辛丑	官鬼
空	己亥	兄弟
常	丁酉	父母

空	常	陈	空
亥	酉	丑	亥
癸	亥	卯	丑

雀	蛇	贵	后
卯	辰	巳	午
合寅			未阴
陈丑			申玄
子	亥	戌	酉
龙	空	虎	常

加为十三，两者共得六十九数，故为六十九里。（按：此断远近又一法。）

例6 正月癸卯日辰时寅将，占罪犯逃亡（辰巳空亡）。

癸来加卯，又自卯上传出，退归西北，其人隐一买卖人家猪圈内，亥四酉六，四六二十四里或六十四里。当有孝服，婢在宅前洗酒器，问之便得。因酉为婢，见太常，主孝服。酉加亥为酒器故。果验。

按：此课一二课无克，三四课均下贼上，又均与日比，当以涉害深浅取用。丑土坐卯为一克，经辰中乙木二克，然后历归本家再无克，只有二克。亥水坐丑土为一克，经辰土为二克，经巳火，巳中有戊土为三克，再经己未戌，直至本家，共历六克，

故三传应是亥酉未。《大六壬立成大全钤》《大六壬总览》及本课三传均取错，特予说明。

又按：亥水发用，贼往西北。亥加酉，酉为婢妾类神，上乘太常，为孝服，亥加酉为酒，以此论断，更觉鲜明。

射　覆

【原文】单看发用，不必兼取中末传。发用值旺相相生，及见生气者为活物；值休囚死墓，及见死气者为死物。发用与日辰俱旺相，更值功曹为可食之物。课得八专昴星涉害，主物有三四件。伏吟为近物，亦水边穴隙伏匿之物。反吟为远方物，及道路往来之物。发用孟神圆物，仲神方物，季神尖碎。发用旺圆而软，相方而嫩，死直硬破碎，囚细碎，休体轻不全。旺相新而完，囚死旧而缺。发用长生，物新而小。沐浴润，冠带枯槁，临官新而壮，帝旺近贵可用。若衰病及胎养，皆废闲故物。发用子午，物有眉目。卯酉有口肠，寅申有毛角，巳亥有面貌，辰戌有手足，丑未有孔窍。

发用属水，质主柔软，为近水曲物。壬为水物或扁形，癸与子物有爪有窍。属火，质主虚锐，为上尖虚心烟火之物，丙与午物有手足，丁与巳主偏斜有光彩。属木，质主直长屈曲草木之物，甲与寅物丛杂，似有手足，文色斑点。乙与卯为细长，似有口腹。属金，质主刚硬，为方圆金铁炉冶之物，庚与申有四角，或心空，辛与酉似有头目，多头绪，或尖圆。属土，质主厚重，圆块泥土物，戊多刚破，或有皮角，巳多细碎。

子为妇女所裁制，或音乐中所用。丑为瓦石之物，有皱皱。寅为斑点文书，丛杂贵重，棱角。卯为转动之物，形有口腹。辰为水土所成。巳为火土煅炼之物。午为文绣书画。未为祭祀酒食，妇女衣服。申为铜铁兵器，医药碓硙。酉为刀钱金玉，斫削所用。戌为印绶兵器，塑画之物。亥为管钥图书，或近水之物，其形曲，或小儿戏物。

天乙方圆，五色分明，其色黄白珍贵。螣蛇主空虚变幻，春夏其体长，秋冬其物盘曲。朱雀主文字，赤色文华之物，飞禽羽毛烟火之类。六合主丝蚕竹木，仪象声音之物。勾陈主手棒干戈。青龙主青绿草木，衣钱珍奇，堪食之物。天空主空虚变幻，污浊不洁之物。白虎主坚硬棱厉，五金刀剑之物。太常主衣裳饮食。元武主空虚流转，阴暗近水之物。太阴主金银首饰，珠玉铜锡之物。天后为衣裳缯帛，妇女经手之物。

发用见火神，其物必虚，天空亦然。见水神其物必实。日辰上火神，发用上水神，其物半虚半实。日辰俱入传，主物有表里。甲青、乙碧、丙赤、丁紫、庚白、辛栗、壬黑、癸绿、戊黄、己绛。子黑、午赤、卯青、酉白、申黑白、巳斑点、亥淡青、辰戌丑未纯黄。甲己半青黄，乙庚兼碧绿，丙辛带赤白，丁壬暗惨黑，戊癸灰黄色。甲己子午九，乙庚丑未八，丙辛寅申七，丁壬卯酉六，戊癸辰戌五，巳亥无干四。

【注解】《三国演义》第六十九回叙述了这样一个故事。馆陶令诸葛原迁升新兴太守时，管辂前去送行。有位送行的客人说管辂可以射覆，诸葛原不相信，暗将燕卵、蜂窝、蜘蛛三物分别放在三个盒子之中，让管辂射覆。管辂将课式排好后，每个盒子上写了四句话。其一是"含气须变，依乎宇堂，雌雄以形，羽翼舒张，此燕卵也。"其二是"家室倒悬，门户众多，藏精育毒，得秋乃化，此蜂窝也。"其三是"觳觫长足，吐丝成罗，寻网求食，利在昏夜，此蜘蛛也。"件件奇准，满座惊骇。这个管辂就是精通六壬射覆的先贤。他的《管辂神书》论理精深，后世公认为六壬学中不可多得的精品。

天下万物，皆难脱离五行的范畴，而五行生克旺相的道理正是射覆的依据。特摘阿部泰山《射覆》一节于下：

一、射覆须知。

1. 方法。

阳日以日上神为标，阴日以支上神为的，专用初传之神，一律不用中末传。根据四时旺相休囚的范畴断之。

四时旺相休囚表

天干	春	夏	秋	冬
甲乙	旺	休	死	相
丙丁	相	旺	囚	死
戊己	死	相	休	囚
庚辛	囚	死	旺	休
壬癸	休	囚	相	旺

2. 是否有用。

发用旺相或临旺地，为贵重、常用之物。休囚死绝粗糙，不经常用或无用之物。

3. 新旧。

旺相为新为嫩，休囚为古旧，格成不备，为不完之物。

4. 五格。

润下格与水有缘或为弯曲之物。曲直格，草木之类或斜长之物。稼穑格为土物或圆厚之物。炎上格为尖小质轻之物。从革格为金属类，或坚硬之物。

5. 五行。

木神发用为木类，火神发用为经火之物，土神发用为泥土或经土之物。金神发用乃金石之物。水神发用乃水中之物或经水之物。

6. 有无。

用神或日辰上神空亡，或乘天空者表示无物。其余均有。

7. 多少。

干支及发用旺相者多，旺相死囚混杂中数，日辰发用均囚死则少。

8. 左右。

阳神成为左，阴神成为右。若射钱，辰加孟为右手，加仲季为左手。

9. 远近。

伏吟为近物，反吟为远来或走动之物。

10. 色。

阳日看干上神，阴日视支上神。旺为本色，相从子色，死乃妻色，囚为鬼色，休为母色。如下：

五行	旺	相	死	囚	休
木	青	红	黄	白	黑
火	红	黄	白	黑	青
土	黄	白	黑	青	红
金	白	黑	青	红	黄
水	黑	青	红	黄	白

例 庚寅年丁亥月癸卯日申时卯将占失马（辰巳空亡）。

此马黑青色，在西北山岗，三日内必获。因末传巳火驿马逢空，必待出旬乙巳日填实方能得马。卯至巳为三数，故云三日。巳火驿马阴神是子水，乘青龙，水色黑，木色青，故云青黑色。巳火驿马临戌，戌为西北，故云在西北岗。果三日后在西北刘家集寻得。

雀	癸卯	子孙
虎	戊戌	官鬼
贵	空巳	妻财

玄	雀	虎	贵
申	卯	戌	巳
癸	申	卯	戌

龙	陈	合	雀
子	丑	寅	卯
空亥			辰蛇
虎戌			巳贵
酉	申	未	午
常	玄	阴	后

按：类神巳火驿马，亥月为死囚，故色黑。阴日视支上神，

戌土在亥月亦为囚，色黑。发用卯木，木色青，遁干癸水色黑，也为青黑色。

11. 形状。

发用为四孟，形圆。四仲，形方。四季为碎物或尖形。阳孟为四角，阴孟为团圆。阳仲拿不起，阴季为缺斜。阳孟加阴季、仲神为方形，阴仲加阴季为圆形。发用旺者，其物软圆而新。相为方长嫩物。死乃硬直或刚物。囚为细碎之物。休为轻而形状不定，大小不均之物。

12. 可食否。

干支发用互相相生，乘吉将可食。相克乘凶将，或格成昴星、别责、八专，不可食用。

13. 味。

取五行之味，木酸、火苦、土甘、金辛、水咸。加孟则略带酸味，加仲者略带咸味，加季者略带甘味。

14. 死活。

发用旺相为生气者物活，相克死囚或死气者为死物、古物。

15. 日辰发用，其物有表里之分。从其上下神可知表里之色，如寅加午就是外青内红。

16. 干支上神。

子午加干支，其物有爪或有洞孔。卯酉加干支，其物有口腹。辰戌加干支，其物带杀气。寅申加干支，其物有手足。巳亥加干支为死物。

二、干支上天将。

干支上见贵，乃珍贵之品。可食之物，方圆黄白有光泽。见蛇为异物，带华纹，或为细长之物，色赤味甘，可食味重。见雀有光彩、异物，或羽毛、文书、烟火、飞翔等物。见六合者其物光彩，可食味杂，有竹木金石丝竹之音，或为咸味杂物。见勾陈为破损之物，有青黑纹，为草木之食。见青龙为悬挂之物，或为钱财黄白之物，草木之类。见天空乃尘秽之物，或为金石、丑状、虚空之物。见白虎为刀伤或铁石金玉等物。见太常为可食之物，色黄、形圆且美，或为珠玉、衣料等物。见玄武为文章、鳞甲，或虚空、相连之物。见太阴为金银刀剑钱类，或为野生变异、飞禽之物。见天后为女人或经女人之手物，色白如银或水稻等物。

三、天将加十二神。

贵人临子，为笔墨、文书、文章。临丑为鱼蟹美味，有泥土。临寅为窑冶，砖瓦、磁器等。临卯为竹、笛、笙、箫、空器。临辰为黄土石物。临巳为花缬、衣裳、丝麻、棉、布匹。临午为绯紫衣服。临未为贵物、珍重酒肉。临申为黑形牛畜类。临酉为黄白泥塑之象。临戌为黄草、黄腊类。临亥为铜锡器、酒壶、白碗等。

腾蛇临子，为井为龙。临丑为渠泥、孔穴。临寅为蛇形类。临卯为刀割、玲珑、花草、车船。临辰为砖瓦瓷罐，珠玉异宝。临巳为虫蛇、锦衣、丝棉。临午为实物、女衣、彩帛。临未为文字、黄物。临申为锻炼之物、金银石矿类。临酉为火灰，不中吃之物。临戌为自死泥中物。临亥为烂石、柏皮、朽皮等。

朱雀临子为笔墨文书。临丑为户秽、灰尘。临寅为鸡雉羽毛。临卯为黄色之物，果子。临辰为罗网、水虫、赤色。临巳为炼烧石药。临午为衣服、獐、鹿、马、骡。临未为口舌、文章、书信。临申为钗钏、刀、钱。临酉为铜铁、梳子、钗钏。临戌为飞鸟巢穴，骨角、器皿。临亥为泥土、粪、玳瑁、象牙。

六合临子为青白物，可贮水火。临丑为伤破刀割之物、铁镢。临寅为文书、果实、刀、尺、猩猫、曲尺、曲木之物。临卯为术士、车轮、塔物、果子。临辰为土瓦盆、石盆子、木砻、钓竿。临巳为竹管、火筒、笙、笛、箫等空虚之物或衣服旧物。临午为置成镜、匣或盒子、火签、神明签、文书、符篆、音信、曲板。临未为羊绒、百合。临申为铜、铁、刑伤之物，钻、夹剪。临酉为女子刀尺、白色磁器、镜。临戌为逃妇，绯衣物。临亥为禽类或鱼肉香味。

勾陈临子为土绯紫物或不生花之物。临丑为花纹榻、蛇、蜂。临寅为瓦石、树根。如兽形四足之器，或泥作兽形之器。临卯为蛇虫之类、槁柱、河栋。临辰为鱼、鳖、龟、蟹、钩网。临巳为衣服旧物。临午为描样、符印、文书、篆刻。临未为粟、帛、绵绸、鱼肉、漂泊之物。临申为刑伤铁器。临酉为白色磁器，缺镜、铁枪。临戌为绯紫衣。临亥为绯紫衣、鱼肉香味。

青龙临子，似鲜蛇形状。临丑为铁镢、枪、钻。临寅为柜箱、孔窍呈龙形。临卯为木器、果子及贵人家具。临辰为瓦石、柱杖、龙形、砖瓦。临巳为生气物，蛇虫、有脚物。临午为烧成可食物、废物、破碎物、泥。临未为烂木或茶叶、腰带、斑物。临申为腰带、刀伤器物。临酉为刀伤器。临戌为刀割人形物。临亥为果子、刀伤物、白色如爪形状。

天空临子为石砖、土瓦钵、缸、坩器。临丑为虫形、人质、锁、镜、奁、泥物。临寅为没底物。临卯为土石物。临巳为虫蛇有角足之物，生气之物。临辰为甘甜可食、砖瓦、空虚等物。临午为不用，破碎物或秽泥、大粪。临未为可食甜物。临申为三角坚铁铜石物。临酉为破坩、磁器。临戌为秽泥，物似兽形，殊异物。临亥为秽污水中物。

白虎临子为烧成瓦器。临丑为刀斫物。临寅为锥、锹、尖刀利器。临卯为割成铁物、刀钻凿。临辰为铜、铁、环之类。临巳为金帛、钱物、利刃、孝服。临午为烧坏药器，破碎白葛或捣药具。临未为白色或针、烧熔形。临申为铁锹、环、斧、凿。临酉为锹、镢、铁器、镜子。临戌为兽头钮、螭吻、锹钮、有口铜印铁记。临亥为刑伤虎豹、四足物、有口物或小儿。

太常临子为花缬罗衣。临丑为旧白衣，临寅为师人、笔砚、僧道法服闲物。临卯为童、经卷。临辰为石土、光明之物。临巳为花紫衣被、古破类。临午为飞鸟、文书、章文。临未为黄褐衣服。临申为猴、白锡、钱物、四足物。临酉为白色物袭、鸡、雉、雁、有毛类。临戌为赤白破衣。临亥为勒帛带绳。

　　玄武临子为鱼鳞、蝉物或经卷。临丑为羊角、羊肉、禽、鸟兽、金箭。临寅为皂色物及勾连物。临卯为爪、菜、经文。临辰为黄、赤瓦器、石、砖器。临巳为破瓶、瓮。临午为心虚、空悬、宁静动物、瓦、赤色。临未为泥中物、吃食。临申为蛇虫、蝉、蜂、蝶、蚊蝇类。临酉为金银、匹帛类。临戌为斑驳花纹白瓦。临亥为草、果木、喜美物。

　　太阴临子为面食香甜之物。临丑为妇人衣，鲜明衣。临寅为刀斧器，黄色甜物，可食物，焦香味物。临卯为钱、光明物。临辰为钗钏、花杂物。临巳为刀尺物、女衣。临午为剪刀、白物。临未为黄色、可吃、尖锥、油麻等物。临申为女子钗梳或鸡、雉、小麦物。临酉为金食物、鸡雉、鹅、鸭。临戌为发、毛、翼虫、多足物。临亥为纯白物、刀类、鸡雉之属。

　　天后临子为青黑衣衫、女人之物。临丑为瓦石器，如虚。临寅为焦香味物或黑甜的果子。临卯为泥土物或污泥物。临辰为污秽物、赤色。临巳为白衣服。临午为破物、鼠伤物。临未为带伤凶物，赤色。临申形如虎，如鼠之物。临酉为白衣。临戌为黄衣、赤黄泥物。临亥为水族、酸醋类。

　　四、五行上下所主。

　　水上见水，其物有足而多动。见火为水土坏物。见木物有轮，足转动。见金为有生命之物。见土为古旧之物。

　　火上见水，为破伤古物。见火为好行少静之物。见木为花果蔬菜。见金为铸冶、钗环。见土为陶冶、瓦、磁器等类。

　　木上见水，带花生物。见火为残焦枯槁之物。见木为花苑、木器类。见金为伤损之象。见土为棺椁之具。

金上见水，为金石类。见火为炉冶物。见木为雕刻物。见金为五金成器之物。见土为石器之物。

土上见水，为柔和物。见火为光明之物。见木为坚牢之物。见金为瓦石之物。见土为壁垒之物。

五、八卦神将所主。

乾：戌亥主之。内赤外白，内方外圆，逢水即转，遇火即坚，上有文字，绳索相连，聚而求实，散而不全。细想是卦，无过是钱。仰如镂鼎，覆如钟悬，若非金铁，即是铜铅。团圆外实，里畔虚空，人见敬贵，能鉴身容。

坎：子水主之。坎性乘风，依近水中，不浮南北，不从西东，有形不动，落亦无踪。腾浮万物，便似飘蓬，悠悠之物，内黑外黄，唯乐潜藏。情同隐匿，长在家居，唯能野合。

艮：丑寅主之。艮背之形，不动其声，外实内虚，团圆所成。旺相则实，死气则虚。形如覆盆，春秋不改。此物团圆，内虚外悭，能屈不动，种之能生。若非青白，即是龟纹。

震：卯木主之。震物动停，内白外青，头圆尾小，将变其形。震上变动，身无空形。死生复死，织络成经。如蚕作茧，似兽熊身，能盛能壮，能团能圆，逐时变败，色体苍然。下不着地，上不侵天，若非果实，即是鱼筌。

巽：辰巳主之。巽凛风云，风气氤氲，声添音韵，远听时闻，乍吟乍哭，时聚时群，形如蝴蝶，影似青蘋。弃主为形，光彩金生，游行影照，绳索之刑，空中隐伏，裒实兹成，神歌鬼笑，响大空声。

离：午火主之。似龙无角，似马头讹。若非牝马，即是驴骡。人头即少，离体身多，不临溪谷，即近长波，先白后赤，水上穴藏。凋形鳞彩，内柔外刚，外头虽实，里畔虚张。贼人盗得，灰土埋葬。

坤：未申主之。坤体外黄，其色内苍，水土而实，内圆外方，形如瓦砾，坚复能刚，若非古器，即是橐囊。卦体名坤，土性长存，朝依平野，暮宿孤村，若非牝马，即是耕牛。

兑：酉金主之。兑为金铁，坚硬裁截，乍刚乍柔，有时屈折。内里光彩，外能圆缺，若非连珠，衣茄带玦。兑性居平，外刚内明，形衣静城，炫耀光生。遥承安殿，似佛因荣，若非铜铁，即是金银。

从上可以看出，射覆的类神很多，究竟如何取法？则全看射覆之人的悟性，依五行旺相休囚生克之理断之。试析一例：

庚子日申时亥将射覆（辰巳空亡）。

1.初传午火，为火中或近火之物。2.初传与干上神亥水，水火相克，不能食。3.午火坐卯为相，数量较多，4.初传在四课为阴神，在右方。5.辰字加季，如占断金钱，在左方。初传午火九数，卯为六数，相气可乘，数为五十四或倍之。6.日干庚为阳日，加巳为克，从鬼色，色红。7.初传仲神，其物形方。8.初传乘白虎，为金属、刀伤之物。掌握了以上原则，则可根据午火类神具体断之。

六、例解。

例1　己卯年丙寅月丙子日巳时亥将，赵君袖藏一物，试射（申酉空亡）。

三传与干支都是水火相加，其物必系水火所铸而成。初末传皆火，火为炎上，首尾必高。中传子水，水就其下，其中必污下。初末传天将乘龙，属长物，其形必长。天后亦水神，加午之上，受其煎熬，则为茶。其物必茶船。出袖视

虎	甲午	官鬼
陈	丁酉	兄弟
蛇	庚子	子孙

雀	后	阴	虎
亥	寅	卯	午
庚	亥	子	卯

龙	陈	合	雀
申	酉	戌	亥
空未			子蛇
虎午			丑贵
巳	辰	卯	寅
常	玄	阴	后

之，果然。

例2 癸未年壬戌月戊戌日午時卯將試射（辰巳空亡）。

此物為錢，其數二十八。因三傳逆生，有連綿不斷之象。中傳為財類神，又為絲繩。末傳申金，古時金銀銅為錢，申為金，也有錢義，所

龙	壬午	兄弟	
后	丙子	官鬼	
龙	壬午	兄弟	

贵	空	龙	后
亥	巳	午	子
丙	亥	子	午

贵	后	阴	玄
亥	子	丑	寅
蛇戌			卯常
雀酉			辰虎
申	未	午	巳
合	陈	龙	空

蛇	壬寅	官鬼	
阴	己亥	妻财	
虎	丙申	子孙	

蛇	阴	空	合
寅	亥	未	辰
戌	寅	戌	未

蛇	雀	合	陈
寅	卯	辰	巳
贵丑			午龙
后子			未空
亥	戌	酉	申
阴	玄	常	虎

以乃為用繩串之錢。亥數四，申數七，相乘為二十八。出袖視之，果錢一串，數亦相符。

例3 甲寅日申時巳將射覆（子丑空亡）。（圖見第527面左圖）

丑為黃黑色，亥為雙魚，必黃黑二件。又丑為牛，乘天乙、天醫，必貴重之物可以療疾，其數四、八。發之，果牛黃二塊，各重四分八厘。

例4 甲申日酉時未將袁天罡占斷射覆（午未空亡）。（圖見第527面右圖）

午火子孫乘青龍發用，主文書。午為易氣（按：午火陰生，由陽易陰），當是易經。東方朔斷此課云：本課三傳純陽，取遁

干丁卯，仰视
得丑，阴神
是亥，取亥发
用三传，亥酉
未，亥主图
籍，又为日干
文书，未数八，
亥数四，发之
果易书一册，
八十四页。

贵　空丑　妻财
阴　癸亥　父母
阴　癸亥　父母

阴　虎　　阴　虎
亥　申　　亥　申
甲　亥　　寅　亥

蛇　雀　　合　　陈
寅　卯　　辰　　巳
贵丑　　　　　　午龙
后子　　　　　　未空
亥　戌　　酉　　申
阴　玄　　常　　虎

龙　空午　子孙
合　壬辰　妻财
蛇　庚寅　兄弟

后　玄　　龙　合
子　戌　　午　辰
甲　子　　申　午

雀　合　　陈　　龙
卯　辰　　巳　　午
蛇寅　　　　　　未空
贵丑　　　　　　申虎
子　亥　　戌　　酉
后　阴　　玄　　常

第七章　毕法赋

【原文】前后引从升迁吉——初传居干前为引，末传居干后为从，主升擢官职。初传居支前为引，末传居支后为从，主迁修家宅，二事皆吉。

如庚辰日，寅加酉为初传，子加未为末传，初末引从庚干在内。又干上丑为昼贵人，兼三传下贼上，岂不应升擢官职也。夜占乃墓神覆日，然亦无畏，中传未作天乙冲破丑墓，仍为吉课，此引从天干而兼拱贵也。

【注解】此引从拱贵格。庚辰日，初传寅木加酉，居庚金寄宫申前为引。末传子加未居申后，故曰前后引从。同时，寅子中间拱丑土贵人，正好临于申上，所以云，引从拱贵格。此课若占升迁，主吉，七八月尤美。余占则以类神发用推断，吉者则吉，凶者则凶。

【原文】又如壬子日，初传巳加子为昼贵，末传卯加戌为夜贵，亦墓神覆日，赖中传之戌冲辰无妨。此为两贵引从天干格。必得上人提携，或两处贵人引荐成事。

【注解】两贵引从天干格，本文举例为壬子日第八局。壬日昼贵在卯，夜贵在巳，壬寄宫在亥。今初传巳加子居亥前为引，末传卯加戌居亥后为从，昼夜两贵引从壬干，是此格。此格只丙丁、壬癸四日有，余干皆无。

却也有分别，其中壬子、癸丑日卯贵空亡，壬寅、癸卯日巳贵空亡，丙子、丁丑日酉贵空亡，丙寅、丁卯日亥贵空亡，虽前后引从，因逢空亡，引从无用，不能言吉。

【原文】又如丁亥日，初传巳加子，末传卯加戌，亦初末引从地支格，奈昼夜天将，俱是白虎居于支上，岂宜迁修宅舍乎。

特不知亦赖中传戌冲辰，不为害也。或占人行年本命在巳上，以巳上二戌冲辰，众凶皆散。

【注解】这是初末传引从地支格，本文举例为丁亥日第八局。初传巳加子居日支亥水之前为引，末传卯加戌居日支亥后为从，是此格。然言宜迁修宅舍者吉，却难合课理。因此课第一课子丁，子鬼临干克干。第三课辰亥，辰土鬼墓乘白虎临支克支，身宅俱伤，岂可言吉。若为官宦之家，虽官星临干支为吉，但乘墓乘白虎，也须防孝服，不能全吉。

【原文】昼夜贵人临干支上拱其年命者，宜告贵成事，两贵扶持。如丁酉日，酉加丁，亥加酉，占人年命在申。

【注解】这是引从年命格，本文举例为丁酉日第十一局。丁日昼贵在亥，夜贵在酉，行人本命或行年在申。中传亥加酉居申前，初传酉加未居申后，两贵引从申金年命是，占官升迁。若非申金年命，课传中酉亥两贵八次出现，名遍地贵人，反为不贵。

例　寅年七月癸亥日巳时巳将，辰命人，占谒选（子丑空亡）。

格成稼穑，必守土之官。干支上神亥丑拱子，子为癸禄，格合拱禄。三传皆官星，中传戌土乘白虎为催官使者，必速。本命辰，巳贵居前为引，卯贵居后为从，格合两贵引从年命。辰土本命又乘天喜，一片吉庆，必选。后于子月选于北方。应子月者，子禄乘青龙与初传相合故。

又如，丁巳日第九局，亥加丁，酉

陈	空	丑	官鬼
虎	壬	戌	官鬼
阴	己	未	官鬼

陈	陈	空	空
丑	丑	亥	亥
癸	丑	亥	亥

	贵	后	阴	玄	
	巳	午	未	申	
蛇辰					酉常
雀卯					戌虎
	寅	丑	子	亥	
	合	陈	龙	空	

加巳，占人年命在午；癸亥日第九局，巳加癸，卯加亥，占人行年在子等，皆属此格。

【原文】初末二贵拱年命格，如癸未日，初传巳加子，末传卯加戌。占人年命在亥，又名末助初财初德，亦贵人助贵人之兆也。

【注解】本文举例为癸未日第八局。占人行年在亥，初传巳贵加子，居亥前为引；末传卯贵加戌，居亥后为从，是此格。然此课日德、日贵并妻财发用，日禄临支，末传助财，辰土官星临本命，故求财、求官皆吉。尤利科考。

【原文】干支拱禄格，唯丁巳、己巳、癸亥皆伏吟。宜占食禄事，癸亥嫌禄空。

【注解】丁己禄在午，丁巳、己巳二日伏吟课，干上未，支上巳，拱午禄。癸禄在子，癸亥日伏吟，干上丑，支上亥，拱子禄。然癸亥日子水逢空，故云空禄。丁巳、己巳二日，若占前程必有，余占则以类神发用生克判断，不在此例。

【原文】干支拱贵格，如庚午、己酉干支拱夜贵，甲子干支拱昼贵，亦皆伏吟，宜告贵人求事。

【注解】庚午日夜贵在未，伏吟课庚上申，午上午，拱未夜贵。己酉日夜贵在申，伏吟课己上未，酉上酉拱申贵。甲子日夜贵在丑，伏吟课甲上寅，子上子拱丑贵等皆是。昼占拱帘幕贵人，最宜科考。夜占拱贵，宜告贵求事。

【原文】干支初中拱地盘贵人格。如庚午日，干上午，支上辰，是干支初中皆拱地盘之夜贵也，亦宜告贵人成事。

【注解】本文举例为庚午日第三局，干上午临申，支上辰临午，午申夹拱地盘未土为此格是。然此课午火日支临干克干，名上门乱首。午火为日鬼，夜占乘蛇尤凶，自身难保。唯昼占午火乘青龙吉将，除求功名外，余占皆凶。若庚午日第五局，庚上辰，午上寅，拱地盘未土贵人，三传寅午戌官局，生干上辰土父母乘太常吉将，寅辰拱地盘未贵，诸占多吉，更符此格。

【原文】首尾相见始终宜——干上有旬尾，支上有旬首，名周而复始格。唯乙未、辛丑、丙申、壬寅、戊申五日，干上有旬首，支上有旬尾。唯乙丑、辛未、丙寅、戊寅、壬申五日，干支隔四位方有。占事不脱，所谋皆成，去而复来。唯不宜占释散事，如有忧疑，未能决断。

【注解】此格只有干支隔四位方有。如辛未日，辛寄戌宫，与未相隔四位者是。占事逢此格，决不能脱，所谋皆成。占赴试宜代工，占讼宜换司易处。占交加用事，去而复来。唯不宜占释散忧疑之事，难脱也。

【原文】天心格：乃年月日时皆在四课之内。占天庭之事，即日而成。若占阴私鄙俚之事，反成咎矣。

【注解】如乙酉年戊子月乙丑日巳时丑将占（戌亥空亡）。

此课乙丑日属甲子旬，子水旬首加干，酉金旬尾加支，是首尾相见。同时，酉金太岁，子水月建，丑土日辰，巳火占时，均居课传，格合天心。若占功名，前程万里。若占科考，高中无疑。若占谋望，渐入佳境。若占出兵，大获全胜。唯占病讼、捕贼等大凶。

玄	巳巳	子孙
龙	乙丑	妻财
蛇	癸酉	官鬼

陈	贵	蛇	玄
子	申	酉	巳
乙	子	丑	酉

【原文】回环格乃三传在四课之中。如辛亥日，干上酉，亥上戌，三传戌酉申是也。至于干支自作三合者，内多回还格。如丁亥日，干上卯，支上未，三传未卯亥是也。占吉吉成，占凶凶就，凡事只宜守旧，不能动作。占病难退，讼不解。如女命占得干加支，男命占得支加干，来意占婚尤验。宜详其生克

空脱刑破害墓而断之。

【注解】格成回还，吉凶皆成。如果三合中带空亡、冲破反为不成。若带刑害，名合中犯杀。占吉事者，吉中藏凶；占凶事者，凶中隐吉。

【原文】帘幕贵人高甲第——昼占得夜贵，夜占得昼贵，为帘幕官。临于占人年命之上，或临日干上，试必高中。又旬首作帘幕官，临年命日干之上者尤的。唯乙己辛日有之。又辰戌作旬首，帘幕临年命日干者，必得魁元。凡庶民占得帘幕，得林下官扶持。若有官者占之，反为休官之象。

【注解】帘幕贵人为幕后贵人，年命干支上逢之，主有贵人暗中相助。如果有官之人占之，则为退居幕后，故曰休官。

此神若占科考逢之，最为有力，必中无疑，故为占科考专视之神。

辰戌作旬首，再逢帘幕者必得魁首，是因戌辰为魁罡故。此课只甲辰、甲戌二旬二十日有之。如果太岁为辰戌，再逢帘幕发用，尤的。（按：辰戌本身并非贵人。）

【原文】斗鬼相加格：或丑加未，或未加丑。作年命日干者，亦中魁元。缘丑中有斗宿，未中有鬼宿，二字合而成魁也。

亚魁星天盘酉临年命日干者占试必高中，缘酉为从魁也。

【注解】不论帘幕贵人还是丑未相加，或酉金从魁临干支年命，虽为考试吉神，却最忌空亡，一旦旬空落空，不吉反凶，必主落榜。

【原文】德入天门格：乃日德加亥发用。士人占之必高中，以亥为天门。德者，得也。

【注解】甲、丙、庚、壬四阳干德神也为日禄，戊德在巳，为日之父母印绶。乙、丁、辛、己四阴干德为官星。癸水德巳为日贵、日财，故德神发用，占试多中。若临亥水天门发用，吉凶却有不同。甲、乙、丁、己、庚、壬六日还可，若丙、戊、辛、癸日德在巳，临亥为反吟，却无吉象，故要区别。

【原文】真朱雀格：如六己日，于会试年占得朱雀乘午，其文必合上意，必得高中。缘朱雀主文书，生太岁又生日干。以上诸格俱忌空，如真朱雀克太岁，占讼必达朝廷，罪必至死，唯申酉岁的。

【注解】朱雀本位是丙午火，再乘午火是归本家，故云真朱雀格。唯六己日夜占，贵人居申逆行，至申为午火乘朱雀是。昼占贵人乘子，顺逆朱雀均不乘午。

　　四季年占，天干为己，朱雀午火生太岁，生日干，再加课传神将均吉，定能考中。若占讼，罪必至死却未必。因六己日朱雀生干故。除非庚辛日，申酉年，朱雀临丙午克太岁、克干方有此应。然庚日贵神在丑未，辛日贵神在寅午，无论昼占夜占，贵人顺行逆行，朱雀均不能乘午，此论亦为虚设。

【原文】朱雀乘神克帘幙官，其文不合主试意。

　　朱雀乘丁马，榜将出甚忌，以发榜时宜安静，恐防走失也。

【注解】朱雀为文章之类神，丁马主动，文章之神乘丁马而动，故云走失。然《大六壬大全》等六壬名著却均云必高中，依理论之，朱雀乘丁马主速，应以高中方与课理相符。本文之论，似太牵强。

【原文】昼夜贵拱年命者，赴试必中。如丁酉日，干上酉，支上亥，占人年命在戌。

【注解】此例与前"前后引从升迁吉"中"昼夜贵人临干支拱年命申"例同。不同的是，前例酉亥是拱地盘申金本命，此例是酉亥拱天盘戌土本命，为异曲同工之用。

【原文】源消根断格：如癸卯日，干上卯，支上巳，年命在辰，大宜占试，以二贵拱年命也。但脱气太重，虽高中，而终成痨瘵。

【注解】本文例为癸卯日第十一局，四课如右。

阴	贵	贵	雀
卯	巳	巳	未
癸	卯	卯	巳

卯临丑，巳临卯，二贵夹拱辰命，故云大宜占试。然四课均上神脱下神，干支为连续脱泄，故云源消根断，精气尽泄。虽可高中，但难享富贵；或虽富贵，亦难久长，夭亡之课。

【原文】帝幪官不喜为日干之墓，不宜值本旬之空，不喜克日干，空亡尤甚。使试官置卷不视，徒劳一次。

【注解】墓者，甲日见未，庚日见丑是。若未丑旺相为库，死囚方为墓。

空者，甲寅、戊午、庚申日丑贵空；甲申、戊子、庚寅日未贵空；丙子、丁丑日酉贵空；丙寅、丁卯日亥贵空；乙卯、己未日子贵空；乙亥、己卯日申贵空；壬子、癸丑日卯贵空；壬寅、癸卯日巳贵空；辛亥日寅贵空，辛卯日午贵空。

克干者，乙木见申，丙丁日见亥，辛日见午是。帝幪贵人不喜克干，此论似与课理不符。大凡科考，多以官鬼为类神，帝幪贵人作官星克干，是贵人官星来寻我，理应高中。若以凶论，必致谬误。

【原文】占武举法，以巳为弓弩，申为箭。申加午必箭中红心。如申加寅申巳亥，为四脚花。以第几课发用，言其箭中之数。四墓脱垛。

【注解】古时武举以射箭、马术为试，然占射击时亦可变化使用，以巳为枪，申为弹，中枪之法与射箭法同。

【原文】催官使者赴官期——凡占上官赴任，见日鬼乘白虎加临日干或年命之上，名催官使者。纵是远缺，必催速赴任。如值空亡，又是虚信。催官符即三传上神，生其官星者是也。

【注解】丁巳日巳时酉将占升迁否（子丑空亡）。

亥水官星，乘驿马、贵神加临日干之上，三传作财局生官，末传又乘丁神，催官使者、催官符、驿马、丁神全，其应最速。

【原文】恩主举荐例：三传年命日辰，有父母爻者，是为食禄之地。如值长生贵人亦如之。如乙日见日贵为父母，己日见夜贵为长生，空亡不用。

【注解】父母为生我之神，课传得之，主有人举荐，值贵人尤佳，如乙日见子等是；空亡则无力，如乙卯日子水空亡是。

按：己日贵神夜占在申，为己土之泄气，本文云长生，有悖课理，特订正。同时，十干贵人，不论昼夜，无一在长生处。

若言父母为食禄之地，却有误。禄即禄神，所临之处为食禄之方，此不移之论。父母为生我之神，若为何神，主何方有人举荐，万勿错讹。

雀	辛酉	妻财
阴	空丑	子孙
空	丁巳	兄弟

贵	常	雀	阴
亥	卯	酉	丑
丁	亥	巳	酉

雀	蛇	贵	后
酉	戌	亥	子
合申			丑阴
陈未			寅玄
午	巳	辰	卯
龙	空	虎	常

【原文】四时反本煞：春得金局，夏得水局，秋得火局，冬得土局，是也。如赴任占此，乃反吟课，多不满任。

【注解】春占得金局，金绝于春；夏占得水局，水绝于夏；秋占得火局，火死于秋；冬占得土局，土死于冬，皆身旺官衰之象，官气不旺，故不满任。

【原文】六阳数足须公用——谓干支课传，皆居六阳之位也，卦名登三天。最宜公干，不利私谋。若三传递进，自夜传昼，尤妙。

【注解】如庚子日第五局，第一课辰庚，第二课子辰，第三课申子，第四课辰申，三传子申辰，皆为阳神是此格。

【原文】五阳格：如课传五阳，则以占人年命补之亦名六阳。

【注解】此为添足之论。六阳格吉凶亦以九处神将吉凶断之，成其格也属勉强。五阳格强要以年命凑补，与断吉凶毫无干系，故云添足。

【原文】六阴相继尽昏迷——课传居六阴之位，利私干，不利公谋。或自昼传夜，昏迷尤甚。若天将值天后、太阴、元武、天空暗昧之神，或弹射发用，或坐于空乡，皆费力之甚也。占病必死，求望脱耗。课传五阴，而以年命补之，亦名六阴。

【注解】课传尽逢阴位，又乘天后、太阴、玄武等暗昧阴私之神，使其象更加昏迷，尤甚。如己卯日第十一局，第一课酉己，第二课亥酉，第三课巳卯，第四课未巳，三传亥丑卯昼占，丑土乘天后，卯木乘玄武。夜占酉金乘天后，亥水乘玄武是。更加四课皆上神脱下神，昏迷耗费尤甚。

【原文】源消根断格。如癸卯、癸未、癸巳，干上卯，课传俱在阴位，又是下生上神迤逦脱去。占病必虚耗难疗，凡占皆脱耗，其法如神。

【注解】如辛卯日丑时卯将占，四课如右图。

子	寅	巳	未
辛	子	卯	巳

　　四课皆上神脱下神，干支均迤逦脱去，占病必虚耗不治。本书占宅第十例也得此课式，详参之。

【原文】旺禄临身徒妄作——日之禄神，作日之旺神，临于干上者，切不可舍此而别谋动作。如乙卯日，干上卯，幸得乘禄，乃不守此而就初传之财，中末之生。殊不知皆是旬内空亡，即逢于空，不免还归于上，就禄就旺。所谓到处去来，不如守旧之谓也。此格单就六阴日干说，若六阳日干，旺禄临身，又是伏吟，不在此例。

【注解】禄神为日禄，日干临官之处。旺神为日旺、帝旺之处，二者并非一样。本节"日之禄神，作日之旺神"有误，因禄神并非旺神，不可混淆，应是"日之禄神，和日之旺神"方于理通。

《大六壬大全》等诸书皆误，特更正。

如乙卯日卯时寅将占，课传排列如右图。

此课虽初传为财，末传长生。然初中传旬空，末传坐空，皆为空虚，不可去就。不如守干上卯木之禄。得此类课者自在坐用，谋为省力，不必他就。（详参前"亨通课"）

虎	空丑	妻财
常	空子	父母
玄	癸亥	父母

龙	空	空	虎
卯	寅	寅	丑
乙	卯	卯	寅

【原文】又如辛巳日，干上酉为日之旺禄，奈是旬空。凡占必所得不偿所费，不欲守困，未免去禄而就三传之财，别谋改业，遂致亨通，又不可如前论之。

【注解】本节例为辛巳日第二局。酉禄虽临辛干，可惜酉金逢空，无所可守，不偿所费，反不宜坐享，别谋改业，方可兴旺。初传卯寅皆财，弃空禄而就实财，必有成就。

【原文】又如癸亥日，干上虽乘子为日之旺禄，亦是旬空。未免弃禄而就初传之戌，乃日鬼乘白虎，又不免投中传酉，又值败气，又坐鬼乡（酉加戌上，坐在鬼乡）。迤逦至末传申，始逢日之长生。凡占未免舍空禄而就艰难中更进一步，始得遂意。

【注解】本节例为癸亥日第二局，干上子，三传戌酉申。干上神子禄空亡，弃之奔初传戌，戌为日鬼凶。又投中传酉金，酉为败气，也不吉。直至末传申为日之长生，方有吉庆，比第二例更加艰难一层。

【原文】外有乙未日，干上卯，缘是闭口禄（旬尾为闭口），而不可守。遂投初传，奈是昴星不入之财，不免中传再归干上，受其旺禄。又不能守，至于末传，舍禄而归于宅上，处于干墓之乡。以此占之，乃托食于人，把心不定，终处于家中，受困厄而已。

【注解】本节举例为乙卯日第二局，干上卯，三传戌卯午。

三传无克，课成昴星。乙未日属甲午旬，卯木遁癸为旬尾，加干又名闭口。课传皆无可依，故云守困厄之课。断验存一例，占前程得此课，任边事以失机典刑。

【原文】禄被元夺格：如辛卯日，干酉为禄，缘昼乘元而夜乘虎，遂不可守。未免投初传丑，又是日墓。中传子，又是脱气。末传又是丁亥，乘虎而遥伤日干，自末传亥至酉，又欠一位，终不能复投其旺禄也。

【注解】本节举例为辛卯日第二课，干上酉，三传丑子亥。夜占干上酉禄乘玄武，昼占乘白虎，皆为凶将，不可守。三传丑子亥会北方局，为干墓又为脱气，皆不能守，也为暗昧不遂之课。

以上虽干上神皆禄，吉凶却有分别，所以课宜变通，切忌拘泥于一端。

【原文】权摄不正禄临支——日干禄神加支上者，占事不能自己作主，受制于他人，或遥授职禄，或止宜食宅上之禄，或将本身之职禄，替于男儿者。

【注解】如甲子日第十一局，寅木日禄加于日支子水之上是此格。此格每日有一课，如乙丑日卯加丑，丙寅日巳加寅等皆是。凡课得此，主身不由己，受屈于他人。至于吉凶，结合三传于年命方可判定。

【原文】外有日干之禄加支上，被支辰墓其禄，或被支克其禄神者，必因起盖房宅而失其禄；或被支辰脱其禄神者，必因起盖房宅而以禄偿债。

【注解】禄加支而受支墓者，如辛丑日第五局，酉禄加日支丑上而被丑墓者是。禄加支而受克者，如乙酉日第七局反吟课，卯禄加酉支上被支克者是。欲断吉凶，却要根据三传、年命及干上神合断。

【原文】避难逃生须弃旧——如甲子日，戌加子作初传，虽曰日财，乃是旬空。中传申金，又是日鬼。末传午火，作日之脱气。三传既无所益，不免只就干上子水而受生，乃为避难逃生。

【注解】避开克我、害我之神谓避难；逃向生我、护我之神谓逃生。如本节举甲子日第三局例。子水临干，三传戌申午。初传戌土虽为日财，旬空无用。中传申金日鬼克我，末传午火火子孙脱我。三传皆无益，只好避开三传，以受干上神子水生者是此格。以下甲子日辰加寅，是弃三传而就支神子水父母之生，也是此意，不再加注。

【原文】又如甲子日，辰加寅为初传，虽曰日财，奈昼夜天将，皆是六合属木。其财上下交克，终不可得。中传午火，乃日之脱气，末传申金，又是日鬼。三传俱无所益，不免日干就子支而受生，亦谓避难逃生。

又如庚子日，子加申，此乃支神上门而脱干。兼三传水局，又天将蛇龙武皆水中之兽，真脱耗庚金而不可逃者。然熟视之，天盘申金，坐于辰土之上就生。子水坐于申金之上，以就长生，各自就生，岂能蚀日干之庚金，亦为避难逃生。占人本命作丁神动摇不定而坐长生之上，亦为避难逃生。

【注解】本节例为庚子日第九局，课传式如右。

此课子水乘蛇临干盗干，初传辰土父母旬空，中传申金日禄坐空，三传合成水局，盗干之气，庚金精气尽泄，不论占宅、占功名、占财、占病，无一吉庆，是谓凶课。本节言"申坐辰就生，子坐申就生，各就其生，岂能蚀日干之庚金"之论完全悖离课理。不要说辰土旬空，申金落空，即使不空，三传合为水局，

玄	空辰	父母
龙	丙申	兄弟
蛇	庚子	子孙

蛇	玄	玄	龙
子	辰	辰	申
庚	子	子	辰

辰土申金也化为水，若论就生，岂非无三合之理？故特予说明。

【原文】有避难逃生而终不能生者。如丁亥日，夜占昴宿，三传午戌寅。缘始弃干上之墓，遂投初传之禄，奈是旬空。又

弃空禄而再归干上中传之戌墓，然终不可受其久困，又投末之长生，奈值白虎，未免止居宅中，受惊危之长生而已。

【注解】课传中虽有长生可就，但上乘白虎、勾陈等恶将，虽受其生，却担惊受怕，吊胆提心，终不安稳，是虽逃生终不能生之意。如本节举丁亥日第十局例。丁干乘戌，亥支乘寅，三传午戌寅。丁干上戌土为墓，弃之投初传午禄，午禄旬空无用。复投中传，中传为墓，只好再投末传寅木。寅木虽是干之长生，又居宅上，本吉，惜夜占上乘白虎恶将，只好居宅受其惊危。

【原文】有避难逃生而得财者，如壬午日，辰加亥作初传，乃是墓神覆日作用。三传辰酉寅，不免弃墓而投中传酉金之生，乃是旬空。遂再投末传寅木，又是脱气。然后弃其三传，而壬干加午以取财也。

【注解】此为壬午日第八局。墓神覆日发用，中传旬空，末传落空且脱日，均为不吉。幸壬水寄宫亥水临午财，且为日支。若占求财，反可得，故曰避难求财。余占皆不以此论。如占宅，亥水临支克午，是尊长凌卑小之象，反不吉。

【原文】墓作太阳格：谓墓神覆日，却作太阳，患难中得上人提携。

【注解】此言三传吉，墓神覆日，虽是不吉之象，如果墓神作月将（太阳），却主患难中有人提携。如上例壬午日第八局，辰土墓鬼覆日干壬水，若辰为月将者是此格。

【原文】朽木难雕别作为——谓斫轮课中，卯为空亡者，是朽木不可雕也，值此宜改科易业而别作营生。

【注解】斫轮课以卯木为车轮，庚辛为斧刀。若卯木逢空，为之朽木，岂能雕斫。如庚戌日第六课，卯木旬空加于庚金之上是此格。（详参前"斫轮课"）

【原文】众鬼虽彰全不畏——如壬辰日，戌加未为初传，丑加戌为中传，辰加丑为末传，三传皆为日鬼，诚为凶也。殊不知干上先有寅木，可以敌三传之土，兼是蒿矢择比为用，又坐空乡，鬼力轻也。凡占未免先值惊危，下稍无畏，虽有谋害，不为祸也。且寅木切不可作脱气看，实为救神。如孔门之有子路，能御侮者也。

【注解】三传皆鬼或鬼局，名全彰。子孙为克鬼之神，如果临干，为救神、护我之神，可以克鬼。故凡三传皆鬼，干上神乘子孙者，名曰有救，不畏鬼克。如本节举壬辰日第十局例，壬水干上乘寅，三传戌丑辰，虽皆为日鬼，但有干上神寅木子孙克鬼护干，日干不受其克也。此时寅木决不可作脱气论，乃救神也。占事逢此，虽先有惊而后无畏。虽有人相害，但不能为祸。

子路：名仲曲，孔子弟子，志性耿直，有勇力。曾随孔子周游列国，保护孔子，使其免受许多欺凌侮辱。

【原文】家鬼欺家人格：如己丑日干上申，支上寅为用。三传寅卯辰，归木乡。此支上有鬼，引入鬼乡者。

【注解】此例为己丑日第十二局。申金贵人临干，寅木官鬼临支发用，三传寅卯辰东方一气，皆鬼，是支上寅鬼引众鬼入宅克宅。幸干上神为申金子孙，且乘贵人克鬼，也是有救，不能成祸。如果从支之阴神（第四课）发用为鬼，也属此例。如丙寅日第三课，子水官鬼从第四课上发用，辰土临丙干制之是。

【原文】家人解祸格：如癸亥日，辰加癸为用，三传辰未戌，皆是土神，夜将蛇勾虎，诚为凶也。不知支上有寅木，可以敌鬼，不为凶咎。此例必得宅中之人解祸。

【注解】三传皆鬼，干上神不能解救，解救之神却临支上，主家中有人能解其祸，故曰家人解救格。如本节举癸亥日第十局例。辰土鬼墓临干发用，三传辰未戌皆鬼伤干，极为凶狠。喜支上神寅木能敌众鬼，使其不能为祸者是。

【原文】引鬼为生格：如丙子日，以干上之子作初传。虽是日鬼，却生末传寅作丙火长生，反不畏干上之子水。而亦不赖宅上未土来救。

【注解】初传为日鬼，末传为日之父母，即印绶。鬼虽克身，但生父母印绶，于是鬼生父母，父母生干，故曰引鬼为生格。大凡占事逢此类，均主先凶后吉，先难后易。

【原文】传鬼为生格：三传皆作日鬼，生起干上之父母而生干是也。又如癸巳日，巳加丑用，昼将皆土神克日，殊不知土将生三传金局，三传金局生日干，反凶为吉也。

【注解】三传均为日鬼，干上神却为印绶。鬼虽克身，但先生起干上神父母，父母再生干，此类叫传鬼为生。占事逢此，主逢凶化吉，转祸为福。如庚午日未时卯将占，虽三传寅午戌合成火局为鬼克干，但辰土父母临干。如此，火鬼生辰土，辰土生干，是此类。

本节所举癸巳日第九局例，是三传乘贵勾常土将克干，以三传金局父母化鬼生干。虽看似此类，但壬课以神为主，以将为辅。只有以神论官鬼者，并无以天将作鬼者，此论实太牵强，无意义。

【原文】贵德临身消除万祸格：如乙丑日，乙巳日并酉加巳为初传。三传金局，并来伤其乙木。如用昼贵，凶不可遏，设用夜贵反为吉。言初传酉金上被螣蛇克，下被巳火伤，又被中传丑土来墓。末传巳火来克酉金，全无力克干，纵然干上乘申金，又为贵人，又为日德、贵德临身，能伏诸煞。

【注解】此论也须商榷。阳干之德为禄，若临干有帮干之用，当可减弱官鬼之力。阴干德神除癸日为贵财外，余皆为官鬼。本身就有克干之意，如何还能化解官鬼克干，实在令人难于理解。

例　乙酉年戊寅月己亥日巳时子将占病（辰巳空亡）。

午火发用，遁甲木暗鬼克干，寅木明鬼临干克干。午火日禄发用，但临亥水绝地，均不吉之象。寅鬼临未，为干之寄宫

临墓，六月必死，果应。若以上论，寅
木为己日德神，可解万祸，必不致死，
岂不大谬么！所以，大凡断课，只重神，
其神煞只可作参考。

【原文】天将为救神格：如辛巳日，
午加辛为用，三传火局，并来伤干，诚
为凶也。然昼夜天将，皆是贵常勾土神，
窃其火气以生日干，亦宜免祸。

【注解】三传为鬼，干支上皆无解
救神，如果天将能解救者，也可以减祸
或者免祸。如辛巳日午时寅将占，三传
午寅戌成火局为鬼克干，干支上神又无
解救之神。但不论昼占，还是夜占，天
将均是贵人、勾陈、太常土将，可窃火
之气而生辛干。若日干强旺，其祸可免。
日干休囚，也可减其凶咎。此类若三传
乘水将，也是救神。

阴	甲午	父母
龙	辛丑	兄弟
贵	丙申	丙申

空	蛇	阴	龙
寅	酉	午	丑
己	寅	亥	午

陈	龙	空	虎
子	丑	寅	卯
合亥			辰常
雀戌			巳玄
酉	申	未	午
蛇	贵	后	阴

【原文】脱气为救格：如壬子日，未加卯，三传木局，并来
脱干，并无日鬼，不合众鬼之例。不知
夜将三传，皆勾常贵土神。并来伤壬干，
反赖三传木局去其土将，岂不应斯格也。

【注解】此论也无意义。三传合局
脱干，其凶已现，天将是否克干，已不
足为患。如本节举壬子日第五局例，课
传排列如右：

此课干支上神交车六害，三传合木
局脱干。申金虽临支生支，但上乘白虎，

常	丁未	官鬼
贵	空卯	子孙
陈	辛亥	兄弟

常	贵	虎	后
未	卯	申	辰
壬	未	子	申

三月占又为死气，也难以为吉，诸占皆凶。以上论，一则三传脱干，本身已凶，不能化解。二则卯木旬空，亥禄坐空，即使能解，也心有余而力不足。故上论也为虚花，实无课理分析价值。

【原文】须忧狐假虎威仪——如丁未日干上子，其丁火实畏子水所克，全赖未支土神制其子水，不致伤干也。丁火喻狐，未土喻虎，故为狐假虎威仪也。凡占不可妄动，动则离其未土本位，则子水随迹而伤丁火矣。

【注解】凡占须仗他处之力来摆脱困境者，叫狐假虎威。凡占得此类课，均主宜静不宜动，动之必祸。

【原文】鬼贼当时无畏忌——如戊子日干上午，三传寅卯辰，皆是日鬼。如春占木旺，反无所畏，盖木向春荣。自贪旺盛，无意克土，直至夏秋，其祸始发。如有祸时，便宜断绝，以免后患，余令皆然。

【注解】前句"众鬼虽彰全不畏"是言救神，此句则是指时令，即鬼若逢旺，贪其荣盛而无克意。如庚辰日巳时午将占，干上酉，三传巳午未，火恋其旺而不克金，夏占无妨，秋冬其祸仍发，此论更是费解。官鬼乘旺，本是极凶，何以反无克意？反之，官鬼逢休绝，本已无力，何以又反能克？实与五行之理相悖，故应把"当时"二字以"死绝"二字解。即官鬼临死绝之地，日干当令，不须畏惧官鬼。如甲乙日春占，三传申酉戌，死金不能克旺木之类是。如果申酉生旺，仍可为祸。

【原文】传财太旺反财亏——如戊申日，干上丑，三传子申辰，皆作日之财。兼昼夜天将，皆是水中之兽，其财太旺。如取其财，反费己财。缘水自贪生旺，不与我作财，且待身旺之月，财气稍衰，方可取其财，余仿此。

【注解】三传皆财，非财贪生旺，不与我作财。而是财神太旺，日元羸弱，不能胜财故。若日干强旺，仍以有财断。

例　丁丑年甲辰月乙未日卯时酉将占财（辰巳空亡）。

此课不仅三传皆财，四课除日干外也皆财，年月日又是财。时令正当木衰土旺之时，犹如病人入宝山一样，虽满眼是财，自己无力拿动分毫，可望而不可即，最终空空如也。同时，此课中传旬空，初末陷空，课逢反吟，均主无财。

雀	戊戌	妻财
常	空辰	妻财
雀	戊戌	妻财

雀	常	后	龙
戌	辰	丑	未
乙	戌	未	丑

【原文】脱上逢脱须防诈——日干生其上神，上神又生天将者，名脱上脱。凡占虚耗不实之象。

【注解】此类例甚多，如庚辰日寅时午将占，日干庚上神为子水，天将乘青龙，则庚金生子水，子水生青龙木，更加三传又申子辰合水局盗日，是一片欺诈之象。占事虚诈不实，多被脱耗。

【原文】无依脱耗格：唯丁未日反吟昼占，乃干生丑，丑生将，一火逢八土，如忧事不止一件。一事未平，又来一事，必有大患。

【注解】丁未日第七局反吟课，课传中除丁火日干外，余皆为土，是一火逢十土（按：本文云一火逢八土，《大六壬大全》诸书云一火逢九土，皆误）。丁火日干无丝毫帮助，故云无依。占事逢之，耗费虚诈并非一件，旋踵而至。

【原文】脱盗格：乃干上逢脱气，天将作元武者例。

【注解】干上逢脱气，天将乘玄武，玄武为盗神，是此格。如辛亥日辰时巳将占，日干辛金上神亥为脱气，天将乘玄武为盗，日支加干脱干，其凶尤甚。

【原文】空上逢空事莫追——干上见旬空乘天空者，凡占指空话空，全无实象。

【注解】空亡为虚空之处，天空又是虚诈之神。占事如干上神或三传中逢旬空，天将又乘天空，叫空上逢空。主指空画空，全无实象，万莫认真。如甲申日丑时午将占，未土旬空临甲木，上乘天空者是。

【原文】脱空格：谓干上有脱乘天空。

【注解】干上神为脱气、旬空，天将又乘天空者是此格。如乙酉日寅时辰将占，夜占贵人在子，干上午火旬空、脱气，天将又乘天空者是此格，主脱耗尤甚。

【原文】凡遥克为用作空亡，凡占皆虚无实。

【注解】遥克本已无力，再逢旬空，上乘天空，一派虚象。若遥克落空，亦同此论。

【原文】进茹空亡宜退步——如壬子日，干上子，支上丑，三传寅卯辰，皆是空亡，既向前值空，即宜退步抽身急转，反就干支上子与丑合，庶使壬水不被三传全脱，可以全身远害，犹有所得，不利托人。如甲午日，干上卯，三传辰巳午，亦皆空亡，亦宜退步。奈干支前后夹定脱气在内，尽被脱空，如遇丑为年命，始宜退步，就其寅禄。

【注解】三传进茹是指连续而进，如亥子丑，寅卯辰等是。占事逢之，本宜向前，然逢空亡，若向前则空空如也，反宜缩首，抽身退步，反有所得。如本节所举壬子日第十二局例。壬干上子，子支上丑，三传寅卯辰。壬子属甲辰旬中，寅卯空亡，辰土落空，三传无一实处，唯宜守旧。诸占皆凶，不宜妄动。

【原文】脱空格：如癸丑日，干上寅是空亡，又寅卯辰为三传，使癸水生其脱空。虽有千金，不能当其消耗。如乘元武在干尤甚，占讼费而不直，占病脱而虚怯，终无处退步。

【注解】三传连茹空亡，又临干上脱干，再乘凶将，终被脱尽，苦不堪言。如本节举癸丑日第十二局例，三传寅卯辰，寅卯旬空，辰土坐空。寅木脱气又临癸干，上乘玄武盗神者是。

【原文】脚踏空亡进用宜——谓退步三传，全值空亡者，如背后有三阴坑，宜进而不宜退也。如戊申日，干上辰，三传卯寅丑，皆作日鬼，幸遇鬼空，足以脱灾逃难，唯不宜守旧。缘干上乘墓，宜于三传之前，再进一步便逢禄神，此不利有官人占，以官空故也。

【注解】三传连退茹逢空，如脚踩在空地上一样，故名。如甲寅日占，三传丑子亥等是。占事逢退茹，本宜退步，然退后逢空，如落陷阱，故宜向前。如本节举戊申日第二局例。干上辰土，三传卯寅丑，卯寅为干鬼，幸遇空亡，故能脱灾避难。不宜守旧，再行前进一步，便是巳火德神，必有所得。然卯寅官鬼为求功名类神，所以不利求官。

【原文】寻死格：如丙午日干上辰，三传卯寅丑。木能生火而皆空，如占病乃寻死格也。占父母病尤急，占子孙病不妨，占讼理亏，问官不主张，以生我者空亡也。

【注解】三传为生我之神逢空，占病得之为寻死格，占父母之病尤的，因父母之神逢空亡故。占子孙病不妨者，因父母之神是克制子孙之神，逢空子孙之神无克反喜故。

【原文】又有甲子日，戌加子为初传，乃是本旬之空。申加戌为中传，乃是后旬之空。午加申为末传，乃外后旬之空。故向后全无实意，不宜进步。

【注解】初传为本旬空亡，中传为下旬空亡，末传又为下下一旬空亡者是。即使向前，也是旬空，故宜守旧，不宜妄动。

【原文】占验课内记，有贼攻城，乙卯日未加亥发用，困城之象也。赖末传亥水育干支，自墓传生，先迷后醒，亦危中之救，奈交甲子旬，亥水救神反空。所以预断二十三日，甲子日贼至，果验。观此，则旬后空，亦当看。

【注解】此陈光献占验例，虽前已有，但此时举出为便细究，再列全课于第549面。

例　辛巳年十二月乙卯日巳时丑将，雪后占省城安危（子丑空亡）。

占兵以游都为类神。今游都子水虽临干，但旬空。二十三日甲子日填实，贼兵方至。初传未土乘白虎为墓神，是凿城毁池之象。幸末传亥水为日之长生，自墓传生，虽危有救。后果于二十三日甲子日贼至，攻打城池二十日，于次年十三日即癸未日退兵。

此课先是子水游都旬空，填实兵至。甲子旬亥水救神旬空，故受贼攻打，城池危至九分。甲戌旬亥水填实，救星有力。未土临亥，故贼未日即退。

【原文】胎财生气妻怀孕——谓日干之胎神，作日之妻财，又逢月内之生气者，占妻必孕也。如壬寅日，干上午，七月占，午加亥发用，壬水胎在午，又是日之妻财及七月生气在午。

【注解】生气：正月起子，二月在丑，三月在寅，四月在卯，依此顺推。

如壬寅日第六局，若七月占，壬水以午火为妻财，临干发用。壬水绝于巳，胎于午，午火又为胎神，七月生气在午，午火既为妻财，又为胎神生气，故占妻必孕。

【原文】支之胎神作月内生气，亦主有孕，不必作干之财。即胎神临妻之年命，或临支上，亦主有孕。若孕神临空亡，必主损胎。

【注解】干为我，支为妻，所以支既是妻，不必作干之财，逢胎神生气即是有孕。如果胎神空亡，虽有孕必损胎。如壬辰

虎	己未	妻财
合	乙卯	兄弟
后	癸亥	父母

贵	常	后	虎
子	申	亥	未
乙	子	卯	亥

蛇	雀	合	陈
丑	寅	卯	辰
贵子			巳龙
后亥			午空
亥	酉	申	未
阴	玄	常	虎

日第六局七月占，午火日财临干为胎神，作生气发用，惜午火旬空，故虽孕但胎必损。

【原文】 孕神乘元武，为婢妾之胎。

【注解】 因玄武既为阴私之神，又为婢妾类神，故云为婢妾之胎。如六乙日胎神在酉，夜占贵人在子顺行，至酉天将为玄武是。

【原文】 互胎格：如戊寅日，干上酉，乃支之孕神。支上午，乃干之胎神。或作夫妻之行年本命，必然受胎，不必寻生气及财神也。

【注解】 日干的胎神临支上，日支的胎神临干上，叫互胎格。若正是夫妻的本命或行年，即使不是财神和生气，也主妻怀孕。如庚寅日卯时辰将占，日干庚金上神酉，是日支寅木的胎神。日支寅上神卯木是日干庚金的胎神，是此格。

【原文】 占产六合为子，天后为母。若临死气，恐防有损。

【注解】 六合是子息类神，天后是产妇类神。若临本月死气，必有伤损。（详参前"孕产"章）

【原文】 子恋母腹格：如干加支，支加干而互相生者，利占孕，则保育，不利占产。外有支加干而克干者，支为母，干为子，如俯首已见其子，亦主速。

【注解】 干为子，支为母，干加支，支加干，互相相生，是母子有情。如果占胎，主胎儿平安。若占产期，因母子相生，却主产迟，故曰子恋母腹。如果子孙类神临支或支下，名俯首见子，虽生亦主产速。

【原文】 胎神作空受克，占产当日便生，占孕必损。

【注解】 胎神空亡是无胎。若占产，子生而无胎。若占孕，胎损而无胎。如癸巳日第八局，午火胎神临干发用，但逢旬空是此类。

【原文】 血支血忌值养神而克胎神者，占产主速，占孕有损。

【注解】血支、血忌值养克胎，主有血光之灾。占产速，占孕损，是因胎神受克故。如果血支、血忌值空亡或坐空，却主占产、占孕皆无妨。如丙丁日胎神在子，养神在丑，正月占血支、血忌皆在丑，养神克胎有此应。如果是丙辰、丁巳日占，丑土旬空，则孕、产皆无妨。

【原文】昴星格：刚日生女，柔日生男，取俯仰而生也。

【注解】此法不合课理，占断男女，应以孕母行年上神判断。阳为男，阴为女；或三传二阳包一阴为女，二阴包一阳为男，方是正论。

【原文】断小产诀：母之年命上神，冲克胎神者，纵作生气，必是小产。

【注解】此是正论。胎神是子，生母年命上神冲克胎神，是母不容子，其子何能生焉。如癸酉日第八局，午火胎神虽临癸干，如果其母年命在未，未上神为子水，且居中传，冲克午火胎神者是。

【原文】胎神作长生，大宜占孕，不利占产。

【注解】其意与子恋母腹格同。

【原文】丑为腹，腹加胎神，如腹内有胎也，必主有孕。如丑临空，占产速，占孕凶。

【注解】甲乙日胎神在酉，丑加酉；庚辛日胎神在卯，丑加卯；壬癸日胎神在午，丑加午。此六日可用此理。丙丁戊己日，胎神在子，丑加子，虽丑为腹，但丑亦为养神，养神加胎神克胎，不论占孕、占产皆凶。

【原文】伤支害母，伤干害子，干支俱伤，子母俱害。如产期，以本月之内，破胎之日生，或害胎之日生，或刑胎之日生，或生气之日生，或以子息长生之日生，或以五行养日生，或以逐季天喜所临之日生。天喜者，逐季养神也。又妻本命纳音之胎神，冲破之日生。

夹定三传格：如干支夹定三传，或初末六合，如占产，子母俱不可保，缘气闭塞于中也。或母之年透出支干之外，可免母凶。

【注解】本节与"占孕产"章基本相同，可详参。

【原文】胎财死气损胎推。

【注解】凡胎神又作妻财逢当月死气者，其胎必损（死气，正月起午，二月在未，三月在申，依此顺推）。戊己日子水为胎财，七月占死气在子，占孕不育，占胎必损。甲乙日酉金为胎鬼，四月占死气在酉；丙丁日子水也为胎鬼，七月占死气在子，亦主有此应。

【原文】交车相合交关利——谓干上神与支上神合，支上神与干上合也。外有交车长生，宜合本而作营生。交车财，宜交关取利。交车脱，虽相交涉，而各怀相诈之意。交车害，彼此各相谋害。交车刑，和美中必至争竞，两无礼也。交车冲，不论亲疏，先合后离。交车克，乃蜜中砒，笑里刀也，如相交涉，必至争讼。交车三合，乃三合为传。又支干交车相合，值此格者，家合仁义，外有帮扶，唯忌空亡。凡交车课，不利占解散事。

【注解】日干与日支上神，日支与日干上神，相互倾斜对照相合名交车合。大凡占事逢此，主彼我有相合之情，利和合事，不利解散事。虽止一课，却分八种，各主吉凶不同。详参前"论合"一节，均已举例说明。

【原文】上下皆合两心齐——谓干支上神作六合，地盘支干亦作六合。

【注解】如丙申日巳时巳将占，丙干上巳，申支上申，干支上神巳申相合，干支巳（丙火寄宫）申亦相合是，主两人齐心协助，诸事可成。

【原文】干支自合格：谓干上神与干相合，支上神与支相合也。

【注解】如甲申日第二局甲上亥，申上巳。甲（寄寅宫）与亥合，申与巳合是。但此类课虽上下相合，干支上神与干支却均居冲位。如本例干支上神，巳亥相冲，干支寅申相冲。其他如丁丑日，干上午，支上子；庚寅日，干上巳，支上亥等均此类。虽主和合，但合中有冲，非始合终散，即始散终合，均应根据所占事灵活判断。

【原文】干上神作六合格。

【注解】如戊辰日第五局，戊干上丑，辰支上子，干支上神子丑相合者是。

【原文】交车六合格：主客相顺，神和道合，内有一字空亡，反为凶咎。

【注解】以上诸格，皆有相合之情，内有一字空亡，干上神空者，我意不实。支上神空者，彼心有诈，故主凶咎。

【原文】外好里槎芽格：上神作六合，下干支作六害，外虽好而中实猜忌。

【注解】此类格局甚多，如壬申日第十局，壬上寅，申上亥，干支上寅亥相合，干支相害。戊寅日第四局，戊上寅，寅上亥，干支上寅亥相合，干支寅巳相害等。占事逢此，虽表面和好，心里却互相算计。

【原文】日辰邻近格：如壬子日，子加亥与子上丑作六合，又是支加干，邻近相合也。近而相得，尤为和美。

【注解】此格只子丑、午未相合有，因二合贴身相合。如戊午日干上午，与支上未作六合，不仅午未相近，且戊寄巳宫，巳午未贴近相邻。凡占主客相顺，神道皆合。

【原文】彼求我事支传干——初传支上起，末传归干上者，必主托我干谋，凡事皆成。

【注解】如癸酉日第五局，癸干上酉，酉支上巳，三传巳丑酉，是初传从支上巳起，末传到干上酉止，主他人委托我干事谋事。但细析此课，三传递生，末传生干，三传又合金局生干，其意并非他人求我干事，而是我事事得人扶持，原文似有矛盾。

【原文】我求彼事干传支——初传干上起，末传归支上者，凡事勉强，不免俯求于人。

【注解】如丁亥日第十一局，丁上酉，亥上丑，三传酉亥丑，是初传从干上起，末传归支上丑土。占事逢此格，主诸事勉强，或为卑下所屈，有礼求下人之意。百事不举，家宅不和，行人来，病者难愈。再析此课，酉金妻财夜占乘贵，占婚必成，且妻贤美。若占行人逃亡，自干传支，亦主自归或即归。除占官，末传丑土子孙不利求官，占宅丑土临亥克亥外，占求谋，尚且顺遂，亦与原意不太相符。

【原文】金日逢丁凶祸动——如有官人占之，则赴任极速。不欲占人行年上神克去六丁所乘之神。常人占之，反宜制丁乘神。谓庚辛二干，三传年命，逢旬内六丁，必主凶动。又当看丁神所乘之神，六亲何属而断之。如丁卯则因妻而凶动，或取财而祸起。丁丑则因父母田墓而凶动，旺相为田，休囚为墓。丁亥则因子息而凶动。丁酉因兄弟或己身而凶动，丁未则因父母长上而凶动。丁巳则因官鬼及长上而凶动。如乘白虎，其动尤速。乘勾陈，必被官事勾连。如乘月之死气，必亲族在外报讣而动。往乘贵人，必有贵人差遣。乘元武欲逃，乘蛇雀武，或妻有血灾。

【注解】甲子旬，庚午、辛未见卯木乘丁，卯木为庚辛之财，丁火为庚辛之鬼，故云因妻而凶动，或因财而祸起。余类推。（按：此句与下句"水日逢丁财动之"在"论旬丁"一节中均有详细论述，请详参。）

【原文】火鬼蛇雀克宅格：缘火鬼乘朱雀而克宅神，其末传

又乘丁神而遥克日干者，必遭天火。春午、夏酉、秋子、冬卯
为火鬼，值此者，宜以井底泥涂灶禳之。

【注解】朱雀、螣蛇乘火鬼克宅，这里的火鬼并非是庚辛日
见巳午之鬼，而是一种神煞。春在午，夏在酉，秋在子，冬在卯。
若朱雀、螣蛇乘其临支克支，末传又乘丁神遥克日干，主遭天
火焚伐。

例　十月庚辰日卯时寅将占（申酉
空亡）。

十月占为冬季，火鬼在卯。卯时
占事为昼占，庚日昼贵在丑，丑居寅，
顺行至卯上乘朱雀。卯木加辰，辰为
支神，支神为宅，是卯木乘朱雀带火
鬼克宅。中传寅木乘螣蛇，推波助澜。
末传丑土，遁丁克干，一片凶象，宅
必遭火厄。凡得此类课，宜小心防范
为上。

【原文】人宅罹祸格：缘日上神克
日，而支上神乘丁，又克日主，身宅
皆凶，人灾而宅必动摇。

【注解】如果丁神乘螣蛇克干临
宅，主人宅皆罹祸患。如辛巳日辰时
子将占，丑土遁丁乘螣蛇加临巳宅上
又克干，三传寅午戌助之，人宅必咎。

【原文】蛇虎遁鬼格；专论蛇虎二爻。谓甲乙日，遁旬内之
庚，乘白虎，庚辛日，遁旬内之丁乘螣蛇者，凡占至凶至危，
至怪至动，纵空亡不能解救，缘虎为庚，蛇为丁，皆本家也。

【注解】此说唯甲乙、庚辛四日重，即甲乙日白虎遁庚，庚

雀	己卯	妻财
蛇	戊寅	妻财
贵	丁丑	父母

空	龙	雀	蛇
未	午	卯	寅
庚	未	辰	卯

合	陈	龙	空
辰	巳	午	未
雀卯			申虎
蛇寅			酉常
丑	子	亥	戌
贵	后	阴	玄

辛日丁神乘蛇。如辛酉日第五局夜占，辛干上午，酉支上巳，巳火遁丁乘蛇发用，主人宅不宁。若为占功名，虽即可赴任，家宅亦不安宁，怪惊迭出。

【原文】凶怪格：墓神丁神，并临年命日辰者。如甲辰、乙巳日，逢丁未。庚辰、辛巳日，逢丁丑，极怪极凶。

【注解】如乙巳日第十一局，乙干上午，巳支上未遁丁，虽午未相合，但干支皆被上神脱泄。支上神既为日墓，又乘丁马，脱泄尤速，怪耗不免，诸占皆凶。又如庚辰日第四局，庚上巳，辰上丑遁丁，三传巳寅亥，支上神丑土遁丁为日墓克干墓干，占病缠绵不愈，占讼有罪刑。如果占功名，占科考，官星临干，丑土为贵人或帘幕贵人遁丁官星，反主速得，故宜活看。

【原文】马载虎鬼格：谓驿马乘白虎而克干也。

【注解】丁神所乘之神为官鬼，又为驿马，且乘白虎者，壬课中不见此课。辛未、辛卯、辛巳三日见丁巳，虽为日鬼、驿马，但无论昼占，还是夜占，均不乘白虎。丁日见亥虽鬼马相并，也并非驿马。如果以天马论，干上又非遁丁神，所以此论不能成立。如《大六壬大全》中举例云："甲寅日申加午为末传，昼将又乘白虎。"虽申金为驿马、官鬼，上乘白虎克干，但与文意丁马不符。

【原文】蛇虎乘丁格：谓蛇虎乘丁神而克干者，必主本身有凶。克支神者，必主家宅有变，屋宇塌倒，人口有灾。

【注解】如乙亥日巳时未将占，乙干上乘午，亥支上丑，昼占上乘白虎，丑土遁丁乘虎克支，必因家宅有动或屋宇倒塌损人，或染灾病。

【原文】水日逢丁财动之——壬癸二日，日辰，三传年命，逢旬内之丁神者，必主财动，及远方封寄财物到来之象。如未有妻，则有娶妻之喜。如已有妻，则反有别娶之忧。如丁卯，则因子息动而有财。丁丑、丁未，则官鬼之财动。丁亥，则因己身或兄弟之财动。丁酉，则因父母或长上之财动。丁巳，则因妻妾之财动。如丁马交加，其动尤速。唯畏占人行年上神克去六丁所乘之财，则财不动。

【注解】丁火为壬癸日之财，又为动财。如果未娶妻者，妻财动是动而就我，有婚姻之喜。若已娶妻者，妻已就我，安静为宜，今有动意，是去就他人而非就我，故云反有离别之意。（详参前"论旬丁"节）

【原文】太常乘日之长生临干者，来人必主婚姻之喜，或有锡命赐物之事。临支上者，宅中必有婚礼之喜，或开彩帛缎匹铺，或开酒食店肆，后俱有进益。

【注解】太常遁丁，为日之长生，且乘太常者，唯甲申日第四局夜占，亥水遁丁乘太常为日之长生临干是，余局皆无。《大六壬大全》所举，甲子日干上亥，甲戌日干上亥等，虽亥水长生乘太常临干，但亥水并非遁丁，与原文之意不符，不能为例。

【原文】丑中有牛宿，子中有女宿，子与丑合，乘太常为用，谓牛女相会格，占婚必成。

【注解】二十八宿中的牛宿分野在丑方，女宿分野在子方，古时有牛郎织女之故事，故云子与丑合，再乘太常宴喜之神，必有婚姻和合之喜。

【原文】传财化鬼财休觅——谓三传皆作日之财，而生起干上日鬼，而伤其日干者，必因取财而致祸，及防妻与鬼交而损夫。生支上鬼者，主破家。唯喜行年，本命上神克制其鬼，庶不为害。此例虽不利取财，唯宜以己财而告贵人。侥幸关节，事必谐也。

【注解】如壬寅日第五局，壬干上未土，三传戌午寅三合火局，为日财生起干上未鬼，使其克干愈甚是。此课是主因财而致祸，占病、占讼大凶。若占功名，戌土为催官使发用，旺财生起干上未官，大吉之象。《大六壬大全》中所举诸例，辛亥日卯财逢空，辛卯日未土逢空，辛未日亥水逢空，虽三传合局，但三传非空即陷，辛上午火夜占又乘贵人吉将，是无财可取，不能为祸，举例有误。至于亦有可取者，如丁丑日第九局，干上亥，三传酉丑巳。《大六壬大全》解云："其金不能生亥水，言初中空陷，末作天空，夜占三传天将皆土，能克去亥鬼，致使财亦不可取祸，亦不伤身。"此言亦非，财既空陷，是无财可取而无祸，并非取之而无祸，故予订正。

【原文】因财致祸格：缘财反克干上之神是也。如庚辰干上丑，初传寅木为财，乘白虎而伤干上丑土，必因财致祸。又句中之丁，乘丑墓而覆日，亦是命灾运塞而致然耳，更有娶恶妻而不孝父母之象。

【注解】如庚辰日第八局，庚上丑既日墓，又为日之父母。初传寅木为日财，夜占上乘白虎，乘凶将克干上父母之神。必娶恶妇，不孝敬父母，本人畏妻，不能尽人子之理，即被妻伤，或因妻而致灾祸。

【原文】财遁鬼格：日上神作财，却遁句中干鬼，必因财致祸，因妻成讼。

【注解】此类甚多，如丙寅日第十课，申财临干，遁壬鬼。甲戌日第十一课，辰财临干遁庚鬼等。大凡此类，皆明财生暗鬼，财乃惹祸根源。故云非因财致祸，即因妻成讼。

【原文】借钱还债格：凡干支上神，俱为日之财神者，不宜求财，谓之借钱还债不明。

【注解】如甲寅日干支上为丑、辰、未、戌；壬子日干上巳，支上午等皆是。

【原文】干上临兄弟，谓之懒取财，凡事退诿。

【注解】兄弟为夺财分财之神。见财必先争夺，故云懒散退诿。如乙巳日第二局，乙干上卯；第三局，乙干上寅等皆是。

【原文】传鬼化财钱险危——三传俱鬼，则能去比肩。既无夺财之神，于传内有一作财神者，安稳而无破。如三合课中作日之鬼，两课俱空，独存中间一字为财者，其财终是危险中出，得之不安稳，君子不取也。

【注解】此节有二意。一是三传中有两传是鬼，一传是财。如甲乙日，三传申酉戌。虽戌为干财，但申酉为日鬼，财有鬼护，不怕比劫争夺，非常安稳。惜财在鬼旁，鬼亦克干，取之必危。再就是三传合鬼局，其中鬼与另一神逢空，独存财神落实。虽财可取，终从险出，纵得也不安稳。如丙申日巳时丑将占，三传辰申子三合水局为日干之鬼，但辰土旬空，子水日鬼坐空，独留中传申金为日财是。

【原文】取还魂债格：缘三传全是脱气，反生干上财神者。

【注解】三传合为子孙之神，脱泄日干之气，是传有脱我之意，反生干上之财，是脱我之气而生他人之财，犹如尽己之力而还他人债一样，故曰还魂债。如己丑日第九局，己干上亥为日财，三传酉丑巳合成金局，脱己之气而生干上财。如果干上财神旬空尤验。如己巳日第九局，己土干上亥财旬空，三传酉丑巳生干上空财，财虽得生，但旬空不为我用，唯脱气耗损落实者是。

【原文】求财急取格：如乙未日，未加乙，虽是财就人，然宜速取，稍迟则财反被未来墓其乙木，却恐为祸。又如辛卯日，卯加辛，亦名财就人，亦宜速取，少缓亦必卯木克其戌土，反有害也。

【注解】财既临干，名财来就我，求财必得，何以还有速取迟取之别？辛卯日例，言辛藏戌中，若不取财，则卯木会克辛金寄宫戌土，实无道理。辛虽寄戌宫，但此时论辛金而非论戌土。若以此论，若占长久之事，辛金就应以戌土论，实无理也。细查三传，初传卯，中传申。申金兄弟为比肩夺财之神，居中传又居支上，如不急取初传卯财，必为中传申金兄弟夺取。故应急取，此意反较贴切课理。

再析乙未日干上未，这是乙未日第十局，未财临干，三传未戌丑。四课三传中除乙木日干外，其余十支皆土。虽遍地是财，但日主赢弱，急取晚取，皆不可得。唯春占乙木临旺，能够胜财，方可得财。此局病在财多身弱，并非未土墓干。（按：四季月及夏占，未土旺为库，也非墓。）

【原文】危中取财格：缘干克支辰为财，支上神作鬼者，不免自惊危中取财。

【注解】如甲辰日午时戌将占，辰土日支为日干之财，但辰土上乘申金为日干之鬼，甲木畏申金之克，不敢取用，或从惊危中取用，是此格。如果是甲戌日第三局，戌土为甲干之财，虽上乘申鬼，但逢空亡，甲则不须畏惧，可大胆取财。

【原文】眷属丰盈居狭宅——谓三传生其日干，反脱其支神者，值此必人口茂盛，而居宅窄狭，切不可移居，恐生殃咎。其余占别事，即我旺彼衰，我胜彼负。

【注解】干为人，支为宅，三传生干脱支，故云人旺宅狭。如甲申日第九局，甲上午，申上子，三传辰申子。虽甲上午火脱干，主人亦衰，但午火一则空亡，二则被三传水局冲克，不能脱干，甲干反得水局之生。而水局却协力脱支，如果占宅，主有此应。占它事则以三传吉凶论断。

【原文】人旺弃宅格：缘三传生其日干而克其支神者，占人虽兴旺，而无正屋可居。纵为官亦是寄寓，或嫌宅窄而别图广阔之家。

【注解】如甲午日第二局，三传子亥戌，子亥之水冲克午火支宅是。《大六壬大全》中所举癸卯日第九局，三传酉丑巳，其中酉金坐空，巳火逢空；丁未日第五局和第九局，三传亥卯未，或卯亥未，均卯木旬空，一传坐空。如此虽为三传生干克支，但三传旬空、坐空，不能以人旺弃宅论。如丁未日第九课，亥贵临未支宅，亥水为丁干火官贵及日德临宅，反主万事和合是。

【原文】赘婿格：支加干而被干克者，其支上又乘脱气，或克支者，住居必无大厦。

【注解】如丙申日第九局，申支加丙干而被丙克，亥水加申支而脱支，必无正屋可居。（详参前"赘婿课"）

【原文】屋宅宽广致人衰——谓三传盗脱日干之气，反生支辰者，必定不容人居住。不然，人口少而居宽广之屋，致人口渐衰。宜弃此住场，而别迁居址，庶免此事。余占皆我衰而彼旺，我负而他胜。

【注解】如壬午日第九局，壬干上卯，午支上戌。虽干支皆被上神脱泄，但三传合木局，克支上戌而生支，却脱泄日干，主人口日渐衰羸，灾难不断；或此宅虽阔，但不容人住，宜速弃宅而别迁。如果三传虽生支脱干，但逢空亡者，则另当别论。

【原文】兽头冲宅格：如壬辰日，申加戌作白虎，冲支上寅。辛巳日，伏吟亥作虎，冲支上巳之类。值此者，必对邻兽头冲宅，或有狮子道路冲宅，以致家道衰替。若白虎空亡，便不足畏。

【注解】如癸卯日第十局昼占，癸水以巳火为昼贵，顺数至子水上乘白虎。卯支上午，三传酉子卯。子水白虎正好冲克午火，是主对邻有兽头或狮子等恶兽冲宅，致使家道衰替。《大六壬大全》及本文中所举壬辰日第三局，辰支上寅，被申金乘白虎冲克；辛巳日第一局日支巳火被亥水乘白虎冲克二例。虽亦白虎乘神冲克日干，但白虎乘神不入课传，属于闲神，并不能以此例论，是举例不当。

【原文】三传递生人举荐——有初生中，中生末，末生日干者；有末生中，中生初，初生日干者；必得扶持，始终成就也。如值空亡，则虽有举荐之心，终无成就之实。

【注解】三传递生有两种，一是初传生中传，中传生末传，末传生日干，此类叫顺生。二是末传生中传，中传生初传，初传生日干，此类名逆生。得此二者，均主上位有人举荐，凡占官、请举、文状等皆宜，始终成就。若值空亡，主虽有举荐之意，但无行动之实，终作闲话。此句与下句"三传互克众人欺"句详参前"论三传"节。

例　辛丑日申时戌将占（辰巳空亡）。

初传卯木生中传巳火，中传巳火生末传未土，末传未土生干，是三传递生。可惜中传巳火旬空，末传未土落空，虽有举荐之意，终成空话。如果太岁、月建、月将或占人行年、本命填实，仍以举荐论。

【原文】支上相生格：如壬戌日干上申，支上未，未土生申金，金

蛇	癸卯	妻财
合	空巳	官鬼
龙	乙未	父母

阴	贵	蛇	合
子	寅	卯	巳
辛	子	丑	卯

龙	空	虎	常	
未	申	酉	戌	
陈午			亥玄	
合巳			子阴	
辰	卯	寅	丑	
雀	蛇	贵	后	

来生日之类。

【注解】此言支上神生干上神，干上神复生干之类。如壬戌日第四局，壬上申，戌上未，三传巳寅亥。支上未土生干上申金，申金复生日干壬水。此课末传日禄、日德生中传，中传生初传日贵、日财，财生支上官星，官星生干上申金父母，水木火土金一递相生，大吉之课，无往不利。

【原文】两面刀格：如六戊日，伏吟巳申寅，末传寅能助初生干，又能克干。所谓成也萧何，败也萧何。

【注解】末传为日鬼，初传为干之父母，末传日鬼生初传父母，父母生干，初必吉庆。但至末传为日鬼克干，终为凶祸。如六己日第一局，干上未，三传巳申寅，末传寅木日鬼生初传巳火父母，但克日干己土及干上神未土是此类。本书与《大六壬大全》等书所举六戊日第一局，三传虽为巳申寅，末传寅木生初传巳火，克日干戊土，但干上神为巳火，寅木反生巳火，是始终皆吉，举例不当。

"所谓成也萧何，败也萧何"，用以喻末传鬼杀，既可助初传父母生身，亦可克身之意。

【原文】外有三传生天将，天将生日干者。

【注解】如辛巳日第五局，三传午寅戌三合火局克干，但三传天将不论昼占、夜占，均乘勾陈、贵人、太常土将，化火生金者是。需要注意的是，壬课以神为主，将为辅，神可解天将之凶，天将难解神之凶。如上例，除求功名外，余占皆凶，将并不能解三合鬼局。

【原文】三传互克众人欺——有初克中，中克末，末克日干者；有末克中，中克初，初克日干者；值此必众口一词，互相欺凌，宜深自检束，提防为上。

【注解】三传递克也有两种。一是初传克中传，中传克末传，末传克干，此类为顺克。一是末传克中传，中传克初传，初传克日干，此类名逆克。凡占课得此，主有人相克害我，使众口一词，相欺凌辱；或因该人凶横而被众人群起相攻。为官得之，尤宜检束预防。如丙子日第六局，三传子未寅。末传寅克中传未，中传未克初传子，初传子临干克日干丙火是。《大六壬大全》中所举丙辰日第八局，三传寅未子，末传子水空亡；辛酉日第八局，辛干上卯，三传未子巳，中传子水空亡，末传巳火坐空，两局虽似此格，但因空陷，实非此格，特予说明。

【原文】有始无终难变易——此二句乃是两项事体。夫有始无终者，乃因初传是日之长生，末传为干之墓是也。值此者，起初谋事，如花如锦，后来必无成就。难变易者，乃初为干墓，末为干之长生是也。自墓传生，先迷后醒。

【注解】有始无终，是言初传长生，末传为日墓，即自生传墓，主占事初始繁花似锦，一片光明，最后却空空如也，一事无成。如乙丑日第三局，三传亥酉未，初传亥水为乙木之长生，末传未土为乙木之墓是自生传墓。此课初空中陷，仅末传未墓坐实，故自始至终无一吉庆。《大六壬大全》中举另一例，乙未日第九局，初传亥为月之长生，中传卯木为日禄，末传未土为日墓，表面看是自墓传生，实际三传合全木局，生墓皆合而化木，木墓已不存在，严格说来，并非此格。

难变易是言初传为日墓，末传为日之长生。谋事虽开始比较艰难，但经过努力后终有成，主先难后易。如壬寅日第十一局，初传辰土为日墓，末传申金为日之长生是此格。《大六壬大全》中所举丙寅日第五局，初传戌土为丙墓，中传午火为干旺，末传寅木为日之长生，看似此课，但三传合为火局，墓生均化为火，实际也不存在，严格说来，也并非此格。

【原文】舍损就益格：如甲辰日丑加甲，丑乃甲之破碎，支上卯又作六害，又是干之羊刃，宜弃此而就三传子亥丑之生干。凡占不免舍无益而就亨途。

【注解】此甲辰日第二局，干上丑，支上卯，三传子亥戌（按：原文三传子亥丑当误）。以此而论，卯刃空亡，干上丑乘贵人或帘幕贵人，且与初传相合，中传长生，末传日财，均为吉庆，与此格意不符。

【原文】苦去甘来乐里悲——此句亦分两项说。夫苦去甘来者，如戊午日，末传申金，生中传亥水，中传水生初传寅木而克日干之戊土，诚为被寅木之苦。殊不知反赖末之申金，冲克其寅木，又为戊土之长生。凡占未免先受磨折，后却安逸。又如六戊日伏吟，乃初克中，中克末，末克日干，亦是先被寅苦。殊不知又赖寅径生其巳火而生戊土也。二格亦作成败萧何。

【注解】苦去甘来是言末传先为忌神，后为喜神，喜忌集于一身，但因居于末传者为喜，故云先苦后甜。如戊午日第四局，寅鬼自干上发用，三传寅亥申，初是申金生亥水，亥水生寅鬼克干。当传至末传申金，又冲克干上寅木及初传二鬼，故为苦去甘来之象。

乐里悲是先乐后悲之意。本节所举六戊日末传寅生干上巳也是先苦后悲之意，与原意不符。不如乙卯日第三局，三传丑亥酉，初传为干财，中传为干之长生，皆为吉庆，不料末传酉金为日鬼，为先乐后悲，乐中逢悲，较为贴切。

【原文】一悲一喜格：如癸亥日，干上戌乘龙克日，乃幸中不幸。支上申乘虎生日，乃不幸中幸。

【注解】此言吉将乘凶神，或凶神乘吉将，故云一悲一喜。如癸亥日第四局夜占，癸干上戌土为日鬼，却乘青龙吉将；亥支上申金为日之长生，却乘白虎凶将。占事逢此主忧中有喜，喜中藏忧。

【原文】乐里生忧格：如庚寅日，干上巳乃庚金之长生；支上亥，乃寅木之长生。然递互相参，其庚金反被亥水脱，寅木又被巳火脱，却反为两边脱盗。

【注解】干上神生干或为干之长生，支上神生支也是支之长生，本为极美。但一合而观之，却成为干上神脱支，支上神脱干，或者干支上神互相冲克，是乐中生忧之象。如庚寅日第四局，庚上巳火乃庚之长生，支上亥水乃寅木长生，是各有长生之情。然一合参，庚金被支上亥水脱泄，寅木被干上巳火脱泄，且巳火与亥水互相冲克，反主乐中生忧。只宜坐待时机，动则被脱。

【原文】又如庚子日，干上巳作干之长生，殊不知巳火亦能克金。支上酉生支，殊不知水败于酉。

【注解】巳火临干，若庚金旺相，巳火作长生论。庚金衰败，巳火作鬼杀论，并非想论生就论生，想论鬼就是鬼。且此例干上巳火旬空，吉凶均无意义。三传成高盖乘轩吉课，仕宦中人求官大吉。酉金临支生支，昼占乘太常吉将，也主家宅吉庆。唯夜占酉乘太阴，不能言吉。

【原文】又如丙申日夜占，干上起用申亥寅，是递生之格。不知初传申加巳作日之财，受上下夹克。中传为日之鬼，末传乘虎遁壬，许多不美。

【注解】丙申日第十局，丙干上申金，昼占乘螣蛇发用。申支上亥为日官鬼，乘太阴。末传寅木虽为日之长生，但遁壬暗鬼，上乘白虎凶将。申财坐丙乘蛇，是财受夹克。亥鬼克身，寅木长生乘虎，也是由吉变凶，故云许多不美。细析此课，三传递生日干，亥水夜占为贵人，昼占为帘幕，诸占皆吉。唯占宅，宅上神脱宅，主无正屋，实与原意不符。

【原文】据此断课，似无定见。要而论之，四课切于三传，六亲重于天将，地支紧于遁甲，卦体重于神煞。年命切于他传，空亡等于墓库。贵德禄马，可以统诸吉星；克害刑冲，何必再查恶曜。分重轻以断之，必无不响应者矣。

【注解】此言断课之要，不论课体千变万化，均以神为主，以五行生克冲合为主，以将为辅，参以年命，方为正法。其余神煞等只宜作辅助参考。

【原文】人宅受脱俱招盗——或干上支上皆乘脱气，或干上脱支，支上脱干者，必被人脱赚盗窃财物。如占病必虚弱，宜补。

【注解】此格有两种，一是干支皆被上神脱泄，一是干支交车脱泄。前者主被人脱赚，家宅被盗。后者主各怀互脱之意。（详参前《论合》章）

【原文】遥克、昴星、别责，乘空落空为初传，将乘元武者，定主失脱，此法极验。

【注解】如己巳日第十一局夜占，贵人在丑，至亥水乘玄武发用且旬空。己上酉脱己，支神巳火上神未，未土脱巳是此格。乙亥日第三局，乙上寅，亥上酉，虽非干支皆受上神脱泄，但酉金乘玄武旬空临宅，也主失脱。

【原文】鬼脱乘元格：或日鬼，或脱气，乘元武发用，来意占失脱，最的。

【注解】如己酉日反吟课夜占，贵神在申，顺数至卯乘玄武。卯木既为日鬼，又旬空且发用是此意。

【原文】财空临元武防失脱。

【注解】如甲子日第三课，戌土财神临支发用，夜占贵人在丑，至戌上乘玄武且旬空，主财被盗。此例虽验，但与人宅受脱本意脱节。

【原文】干支皆败势倾颓——干支皆逢败气，占身气血衰败，占宅屋舍崩颓，更不可捕捉奸私，告讦他人阴事。倘若到官，必牵连自己旧过，同时败露。

【注解】败气，日干逢沐浴之处，阴干多从阳干，如甲乙败子之类是。如甲申日第三局，甲干上子，申支上午，均为干支败气。占事逢之，皆值衰败，杀人一万，亦自损三千。细思败气之理，实在令人不解。甲见子，丙见卯，壬见酉，均为阴阳相生之神，何以冠以"败"字。如壬寅日第三局，壬上酉，寅上子，不论是《御定六壬直指析义》还是《大六壬总览》皆云干支皆受上神所生，必多喜庆。唯《大六壬立成大全铃》云："虽乘生气，岂知败神，主先生后败。"其误许源于此。

【原文】破败神临宅格：缘支上有败气，又为破碎煞，必详其破败之何人。如己巳、己亥二日，干上乘酉，乃干之败气，又支之破碎，故总名破败神也；以类推之，必家中有破败之子；缘酉为己之子孙也，夜乘天后，因妾而败，且酉为婢类，亦缘酒色而败家。

【注解】如果败气与破碎煞相并临宅，主家中有破败之人，以致家道日渐衰落。欲知何人败家，看其类神而定。如己亥日第十一局，己上乘酉，乃干之败气，又为支之破碎。酉为己土子孙，昼占乘六合，皆为子息类神，是家有破败之子。如果夜占，酉金上乘天后，酉金又为婢妾类神，酉加水又为酒，主因酒色致败。

【原文】末助初传三等论——有末助初而生干者，有末助初而克干者，有末助初而作日之财神者，皆是旁有相助，以各为其上之意。末助初克者，欲年命上神制末，始可言吉，生末则凶。如庚午日，干上午，三传午辰寅，生起干火而克庚金，末传之寅木，乃教唆指使之人也。其为公曹、吏典、道士，胡须人或属虎人，或姓从木，详天将逐类而言之，不宜求财取财，反为祸也。

【注解】末传助初传生日干者，如辛酉日卯时申将占，三传未子巳，末传巳火，生初传未土父母，未土父母生干。占事逢之，主有人暗地相助、推荐而得旺。若末传为空亡，则名闲语赤心，有意无力。（按：此格与前"三传递生人举荐"中"两面刀格"同，吉凶以全课合参，莫被一格所误。）

末传为支之子孙，初传为干之财神。如癸未日第二局，三传巳辰卯；第八局，三传巳戌卯，都是末传卯木生助初传巳火财贵。主有人暗以财助己，占博最宜，占婚尤的。如果末传助初传之财却克干上神者，主自招其祸，讼必失理。如甲子日第三局，干上子，三传戌申午，末传午火生助初传戌财，戌土却克干上子水是。

三传为日财，生助初传日鬼克干，主有人教唆使人害己。如本节例，年命中有克制化解官鬼之神为有救，可化凶为吉。若年命上神再生助末传，使教唆之人根气尤厚者，凶祸尤甚。

【原文】有末助初克干，而初传或乘空，或落空，本无意克其日干，其末传徒为冤憎。所谓抱鸡不斗格也。

【注解】如庚寅日第三局，庚上午，三传午辰寅，虽末传寅木财神助初传午鬼克干，但午火旬空者是。

【原文】亦有末助初克干，缘末传空亡，不能助其初传，其教唆人必自败露，所谓枉做恶人格也。

【注解】如庚戌日第三局，庚上午，三传午辰寅，虽末传寅木妻财欲助初传午鬼克干，但寅木本身旬空是。

【原文】谒求祸出格：乃支上神作财，生干上神作鬼者，大不利谒贵求财，即有祸出。

【注解】如甲子日第六局，支上未土为甲之财，生干上酉金官鬼克干者是。

【原文】自招其祸格：缘年命自助其初传克干者。

【注解】初传为鬼，行年本命上神为财，助其初传克干，非自招其祸者何！

【原文】闭口卦体两般推——心镜云：阳神作元武，度四是终阴。阳神者，谓旬首甲子、甲戌、甲申、甲午、甲辰、甲寅是也。作元武，谓上乘元武神是也。度四者，谓从旬首番转逆数第四位是旬尾，所以谓终阴也。言以旬首加旬尾，乘元武而发用者，是为闭口，只宜捕盗贼而追逃亡。亦有旬尾加旬首为发用者，亦为闭口。更值初末上下六合，则气塞于中。占病即是哑重或噤口痢，或咽喉肿塞，或痰厥伤寒。占失脱纵有旁人见其贼盗偷物，竟不肯言。求人说事，但闭口而不语。余占更详天将而言其事类。如上乘贵人，告贵不允。上乘朱雀，讼屈难伸。余皆仿此，必须切闭口之意。

【注解】如甲申日辰时丑将占，巳火旬尾，加日支旬首申金发用，是旬尾加旬首例。

甲子日第三局，子水旬首上乘戌土发用，戌土乘玄武，玄武为终阴之处，所以也是旬尾加旬首。（详参前"闭口课"）

【原文】太阳照武宜擒贼——元武坐于太阳之上，占贼必败。缘贼人喜夜，可以藏形，岂宜被太阳之光照耀临其上，不劳捕捉，必然自败。空亡亦好，缘太阳不怕云遮也。唯忌占时在夜，则太阳无光，贼反幸矣。如不临太阳之上，即加于卯辰巳午申天盘之上，亦可捕捉。若元武临天马、六丁，更临西戌亥子丑寅上，其贼终不败露，必且远去。如占失财或物类，其财与物类坐长生之上者，必不失。

【注解】玄武为癸亥极阴之神，又为贼，故喜阴忌阳，喜暗忌明。太阳即月将，光照天下，盗贼无处藏身。卯至申为昼占，为太阳当空之时，光芒四射，贼必败露。酉至寅为夜占，太阳落山，利贼隐匿，故难获。如四月乙亥日巳时申将占，乙木以申金为昼贵，居巳逆行至亥，上乘玄武，玄武临申，申为月将，又为贵人，是太阳照武。再如十一月乙亥日亥时丑将占，亥为夜占，贵人在子，居戌逆行，至卯上乘玄武，卯木坐丑，丑虽也是太阳，但太阳已落山无光，反利贼隐匿者是。

【原文】元武所临之神，有神作六合，谓之贼向旁连坐格。

【注解】此言玄武所乘之神与下神坐六合。如玄武乘子临丑，乘酉临辰等是，主贼有同党。

【原文】捉贼不如赶贼格：假令甲日占，以申为贼，不可便以丙火去克之。虽去其鬼贼，终脱甲干之气，不无所费。不如以壬水暗窃其申金，尚可以生甲木，所谓捉贼不如赶贼也。

【注解】玄武乘官鬼，子孙为捕盗之神，子孙虽克官鬼，但也脱泄日干，不如以印绶化官鬼玄武之气而生干。如六乙日夜占，子水贵人顺行，至酉鬼上乘玄武，以丙丁巳午火去克制玄武，不如以亥子水化玄武生乙干者是。原书本节举甲以申鬼为玄武例，不论阳贵未，阴贵丑，还是顺行逆行，至申均不能乘玄武，属举例之误。

【原文】游都之下，捉贼必获。游都煞，甲己日丑，乙庚日子，丙辛日寅，丁壬日巳，戊癸日申。

【注解】如甲子日巳时寅将占，未土昼贵居戌逆行，至戌上乘玄武，戌土临丑，丑为甲日游都煞是。

【原文】元武加丁主逃失。

【注解】玄武乘神遁丁，或临丁马所乘之神，均主贼逃失。如乙亥日第三局昼占，亥水乘玄武临丑，丑在甲戌旬中遁丁，是玄武加丁神。

【原文】贼捉贼者：如壬癸日，辰戌未丑为三传，自相刑冲，以凶制凶。又元之本家上神，能制元者亦是。

【注解】如丙寅日第七局反吟课昼占，午火上乘玄武，午上神子水克制午火，是本家上神能制玄武例。

【原文】鬼作生气，贼来不已。

【注解】玄武乘神为日鬼，为本月生气，或坐生者，均有此应。如六乙日十月占，酉金鬼杀乘玄武又为本月生气，是此贼会连续偷盗。

【原文】后合占婚岂用媒——占婚姻以干为夫，以支为妻。上乘天后六合，或女之行年居在干上，男之行年居在支上，必有先通后娶之意，何用媒妁。

【注解】六合为和合之神，天后为阴私之神。不论男女占婚，只要干支、三传或占婚类神上乘六合、天后，均主先有私情而后结婚，即今先上车、后补票之意。若天后、六合旬空则为虚意。如丁卯日第六局昼占，丁上神寅木乘六合，支上神戌土乘天后。丁卯日属甲子旬，甲子旬中戌亥空亡，戌土乘天后逢旬空，是女方虚意。

【原文】富贵干支逢禄马——干上有支驿马，支上有干禄神者，名富贵格。君子占之，加官添俸，富贵双全；常人占之，宅移身动。

【注解】如丙寅日第十局，丙干上申为日支寅之驿马，寅支上巳为丙干日禄、日德是。

【原文】尊崇传内遇三奇——旬内遁干，有三传全逢甲戊庚，或乙丙丁者，君子占之，贵居廊庙；常人占之，亦为吉泰之兆。

【注解】三传遁干乙丙丁是天上三奇，三传遁干甲戊庚是地上三奇。占事逢之，君子居官贵显，尊贵非凡。常人能解诸凶，财利遂心。如己卯日第二课，三传丑子亥，亥遁乙，子遁丙，丑遁丁是。

【原文】害贵讼直作曲断——如甲申日未加申为夜贵，乃日之墓，又作空亡。丑作昼贵，又为寅制。初传子与未，又为害。占讼情虽直而曲断，余占皆弄巧成拙。止宜识时而谦退，庶不为祸。

【注解】课传干支上逢贵人本吉，如果有与贵人相害之神，反是弄巧成拙。占讼理虽直，必致曲断，事虽小而凶大。余占亦宜识时迁就，方不为害。如甲申日第二局，昼贵未土临日支申金，既为干墓，又与初传子水相害。丑土夜贵虽临干，但上乘天空，又与昼贵相冲，贵人发怒者是。

细析此课，三传子亥戌，皆为父母生身之神，就以占讼论，也主有人出面和解，并非全凶。所以大凡断课，必须课传合参，失一则不全，不全则不验，此乃大忌，不可不明。

【原文】课传俱贵转无依——课传俱是昼夜贵人，名曰遍地贵人。贵多不贵，反无依傍。

【注解】课传逢贵本吉，如果课传中尽是贵人，名遍地贵人，贵多者反不贵。得此课非政不归一，无处可依，即权摄不一，托事无成，皆非所利。如丁酉日第十一局，第一课酉丁，第二课亥酉，第三课亥酉，第四课丑亥，三传酉亥丑。丁火昼贵在亥，夜贵在酉，课传仅十一字，昼夜贵就占有八字，是此类。

【原文】昼夜贵加求两贵——谓以贵人加贵人之上者，告贵求事必干涉两贵人而成就。如占谒贵不得见，缘贵人往见别贵也。纵然在宅，必会客而排筵宴。若同官占之，必可得见。

【注解】如癸卯日第十一局巳加卯。第三局卯加巳，是昼夜贵相加。若卯巳为本命行年尤的。

【原文】有两贵空害格：如己卯日，干上子，支上申，用夜贵，乃空亡之贵加宅上，又克宅。干上之贵人却作勾陈，又为六害。凡占必主家堂神位不安，尊卑相厌，邪正杂处，以致人口灾患，不宜告官，反致嗔怒。

【注解】本文举例为己卯日第八局，己干上子财为昼贵，卯支上申为夜贵，三传巳戌卯。此课占宅，申金夜贵旬空克支，主家庭神位不安，且有争讼，尊卑相厌。若占谒贵求官，课成铸印，子贵为财加干，反为大吉。然子加未为六害，主人心术不正。

【原文】贵人蹉跌事参差——谓昼贵临于夜地，夜贵却临旦方。如占告贵，事不归一，俗谚尖担两头脱。

【注解】此为昼贵临夜地，夜贵临昼地，失误无力之意。如乙卯日第五局，乙木昼贵在申，临子水夜地；夜贵在子，临辰土昼地是。

【原文】贵在干前，事不宜迫，迫则贵怒。如在后宜催，不催事被慢矣。

【注解】贵人居日干之前，主托贵人之事已动，再催反为不美。贵人在干后，主贵人还未行动，若不催促，离干较远者，则遥遥无期，或忘记。

【原文】贵虽坐狱宜临干——谓贵人临地盘辰戌上者，虽名入狱，如乙辛二日占，却名贵人临身，反宜干投贵人，周全成就。余八干始名天乙入狱，干官贵怒，唯宜私谋阴祷，亦名贵人受贿。如辰戌二日占得，乃贵人入宅，非坐狱也。

【注解】贵人临辰戌为坐狱。乙木寄辰，辛金寄戌，此二日贵人临辰戌名贵人临干，其余八干均为入狱。如乙丑日第九局昼占，昼贵申金虽临辰，但辰为乙木寄宫，故云临干者是。

如果辰戌为日支，日支为宅，贵人临之，名为临宅亦应作吉断，不能以入狱断。如丙辰日第八局，酉金昼贵临辰宅是。

【原文】鬼乘天乙乃神祇——日鬼临身，缘是贵人，切勿作鬼祟看之。占病必是神祇为害。如临宅上，必是家堂神像不肃，宜修建斋献。

【注解】此论不合课理，应以三传与干支上神吉凶合参而断。如丁卯日第九局，丁干上亥水，为贵人乘鬼，三传未亥卯合木局生干。如果占病，亥水克丁火主目疾，或未土脱气发用为虚脱，但三传合为父母局生干，必得良医相救。

【原文】两贵受克难干贵——凡昼夜贵人，皆立受克之方者，切不可告贵用事。缘二贵自受克制，怒而不能成就我也。即不在传，亦可断之。

【注解】如乙酉日巳时未将占事，昼贵申金加午受克，夜贵子水加戌受克者是。三传申戌子，且二贵均入传。

【原文】又甲日丑加寅，乃昼贵临身，如占用文书之事，朱雀乘卯克丑，故贵人不肯用事。

【注解】丑土贵人加寅，寅是甲木寄官，甲日占是贵人临干，不以受克论。如果卯木入课传，上乘朱雀，卯木克丑土贵人，卯上乘朱雀，朱雀为文书类神，所以云若因文书之事告贵，贵人受克不肯用事。

【原文】二贵皆空虚喜期——如干投贵人，已蒙许允，后来却被搀越，以至有变，虚喜而已。

【注解】二贵皆空，并非指昼夜贵人皆逢空亡，而是一贵逢空，一贵落空。占事逢之，主事事成拙。即使有人报喜，也是虚喜，反有所费。如丁丑日第十一局，丁日昼夜贵为亥酉，丁丑日在甲戌旬，酉贵旬空，亥水加酉坐空是。

【原文】魁度天门关隔定——谓戌为天魁，亥为天门，凡戌加亥为用者，凡占谋用，皆被阻隔。占病多是隔食隔气，或邪祟为灾，药宜下之。占贼难获，访人不见。

【注解】戌土加亥发用，若是六壬日、六癸日为日鬼，论凶尚勉强为理；六丙日、六丁日脱气，入传亦凶。然六甲日、六乙日为财；六庚日、六辛日为父母，均为吉神；一概论凶，实与课理相悖。故凡逢之，均以神将吉凶论断。如辛亥日第二局，酉金日禄临干，三传戌酉申，戌虽临亥发用，但不论昼占，还是夜占，均上乘吉将太常，神吉、将吉、传吉，干上神亦吉，占事当以吉论。唯占宅戌土乘太常入宅克宅，主有孝服，五月占戌乘死气尤的。即使六壬日逢之，也应活看。六壬日中除壬寅日戌土临干，三传为子亥戌外，其余壬申、壬午、壬辰、壬子、壬戌五日，三传都是戌酉申，昼夜占均乘白虎凶将，然中末传酉申均为生干之神，申金昼占乘青龙吉将，虽初凶险，终为吉庆。其中壬午日酉申逢空，名虽生不生，又主始终不吉。这就是活断之法，千万不要拘泥一论，陷入误区。

【原文】罡塞鬼户任谋为——谓辰为天罡，寅为鬼户。凡辰加寅为罡塞鬼户，不论在传不在传，万鬼潜伏，作谋如意，毫无障碍。

【注解】这是个非常有趣的巧合。辰土天罡，塞寅木鬼户，是每日的第十一局。甲、丁、戊、庚四日没有官鬼发用，其余诸日，乙木干上乘午火子孙，丙日干上乘未土子孙，己日干上乘酉金子孙，辛日干上乘子水子孙，癸日干上乘卯木子孙，都直接为克制官鬼之神。并非辰塞鬼户，实际官鬼被制，不以为害故。唯六壬日干上丑，也为官鬼临干，但三传非子寅辰，即辰午申。前者有中传寅木子孙克鬼，后者有末传申金父母化鬼。而壬寅日支为制鬼之神，壬子日寅木居子支上，壬戌日寅木居第四课，其鬼均被制，岂能为害。所以，此论虽脱离五行制化之理，却与五行制化之理偶合。其理虽非，其实却对，故曰有趣的巧合。

【原文】两蛇夹墓凶难免——谓日干之墓，上乘螣蛇，下临地盘之巳者，凡事主凶。如年命居亥上冲破墓神，庶乎可延。

【注解】如丙戌日第八局，戌土加干，不论昼占夜占，都是上乘螣蛇，下临巳火螣蛇本家，戌土又为干墓是，占事凶祸难免。即使墓神逢空，空墓更凶，也不可救。若行年，本命上神是辰土，辰土冲戌为破墓，可稍缓凶气。若辰土旬空，也是无救。

【原文】虎视逢虎力难施——虎视课，乃昴星课中之柔日也。刚日则专名昴星，缘鸡鸣而仰首，虎视而俯首也。虎视课逢虎，其势雄猛，纵有救神，亦难为力。如辛未日申加未，三传申亥申，申为白虎本位，亥又乘白虎，一课六虎，灾害非常。

【注解】刚日课逢昴星为虎视格。虎视格又逢传将乘白虎，就如勇士前后皆逢虎一样，难以施力，必致惊危。但遍查阳日昴星四课，并无此类。阴日昴星名冬蛇掩目，并非虎视，故此名实为虚无。本书及《大六壬大全》等书均以阴日昴星充数，实与原意不符。如例辛未日第十二局夜占，辛上亥，上乘白虎。未支上申，上乘太阴。三传申亥申，此课干支皆被上神脱泄，且乘凶将入传，诸占皆凶，但并非虎视逢虎，一课六虎之说更谬。

【原文】所谋多拙逢罗网——干上乘干前一位之辰，支上乘支前一位之神，名天罗地网。占得此卦，网罗兜身，诸事安能痛快。若年命上神，冲破干支之网，始无咎也。或遇空亡，亦名破罗破网。

【注解】如甲申日第十二局，甲干上卯，支申上酉，三传辰巳午是。细析此课，干支各乘旺神。干支及干支上神均互相冲克，初传辰土坐卯乘六合受夹克，中末传盗气，无一吉处。以五行论断，也为凶课。

【原文】干上乘支之网，支上乘干之罗者，凡事我欲罗网他，他先已罗网我，互相欺诈谋害。

【注解】如庚寅日第六课，庚干上卯，寅支上酉是。

【原文】天网自裹已招非——如甲申日未加寅，乃墓神覆日。如占人本命亦是未，乃名天网自裹，自招其祸，非干他人亏算。

【注解】课逢墓神覆干，本命又为干之墓神，名天网自裹，主自招其祸，并非他人暗算。所作昏晦，如处云雾之中，常被揶揄；命衰运灾，诸事不顺；若发用和占时同时克干尤凶，如甲申日第八局，未土加甲干是墓覆干，本人本命又是未属此类。

【原文】费有余而得不足——上神各生日辰，而值上神皆空，更或三传逢脱气，或破碎，或羊刃日鬼，虽有所得，不足以偿所失。

【注解】课传中有生干之神，但逢旬空或落空，无力生干是见生不生。主耗费有余，所得不足。"贪他二斗米，失去半年粮"，得少失多。如丙午日第四局，丙干上寅，午支上卯，虽皆生干支，但寅卯逢空者。再如壬午日第四课，壬干上申，午支上卯，三传巳寅亥。干上神申金虽生干，可惜旬空，是有生不如无生。初传巳财乘贵坐空，又带破碎，中传寅木与支上神卯木合力泄日干之气，是费有余而力不足。

【原文】用破身心无所归——用之为财，用之为禄，若作空被克，事无实获。

【注解】初传逢刑冲破害，或入墓、空亡等名用破，主无实得之意，所以身心无所归。如戊申日第十一局夜占。戊干上未，申支上戌，三传子寅辰。初传子水虽为干之财，一则子水坐戌而受戌克，二则上乘白虎凶将，三则与干上神未土相害，是初传逢破，财被他人夺去，本身无得。再如丙寅日第十局，丙干上申，寅支上巳，三传申亥寅。初传申金虽为日财临干发用，一则申金坐巳受克，二则上乘螣蛇也被其克，三则与干相刑，再加中末传空陷，其财必不能得，身心无所归也。

【原文】华盖覆日人昏晦——谓辰之华盖，作干之墓神，临于干上发用是也。

【注解】华盖：亥卯未在未，寅午戌在戌，申子辰在辰，巳酉丑在丑。

如壬申日第八课。壬干上辰，申支上丑，三传辰酉寅。辰土为日支申金华盖，又为壬干之墓，加干克干发用者是。占身位得之多昏晦，卒难明白，或遭冤枉，难以分诉。占行人不归，诸事皆不如意。

【原文】太阳照宅屋光辉——太阳临支，其屋必向阳而明朗。若占彼我，则利于他人，以支属人故也。

【注解】太阳即月将，若占宅临支，名太阳光辉照射家宅，屋必向阳明朗，若为太岁尤美。如乙卯日卯时子将占，太阳作贵人临宅，子年必生贵子。丙午日午时戌将占，戌虽为干支之墓，但为太阳，为吉庆。此格唯忌太阳坐于夜方，无光而不能照宅，虽有实无。

此课若占彼我之事，支为他人，太阳照彼，反于我不利。

【原文】干乘墓虎无占病——干上乘白虎作墓神，占病必凶，若空墓或乘丁神，其凶尤甚。

【注解】占病干墓覆干已凶，又乘白虎凶将，白虎又是死丧之神，必死无疑，故曰无占病。此格唯六辛日有，余诸干皆无。如辛巳日第十局夜占，丑土干墓临干，上乘白虎，遁干丁神，又为日鬼，占病主速死。再如辛酉日第十局夜占，丑墓乘白虎旬空临干尤凶。此类课如占其他事，则主昏迷凶险，切防他人暗算。如果丑土旺相为库，主灾轻。

【原文】支乘墓虎有伏尸——干墓临支，支墓临支者，必有伏尸鬼为祸，又以克宅者为的，兼主有孝服动。

【注解】日干之墓乘白虎临支者，如乙亥日第五局夜占，乙干上子，亥支上未为日干乙之墓，夜占又乘白虎是。日支之墓乘白虎临支者，如丙子日第九局夜占，丙干上酉，子支上辰墓乘白虎是，如占宅逢此课，因支为宅，必动孝服；要知为何人之丧，当详所乘之神的类神，如乙亥日未土妻财乘虎为墓临支，是丧妻，丙子日辰墓乘虎临支，辰土为丙干子孙，则主有儿女之丧。

【原文】墓门开格：如卯酉日占，干墓乘蛇虎加支，主重重有丧。

【注解】如辛酉日第九局夜占，辛干上寅，酉支上丑，既为干支之墓，夜占又上乘白虎是，极凶。

【原文】蛇墓克干加支者，知宅内怪异频见。

【注解】螣蛇为怪异之神，若乘干墓或支墓临干，不克支者，主惊恐怪异之事。如果克支，不仅怪异迭见，占病必死。如丙子日第三局昼占，丙干上卯，子支上戌，上乘螣蛇，临支是，其灾必重。他占则以三传及干支上神合论。

【原文】干支全伤防两损——干支各被上神克伐者，两边各有所亏。占身有伤，占宅有损。

【注解】干支均被上神克制，叫干支全伤。如丁亥日第八局，丁干上子，亥支上辰，是干支皆被上神克伐。占身被伤，占宅崩颓。占讼两家均被罪责。占彼此，都有亏损。

【原文】夫妇芜淫各有私——干被支上神克，支被干上神克者，何以名芜淫乎？缘夫妇乃人之大伦，既无好合之情，必有奸私之意。心镜中以甲子日，干上戌，支上申一课为例。甲将就子受申克，子近甲分魁必侵，妻怀内喜私情有，申子相生水合金。然非专言夫妇而已。如凡事占，先有人相允许，后各不相顾，彼此俱怀恶意。

【注解】此类课如占夫妇，主有此应。若占他事，则以三传及干支上神将吉凶合参。如癸酉日第九局昼占，今排课传如右。

陈	乙酉	父母
常	己丑	官鬼
贵	癸巳	妻财

贵	陈	常	贵
巳	酉	丑	巳
癸	巳	酉	丑

巳火妻财乘贵临干，三传递生，合金局生干，除占婚，宜入赘，夫妇各怀私情外，不论占功名、占财、占讼、占病皆吉。

【原文】真解离卦：缘干克支上神，支克干上神。或夫妇行年，值此尤的。

【注解】如甲子日第九局，甲干上午，子支上辰，甲干克支上神辰土，子支克干上神午火是。如果夫妇年命在寅子辰午上占夫妻之事，必主解离。

【原文】干墓并关人宅废——谓日之墓，作四季之关神发用者。如日干之两课上发用者，必主人衰。支辰之两课上发用者，必主宅废。关神：春丑、夏辰、秋未、冬戌。

【注解】《大六壬大全》在此句后注小字云："关即寡也。"意关寡相同。实际上，关神与寡神虽音似，意却不同。寡宿主信虚，忧喜无成，失物亡，婚娶最忌。关神则为灾神，动处身必灾滞。如乙丑日丑时辰将占，干上未土发用，未为日墓，辰土为酉月月将，于季为秋，关神在未，干上神为墓，并关神发用，主人口灾晦。又如丁卯日午时丑将占，戌土干墓临支发用，丑为十一月月将，于季为冬，关神在戌，是干上墓并关神临支发用，主宅废。

细思之，虽另立别意，实为干墓之凶，无非巧立名目而已。

【原文】墓神覆日作生气格：如占作库务差遣必得，勿作墓看。

【注解】如丁卯日午时丑将占例，戌墓临支。丑为十一月月将，十一月生气在戌是。

【原文】支坟财并旅程羁——谓地支之墓，作日干之财者，必主贩商折本，在路阻程。凡谋蹇滞，不亨通也。

【注解】"旅程羁"这里指长久羁住他乡，如甲午日第五局，戌土为日支午火之墓，却为甲干之财临干发用者是。细析此课，三传合火局脱泄甲木日干，损耗极重，五行之理甚明，不需添足。

【原文】疑惑格：卯酉占事，行年又在卯酉之上者，必行人进退疑惑。尤忌天车煞，即关神。

【注解】如乙酉日第四局，丑土为日支酉金之墓，却为乙木日干之财，临干发用，行年又在卯酉者是。

【原文】受虎克神为病症——金神作白虎，必是肝经受病。木神作白虎，必是脾经受病。水神作白虎，必是心经受病。火神作白虎，必是肺经受病。土神作白虎，必是肾经受病。唯虎受克及空亡，则易治。

【注解】占病时，多以白虎所克之神来判断病症。如白虎乘金，金克木，木为肝，被金克而受伤，故云肝经受病。白虎乘神为木，木克土，土为脾，被木克是脾经受伤，余类推。如果白虎旺相者难治，白虎死绝受克空亡则易治。

【原文】日干之食神即子孙爻，行年乘之为运粮神，忌空。

【注解】子孙为克制官鬼之神，又为食神，故曰运粮神。如果此神临行年、本命之上，或临干支三传，主官鬼有制，病人食欲不错，故喜。落空则病人不食，官鬼无制，故忌。

【原文】禄粮神，是干之禄神，不可落空。

【注解】禄为日干食粮，落空、临绝，主食粮已尽，必死无疑，故忌。

【原文】日鬼所临之处，亦可视其五行，而察其受病之经，与白虎同断。

【注解】日鬼为克我之神，也是占病之类神，其法与白虎乘神同。

【原文】连茹格：作日之财，必因伤食而得病。如行年命上神制其财神者可医。如年命上神，再生财神者，必死。

【注解】如戊己日三传亥子丑，丙丁日三传申酉戌，壬癸日三传巳午未，庚辛日三传寅卯辰是。

【原文】白虎乘日鬼而空亡，必已病而未愈。

【注解】白虎乘鬼宜实，一则易克制，二则病症明了。若逢空亡，是避其克制，或病症不明，故云未愈。

【原文】虎墓格：日干之墓，乘白虎，占病必是积块。

【注解】如乙亥日第五局夜占，子贵临辰顺行，至未上乘白虎，临支且发用，占病是有积块，宜以破药治疗。

【原文】生死格：如正月生气在子，死气在午，乃生气克死气也。若甲寅旬中占之，乃生气空亡，而死气实在，占病可畏。如行年上神亥水，犹可医治，缘亥水克其午之死气也。如死气克生气而又落空亡；或行年上神，生其死气者，必死。如两不相妨者，占病迁延而未瘥。

【注解】占病时生气、死气同时入课传或年命，宜观生气与死气的克制或空亡而断。若生气克死气，或年命上神克制死气可治；反之，若死气克生气，或年命上神克生气，占病可畏。

生气逢旺，坐实可医，逢空可畏。死气逢空，死绝可医；坐实旺相可畏。如丙子日第四局一月占病。一月生气在子，死气在午，午火死气虽发用，但子水生气居末传冲克午火。若占人年命为寅卯，上乘亥子，助子克午，占病可愈。反之，此课若为七月占，生气在午，死气在子，是死气克生气。尽管丙干上乘寅木长生，但七月逢月破，也是凶险。

【原文】虎乘丁鬼格：六辛日有白虎乘丁者，占病必有疼痛之处。如辛卯日亥加丑作中传，且占乃亥乘白虎作丁神，必为头疼，以致不救。余观丁神乘类而言之。丑为脾痛腹痛。卯手痛目痛。巳齿痛、咽喉痛。未胃腕痛或积瘕痛。酉大肠痛。

【注解】白虎为丧亡之神，鬼杀为克我之神，鬼杀乘虎当为极凶，再遁丁干，其凶尤速。若传中及年命上无救神，定主速亡。如己巳日第八局，卯木日鬼夜占乘白虎，遁干丁神，居末传克干者是。若年命上无救神，必速死无疑。

【原文】蒿矢格：亦有疼痛处。

【注解】蒿矢为遥克发用，虽无力，但也有疼痛可言。如金加火上，金为筋骨，受火煎熬，必为筋骨疼痛。余五行类推。

【原文】斫轮格：如卯加申，戌加卯，占病必手足不举，或有伤。

【注解】斫轮者，卯木加金发用者是。卯为手，戌为足，卯戌受克，非手足之伤者何。此类课甚多，不举例。

【原文】六片板格：缘六合乘申临卯，谓之尸入棺。申者，身也。三月又为死气，上有六合，下有卯木，是死尸入棺也。尤详其类神而言之。如以申为父母，则断父母病，必死。以申为妻财，则断妻妾病，必死。若不乘六合，而于九月占，但病在床而未愈。以申为生气，卯为床。

【注解】如丙戌日第八局昼占，申金临卯发用，丙火夜贵在亥，临午逆行，至申上乘六合，申金为丙火之妻，是妻之尸入棺，占妻病必死。

【原文】宴喜致病格：如壬癸日，未为太常克干，或居干宅上，或发用。占病必因妻事及宴饮，或往亲家带病而归。

【注解】太常乘神临干克干，或临支克支有此应，因太常为宴喜之神。如癸亥日第五局夜占，未土乘太常临支克支发用，第七局反吟课，未土乘太常临干克干皆是。

【原文】因妻致病格：如壬癸二日，未遁旬丁者，必往妻家得病，最验。

【注解】壬癸二日，未土乘太常克干。甲辰旬中未土遁丁，丁为壬癸之财，又为丁神，故云往妻家而致病。如壬子日第五局，未土乘太常遁丁临干发用是。

【原文】血厌病虎作鬼格：白虎乘病符，克干尤可畏。或年命上乘血支、血忌者，必是血病。或女命带月厌作血支、血忌，必是血崩或坠胎，极验。

【注解】血是血忌、血支，厌是月厌。病是五行病中。如果白虎乘鬼与血忌、血支、月厌并，必是血病。女命占病逢之，非血崩即坠胎。

【原文】制鬼之位乃良医——如乙丑日酉加乙，乃日之鬼，却赖支上有午火而克其酉金。此午火便是良医，或是本家亲人能医，或得家堂宗神保护，其余可随类而推之。其余占事，虽值危难中，必得人解救，以子孙能制官鬼也。

【注解】鬼为克身之神，凶杀之神。制鬼之神为救我之神，所以要向制鬼之方求医。制鬼之神就是子孙。如本文例，乙丑日占，酉鬼加乙克干，丑支上午火子孙克午，故宜往南方求医。午火临支，支为宅，或家中有亲人能医此病。

【原文】凡占喜见鬼者，唯妻占夫与有官人为宜，其余凶。

【注解】妻占丈夫，仕人占功名，官鬼均是类神。见官鬼是类神入课传或临干支，类神不入课传，是无夫，无官。

【原文】巳午作虎鬼，不宜灸；申酉虎鬼，不宜针。

【注解】巳午为火，再用灸法，是愈增鬼势。申酉为金，再用针刺，针为金属，也是增鬼之势，故云不宜。

【原文】制鬼之神加亥子，宜服汤药。加寅卯并四土之上者，宜丸散。巳午宜灸，申酉宜针。制神临空亡者，乃言不副行之医。

【注解】以制鬼之神加神为方法，似觉不妥。如土鬼木为子孙，寅卯加亥，宜汤药治之，因亥水生寅卯以制土鬼，勉强可通。如果金鬼巳午加亥子为绝，医生自身已危，何能医病。所以，此句中的"加"字应改作"为"字，即制鬼之神为亥子，宜汤药治之，为申酉宜针刺治之。更与课理、五行生克之理贴切。

【原文】天医、地医神所生者为瘥期，所克者为死期。

【注解】病愈之期，非日干长生，类神长生，即制鬼之神旺相月日。凶危之期，非日干、类神死绝之期，即官鬼旺相月日。天医、地医只可参考。若天医、地医与生我救我之神相生，以吉论。若天医，地医克制救我生我之神，便以凶论。

【原文】天鬼作日鬼，必疫病。

【注解】天鬼：申子辰见卯，巳酉丑见子，寅午戌见酉，亥卯未见午是。

如戊子日占，卯木临干；丁巳日占，子水临干支者是。

【原文】虎乘遁鬼殃非浅——谓白虎加临旬内之干为日鬼者，其应如神。凡占皆畏其咎，纵空亡亦不能为救。

【注解】遁干为干鬼，是暗鬼。上乘白虎凶神，是暗鬼克身。

如果其支也是日鬼，其凶尤甚。如己未日第五课，己干上卯，未支上也是卯，且三传卯亥未。夜占贵人在申，顺行至卯，上乘白虎。卯木遁乙，是白虎乘遁鬼及支鬼。明鬼、暗鬼皆乘白虎凶将克身，占病极凶。

【原文】鬼临三四讼灾随——谓日干之鬼临于第三四课者，官讼疾病，接踵而至。

【注解】三四课为宅，鬼临三四课是官鬼已深入宅中，官讼、病患必接踵而至。如乙未日第十二课，第三课未上神申鬼，第四课申上神酉鬼是。

【原文】病符克宅全家患——病符者，本年旧太岁也。若临支又克支者，主合家患病。更乘天鬼，定遭时疫。天鬼者，正月酉逆行四仲。若乘白虎，其凶尤甚。

【注解】旧年太岁即去年太岁。如今年太岁卯，寅就是旧年太岁。今年太岁当旺，去年太岁已过无力，故云病符。如寅年六月乙亥日辰时午将占，乙干上午，亥支上丑，丑为去年太岁，即病符。昼占贵人在申，居午逆行，至丑上乘白虎，是丑土乘白虎为病符临宅克宅。不仅主全家患病，且有死丧之事。

【原文】涉害深者必久病。

【注解】如寅木为病符，日支为辰，寅木加辰之上，历经六重克方归本家，是涉害极深者。

【原文】病符作月建之生气，虽病无妨，若死气必死。

【注解】如前举乙亥日例，若为二月占，丑土病符为生气，生气临宅，终可康复。若为八月占，丑土为死气，则全家无救。年命上有克制丑土之神，可减凶气。

【原文】宜成合旧事格：缘旧年太岁临宅反生宅者，或生日干，或作日财，或作贵人者，却宜成合残年旧事，逐类而推之，切勿作病符看。

【注解】如丙寅日第四局，子年十二月占。丙干上寅，寅支上亥。亥水为旧年太岁，但为十二月生气，夜占乘贵人吉将，临宅、生宅、合宅是此格。

【原文】丧吊全逢挂缟衣——谓岁前二位为丧门，岁后二位为吊客。如干支上全逢，必主孝服。若命年上临之，必哭送姻亲。

【注解】如太岁在子，前二辰寅为丧门，后二辰戌为吊客，课传见此二位名丧吊全逢。如子年子月甲午日巳时丑将占病，甲干上戌，午支上寅，三传戌午寅。寅为丧门临支居末传，戌为吊客临干发用，是丧吊全逢。主该年身披孝服，哭送姻亲。以五行论，三传合火局脱干，精气尽泄，占病亦危。

【原文】如日鬼乘死气而加太常者，临干上，必主有外孝服动。又太常乘白虎作丁神而克支者，亦主有内外孝服。

【注解】太常乘鬼临干克干，干为外，主外有孝服动。临支克支，主内有孝服动。若太常乘神，白虎乘神作丁神克干支，主内外皆有孝服。如壬子日第五局三月占，壬上未鬼昼占乘太常遁丁克干。支上申金昼占乘虎临支，三月占申金又为死气，是太常遁丁为鬼克干，白虎并死气临宅，主内外皆有孝服。

【原文】前后逼迫难进退——假令壬寅日干上子，三传辰巳午，皆空而不可进。欲退后一步，逢地下寅盗气。又退一步，逢丑为干鬼。以此推之，唯宜守干上之旺，切不可妄动，以致虚耗百出。

【注解】三传皆凶，前进不得，后退不得者是。如壬寅日第十二局，三传辰巳午。壬寅日居甲午旬，辰巳旬空，午火坐空，不能前进，宜退；然往后退卯寅是盗气，丑土为干鬼，也不吉。

幸壬干上子水为旺气，故只宜守旺，不可妄动。守则安，动则虚耗百出。故诸占皆不如意。

【原文】又如癸日，午加癸为初传，乃午火受癸水所克。及归本家午上，又被亥水所克，使其午火去住不能也。午为日财，主财聚散。夜占加元武，主重重失财。财为妻，主妻常病。午为马，主有马而常被人所挠。亦为屋，主频迁徙而作费用。亦为心，主有心病。亦为眼，主有目疾。

【注解】初传被下神克制，引入地盘本宫，又被上神所克，名克处因归又受克，也是进退两难，虽有虎贲之勇，亦不可为；如果初传又被天将克制，尤凶。如癸巳日第八局夜占，午火妻财坐癸发用受克，本家午上为亥水又受克，夜占上乘玄武，重重受克者是。午为财，若占财，主财聚财散，不由己；若占妻，非妻病即丧妻。午为目，受水克，主目疾等，均以来意根据类神断。

【原文】凡顾祖格，回环格，守旧则宜，而进退不能也。

【注解】如庚子日第三局，庚干上午，子支上戌，三传午辰寅格成顾祖是。

【原文】空空如也事休追——谓三传皆空，亦有两传空，而一传不空，上临天空者。占事皆指空话空，全无实际，唯宜解散忧疑，如鬼尤妙。遇占病，久病者死，新病者安。若欲谋望事成，须待出旬，再谋可也。

【注解】鬼为克我之神，若逢空是无力克我，故吉。若仕途中人占官，鬼为类神，空亦不吉。如丁丑日第十二局，三传申酉戌。丁丑属甲戌旬，初中传申酉空，末传戌土坐空，是三传皆空，无一实处，诸占皆虚。

【原文】凡鬼空，亦宜制之。不然，亦有虚耗之凶，为我难见彼之象。

【注解】鬼虽空亡，目下无力害我。出旬填实仍可克害，故云宜制。

【原文】亦有四课全空者，四课无形，事不出名，纵然出也，也是虚声。

【注解】如乙巳日第三局，第一课寅乙，干上寅木旬空。第二课子寅，子水坐空。第三课卯巳，支上卯旬空。第四课丑卯，丑土落空。虽非三传皆空，但四课无一实处，也是指空话空。

【原文】要审时令，旺相之爻，过旬方用。休囚之象，到底无功。又曰冲空则实，克空为用。

【注解】旬空之神旺相，出空之时仍可为用，事仍成。若旬空之神逢死绝之处，即使出空，也不能用。至于冲空克空之说，不可为例。因冲空非岁破、月破即日破，空亦不吉，再逢冲破，何能再用。

【原文】凡吉神不宜空，凶神则宜空。

【注解】吉神为助我之神，空则无力助我，故不宜空。凶神为克害我身之神，旬空则无力克害我身，故宜空。

【原文】宾主不投刑在上——凡干支上乘刑者，有一字刑，乃四课上神逢辰午酉亥自刑者是也。二字刑者，乃干支上乘子卯是也，为无礼之刑。三字刑者，乃三传寅巳申，或丑戌未是也。申巳寅为无恩义之刑，凡占必恩中招怨也。丑戌未者，多恃势而欺凌之象。干上神生旺不空，乘吉神，方能刑他人。不然，则为他人所刑矣。

【注解】如乙丑日第十局，乙干上未，丑支上辰，三传未戌丑，三刑全是。

【原文】凡讼不论一字刑，二字刑，三字刑，皆被刑责，乘凶将尤甚。唯空亡，皇恩、天赦可解。

【注解】占讼逢刑，如果神吉、将吉也可解。如甲子日第一局，甲干上寅，子支上子，三传寅巳申。寅木为日禄、日德，昼占乘青龙，虽三刑全，但神吉、将吉可解其凶。若逢夜占，申金乘白虎凶将，居末传当以凶论。

【原文】自刑中，单言酉午为四胜煞，主各逞其能，邀功逞俊之意。

【注解】自刑吉凶，应以神吉凶判断。如乙丑日第八局。乙上酉金日鬼克干，丑支上午火破酉护干，是家中有解救之人。可惜末传子水冲午，午火的阴神亥水也克午，其力不足，故以凶论。若无冲克午火之神，反以有解论吉。

【原文】有干支上下自相刑者，为无恩刑。

【注解】如己丑日第七局反吟课，己干上丑，丑支上未是。

【原文】彼此猜忌害相随——有干支上下各作六害，彼此自相猜忌者。有干支上神作六害，主彼此两相猜忌者。有干支上下皆作六害，悖戾尤甚者。有干支三传皆作六害，所谋全无和气者。有干支上下交互作六害，我欲害人，人亦辨意欲害我者。

【注解】彼此相害，共分五种。1、干与上神，支与上神，各自相害。如甲申日第十局，甲上巳，寅巳相害；申上亥，申亥相害。主两意相谋，各有利害。2、干支上神交害。如乙亥日第五局，乙上子，亥上未，子未相害，主各相猜忌。3、干支的天地盘均作六害，其戾尤甚。如辛酉日反吟课，地盘酉戌相害，天盘卯辰相害。4、干支与三传均为六害，全无一点和气。如辛卯日第四局，辛上未，卯上子，干支上神，子未相害，三传子未子又相害。5、干支上神与干支交车相害，是均有相害之意。如乙未日第五局，干上子害支未，支上卯，害干乙（寄辰宫）。

如果此五种害中加刑，更加可恶。

【原文】自身熬煎，他人逸乐格：如辛丑日干上酉，与干作六害；支上子，却与丑作六合。

【注解】干与干上神相害，支与支上神相合，是人喜我忧，故云自身煎熬，他人逸乐。

【原文】互生俱生凡事益——互生：干上神生支，支上神生干。俱生：干上神生干，支上神生支。

【注解】交车相生者，如辛卯日第十二局，辛干上亥生支卯，支卯上辰生辛干是。主两相有益，各有生意。

又如丙寅日第四局，丙干上寅木生丙，寅支上亥水生寅，是干支皆被上神所生，主彼此和顺，或两家合资经营。此类主人宅皆利。

【原文】自在格：支加干上而生干。

【注解】如甲子日第三局，日支子水加甲木干上生甲者是。

【原文】互旺皆旺坐谋宜——甲申日，干上酉，乃支之旺神。支上卯，乃干之旺神。庚寅日，干上卯，乃支之旺神。支上酉，乃干之旺神。凡值此者，人旺宅而宅旺人，我旺彼而彼旺我，尊旺卑而卑旺尊，夫旺妻而妻旺夫。然宜坐待，不宜谋动。盖坐待则人口通泰，宅基安稳，无心中得人扶持而兴发。若谋意外之获，或远动而求谋，则变为罗网，缠绕身宅，反作羊刃杀也。然六处有冲，为破罗破网，不妨。

【注解】干上神为支之旺神，支上神为干之旺神，是互旺格。如本文举甲申日第六局例是。值此宜两相投奔，各有兴旺，客旺主而主亦旺客，宜动。

干上神为干之旺神，支上神为支之旺神，是自旺格。如本文举庚寅日第十二局例是。值此不论彼己、主客、人宅，皆兴旺，但却宜守不宜动。两者定要分清。

【原文】干支值绝凡谋决——干支上皆乘绝神，凡事皆当决绝，占病愈。

【注解】如丙申日第七局反吟课，丙上神亥水为丙之绝神，申上神寅木为申之绝神；占事逢之，只宜结绝官事，释解病讼。

此格本书及诸书皆云"占病痊愈"。干支上神皆为绝神，诸事皆凶，何以占病反能痊愈，实在令人费解。如壬申日第七局反吟课，壬干上巳，申支上寅。巳火妻财亦临绝处，昼占上乘玄武，为夹克。若占妻病，不死亦危。若是十二月占巳逢死气，必死无疑，何言反愈。即使占子孙、父母之病，亦反复无定，多危少康，实难言愈。故疑原文漏掉一个"不"字，若为"占病不愈"，则切绝神之意。

【原文】人宅皆死各衰嬴——干支上或乘死神，或互乘死神者，万事不利。

【注解】如甲寅日第九局，干支上皆乘午火死气。又如庚寅日第三局，庚上午为支寅死气，寅支上子为庚干死气。凡占宅逢此两格，主人宅皆不利，诸事宜静不宜动；若问病，乘死气，必死。

【原文】传墓入墓分爱憎——初传是日之长生财神、禄神、官星等，不可值中末之墓。如是日之鬼及盗气等，却喜中末墓也。

【注解】中末传为初传之墓，名传墓入墓。此类有吉有凶，有憎有爱，应详初传及类神判断。吉神入墓者凶，恶神入墓反吉。如庚子日第八局，三传巳戌卯，初传巳火为日之长生，入中传戌墓，是吉神入墓，故憎、故凶。反之，如戊辰日第八局，三传寅未子。初传寅木是日干之鬼，入中传未土之墓，是凶神入墓，故爱、故吉。

【原文】不行传者考初时——不行传者，谓中末空亡是也。中末既空，只以初传断其吉凶。

【注解】中末传空亡叫不行传，此类只以初传断其吉凶。如甲子日第十局，三传申亥寅，中传亥水旬空，末传寅木坐空，只以初传申鬼断者是。

【原文】己未日伏吟，三传未丑戌。中传丑乃旬内空亡，安能刑戌。既无中末，唯有干支并于初传，而皆在未上，亦与独足相似，凡谋不成。

【原文】万事喜欣三六合——凡三传寅午戌，干支上见未。三传亥卯未，干支上见戌。三传申子辰，干支上见丑。巳酉丑，干支上见辰。乃三合课中，又与中间一字作合者也。经云：三六相呼见喜忻，纵然带恶不成嗔。夫带恶，如日鬼忌神之类，犹不为害。况三传生日，或作用神者乎？必有人在中相助成事。唯不宜占解释忧疑事。此占病其势弥笃。然带恶者，目下虽可成就，倘有冲动，恶神旺相，其祸仍发。

【注解】三传、三合成局，干支上神又与三传中间一字作合者是此格。如乙酉日第九局，乙干上申，酉支上丑，三传申子辰三合局，子水又与支上神丑土作六合是。

【原文】三传合课，又逢天将、六合居干支者，亦可用，但力稍轻。

【注解】如丙辰日第九局夜占，丙干上酉，辰支上申，三传酉丑巳。夜贵亥水居未逆行，至申上乘六合是此格。

【原文】合中犯杀蜜中砒——三合犯杀少人知，唯防好里定相欺；笑里有刀谁会得，事将成合失便宜。如三传寅午戌，干支上见午为自刑，见丑为六害，见子为冲。三传亥卯未，干支上见子为刑，见辰为六害，见酉为冲。三传申子辰，干支上见卯为刑，见未为六害，见午为冲。三传巳酉丑，干支上见酉为自刑，见戌为六害，见卯为冲。

【注解】三传合局，但干支上有冲克刑害中传之神者，叫合中犯杀，就和蜂蜜中掺进砒霜一样。占事逢之，主笑里藏刀，好中相欺，恩中有冤，合中有破。其吉凶程度，以其神旺衰而断。如丁巳日第九局，丁干上亥，巳支上酉，三传酉丑巳三合财局。但末传巳火与干上神亥水冲克。如占功名，亥贵被冲，是即将得到，后被他人阻隔。

【原文】初遭夹克不由己——初传坐于克方，又被天将所克。凡占身不由己，受驱策于人。宜详其受夹克者，是何类而言之。如财受夹克，则财不为己用之类。唯鬼受夹克者，方妙。

【注解】初传坐于克方，又被上乘天将克制，叫作夹克。逢之虽主身不由己，受人驱策，但要以夹克之神的类神判断。若是财星，主财不由己。若是比劫，主身不由己。若为日鬼，则日鬼受克而不伤干，反主吉庆。如甲申日寅时戌将占，戌土干财临干发用，戌土下坐寅木，上乘六合木将，是财受夹克。主财不由己或妻常病。

又如甲午日第十局，申金官鬼坐巳发用，昼占上乘螣蛇火将，是鬼被夹克，反不伤身为吉。

【原文】将逢内战所谋危——内战为发用者，如以申为天将六合，而乘巳火之上，则火能克金。主事将成合，而被人搅扰也。余将各以其类推之。

【注解】此论有两个条件，一是初传被下神贼克，二是初传之神克初传天将，即地盘、上神、天将递克之意。

六合逢内战发用，主事将成而被人搅扰。如癸巳日第十局昼占，申金乘六合加巳发用。

天后逢内战发用，主因妾作闹不安，或妻常患病。如丁卯日第六局昼占，戌土乘天后加卯发用。

贵人逢内战发用，主因贵人而作乱。如癸亥日第六局夜占，卯木乘贵人，加申发用。

十二天将均有此格，不再一一列举。

【原文】三传干支皆下克上者，凡占必是家法不正，恶声出于室中，以致争竞。

【注解】三传皆逢下贼上，是以下犯上，以卑凌尊之象，故云家法不正。占事逢之，或自窝犯，或丑声出于堂中，以致争竞。此占极验。

例　癸酉日卯时申将占（戌亥空亡）。

日干癸水克上神午火，日支酉金克上神寅木。初传未加寅，中传子加未，末传巳加子，皆下贼上，课中全无一点和气，占讼必凶。但细析此课，癸水日干寄丑，初传未临寅为引，末传巳临子为从，格成引从，其凶已解，诸占皆无大碍，占升迁求官尤吉。

雀	辛未	官鬼
虎	甲子	兄弟
贵	己巳	妻财

蛇	空	玄	雀
午	亥	寅	未
癸	午	酉	寅

	龙	空	虎	常	
	戌	亥	子	丑	
陈酉				寅玄
合申				卯阴
	未	午	巳	辰	
	雀	蛇	贵	后	

【原文】人宅坐墓甘招晦——谓天盘干支，皆坐于地盘墓上者，乃心肯意肯，情愿受其暗昧。不唯本身甘招其侮，即家宅亦情愿借与他人作践，无庸怨天尤人也。如壬寅日，亥加辰，寅加未之类。亦有干坐于支墓之上，支坐于干墓之上者。两相奔投，各招昏暗。如丁丑日，未加辰，丑加戌之类。

【注解】此格有两种，所主略有不同。一是天盘上的干支皆坐墓地，如本节举壬寅日第六局例是，主心甘情愿受其暗昧，诸事均自招其祸。另一种是干坐支墓，支坐干墓，如本节举丁丑日第十课例，未加辰，丑加戌是，此种主彼此招晦昏，千万不可两相投奔，必凶。

【原文】干支乘墓各昏迷——如干支全被上神墓者，其人如在云雾之中。经云：墓覆日辰，人宅昏沉。又交互作墓神者，我欲昏昧他，却被他昏昧我也。

【注解】如壬申日第八局，壬上乘辰为干墓，申上乘丑为支墓，是干支皆被上神所墓。又如戊寅日第十一局，戊干上未土为日支寅木之墓，寅支上辰土为日干戊土之墓，是干支互乘墓。

【原文】凡欲求宅，干加支必得，缘己身入宅故也。或被支辰所克，我被脱，虽目下强得，其后终无益也。若支加干，得之尤不费力，缘宅来就人故也。亦不可受宅墓脱。

【注解】此言购房卖屋。以干为人，支为宅。干加支受宅之生，得之有益；受支所克、所墓、所脱，虽能得屋，后终不美。支来加干生干，是宅来就我，也美。如果加干克干、脱干、墓干，也非吉宅，住必有祸。如丙寅日第四课，丙干上寅，寅支上亥，不仅寅支加干生干，且亥水加支生支，寅木源远流长，不仅可得其宅，且福禄绵长。又如丙寅日第十课，丙干上申，寅支上巳，是干加支脱支，此宅虽得，却耗脱甚巨，故不宜。

【原文】如我有屋欲出兑者，如干加支，支加干，人宅两相恋，不能脱也。若宅生人，不可轻脱，后有长进。如被克脱墓者，终被屋所累。

【注解】此言卖屋。若支生干，此为佳居，不可轻脱。若支脱干、墓干，如若居住，必受其灾。

【原文】信任丁马须言动——信任者，伏吟课也。刚日名自任，可委任于他人。柔日名自信，可取信于自己。凡值伏吟课，不可便言伏匿而不动。于传中及干支上有旬内丁神，或乘天马、驿马者，必静中求动矣。如托人料理事体，必先允许，后却改易，故又无任无信也。凡占静中求动终是静，动中求静终是动，不易之理也。

【注解】伏吟课，刚日名自任格，主可委任他人。柔日名自信格，主可取信于自己，本主伏匿不动，但课传中出现丁神、天马、驿马，却主静中有动。如甲寅日第一局伏吟课五月占，三传寅巳申。初传寅木五月占为天马，中传巳火遁丁，末传申金为驿马。丁神与天驿二马均入传，虽为伏吟，却主速动。

【原文】课内无丁马，而占人本命，行年上乘魁罡及丁马者，亦主动。

【注解】如乙酉日第一局伏吟课，三传辰酉卯。课传中是无丁马。但若占人年命在亥，亥为驿马，又遁丁神，其动尤速。

【原文】非伏吟而乘丁马者亦动。伏吟中传空者，占行人必中路阻住，缘中传空不能刑至末传也。余占必先有允许，后无实惠。

【注解】如甲午日第一局伏吟课，三传寅巳申，中传巳火旬空者是。

【原文】又：甲子日，卯加甲，丁神天马相加，值丑为本命，乃名本命恋宅，必无动意，极验。

【注解】即甲子日第十二课，甲干上卯，子支上丑，卯木遁丁临干，本应主动，但本命丑土加支与支相合，故云本命恋宅，反主不动。

【原文】六丙伏吟日吉，缘初传为德禄，中传为财，末传为长生，只忌空亡。六戊伏吟日凶，缘初传巳火，克中传申金，中传克末传寅木，而寅木伤日干。

【注解】六丙日和六戊日伏吟课，三传都是巳申寅，然因神吉凶不同，故吉凶有异。六丙日初传巳火为日德、日禄，中传申为日财，末传寅木为日之长生，三传皆吉，故诸占均利（传中空亡，仍以凶论，如丙申日伏吟课初传巳空，丙午日伏吟末传寅空等是）。六戊日虽初传巳火也是日德、日禄，但中传申金盗气，末传寅木克干。虽初传有吉庆，终为凶灾。即使求官，寅木类神也被中传申金伤害，亦为虚华。

【原文】来去俱空岂动移——夫来去者，反吟课也。缘初传与末传，初中末往来交互动象也。然有三传俱空者，虽有动意，实不能动。

【注解】反吟课初传、中传、末传往来交互，故曰来去。课得此本主动，如果三传空亡，却主虽有动意，而无动之实。如己酉日反吟课，三传卯酉卯，二卯逢空，酉金坐空，是此格。但卯木为日鬼，鬼空却宜解祸。

【原文】移远就近格：谓魁罡乘青龙六合，在日上乃真斩关格。如占时发用，名动中不动，寻远在近，中末空亦然。如初见太岁，中末见月建或日辰，亦名移远就近，将缓为速。又如己丑日，干上辰，支上戌，虽干支上全乘魁罡，缘干墓覆，又是柔日昴星，伏匿万状，终不能动。庚寅日，干上辰，支上戌，亦是斩关课。主动，缘中末空亡不能动。

【注解】课逢反吟，本主动远。如果初传为太岁，是远，中传为月建，末传为日辰，是从远至近，故名移远就近。如甲申日伏吟课，三传寅巳申。若为寅年巳月占，初传寅为太岁，中传巳为月建，末传申金日支是。

【原文】似反吟课：癸未日，干上寅，不是反吟。缘三传申寅申，往来俱在干支上，似与反吟相类也。占事虽不免往来交通，下稍全无实事。缘始末皆空，又是柔日昴星。即用昼贵，三传合元合，阴私万状，兼干支上皆乘脱气，占事不出窝旋。究之反吟课，谋事难成而反复。

【注解】大凡课逢反吟，事多难成，或主多次反复方成。占访人不遇或途中相遇。详参前"反吟课"。

【原文】虎临干鬼凶速速——谓日干上之鬼乘白虎者，其凶速而又速。唯宜详其虎鬼，或空亡，或作鬼方，或作生方。他自恋生，不来害我。又虎之阴神，即虎之本家，能制虎者，虽目下值其灾祸，后却无事。又有驿马载虎鬼者，其祸尤速。如甲子日，申加戌，昼将上乘白虎作中传，诚为可畏。殊不知申坐戌空，又赖虎之阴神，上乘午火能制虎鬼。经云：虎之阴神能制虎，生者安宁病者愈。此虎鬼论。如小人稍得其势，即为祸患。倘受制伏，随即缩首，灰飞烟灭，而不能为害也。又如甲子日申加午，昼将上乘白虎作末传，其申不空，诚为可畏。尤赖申金坐于午火之上。经云：鬼作鬼方无所畏。又如戊寅日，寅加亥，夜将上乘白虎作中传，纵干上有申金，缘作空亡而不制其寅鬼，诚为凶也。殊不知寅木坐于亥水之上，受水长生，不来为害。经云：鬼自就生不来侵。其余虎鬼无制不空等，占事皆凶。唯有官人占之，名催官符，赴任极速，不宜制空。

【注解】上段原文含有以下几层意思：

一、鬼临干乘虎者其凶必速。如己巳日第五局夜占，卯木日鬼不仅乘白虎临干发用，三传卯亥未合木局，且卯木遁丁，主凶事尤速。唯仕途中人占功名，也主升迁甚速。

二、虎鬼临干但旬空坐空，主不来克我。如己未日第五局夜占，虽卯木日鬼乘虎临干发用，三传又卯亥未三合木局，然卯木旬空，不能害者是。

三、虎鬼的阴神能制虎鬼者，目下虽灾，后终无事。如甲子日第十一局夜占，三传丑午申，末传申金乘白虎克干，但白虎的阴神是午火，午火克制申金。此即虎鬼自坐克方之意。

四、虎鬼为日支驿马，与丁神同，亦主发祸快速。如戊辰日第六局夜占，三传子未寅。末传寅木为日鬼，上乘白虎，又为日支驿马是。

五、虎鬼临生方名恋生，不克日干。前四点论述，均甚合五行生克之理，此论却令人不解。虎鬼自坐生处，其力尤足，又何以反说恋生不克。如本节举戊寅日第十局例，三传申亥寅，末传寅鬼，夜占乘虎，得中传亥财生助，乘旺克干，甚凶之课。若以吉论，岂非颠倒五行生克之理吗！细思此论，应是解课所误。恋生不克者，应是虎鬼坐脱泄之方，是虎鬼生他，并非他生虎鬼。从情理上讲，虎鬼贪恋所生之子，而不克干；从五行之理上讲，虎鬼之气尽泄，无力克干，方合课理，故特予说明。如戊寅日第五局夜占，三传戌午寅，末传寅木日鬼乘白虎克干，但自坐午火，既贪生火，又被其泄，三传又合成火局，是不克干也。

【原文】龙加生气吉迟迟——谓青龙乘生干之神，又作月内之生气者。虽目下未即峥嵘，却徐徐发福也。此例如君子施恩于人，未尝启齿，缓缓而来。

【注解】如丁酉日第六局夜占，寅木乘青龙临干生干，如果三月占又为生气者是；若青龙乘神空亡落空，却作无用论。

【原文】妄用三传灾福异——辛酉日干上亥，既是辛日，岂可认为亥加戌，下克上为初传。乙巳日干上卯，既是乙日，岂可认为卯加辰，上克下为初传。

【注解】三传发现错误，名妄用三传，灾福皆难应验，如辛亥日，辛寄戌宫，作日干时论辛不论戌，不能以亥加戌发用等是。

【原文】喜惧空亡乃妙机——天盘作空亡者，谓之游行空亡，其吉凶只七分。地盘作空亡者，谓之落底空亡，其吉凶有十分。

【注解】如癸卯日第九局，癸干上巳，卯支上未，三传酉丑巳。癸卯居甲午旬中，辰巳空亡。三传巳火旬空，酉金落空为真空。丑土虽上神巳火空亡，但仍有七分吉凶，故以实论。

【原文】见生不生：如甲乙日以亥为生，其亥水居申上，他自恋生，不来生我。或是亥水居于辰戌丑未之上，为土所制，纵日辰行年上见之，亦不能生我。至于亥入空，则大凶。如生我者空亡，占父母上人病，主不救。其余官鬼、妻财、救神、脱气皆然。今人不改此法，见生言生，见克言克，见财言财，见救言救，故吉凶未即响应也。

【注解】空亡有喜见者，如克我、盗我之神喜空；有不喜见者，如生我、救我之神忌空，所以云喜惧空亡。生我者逢空，名见生不生；克我者逢空，名见克不克。玄机皆藏在一个"空"字之中。如乙丑日第六局，乙干上亥水为日之长生，但亥水逢空，不能生乙，是见生不生；此类若占父母和尊长疾病，却为不可救。

又如：甲戌日第六局，酉金官鬼临干克干，但酉金旬空，虽有克我之心，而无克我之力，我无忧患者是。妻财、兄弟、子孙空亡皆类推。

【原文】六爻现卦防其克——财神现卦必忧父母。歌云：三传俱作日之财，得此须畏父母灾；年命日辰乘干鬼，争知此类不为灾。盖官鬼能生父母，且窃其财爻之气。此名传财化鬼，若无官鬼爻，乃可言父母灾也。或求财而妨生计，或被恶妻而逆父母。然亦必干支年上，先有父母爻，后被传财之克，方可言父母长上受灾。如无父母爻，则神亦无处施虐，不在此例。又或财爻休囚，必待财旺月方用事，其财休囚，却为财也。其余六亲，俱以例断之，百无一失。

【注解】财爻为克父母之神，如现于课传，或三传合财局，或临干上，课传中再逢父母之神，必克父母，占尊长病必死，占家事主有恶妇欺凌父母。虽课传见财而不克父母者有四种情况。1. 父母爻不现于课传，其财虽盛，无处着力者。2. 财神旬空，或落空者。3. 课传中有官鬼之神，可以化财生父母者。4. 课传中比肩、劫财、兄弟之爻旺相，可以克财护父母之神者。

如丁丑日第五局，丁上卯为父母，三传巳丑酉三合财局，是强财克父母之象。幸丁丑日酉财逢空，虽有克之心，而无克之实，是虽克不克例。

又如己巳日第五局，己干上卯，巳支上丑，三传卯亥未，亥水妻财居中传冲克日支父母爻。一则被干上卯鬼合化，二则被阴神未土兄弟克制，也是不克父母。

【原文】父母现卦忧子息。歌云：父母现卦子孙忧，日辰年命细参详；同类比肩居在上，儿孙昌盛不为仇。

【注解】父母为克子孙之神，若现与课传年命，或三传合父母局，课传中再见子孙之神，占子孙必死无疑。虽课传年命上父母强旺，但不克子息者有四种情况。一是子孙爻不显于课传中，父母虽盛无处着力。二是父母爻旬空，落空。三是课传中有兄弟之爻，化父母之气反生子孙。四是课传中有旺财克制父母之神，使其不敢伤损子孙。

如戊戌日第五局，戊干上丑，戊支上午，三传寅戌午合父母局克第二课上酉金子孙，但干上丑土乘贵人化火生金，子孙反吉。《大六壬大全》中举戊寅日第五局例，看似与此理相同，但酉金子孙空亡，即使无克，子孙也不吉，实不属此类。

【原文】子孙现卦妨官鬼。歌云：子孙见时官鬼无，古法流传实不虚；岂知四处财爻现，官迁讼罪病难苏。为官者，以生官而得升。占讼、占罪、占病，以生官而反重。

【注解】子孙为克官鬼之神，仕途中人求官，若官鬼类神也显于课传，官受其克，不仅无官，反主剥官退职。有以下三种情况之一者，无妨。一是子孙之神逢空、坐空。二是传中有财，化子孙生官鬼反吉。三是课传中有父母之神，克制子孙之神以护官鬼者。如果常人占讼、占病，吉凶却恰恰相反，故宜分别。

如己巳日第九局，三传酉丑巳合成子孙局，克二课卯木官鬼。但干上神为亥水财神，反化子孙之神而生卯官，卯木官星反因祸得福，无忧矣。

【原文】官鬼现卦忧己身及兄弟。歌云：官星鬼贼作三传，本身兄弟不宜占；父母之爻能透出，己身昆仲始安然。

【注解】官鬼为克干及克兄弟之神。若官鬼临课传年命，课传中再见兄弟之神，兄弟及本身必灾无疑。但官鬼虽现，己身兄弟不灾者有三种情况。一是官鬼之神逢空落空，二是课传中有父母之神引官生身，三是课传中有子孙之神制鬼，使其不敢为祸。

如乙丑日第五局，乙干上子，三传巳丑酉三合鬼局克干，但干上神为子水父母，反成金鬼生子水父母，子父再生干之势，日干逢凶化吉。

【原文】同类现卦忧妻妾。歌云：干支同类在传中，钱财耗散及妻凶；支干上神乘子息，妻定无恙反财丰。凡六亲受克者，旺相无妨，休囚则受累矣。

【注解】同类即兄弟，克妻妾之神。若现于课传年命之上，课传中再见妻财之神，非克妻即破财。若有以下四种情况者，妻财亦无妨。一、妻财之神不入课，兄弟之神无处着力。二、兄弟之神逢空亡。三、课传中有子孙之神，可化兄弟之气而生财。四、课传中有官鬼克制兄弟之神而护妻财。

如丙寅日第五局，三传戌午寅会成兄弟局，气势汹汹地欲争第二课上神酉财。喜干上神丑土化火生金，一德化众凶，酉财平安无事。

按：以上诸例若被克类神旺相，所克之神死绝，类神亦不足畏。若类神死绝，所克之神旺相，则以化解有无断。

【原文】三传现卦，而传自墓克者。如乙日午加亥为用，三传午丑申，末传之申金为官鬼，被初传午火所克。又被中传丑来墓申，兼末之申金，自坐于丑墓之上，其申金全无气力。

支干同类格：难求财，以干支各相争夺。

【注解】干支同类者，如甲寅、乙卯、丙午、丁巳、戊辰、戊戌、己丑、己未、庚申、辛酉、壬子、癸亥等日是。

【原文】懒取财格：甲日干上寅或卯，纵传内见财爻，必心多退悔，懒去取财，恐争夺也。

【注解】兄弟之神临干，课传见财，干上神必先争夺，故云懒取财。此格每日都有两课，不再列举。

【原文】白蚁食尸格：壬癸日，申坐丑，夜将上乘白虎，此父母爻乘白虎坐墓，必父母穴中生白蚁。若在者必死。

【注解】如癸丑日第六局夜占，癸干上申，丑支上亦申，上乘白虎。如果三月占申为死气，占父母病必死。若父母已死，是父母坟中生白蚁。

【原文】旬内空亡逐类推。

【注解】以甲子旬为例，甲子旬中戌亥空亡。甲子、乙丑日戌为妻财空，亥为父母空。丙寅、丁卯日戌为子孙空，亥为官鬼空。戊辰、己巳日，戌为兄弟空，亥为妻财空。庚午、辛未日，戌为父母空，亥为子息空。壬申、癸酉日，戌为官鬼空，亥为兄弟空。壬日为德神空。以上十日，即使逢戌亥在课传年命上为类神，因空亡，也不可用。其余五旬同推。

【原文】所筮不入仍凭类——如占失脱，当视元武脱气日，盗倘不在课传年命，宜从其类以求之，服色数目品物，万占皆同。

【注解】求占之事，即使类神不入课传，也要以所占之事的类神来判断吉凶。如占失脱，以玄武日鬼为类神，虽玄武，日鬼不在课传，仍以天地盘中玄武，日鬼所临，所乘之神断。其他求占均同此理。

【原文】非占现类勿言之——虽现其类，非值所占，则勿言之。如虎寅在支作用，必宅中有屋梁摧折之变。若求财行人，岂可以此为断乎。

【注解】占事重所求之事类神，如占病，以官鬼、白虎为类神，只以此二神断。其他类神如妻财、文书等，虽入传，但并非所占之事类神，皆勿言及。如占财，病符、白虎临传，万莫言病等。

【原文】常问不应逢吉象——如龙德、铸印、高盖、乘轩、富贵、三奇诸吉象，宜有位者占之。常人不应逢此，唯有官讼而已。

【注解】常人占问，无非是财宅病行等小事，若逢官鬼，铸印等课反主凶灾；只有仕途中人见官鬼、铸印等课，方以吉论。

【原文】已灾凶兆反无疑——如丧魂、天祸、伏殃、天狱诸凶卦。若见灾后逢之，为已应无妨。未应之前值此乃可忧耳。

【注解】课逢丧魂，天祸等凶课，如果己身已遭病讼、破耗等灾，主灾已过，有消除祸患之意，不足为忧。如果己身正在吉处，未见灾咎，却要小心在意，必见病讼、丧祸。

《毕法赋》为宋时凌福之撰，邵彦和所注。它以简明的语言对六壬占术做了一个精确的总结，所以《四库全书总目提要·子部·术数类》谓该书"融贯旧说而缀以心得，独为精当。自序谓虽言词卑拙，实决断之幽微"。细析此赋，虽亦有不妥之处，但总的说来，在远离现在的一千年前，能有如此精微的概括，实是非常难能可贵的。所以，历代凡习六壬术者，都奉其为秘钥。